Fundamente
|der Mathematik|

Ausgabe B
Gymnasium · Klasse 9

Herausgegeben von
Dr. Andreas Pallack

Cornelsen

Inhaltsverzeichnis

Bauplan zu „Fundamente der Mathematik“

Aktivieren

Dein Fundament:
Mit der Doppelseite „Dein Fundament“ kannst du Themen wiederholen zur Vorbereitung auf das neue Kapitel.

Die Lösungen zu diesen Aufgaben findest du im Anhang.

192 **Dein Fundament** 6. Potenzfunktionen

Lösungen ↗ S. 244

Potenzen

1. Berechne ohne Taschenrechner.
a) 2^4 b) 3^3 c) $\left(\frac{1}{4}\right)^3$ d) $(-2)^5$ e) $(-5)^0$ f) $\left(-\frac{2}{3}\right)^3$ g) $(-0{,}5)^3$

2. Schreibe ohne negativen Exponenten und berechne dann im Kopf.
a) 3^{-3} b) $(-3)^{-2}$ c) 6^{-3} d) $(-0{,}25)^{-2}$ e) $\left(\frac{1}{3}\right)^{-3}$ f) $\left(-\frac{1}{6}\right)^{-2}$ g) $\left(-\frac{2}{5}\right)^{-2}$

3. Fasse zu einer Potenz zusammen. Gib die verwendeten Potenzgesetze an und berechne.
a) $3^4 \cdot 3^2$ b) $4^{-2} \cdot 4^3$ c) $2^3 \cdot 4^3$ d) $(-2)^5 : 3^5$ e) $(3^2)^3$
f) $4^{-4} : 2^{-4}$ g) $((-2)^3)^{-2}$ h) $(-5)^3 \cdot (-3)^3$ i) $\left(\frac{1}{5}\right)^2 \cdot (0{,}2)^{-2}$ j) $\left(\frac{2}{3}\right)^3 : \left(\frac{2}{3}\right)^2$

Aufbauen

Einstiegsaufgaben:
Jedes Unterkapitel beginnt mit einer Aufgabe, die dich in das neue Thema hineinführt.

Beispiele:
Die Lösungen von Beispielaufgaben werden dir Schritt für Schritt erklärt.

Basisaufgaben:
In den Basisaufgaben kannst du dein neu erworbenes Wissen und Können sofort ausprobieren.

Weiterführende Aufgaben:
In anspruchsvolleren Aufgaben kannst du dein Wissen festigen. Etwas schwierigere Aufgaben sind mit einem Kreis ● gekennzeichnet.

Stolperstelle:
Bei diesen Aufgaben sollst du typische Fehler erkennen.

Ausblick:
Die letzte Aufgabe in der Lerneinheit ist die schwierigste.

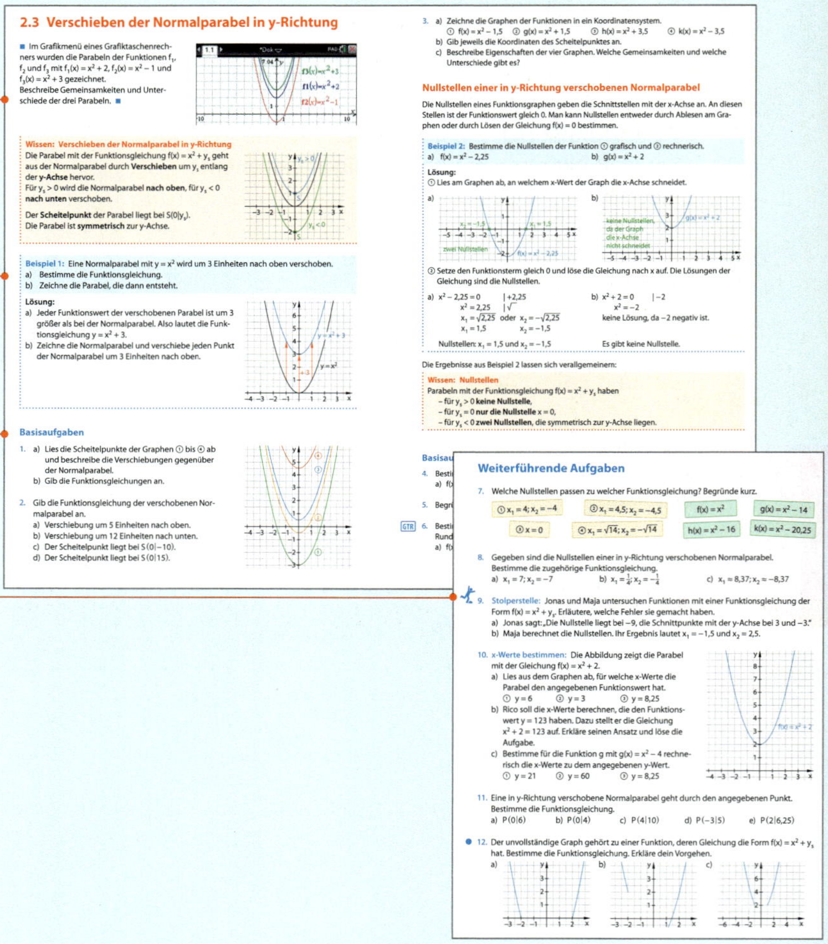

Sichern

Prüfe dein neues Fundament:
Hier kannst du dein Wissen selbstständig überprüfen, auch in Vorbereitung auf Tests und Klassenarbeiten.

Die Lösungen zu diesen Aufgaben findest du im Anhang.

152 **Prüfe dein neues Fundament** 4. Statistische Auswertungen

Lösungen ↗ S. 241

1. Die folgenden Angaben weisen für einen Tag die „TOP 20“ der Zugverspätungen für ICE und IC aus:
128 min, 123 min, 120 min, 86 min, 86 min, 80 min, 66 min, 63 min, 62 min, 60 min, 56 min, 50 min, 44 min, 43 min, 40 min, 40 min, 40 min, 40 min, 39 min, 39 min
a) Stelle die Häufigkeitsverteilung in einem Diagramm dar.
b) Bestimme das arithmetische Mittel, den Median und den Modalwert.

2. Die Tabelle enthält den Ruhepuls von Mädchen.

Pulsschläge in 15 s	15	16	17	18	19	20	21	22	23	24	25
Anzahl	2	6	8	12	18	24	21	15	8	5	1

1. Reelle Zahlen und Potenzen

Für die Vermehrung von Samenpflanzen müssen Pollenkörner verbreitet werden. Die Pollen werden vom Wind und von Insekten von Blüte zu Blüte getragen. Diese kleinen Partikel – sie haben einen Durchmesser von 10 und 200 Mikrometer – lösen bei vielen Menschen allergische Reaktionen aus.

Nach diesem Kapitel kannst du …

- erkennen, ob eine Zahl zu den rationalen oder zu den irrationalen Zahlen gehört,
- reelle Zahlen näherungsweise bestimmen,
- mit Potenzen mit ganzzahligen Exponenten rechnen,
- mit n-ten Wurzeln und mit Potenzen mit rationalen Exponenten rechnen,
- Wurzelgleichungen lösen.

Lösungen ↗ S. 234

Hinweis:
Eine Übersicht über Methoden zum Üben und Wiederholen findest du auf der Methodenkarte 9 D.

Zahlen mit Zehnerpotenzen darstellen

1. Schreibe als Zehnerpotenz.
a) Eintausend b) Hunderttausend c) 10 Millionen d) 0,1 Millionen
e) 0,01 Milliarden f) 10 Milliarden g) 100 000 Millionen h) Zehntausend

2. Schreibe die dargestellte Zahl in Worten.
a) $2 \cdot 10^3$ b) $9 \cdot 10^6$ c) $1{,}5 \cdot 10^5$ d) $3{,}04 \cdot 10^3$
e) $0{,}8 \cdot 10^2$ f) $0{,}001 \cdot 10^7$ g) $10 \cdot 10^3$ h) $10^2 \cdot 10^3$

3. Ordne die Zahlen der Größe nach. Beginne mit der kleinsten Zahl.
a) $3 \cdot 10^4$; 10^4; $10^2 \cdot 10^3$; $5 \cdot 10^2$ b) $1{,}2 \cdot 10^7$; $345 \cdot 10^3$; $0{,}078 \cdot 10^8$; $12{,}7 \cdot 10^3$

4. Ordne die Angaben der Größe nach. Beginne mit der kleinsten Größenangabe.
a) $3 \cdot 10^3$ m; $5 \cdot 10^5$ mm; $0{,}5 \cdot 10^2$ km b) $6{,}6 \cdot 10^2\ \text{m}^2$; $4 \cdot 10^4\ \text{mm}^2$; $7 \cdot 10^4\ \text{dm}^2$

5. Lies die Zahlen in der Stellenwerttafel laut vor.

Milliarden			Millionen			Tausend					
10^{11}	10^{10}	10^9	10^8	10^7	10^6	10^5	10^4	10^3	10^2	10^1	1
					2	3	4	5	6	1	3
			9	9	6	7	8	5	4	3	2
1	2	3	1	4	5	6	7	8	0	9	0

Quadrieren und Quadratwurzelziehen

6. Berechne ohne Taschenrechner.
a) 8^2 b) $\sqrt{49}$ c) $(-4)^2$ d) $0{,}2^2$ e) $\sqrt{0{,}01}$
f) $\sqrt{1}$ g) $\sqrt{\frac{9}{16}}$ h) 0^2 i) $\left(\frac{3}{7}\right)^2$ j) $\sqrt{3600}$

7. Berechne mit einem Taschenrechner.
Runde das Ergebnis auf zwei Nachkommastellen.
a) $\sqrt{11} + 3{,}1$ b) $5{,}7 - \sqrt{30}$ c) $9{,}87 + \sqrt{28}$
d) $3{,}7 \cdot \sqrt{20}$ e) $5{,}8 + 2{,}5 \cdot \sqrt{29}$ f) $5{,}2 : \sqrt{4{,}2}$

8. Für welche Werte ist der Term nicht definiert?
a) $\sqrt{x}$ b) $\sqrt{1-x}$ c) $\sqrt{x^3}$ d) $\frac{1}{\sqrt{x}}$ e) $\sqrt{x+4}$ f) $\sqrt{2x}$

9. Nenne eine Zahl x, bei der man beim Quadrieren (beim Quadratwurzelziehen) eine Zahl y erhält, für die gilt:
a) $y < x$ b) $y > x$ c) $y = x$

Hinweis zu 10:
Die Ergebnisse sind teilweise gerundet.

10. Die Ziffernfolge der Ergebnisse ist korrekt. Überprüfe die Ergebnisse ohne Taschenrechner und korrigiere die Stelle des Kommas, falls erforderlich.
a) $0{,}134^2 = 0{,}179\,56$ b) $\sqrt{5{,}23} = 0{,}228\,69$ c) $11{,}97^2 = 143{,}28$
d) $\sqrt{390{,}8} = 197{,}686\,6$ e) $213^2 = 45\,369$ f) $9{,}987^2 = 997{,}401\,69$
g) $\sqrt{1067} = 32{,}66$ h) $0{,}023^2 = 0{,}005\,29$ i) $\sqrt{13} = 3{,}605\,551\,3$

Gleichungen lösen

11. Löse die Gleichung.

a) $2x+6=5(x-9)$ b) $\frac{x}{1{,}5}=3$ c) $\frac{3}{x}-3{,}5=8{,}5$ d) $3x+x^2=(x+2)^2$

e) $x(x-1)=0$ f) $(x-1)(x+1)=0$ g) $x(x^2-2)=x^3+2x$ h) $x\cdot x-x-x-x^2=4$

12. Ermittle alle Lösungen der Gleichung.

a) $x^2=81$ b) $\sqrt{x}=4$ c) $3^x=27$ d) $2x^2=32$

e) $3+\sqrt{x}=13$ f) $x^2=-4$ g) $x^2+2=2+x^2$ h) $2^x-4=0$

13. Ermittle alle Lösungen der Gleichung.

a) $x-\sqrt{4}=0$ b) $-6+\sqrt{x}=-1$ c) $x^2=144$ d) $7^x+2=51$ e) $\sqrt{x}-9=1$

f) $x=\sqrt{(-3)^2}$ g) $x^2+81=0$ h) $\sqrt{x}-4=0$ i) $2^x-8=0$ j) $2\sqrt{x}+9=(-3)^2$

14. Überprüfe die in Klammern angegebene Lösung. Ermittle die richtige Lösung, wenn erforderlich.

a) $5^x=125;\ (3)$ b) $x=\sqrt{(-4)^2};\ (-4)$ c) $3^x=81;\ (3)$ d) $x^3=27;\ (3;\ -3)$

e) $x^4=16;\ (-2;\ 2)$ f) $x^2=(-5)^2;\ (5;\ -5)$ g) $2x^3=16;\ (2;\ -2)$ h) $x=\sqrt{49};\ (7;\ -7)$

15. Gib alle ganzen Zahlen zwischen –4 und 4 an, die Lösung der Gleichung sind.

a) $2^2\cdot 2^x=2^5$ b) $3^4:3^x=3$ c) $\sqrt{x}=2+6:2$ d) $x^3+2^2=-4$

Kurz und knapp

16. Berechne ohne Taschenrechner.

a) 3 % von 500 € b) 5 % von 40 kg c) 110 % von 400 € d) 15 % von 120 t

17. Schreibe Produkte als Potenz und Potenzen als Produkt.

a) $5\cdot 5\cdot 5\cdot 5\cdot 5$ b) $x\cdot x\cdot x$ c) a^5

d) a^2b^3 e) $\left(\frac{2}{3}\right)^3$ f) $m\cdot n\cdot n\cdot n\cdot m\cdot m$

18. Vereinfache den Term unter Nutzung einer binomischen Formel.

a) $\frac{a+b}{(a+b)^2}$ b) $\frac{u+3}{u^2+6u+9}$ c) $\frac{(x-3)^2}{x-3}$ d) $\frac{b^2-2b+1}{(b-1)(b-1)}$ e) $\frac{x^2-y^2}{x-y}$

19. Berechne den Termwert ohne Taschenrechner.

a) $\frac{3}{5}+\frac{3}{4}$ b) $1:\frac{1}{4}$ c) $\frac{1}{\frac{1}{2}}$ d) $\frac{1}{\frac{3}{5}\cdot\frac{3}{5}}$ e) $\frac{3}{5}\cdot\frac{7}{12}$

20. a) Berechne die fehlenden Ergebnisse bis zum Ziel mit der Startzahl 5.

	Start	→		→		→	Ziel
(1)	5	+2		+2		+2	
(2)	5	·2		·2		·2	
(3)	5	$()^2$		$()^2$		$()^2$	

b) Finde jeweils eine natürliche Startzahl x, mit der man im Ziel 1000 erreicht oder 1000 annähernd erreicht.

c) Prüfe, ob es eine Startzahl gibt, mit der man im Ziel die 1 erreicht.

1.1 Reelle Zahlen und Intervallschachtelung

■ Das rote Quadrat hat einen Flächeninhalt von 16 cm². Verbindet man die Mittelpunkte der Seiten des roten Quadrats, entsteht wieder ein Quadrat. Begründe, warum dieses blaue Quadrat einen Flächeninhalt von 8 cm² hat.
Wie lang sind die Seiten des blauen Quadrats? Gib einen exakten Wert an und einen Näherungswert, indem du die Seitenlänge misst. ■

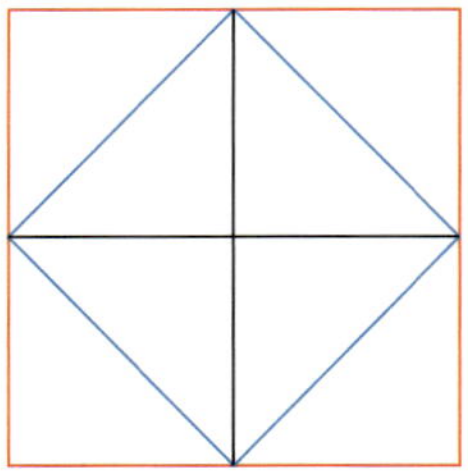

Erinnere dich: Die Quadratwurzel $\sqrt{x}$ ist die nichtnegative Zahl b mit $b^2 = x$. Ist x eine Quadratzahl, so ist $\sqrt{x}$ eine rationale Zahl. Aber beispielsweise für $x = 2$ lässt sich $\sqrt{2}$ nur näherungsweise bestimmen. Ein Taschenrechner zeigt nur einen Näherungswert (z. B. 1,414 213 562).

Intervallschachtelung

Es gibt verschiedene Verfahren, um Wurzeln näherungsweise zu berechnen. Eines ist das Verfahren der **Intervallschachtelung**. Dabei bestimmt man Schritt für Schritt (abgeschlossene) Intervalle $[a, b] = \{x \mid a \le x \le b\}$, sodass
- jedes Intervall im vorhergehenden Intervall enthalten ist;
- die Intervalllängen $b - a$ beliebig klein werden.

Beispiel 1: Berechne näherungsweise $\sqrt{2}$ mit einer Intervallschachtelung. Runde auf die dritte Nachkommastelle.

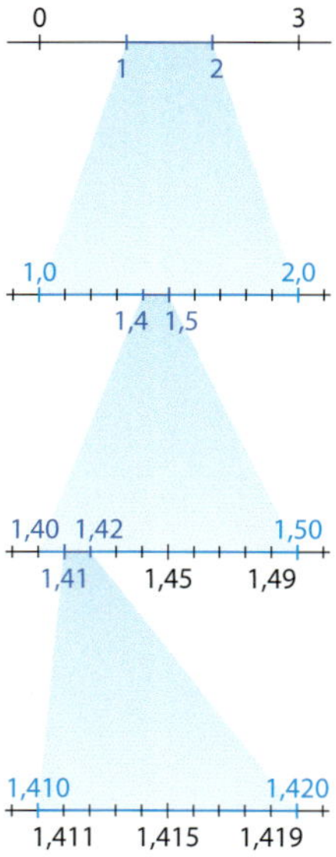

Lösung:

Bestimme zwei aufeinanderfolgende ganze Zahlen, zwischen denen $\sqrt{2}$ liegt.

Es ist: $1 < \sqrt{2} < 2$
Denn: $1^2 = 1 < \sqrt{2}^2 = 2 < 2^2 = 4$

Bestimme zwei Zahlen zwischen 1 und 2 mit einer Nachkommastelle, zwischen denen $\sqrt{2}$ liegt. Prüfe systematisch, zwischen welchen Quadraten $1{,}1^2$; $1{,}2^2$; $1{,}3^2$; …; $1{,}9^2$ der Wert $\sqrt{2}^2 = 2$ liegt.

1. Schritt:

x	1,1	1,2	1,3	1,4	1,5
x²	1,21	1,44	1,69	1,96	2,25

Es ist: $1{,}4 < \sqrt{2} < 1{,}5$
Denn: $1{,}4^2 = 1{,}96 < \sqrt{2}^2 = 2 < 1{,}5^2 = 2{,}25$

Bestimme zwei Zahlen zwischen 1,4 und 1,5 mit zwei Nachkommastellen, zwischen denen $\sqrt{2}$ liegt.

2. Schritt:

x	1,41	1,42
x²	1,98881	2,0164

Es ist: $1{,}41 < \sqrt{2} < 1{,}42$

Bestimme zwei Zahlen zwischen 1,41 und 1,42 mit drei Nachkommastellen, zwischen denen $\sqrt{2}$ liegt.

3. Schritt:

x	…	1,413	1,414	1,415
x²	…	1,996 569	1,999 396	2,002 225

Es ist: $1{,}414 < \sqrt{2} < 1{,}415$

$\sqrt{2}$ liegt zwischen 1,4142 und 1,4143. Beide Zahlen ergeben gerundet an der dritten Nachkommastelle den Wert 1,414.

4. Schritt:
Es ist: $1{,}4142 < \sqrt{2} < 1{,}4143$
Gerundet ergibt sich: $\sqrt{2} \approx 1{,}414$

Mit jedem Schritt der Intervallschachtelung erhält man einen besseren Näherungswert für $\sqrt{2}$. Man kann $\sqrt{2}$ damit auf beliebig viele Nachkommastellen genau bestimmen.

Basisaufgaben

1. Berechne auf drei Nachkommastellen genau mit einer Intervallschachtelung.
   a) $\sqrt{3}$ b) $\sqrt{5}$ c) $\sqrt{7}$ d) $\sqrt{10}$ e) $\sqrt{111}$ f) $\sqrt{300}$

2. a) Beschreibe, wie sich $\sqrt{12}$ mit einer Intervallschachtelung berechnen lässt.
   b) Führe das Verfahren aus und gib $\sqrt{12}$ auf drei Nachkommastellen genau an.

3. Bestimme die Wurzel mit dem Taschenrechner auf vier Nachkommastellen genau. Verwende dazu nur die Taste zum Quadrieren, aber nicht die Taste zum Wurzelziehen. Kontrolliere anschließend mit der Wurzel-Taste.
   a) $\sqrt{19}$ b) $\sqrt{24}$ c) $\sqrt{60}$ d) $\sqrt{999}$ e) $\sqrt{0{,}19}$ f) $\sqrt{0{,}9}$

Von den rationalen Zahlen zu den reellen Zahlen

In der Menge $\mathbb{Q}$ lassen sich Additionen, Subtraktionen, Multiplikationen und Divisionen (außer durch null) unbeschränkt ausführen. Das Ergebnis der Rechnungen ist immer wieder eine rationale Zahl. Aber $\mathbb{Q}$ ist nicht abgeschlossen unter der Bildung von Wurzeln: Die Gleichung $x^2 = 2$ ist in $\mathbb{Q}$ nicht lösbar. Die Lösung $\sqrt{2}$ ist eine **irrationale Zahl**.

Wissen: Reelle Zahlen
Die Menge der **reellen Zahlen $\mathbb{R}$** setzt sich aus der Menge der **rationalen Zahlen $\mathbb{Q}$** und der Menge der **irrationalen Zahlen $\mathbb{I}$** zusammen.
Irrationale Zahlen lassen sich nicht durch einen Bruch oder durch eine abbrechende oder periodische Dezimalzahl darstellen.

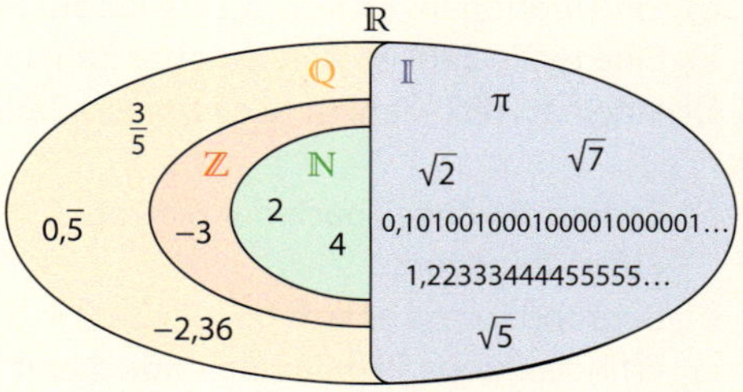

Hinweis:
Für das Rechnen mit reellen Zahlen gelten dieselben Regeln wie für das Rechnen mit rationalen Zahlen.

Reelle Zahlen lassen sich mithilfe von Intervallschachtelungen durch rationale Zahlen beliebig genau annähern. Umgekehrt schließt jede Intervallschachtelung eine reelle Zahl ein.

Beispiel 2:
a) Gib die Teilmengenbeziehungen zwischen den Mengen $\mathbb{N}$, $\mathbb{Z}$, $\mathbb{Q}$, $\mathbb{I}$ und $\mathbb{R}$ an.
b) Zeichne ein Mengendiagramm und trage die Zahlen 0,3; −2; −6,12; $\frac{2}{3}$; $0{,}\overline{5}$; $\sqrt{3}$; $0{,}542\overline{4}$; −0,1234567891011… und 512 ein. Begründe deine Zuordnungen.

Lösung:
a) $\mathbb{N} \subseteq \mathbb{Z}$, $\mathbb{N} \subseteq \mathbb{Q}$, $\mathbb{N} \subseteq \mathbb{R}$, $\mathbb{Z} \subseteq \mathbb{Q}$, $\mathbb{Z} \subseteq \mathbb{R}$, $\mathbb{I} \subseteq \mathbb{R}$, $\mathbb{Q} \subseteq \mathbb{R}$

b) 512 ist positiv und ohne Nachkommastelle, also eine natürliche Zahl.
−2 ist negativ und ohne Nachkommastellen, also eine ganze Zahl.
0,3 und −6,12 sind abbrechende Dezimalzahlen, $0{,}\overline{5}$ und $0{,}542\overline{4}$ sind periodische Dezimalzahlen, also sind alle vier rationale Zahlen.
$\frac{2}{3}$ ist ein Bruch, also eine rationale Zahl.

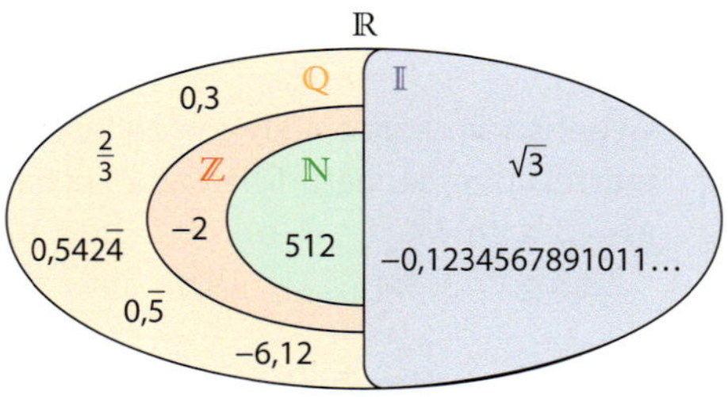

$\sqrt{3}$ lässt sich nur näherungsweise berechnen, ist also eine irrationale Zahl.
−0,1234567891011… ist eine nicht abbrechende nicht periodische Dezimalzahl, also irrational.

Basisaufgaben

4. Übertrage die Tabelle in dein Heft und ergänze sie. Begründe deine Entscheidungen.

Zahlenbereich	0,125	$4,\overline{6}$	$\sqrt{16+9}$	$\sqrt{3}$	$8,20\overline{3}$	$-\sqrt{81}$	−0,12112111211112…
Natürliche Zahlen $\mathbb{N}$	nein						
Ganze Zahlen $\mathbb{Z}$	nein						
Rationale Zahlen $\mathbb{Q}$	ja						
Irrationale Zahlen $\mathbb{I}$	nein						
Reelle Zahlen $\mathbb{R}$	ja						

5. Trage die folgenden Zahlen in ein Mengendiagramm ein.
$0,4$; -8; $5,13$; $-0,4$; $-0,\overline{7}$; $\frac{4}{9}$; $\sqrt{7}$; $-\sqrt{11}$; $0,5$; $0,134\overline{5}$

6. Setze die Wörter „nie", „immer" und „manchmal" in die Lücken ein, sodass wahre Aussagen entstehen.
a) Eine rationale Zahl ist ■ eine irrationale Zahl.
b) Eine ganze Zahl ist ■ eine natürliche Zahl.
c) Eine reelle Zahl ist ■ eine irrationale Zahl.
d) Eine irrationale Zahl ist ■ eine rationale Zahl.
e) Eine reelle Zahl ist ■ eine ganze Zahl.
f) Eine natürlich Zahl ist ■ eine reelle Zahl.

7. a) Erkläre die Regel, nach der die Zahl 0,101001000100001… gebildet ist. Setze die Ziffernfolge fort.
b) Begründe, dass es sich bei der Zahl in a) um eine irrationale Zahl handelt.
c) Erfinde eigene Regeln und bilde damit irrationale Zahlen.

Weiterführende Aufgaben

8. Schätze näherungsweise. Kontrolliere das Ergebnis anschließend mit dem Taschenrechner. Runde.
a) $\sqrt{0,11}$ b) $\sqrt{40}$ c) $\sqrt{60}$ d) $\sqrt{110}$ e) $\sqrt{209}$ f) $\sqrt{\frac{1}{15}}$ g) $\sqrt{\frac{29}{51}}$

9. Frank behauptet, dass 1,414 213 562 der genaue Wert von $\sqrt{2}$ ist, denn sein Taschenrechner zeigt diesen Wert ja an. Nadine meint, dass das nicht stimmen kann, denn die Endziffer von 1,414 213 562 2 ist 4. Wer hat recht? Begründe deine Antwort.

10. Gegeben sind die ersten beiden Intervalle einer Intervallschachtelung für die Quadratwurzel aus einer natürlichen Zahl n. Bestimme n.
a) $3 < \sqrt{n} < 4$; $3,3 < \sqrt{n} < 3,4$
b) $9 < \sqrt{n} < 10$; $9,0 < \sqrt{n} < 9,1$
c) $6 < \sqrt{n} < 7$; $6,8 < \sqrt{n} < 6,9$
d) $7 < \sqrt{n} < 8$; $7,6 < \sqrt{n} < 7,7$

11. Ordne die reellen Zahlen der Größe nach.
a) $\sqrt[3]{8}$; $\frac{9}{4}$; 1; $\sqrt{2}$; $-1,4$; $2,\overline{2}$
b) $\frac{1}{3}$; $0,333\,33$; $0,\overline{3}$; $0,333\,343$; $\sqrt{0,1024}$; $\sqrt{\frac{1}{3}}$; $\sqrt{\frac{9}{80}}$
c) $-1,444$; $\frac{13}{9}$; $-\frac{26}{25}$; $-\sqrt{21}$; $\sqrt{2}$; $\sqrt{2,1}$; $-1,\overline{4}$

12. Stolperstelle: Mario begründet in seiner Hausaufgabe, dass einige Zahlen irrational sind. Korrigiere – falls nötig – und erkläre, worin mögliche Fehler liegen.

a) 0,32423453245 ist irrational, weil hinter dem Komma so viele Zahlen sind.
b) $\sqrt{9}$ ist irrational, weil es eine Quadratwurzel ist.
c) 92,2134231323232... ist irrational, weil es hinter dem Komma ohne Periode immer weiter geht.
d) $3,\overline{34}$ ist irrational; weil es eine nicht abbrechende Dezimalzahl ist.

13. Setze die Zahlen so zu einer nicht abbrechenden Dezimalzahl fort, dass eine rationale (irrationale) Zahl entsteht. Erkläre, wie du vorgegangen bist.
a) 2,1717... b) 3,494499... c) 0,2468... d) 0,1491625...

14. Von fünf verschiedenen reellen Zahlen a, b, c, d und e sind die ersten Ziffern gegeben:
a = 0,8152...; b = 0,8153...; c = 0,815212...; d = 0,81526...; e = 0,81527...
Lassen sich die fünf Zahlen der Größe nach ordnen? Wie viele verschiedene Anordnungen der Zahlen a, b, c, d und e sind nach den vorliegenden Angaben möglich?

15. Bestimme ohne Taschenrechner, welche Zahl größer ist.
a) $\sqrt{2}$ oder $1,414\overline{2}$ b) $\sqrt{5}$ oder 2,23067991 c) $\sqrt{8}$ oder $\frac{31}{11}$ d) $\sqrt{2}$ oder $\frac{17}{12}$

16. Übertrage die Tabelle und gib an, welche Operationen in den jeweiligen Zahlenmengen uneingeschränkt ausführbar sind und welche nicht. Gib im Fall „nein" ein Gegenbeispiel an.

Zahlenbereich	a + b	a – b	a · b	$\frac{a}{b}$; b ≠ 0	$\sqrt{a}$; a ≥ 0
Natürliche Zahlen ℕ	ja	nein, z. B. 3 – 5 = –2			
Ganze Zahlen ℤ					
Rationale Zahlen ℚ					
Reelle Zahlen ℝ					

Hinweis:
In der Menge der natürlichen Zahlen kann man die Addition uneingeschränkt ausführen heißt: Die Summe zweier natürlichen Zahlen ist immer eine natürliche Zahl.

17. Gib die Lösungsmenge der Gleichung jeweils für die Grundbereiche ℕ, ℤ, ℚ und ℝ an.
a) $2x - 6 = 8$ b) $x + 7 = 3$ c) $3x = 4$ d) $3x + 12 = -9$
e) $x^2 = 81$ f) $x^2 = 0,09$ g) $x^2 = 6$ h) $x^3 = 27$

18. a) Gib eine rationale Zahl an, die zwischen den irrationalen Zahlen a = 3,52522522252222... und b = 3,5255255525555... liegt.
b) Begründe die folgende Aussage: Zu zwei verschiedenen reellen Zahlen a und b lässt sich immer eine rationale Zahl angeben, die zwischen den beiden Zahlen a und b liegt. Man sagt: Die rationalen Zahlen **liegen dicht in den reellen Zahlen.**
c) Liegen die ganzen Zahlen dicht in den reellen Zahlen? Begründe deine Antwort.

19. Ausblick: Irrationale Zahlen auf der Zahlengeraden
a) Beschreibe anhand der Zeichnungen, wie sich $\sqrt{2}$ auf der Zahlengeraden konstruieren lässt.
b) Konstruiere auf ähnliche Weise $\sqrt{8}$, $\sqrt{18}$ und $3 \cdot \sqrt{2}$ auf der Zahlengeraden.
c) Begründe, dass in einem Quadrat mit der Seitenlänge a die Diagonale die Länge $\sqrt{2 \cdot a^2}$ hat.
Erkläre dann, dass sich $\sqrt{15}$ nicht auf diese Weise konstruieren lässt.

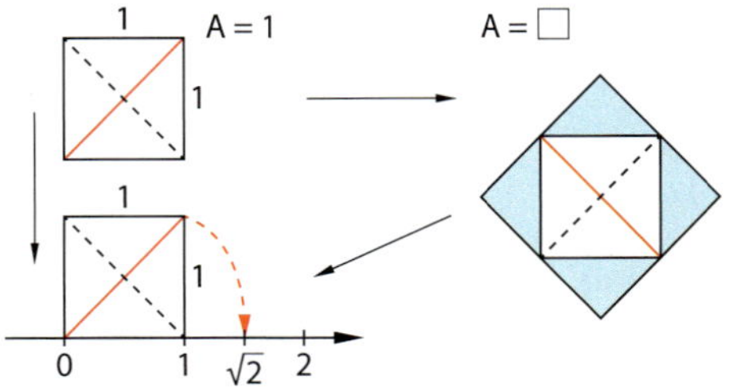

Argumentieren und Beweisen

■ Lara und Maria sollen prüfen, ob die Summe aus zwei geraden Zahlen immer gerade ist. Welcher Begründung vertraust du mehr? Argumentiere selbst: „Das Produkt aus zwei geraden Zahlen ist immer gerade." ■

Lara:
2 + 2 = 4 ist gerade
2 + 4 = 6 ist gerade
4 + 4 = 8 ist gerade
Ich finde kein Gegenbeispiel, also stimmt die Aussage.

Maria:
a gerade, also a = 2n
b gerade, also b = 2m
a + b = 2n + 2m
= 2(n + m)
2 (n + m) ist durch 2 teilbar, also gerade.

Direkte Beweise und Beweis durch Gegenbeispiel

Mathematische Aussagen beziehen sich oft auf unendlich viele Objekte, z. B. Zahlen oder geometrische Figuren.

Beispiele:
- Das Quadrat einer ungeraden Zahl ist immer ungerade.
- Jedes Quadrat ist ein Parallelogramm.

Um die Wahrheit einer solchen Aussage nachzuweisen, reichen Beispiele nicht aus. Es bedarf einer **mathematischen Argumentation**, eines **Beweises.** Bei Beweisen darf man in jedem Argumentationsschritt nur wahre Aussagen und eindeutig erklärte Begriffe benutzen.
Um eine Aussage zu widerlegen, genügt es ein **Gegenbeispiel** anzugeben.

Beispiel 1: Direkter Beweis

Aussage: Das Quadrat einer ungeraden Zahl ist immer ungerade.
a) Überprüfe die Aussage an drei Beispielen. b) Beweise die Aussage.

Lösung:
a) Wähle drei zufällig ausgewählte Beispiel.

$3^2 = 9$ ist ungerade
$7^2 = 49$ ist ungerade
$15^2 = 225$ ist ungerade

b) Schreibe die Aussage in der Form „Wenn … (Voraussetzung), dann … (Behauptung)."

Wenn-dann-Form:
Wenn eine Zahl ungerade ist, dann ist auch ihr Quadrat ungerade.

Schreibe die Voraussetzung und die Behauptung mit Variablen auf.

Voraussetzung:
a ungerade, also $a = 2n + 1$ für ein $n \in \mathbb{N}$

Behauptung: a^2 ist ungerade

Weise nun durch Argumentation die Behauptung nach. Es werden Termumformungen und eine Aussage über Teilbarkeit verwendet.

Beweis:
$$a^2 = (2n+1)^2 = 4n^2 + 4n + 1 = \underbrace{2(2n^2+2n)}_{\text{durch 2 teilbar}} + 1$$

Der erste Summand ist gerade, +1 ergibt eine ungerade Zahl. Also ist a^2 ungerade. q. e. d.

Hinweis:
Ein Produkt ist durch eine Zahl teilbar, wenn mindestens ein Faktor durch diese Zahl teilbar ist.

Beispiel 2: Widerlegen durch Gegenbeispiel

Widerlege die folgende Aussage: Die Differenz von zwei natürlichen Zahlen ist immer positiv.

Lösung:
Finde durch Probieren ein Gegenbeispiel.

Die Differenz von 2 und 4:
$2 - 4 = -2$ ist negativ.
Also ist die Aussage falsch. q. e. d.

Hinweis:
Das Beweisende kennzeichnet man mit q. e. d., für „quod erat demonstrandum" (Lateinisch: „Was zu beweisen war.").

Wissen: Direkter Beweis und Beweis durch Gegenbeispiel

Für einen **direkten Beweis** einer Behauptung geht man von der Voraussetzung aus, um auf die Behauptung zu schließen. Dabei darf man nur eindeutig geklärte Begriffe und wahre mathematische Aussagen verwenden.

Folgende Fragen können bei einem Beweis helfen:
- Wie lautet die Wenn-dann-Form?
- Was ist die Voraussetzung?
- Was ist die Behauptung?
- Was folgt aus der Voraussetzung?

Für den Beweis, dass eine Aussage falsch ist, genügt es ein **Gegenbeispiel** anzugeben.

Basisaufgaben

1. Formuliere die Aussagen in der Wenn-dann-Form.
   a) Ein Viereck mit gleich langen gegenüberliegenden Seiten ist immer ein Parallelogramm.
   b) Die Summe zweier ungerader natürlicher Zahlen ist stets gerade.
   c) Ein Dreieck mit zwei gleich großen Innenwinkeln ist immer gleichschenklig.
   d) Jede durch 6 teilbare natürliche Zahl ist auch durch 3 teilbar.
   e) Vermindert man das Quadrat einer ungeraden natürlichen Zahl um 1, so ist diese Differenz stets durch 4 teilbar.

2. Aussage: Das Quadrat einer geraden Zahl ist immer durch 4 teilbar.
   a) Überprüfe die Aussage an drei Beispielen.
   b) Beweise die Aussage.

3. Beweise die folgenden Aussagen.
   a) Das Produkt zweier ungerader Zahlen ist immer ungerade.
   b) Die Summe zweier ungerader Zahlen ist immer gerade.
   c) Die Summe von drei aufeinanderfolgenden Zahlen ist immer durch 6 teilbar.

4. Formuliere die Voraussetzung und die Behauptung mit Variablen und beweise dann die Aussage.
   a) Jede durch 15 teilbare natürliche Zahl ist auch durch 5 teilbar.
   b) Das Produkt des Vorgängers und Nachfolgers einer ganzen Zahl ist kleiner als das Quadrat dieser Zahl.

5. Die folgenden Aussagen sind falsch. Beweise dies durch ein Gegenbeispiel.
   a) Die Summe von vier aufeinanderfolgenden natürlichen Zahlen ist durch 4 teilbar.
   b) Die Summe von sechs aufeinanderfolgenden natürlichen Zahlen ist durch 6 teilbar.
   c) Wenn eine Zahl durch 3 teilbar ist, dann ist sie auch durch 6 teilbar.
   d) Wenn a ein Teiler von b ist, so gilt stets $a < b$.

Indirekte Beweise

Neben den direkten Beweisen gibt es auch **indirekte Beweise**, die auch **Widerspruchsbeweise** genannt werden. Bei einem indirekten Beweis nimmt man das Gegenteil von dem an, was man beweisen möchte. Durch Argumentieren versucht man, einen Widerspruch zu bekannten Tatsachen zu erhalten. Wird der Widerspruch erreicht, wissen wir, dass die Annahme falsch und damit die ursprüngliche Behauptung wahr ist.

Beispiel 3: Beweise folgende Aussage mit einem indirekten Beweis:
Wenn das Quadrat einer natürlichen Zahl ungerade ist, dann ist auch die Zahl selbst ungerade.

Lösung:

Beschreibe die Aussage mit einer Variable. Beweise die Aussage durch einen indirekten Beweis.	Sei a eine natürliche Zahl. **Voraussetzung:** a^2 ist ungerade. **Behauptung:** a ist ungerade.
Formuliere das Gegenteil der Behauptung.	**Annahme:** a ist nicht ungerade.
Führe diese Annahme durch mathematische Argumentation zu einem Widerspruch.	**Beweis:** Dann ist a gerade, also $a = 2n$ für ein $n \in \mathbb{N}$. Dann ist $a^2 = (2n)^2 = 4n^2$, also durch 2 teilbar und somit eine gerade Zahl. Ein Widerspruch! Somit war die Annahme falsch und die Aussage ist bewiesen. q. e. d.

Basisaufgaben

6. Beweise die folgende Aussage durch einen indirekten Beweis:
Wenn das Quadrat einer natürlichen Zahl gerade ist, dann ist die Zahl selbst auch gerade.

7. Bringe die Aussage in die Wenn-dann-Form und formuliere das Gegenteil der Behauptung. Sind die Aussagen wahr oder falsch?
a) Das Produkt aus einer geraden und einer ungeraden Zahl ist gerade.
b) Jede durch 4 teilbare Zahl ist gerade.
c) Kongruente Dreiecke sind ähnlich.

Weiterführende Aufgaben

8. Beweise die folgende Aussage durch einen indirekten Beweis:
Für alle reellen nicht negativen Zahlen a und b gilt: $\frac{a+b}{2} \geq \sqrt{ab}$.

9. Ist die folgende Aussage wahr oder falsch? Beweise oder widerlege.
Es gibt drei natürliche Zahlen, deren Produkt 149 ergibt.

10. Formuliere die Aussage in der Wenn-dann-Form und beweise diese, indem du mehrere Variablen verwendest.
a) Die Summe zweier beliebiger gerader Zahlen ist stets wieder eine gerade Zahl.
b) Die Summe dreier beliebiger ungerader Zahlen ist stets ungerade.
c) Das Produkt zweier beliebiger ungerader Zahlen ist stets ungerade.
d) Das Produkt zweier Quadratzahlen ist stets wieder eine Quadratzahl.

11. Paula behauptet: „Wenn man eine Zahl quadriert, so entsteht nie eine kleinere Zahl:
$1^2 = 1$ $2^2 = 4$ $3^2 = 9$ $1000^2 = 1\,000\,000$"
Karim behauptet, dass er ein Gegenbeispiel hat.
Findest du auch eines?

12. a) Formuliere die Aussage in der Wenn-dann-Form. Beweise oder widerlege.
① Die Summe dreier aufeinanderfolgender natürlicher Zahlen ist immer durch 3 teilbar.
② Die Summe von fünf aufeinanderfolgenden natürlichen Zahlen ist immer durch 10 teilbar.

b) Karla fertigte als Argumentation für die Richtigkeit der Aussage von ① eine Zeichnung an. Beschreibe, wie Karla argumentiert haben könnte.

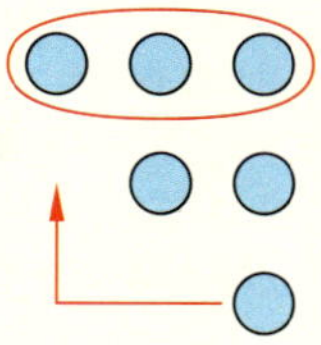

13. Wo steckt der Fehler in der folgenden mathematischen Argumentation?

$x^2 - x^2 = x^2 - x^2$	Die Gleichung $x^2 - x^2 = x^2 - x^2$ ist eine wahre Aussage.
$x(x - x) = (x + x)(x - x)$	Auf der linken Seite wird x ausgeklammert, auf der rechten Seite wird die 3. binomische Formel angewendet.
$x = x + x$	Nun wird auf beiden Seiten der Gleichung durch $(x - x)$ dividiert.
$1 = 1 + 1$	Im letzten Schritt wird auf beiden Seiten der Gleichung durch x dividiert.
Also ist $1 = 2$.	

14. a) Vollziehe den folgenden Beweis nach.

> **Behauptung:** $\sqrt{2}$ ist eine irrationale Zahl.
> **Beweis:** Angenommen, die Behauptung ist falsch, also angenommen, $\sqrt{2}$ ist rational.
> Dann gibt es zwei Zahlen $p, q \in \mathbb{Z}$ mit $\sqrt{2} = \frac{p}{q}$ und der Bruch ist vollständig gekürzt.
> Es gilt also: $\left(\frac{p}{q}\right)^2 = \frac{p^2}{q^2} = 2$, also $p^2 = 2q^2$
> $2q^2$ ist eine gerade Zahl, also muss auch p^2 gerade sein. Dann ist auch p gerade, denn ist eine Quadratzahl gerade, so muss die Zahl selber auch gerade sein.
> Also $p = 2n$ für ein $n \in \mathbb{N}$.
> Durch Einsetzen erhalten wir:
> $$p^2 = 2q^2$$
> $$(2n)^2 = 2q^2$$
> $$4n^2 = 2q^2 \quad |:2$$
> $$2n^2 = q^2$$
> Damit ist auch q^2 gerade und somit auch q. Die Zahl 2 ist Teiler von p und q. Das ist jedoch ein Widerspruch zur Annahme, dass der Bruch $\frac{p}{q}$ vollständig gekürzt ist.
> Also ist unsere Annahme falsch, d. h. $\sqrt{2}$ ist nicht rational, also irrational. q. e. d.

b) Beweise, dass $\sqrt{3}$ irrational ist.

15. Zeichnerische Begründung der Aussagen über Quadratzahlen:
a) Das Quadrat einer ungeraden Zahl ist immer ungerade. Marie hat dazu eine Zeichnung angefertigt. Kannst du ihre Argumentation nachvollziehen? Gib mögliche Argumente an.
b) Fertige auch eine Zeichnung an, mit der du zeigen kannst, dass das Quadrat einer geraden Zahl immer durch 4 teilbar ist.

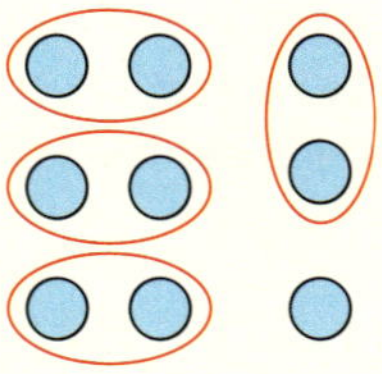

16. Addiert man zu einer zweistelligen natürlichen Zahl die Differenz aus der Zehner- und Einerstelle, so erhält man eine durch 11 teilbare Zahl. Beweise die Aussage, indem du die zweistellige natürliche Zahl mit zwei Variablen schreibst.

17. Forschungsauftrag:
a) Beweise die folgende Aussage:
Das Produkt zweier aufeinanderfolgender Zahlen ist immer durch 2 teilbar.
Unterscheide dafür zwei Fälle:
1. Fall: Die erste Zahl ist gerade. 2. Fall: Die erste Zahl ist ungerade.
b) Suche nach weiteren Beweisen mit Fallunterscheidungen.

Heron-Verfahren

■ Herr Marx, der Mathematiklehrer der Klasse 9a hat sich eine kleine Mathe-Olympiade ausgedacht.
Eine Disziplin ist „Quadratumkehren".
Dabei darf die Wurzeltaste des Taschenrechners nicht benutzt werden.
Erläutere, wie du die Gleichung $x^2 = 5$ lösen würdest. ■

Quadratwurzeln lassen sich ohne Taschenrechner mit dem Intervallschachtelungsverfahren oder mit dem Heron-Verfahren ermitteln.

Beim Heron-Verfahren wird ausgenutzt, dass die Länge der Seite a eines Quadrates gleich der Wurzel aus dem Flächeninhalt A ist. Es wird nun versucht, aus einem Rechteck durch Veränderung der Seitenlängen ein flächengleiches Quadrat zu erzeugen.
So erhält man schrittweise einen immer besseren Näherungswert für $\sqrt{A}$.

Beispiel 1: Berechne $\sqrt{3}$ näherungsweise mit dem Heron-Verfahren.
Runde auf die dritte Stelle nach dem Komma.

Lösung:

Wähle die Seitenlängen a und b eines Rechtecks so, dass der Flächeninhalt die Maßzahl 3 hat.

$a = 3$ und $b = 1$
$A = a \cdot b = 3 \cdot 1 = 3$

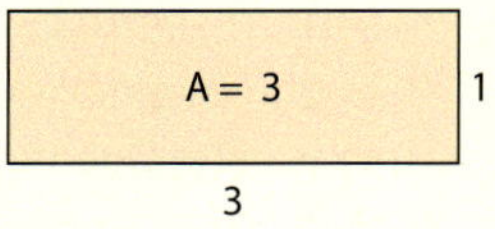

Bilde den Mittelwert von a und b.
Der Mittelwert ist die Länge der neuen Seite a.
Die Seite b muss so angepasst werden, dass der Flächeninhalt dabei weiterhin den Wert 3 annimmt. Für die neuen Seitenlängen von a und b muss also weiterhin gelten:
$a \cdot b = 3$ und somit $b = \frac{3}{a}$

1. Veränderung
der Seitenlängen a und b:
$\frac{a+b}{2} = \frac{3+1}{2} = \frac{4}{2} = 2$
Mit der veränderten Seitenlänge $a = 2$ erhält man für die Seitenlänge b:
$\frac{3}{a} = \frac{3}{2} = 1{,}5$

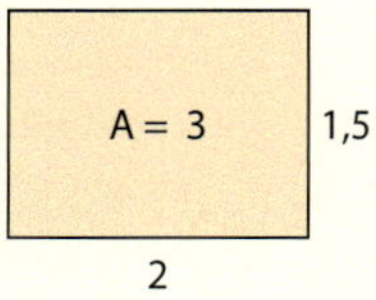

Wiederhole das Vorgehen mit den neuen Seitenlängen.
Die Form des Rechtecks nähert sich immer weiter der eines Quadrates an.

2. Veränderung
der Seitenlängen a und b:
$\frac{2+1{,}5}{2} = \frac{3{,}5}{2} = 1{,}75$
$\frac{3}{a} = \frac{3}{1{,}75} \approx 1{,}714$

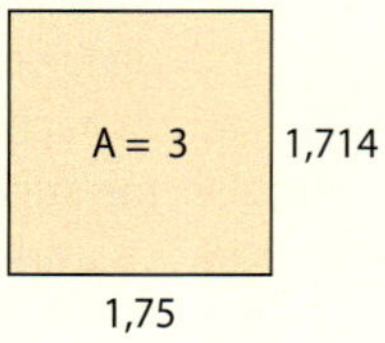

Nach dem dritten Schritt sind die gerundeten Seitenlängen an der dritten Dezimalstelle gleich.

Mit diesem Verfahren kannst du den Wert für $\sqrt{3}$ beliebig genau annähern.

3. Veränderung
der Seitenlängen a und b:
$\frac{1{,}75+1{,}714}{2} = \frac{3{,}464}{2} = 1{,}732$
$\frac{3}{a} = \frac{3}{1{,}732} \approx 1{,}732\,101$
$\sqrt{3} \approx 1{,}732$

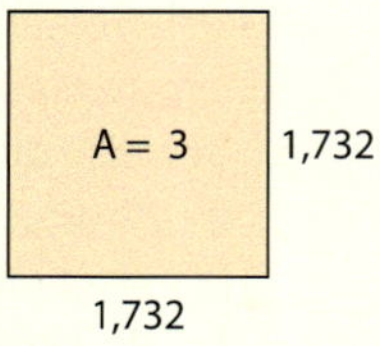

Aufgaben

1. Berechne näherungsweise mit dem Heron-Verfahren auf die dritte Dezimalstelle.
   a) $\sqrt{6}$ b) $\sqrt{12}$ c) $\sqrt{21}$ d) $\sqrt{11}$

2. a) Berechne $\sqrt{8}$ ($\sqrt{15}$; $\sqrt{24}$; $\sqrt{63}$) näherungsweise sowohl mit dem Intervallschachtelungs- als auch mit dem Heron-Verfahren. Runde auf die dritte Dezimalstelle.
   b) Vergleiche beide Verfahren. Für welches Verfahren würdest du dich entscheiden, wenn du ohne Hilfsmittel Wurzeln berechnen müsstest? Begründe deine Aussage.

TB 3. Quadratwurzeln mithilfe des Heron-Verfahrens können auch mit einer Tabellenkalkulation ermittelt werden.
   a) Gib an, welche Formel in welches Feld gehört.
   b) Erstelle die Tabelle mit den entsprechenden Formeln in einer Tabellenkalkulation.
   c) Berechne mit einer Tabellenkalkulation.
   ① $\sqrt{120}$ ② $\sqrt{156}$ ③ $\sqrt{2048}$
   d) Wie viele Schritte werden in c) jeweils benötigt, um die Wurzeln mit einer höheren Genauigkeit zu bestimmen als mit deinem Taschenrechner?

	A	B	C
1	Seite a	Seite b	Flächeninhalt
2	12	10	120
3	11	10,90909091	
4	10,95454545	10,92435685	

=(A2+B2)/2 =C2/A3

=(A3+B3)/2 =C2/A4

4. Um Näherungswerte für Quadratwurzeln mit dem Heron-Verfahren schnell berechnen zu können, wird meist eine Formel verwendet, bei der man von einem vorgegebenen Näherungswert auf den nachfolgenden Näherungswert schließen kann.
   a) Felix benutzt das Heron-Verfahren, um $\sqrt{10}$ zu berechnen.
   Nach der dritten Veränderung hat er als Wert $\sqrt{10} \approx 3{,}162$ erhalten.
   Mona behauptet: „Wenn du einen Näherungswert kennst, kannst du den nächsten Näherungswert immer ganz leicht berechnen."
   Sie schreibt für den folgenden Näherungswert auf:
   $\left(3{,}162 + \frac{10}{3{,}162}\right) : 2 \approx 3{,}1622.$
   Begründe, warum Mona recht hat.
   b) Möchte man allgemein zu einer Zahl a die Quadratwurzel $\sqrt{a}$ berechnen und ist ein beliebiger Näherungswert a_n bekannt, so kann man den nächsten Näherungswert stets mit der folgenden Formel berechnen:
   $a_{n+1} = \left(a_n + \frac{a}{a_n}\right) : 2$
   Berechne mit dieser Formel einen Näherungswert für $\sqrt{7}$.
   Starte mit $a_1 = 3$ und berechne a_2, a_3, a_4, a_5 und a_6.

5. Untersuche mit dem Heron-Verfahren, ob die Gleichung $\sqrt{a+b} = \sqrt{a} + \sqrt{b}$ gilt.
   Setze für a und b Werte ein. (Beispiel: $a = 2$ und $b = 3$)
   Bestimme dann jeweils $\sqrt{2}$, $\sqrt{3}$ und $\sqrt{2+3} = \sqrt{5}$ mit dem Heron-Verfahren und vergleiche.

6. **Forschungsauftrag:** Erforsche weitere Verfahren zur Bestimmung von Quadratwurzeln.
   a) Recherchiere im Internet oder in der Bibliothek deiner Schule weitere Verfahren zur Bestimmung von Quadratwurzeln ohne Hilfsmittel. Hierzu gehört beispielsweise das „schriftliche Wurzelziehen".
   b) Recherchiere auch nach Verfahren der „vedischen Mathematik" zum Ermitteln von Quadratwurzeln. Vedische Rechenmeister ziehen Wurzeln im Kopf. Wähle ein Verfahren und trainiere es solange, bis du es selbst blitzschnell im Kopf ausführen kannst.

1.2 Potenzen mit ganzzahligen Exponenten

■ Betrachte die nebenstehende Aufgabenfolge.
Setze das Prinzip fort und gib die Ergebnisse der ungelösten Aufgaben an. ■

Verkleinert man beim Potenzieren der Basis a ($a \neq 0$) den Exponenten jeweils um 1, so wird das Ergebnis durch a dividiert. Dieses Prinzip lässt sich auch auf null und negative Exponenten fortsetzen.

$a^3 = a \cdot a \cdot a$
$a^2 = a \cdot a$
$a^1 = a$
$a^0 = 1$
$a^{-1} = \frac{1}{a}$
$a^{-2} = \frac{1}{a \cdot a} = \frac{1}{a^2}$
$a^{-3} = \frac{1}{a \cdot a \cdot a} = \frac{1}{a^3}$

(−1 … :a)

Für $a \neq 0$ und eine natürliche Zahl $n > 0$ gilt:
$a^{-n} = \frac{1}{a^n} = \frac{1}{\underbrace{a \cdot a \cdot \ldots \cdot a}_{\text{n Faktoren}}}$

Erinnere dich:
$10^{-1} = \frac{1}{10^1} = \frac{1}{10} = 0{,}1$
$10^{-2} = \frac{1}{10^2} = \frac{1}{100} = 0{,}01$
$10^{-3} = \frac{1}{10^3} = \frac{1}{1000} = 0{,}001$

Wissen: Potenzen mit ganzzahligen Exponenten
Für alle reelle Zahlen a und natürlichen Zahlen $n \geq 1$ gilt:
$a^n = \underbrace{a \cdot a \cdot \ldots \cdot a}_{\text{n Faktoren}}$ $\quad a^{-n} = \frac{1}{a^n} = \frac{1}{\underbrace{a \cdot a \cdot \ldots \cdot a}_{\text{n Faktoren}}}$ (mit $a \neq 0$)

Für eine Potenz mit Exponent null gilt $a^0 = 1$, aber 0^0 ist nicht definiert.

Erinnere dich:
Potenz Exponent
a^n
Basis

Beispiel 1: Potenzen berechnen
a) Schreibe die Potenz 3^{-4} als Produkt und berechne.
b) Schreibe die Potenz $(-4)^{-3}$ als Produkt und berechne.
c) Gib $\frac{1}{3} \cdot \frac{1}{3} \cdot \frac{1}{3} \cdot \frac{1}{3} \cdot \frac{1}{3}$ als Potenz mit negativem Exponenten an.

Lösung:
a) Schreibe die Potenz mit negativem Exponenten als Bruch und berechne die Potenz im Nenner.
$3^{-4} = \frac{1}{3^4} = \frac{1}{3 \cdot 3 \cdot 3 \cdot 3} = \frac{1}{81}$

b) Schreibe die Potenz mit negativem Exponenten als Bruch.
Der Wert ist negativ, weil der Exponent 3 eine ungerade Zahl ist.
$(-4)^{-3} = \frac{1}{(-4)^3}$
$= \frac{1}{(-4) \cdot (-4) \cdot (-4)} = -\frac{1}{4 \cdot 4 \cdot 4} = -\frac{1}{64}$

c) Schreibe das Produkt im Nenner als Potenz. Die Potenz kann im Zähler stehen, wenn man den Exponenten mit negativem Vorzeichen wählt.
$\frac{1}{3} \cdot \frac{1}{3} \cdot \frac{1}{3} \cdot \frac{1}{3} \cdot \frac{1}{3} = \frac{1}{3 \cdot 3 \cdot 3 \cdot 3 \cdot 3} = \frac{1}{3^5} = 3^{-5}$

Hinweis:
Der Wert einer Potenz mit negativer Basis ist positiv, wenn der Exponent gerade ist, und negativ, wenn der Exponent ungerade ist.

Basisaufgaben

1. Berechne. Gib das Ergebnis als ganze Zahl oder als Bruch an.
   a) 2^3; 2^2; 2^1; 2^0; 2^{-1}; 2^{-2}; 2^{-3}
   b) $(-5)^3$; $(-5)^2$; $(-5)^1$; $(-5)^0$; $(-5)^{-1}$; $(-5)^{-2}$; $(-5)^{-3}$

2. Schreibe als Potenz mit positivem Exponenten und berechne die Potenzen ohne Taschenrechner.

a) 6^{-3}　b) 5^{-4}　c) 2^{-4}　d) $(-3)^{-4}$
e) $(-2)^{-3}$　f) $(-9)^{-2}$　g) $(-1)^{-4}$　h) $(2 \cdot 3)^{-3}$

3. Schreibe als Potenz mit negativem Exponenten.

a) $\frac{1}{12^3}$　b) $\frac{1}{(-8)^5}$　c) $\frac{1}{(-2{,}5)^6}$　d) $\frac{1}{2 \cdot 2 \cdot 2 \cdot 2 \cdot 2 \cdot 2 \cdot 2}$
e) $\frac{1}{(-6) \cdot (-6) \cdot (-6) \cdot (-6)}$　f) $\frac{1}{3} \cdot \frac{1}{3} \cdot \frac{1}{3} \cdot \frac{1}{3}$　g) $\frac{1}{121}$　h) $\frac{1}{16}$

4. Berechne die Potenzen ohne Taschenrechner.

a) $0{,}5^{-2}$　b) $0{,}25^{-3}$　c) $0{,}75^{-2}$　d) $(-0{,}5)^{-3}$
e) $\left(\frac{2}{3}\right)^{-2}$　f) $\left(\frac{1}{2}\right)^{-1}$　g) $\left(\frac{1}{4}\right)^{-2}$　h) $\left(\frac{2}{5}\right)^{0}$

Hinweis zu 4:
Die Lösungen findest du hier.

Weiterführende Aufgaben

5. a) Berechne die Potenzen ohne Taschenrechner: $(-4)^{-4}$; -4^{-4}; $(-5)^{-3}$; -5^{-3}, $(-6)^{-2}$; -6^{-2}
b) Beschreibe, worin sich die Terme $(-a)^{-n}$ und $-a^{-n}$ unterscheiden.

6. Schreibe mit positiven Exponenten.

a) y^{-4}　b) $(6a)^{-3}$　c) $(x+5)^{-2}$　d) $y^4 y^{-2}$
e) a^{-2}　f) $b^{-3} c^{-4}$　g) $\frac{a^{-4}}{b^{-3}}$　h) $\frac{x^{-2}}{y^{-5}}$

7. Schreibe möglichst einfach mit Potenzen mit negativen Exponenten.

a) $\frac{1}{2}$　b) $\frac{5}{x^2}$　c) $\frac{2}{-a^3}$　d) $\frac{4}{(-b)^4}$
e) $\frac{1}{x \cdot x \cdot x}$　f) $\frac{1}{(1-a)}$　g) $\frac{x \cdot y}{u \cdot v}$　h) $\frac{1}{x^2 y^2}$

8. Übertrage ins Heft. Setze das richtige Zeichen < oder > ein.

a) 6^{-4} ■ 6^{-5}　b) 4^{-4} ■ 4^{-5}　c) $(-3)^{-2}$ ■ $(-3)^{-1}$　d) $(0{,}25)^{-3}$ ■ $(0{,}25)^{-1}$

9. **Stolperstelle:** Überprüfe die Rechnungen. Beschreibe die Fehler und korrigiere sie.

a) $-2^2 = 4$　b) $-(-3)^{-3} = -\frac{1}{27}$　c) $-3 \cdot (-3)^4 = (-3)^4$　d) $(-a) \cdot (-a)^3 = -a^4$
e) $3 \cdot (a-b)^0 = 1$　f) $(a^3)^0 = a^3$　g) $(x+y)^2 = x^2 + y^2$　h) $2m^3 \cdot 10\,dm^3 = 12\,dm^3$

10. a) Berechne die Potenzen $(-3)^2$; $(-3)^3$; $(-3)^4$; $(-3)^5$, sowie $(-3)^{-2}$; $(-3)^{-3}$; $(-3)^{-4}$; $(-3)^{-5}$.
b) Welche Werte müssen die Basen und Exponenten annehmen, damit die Ergebnisse positiv bzw. negativ sind? Formuliere eine allgemeine Regel.

11. Die Potenz 0^0 hat keine eindeutige Lösung, sondern es sind zwei Lösungen denkbar.
a) Berechne die Potenten 0^4, 0^3, 0^2, 0^1. Gib eine mögliche Lösung für 0^0 an.
b) Berechne die Potenzen 4^0, 3^0, 2^0, 1^0. Gib eine mögliche Lösung für 0^0 an.
c) Erläutere mit eigenen Worten, warum man 0^0 nicht sinnvoll definieren kann.

12. Berechne die Aufgaben. Beachte dabei die Vorrangregeln.

a) $2 \cdot 2^5$　b) $-2 \cdot (-2)^4$　c) $5 \cdot 5^2$　d) $3 \cdot 3^0 \cdot 3^3$

Erinnere dich:
Potenzrechnung geht vor Punkt- und Strichrechnung.

13. Mit welchem Exponenten muss man −7 potenzieren, um die gegebene Zahl zu erhalten?

a) 49　b) −343　c) −7　d) 1　e) $\frac{1}{-7}$　f) $\frac{1}{49}$

Hinweis:
Die Lösung zu Aufgabe 14 findest du hier:

14. Löse die Gleichungen.

a) $2{,}3 \cdot 10^x = 23$ b) $3^x = 81$ c) $1{,}89 \cdot 10^x = 0{,}000\,0189$

d) $x^{-2} = \frac{1}{64}$ e) $\frac{1}{3} = 3^x$ f) $\left(\frac{4}{7}\right)^x = \frac{64}{343}$

15. Aus einer Bakterie wird eine Bakterienkolonie gezüchtet. Bei günstigen Lebensbedingungen, beispielsweise bei genügend Nahrung, Feuchtigkeit und Temperaturen zwischen +10 °C bis +30 °C, können sich Bakterien alle 20 min teilen. Berechne, wie viele Bakterien die Bakterienkultur nach 8 Stunden umfasst.

16. Im Tiefkühlschrank liegt eine Packung mit 500 g Eis. Eva nascht jeden Tag die Hälfte des vorhandenen Eises. Ermittle, nach wie vielen Tagen noch etwa 5 g Eis übrig sind.

Hinweis:

Einheit	*Abkürzung*
Ampère	A
Farad	F
Hertz	Hz
Volt	V
Watt	W

17. Bei Einheiten von Größen werden oft Vorsilben verwendet. Beispiel: Die Vorsilbe Mikro (µ) steht für die Zehnerpotenz 10^{-6}, also $1\,\mu g = 10^{-6}\,g$.
Gib die Größe in der in Klammern stehenden Einheit an. Verwende Zehnerpotenzen, wenn es sinnvoll ist.

a) $5 \cdot 10^{-6}$ s (µs) b) 300 nF (F) c) $4{,}3 \cdot 10^{-7}$ m (nm)

d) 2,25 l (ml) e) 6 µm (m) f) 3,4 MW (W)

g) 520 nm (m) h) 2,3 GHz (Hz) i) 8 TA (A)

Vorsilbe	Potenz
Nano n	10^{-9}
Mikro µ	10^{-6}
Milli m	10^{-3}
Zenti c	10^{-2}
Dezi d	10^{-1}
Hekto h	10^{2}
Kilo k	10^{3}
Mega M	10^{6}
Giga G	10^{9}
Tera T	10^{12}

Erinnere dich:
$5{,}1 \cdot 10^{-3} = 0{,}0051$
$0{,}000\,02 = 2 \cdot 10^{-5}$

18. Schreibe ohne Potenzschreibweise mithilfe einer geeigneten Vorsilbe.
Beispiel: 10^{-1} m = 1 dm

a) 10^{3} Hz b) 10^{-2} m c) 10^{6} W

d) 10^{-6} g e) 10^{-9} m f) 10^{3} m

g) 10^{3} g h) 10^{12} m i) 10^{-3} l

● **19.** In einem großen Bienenvolk leben im Sommer etwa $8 \cdot 10^4$ Bienen. 10 Bienen wiegen 1 g. Um 500 g Honig zu produzieren, müsste eine Biene 3,5-mal um die Erde fliegen (Erdumfang 40 075 km). In ihrem Leben legt eine Biene etwa $8 \cdot 10^6$ m zurück.

a) Welches Gewicht in Gramm hat das Bienenvolk?
b) Wie viel km muss das Bienenvolk zurücklegen, wenn es 40 kg Honig produzieren soll?
c) Wie viel km legt das Bienenvolk in seinem Leben zurück?

20. Der jährliche Stromverbrauch eines 4-Personenhaushaltes beträgt etwa $5 \cdot 10^3$ kWh.

a) Wie viele 4-Personenhaushalte können mit 100 TWh (Terawattstunden) ein Jahr versorgt werden?
b) Wie viel Euro erhält ein Stromanbieter für 100 TWh, wenn er für 1 kWh 29 Cent fordert?

Hinweis:
Sind Kondensatoren parallel geschaltet, addieren sich deren Kapazitäten.

21. Ein Kondensator hat eine Kapazität von 10 pF. Wie viele Kondensatoren mit je 10 pF müssen parallel geschaltet werden, um 1 nF zu erhalten?

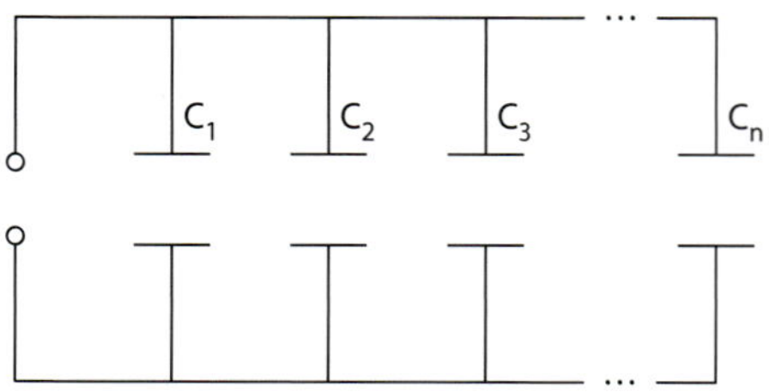

22. In der Homöopathie verwendet man hohe Verdünnungen von Wirkstoffen als Arzneien. Die Konzentration D1 bedeutet, dass in 10 Teilen der Arznei 1 Teil des Wirkstoffes enthalten ist. D2 bedeutet, dass in 100 Teilen der Arznei 1 Teil des Wirkstoffes enthalten ist usw.

a) Wie viel Gramm Belladonna D6 lässt sich aus 1 g des Wirkstoffes der giftigen Tollkirsche herstellen?

b) Wie viel Milliliter reines Schöllkraut sind zur Herstellung von 50 Litern der Lösung des Schöllkrautes D4 notwendig?

● **23.** Das von der Erde am weitesten entfernte Objekt, das man mit bloßem Auge noch sehen kann, ist die Andromeda-Galaxie. Sie ist $2{,}7 \cdot 10^6$ Lichtjahre von der Erde entfernt. Ihr größter Durchmesser beträgt etwa 163 000 Lichtjahre. Berechne die Entfernung und den Durchmesser der Andromeda-Galaxie in km.
Hinweis: Die Lichtgeschwindigkeit beträgt $3 \cdot 10^8\,\text{ms}^{-1}$.

Hinweis:
Ein Lichtjahr ist die Entfernung, die das Licht in einem Jahr zurücklegt.

24. Im Periodensystem der Elemente befindet sich zu den jeweiligen Elementen auch die Atommasse des Elements. Da die Massen der Elemente sehr klein sind, vermeidet man, sie in g anzugeben. Man legt fest, dass $1\,\text{u} = 1{,}6605 \cdot 10^{-24}$ g sind.
Kupfer hat eine Atommasse von 63,5 u.
Die Masse eines Kupferatoms ist $63{,}5 \cdot 1{,}6605 \cdot 10^{-24}\,\text{g} = 1{,}0544 \cdot 10^{-22}\,\text{g}$.

a) Gib die Masse eines Sauerstoffatoms und eines Wasserstoffatoms in Gramm an.

b) Berechne die Masse in Gramm der folgenden Moleküle: Wasser H_2O, Kohlenstoffmonoxid CO, Kohlenstoffdioxid CO_2.

Hinweis zu 24:
Sauerstoff O: 16 u
Wasserstoff H: 1 u
Kohlenstoff C: 12 u

25. Die Vorsilben Kilo, Mega, Giga und Tera werden auch für die Einheit Byte für Speicherkapazitäten beispielsweise von Computern verwendet, allerdings etwas anders (siehe Tabelle).
Die Speicherkapazität eines Laufwerks wird mit 20 TB angegeben.

a) Überprüfe die Umrechnungen des Computers.

b) Ein Foto einer Digitalkamera hat etwa die Größe von 4 MB. Wie viele Fotos können noch auf dem Laufwerk gespeichert werden?

1 kB	$= 2^{10}$ Byte	$= 1024 \approx 10^3$ Byte
1 MB	$= 2^{10}$ kB	$= 1\,048\,576$ Byte $\approx 10^6$ Byte
1 GB	$= 2^{10}$ MB	$= 1\,073\,741\,824$ Byte $\approx 10^9$ Byte
1 TB	$= 2^{10}$ GB	$= 1\,099\,511\,627\,776$ Byte $\approx 10^{12}$ Byte

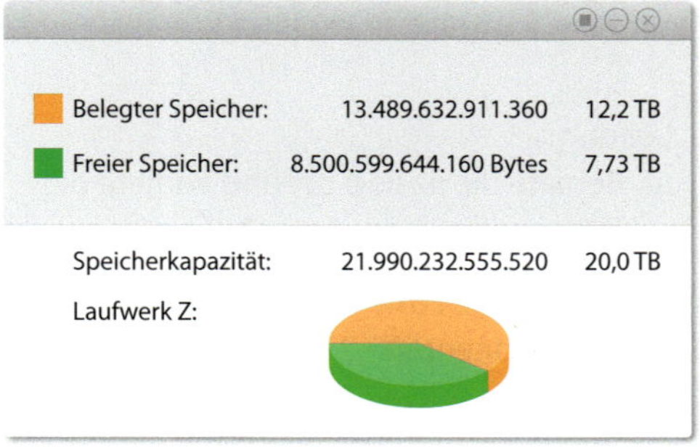

● **26.** Für welche reellen Zahlen x gilt die Ungleichung oder Gleichung?

a) $x^2 > x$ b) $x^2 < x$ c) $x^2 = x$ d) $x^3 > x$ e) $x^3 < x^2$

● **27.** Überprüfe und begründe, welche der Aussagen falsch ist.
Für alle reellen Zahlen x und alle natürliche Exponenten $n \geq 1$ gilt:

a) Wenn $x < 0$, ist $x^{2n} > 0$. b) Wenn $x < 0$, ist $x^{-n} > 1$. b) Wenn $x^{2n+1} < 0$, ist $x < 0$.

● **28.** **Ausblick:** Ersetze im Heft ■ so durch „=", „>" oder „<", dass eine wahre Aussage entsteht.

a) $\sqrt[2]{4} \cdot \sqrt[2]{9}$ ■ $\sqrt[2]{4 \cdot 9}$ b) $\sqrt[2]{16} : \sqrt[2]{64}$ ■ $\sqrt[2]{\frac{16}{64}}$ c) $\sqrt[2]{0{,}01}$ ■ $\sqrt[2]{0{,}02^2}$

d) $\sqrt[2]{\sqrt[2]{\frac{1}{16}}}$ ■ $\sqrt[2]{\sqrt[2]{5^{-2}}}$ e) $\sqrt[2]{0{,}09}$ ■ $\sqrt[2]{(-2)^2}$ f) $\sqrt[2]{\frac{9}{4}}$ ■ $\frac{\sqrt[2]{9}}{\sqrt[2]{4}}$

1.3 Potenzgesetze

■ Paul, Sarah, Carina und Tim kommen auf das gleiche Ergebnis, obwohl sie verschiedene Aufgaben bearbeiten.
Kannst du das erklären? ■

Wenn man beim Rechnen mit Potenzen die Potenzen als Produkte schreibt, kann man erkennen, welche Rechenregeln dabei gelten.

Potenzen mit gleicher Basis

Um Potenzen mit gleicher Basis zu multiplizieren, kann man die Potenzen als Produkt schreiben. Im folgenden Beispiel tritt die Basis 2 insgesamt 4 + 3 = 7-mal als Faktor auf. Das Produkt kann mit dem Exponenten 7 geschrieben werden.
Beim Dividieren von Potenzen mit gleicher Basis lassen sich Faktoren kürzen. Im Beispiel lässt sich dreimal die 3 kürzen.

$2^4 \cdot 2^3 = \underbrace{2 \cdot 2 \cdot 2 \cdot 2 \cdot 2 \cdot 2 \cdot 2}_{4+3=7 \text{ Faktoren}} = 2^{4+3} = 2^7$

$3^5 : 3^3 = \frac{3 \cdot 3 \cdot \cancel{3} \cdot \cancel{3} \cdot \cancel{3}}{\cancel{3} \cdot \cancel{3} \cdot \cancel{3}} = 3 \cdot 3 = 3^2 = 3^{5-3}$

Wissen: Potenzgesetze bei gleicher Basis
Für alle reellen Zahlen $a \neq 0$ und alle ganzzahligen Exponenten m und n gilt:

$a^m \cdot a^n = a^{m+n}$ Beim Multiplizieren von Potenzen mit gleicher **Basis** wird die **Basis beibehalten** und die **Exponenten werden addiert**.

$a^m : a^n = \frac{a^m}{a^n} = a^{m-n}$ Beim Dividieren von Potenzen mit gleicher **Basis** wird die **Basis beibehalten** und die **Exponenten werden subtrahiert**.

Beispiel 1: Fasse zu einer Potenz zusammen.
a) $8^4 \cdot 8^{-6}$ b) $y^{-2} : y^5$

Lösung:
a) Behalte die Basis 8 bei und addiere die Exponenten $4 + (-6) = -2$. $8^4 \cdot 8^{-6} = 8^{4+(-6)} = 8^{-2}$

b) Behalte die Basis y bei und subtrahiere die Exponenten $-2 - 5 = -7$. $y^{-2} : y^5 = y^{-2-5} = y^{-7}$

Basisaufgaben

1. Fasse zu einer Potenz zusammen.
a) $2^5 \cdot 2^4$ b) $2^5 \cdot 2^{-4}$ c) $6^5 : 6^3$ d) $10^4 \cdot 10^{-4}$ e) $(-2^4) \cdot (-2)^3$
f) $x^5 \cdot x^5$ g) $a^5 : a^3$ h) $x^3 \cdot x^{-3}$ i) $x^4 : (2y^{-2})$ j) $\frac{x^4 \cdot x^3}{x^2}$

2. Schreibe die Potenzen ausführlich als Faktoren und begründe, dass die Gleichung stimmt.
a) $3^4 \cdot 3^5 = 3^9$ b) $a^{-5} \cdot a^{-2} = a^{-7}$ c) $5^2 : 5^5 = 5^{-3}$

3. Fasse zu einer Potenz zusammen.
a) $b^3 \cdot b^5 \cdot b$ b) $\frac{a^7}{a^3 \cdot a^2}$ c) $a^2 \cdot b \cdot a^3 \cdot b$ d) $\frac{x^2 \cdot y^3}{xy}$ e) $\frac{(3a)^{-2}(3a)^4}{3a}$

4. Fasse zu einer Potenz zusammen. Vereinfache, falls möglich.
a) $3^{s-2} \cdot 3$ b) $2^{k+1} \cdot 2^{k-1}$ c) $\frac{a^n}{a}$ d) $\frac{a}{a^n}$ e) $\frac{a^{n+1}}{a^{n-1}}$
f) $q \cdot q^{n-1}$ g) $\frac{(-2ax)^5}{8ax^6}$ h) $(-2x)^2 \cdot (-2x)^3$ i) $-3c \cdot 4c^3$ j) $-3a^2 \cdot 4a^{-1}$

Potenzen potenzieren

Wird eine Potenz potenziert, kann man zuerst die äußere Potenz als Produkt schreiben. Anschließend kann man die innere Potenz als Produkt schreiben. Im folgenden Beispiel tritt die Basis 4 insgesamt $3 \cdot 2 = 6$-mal als Faktor auf. Das Produkt kann mit dem Exponenten 6 geschrieben werden.

$$(4^3)^2 = 4^3 \cdot 4^3 = \underbrace{4 \cdot 4 \cdot 4 \cdot 4 \cdot 4 \cdot 4}_{3 \cdot 2 = 6 \text{ Faktoren}} = 4^{3 \cdot 2} = 4^6$$

Wissen: Potenzgesetz beim Potenzieren von Potenzen
Für alle reellen Zahlen $a \neq 0$ und alle ganzzahligen Exponenten m und n gilt:
$(a^m)^n = a^{m \cdot n}$ Beim Potenzieren von Potenzen wird die **Basis beibehalten** und die **Exponenten werden multipliziert**.

Beispiel 2: Fasse zu einer Potenz zusammen.
a) $(5^2)^{-4}$ b) $(x^{-1})^{-2}$

Lösung:
a) Behalte die Basis 5 bei und multipliziere die Exponenten $2 \cdot (-4) = -8$. $(5^2)^{-4} = 5^{2 \cdot (-4)} = 5^{-8}$

b) Behalte die Basis x bei und multipliziere die Exponenten $(-1) \cdot (-2) = 2$. $(x^{-1})^{-2} = x^{(-1) \cdot (-2)} = x^2$

Basisaufgaben

5. Fasse zu einer Potenz zusammen.
a) $(10^2)^5$ b) $(5^3)^{-2}$ c) $(a^2)^6$ d) $(b^{-s})^3$ e) $((0{,}75b)^3)^{-2}$

6. Schreibe die Potenzen als Faktoren und zeige, dass die Gleichung stimmt.
a) $(6^4)^2 = 6^8$ b) $(a^{-3})^2 = a^{-6}$ c) $(a^{-2})^{-3} = a^6$

7. Fasse zu einer Potenz zusammen. Schreibe ohne Klammern.
a) $(-3^2)^3$ b) $((-2)^4)^3$ c) $(-x^3)^{-1}$ d) $(-z^3)^4$ e) $[-(-2^{-2})]^3$
f) $(x^{n+1})^2$ g) $(a^3)^{n-1}$ h) $(3xy^2)^4$ i) $\frac{(a^3 \cdot b^4)^3}{(a^2 \cdot b^3)^2}$ j) $((-3)^3)^2$

8. Berechne und vergleiche.
a) $(2^2)^2$ und $2^{(2^2)}$ b) $(2^5)^3$ und $2^{(5^3)}$ c) $(4^{-3})^2$ und $4^{((-3)^2)}$

9. Schreibe als eine Potenz mit möglichst kleiner natürlicher Basis.
Beispiel: $8^2 = (2^3)^2 = 2^6$
a) 9^2 b) 25^3 c) $4^3 \cdot 2^4$ d) 16^3 e) 81^2

10. Berechne die Terme $(a^3)^2$; $(-a^3)^2$ und $(-a^2)^3$ und vergleiche.
Beschreibe Gemeinsamkeiten und Unterschiede.

Potenzen mit gleichem Exponenten

Um Potenzen mit gleichem Exponenten zu multiplizieren, kann man die Potenzen als Produkt schreiben und nach dem Kommutativgesetz umsortieren. Im folgenden Beispiel treten die Basis 2 und die Basis 5 jeweils 3-mal auf. Der neue Faktor $2 \cdot 5$ tritt 3-mal auf.
Beim Dividieren von Potenzen mit gleichem Exponenten kann man genauso vorgehen.
Im Beispiel treten Zähler und Nenner jeweils 2-mal auf, also tritt der einzelne Bruch $\frac{4}{3}$ ebenfalls 2-mal auf.

$$2^3 \cdot 5^3 = \underbrace{2 \cdot 2 \cdot 2}_{\text{3 Faktoren}} \cdot \underbrace{5 \cdot 5 \cdot 5}_{\text{3 Faktoren}} = \underbrace{(2 \cdot 5) \cdot (2 \cdot 5) \cdot (2 \cdot 5)}_{\text{3 Faktoren}} = (2 \cdot 5)^3 = 10^3$$

$$4^2 : 3^2 = \frac{\overbrace{4 \cdot 4}^{\text{2 Faktoren}}}{\underbrace{3 \cdot 3}_{\text{2 Faktoren}}} = \underbrace{\frac{4}{3} \cdot \frac{4}{3}}_{\text{2 Faktoren}} = \left(\frac{4}{3}\right)^2$$

Wissen: Potenzgesetze bei gleichem Exponenten
Für alle reellen Zahlen $a \neq 0$ und $b \neq 0$ und alle ganzzahligen Exponenten n gilt:

$a^n \cdot b^n = (a \cdot b)^n$ Beim Multiplizieren von Potenzen mit gleichem Exponenten wird der **Exponent beibehalten** und die **Basen werden multipliziert.**

$a^n : b^n = \frac{a^n}{b^n} = \left(\frac{a}{b}\right)^n$ Beim Dividieren von Potenzen mit gleichem Exponenten wird der **Exponent beibehalten** und die **Basen werden dividiert.**

Beispiel 3: Fasse zu einer Potenz zusammen.
a) $5^{-4} \cdot 2^{-4}$ b) $14^3 : 7^3$ c) $\frac{(ab)^2}{a^2}$

Lösung:
a) Behalte den Exponenten −4 bei und multipliziere die Basen $5 \cdot 2 = 10$. $5^{-4} \cdot 2^{-4} = (5 \cdot 2)^{-4} = 10^{-4}$

b) Behalte den Exponenten 3 bei und dividiere die Basen $14 : 7 = 2$ und kürze. $14^3 : 7^3 = \left(\frac{14}{7}\right)^3 = 2^3$

c) Behalte den Exponenten 2 bei und dividiere die Basen $ab : a$ und kürze. $\frac{(ab)^2}{a^2} = \left(\frac{ab}{a}\right)^2 = b^2$

Basisaufgaben

11. Fasse zu einer Potenz zusammen.
a) $2^5 \cdot 3^5$ b) $2^{-4} \cdot 9^{-4}$ c) $2^3 : 8^3$ d) $5^4 : 2^4$ e) $32^4 : 16^4$
f) $a^4 : b^4$ g) $x^3 \cdot y^3$ h) $u^{-2} \cdot v^{-2}$ i) $3^{-3} \cdot (2x)^{-3}$ j) $a^5 \cdot \frac{b^5}{a^5}$

12. Schreibe die Potenzen ausführlich als Faktoren und begründe, dass die Gleichung stimmt.
a) $3^{-3} \cdot 2^{-3} = 6^{-3}$ b) $a^{-2} \cdot b^{-2} = (ab)^{-2}$ c) $x^3 \cdot x^3 = x^6$ d) $x^3 : y^3 = \left(\frac{x}{y}\right)^3$

Hinweis zu 13:
Die Lösungen findest du hier.

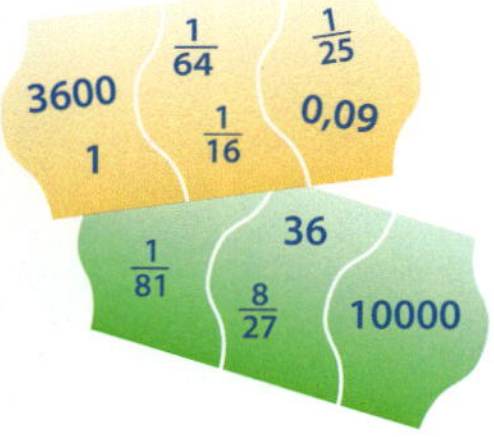

13. Berechne den Termwert.
a) $3^4 : 6^4$ b) $2^2 \cdot 3^2$ c) $5^2 \cdot 12^2$ d) $6^{-4} : 2^{-4}$ e) $2{,}5^{-2} \cdot 2^{-2}$
f) $0{,}6^2 : 2^2$ g) $(-4)^4 \cdot \left(\frac{1}{4}\right)^4$ h) $4^3 : 6^3$ i) $\left(\frac{2}{3}\right)^{-2} \cdot 12^{-2}$ j) $(-2)^4 \cdot 5^4$

14. Vereinfache den Term.
a) $(p+q)^2 (p-q)^2$ b) $(x-1)^{-2} \cdot (x-1)^{-2}$ c) $\left(\frac{1}{2u}\right)^3 : \left(\frac{1}{2}\right)^3$ d) $\left(\frac{1}{ab}\right)^{-2} \cdot a^{-2}$
e) $(x^2-y^2)^3 : (x+y)^3$ f) $(a+b)^4 : (a^2-b^2)^4$ g) $(ab)^{-2} : (ac)^{-2}$ h) $(xy)^3 : y^3$

Weiterführende Aufgaben

15. Vereinfache. Gib an, welches Potenzgesetz du verwendest.

a) $(5^{-4})^{-1}$ b) $7^{18}:7^{19}$ c) $\frac{5\cdot 6^3}{30^3}$ d) $16^3:2^2$ e) $6^5\cdot 36$

16. Auf welchen Kärtchen stehen äquivalente Terme?

① $10^{-1}\cdot 10$ ② $a^2\cdot b^2\cdot(a\cdot b)^{-2}$ ③ $\frac{2^3}{16\cdot 2^{-1}}$ ④ $\left(\frac{1}{2}\right)^{-2}\cdot\frac{1}{4}$

⑤ $\frac{5^3\cdot(2^2)^3\cdot 5^{-1}}{4^3\cdot 5^2}$ ⑥ $\frac{2\cdot b^{-2}}{(0{,}5ab)^{-1}}$ ⑦ $\frac{(a^2)^2\cdot(b^2)^3\cdot b^{-1}}{a^3\cdot b^6}$ ⑧ $\frac{(2^3)^{-2}\cdot b^{-3}\cdot 2^4\cdot a^3}{a^2\cdot(2b)^{-2}}$

17. Schreibe als eine Potenz und berechne die Aufgaben. Begründe, wann der Einsatz eines Taschenrechners sinnvoll ist.

a) $(-2)^3\cdot(-2)^5$ b) $\left(\frac{3}{4}\right)^3:\left(\frac{3}{4}\right)^2$ c) $(0{,}25)^8\cdot\left(\frac{1}{4}\right)^2$ d) $0{,}5^3:0{,}5^{-2}$

e) $(-z)^{-7}\cdot(-z)^{-2}$ f) $(9a)^3:(9a)^{-8}$ g) $(-10)^2\cdot 8^2$ h) $4^{-3}:0{,}25^{-3}$

i) $\left(\frac{1}{3}\right)^5\cdot\left(\frac{2}{9}\right)^5$ j) $(100ab)^2:(4a)^2$ k) $\left(\frac{1}{2}ax^2\right)^6:(4bx)^6$ l) $(-3xy)^{-5}\cdot\left(\frac{6}{y}\right)^{-5}$

18. Stolperstelle: Erkläre die Fehler, die gemacht wurden, und korrigiere sie.

a) $5^3+4^3=(5+4)^3=9^3$ b) $2^4\cdot 3^5=(2\cdot 3)^{4+5}=6^9$ c) $4^2-(-4)^3=4^1$

d) $(a+2)^3=a^3+2^3$ e) $2^6+2^6=2^{12}$ f) $(3^2)^4=3^{(2^4)}=3^{16}$

19. a) Berechne und vergleiche: 2^3+2^2 und 2^5 und $3^{-3}+3^{-2}$ und 3^{-5}.

b) Erkläre, warum man Potenzen mit gleicher Basis nicht addieren oder subtrahieren darf, indem man die Exponenten addiert bzw. subtrahiert.

20. Fasse zusammen.

Beispiel: $7\cdot 2^3-4\cdot 2^3=3\cdot 2^3$

a) $3\cdot 4^2+5\cdot 4^2$ b) $2\cdot 6^4-3\cdot 6^4$ c) $-3^{-3}-3\cdot 3^{-3}$

d) $3a^3+4a^3-2a^3$ e) $4x^{-1}-12x^{-1}+y^{-1}$ f) $0{,}25a^4-0{,}75a^4+4a^4$

g) $\frac{1}{4}a^3+\frac{2}{5}a^3$ h) $a^n-(a^n-(a^n+a^n))$ i) $x^4+4x^3+4x^2-(x^5+4x^4+4x^3)$

21. Berechne. Nutze den Taschenrechner so wenig wie möglich. Runde, falls erforderlich, auf zwei Nachkommastellen.

a) $2^4\cdot 5^4$ b) $2{,}5^{-2}\cdot 2^{-2}$ c) $4^4\cdot 4^{-8}$ d) $3{,}5^2:2^2$ e) $(-4)^6\cdot 25^6$

f) $\left(\frac{1}{10}\right)^{-3}\cdot 5{,}1^{-3}$ g) $2^{15}\cdot 0{,}5^{15}$ h) $\left(\frac{3}{2}\right)^2\cdot 1{,}5^{-2}$ i) $\left(\frac{2}{5}\right)^4$ j) $4^6:4^{-4}$

22. Schreibe die Basis (bzw. die Basen) als Potenz und überprüfe.

Beispiel: $16^5>2^{19}$? Schreibe $16^5=(2^4)^5=2^{20}$ und $2^{20}>2^{19}$ ✓

a) $100^5<11^{10}$ b) $8^2>4^3$ c) $9^4>4^8$ d) $\left(\frac{1}{36}\right)^{-3}=9^3\cdot 2^6$ e) $144^3<3^4\cdot\left(\frac{1}{2}\right)^{-12}$

23. Schreibe als eine Potenz.

a) $4^{3s}5^{3s}$ b) $x^{2t}y^{2t}$ c) $(a+b)^x(a-b)^x$ d) $z^{4t}u^{4t}$ e) $x^3\cdot x^b$

f) $z^{n+1}\cdot z^n$ g) $b^x\cdot b^{x-1}$ h) $(x^4)^k$ i) $(a^k)^{k+1}$ j) $(b^s)^s$

24. Finde die größte Zahl, die sich mit drei Dreien berechnen lässt. Erlaubt sind zusätzlich Klammern und Rechenzeichen. Vergleiche dein Ergebnis mit deinem Nachbarn.

25. Untersuche, ob zwei Potenzen gleich sein können, wenn die beiden Basen übereinstimmen, die zwei Exponenten aber verschieden sind.

26. a) Zeige, dass $\left(\frac{a}{b}\right)^{-n} = \left(\frac{b}{a}\right)^{n}$ und $a^{-n} = \left(\frac{1}{a}\right)^{n}$ gilt.

b) Schreibe mithilfe der Gleichungen aus a) ohne negative Exponenten.

1) $\left(\frac{x}{y}\right)^{-3}$ 2) $\left(\frac{a}{b}\right)^{-4}$ 3) $\left(\frac{1}{a+b}\right)^{-1}$ 4) $\left(\frac{a+b}{a-b}\right)^{-2}$ 5) $\left(\frac{u+v+w}{u-v-w}\right)^{-3}$

6) b^{-3} 7) $(a+b)^{-2}$ 8) $\left(\frac{5}{x}\right)^{-3}$ 9) $\left(\frac{1}{\pi}\right)^{-2}$ 10) $\left(\frac{s^2}{kg \cdot m}\right)^{-1}$

CAS

27. a) Beschreibe, wie das CAS die eingegebenen Terme umgeformt hat. Überprüfe anhand selbstgewählter Beispiele, wie ein CAS Terme mit Potenzen umformt. Beschreibe deine Beobachtungen.

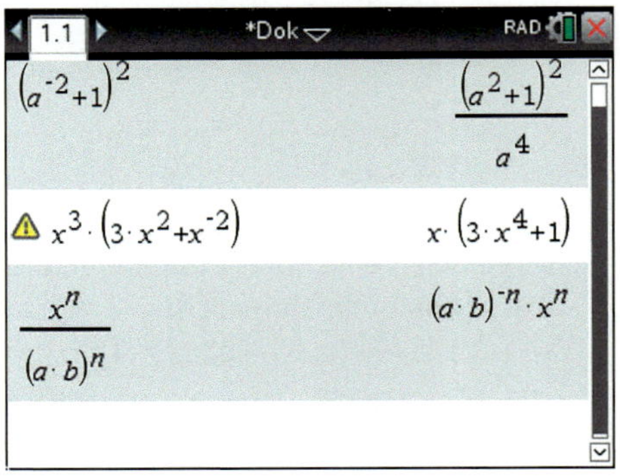

b) Forme den Term mit einem CAS um.

1) $(a^{-3}-1)(a^{-3}+1)-\frac{1}{a^5}$

2) $a^4 \cdot a^{-3} + (2a^{-2}+a^3)\cdot a^2$

3) $3a^n(2-a^{n-2}) + 0{,}5a^{-2}(a^{2n}-4a^{n+2})$

28. Löse die Klammern auf.

a) $(a^3+a^4)\cdot a^5$ b) $(x^4-x^3+x^2)\cdot x^3$ c) $(2t^4+3t^5-t)\cdot t^2$

d) $4ab-3(a^6-a^2)$ e) $(a^{-3}+a^{-2})\,a^4$ f) $7xyz(x^2y^3-xy^2z)$

29. Klammere die höchsten Potenzen aus.

a) $q^6+q^4+q^3$ b) $5x^4+25x^8$ c) x^3-x^2+x

d) $x^2y^3+xy^2-x^3y$ e) $r^{-5}s^{-3}+r^{-2}s$ h) $-x^3z^2-xz^2-3xz^{-2}$

30. Vereinfache mithilfe der Potenzgesetze so weit wie möglich. Notiere zuerst, welche Bedingungen die Variablen erfüllen müssen.

a) $(a\cdot b)^{-6}$ b) $(-a)^4\cdot(-a)^4$ c) $(-a)^4\cdot(-a)^{-4}$

d) $a^{-2n}:(a^2)^n$ e) $\frac{(6abx)^3}{(4ab)^4}\cdot\frac{(10aby)^4}{(-3ax)^3}\cdot\frac{2}{(25by)^2}$ f) $(3x^{-3}-x^{-5}):x^{-6}$

g) $\frac{a^4}{a^6}\cdot\frac{b^2}{b^3}$ h) $\frac{rr^3}{r}\cdot\frac{s^{-10}}{s^6}$ i) $\frac{(a+b)^2}{(a+b)^3}\cdot\frac{(a-b)^{-5}}{(a-b)^{-4}}$

31. Überprüfe die Ergebnisse.

a) $\frac{(x+y)^2}{(x-y)^2}\cdot\frac{x^2-y^2}{x+y}=\frac{(x+y)^2\cdot(x-y)^2}{(x-y)^2\cdot(x+y)}=x+y$ b) $\frac{x^3}{x^2}+\frac{x^2}{x^3}=\frac{x^3+x^2}{x^2+x^3}=1$ c) $x^7\cdot x^3-x^{21}=0$

32. Sind die folgenden Aussagen wahr oder falsch? Begründe deine Antwort.

a) Für alle geraden natürlichen Zahlen p gilt: Wenn $a \neq 0$, dann gilt $a^p > 0$.

b) Für alle geraden natürlichen Zahlen p gilt: Wenn $a \neq 0$, dann gilt $a^{-p} < 0$.

c) Formuliere Aussagen wie in a) für alle ungeraden natürlichen Zahlen.

● **33.** Bringe die Brüche auf einen Nenner und vereinfache.

a) $\frac{1}{x^3}-\frac{x-1}{x^4}$ b) $\frac{1+x^2}{x^5}-\frac{1}{x^2}$ c) $\frac{1+x}{x^n}-\frac{1-x}{x^{n-1}}-\frac{1}{x^{n-2}}$

d) $n+\frac{2n}{n^2-1}+\frac{n}{n+1}$ e) $n^2+n+\frac{n^3-n}{n^2+1}$ f) $\frac{1-2x^2}{x^2}-\frac{3x-2}{x^{n-2}}+\frac{3}{x^{n-4}}$

Hinweis:
Hinweise zum Begründen von Lösungswegen findest du auf der Methodenkarte 9 I.

● **34.** a) Begründe folgende Aussage: Das Produkt zweier Quadratzahlen ist wieder eine Quadratzahl.

b) Ist die folgende Aussage wahr? Das Produkt von Kubikzahlen ist wieder eine Kubikzahl. Begründe deine Antwort.

35. Stelle zu den Würfelfiguren Terme für den Oberflächeninhalt und das Volumen auf. Finde zu diesen Termen möglichst viele äquivalente Terme.

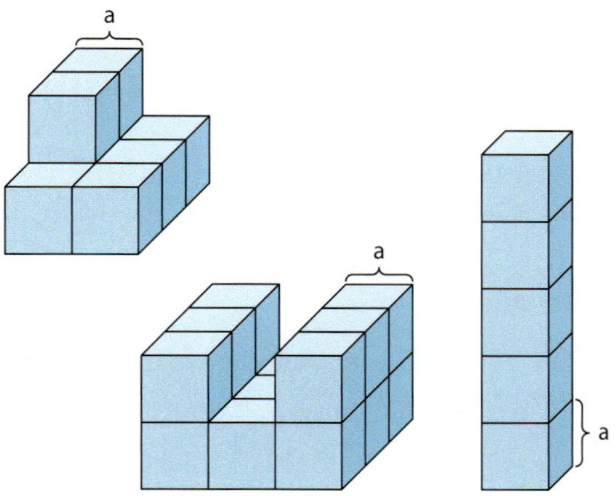

36. Schreibpapier hat eine Dicke von etwa 0,1 mm. Wie oft müsste man ein Blatt Papier falten, um einen Stapel herzustellen, der bis zum Mond reicht? Hinweis: Die mittlere Entfernung zwischen Erde und Mond beträgt $3{,}8 \cdot 10^8$ m.

37. Ein Zufallsexperiment besteht aus sechs Ziehungen. In jeder Ziehung wird gleichzeitig aus drei Gefäßen jeweils eine Kugel gezogen und wieder zurückgelegt. Berechne die Anzahl der möglichen Ergebnisse des Zufallsexperiments.

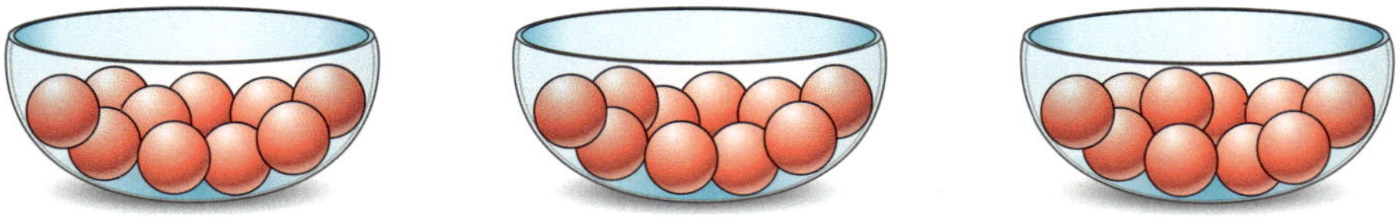

38. Unsere Erde umkreist die Sonne mit einer Umlaufgeschwindigkeit von etwa $29\,\text{km}\,\text{s}^{-1}$. Berechne, welche Strecke die Erde täglich bzw. jährlich zurücklegt. Hinweis: $s = v \cdot t$, arbeite mit Zehnerpotenzen, wandele $\text{km}\,\text{s}^{-1}$ in $\text{m}\,\text{s}^{-1}$ um und gib die Zeit in Sekunden an.

39. Der bedeutende Physiker Isaac Newton (1643–1727) hat beschrieben, dass die Anziehung zwischen zwei Körpern nur von ihren Massen und ihrem Abstand abhängt. Er formulierte das Gravitationsgesetz:
$F = G \cdot \frac{m_1 \cdot m_2}{r^2}$. Dabei ist G die Gravitationskonstante, m_1, m_2 sind die Massen in kg und r ist der Abstand der beiden Massen von ihren Mittelpunkten in m.
Die Schwerpunkte (≈ Mittelpunkte) von Mond und Erde haben im Durchschnitt die Entfernung von $384 \cdot 10^6$ m. Mit welcher Kraft ziehen sich Mond und Erde gegenseitig an?
Hinweis: Die Gravitationskonstante ist $G = 6{,}67 \cdot 10^{-11} \cdot \frac{m^3}{kg \cdot s^2}$.

40. Kondensatoren dienen als Speicher für Ladung und Energie. Die Kapazität eines Plattenkondensators berechnet sich nach der Formel: $C = \varepsilon_0 \cdot \varepsilon_r \cdot \frac{A}{d}$. Dabei ist A die Plattenoberfläche, d der Plattenabstand, $\varepsilon_0 = 8{,}85 \cdot 10^{-12} \frac{A_s}{V_m}$ (elektrische Feldkonstante) und ε_r die Dielektrizitätszahl. Berechne die Kapazität, wenn die Plattenfläche $A = 4\,\text{cm}^2$, der Abstand zwischen den Platten $d = 1$ cm und $\varepsilon_r = 100$ betragen. Arbeite mit Zehnerpotenzen.

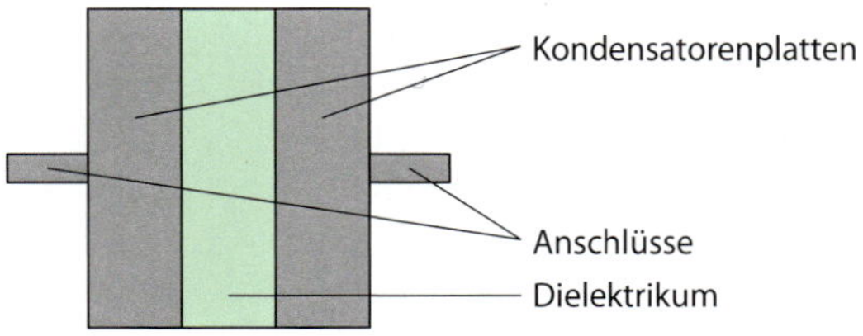

● **41. Ausblick:** Gleichungen der Form $x^3 = a$ für $a \in \mathbb{R}$ nennt man **kubische Gleichungen**.

a) Bestimme die Lösungsmenge der kubischen Gleichung.
① $x^3 = 8$ ② $x^3 = 0$ ③ $x^3 = -125$

b) Betrachte die Gleichung $x^3 = a$. Zeige durch Einsetzen, dass für $a > 0$ die Lösungsmenge $L = \{\sqrt[3]{a}\}$, für $a = 0$ die Lösungsmenge $L = \{\}$ und für $a < 0$ $L = \{-\sqrt[3]{-a}\}$ ist.

1.4 n-te Wurzeln und Potenzen mit rationalen Exponenten

Erinnere dich:
Beim Quadratwurzelziehen aus einer nichtnegativen Zahl a muss eine nichtnegative Zahl b gefunden werden, für die gilt: $b^2 = a$

■ Setze Leons Überlegungen fort und berechne $\sqrt[5]{32}$, $\sqrt[5]{243}$ und $\sqrt[6]{64}$. ■

n-te Wurzel

Neben 2-ten und 3-ten Wurzeln gibt es auch 4-te Wurzeln, 5-te Wurzeln, …

Erinnere dich:
Statt $\sqrt[2]{a}$ schreibt man meistens $\sqrt{a}$.
2-te Wurzeln nennt man **Quadratwurzeln**, 3-te Wurzeln nennt man **Kubikwurzeln**.

Wissen: n-te Wurzel
Die **n-te Wurzel** aus einer nichtnegativen Zahl a ist diejenige nichtnegative Zahl b, für die gilt: $b^n = a$ ($n \in \mathbb{N}$, $n \geq 2$).
Schreibweise: $b = \sqrt[n]{a}$ (a heißt **Radikand**, n heißt **Wurzelexponent**)
Das Ermitteln der n-ten Wurzel aus einer Zahl nennt man **Radizieren** oder **Wurzelziehen.**
Die n-te Wurzel aus negativen Zahlen ist nicht definiert.

Hinweis:
Das Radizieren ist eine Umkehroperation des Potenzierens.

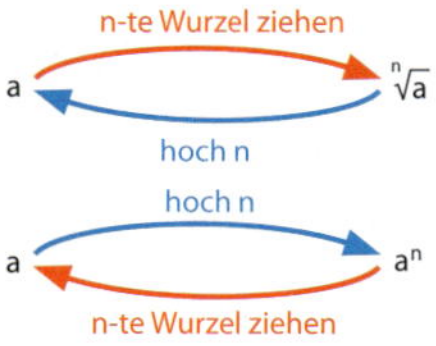

Beispiel 1:
a) Berechne $\sqrt[3]{125}$ ohne Taschenrechner.
b) Berechne $\sqrt[4]{16}$ ohne Taschenrechner.
c) Berechne $\sqrt[5]{10}$ mit einem Taschenrechner. Runde das Ergebnis auf Tausendstel.

Lösung:
a) Suche diejenige nichtnegative Zahl, für die $b^3 = 125$ ist.
$\sqrt[3]{125} = 5$, denn $5^3 = 125$

b) Suche diejenige nichtnegative Zahl, für die $b^4 = 16$ ist.
$\sqrt[4]{16} = 2$, denn $2^4 = 16$

c) Wähle eine geeignete Tastenfolge. Runde das Ergebnis auf drei Stellen nach dem Komma.
$\sqrt[5]{10} \approx 1{,}585$
Mögliche Tastenfolge: [10] [2nd] [y^x] [5]
oder [10] [Shift] [$x^{\frac{1}{y}}$] [5]

Hinweis:
Auf einigen Taschenrechnern ist die Taste [$\sqrt[x]{y}$] die Zweitbelegung der Potenztaste. Auf anderen benötigt man die Taste [$x^{\frac{1}{y}}$].

Basisaufgaben

1. Berechne ohne Taschenrechner.
a) $\sqrt{121}$ b) $\sqrt{49}$ c) $\sqrt{\frac{1}{81}}$ d) $\sqrt[3]{64}$ e) $\sqrt[4]{81}$
f) $\sqrt[5]{32}$ g) $\sqrt[7]{1}$ h) $\sqrt[4]{625}$ i) $\sqrt[4]{0{,}0001}$ j) $\sqrt[3]{0{,}027}$

2. Berechne ohne Taschenrechner.
a) $\sqrt[3]{\frac{1}{8}}$ b) $\sqrt[4]{\frac{1}{16}}$ c) $\sqrt[2]{\frac{4}{9}}$ d) $\sqrt[3]{\frac{216}{64}}$ e) $\sqrt[3]{\frac{343}{8}}$

3. Zwischen welchen beiden natürlichen Zahlen liegt der Wert der Wurzel? Verwende keinen Taschenrechner.
a) $\sqrt[3]{20}$ b) $\sqrt[3]{100}$ c) $\sqrt[4]{100}$ d) $\sqrt[3]{250}$ e) $\sqrt[3]{1000}$

4. Berechne mit einem Taschenrechner. Runde auf Tausendstel. Prüfe durch Potenzieren.
a) $\sqrt[3]{10}$ b) $\sqrt[4]{100}$ c) $\frac{1}{\sqrt[4]{5}}$ d) $\sqrt[5]{100}$ e) $-\frac{1}{\sqrt{8}}$

Potenzen mit rationalen Exponenten

Mithilfe der n-ten Wurzeln kann man Potenzen auch für rationale Exponenten definieren und zwar so, dass die Potenzgesetze weiterhin gültig sind.
Damit das Potenzgesetz für das Potenzieren von Potenzen auch für Potenzen mit rationalen Exponenten gilt, muss beispielsweise gelten: $4^{\frac{3}{2}} = 4^{3 \cdot \frac{1}{2}} = (4^3)^{\frac{1}{2}} = \sqrt[2]{4^3}$

Allgemein: $a^{\frac{m}{n}} = (a^m)^{\frac{1}{n}} = \sqrt[n]{a^m}$ und $a^{\frac{m}{n}} = \left(a^{\frac{1}{n}}\right)^m = (\sqrt[n]{a})^m$ (für $a > 0$; $n, m \in \mathbb{Z}$, $n \geq 2$)

Deshalb legt man für positive Basen a fest, dass $a^{\frac{m}{n}}$ die n-te-Wurzel aus a^m ist.

Wissen: Potenzen mit rationalen Exponenten
Für positive reelle Zahlen a und ganze Zahlen m und n mit $n \geq 2$ wird festgelegt:
$a^{\frac{m}{n}}$ ist die n-te Wurzel aus a^m, als Formel: $a^{\frac{m}{n}} = \sqrt[n]{a^m}$
Der Nenner des Bruchs stellt den Wurzelexponenten dar, der Zähler den Exponenten des Radikanden.
Als Spezialfall ergibt sich: $a^{\frac{1}{n}} = \sqrt[n]{a}$
Beispiele: $2^{\frac{1}{2}} = \sqrt[2]{2}$; $4^{\frac{2}{3}} = \sqrt[3]{4^2}$; $3^{-\frac{3}{4}} = \sqrt[4]{3^{-3}} = \sqrt[4]{\frac{1}{3^3}}$; $\sqrt[10]{2} = 2^{\frac{1}{10}}$

Beispiel 2: Umwandeln von Wurzeln in Potenzen und von Potenzen in Wurzeln
a) Schreibe die Wurzel als Potenz.
(1) $\sqrt{3}$ (2) $\sqrt[4]{2^{-3}}$ (3) $\sqrt[4]{12^2}$
b) Schreibe die Potenz mit Wurzelzeichen und berechne im Kopf.
(1) $16^{\frac{1}{4}}$ (2) $9^{\frac{3}{2}}$ (3) $16^{-\frac{1}{2}}$

Lösung:
a) (1) Ergänze 2 auf der Wurzel und schreibe die 2 als Nenner des Bruchs im Exponenten. $\sqrt{3} = \sqrt[2]{3} = 3^{\frac{1}{2}}$
(2) Der Wurzelexponent 4 ist der Nenner, der Exponent −3 der Zähler des Bruchs des Exponenten. $\sqrt[4]{2^{-3}} = 2^{-\frac{3}{4}}$
(3) Gehe analog zu (2) vor. Der Bruch im Exponenten lässt sich kürzen. $\sqrt[4]{12^2} = 12^{\frac{2}{4}} = 12^{\frac{1}{2}}$

b) (1) Schreibe die Zahl im Nenner des Bruchs im Exponenten als Wurzelexponenten und die Zahl im Zähler als Potenz unter der Wurzel. Berechne anschließend. $16^{\frac{1}{4}} = \sqrt[4]{16^1} = 2$
(2) Gehe analog zu (1) vor. Durch das Vertauschen von Wurzelziehen und Potenzieren wird das Rechnen einfacher. $9^{\frac{3}{2}} = \sqrt[2]{9^3} = (\sqrt[2]{9})^3 = 3^3 = 27$
(3) Ziehe das Minuszeichen in den Zähler und gehe analog zu (1) vor. Schreibe den negativen Exponenten als Bruch.
Man kann auch die Potenz mit rationalem negativen Exponenten gleich als Bruch schreiben.
$16^{-\frac{1}{2}} = 16^{\frac{-1}{2}} = \sqrt[2]{16^{-1}} = \left(\sqrt[2]{16}\right)^{-1} = \frac{1}{\sqrt[2]{16}} = \frac{1}{4}$
Oder kürzer: $16^{-\frac{1}{2}} = \frac{1}{16^{\frac{1}{2}}} = \frac{1}{\sqrt[2]{16}} = \frac{1}{4}$

Hinweis: $a^{-\frac{m}{n}} = \frac{1}{a^{\frac{m}{n}}}$

Basisaufgaben

5. Schreibe die Wurzel als Potenz.

a) $\sqrt{2}$ b) $\sqrt[3]{6}$ c) $\sqrt[4]{2^3}$ d) $\sqrt[3]{5^{-2}}$ e) $(\sqrt[4]{2})^3$

6. Schreibe die Wurzel als Potenz (a, b, v > 0).

a) $\sqrt[3]{a}$ b) $\sqrt[6]{a^3}$ c) $\sqrt[4]{b^{-3}}$ d) $\sqrt[7]{4v}$ e) $\frac{1}{\sqrt[4]{a^3}}$

Hinweis:
Steht eine Dezimalzahl im Exponenten, so wandle sie in einen Bruch um.
Beispiel: $3^{0,1} = 3^{\frac{1}{10}} = \sqrt[10]{3}$

7. Schreibe mit Wurzelzeichen und berechne ohne Taschenrechner.

a) $9^{\frac{1}{2}}$ b) $32^{\frac{1}{5}}$ c) $1^{\frac{1}{7}}$ d) $144^{\frac{1}{2}}$ e) $625^{\frac{1}{4}}$
f) $0{,}0016^{\frac{1}{4}}$ g) $2 : 8^{\frac{1}{3}}$ h) $81^{\frac{1}{2}}$ i) $\frac{1}{16^{\frac{1}{4}}}$ j) $\left(\frac{4}{9}\right)^{\frac{1}{2}}$

Hinweis zu 9:
Die Lösungen findest du hier. Manche Lösungen kommen doppelt vor.

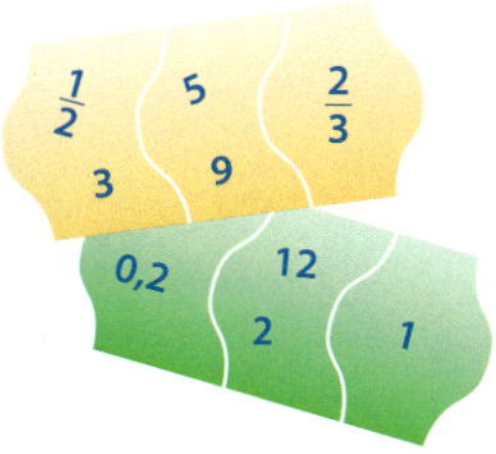

8. Schreibe als Wurzel.

a) $z^{\frac{1}{2}}$ b) $k^{\frac{1}{3}}$ c) $u^{\frac{4}{9}}$ d) $j^{-\frac{1}{5}}$ e) $v^{-\frac{1}{2}}$
f) $d^{-\frac{6}{5}}$ g) $g^{0,5}$ h) $n^{-0,2}$ i) $(ab)^{\frac{1}{3}}$ j) $\left(\frac{a}{b}\right)^{-\frac{2}{3}}$

9. Schreibe die Wurzeln als Potenz und vereinfache, falls möglich.

a) $\sqrt[2]{(ma)^4}$ b) $\sqrt[9]{(4kl)^{-3}}$ c) $\sqrt[3]{a^{-3}}$ d) i)$\sqrt[3]{\frac{1}{e}}$ e) $\sqrt[3]{ab^2}$
f) $\sqrt{x^n}$ g) $\frac{1}{\sqrt{b}}$ h) $\frac{1}{\sqrt[3]{3^4}}$ i) $\frac{1}{3\sqrt{3}}$ j) $\left(\sqrt[4]{\frac{1}{x}}\right)^{-3}$

Weiterführende Aufgaben

10. Vereinfache ohne zu rechnen. Stelle eine allgemeine Regel auf.

a) $\left(\sqrt[4]{16}\right)^4$ b) $\left(\sqrt[9]{25}\right)^9$ c) $\sqrt[7]{17^7}$ d) $\left(\sqrt[8]{10}\right)^{-8}$ e) $\sqrt[11]{11^{-11}}$

11. Berechne ohne Taschenrechner.

a) $32^{\frac{2}{5}}$ b) $16^{\frac{3}{2}}$ c) $(9^4)^{\frac{1}{8}}$ d) $(16^2)^{0,25}$ e) $\sqrt[4]{25^2}$
f) $\sqrt[3]{7^3}$ g) $\sqrt[3]{5^6}$ h) $8^{-\frac{2}{6}}$ i) $\frac{1}{\sqrt[4]{4^2}}$ i) $625^{-\frac{3}{12}}$

12. Berechne die Wurzeln und Potenzen. Achte auf das Minuszeichen.
Ordne die Lösungen so, dass du mit der kleinsten beginnst und jeweils die folgende größer ist. Dadurch erhältst du ein Lösungswort. Vier Aufgaben sind nicht lösbar, diese bilden den zweiten Teil des Lösungswortes.

N 6^{-2}	T 5^{-2}	B $\sqrt[3]{-125}$	I $\sqrt[4]{3^4}$
M $-\sqrt[2]{3^4}$	K $\sqrt[2]{-16}$	I $(-100)^{\frac{1}{2}}$	U $-\sqrt[3]{8}$
N $4^{\frac{5}{2}}$	E $(-25)^{\frac{1}{5}}$	O $-8^{\frac{2}{3}}$	A $\sqrt[3]{8}$

13. Berechne die Wurzeln durch Überschlag und gib anschließend einen gerundeten Taschenrechnerwert an.

a) $\sqrt{1648}$ b) $\sqrt{0{,}54}$ c) $\sqrt{14\,728{,}2}$ d) $\sqrt{0{,}000\,946}$
e) $\sqrt[3]{77{,}23}$ f) $\sqrt[3]{0{,}028}$ g) $\sqrt[3]{71\,348}$ h) $\sqrt[3]{0{,}031\,28}$

14. Welche Terme sind zu $\left(\frac{1}{2}\right)^{-\frac{1}{2}}$ äquivalent? Begründe deine Antwort.

a) $0{,}5^{-0,5}$ b) $2^{-\frac{1}{2}}$ c) $\frac{1}{\sqrt{2}}$ d) $\sqrt{2}$ e) $2^{\frac{1}{2}}$ f) $\sqrt{\left(\frac{1}{2}\right)^{-1}}$

15. Stolperstelle: Überprüfe die folgenden Rechnungen. Beschreibe und korrigiere die Fehler.

a) $\sqrt[2]{a^3} = a^{\frac{2}{3}}$ b) $\sqrt[5]{(-1)^3} = -1$ c) $\sqrt{4 \cdot x^3} = (4x)^{\frac{3}{2}}$ d) $\sqrt{a^2 - 1} = \sqrt{a^2} - \sqrt{1} = a - 1$

16. Berechne den Termwert mit einem Taschenrechner auf Hundertstel genau. Kontrolliere durch einen anderen Rechenweg oder eine andere Tastenfolge.

a) $4^{\frac{2}{3}}$ b) $9^{\frac{3}{4}}$ c) $5^{-\frac{3}{5}}$ d) $\sqrt[3]{6^2}$

e) $\sqrt[6]{10^3}$ f) $0{,}5 \cdot \sqrt[3]{7}$ g) $\sqrt{2} + \sqrt[3]{3}$ h) $\left(2{,}5 - \frac{1}{4}\right)^{-0{,}5}$

i) $\frac{\sqrt{5}}{2^3}$ j) $\sqrt[5]{2^{-4}}$ k) $\sqrt[3]{2} + \sqrt{3}$ l) $\frac{\sqrt[3]{2}}{\sqrt{3}}$

17. Berechne im Kopf die Basis. Kontrolliere dein Ergebnis mit dem Taschenrechner.

a) $x^{\frac{5}{3}} = 32$ b) $x^{\frac{2}{3}} = 9$ c) $x^{\frac{3}{4}} = 8$ d) $x^{\frac{2}{3}} = 625$

18. Schreibe ohne Wurzelzeichen.

a) $\sqrt[3]{(a+b)^2}$ b) $\sqrt[3]{(x-1)^2}$ c) $\sqrt{x^3 + y^3}$ d) $\sqrt[5]{(a \cdot b)^3}$

e) $\frac{-3}{\sqrt[n]{a-b}}$ f) $\frac{1}{\sqrt[12]{8}}$ g) $\sqrt{(a-b)(a+b)}$ h) $\sqrt{1 - x^2}$

19. Definitionsbereich von Wurzeltermen: Bei Wurzeltermen mit Variablen bezeichnet man die Menge aller Zahlen, für die der Radikand nicht negativ ist, als Definitionsbereich. Ist der Radikand ein Bruch, so muss man darauf achten, dass der Nenner nicht null wird. Bestimme den Definitionsbereich der Wurzelterme.

a) $\sqrt{3 - x}$ b) $\sqrt{9x + 14}$ c) $\sqrt[3]{-5(2x+3)}$ d) $\sqrt{\frac{1}{4a - 1}}$

e) $\sqrt{\frac{3b - 2}{1 + b^2}}$ f) $\sqrt{\frac{a}{16 - a^2}}$ g) $\sqrt{\frac{7}{x^2 + 8x + 6}}$ h) $\sqrt[3]{3a^2 - 15a}$

20. Luca behauptet: „a^n ist stets größer als a und $\sqrt[n]{a}$ ist immer kleiner als a." Hat Luca recht?

21. Herr Mustermann beteiligt sich an einem Glücksspiel und erhält zu Beginn 15 Punkte. Er setzt diese 15 Punkte und gewinnt. Er erhält das x-Fache seines Einsatzes. Er setzt wieder alles, gewinnt wieder und besitzt nun das x-Fache des zweiten Einsatzes usw. Auf diese Weise hat er nach 7 Spielen 245 760 Punkte erreicht. Wie groß ist der Wert von x?

22. Bestimme jeweils die Kantenlänge a des Würfels.

a) Die Oberfläche ist $O = 864\,cm^2$. b) Das Volumen ist $V = 3375\,dm^3$.

c) Ein großer Würfel mit einem Volumen von $2744\,cm^3$ setzt sich aus acht gleich großen, kleinen Würfeln mit der Kantenlänge a zusammen.

d) Der Würfel hat das gleiche Volumen wie ein Quader (8 cm lang, 4 cm breit, 2 cm hoch).

23. Ausblick: Ein Klavier hat 88 Tasten. Der tiefste Ton A'' hat eine Frequenz von 27,5 Hz. Die Frequenz der Töne zweier aufeinanderfolgender Tasten wächst jeweils um den Faktor $\sqrt[12]{2}$.

a) Berechne die Frequenzen der zweiten, dritten und vierten Taste.

b) Gib eine Formel zur Berechnung der Frequenz der n-ten Taste an.

c) Überprüfe die Aussage: Die Oktave eines Tons ist der Ton mit der doppelten Frequenz.

d) Der Kammerton ist der Ton mit der Frequenz 440 Hz. Welcher Ton ist der Kammerton?

1.5 Rechnen mit Potenzen und Wurzeln

■ Jonas behauptet: „Ich kann beweisen, dass 2 = 4 gilt!“
Finde den Fehler in Jonas' Argumentation. ■

$4 = 1 + 1 + 1 + 1$
Also gilt
$\sqrt{4} = \sqrt{1 + 1 + 1 + 1}$
$= \sqrt{1} + \sqrt{1} + \sqrt{1} + \sqrt{1}$
$= 1 + 1 + 1 + 1 = 4$
Da $\sqrt{4} = 2$, gilt also $2 = 4$.

Potenzgesetze für Potenzen mit rationalen Exponenten

Man kann zeigen, dass die Potenzgesetze für Potenzen mit ganzzahligen Exponenten auch für Potenzen mit rationalen Exponenten gelten.

Wissen: Potenzgesetze bei rationalen Exponenten
Für alle positiven Zahlen a und b und alle rationalen Zahlen r und s gilt:

	Potenzen mit gleichen Basen	Potenzen mit gleichen Exponenten
Multiplizieren	$a^r \cdot a^s = a^{r+s}$	$a^s \cdot b^s = (a \cdot b)^s$
Dividieren	$\frac{a^r}{a^s} = a^{r-s}$	$\frac{a^r}{b^r} = \left(\frac{a}{b}\right)^r$
Potenzieren	$(a^r)^s = a^{r \cdot s} = (a^s)^r$	

Beispiel 1: Fasse zu einer Potenz zusammen. Schreibe das Ergebnis ohne Brüche im Exponenten.

a) $a^{\frac{1}{4}} \cdot a^{\frac{5}{4}}$ b) $a^{\frac{1}{2}} \cdot b^{\frac{1}{2}}$ c) $\left(a^{\frac{3}{8}}\right)^2$ d) $\frac{a^{\frac{2}{3}}}{a^{\frac{4}{3}}}$ e) $\frac{a^{\frac{1}{3}}}{b^{\frac{1}{3}}}$

Lösung:
Untersuche die Struktur des Terms und wende das entsprechende Potenzgesetz an.

a) $a^{\frac{1}{4}} \cdot a^{\frac{5}{4}}$ ist ein Produkt aus zwei Potenzen mit gleicher Basis.
$a^{\frac{1}{4}} \cdot a^{\frac{5}{4}} = a^{\frac{1}{4}+\frac{5}{4}} = a^{\frac{6}{4}} = a^{\frac{3}{2}} = \sqrt[2]{a^3}$

b) $a^{\frac{1}{2}} \cdot b^{\frac{1}{2}}$ ist ein Produkt aus zwei Potenzen mit gleichen Exponenten.
$a^{\frac{1}{2}} \cdot b^{\frac{1}{2}} = (a \cdot b)^{\frac{1}{2}} = \sqrt{a b}$

c) $\left(a^{\frac{3}{8}}\right)^2$ ist eine Potenz einer Potenz.
$\left(a^{\frac{3}{8}}\right)^2 = a^{\frac{3 \cdot 2}{8}} = a^{\frac{3}{4}} = \sqrt[4]{a^3}$

d) $\frac{a^{\frac{2}{3}}}{a^{\frac{4}{3}}}$ ist ein Quotient aus Potenzen mit gleicher Basis.
$\frac{a^{\frac{2}{3}}}{a^{\frac{4}{3}}} = a^{\frac{2}{3}-\frac{4}{3}} = a^{-\frac{2}{3}} = \frac{1}{a^{\frac{2}{3}}} = \frac{1}{\sqrt[3]{a^2}}$

e) $\frac{a^{\frac{1}{3}}}{b^{\frac{1}{3}}}$ ist ein Quotient aus Potenzen mit gleichen Exponenten.
$\frac{a^{\frac{1}{3}}}{b^{\frac{1}{3}}} = \left(\frac{a}{b}\right)^{\frac{1}{3}} = \sqrt[3]{\frac{a}{b}}$

Basisaufgaben

1. Fasse zu einer Potenz zusammen. Schreibe das Ergebnis ohne Brüche im Exponenten.

a) $10^{\frac{1}{5}} \cdot 10^{\frac{2}{5}}$ b) $3^{\frac{1}{3}} \cdot 3^{\frac{2}{3}}$ c) $10^{\frac{4}{5}} : 10^{\frac{2}{5}}$ d) $4^{\frac{1}{3}} \cdot 3^{\frac{1}{3}}$ e) $5^{\frac{2}{7}} \cdot 3^{\frac{2}{7}}$

f) $2^{\frac{3}{5}} : 3^{\frac{3}{5}}$ g) $\left(4^{\frac{1}{2}}\right)^4$ h) $\left(8^{\frac{2}{3}}\right)^{\frac{3}{4}}$ i) $2^{\frac{1}{3}} \cdot 2^{\frac{1}{2}}$ j) $7^{\frac{2}{7}} \cdot 3^{\frac{4}{14}}$

2. Vereinfache den Term.

a) $a^{\frac{2}{3}} \cdot a^{\frac{5}{3}}$
b) $\left(x^{\frac{2}{3}}\right)^2 \cdot x^{\frac{2}{3}}$
c) $y^{\frac{1}{4}} : y^{\frac{1}{2}}$
d) $\left(a^{\frac{3}{2}}\right)^2 : \left(a^{\frac{1}{3}}\right)^6$
e) $a^2 : a^{\frac{3}{4}}$
f) $a^{\frac{2}{3}} \cdot b^{\frac{2}{3}}$
g) $(xy^2)^{\frac{1}{4}} : (xy)^{0,25}$
h) $(x^2 - 4)^{0,5} : (x - 2)^{\frac{1}{2}}$
i) $\frac{z^{0,5}}{z^{0,25}}$
j) $(a^{0,25})^{0,75}$
k) $x^{\frac{2}{7}} : y^{\frac{2}{7}}$
l) $\left(x^{\frac{2}{3}}\right)^{\frac{6}{5}} \cdot y^{\frac{4}{5}}$

3. Berechne den Termwert ohne Taschenrechner.

a) $10^{\frac{3}{4}} \cdot 10^{\frac{1}{4}}$
b) $5^{\frac{2}{3}} \cdot 5^{\frac{4}{3}}$
c) $3^{0,5} \cdot 48^{0,5}$
d) $4^{-\frac{1}{2}} \cdot 4^{\frac{3}{4}} \cdot 4^{\frac{3}{4}}$
e) $49^{\frac{2}{3}} \cdot 49^{-\frac{1}{6}}$
f) $\left(7^{\frac{1}{4}}\right)^2 \cdot 7^{0,5}$
g) $25^{-\frac{1}{3}} \cdot 5^{-\frac{1}{3}}$
h) $\left(27^{\frac{1}{3}} : 27^{\frac{1}{3}}\right)^2$
i) $16^{0,5} : 16^{0,75}$
j) $16^{-0,5} : 4^{-0,5}$
k) $256^{\frac{1}{2}} : \left(256^{\frac{1}{2}}\right)^{0,5}$
l) $8^{\frac{2}{3}} : 27^{\frac{1}{3}}$

Hinweis zu 3:
Die Lösungen findest du hier. Manche Lösungen kommen doppelt vor.

4. Berechne mit einem Taschenrechner. Runde auf Tausendstel.

a) $7^3 : 7^{0,5}$
b) $5^{\frac{1}{4}} \cdot 7^{0,25}$
c) $121^{0,2} : \left(11^{\frac{1}{10}}\right)^2$
d) $13^2 \cdot 13^{-\frac{3}{4}}$

Wurzelgesetze

Als Spezialfall aus den Potenzgesetzen für Potenzen mit rationalen Zahlen erhält man die Wurzelgesetze.

Beispiele: $\sqrt[3]{8} \cdot \sqrt[3]{27} = 8^{\frac{1}{3}} \cdot 27^{\frac{1}{3}} = (8 \cdot 27)^{\frac{1}{3}} = \sqrt[3]{8 \cdot 27}$

$\sqrt[4]{\sqrt[3]{8}} = \left(8^{\frac{1}{3}}\right)^{\frac{1}{4}} = 8^{\frac{1}{3} \cdot \frac{1}{4}} = 8^{\frac{1}{12}} = \sqrt[12]{8}$

Wissen: Wurzelgesetze

Für alle positiven reellen Zahlen a und b und alle natürlichen Zahlen n und m (n, m = 0) gilt:

$\sqrt[n]{a} \cdot \sqrt[n]{b} = \sqrt[n]{a \cdot b}$ $\qquad \sqrt[n]{a} : \sqrt[n]{b} = \sqrt[n]{\frac{a}{b}}$ $\qquad \sqrt[m]{\sqrt[n]{a}} = \sqrt[m \cdot n]{a} = \sqrt[n]{\sqrt[m]{a}}$

Beispiel 2: Vereinfache den Term mithilfe der Wurzelgesetze.

a) $\sqrt{3} \cdot \sqrt{12}$
b) $\sqrt{25 \cdot 9}$
c) $\sqrt[3]{xy} \cdot \sqrt[3]{2y}$
d) $\sqrt[3]{\sqrt[2]{c}}$

Lösung:

a) Bei einem Produkt von Wurzeln mit gleichem Wurzelexponenten kann man die Zahlen unter den Wurzeln miteinander multiplizieren und dann die Wurzel ziehen.

$\sqrt{3} \cdot \sqrt{12} = \sqrt{3 \cdot 12} = \sqrt{36} = 6$

b) Bei der Wurzel aus einem Produkt kann man die Wurzeln aus den Faktoren einzeln ziehen und dann multiplizieren.

$\sqrt{25 \cdot 9} = \sqrt{25} \cdot \sqrt{9} = 5 \cdot 3 = 15$

c) Bei einem Quotienten von Wurzeln kann man die Zahlen unter den Wurzeln als Bruch schreiben und kürzen.

$\sqrt[3]{xy} : \sqrt[3]{2y} = \sqrt[3]{\frac{xy}{2y}} = \sqrt[3]{\frac{x}{2}}$

d) Die Wurzel aus einer Wurzel lässt sich als eine Wurzel schreiben, in dem man die Wurzelexponenten multipliziert.

$\sqrt[3]{\sqrt[2]{c}} = \sqrt[3 \cdot 2]{c} = \sqrt[6]{c}$

Basisaufgaben

5. Vereinfache mithilfe der Wurzelgesetze und berechne.

a) $\sqrt{2} \cdot \sqrt{32}$ b) $\sqrt[3]{2} \cdot \sqrt[3]{108}$ c) $\sqrt{16 \cdot 9}$ d) $\sqrt[3]{125 \cdot 8}$ e) $\frac{\sqrt{2}}{\sqrt{50}}$

f) $\sqrt[4]{486} : \sqrt[4]{6}$ g) $\sqrt{\frac{4}{121}}$ h) $\sqrt[3]{\frac{27}{64}}$ i) $\sqrt[4]{20} \cdot \sqrt[4]{50}$ j) $\sqrt[5]{528 \cdot 243}$

6. Schreibe mit einer Wurzel und berechne.

a) $\sqrt{\sqrt{256}}$ b) $\sqrt[2]{\sqrt[3]{729}}$ c) $\sqrt[3]{\sqrt[2]{64}}$ d) $\sqrt[2]{\sqrt[3]{6561}}$ e) $\sqrt[4]{\sqrt[2]{65536}}$

7. Vereinfache den Term mithilfe der Wurzelgesetze.

a) $\sqrt[4]{a} \cdot \sqrt[4]{b}$ b) $\sqrt{a b^3} : \sqrt{a b}$ c) $\frac{\sqrt[3]{x^6}}{\sqrt[3]{x^9}}$ d) $\sqrt{st} \cdot \sqrt{(st)^3}$ e) $\frac{\sqrt{50x} \cdot \sqrt{9x^3}}{\sqrt{2x^6}}$

f) $\sqrt[3]{9x} : \sqrt[3]{3x^2}$ g) $\sqrt{\frac{x^2+6}{3x-12}}$ h) $\sqrt{\frac{a^4b^4}{(ab)^2}}$ i) $\sqrt[4]{(x+y)^2} : \sqrt[4]{x+y}$ j) $\frac{\sqrt[5]{(uvw)^{10}}}{\sqrt[5]{(uv)^5}}$

8. Vereinfache den Term.

a) $\sqrt[3]{\sqrt{a}}$ b) $\sqrt[3]{\sqrt[4]{x}}$ c) $\sqrt{\sqrt{(ab)^4}}$ d) $\sqrt[2]{\sqrt[3]{a^2}}$ e) $(\sqrt{z})^{0,5}$

9. Berechne und vergleiche. Fasse deine Beobachtung in einem Satz zusammen.

a) $\sqrt{64+36}$ und $\sqrt{64} + \sqrt{36}$ b) $\sqrt{144+81}$ und $\sqrt{144} + \sqrt{81}$

c) $\sqrt{25-9}$ und $\sqrt{25} - \sqrt{9}$ d) $\sqrt{169-25}$ und $\sqrt{169} - \sqrt{25}$

Beispiel 3: Ziehe die Wurzel ohne Taschenrechner so weit wie möglich.

a) $\sqrt{324}$ b) $\sqrt{45}$

Lösung:

a) Prüfe, ob die Zahl unter der Wurzel durch Quadratzahlen wie 4; 9; 16; 25 usw. teilbar ist und schreibe sie als Produkt. — 324 ist durch 4 teilbar. $324 = 4 \cdot 81$

Aus den Quadratzahlen kannst du dann einzeln die Wurzel ziehen. — $\sqrt{324} = \sqrt{4 \cdot 81} = \sqrt{4} \cdot \sqrt{81} = 2 \cdot 9 = 18$

b) Ziehe nur aus den Quadratzahlen die Wurzel. Der Rest bleibt als Wurzel stehen. — $\sqrt{45} = \sqrt{9 \cdot 5} = \sqrt{9} \cdot \sqrt{5} = 3 \cdot \sqrt{5}$

Hinweis:
Den „Malpunkt" zwischen Zahl und Wurzel kann man weglassen.
$6 \cdot \sqrt{7} = 6\sqrt{7}$

Basisaufgaben

10. Zerlege die Zahl unter der Wurzel in ein Produkt aus Quadratzahlen. Wende Wurzelgesetze an und berechne ohne Taschenrechner.

a) $\sqrt{400}$ b) $\sqrt{3600}$ c) $\sqrt{144}$ d) $\sqrt{16900}$ e) $\sqrt{2025}$

11. Ziehe die Wurzel so weit wie möglich.

a) $\sqrt{12}$ b) $\sqrt{18}$ c) $\sqrt{27}$ d) $\sqrt{44}$ e) $\sqrt{48}$

f) $\sqrt{63}$ g) $\sqrt{112}$ h) $\sqrt{147}$ i) $\sqrt{432}$ j) $\sqrt{30000}$

12. Ziehe die Wurzel ohne Taschenrechner so weit wie möglich. Suche im Zähler und Nenner nach Zahlen oder Faktoren, die Quadratzahlen sind.

a) $\sqrt{\frac{81}{4}}$ b) $\sqrt{\frac{1}{4900}}$ c) $\sqrt{\frac{10000}{144}}$ d) $\sqrt{\frac{324}{2500}}$ e) $\sqrt{\frac{1225}{576}}$

f) $\sqrt{\frac{3}{49}}$ g) $\sqrt{\frac{144}{20}}$ h) $\sqrt{\frac{25}{45}}$ i) $\sqrt{\frac{128}{64}}$ j) $\sqrt{\frac{100}{288}}$

Weiterführende Aufgaben

13. Berechne im Kopf und erkläre deine Vorgehensweise.

a) $\sqrt{1600}$ b) $\sqrt{2{,}25}$ c) $\sqrt{729}$ d) $\sqrt{0{,}0025}$ e) $\sqrt{0{,}000\,001}$

f) $\sqrt{(-36)\cdot(-9)}$ g) $\sqrt{64}\cdot\sqrt{49}$ h) $\sqrt{242}:\sqrt{2}$ i) $\sqrt{75}\cdot\sqrt{12}$ j) $\sqrt{0{,}49\cdot 81}$

k) $\sqrt{\frac{800}{18}}$ l) $\sqrt{\frac{32}{5000}}$ m) $\frac{\sqrt{0{,}008}}{\sqrt{0{,}002}}$ n) $\frac{\sqrt{7}\cdot\sqrt{28}}{\sqrt{49}}$ o) $\frac{4\sqrt{3}}{\sqrt{75}}$

14. Untersuche, welche Wurzeln ganzzahlige Vielfache von $\sqrt{3}$ sind.

$\sqrt{75}$ $\sqrt{9}$ $\sqrt{27}$ $\sqrt{33}$ $\sqrt{12}$ $\sqrt{48}$ $\sqrt{300}$ $\sqrt{45}$

15. Fasse zusammen, indem du die Wurzel ausklammerst.

a) $4\sqrt{2}+7\sqrt{2}$ b) $19\sqrt{5}-2\sqrt{5}$ c) $0{,}25\sqrt{6}+\sqrt{6}$ d) $\frac{1}{3}\sqrt[3]{3}+\frac{3}{2}\sqrt[3]{3}$ e) $1\frac{1}{5}\sqrt[5]{7}-\frac{4}{5}\sqrt[5]{7}$

16. Ziehe den Faktor in die Wurzel. Beispiel: $5\sqrt{2}=\sqrt{25}\cdot\sqrt{2}=\sqrt{50}$

a) $2\sqrt{3}$ b) $8\sqrt{10}$ c) $0{,}1\sqrt{700}$ d) $10\sqrt{3{,}3}$ e) $\frac{1}{3}\sqrt{\frac{3}{4}}$ f) $3{,}5\sqrt{\frac{2}{7}}$

g) $2\sqrt[3]{3}$ h) $0{,}2\sqrt[4]{2}$ i) $2\sqrt[5]{2}$ j) $a\sqrt[3]{a}$ k) $x\sqrt[10]{x^2}$ l) $y\sqrt[4]{y^{-2}}$

17. Ermittle, welche Zahlen eingesetzt werden können, damit die Gleichung stimmt.

a) $\sqrt{(-3)\cdot\square}=3$ b) $\square\cdot\sqrt{15}=\sqrt{240}$ c) $\sqrt{16\cdot\square}=32$ d) $\sqrt{5}\cdot\sqrt{\square}=-5$

e) $\sqrt{\square}:\sqrt{7}=5$ f) $3\sqrt{\square}=6\sqrt{3}$ g) $\sqrt{\square^2}=231$ h) $2\sqrt{5}+\sqrt{\square}=5\sqrt{5}$

18. Ziehe die Wurzel so weit wie möglich und fasse dann zusammen.

a) $\sqrt{5}+\sqrt{20}$ b) $4\sqrt{2}+\sqrt{32}$ c) $7\sqrt{3}+2\sqrt{27}$ d) $\sqrt{50}-\sqrt{2}$ e) $8\sqrt{7}+\sqrt{28}$

f) $\sqrt[3]{8}+\sqrt[4]{16}$ g) $\sqrt{180}+\sqrt{20}$ h) $\sqrt[3]{27}+\sqrt[4]{252}$ i) $\sqrt{200}-\sqrt{2}$ j) $\sqrt[3]{a^6}-\sqrt[5]{a^5}$

19. Stolperstelle: Überprüfe die Rechnungen. Beschreibe und korrigiere die Fehler.

a) $a^{\frac{2}{3}}:a^3=a^2$ b) $\left(x^{\frac{3}{5}}\right)^2=x^{\frac{9}{5}}$ c) $\sqrt[3]{(-27)^4}=\sqrt[3]{(-27)\cdot(-27)^3}=-3\cdot(-27)=81$

d) $a^{\frac{3}{4}}\cdot a^4=a^3$ e) $b^{0,3}+b^{0,7}=b$ f) $\sqrt[3]{28}=\sqrt[3]{27+1}=\sqrt[3]{27}+\sqrt[3]{1}=3+1=4$

20. Schreibe als Potenzen und vereinfache.

a) $\sqrt{x^4}\cdot\sqrt{x^6}$ b) $\sqrt[3]{b^{10}}\cdot\sqrt[3]{b^5}$ c) $\sqrt[4]{x^7}:\sqrt[4]{x^3}$ d) $\sqrt[6]{s^{22}}:\sqrt[6]{s^4}$

e) $\sqrt[2]{\sqrt[3]{a^{18}}}$ f) $\sqrt[3]{\sqrt[4]{b^{40}}}:\sqrt[12]{b^{16}}$ g) $\frac{\sqrt[3]{1-x^2}}{\sqrt[5]{(1+x)(1-x)}}$ h) $\sqrt{a^2+2ab+b^2}\cdot\sqrt{(a+b)^2}$

i) $\left(\sqrt[4]{\frac{1}{x}}\right)^{-3}$ j) $\frac{\sqrt[5]{(ab)^6}}{\sqrt[5]{ab}}$ k) $\sqrt{c}:\frac{1}{\sqrt{c}}$ l) $\sqrt[n]{a^{n-1}}\cdot\sqrt[n]{a}$

21. Vereinfache mithilfe der Potenzgesetze.

a) $\frac{\sqrt[3]{a^2}\cdot\sqrt{32a^3}}{\sqrt{2a}\cdot\sqrt[3]{a^8}}$ b) $\frac{3\sqrt{x}+6\sqrt{x}-5\sqrt{x}}{\sqrt{1{,}6x^3}\cdot\sqrt{10}}$ c) $\sqrt{\frac{\sqrt{25x^2}}{x}\cdot\frac{1}{5\sqrt{x^3}}}$ d) $\sqrt{x\cdot\sqrt{x\cdot\sqrt[3]{3}}}$

22. Vergleiche die Terme: $\sqrt[4]{\sqrt{x}}$, $\sqrt[6]{x}$, $\sqrt{\sqrt[4]{x}}$, $\sqrt[24]{x^3}$ und $\sqrt[3]{\sqrt{x}}$ $(x>0)$.
Welcher Term wird für $x=256$ ($x=0{,}5$; $x=1$) am größten bzw. am kleinsten?

23. Begründe, dass die Wurzelgesetze Spezialfälle der Potenzgesetze sind.

24. Beweise die Wurzelgesetze für gleiche Basen.

a) $\sqrt[m]{a}\cdot\sqrt[n]{a}=\sqrt[m\cdot n]{a^{m+n}}$ b) $\sqrt[m]{a}:\sqrt[n]{a}=\sqrt[m\cdot n]{a^{m-n}}$

25. Für eine positive reelle Zahl a und eine ungerade natürliche Zahl n gilt $\left(-\sqrt[n]{a}\right)^n = -a$. Trotzdem ist es nicht sinnvoll, Wurzeln aus negativen Zahlen zu definieren. Nimm an, dass $\sqrt[3]{-8}$ als -2 definiert wird. Finde einen Widerspruch zu einem der Potenzgesetze.

26. Den Nenner rational machen: Forme durch Erweitern so um, dass im Nenner keine Wurzel mehr vorkommt.

Beispiele: $\frac{2}{\sqrt{5}} = \frac{2\cdot\sqrt{5}}{\sqrt{5}\cdot\sqrt{5}} = \frac{2\cdot\sqrt{5}}{5}$ $\qquad \frac{a}{\sqrt{a}} = \frac{a\cdot\sqrt{a}}{\sqrt{a}\cdot\sqrt{a}} = \frac{a\cdot\sqrt{a}}{a} = \sqrt{a}$

a) $\frac{1}{\sqrt{2}}$ b) $\frac{5}{\sqrt{6}}$ c) $\frac{21}{\sqrt{7}}$ d) $\frac{1}{2\cdot\sqrt{2}}$ e) $\frac{a}{\sqrt[4]{a}}$

f) $\frac{a}{b+\sqrt{c}}$ g) $\frac{2\sqrt{3}}{\sqrt{5}}$ h) $\frac{a-b}{\sqrt{a}-b}$ i) $\frac{a}{a-\sqrt{3}}$ j) $\frac{3+2\sqrt{x}}{5+3\sqrt{x}}$

27. Prüfe, welche Brüche den gleichen Wert haben. Sortiere der Größe nach.

$\frac{1}{\sqrt{7}}$ $\quad \frac{234}{351}$ $\quad \frac{2\sqrt{45}}{\sqrt{324}}$ $\quad \frac{\sqrt{7}}{7}$ $\quad \frac{\sqrt{45}}{\sqrt{81}}$ $\quad \frac{\sqrt{20}}{\sqrt{9}}$ $\quad \frac{2}{3}$

$\frac{2}{3}\sqrt{5}$ $\quad \frac{1}{3}\sqrt{5}$ $\quad \frac{\sqrt{80}}{\sqrt{36}}$ $\quad \frac{6}{\sqrt{252}}$ $\quad \frac{\sqrt{256}}{\sqrt{576}}$ $\quad \frac{10\sqrt{7}}{14\sqrt{25}}$ $\quad \frac{5}{\sqrt{45}}$

CAS **28.** a) Erläutere, wie das CAS im Bild rechts zu den Ergebnissen gekommen ist.

b) Vereinfache die Terme handschriftlich.

① $\sqrt{\sqrt{64}}$ ② $4\sqrt{48} + 5\sqrt{48}$

③ $\sqrt{\frac{81}{2}}$ ④ $\frac{2}{\sqrt{7}} - \frac{1}{\sqrt{7}}$

c) Vereinfache die Terme aus b) mit einem CAS. Vergleiche mit deinen Ergebnissen.

d) Formuliere Regeln, nach denen ein CAS Ergebnisse mit Wurzeln darstellt.

29. Löse die Gleichungen.

a) $\sqrt{x} = 4$ b) $\sqrt[3]{x} = 3$ c) $\sqrt[4]{x} = 7$ d) $\sqrt{4x} = 8$ e) $x^{\frac{1}{2}} = 6$

f) $x^{\frac{1}{3}} = 4$ g) $x^{\frac{2}{3}} = 9$ h) $\sqrt[6]{x^2} = 5$ i) $\sqrt[3]{4x} = 6$ j) $\left(x^{\frac{1}{4}}\right)^3 = 8$

30. Das dritte Keplersche Gesetz lautet: „Die Quadrate der Umlaufzeiten zweier Planeten verhalten sich wie die dritte Potenz der großen Bahnhalbachsen."

Als Formel: $\frac{T_1^2}{T_2^2} = \frac{a_1^3}{a_2^3}$

a) Berechne die Umlaufzeiten von Mars und Jupiter.

b) Bestimme die große Halbachse der Venus.

$T_{Erde} = 365{,}26$ Tage
$T_{Venus} = 224{,}7$ Tage
$a_{Erde} = 148 \cdot 10^6$ km
$a_{Mars} = 225 \cdot 10^6$ km
$a_{Jupiter} = 769{,}6 \cdot 10^6$ km

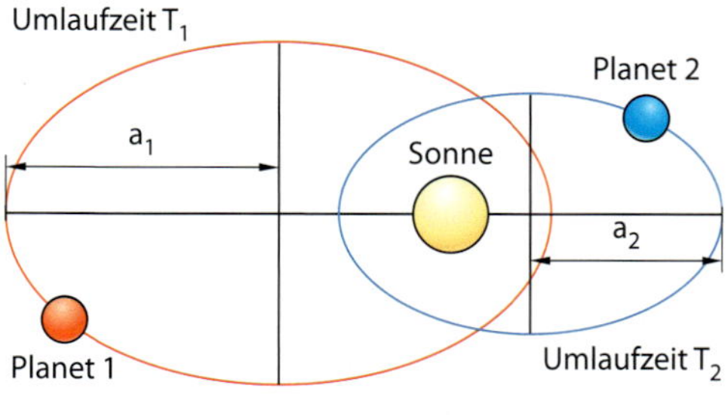

31. Vereinfache den Wurzelterm.

a) $\left(\sqrt[3]{5} - \sqrt[3]{4}\right)\cdot\left(\sqrt[3]{5} + \sqrt[3]{4}\right)$ b) $x\sqrt{y} + y\sqrt{x}\cdot\sqrt{x\cdot y}$ c) $\frac{a\sqrt[3]{b} + b\sqrt[3]{a}}{\sqrt[3]{ab}}$

Hinweis zu 32:
Solche Gleichungen nennt man Exponentialgleichungen.

32. Ausblick: Löse die Gleichung.

a) $2^x = 64$ b) $5^y = \frac{1}{25}$ c) $\left(\frac{1}{4}\right)^x = 16$ d) $125^z = 5$ e) $6^m + 1 = 37$

f) $1^y - 1 = 0$ g) $2^n + 3 = 0$ h) $1000^y = 0{,}001$ i) $10^x = 0{,}01$ j) $3^y - 1 = 2^{y+1}$

1.6 Wurzelgleichungen

■ Löse das Zahlenrätsel. ■

Gleichungen, in denen Variablen unter dem Wurzelzeichen vorkommen, nennt man **Wurzelgleichungen**.
Zum Lösen von Wurzelgleichungen, versucht man die Wurzel zu entfernen. Dafür kann man die Wurzel auf einer Seite isolieren und dann die beiden Seiten der Gleichung quadrieren.
Aber Achtung: **Das Potenzieren von beiden Seiten einer Gleichung ist keine Äquivalenzumformung.** Denn das Potenzieren beseitigt beispielsweise Vorzeichenunterschiede zwischen den beiden Seiten der Gleichung. Deshalb muss man durch eine Probe überprüfen, ob die gefundenen Lösungen auch Lösungen der Ausgangsgleichung sind.

Hinweis:
Beim Quadrieren beider Gleichungsseiten können zusätzliche Lösungen entstehen, aber keine verschwinden.

Wissen: Lösen von Wurzelgleichungen
Beim Lösen von Wurzelgleichung kann man wie folgt vorgehen:
1. Forme die Gleichung so um, dass der Wurzelterm alleine auf einer Seite steht.
2. Potenziere die beiden Seiten der Gleichung.
3. Da das Potenzieren von beiden Seiten einer Gleichung keine Äquivalenzumformung ist, können Lösungen dazukommen. Führe eine Probe durch. Gib die Lösungsmenge an.

Beispiel 1: Löse die Wurzelgleichung. Gib auch den Definitionsbereich der Gleichung an.
a) $\sqrt{4x-8}=8$ b) $\sqrt{x^2-9}+x=1$

Lösung:

a) Bestimme den Definitionsbereich: Der Radikand muss größer oder gleich 0 sein. Definitionsbereich: $D=\{x \mid x \geq 2\}$

$4x-8 \geq 0 \quad |+8$
$4x \geq 8 \quad |:4$
$x \geq 2$

Quadriere beide Seiten der Gleichung, um das Wurzelzeichen zu entfernen. Löse die Gleichung nach x auf.

$\sqrt{4x-8}=8 \quad |(\ )^2$
$4x-8=64 \quad |+8;\ :4$
$x=18$

Führe eine Probe durch: Setze x = 18 in die Ausgangsgleichung ein. Prüfe ob 18 aus dem Definitionsbereich ist.

Probe: $\sqrt{4 \cdot 18-8}=\sqrt{72-8}=\sqrt{64}=8$ ✓
$18 \geq 2$, also ist 18 aus dem Definitionsbereich.

Gib die Lösungsmenge an.

Lösungsmenge: $L=\{18\}$

b) Bestimme den Definitionsbereich. Der Radikand muss größer oder gleich 0 sein. Definitionsbereich: $D=\{x \mid |x| \geq 3\}$

$x^2-9 \geq 0 \quad |+9$
$x^2 \geq 9 \quad |\sqrt{\ }$
$|x| \geq \sqrt{9}=3$ Da das Quadrat einer negativen Zahl positiv ist, darf x auch negativ sein.

Isoliere den Wurzelterm und quadriere dann beide Seiten. Löse die Gleichung nach x auf.

$\sqrt{x^2-9}+x=1 \quad |-x$
$\sqrt{x^2-9}=1-x \quad |(\ )^2$
$x^2-9=(1-x)^2$ (binomische Formel)
$x^2-9=1-2x+x^2 \quad |-x^2;+9;+2x$
$2x=10 \quad |:2$
$x=5$

Führe eine Probe durch. Setze x = 5 in die Ausgangsgleichung ein.

Probe: $\sqrt{5^2-9}+5=\sqrt{25-9}+5=\sqrt{16}+5$
$=4+5=9 \neq 1$
5 ist keine Lösung der Ausgangsgleichung.

Gib die Lösungsmenge an.

Lösungsmenge: $L=\{\ \}$

Basisaufgaben

1. Löse die Gleichungen im Kopf.

a) $\sqrt{x} = 16$ b) $\sqrt[3]{a} = 8$ c) $\sqrt[3]{x} = 0{,}5$ d) $\sqrt{x} - 1 = 5$

e) $\sqrt{a} + 6 = 6$ f) $\sqrt[4]{2x} = 1$ g) $\sqrt[3]{x-1} = 4$ h) $\sqrt{x+3} = 3$

2. Löse die Gleichungen. Bestimme den Definitionsbereich und führe eine Probe durch.

a) $\sqrt{x-3} = 2$ b) $3 \cdot \sqrt{x+1} = \sqrt{x-7}$ c) $\sqrt{5x-4} = 2 \cdot \sqrt{x}$

d) $\sqrt{5x+5} = 5$ e) $3 \cdot \sqrt{x-1} = 2\sqrt{2x-1}$ f) $\sqrt{4x^2-5} = 2 \cdot x - 1$

Weiterführende Aufgaben

3. Löse die Gleichungen.

a) $\sqrt[3]{4x-8} = 32$ b) $\sqrt{x^2+20} = x + 10$ c) $\sqrt[3]{x^2+2} = \sqrt[3]{x^2+1}$

4. **Stolperstelle:** Überprüfe die Lösungen. Berichtige sie und beschreibe die Fehler.

a) $\sqrt{x+1} + 2 = 4$
$x + 1 + 4 = 16$
$x = 11$
$L = \{11\}$

b) $\sqrt{2x} + \sqrt{x-1} = 3$
$2x + x - 1 = 9$
$3x = 10$
$x = \frac{10}{3}$
$L = \left\{\frac{10}{3}\right\}$

c) $\sqrt{3x-2} + 4 = 3$
$\sqrt{3x-2} = -1$
$3x - 2 = 1$
$3x = 3$
$x = 1,\ L = \{1\}$

5. Begründe ohne Rechnung, dass die Gleichung $\sqrt{x-4} + 2 = 1$ keine Lösung hat.

6. Löse die Zahlenrätsel.

a) Wenn man vom Vierfachen einer Zahl 8 subtrahiert und anschließend die Wurzel zieht, erhält man 32.

b) Wenn man zum Quadrat einer Zahl 60 addiert und anschließend die Wurzel zieht, erhält man dasselbe, als wenn man zur Zahl 4 addiert.

c) Wenn man zum Quadrat einer Zahl 2 addiert und anschließend die Wurzel zieht, erhält man dasselbe, als wenn man zum Quadrat der Zahl 1 addiert und dann die Wurzel zieht.

7. Formuliere ein Zahlenrätsel, das auf die Gleichung $\sqrt{x-4} = 6$ führt.

8. Löse die Gleichungen.

a) $\sqrt{\frac{1}{2}x - 8} + 8 = 9$ b) $\sqrt{\frac{x-5}{x+7}} = 12$ c) $\sqrt{x^2 - \frac{x}{2}} = x + \frac{1}{2}$

d) $\sqrt{\frac{2x+2}{2x-1}} = \sqrt{\frac{3x+1}{3x+3}}$ e) $\sqrt{2x^2+6} - \sqrt{4x^2+2} = 0$ f) $-14 = 6 - 4\sqrt{100x+5}$

9. Die Zeit T (in Sekunden), in der ein Pendel einmal hin und her schwingt, hängt von der Länge l (in Meter) des Pendels ab. Es gilt: $T = 2\pi\sqrt{\frac{l}{g}}$ mit $g = 9{,}81\,\frac{m}{s^2}$.
Ein Pendel schwingt 30-mal in einer Minute hin und her. Berechne die Länge des Pendels.

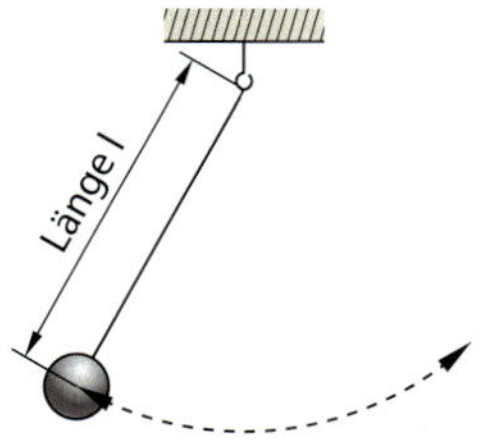

10. **Ausblick:** Löse die Wurzelgleichungen.

a) $\frac{3}{\sqrt{x-1}} - \sqrt{x-4} = \sqrt{x-1}$ b) $\sqrt{x-3} + \sqrt{x+2} = \sqrt{4x-3}$ c) $\sqrt{x-9} \pm \sqrt{x-4} = -1$

1.7 Näherungswerte

■ Christin möchte eine Wand in ihrem Zimmer neu gestalten. Sie misst die Länge der rechteckigen Wandfläche mit 5,79 m und die Höhe mit 2,48 m. Dann rechnet sie: $A = 5{,}79\,m \cdot 2{,}48\,m = 14{,}3592\,m^2$
Ihr Bruder Michael zweifelt am Ergebnis:
„Das wären ja 143 592 cm^2, so genau hast du gar nicht gemessen, dass du den Flächeninhalt auf Quadratzentimeter genau angeben kannst."

Was meinst du dazu? ■

Genaue Werte und Näherungswerte unterscheiden

Beim Rechnen müssen genaue Werte von Näherungswerten unterschieden werden. Näherungswerte entstehen u. a. beim Messen, Runden, Schätzen und Überschlagen.

Wird ein Messwert mit 16 cm (auf Zentimeter genau) angegeben, heißt das:
Der genaue Wert liegt im Intervall von 15,5 cm bis 16,5 cm (kurz: 16 cm ± 0,5 cm).
Wird ein Messwert mit 16,3 cm (auf zehntel Zentimeter genau) angegeben, heißt das:
Der genaue Wert liegt im Intervall von 16,25 cm und 16,35 cm (kurz: 16,3 cm ± 0,05 cm).
Die größte Abweichung ergibt sich aus der Hälfte des Stellenwertes der letzten Ziffer.

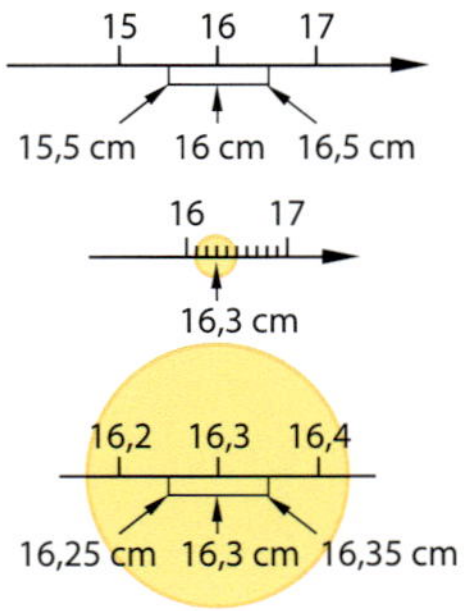

Wissen: Genaue Werte und Näherungswerte
Beim **Darstellen eines genauen Wertes** auf einer Zahlengeraden wird ein **Punkt** markiert.
Beim **Darstellen eines Näherungswertes** auf einer Zahlengeraden wird eine **Strecke** (Intervall) markiert. Je kürzer eine solche Strecke ist, desto genauer ist der Näherungswert.
Die Genauigkeit eines Näherungswertes wird bestimmt durch den **Stellenwert der letzten angegebenen Ziffer**, beispielsweise:

Der Näherungswert beträgt:	$m = 12{,}356\,kg$
Es gilt:	$(12{,}356\,kg \pm 0{,}0005\,kg)$
Der genaue Wert liegt im Intervall:	$12{,}3555\,kg \le m \le 12{,}3565\,kg$

Hinweis:
Sind Näherungswerte natürliche Zahlen, dann werden Nullen am Ende der Zahl nicht berücksichtigt.

Beispiel 1:
a) Entscheide, ob die Angabe ein Näherungswert oder ein genauer Wert ist.
b) Gib für die Näherungswerte das Intervall an, in dem der genaue Wert liegt.
(1) Die Folie ist 0,14 mm dick. (2) Meine Tante hat drei Kinder.
(3) Es sind etwa 5600 Zuschauer.

Lösung:
a) Prüfe, ob der Wert durch Messen, Runden, Schätzen oder Überschlagen entstanden ist.
(1) 0,14 mm (*Messwert*) ⇒ *Näherungswert*
(2) Anzahl (*Abzählen*) ⇒ *genauer Wert*
(3) „*etwa*" kennzeichnet einen *Näherungswert*.

b) Ermittle die Hälfte vom Stellenwert der letzten angegebenen Ziffer. Schreibe das zugehörige Intervall auf.
(1) $d = 0{,}14\,mm$ (letzte Ziffer/Hundertstel)
$\frac{1}{2} \cdot 0{,}01 = 0{,}005 \Rightarrow 0{,}14\,mm \pm 0{,}005\,mm$
$0{,}135\,mm \le d \le 0{,}145\,mm$
(3) 5600 Zuschauer ⇒ *Näherungswert*
5600 (erste Ziffer, ungleich Null, Hunderter)
$\frac{1}{2} \cdot 100 = 50 \Rightarrow 5600 \pm 50$
$5550 \le n \le 5650$

Hinweis:
Ist der Näherungswert eine natürliche Zahl, wird die erste von Null verschiedene Ziffer von rechts blickend genutzt.

Basisaufgaben

1. Entscheide, ob die Angabe ein Näherungswert oder ein genauer Wert ist.
   a) Eine 1 m lange Leiste wird in drei Teile gesägt, jedes Teil ist 33 cm lang.
   b) Simons Taschenrechner zeigt als Ergebnis der Rechnung 7 : 3 = 2,33.
   c) Als Ergebnis für $\left(-\frac{1}{3}\right) \cdot 7 \cdot \left(-\frac{9}{14}\right)$ hat Mia im Kopf $\frac{3}{2}$ berechnet, Günter mit einem Taschenrechner 1,48.

2. Gib für den Messwert das Intervall an, in dem der genaue Wert liegt.
   a) t = 14,5 s b) h = 32 m c) a = 4,5 cm d) m = 27 t e) $A = 12{,}0\,m^2$

Genauigkeit beim Rechnen mit Näherungswerten beachten

Beim Rechnen mit Näherungswerten erhält man als Ergebnisse wieder Näherungswerte. Beachte, dass die Genauigkeit des Ergebnisses nicht größer sein kann als der ungenaueste gegebene Näherungswert. Darum sind Ergebnisse solcher Rechnungen auf eine **sinnvolle Genauigkeit** zu runden.

Wissen: Rechnen mit Näherungswerten

Addieren/ Subtrahieren	Runde das Ergebnis auf den **Stellenwert** des Summanden (Minuenden, Subtrahenden), bei dem die letzte Ziffer am weitesten links steht.
Multiplizieren/ Dividieren	Runde das Ergebnis auf die Anzahl von Ziffern, die der Faktor (Dividend, Divisor) mit der geringsten **Anzahl von Ziffern** hat. Bei Dezimalzahlen werden Nullen links von der ersten von null verschiedenen Ziffer nicht mitgezählt.

Beispiel 2:

a) Die Schultasche von David wiegt 4,8 kg. Berechne, wie schwer die Schultasche ist, wenn er noch sein Mathematikbuch, das 620 g wiegt, hinein packt.

b) Berechne das Volumen einer quaderförmigen Stahlplatte mit folgenden Abmessungen: a = 28,7 dm; b = 17,6 dm; c = 12 mm

Lösung:

a) Prüfe, ob Näherungswerte vorliegen. Achte auf die gleiche Einheit. Addiere beide Größen. Wende die Regel für das Addieren von Näherungswerten an. Gib das gerundete Ergebnis an.

Messwerte: 4,8 kg; 620 g (Näherungswerte)
620 g = 0,620 kg
4,8 kg + 0,620 kg = 5,420 kg
Die letzte Ziffer (8) steht bei 4,8 am weitesten links (beim Stellenwert „Zehntel").
Das Ergebnis ist auf Zehntel zu runden.
Die Schultasche ist 5,4 kg schwer

b) Prüfe, ob Näherungswerte vorliegen. Wende die Formel zur Berechnung des Volumens eines Quaders an. Achte auf die gleiche Einheit. Wende die Regel für das Multiplizieren von Näherungswerten an. Gib das gerundete Ergebnis an.

Kantenlängen: 28,7 dm; 17,6 dm; 12 mm sind Messwerte, also Näherungswerte
12 mm = 0,12 dm
$V = a \cdot b \cdot c = 28{,}7\,dm \cdot 17{,}6\,dm \cdot 0{,}12\,dm$
$V = 60{,}6144\,dm^3$
Der Faktor 0,12 dm hat die geringste Anzahl von Ziffern (zwei Ziffern).
Das Ergebnis muss auf zwei Ziffern gerundet werden. $V = 61\,dm^3$

Basisaufgaben

3. Berechne die Summe bzw. die Differenz der Näherungswerte.
   a) 124,5 m + 65,89 m b) $48{,}6\,cm^2 - 11{,}32\,cm^2$ c) 45,85 t + 8,567 t
   d) 3,8 cm + 9 mm e) 32,7 kg – 3,56 kg – 5 kg f) $2{,}53\,m^3 + 1{,}5\,m^3 + 39\,dm^3$

4. Berechne das Produkt bzw. den Quotienten folgender Näherungswerte.
   a) 2,35 m · 3,1 m b) 4,2 cm · 10,6 cm · 9,8 cm c) 4,3 cm · 181 mm
   d) $12{,}45\,cm^2 : 3{,}4\,cm$ e) 37,5 m : 2,3 s f) $6\,m^2 : 0{,}85\,m$

5. Gegeben sind folgende Näherungswerte: $x = \frac{11}{3} \approx 3{,}7$; $y = 4\frac{1}{90} \approx 4$ und $z = \sqrt{2} \approx 1{,}41$
   Berechne den Term mit den gerundeten Werten. Vergleiche dann.
   a) $x + y - z$ b) $3 \cdot x + z$ c) $y \cdot z + x$ d) $x \cdot z - y$

Hinweis zu 5:
In b) ist der Faktor 3 eine genaue Zahl. Rechne in c) und d) „in einem Zug“ und runde erst dann.

Weiterführende Aufgaben

6. Erkläre dein Vorgehen. Gib Ergebnisse gegebenenfalls mit sinnvoller Genauigkeit an.
   a) Julian sucht einen Teppich für sein neues Zimmer. Im Plan (Maßstab 1 : 20) misst er 14,5 cm mal 18,7 cm. Welche Maße sollte er im Teppichgeschäft angeben?
   b) Unsere Luft hat eine Dichte von $\varrho = 0{,}00129\,\frac{g}{cm^3}$. Wie schwer sind 2,5 Liter Luft?
   c) Mira verwendet für einen Kuchenteig 500 g Mehl, 175 g Zucker, 1 mg Salz, 150 g Milch, 0,5 g Vanillezucker, 4 Eier mit 55 g, 57 g, 61 g, 62 g, 250 g Butter und 17 g Backpulver. Welche Anzeige erwartest du auf der Küchenwaage?

7. a) Zeichne eine Strecke und miss deren Länge. Wähle zum Messwert ein sinnvolles Intervall, in dem der genaue Wert liegt. Begründe deine Wahl.
   b) Zeichne einen stumpfen Winkel und miss seine Größe. Wähle zum Messwert ein sinnvolles Intervall, in dem der genaue Wert liegt. Begründe deine Wahl.

8. Miss Länge, Breite und Höhe einer Streichholzschachtel und berechne das Volumen und den Oberflächeninhalt der Schachtel. Achte dabei auf sinnvolle Genauigkeit.

9. Nenne Beispiele für Näherungswerte bzw. genaue Werte aus dem täglichen Leben.

10. **Stolperstelle:** Maja zeigt Kevin stolz die Ergebnisse ihrer Aufgaben. Kevin meint, dass diese Ergebnisse aber noch gerundet werden müssen. Maja erwidert, dass dies nicht nötig sei, denn es kommen ja doch nur genaue Werte vor. Was meinst du?
   a) Die Jahreszinsen für ein Guthaben von 3865 € bei einem Zinssatz von 2,15 % betragen 83,0975 €.
   b) Um 12 Tonnen Sand mit einem Lkw zu transportieren, dessen Nutzlast 2,5 Tonnen beträgt, muss er 4,8-mal fahren.
   c) Am 18. Spieltag der Bundesliga waren bei den 9 Spielen insgesamt 275 000 Zuschauer in den Stadien.
   Das sind $30\,555{,}\overline{5}$ Zuschauer pro Spiel.

11. **Ausblick:** Erstelle eine Plakat mit Tipps zum Umgang mit Näherungswerten.

1.8 Vermischte Aufgaben

1. Wenn man mit einem Taschenrechner $\sqrt{2}$ ermittelt, so erhält man je nach Modell eine bestimmte Dezimalzahl, beispielsweise 1,414 2136. Drückt man unmittelbar danach die Quadrat-Taste, so erhält man in der Anzeige 2.

a) Begründe, dass 1,414 2136 nicht der genaue Wert für die Quadratwurzel aus 2 sein kann.

b) Ist die Zahl 1,414 2136 größer oder kleiner als $\sqrt{2}$? Begründe deine Aussage.

2. Ein 10-€-Schein hat eine Dicke von etwa $9 \cdot 10^{-5}$ m und wiegt etwa $72 \cdot 10^{-5}$ kg.

a) Wie hoch und wie schwer ist ein Stapel 10-€-Scheine im Wert von 2 Mio. €?

b) Welcher Geldbetrag entspricht einem Stapel 10-€-Scheinen, der 40,50 Meter hoch ist?

3. Ein Foto von einer Digitalkamera benötigt etwa 5 MB Speicherplatz. Wie viele derartige Fotos passen auf einen 32-GB-Speicherstick?

A: 12 800 B: 6400 C: 3200 D: 1600

4. Gib die Einheit als Vielfaches der Grundeinheit an. Verwende Zehnerpotenzen.

a) Hektoliter b) Megatonne c) Mikrometer d) Gigawatt e) Milliampere

5. Die Masse der Erde beträgt rund $6{,}0 \cdot 10^{24}$ kg und die Masse der Sonne etwa $2{,}0 \cdot 10^{30}$ kg.

a) Berechne, welchen Anteil an Masse die Erde im Vergleich zur Sonne besitzt.

b) Berechne, welchen Anteil an Masse der Mond ($7{,}4 \cdot 10^{22}$ kg) im Vergleich zur Erde besitzt.

6. Um das Produkt $9 \cdot 27$ zu ermitteln, kann man in der Tabelle die Zahlen addieren, die über den Zahlen 9 und 27 stehen, also 2 und 3. Das Ergebnis des Produkts steht dann unter der Summe aus 2 und 3, also unter der Zahl 5. Es ist die Zahl 243.

n	1	2	3	4	5	6	7	8	9	10
3^n	3	9	27	81	243	729	2187	6561	19 683	59 049

a) Gib drei weitere Multiplikationsaufgaben an, die du mit dieser Tabelle lösen kannst.

b) Erläutere und begründe am Beispiel 6561 : 27, wie man mithilfe der Tabelle Divisionsaufgaben lösen kann.

7. Gegeben ist der Term $\frac{1}{2} \cdot \frac{(n \cdot (-2n)^4 + 4 \cdot (-n)^5) \cdot n^{-2}}{(2n)^3}$.

a) Setze für n zuerst 5 und dann −3 ein und berechne den Wert des Terms.

b) Begründe, dass das Ergebnis immer dasselbe bleibt – egal, welchen Wert man für n einsetzt. Prüfe, ob der Term für alle Zahlen ein Ergebnis liefert.

8. Argumentiere.

a) Sind die Ausdrücke $\left(\left(\left(\left(2^1\right)^2\right)^3\right)^4\right)^5$ und $\left(\left(\left(\left(2^5\right)^4\right)^3\right)^2\right)^1$ gleichwertig? Begründe.

b) Berechne die Brüche und erkläre, wie die Zahlenfolge $\left(\frac{5}{2}\right)^3; \left(\frac{5}{2}\right)^2; \left(\frac{5}{2}\right)^1; \ldots$ sinnvoll fortgesetzt werden kann.

c) Ordne die Zahlen der Größe nach. Erläutere deine Strategie.

$(-4)^2$; $\sqrt{\frac{1}{4}}$; 4^{-2}; 2^{-4}; $\sqrt{4}$; $\sqrt[3]{\frac{-1}{8}}$; $\left(\frac{1}{8}\right)^{\frac{1}{3}}$; $\left(\frac{-1}{8}\right)^3$

9. Das „Schneeballprinzip“ ist eine beliebte Art, Gäste zum Tanzen aufzufordern. Ein Paar beginnt und sucht sich nach einer gewissen Zeit neue Tanzpartner. Auch die so entstandenen Partner suchen sich dann wieder neue Tanzpartner usw.
Zum Semperopernball 2016 in Dresden waren in der Semperoper 2500 Gäste und auf dem Platz vor der Semperoper 15 000 Gäste.

a) Berechne, wie oft die Tanzpartner nach dem Schneeballprinzip gewechselt werden müssten, damit etwa 250 Paare in der Semperoper auf der Tanzfläche sind.
b) Berechne, wie oft die Tanzpartner im Saal gewechselt werden müssten, damit alle 2500 Gäste auf der Tanzfläche wären.
c) Nach wie vielen Minuten wären auf dem Vorplatz der Oper 4096 Tanzpaare, wenn jedes Tanzpaar nur 1,5 Minuten (einschließlich Wechsel) zusammen tanzen und nach dem Schneeballprinzip ein Partnerwechsel erfolgen würde?
d) Reflektiere die Ergebnisse mit Blick auf die Realität.

10. Das Volumen des ersten Würfels ist dreimal so groß wie das eines zweiten Würfels.
a) Angenommen, der erste Würfel habe ein Volumen von $24\,\text{cm}^3$. Wie groß ist dann das Volumen des zweiten Würfels?
Vergleiche auch die Kantenlängen der beiden Würfel miteinander.
b) Verallgemeinere dein Ergebnis aus a) und vergleiche die Kantenlängen zweier Würfel, wenn lediglich bekannt ist, dass das Volumen des einen Würfels dreimal so groß ist wie das eines zweiten Würfels.

11. Warum ist beim Potenzgesetz $a^m \cdot a^n = a^{m+n}$ (mit $m, n \in \mathbb{Q}$) die Einschränkung $a > 0$ erforderlich?

12. China ist weltweit der führende Produzent von Hühnereiern. In den letzten Jahren produzierte das Land jährlich etwa $4{,}97 \cdot 10^{11}$ Eier (Tendenz steigend).

- Wie hoch wäre ein solcher Eierstapel, wenn sie in den üblichen 10er- oder 6er-Packungen (Höhe jeweils 6 cm) abgepackt und aufeinander geschichtet würden? Gib die Höhe in Kilometer an.
- Ein Ei wiegt durchschnittlich 55 g. Gebt das Gewicht der Gesamtproduktion in Gramm, in Kilogramm und in Tonnen an. Vergleiche das Gewicht der Eier mit dem Gewicht eines ausgewachsenen Elefanten (etwa 5 t).
- Deutschland produzierte in einem Jahr etwa 12 430 000 000 Hühnereier. Formuliere eine geeignete Aufgabenstellung.
- Ein Huhn legt im Jahr etwa 300 Eier. Gib an, wie viele Hühner zur Jahresproduktion an Eiern in China (Deutschland) etwa benötigt werden.

13. Potenzfunktionen
a) Zeichne die Graphen der Funktionen f und g mit $g(x) = x$ und $f(x) = x^2$ in ein Koordinatensystem.
b) Zeichne dazu die Graphen der Funktionen h und i mit $h(x) = x^3$ und $i(x) = x^4$ – erstelle dafür Wertetabellen oder verwende einen Funktionenplotter.
c) Betrachte allgemein **Potenzfunktionen**: Sie haben die Funktionsgleichung $p(x) = x^n$ für eine natürliche Zahl $n > 0$. Gibt es Gemeinsamkeiten? Welchen Einfluss hat der Parameter n auf Eigenschaften wie die Symmetrie?

Prüfe dein neues Fundament

Lösungen ↗ S. 235

Hinweis:
Eine Übersicht über Methoden zum Üben und Wiederholen findest du auf der Methodenkarte 9 D.

1. Berechne mit einer Intervallschachtelung auf drei Nachkommastellen genau.
a) $\sqrt{6}$ b) $\sqrt{21}$ c) $\sqrt{33}$ d) $\sqrt{55}$ e) $\sqrt{600}$

2. Wahr oder falsch? Begründe deine Antwort.
a) Jede natürliche Zahl ist eine reelle Zahl.
b) Jede reelle Zahl ist eine irrationale Zahl.
c) Aus jeder rationalen Zahl kann die Wurzel gezogen werden.
d) Die Wurzel aus einer nicht natürlichen Zahl ist immer irrational.
e) Es gibt eine rationale Zahl, die irrational ist.

3. Schreibe Produkte als Potenzen und Potenzen als Produkte. Berechne ohne Taschenrechner.
a) $2 \cdot 2 \cdot 2 \cdot 2 \cdot 2$ b) $\frac{1}{3} \cdot \frac{1}{3} \cdot \frac{1}{3}$ c) 4^{-3} d) $(-3)^{-3}$
e) $\left(-\frac{1}{3}\right)^3$ f) 3^{-3} g) $-0{,}3 \cdot (-0{,}3) \cdot (-0{,}3)$ h) $\left(-\frac{2}{3}\right)^{-4}$

4. Berechne. Schreibe zunächst die Potenzen als Produkte.
a) $4^7 \cdot 4^{-5}$ b) $4^{-3} \cdot 5^{-3}$ c) $5^{-4} \cdot 5^{-3}$ d) $(7^3)^{-2}$ e) $15^2 : 3^2$ f) $0{,}2^4 \cdot 0{,}1^4$
g) $\left(\frac{1}{5}\right)^2 \cdot \left(\frac{1}{5}\right)^3$ h) $(0{,}1^{-3})^3$ i) $\left(\frac{1}{2}\right)^3 \cdot \left(\frac{1}{3}\right)^3$ j) $2^0 \cdot 2^{-5}$ k) $21^{-3} : 7^{-3}$ l) $\left(\left(-\frac{2}{3}\right)^{-2}\right)^{-1}$

5. Vereinfache. Gib an, welches Potenzgesetz du verwendest.
a) $3^5 \cdot 9$ b) $121 \cdot 2^2$ c) $(5^{-4})^3$ d) $27^3 : 3^2$ e) $\frac{2 \cdot 3^4}{6^3}$ f) $(0{,}3^{-5})^{-7}$
g) $\left(\frac{1}{5}\right)^4 \cdot 5^2$ h) $\frac{20^{-5}}{5^{-3} \cdot 4^4}$ i) $19^{-3} : 19^{-45}$ j) $\frac{x^3 \cdot x^6}{x^9}$ k) $\frac{(2a)^{-5} \cdot (2a)^7}{4a^2}$ l) $\frac{(5a)^3 \cdot (2b)^3 \cdot 3^3}{30a^3b^3 \cdot (ab^{-1})}$

6. Berechne ohne Taschenrechner.
a) $\sqrt[2]{\frac{9}{25}}$ b) $\sqrt[3]{125}$ c) $\sqrt[5]{32}$ d) $\sqrt[4]{-125}$ e) $\sqrt[4]{81^2}$ f) $\sqrt[45]{64^{45}}$
g) $\sqrt[5]{0{,}00001}$ h) $\sqrt[99]{1}$ i) $\sqrt[4]{256}$ j) $\sqrt[4]{196^2}$ k) $\sqrt[5]{10\,000\,000\,000}$ l) $\sqrt[3]{0{,}125}$

7. Berechne mit einem Taschenrechner. Runde das Ergebnis auf zwei Nachkommastellen.
a) $\sqrt[4]{10}$ b) $\sqrt[3]{343}$ c) $\sqrt[4]{2401}$ d) $\sqrt[3]{1331}$ e) $\sqrt[3]{4913}$ f) $\sqrt[6]{0{,}015625}$
g) $\sqrt[5]{7{,}59375}$ h) $\sqrt[3]{8120{,}601}$ i) $\sqrt[4]{96\,059\,601}$ j) $\sqrt[7]{0{,}0002187}$ k) $\sqrt[5]{3\,200\,000}$ l) $\sqrt[7]{\frac{128}{2187}}$

8. Löse die Gleichungen.
a) $x^2 = 9$ b) $x^3 = 27$ c) $x^3 - 125 = 0$ d) $x^4 = 16$ e) $x^3 = -8$
f) $x^7 = -128$ g) $x^5 = 1024$ h) $2x^2 = 20\,000$ i) $x^{-2} = \frac{1}{9}$ j) $x^{10} = -1000$

9. Schreibe die Wurzel als Potenz und vereinfache, falls möglich.
a) $\sqrt[3]{a^2}$ b) $\sqrt[2]{n^2}$ c) $\sqrt[4]{(xy)^{-2}}$ d) $\sqrt[5]{\frac{12^{10}}{4^{-10}}}$ e) $\sqrt[4]{(u^2v)^8}$

10. Berechne ohne Taschenrechner.
a) $7^5 : 7^3$ b) $0{,}1^2 \cdot 0{,}1^{-5}$ c) $2^{0,5} : 8^{0,5}$ d) $9^{\frac{1}{3}} \cdot 3^{\frac{1}{3}}$ e) $8^{\frac{1}{4}} \cdot 2^{\frac{1}{4}}$
f) $0{,}01^{-3} : \left(\frac{1}{10}\right)^{-3}$ g) $2^0 : 2^1$ h) $\left(\left(\frac{1}{2}\right)^3\right)^2$ i) $(0{,}1^2)^{-1}$ j) $16^3 : 8^3$
k) $\frac{5^4}{5^2 \cdot 5^3}$ l) $\frac{20^2}{5^{-3}} \cdot 5^{-4}$ m) $169^{\frac{1}{2}} : 13^2$ n) $\frac{2 \cdot 3^3}{27^{\frac{1}{3}}}$ o) $\frac{0{,}5^2}{2^0}$

11. Vereinfache mithilfe von Potenzgesetzen.
a) $b^{-3} \cdot b^5$ b) $x^7 : x^3$ c) $a^3 b a^{-1} b^{-2}$ d) $\sqrt{3^0} : y$ e) $(b^{-2})^{-1}$
f) $\frac{x \cdot x^{-2} \cdot y^3}{x^3 \cdot y}$ g) $a^{0,25} \cdot a^{\frac{3}{4}}$ h) $(a^1)^{-2}$ i) $(u^{-3} \cdot v^6)^{\frac{2}{3}}$ j) $2 \cdot (y^0)^3$

12. Berechne ohne Taschenrechner.

a) $\sqrt{\frac{9}{25}}$ b) $\sqrt[3]{125}$ c) $\sqrt[5]{2\cdot 16}$ d) $\sqrt[4]{-625}$ e) $-\sqrt[4]{81^2}$

f) $\sqrt[10]{7^5\cdot 7^5}$ g) $\sqrt[5]{0{,}00001}$ h) $\sqrt[9]{7^0}$ i) $\sqrt[4]{196^2}$ j) $\sqrt[5]{7^{-5}}$

k) $\sqrt{2}\cdot\sqrt{32}$ l) $\sqrt[3]{54}:\sqrt[3]{2}$ m) $\sqrt[3]{\sqrt{1\,000\,000}}$ n) $\frac{\sqrt[3]{7^7}}{\sqrt[3]{7^4}}$ o) $\sqrt{\sqrt[3]{27^2}}$

13. Berechne – falls möglich. Verwende keinen Taschenrechner.

a) $\sqrt{2}\cdot\sqrt{8}$ b) $\sqrt{200}\cdot\sqrt{0{,}5}$ c) $\sqrt{800}\cdot\sqrt{50}$ d) $\sqrt{100\cdot 49}$ e) $\sqrt{36\cdot 64}$

f) $\frac{\sqrt{300}}{\sqrt{3}}$ g) $\frac{\sqrt{-100}}{\sqrt{-4}}$ h) $\frac{\sqrt{12}}{\sqrt{147}}$ i) $\sqrt{\frac{121}{169}}$ j) $\sqrt{\frac{-63}{-28}}$

14. Ziehe die Wurzel so weit wie möglich.

a) $\sqrt{52}$ b) $\sqrt{96}$ c) $\sqrt{\frac{27}{36}}$ d) $\sqrt{\frac{8}{256}}$ e) $\sqrt{\frac{160}{147}}$

15. Suche aus dem Text alle genauen Werte (alle Näherungswerte) heraus. Begründe jeweils.
Kai wurde am 17.05.2005 geboren. Bei seiner Geburt wog er 3567 g und war 52 cm groß. Seine Eltern wohnen in der Händelgasse 2. Von dieser benötigt man zu Fuß 5 Minuten bis zu einer Straßenbahnhaltestelle der Linie 4.

16. Gib für folgende Näherungswerte das Intervall an, in dem der genaue Wert liegt.

a) $V = 15{,}3\,dm^3$ b) $m = 11{,}25\,mg$ c) $x = 127\,mm$ d) $A_O = 550\,m^2$

Wiederholungsaufgaben

1. Entscheide, ob eine proportionale Zuordnung, eine antiproportionale Zuordnung oder keine von beiden vorliegt.

a) *Anzahl der Lkw → Anzahl der Fahrten pro Lkw* (Abtransport einer großen Schutthalde)
b) *Gewicht eines Briefes → Porto für einen Brief*
c) *Dauer einer Fernsehsendung → Anzahl der eingeschlafenen Zuschauer*
d) *Geldbetrag → Anzahl der dafür mindestens benötigten Münzen*

2. Im nebenstehenden Kreisdiagramm sind die Anteile der Lackierungsfarben von 1200 neu zugelassenen Fahrzeugen dargestellt.
Gib an, wie viele Fahrzeuge weiß und wie viele Fahrzeuge grau lackiert wurden.

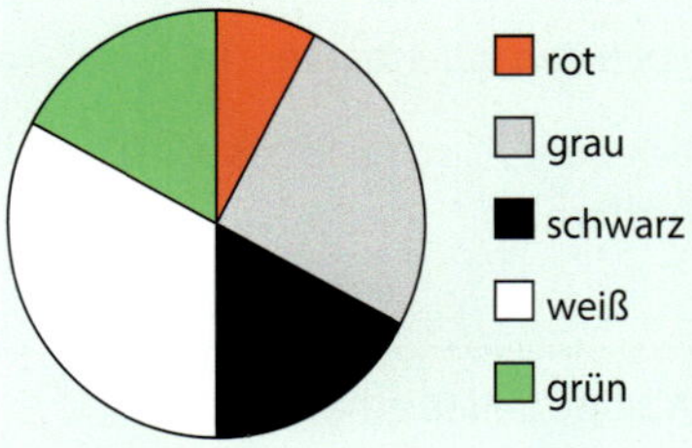

3. Konstruiere ein Dreieck ABC mit $b = 4\,cm$, $c = 5\,cm$ und $\alpha = 38°$.

4. Entscheide, ob die Dreiecke rechtwinklig sind. Begründe deine Aussage.

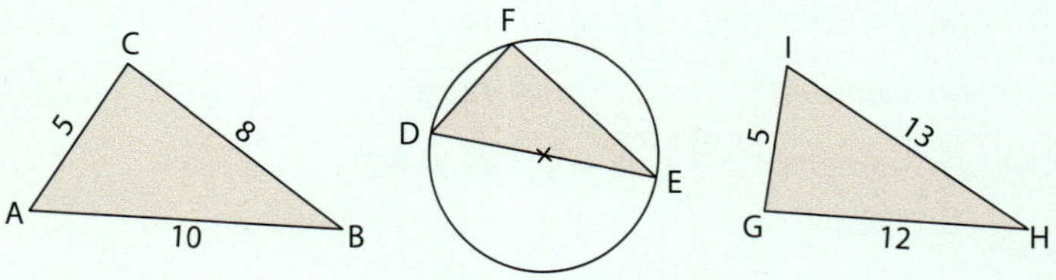

Reelle Zahlen

Die Menge der reellen Zahlen $\mathbb{R}$ setzt sich aus der Menge der rationalen Zahlen $\mathbb{Q}$ und der Menge der irrationalen Zahlen $\mathbb{I}$ zusammen.
Irrationale Zahlen lassen sich nicht durch einen Bruch oder eine abbrechende oder periodische Dezimalzahl darstellen.

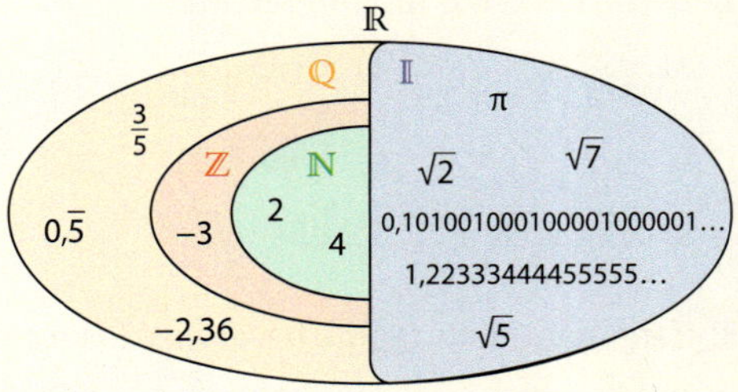

Potenzen mit ganzzahligen Exponenten

Für $a \in \mathbb{R}$ und $n \in \mathbb{N}$ gilt:
$a^0 = 1 \; (a \neq 0); \quad a^1 = a$

$\underbrace{a \cdot a \cdot a \cdot \ldots \cdot a}_{\text{n Faktoren}} = a^n$ (für $n > 1$) — Exponent: n; Basis: a

$a^{-n} = \frac{1}{a^n} = \frac{1}{\underbrace{a \cdot a \cdot a \cdot \ldots \cdot a}_{\text{n Faktoren}}}$ mit $a \neq 0$

$5^0 = 1; \quad \left(-\frac{3}{7}\right)^0 = 1;$ 0^0 ist nicht definiert
$7^1 = 7; \quad (-0{,}5)^1 = -0{,}5; \quad 0^1 = 0$
$3 \cdot 3 \cdot 3 \cdot 3 = 3^4; \quad a \cdot a \cdot a = a^3$

$3^{-2} = \frac{1}{3^2} = \frac{1}{3 \cdot 3} = \frac{1}{9}; \quad \left(\frac{2}{3}\right)^{-1} = \frac{1}{\left(\frac{2}{3}\right)^1} = \frac{3}{2}$

Wurzeln und Potenzen mit rationalen Exponenten

$\sqrt[n]{a}$ ist diejenige nichtnegative Zahl b, für die $b^n = a$ ist. $(a \geq 0; \; n \in \mathbb{N}; \; n \geq 2)$

a heißt Radikand; n heißt Wurzelexponent

$\sqrt[3]{27} = 3$, denn $3^3 = 27$.
$\sqrt{(-2)^2} = \sqrt{4} = 2$, denn $2^2 = 4$

Es wird festgelegt:
$\sqrt[n]{a} = a^{\frac{1}{n}}$ $(a \in \mathbb{R}, a \geq 0; n \in \mathbb{N}; n \geq 2)$
$\sqrt[n]{a^m} = (a^m)^{\frac{1}{n}} = a^{\frac{m}{n}}$ $(a \in \mathbb{R}, a > 0; n, m \in \mathbb{Z}; n \geq 2)$

$\sqrt[3]{27} = 27^{\frac{1}{3}}; \quad \sqrt{5} = 5^{\frac{1}{2}}$
$\sqrt[3]{2^5} = 2^{\frac{5}{3}}$

Potenzgesetze

Für $a, b \in \mathbb{R} \; (a, b > 0)$ und $r, s \in \mathbb{Q}$ gilt:

Potenzen multiplizieren:
$a^r \cdot a^s = a^{r+s}$ (gleiche Basen) — $3^2 \cdot 3^3 = 3^{2+3} = 3^5 = 243$
$a^r \cdot b^r = (a \cdot b)^r$ (gleiche Exponenten) — $2^2 \cdot 1{,}5^2 = (2 \cdot 1{,}5)^2 = 3^2 = 9$

Potenzen dividieren:
$a^r : a^s = a^{r-s}$ (gleiche Basen) — $5^4 : 5^3 = 5^{4-3} = 5^1 = 5$
$a^r : b^r = (a : b)^r$ (gleiche Exponenten) — $0{,}4^3 : 0{,}2^3 = (0{,}4 : 0{,}2)^3 = 2^3 = 8$

Potenzen potenzieren: $(a^r)^s = a^{r \cdot s} = (a^s)^r$ — $\left(4^{\frac{1}{3}}\right)^6 = 4^{\frac{1}{3} \cdot 6} = 4^2 = 16$

Gilt $r, s \in \mathbb{Z}$, so reicht es $a \neq 0$ und $b \neq 0$ zu fordern.

Wurzelgesetze

Als Spezialfall erhält man für $a, b \in \mathbb{R} \; (a, b > 0); \; m, n \in \mathbb{N} \; (m, n \geq 2)$:

Wurzeln multiplizieren: $\sqrt[m]{a} \cdot \sqrt[m]{b} = \sqrt[m]{a \cdot b}$ — $\sqrt[4]{3} \cdot \sqrt[4]{27} = \sqrt[4]{3 \cdot 27} = \sqrt[4]{81} = 3$

Wurzeln dividieren: $\sqrt[m]{a} : \sqrt[m]{b} = \sqrt[m]{a : b}$ — $\sqrt{72} : \sqrt{2} = \sqrt{72 : 2} = \sqrt{36} = 6$

Wurzeln radizieren: $\sqrt[m]{\sqrt[n]{a}} = \sqrt[m \cdot n]{a}; \; (n \geq 2)$ — $\sqrt[3]{\sqrt{64}} = \sqrt[3 \cdot 2]{64} = \sqrt[6]{64} = 2$

2. Quadratische Funktionen und Gleichungen

Den Brückenbogen kann man mit einer quadratischen Funktion modellieren, um zum Beispiel die Länge der senkrechten Stahlstreben zu berechnen.

Nach diesem Kapitel kannst du …
- mit quadratischen Funktionen umgehen,
- Sachsituationen mithilfe von quadratischen Funktionen beschreiben,
- quadratische Gleichungen grafisch und rechnerisch lösen.

Lösungen
↗ S. 236

Lösen von Gleichungen und Gleichungssystemen

1. Löse die Gleichungen.

a) $2x + 4 = 24$ b) $3x - 4 = -5x + 12$ c) $0{,}5x - 2 = x$ d) $\frac{1}{3}(x - 8) = 3x$

e) $\frac{1}{3}x - 6 = x - 6$ f) $-2x - 4 = x + 8$ g) $2(x + 1{,}5x) = 5x$ h) $4 + \frac{1}{2}x = x$

2. Ermittle, welche der in Klammern angegebenen Zahlen die Gleichung erfüllen.

a) $x + 3 = -3$ $(-9; -6; 0; 9)$

b) $2 = \sqrt{x}$ $(-4; 0; 2; 4; 5)$

c) $x^2 = 4$ $(-2; 0; 1; 2)$

d) $0 = -2x^2 + 18$ $(-3; -1; 0; 1; 3)$

e) $x(x - 5) = 0$ $(-3; -1; 0; 1; 3)$

f) $(x - 2)(x + 1) = 0$ $(-1; 0; 1; 2)$

3. Gib alle Lösungen der Gleichung im Bereich der reellen Zahlen an.

a) $x^2 - 16 = 0$ b) $\sqrt{9} = x$ c) $x + 1 = \sqrt{-4}$ d) $2x^2 + 2 = 52$

e) $x^2 = 0$ f) $x^2 + 4 = 0$ g) $x^2 - 4 = 0$ h) $x(x - 1) = 0$

4. Gegeben ist die Gleichung $2x + 2y = 6$. Vervollständige die Lösungen.

a) $(2|\blacksquare)$ b) $(\blacksquare|3)$ c) $(\frac{1}{2}|\blacksquare)$ d) $(\blacksquare|0{,}7)$

5. Löse die Gleichungssysteme.

a) $\left| \begin{array}{l} y + 6 = 2x \\ y + x = 3 \end{array} \right|$ b) $\left| \begin{array}{l} y + 3x = -11 \\ y - x + 3 = 0 \end{array} \right|$ c) $\left| \begin{array}{l} 2x = 8 - 2y \\ 6y = 24 + 4x \end{array} \right|$ d) $\left| \begin{array}{l} 4x = 27 - y \\ 4y = 43 - 3x \end{array} \right|$ e) $\left| \begin{array}{r} -x + y = 2 \\ y - 3 = x \end{array} \right|$

6. Gesucht sind zwei ganze Zahlen. Ihre Summe ist 4. Wird das Dreifache der einen Zahl um das Doppelte der anderen Zahl vermindert, so erhält man 52.

Binomische Formeln anwenden

7. Löse die Klammern auf.

a) $(2 + x)^2$ b) $(a - 2)^2$ c) $(a - 3)(a + 3)$ d) $(2a + b)^2$ e) $(a - 2b)(a + 2b)$

f) $(2 - 0{,}5x)^2$ g) $(4 - 2x)(4 + 2x)$ h) $\left(\frac{1}{2}u - 2v\right)^2$ i) $2x(x + 3)$ j) $\left(\frac{2}{3}u + 3v\right)^2$

8. Übertrage in dein Heft und ergänze richtig.

a) $x^2 + 6x + 9 = (\blacksquare + 3)^2$ b) $a^2 + 12a + 36 = (a + \blacksquare)^2$

c) $25u^2 - 60uv + 36v^2 = (5u - \blacksquare)^2$ d) $36 + 12x + x^2 = (\blacksquare + 6)^2$

e) $(2u + v)(2u - v) = -v^2 + \blacksquare$ f) $9x^2 + y^2 + \blacksquare = (3x + y)^2$

g) $a^2 + b^2 + \blacksquare = (a + b)^2$ h) $(2x + y)^2 = \blacksquare + 4xy + y^2$

9. Forme jeweils in ein Produkt um.

a) $a^2 - 2ab + b^2$ b) $x^2 + 2xy + y^2$ c) $a^2 + 4a + 4$ d) $9 - x^2$ e) $9a^2 + 12ab + 4b^2$

10. Bei einem Quadrat wird eine Seite um eine Längeneinheit vergrößert und die andere um eine Längeneinheit verkleinert, sodass ein Rechteck entsteht. Wie unterscheiden sich die beiden Flächeninhalte?

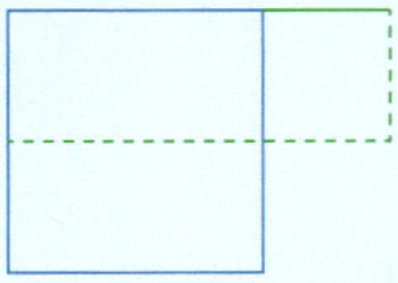

11. Ermittle, für welche Zahlen x die jeweilige Gleichung erfüllt ist.

a) $(x + 1)^2 = (x - 2)^2$ b) $(x + 2)^2 = (x + 1)(x - 1)$ c) $(x - 0{,}5)^2 = x^2 + \frac{1}{4}$

d) $(x + 2)^2 = (x + 2)(x - 2)$ e) $x^2 + 2x = \left(x + \frac{1}{2}\right)^2$ f) $(2x - 2)^2 = 5x^2 - 8x$

g) $(1 - x)^2 = 10 - 2x$ h) $(1 - x)^2 = (x - 0{,}9)^2$ i) $(7x + 1)^2 = 0$

Lineare Funktionen

12. Zeichne die Graphen der linearen Funktionen in ein Koordinatensystem.
a) $f(x) = 2x$ b) $f(x) = 2x + 3$ c) $f(x) = 2x - 3$ d) $y = -2x$ e) $y = -x - 3$

13. Ordne jedem Funktionsgraphen die zugehörige Funktionsgleichung zu. Beschreibe den fehlenden Graphen.
a) $f(x) = x$
b) $g(x) = -x + 1$
c) $h(x) = x + 1$
d) $k(x) = 2x - 1$

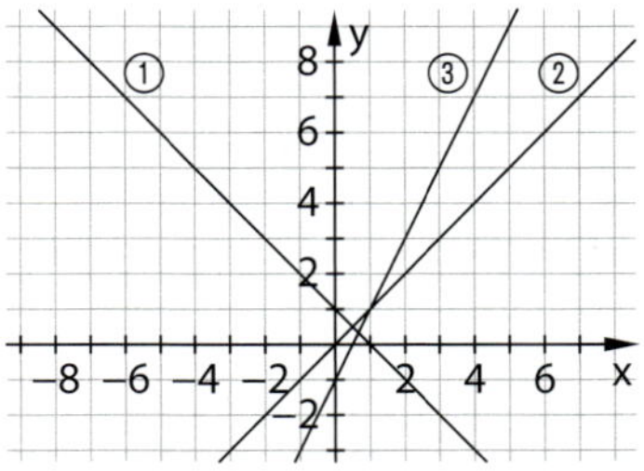

14. Zeichne die Graphen der linearen Funktionen mit den gegebenen Gleichungen in ein Koordinatensystem. Gib jeweils die Schnittpunkte der Funktionen mit den Koordinatenachsen an.
a) $f(x) = 2x - 2$ b) $f(x) = -2x + 1$ c) $f(x) = -0{,}5x + 3$ d) $f(x) = x - 4$

15. Gib jeweils die Nullstelle der linearen Funktion mit den gegebenen Gleichungen an.
a) $f(x) = 2x - 2$ b) $f(x) = -0{,}5x + 4$ c) $f(x) = 0{,}3x - 0{,}3$ d) $f(x) = \frac{2}{3}x - 2$

16. Gib eine Gleichung einer linearen Funktion an, die die Steigung $m = 2$ und die Nullstelle $x = 2$ hat.

17. Ermittle – falls möglich – die Schnittpunkte der beiden Funktionsgraphen.
a) $f(x) = -x + 2$; $g(x) = -2x + 1$ b) $f(x) = x - 3$; $g(x) = 2x - 5$ c) $f(x) = x - 3$; $g(x) = 1 + x$

18. Welche der Wertepaare gehören zu der Funktion mit der Gleichung $f(x) = -2{,}5x + 5$?
a) $(0|5)$ b) $(2|0)$ c) $(-1|-7{,}5)$ d) $(1|7{,}5)$ e) $(-2|10)$

19. Erläutere die Bedeutung der Variablen m und b für den Verlauf des Graphen der linearen Funktion mit der Funktionsgleichung $f(x) = mx + b$.

Vermischtes

20. Quadriere folgende Zahlen: 8; 11; −13; $\frac{1}{2}$; $-\frac{3}{5}$; 0,7; −0,5; 1,2

21. Berechne, wenn möglich, den Termwert ohne Taschenrechner.
a) $\sqrt{121}$ b) $\sqrt{-36}$ c) $\sqrt{0{,}09}$ d) $\sqrt{\frac{1}{4}}$ e) $\sqrt{\frac{16}{25}}$

22. Berechne
a) den Flächeninhalt eines Quadrates mit der Seitenlänge 1,4 dm;
b) die Länge der Diagonalen in einem Rechteck mit a = 6 cm und b = 4 cm.

23. Ermittle die Seitenlänge eines Quadrates, bei dem die Maßzahlen des Flächeninhalts und des Umfangs gleich groß sind.

24. 15 000 € werden zu einem Jahreszinssatz von 2,7 % angelegt. Wie hoch ist das Kapital nach 15 Monaten?

2.1 Die Normalparabel

■ Die Stufenhöhen der abgebildeten Treppe ergeben sich immer aus der nächsten ungeraden Zahl.

a) Gib die nächsten beiden Stufenhöhen an.

b) Vervollständige im Heft die Wertetabelle, in der jeder Stufe die Gesamthöhe der Treppe zugeordnet wird.

Treppenstufe	1	2	3	4	5	6
Gesamthöhe	1	1 + 3 = 4				

c) Wie hoch ist die Treppe nach der 15. Stufe? Stelle eine Formel zur Berechnung der Gesamthöhe auf. ■

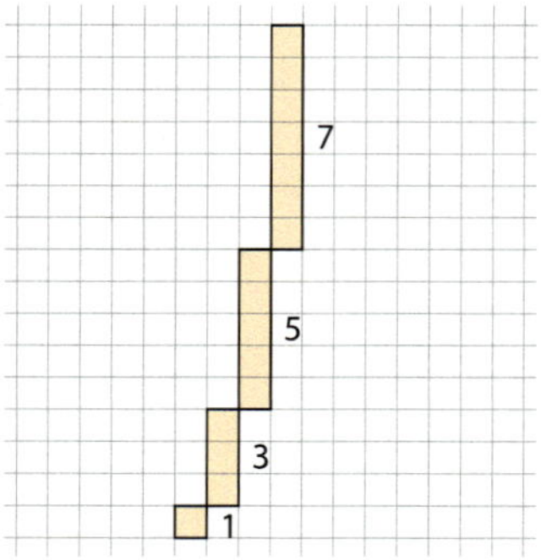

Die quadratische Funktion mit der Funktionsgleichung $y = x^2$ hat die folgende Wertetabelle, aus der sich der abgebildete Graph ergibt.

x	−4	−3	−2	−1	0	1	2	3	4
$y = x^2$	16	9	4	1	0	1	4	9	16

(Pfeile: ·3, ·2, ·2 bei den x-Werten; ·9, ·4, ·4 bei den y-Werten)

Eine Verdoppelung der x-Werte führt zu einer Vervierfachung der y-Werte (da $2^2 = 4$), eine Verdreifachung der x-Werte führt zu einer Verneunfachung der y-Werte (da $3^2 = 9$).
Die Funktionswerte einer Zahl und ihrer Gegenzahl stimmen überein, da z. B. $2^2 = (-2)^2 = 4$ gilt. Daher ist der Graph symmetrisch zur y-Achse.

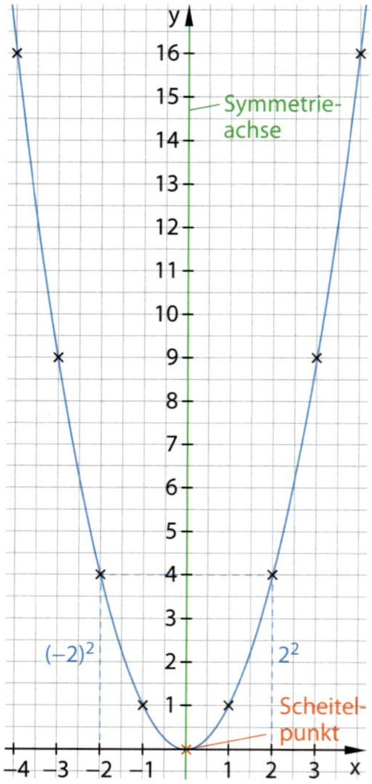

Hinweis:
$\mathbb{R}$ ist die Menge der reellen Zahlen; $\mathbb{R}_0^+$ ist die Menge der positiven reellen Zahlen mit der Null.

Hinweis:
Normalparabeln mit der Längeneinheit 1 cm kann man mit Schablonen zeichnen.

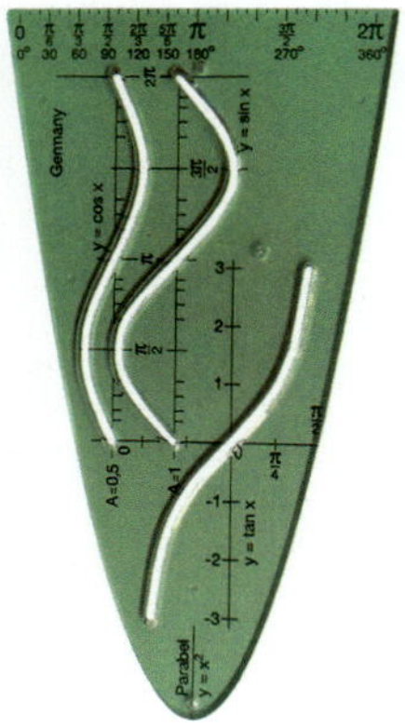

Wissen: Normalparabel
Der Graph der Funktion mit der Funktionsgleichung $y = x^2$ heißt **Normalparabel**.
Der Definitionsbereich ist $\mathbb{R}$, der Wertebereich ist $\mathbb{R}_0^+$.
Die Normalparabel ist nach oben geöffnet und **symmetrisch** zur y-Achse. Der tiefste Punkt ist der **Scheitelpunkt** S(0|0). Der Graph fällt für $x \le 0$ und wächst für $x \ge 0$.

Beispiel 1: Fehlende x- und y-Werte der Normalparabel grafisch bestimmen
Die Punkte liegen auf der Normalparabel. Lies am Graphen die fehlenden Koordinaten ab.

a) P(2,5|■) b) Q(■|2,25)

Lösung:

a) Lies den Funktionswert an der Stelle x = 2,5 ab, er ist y = 6,25. Es gilt P(2,5|6,25).

b) Zeichne eine waagerechte Linie bei y = 2,25. Lies die x-Werte an beiden Schnittstellen mit der Normalparabel ab, sie sind x = −1,5 und x = 1,5.
Für Q gibt es zwei Möglichkeiten: Q_1(−1,5|2,25) oder Q_2(1,5|2,25).

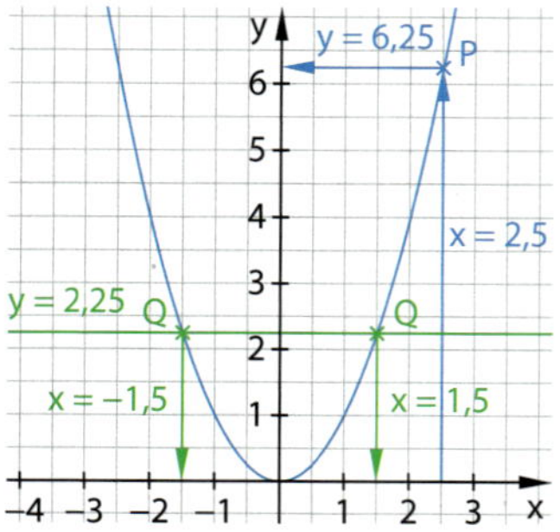

Beispiel 2: Fehlende x- und y-Werte der Normalparabel rechnerisch bestimmen

Die Punkte liegen auf der Normalparabel. Bestimme rechnerisch die fehlenden Koordinaten.

a) $P(-0{,}7|■)$ b) $Q(■|16)$

Lösung:

a) Setze $x = -0{,}7$ in die Funktionsgleichung $y = x^2$ der Normalparabel ein und berechne den y-Wert.

$y = (-0{,}7)^2 = 0{,}49$

$P(-0{,}7|0{,}49)$

b) Setze den Funktionsterm von $y = x^2$ gleich 16 und löse die Gleichung. Die quadratische Gleichung hat zwei Lösungen, also gibt es für Q zwei Möglichkeiten.

$x^2 = 16 \quad |\sqrt{}$

$x_1 = \sqrt{16}$ oder $x_2 = -\sqrt{16}$

$x_1 = 4$ $\quad x_2 = -4$

$Q_1(4|16)$ oder $Q_2(-4|16)$

Basisaufgaben

1. a) Lies an der Normalparabel die fehlenden Koordinaten der Punkte ab. In welchen Fällen gibt es zwei Möglichkeiten?

$A(-1|■)$ $B(3|■)$ $C(-3|■)$ $D(0{,}5|■)$

$E(■|1)$ $F(■|4)$ $G(■|6{,}25)$ $H(■|0)$

b) Überprüfe die Koordinaten aus a), indem du sie in die Funktionsgleichung $y = x^2$ einsetzt.

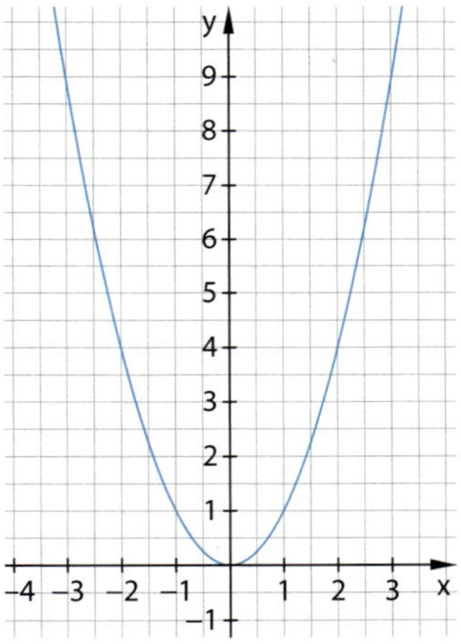

2. a) Zeichne die Normalparabel im Bereich $-5 \le x \le 5$ möglichst genau in ein Koordinatensystem. Lies die fehlenden Koordinaten der Punkte ab.

$A(2|■)$ $B(5|■)$ $C(-4|■)$ $D(-4{,}5|■)$

$E(■|25)$ $F(■|0{,}25)$ $G(■|12{,}25)$ $H(■|20{,}25)$

b) Überprüfe die Koordinaten aus a) rechnerisch.

3. Die Punkte liegen auf der Normalparabel. Bestimme die fehlenden Koordinaten rechnerisch.

$A(7|■)$ $B(0{,}4|■)$ $C(-0{,}3|■)$ $D(■|81)$ $E(■|0{,}36)$ $F(■|121)$

GTR **4.** Zeichne die Normalparabel mit einem Grafiktaschenrechner. Bestimme im Grafikmenü die fehlenden Koordinaten der Punkte.

$A(3{,}5|■)$ $B(■|5{,}29)$ $C(7{,}5|■)$ $D(■|30{,}25)$ $E(-2{,}7|■)$ $F(■|44{,}89)$

5. Bestimme rechnerisch die Stellen, an denen die Normalparabel den vorgegebenen Funktionswert hat. Runde, wenn nötig, auf zwei Nachkommastellen.

a) 36 b) 8 c) 0 d) 110,25 e) 40 f) 1000

6. Jonas sagt: „Bei einer Normalparabel hat jeder y-Wert zwei zugehörige x-Werte". Stimmt das? Erkläre deine Antwort

a) anhand einer Zeichnung, b) rechnerisch.

7. a) Zeichne den Graphen der Funktion $f(x) = x^2$ im Bereich $-2 \le x \le 2$. Im Koordinatensystem soll eine Einheit zwei Zentimetern entsprechen.

b) Zeichne den Graphen der Funktion $f(x) = x^2$ im Bereich $-4 \le x \le 4$. Im Koordinatensystem soll eine Einheit einem halben Zentimeter entsprechen.

c) Vergleiche die Form der beiden Parabeln aus a) und b).

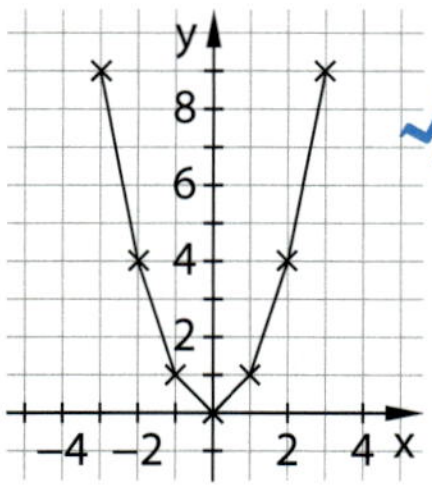

Weiterführende Aufgaben

8. **Stolperstelle:** Oskar sollte die Normalparabel zeichnen. Beschreibe, was er richtig und was er falsch gemacht hat.

9. Löse die Gleichungen zuerst zeichnerisch mithilfe der Normalparabel und dann rechnerisch durch das Ziehen der Wurzel. Wie viele Lösungen gibt es jeweils?
a) $x^2 = 2{,}25$ b) $x^2 = 6{,}25$ c) $x^2 = 1{,}44$ d) $x^2 = 7{,}29$ e) $x^2 = 0$ f) $x^2 = -1{,}44$

10. Gib zu jeder vorgegebenen Lösung mindestens eine passende Gleichung an.
a) −1,6 und 1,6 b) −2,1 und 2,1 c) 0 d) keine Lösung

11. a) Die Seitenlängen eines Quadrats werden verdoppelt. Wie verändert sich der Flächeninhalt?
b) Die Seitenlängen eines Quadrats werden verdreifacht. Wie verändert sich der Flächeninhalt?
c) Wie müssen die Seitenlängen eines Quadrats vergrößert werden, damit sich der Flächeninhalt verdoppelt?

● **12.** Hier siehst du eine Möglichkeit, wie man Quadratzahlen durch Zahl-Figuren darstellen kann:

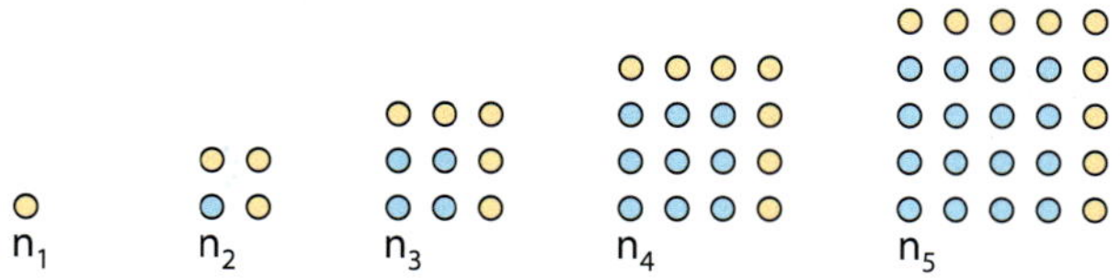

a) Gib jeweils an, welche Zahl dargestellt ist.
b) Bestimme die Werte von n_6, n_7, n_8, n_9 und n_{10}.
c) Die Quadratzahl 16 kann man direkt als 4^2 berechnen oder als Summe $1 + 3 + 5 + 7 = 16$. Erprobe an fünf weiteren Quadratzahlen, dass das Verfahren funktioniert. Begründe das Verfahren mithilfe der Darstellung oben.
d) Begründe mithilfe von c), dass die Differenz von zwei aufeinanderfolgenden Quadratzahlen immer eine ungerade Zahl ist.
e) Erläutere, wie man das Ergebnis von d) verwenden kann, um die Normalparabel möglichst einfach zu zeichnen.

● **13.** a) Bei der linearen Funktion mit der Gleichung $y = 5x - 2$ wird der x-Wert um 1 erhöht. Wie ändert sich der y-Wert? Untersuche das für mehrere x-Werte.
b) Verallgemeinere deine Beobachtung aus a): Beschreibe, wie sich der y-Wert einer allgemeinen linearen Funktion mit der Gleichung $y = mx + n$ verändert, wenn der x-Wert um 1 erhöht wird.
c) Untersuche jetzt für die Quadratfunktion $y = x^2$, wie sich der y-Wert ändert, wenn der x-Wert um 1 erhöht wird. Teste für mehrere x-Werte und formuliere eine Vermutung.
d) Begründe deine Vermutung aus Teil c).

14. Marco behauptet: „Wenn ich eine Zahl quadriere, ist das Ergebnis immer größer als die Zahl selbst." Kontrolliere, ob Marco recht hat.

DGS ● **15.** **Ausblick:** Zeichne den Punkt B(0|0,25) und die Gerade g mit der Gleichung $y = -0{,}25$ sowie einen Punkt G auf g. Konstruiere die Strecke BG und deren Mittelsenkrechte m, dann die Gerade s senkrecht zu g durch G und den Schnittpunkt P von m und s.
a) Begründe: P hat (unabhängig von der Lage von G) den gleichen Abstand von g und B.
b) Aktiviere den Spurmodus für P und vergleiche die Spur mit der Normalparabel.

2.2 Strecken und Stauchen der Normalparabel

■ Zwei Schülerinnen unterhalten sich: „Der rechts dargestellte Graph sieht eigentlich auch aus wie eine Parabel." „Stimmt, aber gehört der Graph auch zu einer quadratischen Funktion?"
Versuche eine Funktionsgleichung anzugeben, die zu diesem Graphen passt. ■

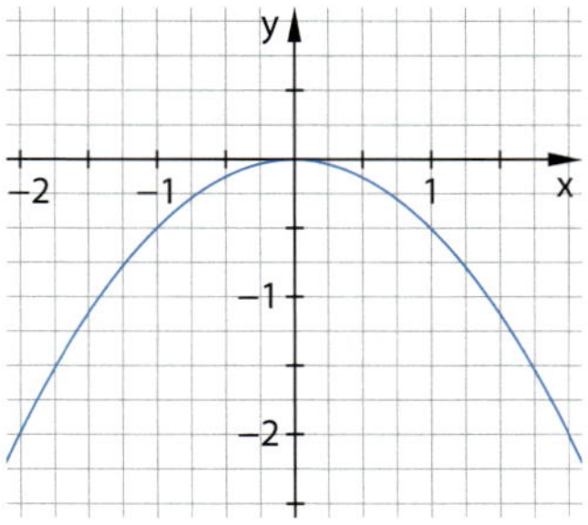

Auch Funktionen mit der Gleichung $f(x) = a \cdot x^2$ haben als Graphen Parabeln.
Die Form der Parabel hängt vom Vorzeichen und von der Größe von a ab.

Wissen: Strecken und Stauchen der Normalparabel, Streckfaktor

Der Faktor $a \neq 0$ in der Funktionsgleichung $f(x) = a \cdot x^2$ führt zur **Streckung** oder **Stauchung** der Normalparabel und heißt **Streckfaktor**.
Für $|a| > 1$ ist die Parabel in Richtung der y-Achse **gestreckt**, für $|a| < 1$ ist sie in Richtung der y-Achse **gestaucht**.
Für $a > 0$ ist die Parabel **nach oben**, für $a < 0$ **nach unten geöffnet**.
Der **Scheitelpunkt** der Parabel liegt bei S(0|0).
Die Parabel ist **symmetrisch** zur y-Achse.
Eine Änderung des Vorzeichens von a führt zu einer **Spiegelung** an der x-Achse.

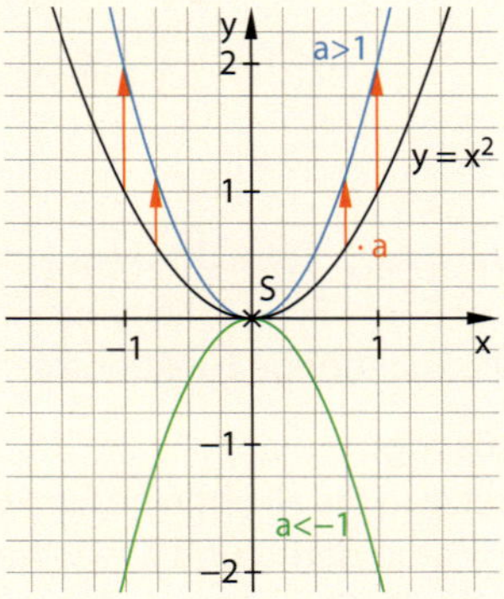

Hinweis:
Der Scheitelpunkt ist der tiefste Punkt bei nach oben geöffneten Parabeln und der höchste Punkt bei nach unten geöffneten Parabeln.

Beispiel 1: Gestreckte und gestauchte Normalparabeln zeichnen

a) Zeichne die Normalparabel der Funktion f mit $f(x) = x^2$ und die Graphen der Funktionen g, h und k mit $g(x) = 2x^2$, $h(x) = 0{,}5x^2$ und $k(x) = -2x^2$.
b) Vergleiche die Graphen von g, h und k mit der Normalparabel.

Hinweis:
Tipps zum Zeichnen von Parabeln findest du auf der Methodenkarte 9 A.

Lösung:

a) Lege eine Wertetabelle für die Funktionen an.

x	−2	−1	0	1	2
$f(x) = x^2$	4	1	0	1	4
$g(x) = 2x^2$	8	2	0	2	8
$h(x) = 0{,}5x^2$	−2	−0,5	0	0,5	2
$k(x) = -2x^2$	−8	−2	0	−2	−8

Trage für jede Funktion die Wertepaare (x|y) in ein Koordinatensystem ein und zeichne den Graphen.

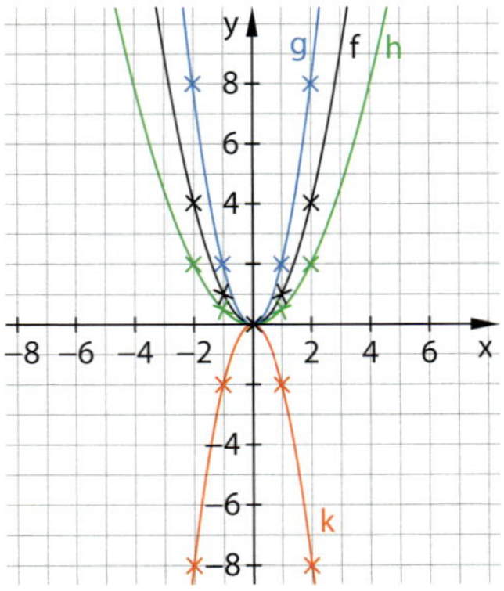

b) Durch den Faktor 2 bei $g(x) = 2x^2$ sind die Funktionswerte von g doppelt so groß wie bei der Normalparabel. Deswegen verläuft der Graph von g enger, er ist gestreckt.
Durch den Faktor 0,5 bei $h(x) = 0{,}5x^2$ sind die Funktionswerte von h halb so groß wie bei der Normalparabel. Deswegen verläuft der Graph von h breiter, er ist gestaucht.
Da sich g(x) und k(x) nur durch das Vorzeichen unterscheiden, entsteht der Graph von k, wenn man den Graphen von g an der x-Achse spiegelt.

Basisaufgaben

1. Erstelle für die Funktion eine Wertetabelle im Bereich $-3 \le x \le 3$ und zeichne den zugehörigen Graphen. Beschreibe den Graphen und vergleiche ihn mit der Normalparabel.
   a) $f(x) = 4x^2$ b) $g(x) = 3x^2$ c) $h(x) = \frac{1}{4}x^2$ d) $k(x) = -0{,}5x^2$ e) $l(x) = -2{,}5x^2$

2. Welcher Graph gehört zu welcher Funktionsgleichung? Ordne zu.

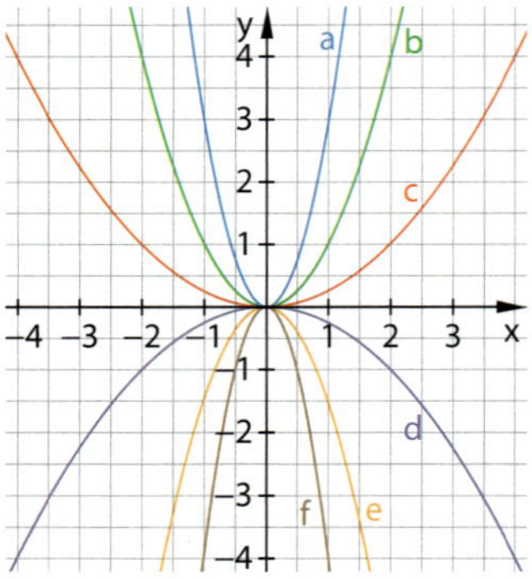

$f_1(x) = -0{,}25x^2$

$f_2(x) = -4x^2$

$f_3(x) = 0{,}25x^2$

$f_4(x) = x^2$

$f_5(x) = -1{,}5x^2$

$f_6(x) = 3x^2$

Beispiel 2: Streckfaktor anhand eines Punktes bestimmen
Der Punkt $P(3|-3)$ liegt auf einer gestreckten oder gestauchten Normalparabel. Bestimme die zugehörige Funktionsgleichung.

Lösung:
Setze in die allgemeine Funktionsgleichung $y = a \cdot x^2$ den x- und den y-Wert von P ein. Löse die Gleichung nach a auf und setze den Wert von a in die allgemeine Funktionsgleichung ein.

$y = a \cdot x^2$	$\mid P(3\mid-3)$ einsetzen
$-3 = a \cdot 3^2$	$\mid$ Vereinfachen
$-3 = a \cdot 9$	$\mid :9$
$a = -\frac{3}{9} = -\frac{1}{3}$	

gesuchte Funktionsgleichung: $y = -\frac{1}{3}x^2$

Basisaufgaben

Hinweis zu 3:
Hier findest du die Lösungen zu a) – c).

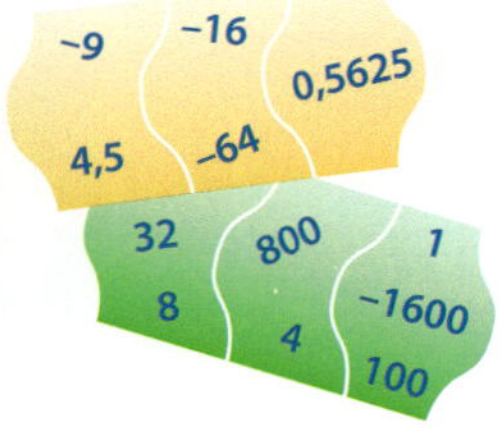

3. Bestimme die y-Koordinaten der Punkte A(2|■), B(−4|■), C(1,5|■) und D(−20|■), sodass sie auf dem Graphen der Funktion mit der angegebenen Funktionsgleichung liegen.
   a) $f(x) = 2x^2$ b) $g(x) = -4x^2$ c) $h(x) = 0{,}25x^2$ d) $k(x) = -0{,}25x^2$ e) $l(x) = 15x^2$

4. Untersuche, ob der Punkt P auf dem Graphen der Funktion f mit $f(x) = \frac{1}{12}x^2$ liegt. Setze dazu die x-Koordinate in die Gleichung ein, berechne den Funktionswert und vergleiche.
   a) $P(-12|12)$ b) $P(9|7)$ c) $P(-6|3)$ d) $P(-3|0{,}75)$ e) $P(10|8)$

5. a) Der Punkt P liegt auf dem Graphen einer quadratischen Funktion mit der Gleichung $y = a \cdot x^2$. Bestimme die Funktionsgleichung.
   ① $P(1|6)$ ② $P(1|-1)$ ③ $P(1|-8)$ ④ $P(2|8)$ ⑤ $P(0{,}5|-0{,}25)$
   b) Timo behauptet: „Kenne ich den Funktionswert an der Stelle $x = 1$, dann kann ich den Streckfaktor einer Funktion mit $y = a \cdot x^2$ direkt ablesen." Erkläre anhand der Ergebnisse aus a), warum Timo recht hat.

Hinweis zu 6:
Hier ist der Einsatz eines GTR sinnvoll.

6. Das Aussehen des Graphen einer Funktion mit $f(x) = a \cdot x^2$ wird von dem Parameter a beeinflusst. Unterscheide folgende Fälle: $a < 0$; $a > 0$; $a = 0$; $|a| > 1$; $|a| < 1$; $|a| = 1$.
   Wähle Beispiele und notiere dann wahre Aussagen mithilfe der folgenden Begriffe: „nach oben geöffnet", „nach unten geöffnet", „gestreckt", „gestaucht", „gespiegelt", „Scheitelpunkt"; „höchster Punkt", „tiefster Punkt", „Nullstelle", „symmetrisch".

Weiterführende Aufgaben

7. Prüfe, ob die Aussage für den Graphen der Funktion f mit der Funktionsgleichung $f(x) = -0{,}5x^2$ gilt. Begründe deine Antwort.
a) Die Parabel ist „enger" als die Normalparabel.
b) Der Punkt $P(2|-4)$ liegt auf dem Graphen.
c) Der Punkt $P(3|-8)$ liegt unterhalb des Graphen.
d) Die Parabel ist nach unten geöffnet.
e) Alle Punkte des Graphen haben eine negative y-Koordinate.
f) Die Parabel entsteht durch Spiegelung des Graphen von $y = 0{,}5x^2$ an der x-Achse.

8. Je zwei der Punkte $A(-1|-3)$, $B(-2|-16)$, $C(3|-36)$ und $D(4|-48)$ liegen auf der gleichen gestreckten Normalparabel.
Bestimme die beiden Funktionsgleichungen und gib an, welche Punkte zu welcher Funktion gehören.

9. Auf einer gestreckten oder gestauchten Normalparabel liegt der Punkt $A(2|8)$.
Erläutere, wie man entscheiden kann, welche der folgenden Punkte dann ebenfalls auf dieser Parabel liegen.
$B(3|18)$; $C(-2|-8)$; $D(-2|\frac{1}{8})$; $E(-2|8)$; $F(1|0)$; $G(1|1)$; $H(1|2)$; $I(-3|9)$; $J(-3|18)$

10. x-Werte bei $y = a \cdot x^2$ bestimmen:
GTR
a) Zeichne den Graphen der Funktion f mit $f(x) = 6x^2$ mit einem Grafiktaschenrechner. Bestimme im Grafikmenü alle x-Werte mit dem angegebenen Funktionswert.
① $f(x) = 24$ ② $f(x) = 384$ ③ $f(x) = 6$ ④ $f(x) = 337{,}5$
b) Marina möchte die x-Werte zum Funktionswert $f(x) = 96$ rechnerisch bestimmen und stellt die Gleichung $6x^2 = 96$ auf. Sie sagt: „Ich teile die Gleichung im ersten Schritt durch den Streckfaktor 6. Dann kann ich wie bei der Normalparabel weiterrechnen."
Erläutere, was Marina meint und führe ihre Rechnung zu Ende.
c) Berechne für die Funktion g mit $g(x) = -3x^2$ alle x-Werte zu folgenden Funktionswerten.
① $g(x) = -27$ ② $g(x) = -18{,}75$ ③ $g(x) = -363$ ④ $g(x) = -6$

11. Stolperstelle: Tom berechnet Werte der Funktion f mit $f(x) = 2x^2$. Erkläre seine Fehler und korrigiere sie.
a) Funktionswert bei $x = 4$:
$y = 2 \cdot 4^2 = 8^2 = 64$
b) x-Werte zum y-Wert 16:
$2 \cdot x^2 = 16 \quad |\sqrt{\ }$
$2 \cdot x = 4 \quad |:2$
$x = 2$

12. Galileo Galilei hat bereits 1590 Untersuchungen zum freien Fall durchgeführt und die Zeit gemessen. Angeblich hat er dafür auch Gegenstände vom Schiefen Turm in Pisa fallen lassen. Später hat sich Sir Isaac Newton mit demselben Thema beschäftigt, angeblich, weil er unter einem Baum saß und ein Apfel direkt vor ihm zu Boden fiel.
Für die Fallzeit t in Sekunden und die Strecke s in Meter gilt ungefähr $s(t) = 5t^2$.
a) Berechne die Strecke, die ein fallender Apfel nach 4 s (5 s; 2,5 s; 0,125 s) zurückgelegt hat.
b) Ein Apfel fällt vom 55,86 m hohen Schiefen Turm in Pisa auf die Erde. Berechne seine Fallzeit.

13. In einem Experiment wird der Zusammenhang zwischen der Geschwindigkeit und dem Bremsweg eines Autos untersucht. Dabei werden die folgenden Werte gemessen.

Geschwindigkeit v (in km/h)	20	30	50	100	150
Bremsweg s (in m)	4	8,8	25	100,6	225,5

a) Trage die Wertepaare in ein Koordinatensystem (x-Achse: 1 cm ≙ 20 km/h, y-Achse: 1 cm ≙ 20 m) ein und verbinde die Punkte sinnvoll. Überprüfe, ob der Graph annähernd zu einer quadratischen Funktion der Form $s(v) = a\,v^2$ passt.

b) Bestimme mit den Werten bei 50 km/h die Gleichung der Funktion s mit $s(v) = a \cdot v^2$.

c) Marco behauptet: „Wenn ich die ersten beiden Wertepaare betrachte, dann führen 10 km/h mehr zu einem etwa 5 m längeren Bremsweg. Also macht es keinen großen Unterschied, ob man mit 100 km/h oder 110 km/h fährt." Nimm dazu Stellung.

d) Untersuche, wie schnell man fahren darf, damit der Bremsweg maximal 20 m beträgt.

● **14.** Die Golden Gate Bridge in San Francisco hat zwischen den beiden Pfeilern eine Länge von 1280 m. Bei normalem Wasserstand ragen die Pfeiler ca. 230 m aus dem Wasser heraus und die Fahrbahn befindet sich etwa 70 m über dem Wasser.

a) Skizziere anhand der Daten den parabelförmigen Verlauf des Brückenbogens in einem Koordinatensystem. Dabei soll die x-Achse auf Höhe der Fahrbahn und der Scheitelpunkt der Parabel im Koordinatenursprung liegen.

b) Bestimme die Gleichung einer Funktion, deren Graph den Brückenbogen modelliert.

c) Die senkrechten Aufhängungen zwischen dem Brückenbogen und der Fahrbahn haben einen Abstand von 15 m. Berechne die Längen der längsten vier Aufhängungen.

● **15.** Bei der Funktion f mit $f(x) = x^2$ führt eine Verdopplung (Verdreifachung) der x-Werte zu einer Vervierfachung (Verneunfachung) der Funktionswerte f(x).

a) Untersuche allgemein was passiert, wenn man den x-Wert mit einem Faktor k multipliziert. Vervollständige dazu die folgende Gleichungskette im Heft.

$$f(k \cdot x) = (k \cdot x)^2 = \blacksquare = \blacksquare \cdot f(x)$$

b) Untersuche, ob der Zusammenhang aus a) auch für die Funktion g mit $g(x) = a \cdot x^2$ gilt.

● **16. Ausblick:** Zeichne ein Koordinatensystem (Längeneinheit 2 cm) für x und y von 0 bis 4.

a) Erstelle für die Funktion f mit $f(x) = x^2$ eine Wertetabelle für x = 0 bis x = 2 in 0,5er-Schritten. Trage die Punkte ins Koordinatensystem ein und zeichne den Graphen von f.

b) Spiegele die Punkte und den Graphen an der Geraden mit y = x.

c) Trage die Koordinaten der gespiegelten Punkte in eine Wertetabelle ein und bestimme die Gleichung der Funktion g, die zum gespiegelten Graphen gehört.

d) g nennt man die Umkehrfunktion zu f. Kannst du diese Bezeichnung erklären?

e) Zeichne ebenfalls den Graphen der Funktion h mit $h(x) = \frac{1}{2}x^2$ in das Koordinatensystem und spiegele ihn an der Geraden mit y = x. Ermittle zum gespiegelten Graphen die Funktionsgleichung.

2.3 Verschieben der Normalparabel in y-Richtung

■ Im Grafikmenü eines Grafiktaschenrechners wurden die Parabeln der Funktionen f_1, f_2 und f_3 mit $f_1(x) = x^2 + 2$, $f_2(x) = x^2 - 1$ und $f_3(x) = x^2 + 3$ gezeichnet. Beschreibe Gemeinsamkeiten und Unterschiede der drei Parabeln. ■

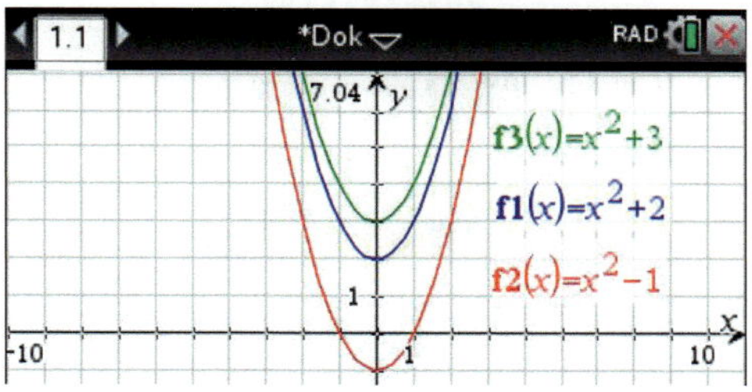

Wissen: Verschieben der Normalparabel in y-Richtung

Die Parabel mit der Funktionsgleichung $f(x) = x^2 + y_s$ geht aus der Normalparabel durch **Verschieben** um y_s entlang der **y-Achse** hervor.
Für $y_s > 0$ wird die Normalparabel **nach oben**, für $y_s < 0$ **nach unten** verschoben.

Der **Scheitelpunkt** der Parabel liegt bei $S(0|y_s)$.
Die Parabel ist **symmetrisch** zur y-Achse.

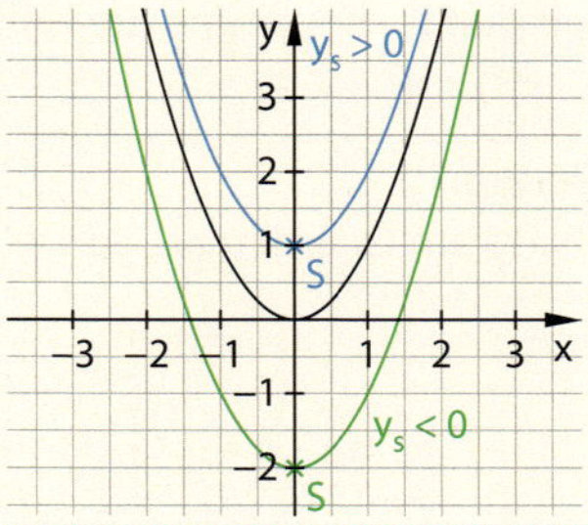

Beispiel 1: Eine Normalparabel mit $y = x^2$ wird um 3 Einheiten nach oben verschoben.
a) Bestimme die Funktionsgleichung.
b) Zeichne die Parabel, die dann entsteht.

Lösung:
a) Jeder Funktionswert der verschobenen Parabel ist um 3 größer als bei der Normalparabel. Also lautet die Funktionsgleichung $y = x^2 + 3$.
b) Zeichne die Normalparabel und verschiebe jeden Punkt der Normalparabel um 3 Einheiten nach oben.

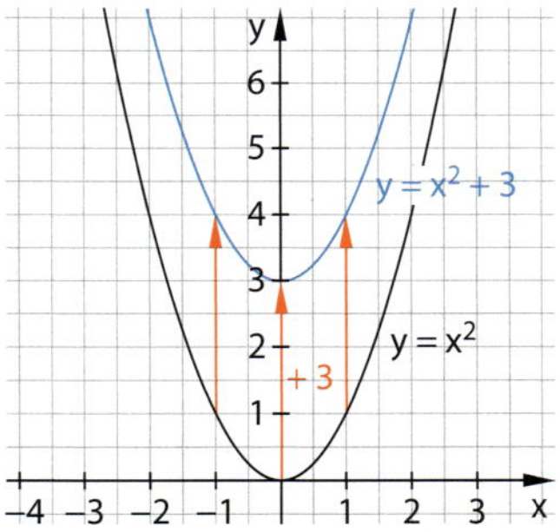

Basisaufgaben

1. a) Lies die Scheitelpunkte der Graphen ① bis ④ ab und beschreibe die Verschiebungen gegenüber der Normalparabel.
b) Gib die Funktionsgleichungen an.

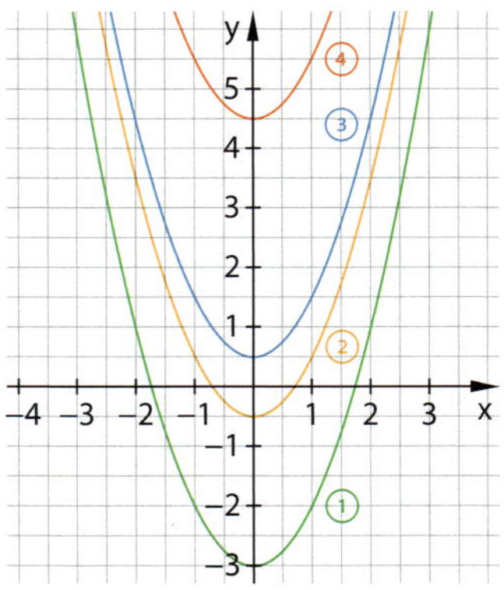

2. Gib die Funktionsgleichung der verschobenen Normalparabel an.
a) Verschiebung um 5 Einheiten nach oben.
b) Verschiebung um 12 Einheiten nach unten.
c) Der Scheitelpunkt liegt bei $S(0|-10)$.
d) Der Scheitelpunkt liegt bei $S(0|15)$.

3. a) Zeichne die Graphen der Funktionen in ein Koordinatensystem.
① $f(x) = x^2 - 1{,}5$ ② $g(x) = x^2 + 1{,}5$ ③ $h(x) = x^2 + 3{,}5$ ④ $k(x) = x^2 - 3{,}5$
b) Gib jeweils die Koordinaten des Scheitelpunktes an.
c) Beschreibe Eigenschaften der vier Graphen. Welche Gemeinsamkeiten und welche Unterschiede gibt es?

Nullstellen einer in y-Richtung verschobenen Normalparabel

Die Nullstellen eines Funktionsgraphen geben die Schnittstellen mit der x-Achse an. An diesen Stellen ist der Funktionswert gleich 0. Man kann Nullstellen entweder durch Ablesen am Graphen oder durch Lösen der Gleichung $f(x) = 0$ bestimmen.

Beispiel 2: Bestimme die Nullstellen der Funktion ① grafisch und ② rechnerisch.
a) $f(x) = x^2 - 2{,}25$ b) $g(x) = x^2 + 2$

Lösung:
① Lies am Graphen ab, an welchem x-Wert der Graph die x-Achse schneidet.

a) 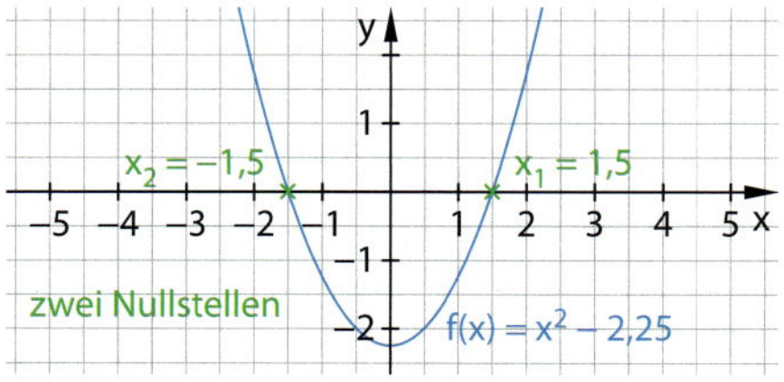

b) 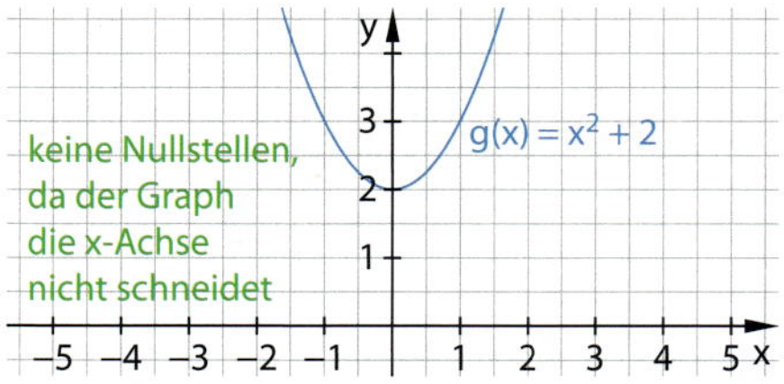

② Setze den Funktionsterm gleich 0 und löse die Gleichung nach x auf. Die Lösungen der Gleichung sind die Nullstellen.

a) $x^2 - 2{,}25 = 0 \quad | +2{,}25$
$x^2 = 2{,}25 \quad | \sqrt{\ }$
$x_1 = \sqrt{2{,}25}$ oder $x_2 = -\sqrt{2{,}25}$
$x_1 = 1{,}5 \qquad x_2 = -1{,}5$

Nullstellen: $x_1 = 1{,}5$ und $x_2 = -1{,}5$

b) $x^2 + 2 = 0 \quad | -2$
$x^2 = -2$
keine Lösung, da -2 negativ ist.

Es gibt keine Nullstelle.

Die Ergebnisse aus Beispiel 2 lassen sich verallgemeinern:

Wissen: Nullstellen
Parabeln mit der Funktionsgleichung $f(x) = x^2 + y_s$ haben
- für $y_s > 0$ **keine Nullstelle**,
- für $y_s = 0$ **nur die Nullstelle** $x = 0$,
- für $y_s < 0$ **zwei Nullstellen**, die symmetrisch zur y-Achse liegen.

Basisaufgaben

4. Bestimme die Nullstellen ① grafisch und ② rechnerisch.
a) $f(x) = x^2 - 9$ b) $g(x) = x^2 - 6{,}25$ c) $h(x) = x^2 - 0{,}25$ d) $k(x) = x^2 - \frac{4}{9}$

5. Begründe grafisch und rechnerisch, dass die Funktion f mit $f(x) = x^2 + 4$ keine Nullstelle hat.

GTR **6.** Bestimme die Nullstellen ① rechnerisch und ② grafisch mit einem Grafiktaschenrechner. Runde die Ergebnisse auf zwei Nachkommastellen.
a) $f(x) = x^2 - 6$ b) $g(x) = x^2 - 10$ c) $h(x) = x^2 + 50$ d) $k(x) = x^2 - 8{,}5$

Weiterführende Aufgaben

7. Welche Nullstellen passen zu welcher Funktionsgleichung? Begründe kurz.

① $x_1 = 4; x_2 = -4$ ② $x_1 = 4{,}5; x_2 = -4{,}5$ ③ $x = 0$ ④ $x_1 = \sqrt{14}; x_2 = -\sqrt{14}$

$f(x) = x^2$ $g(x) = x^2 - 14$ $h(x) = x^2 - 16$ $k(x) = x^2 - 20{,}25$

8. Gegeben sind die Nullstellen einer in y-Richtung verschobenen Normalparabel. Bestimme die zugehörige Funktionsgleichung.

a) $x_1 = 7; x_2 = -7$ b) $x_1 = \frac{1}{4}; x_2 = -\frac{1}{4}$ c) $x_1 \approx 8{,}37; x_2 \approx -8{,}37$

9. **Stolperstelle:** Jonas und Maja untersuchen Funktionen mit einer Funktionsgleichung der Form $f(x) = x^2 + y_s$. Erläutere, welche Fehler sie gemacht haben.

a) Jonas sagt: „Die Nullstelle liegt bei −9, die Schnittpunkte mit der y-Achse bei 3 und −3."

b) Maja berechnet die Nullstellen. Ihr Ergebnis lautet $x_1 = -1{,}5$ und $x_2 = 2{,}5$.

10. **x-Werte bestimmen:** Die Abbildung zeigt die Parabel mit der Gleichung $f(x) = x^2 + 2$.

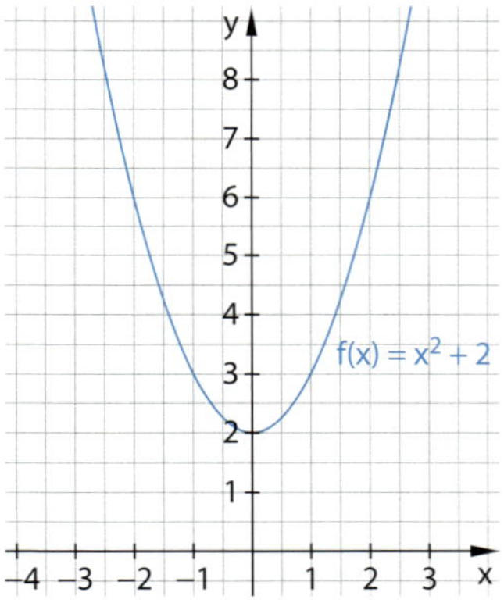

a) Lies aus dem Graphen ab, für welche x-Werte die Parabel den angegebenen Funktionswert hat.
① $y = 6$ ② $y = 3$ ③ $y = 8{,}25$

b) Rico soll die x-Werte berechnen, die den Funktionswert $y = 123$ haben. Dazu stellt er die Gleichung $x^2 + 2 = 123$ auf. Erkläre seinen Ansatz und löse die Aufgabe.

c) Bestimme für die Funktion g mit $g(x) = x^2 - 4$ rechnerisch die x-Werte zu dem angegebenen y-Wert.
① $y = 21$ ② $y = 60$ ③ $y = 8{,}25$

11. Eine in y-Richtung verschobene Normalparabel geht durch den angegebenen Punkt. Bestimme die Funktionsgleichung.

a) P(0|6) b) P(0|4) c) P(4|10) d) P(−3|5) e) P(2|6,25)

● **12.** Der unvollständige Graph gehört zu einer Funktion, deren Gleichung die Form $f(x) = x^2 + y_s$ hat. Bestimme die Funktionsgleichung. Erkläre dein Vorgehen.

a)
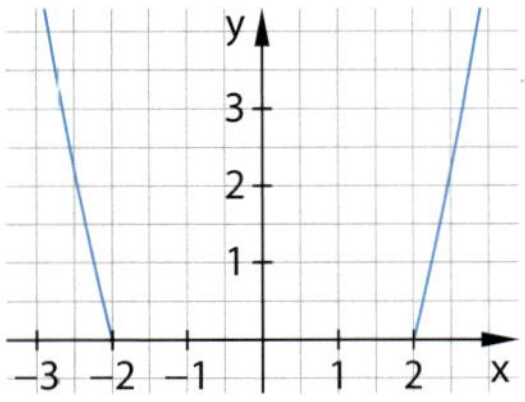

b)
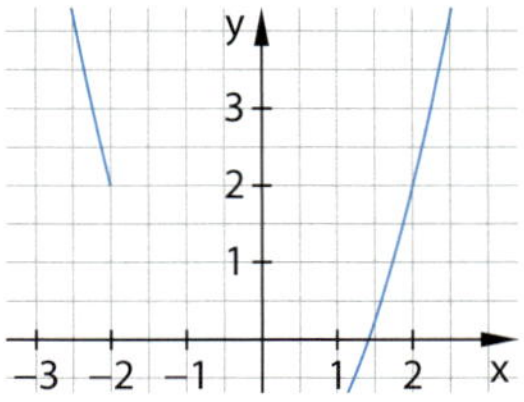

c)
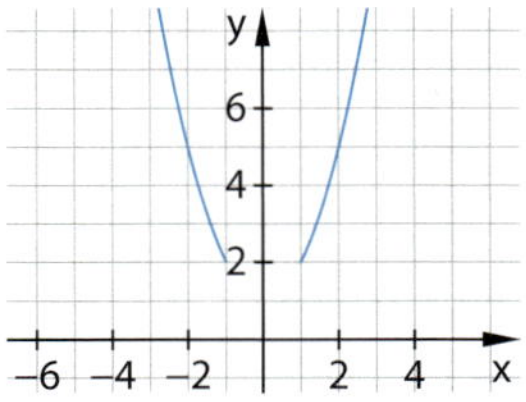

● **13.** **Ausblick:**

a) Zeige, dass die Funktionen mit den Gleichungen $y = 2x^2 - 18$ und $y = x^2 - 9$ dieselben Nullstellen haben.

b) Gib die Gleichungen von drei Funktionen an, die jeweils die Nullstellen $x_1 = 5$ und $x_2 = -5$ haben.

c) In der Abbildung haben alle Graphen dieselben beiden Nullstellen. Gib die Funktionsgleichungen an.

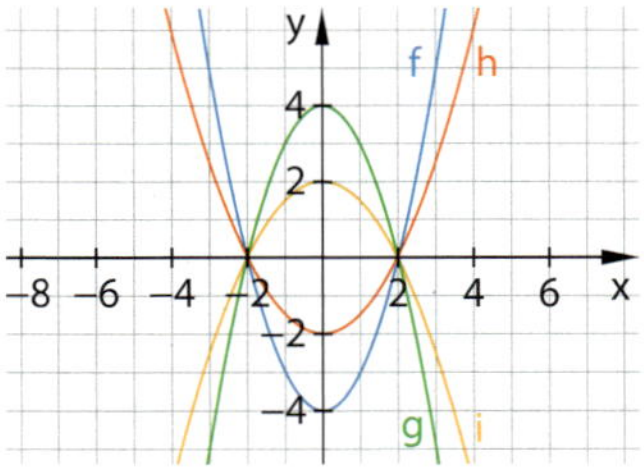

2.4 Verschieben der Normalparabel in x-Richtung

■ Im Grafikmenü eines Grafiktaschenrechners wurden drei Geraden mit den folgenden Gleichungen gezeichnet.

$f_1(x) = 2x$

$f_2(x) = 2(x - 2)$

$f_3(x) = 2(x + 1)$

a) Lies die Nullstellen der Geraden ab.

b) Pascal behauptet, dass die Geraden nach links und rechts verschoben wurden. Was meinst du dazu? ■

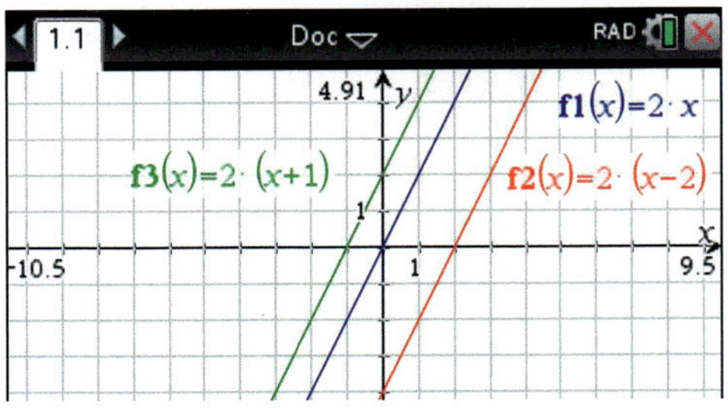

Die Normalparabel kann auch in x-Richtung verschoben werden. Beim Verschieben um y_s in y-Richtung wurde zu jedem Funktionswert x^2 (also nach dem Quadrieren) eine Zahl y_s addiert. Dagegen entsteht der Funktionsterm der um x_s in x-Richtung verschobenen Normalparabel dadurch, dass vor dem Quadrieren x_s subtrahiert wird. Zum Beispiel ist der Graph von $f(x) = (x - 1)^2$ eine um 1 nach rechts verschobene Normalparabel.

Wissen: Verschieben der Normalparabel in x-Richtung

Die Parabel mit der Funktionsgleichung $f(x) = (x - x_s)^2$ geht aus der Normalparabel durch **Verschieben** um x_s entlang der **x-Achse** hervor.

Für $x_s > 0$ wird die Normalparabel **nach rechts**, für $x_s < 0$ **nach links** verschoben.

Der **Scheitelpunkt** der Parabel liegt bei $S(x_s|0)$, es gibt also genau eine **Nullstelle** bei $x = x_s$.

Die **Symmetrieachse** verläuft parallel zur y-Achse durch den Scheitelpunkt.

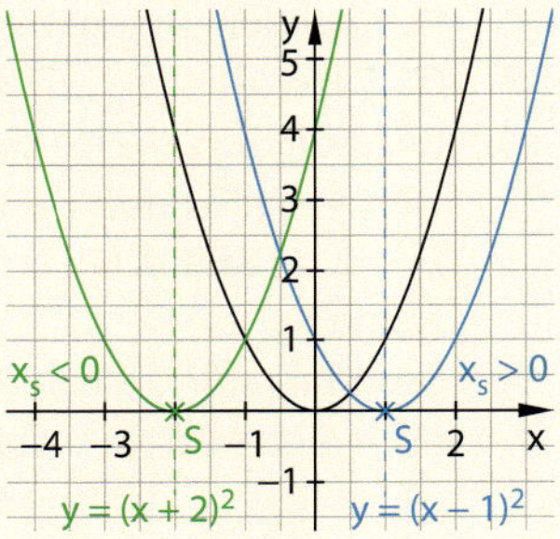

Beispiel 1:

Betrachte die Funktionen f und g mit den Gleichungen $f(x) = x^2$ und $g(x) = (x - 2)^2$.

a) Zeichne die Graphen von f und g.

b) Beschreibe die Lage des Graphen von g gegenüber der Normalparabel von f.

c) Gib für die Funktion g die Koordinaten des Scheitelpunkts und die Nullstelle an.

Lösung:

a) Lege eine Wertetabelle an.

x	−2	−1	0	1	2	3	4
$f(x) = x^2$	4	1	0	1	4	9	16
$g(x) = (x - 2)^2$	16	9	4	1	0	1	4

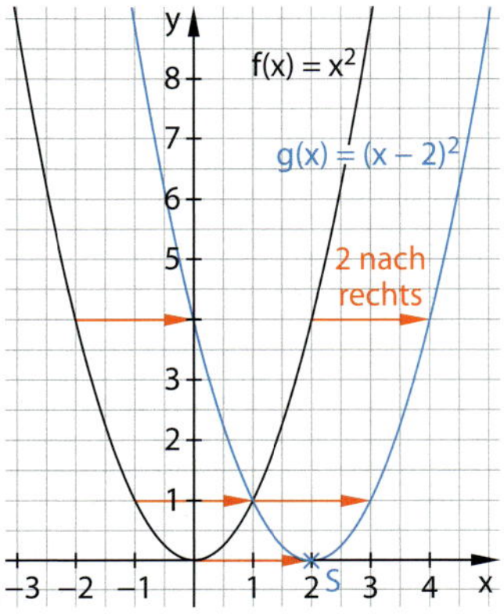

b) Der Funktionswert der Normalparabel entspricht dem Funktionswert von g an der Stelle 2 Einheiten weiter rechts. Daher ist der Graph von g gegenüber der Normalparabel um 2 Einheiten nach rechts verschoben.

c) Der Scheitelpunkt von g liegt bei $S(2|0)$. Dort befindet sich auch die Nullstelle $x = 2$.

Basisaufgaben

1. Gib die Funktionsgleichung der verschobenen Normalparabel an.
a) Die Normalparabel wird um drei Einheiten nach rechts (um sechs Einheiten nach links) verschoben.
b) Der Scheitelpunkt hat die Koordinaten $S(-7|0)$ ($S(8{,}5|0)$).
c) Die Symmetrieachse liegt bei $x = 4$ (bei $x = -20$).

2. a) Lies die Scheitelpunkte der verschobenen Normalparabeln ① bis ⑥ ab.
b) Ordne die Funktionsgleichungen passenden Graphen zu.

$f(x) = (x-3)^2$	$g(x) = (x+2{,}5)^2$
$h(x) = \left(x - \frac{3}{4}\right)^2$	$k(x) = \left(x + \frac{3}{4}\right)^2$

c) Zwei Graphen bleiben in b) übrig. Gib für diese beiden Graphen die Funktionsgleichung an.

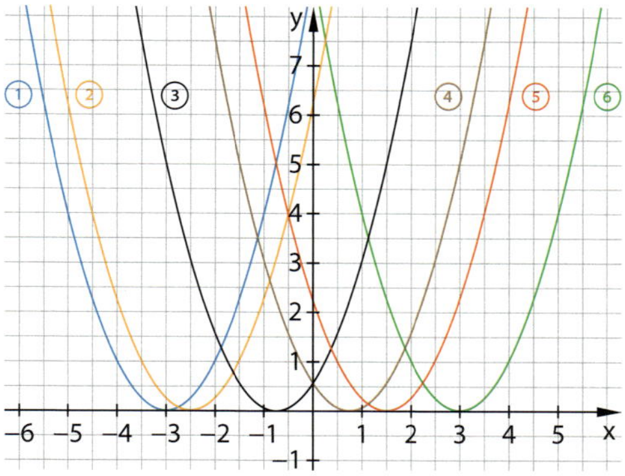

3. a) Zeichne die Graphen der Funktionen in ein Koordinatensystem.
① $f(x) = (x+1)^2$ ② $g(x) = (x-3)^2$ ③ $h(x) = (x-5)^2$ ④ $k(x) = (x+3)^2$
b) Gib jeweils den Scheitelpunkt und die Verschiebung gegenüber der Normalparabel an.
c) Gib die Nullstellen der Graphen an.
d) Zeichne bei den Graphen aus a) jeweils die Symmetrieachse ein.

Weiterführende Aufgaben

4. Überprüfe, ob die Punkte A und B auf der Parabel der Funktion f liegen.
a) $f(x) = (x-6)^2$; $A(1|25)$, $B(4|4)$
b) $f(x) = (x+10)^2$; $A(-4|16)$, $B(2|144)$

5. Tina und Mila sprechen über Parabeln mit einer Gleichung der Form $f(x) = (x - x_S)^2$.

Haben beide recht? Begründe deine Entscheidung.

6. **Stolperstelle:** Beschreibe und berichtige die Fehler.
a) Joris soll den Graphen der Funktion f mit $f(x) = (x+3)^2$ zeichnen. Er zeichnet den Scheitelpunkt bei $S(3|0)$ ein und von dort eine nach oben geöffnete Normalparabel.
b) Marco liest bei der abgebildeten verschobenen Normalparabel den Scheitelpunkt $(-4|0)$ ab. Dann bestimmt er die Gleichung: $f(x) = (x-(-4))^2 = (x+4)^2$.

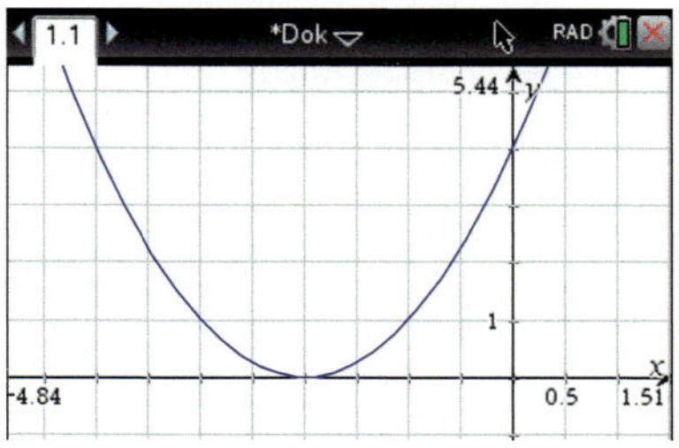

7. Bestimme die Funktionsgleichung der verschobenen Normalparabel.
a) Der Graph der Funktion mit $y = (x-2)^2$ wird um vier Einheiten nach links verschoben.
b) Der Graph der Funktion mit $y = (x+3)^2$ wird um zehn Einheiten nach links verschoben.
c) Der Graph einer in x-Richtung verschobenen Normalparabel mit einer Nullstelle bei $x = -15$ wird um 25 Einheiten nach rechts verschoben.
d) Der Graph einer in x-Richtung verschobenen Normalparabel mit einem Scheitelpunkt bei $S(81|0)$ wird um 80 Einheiten nach links verschoben.

8. Die Wertetabellen gehören zu Funktionen mit einer Gleichung der Form $f(x) = (x - x_s)^2$. Finde die Funktionsgleichung. Erkläre dein Vorgehen.

a)

x	−3	−2	−1	0	1
y	0	1	4	9	16

b)

x	1	2	3	4	5
y	1	0	1	4	9

c)

x	1	2	3	4	5
y	4	9	16	25	36

d)

x	−4	−2	0	2	4
y	1	1	9	25	49

● **9.** Die Funktionsgleichungen der betrachteten Funktionen haben die Form $f(x) = (x - x_s)^2$.
a) Die beiden angegebenen Punkte liegen auf dem Graphen der Funktion.
Bestimme die Lage der Symmetrieachse und gib die Funktionsgleichung an.
① $A(2|1)$ und $B(4|1)$ ② $C(5|9)$ und $D(-1|9)$ ③ $E(5|4)$ und $F(9|4)$
b) Der Punkt $P(2|9)$ liegt auf dem Graphen der Funktion f. Erkläre, warum es für f zwei mögliche Funktionsgleichungen gibt.
c) Bestimme die beiden möglichen Funktionsgleichungen aus b). Erkläre dein Vorgehen.

● **10. x-Werte rechnerisch bestimmen:**
a) Gegeben ist die Funktion f mit $f(x) = (x+6)^2$. Die x-Werte mit dem Funktionswert $f(x) = 56{,}25$ sollen rechnerisch bestimmt werden.
Bringe die Schritte (A) bis (D) in die richtige Reihenfolge. Erkläre, welche Umformung jeweils vorgenommen wird.

(A) $x + 6 = 7{,}5$ oder $x + 6 = -7{,}5$

(C) $(x+6)^2 = 56{,}25$

(B) $x_1 = 1{,}5;\ x_2 = -13{,}5$

(D) $x + 6 = \sqrt{56{,}25}$ oder $x + 6 = -\sqrt{56{,}25}$

b) Bestimme mit dem Verfahren aus a) die fehlenden x-Koordinaten, sodass der Punkt auf dem Graphen der angegebenen Funktion liegt.
① $g(x) = (x+1)^2$; $P(■|4)$ ② $h(x) = (x-2{,}5)^2$; $Q(■|9)$
③ $k(x) = \left(x - \frac{3}{4}\right)^2$; $R\left(■\middle|\frac{9}{16}\right)$ ④ $l(x) = (x+15)^2$; $S(■|625)$

● **11. Ausblick:** Gegeben ist die Funktion f mit der Funktionsgleichung $f(x) = (x - x_s)^2$.
a) Die Funktion f soll die Nullstelle $x = -3$ haben. Bestimme den Schnittpunkt des Graphen von f mit der y-Achse.
b) Begründe rechnerisch: Der Schnittpunkt P des Graphen von f mit der y-Achse hat die Koordinaten $P(0|x_s^2)$.
c) Betrachte die Funktion g mit $g(x) = a \cdot (x - x_s)^2$.
Bestimme für $x_s = 2{,}5$ den Streckfaktor a so, dass der Schnittpunkt des Graphen von g mit der y-Achse die Koordinaten $P(0|25)$ hat.
d) Die Parabel der Funktion g soll die y-Achse im Punkt $P(0|3)$ schneiden. Zeige, dass in diesem Fall $a = \frac{3}{x_s^2}$ gelten muss.

2.5 Die Scheitelpunktform

■ Zwei Schüler reden über eine verschobene Normalparabel, deren Symmetrieachse bei $x = 4$ liegen soll.
Was meinst du zu ihren Aussagen? ■

„Die verschobene Normalparabel ist durch die Symmetrieachse eindeutig festgelegt."

„Es gibt unendlich viele solcher Parabeln."

Strecken/Stauchen und Verschieben der Normalparabel

Wissen: Scheitelpunktform einer Parabel
Die Parabel mit der Funktionsgleichung $f(x) = a \cdot (x - x_s)^2 + y_s$ geht aus der Normalparabel durch **Strecken** bzw. **Stauchen** mit dem Faktor a, **Verschieben** um x_s entlang der **x-Achse** und um y_s entlang der **y-Achse** hervor.
$f(x) = a \cdot (x - x_s)^2 + y_s$ ist die **Scheitelpunktform** der Funktionsgleichung, da man aus ihr direkt den **Scheitelpunkt** $S(x_s|y_s)$ der Parabel ablesen kann.
Die **Symmetrieachse** der Parabel verläuft parallel zur y-Achse durch den Scheitelpunkt.

Beispiel 1: Bestimme die Funktionsgleichung und zeichne die Parabel.
a) Die Normalparabel wird um 3 Einheiten nach links und um 1 Einheit nach unten verschoben.
b) Die Normalparabel wird mit dem Faktor −0,5 gestaucht. Anschließend wird sie um 2 Einheiten nach rechts und 3 Einheiten nach oben verschoben.

Lösung:
a) Du kannst die Verschiebungen der Normalparabel nacheinander umsetzen:
3 Einheiten nach links: $y = (x + 3)^2$
1 Einheit nach unten: $y = (x + 3)^2 - 1$
Die Funktionsgleichung lautet
$f(x) = (x + 3)^2 - 1$.

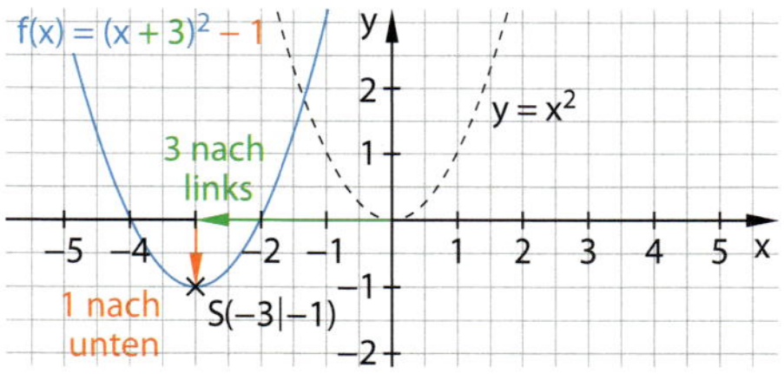

b) Du kannst die Normalparabel zunächst an der x-Achse spiegeln und mit dem Faktor 0,5 stauchen. Dies führt zu: $y = -0{,}5x^2$
Dann folgen die beiden Verschiebungen:
2 Einheiten nach rechts: $y = -0{,}5\,(x - 2)^2$
3 Einheiten nach oben: $y = -0{,}5\,(x - 2)^2 + 3$
Die Funktionsgleichung lautet
$g(x) = -0{,}5\,(x - 2)^2 + 3$.

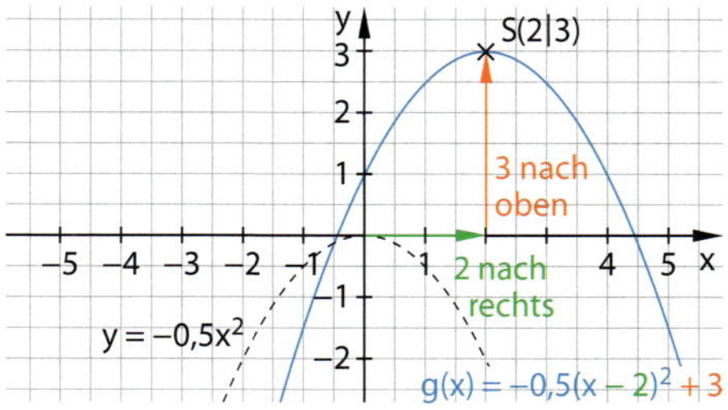

Basisaufgaben

1. Gib den Scheitelpunkt und die Funktionsgleichung der verschobenen Normalparabel an.

a)

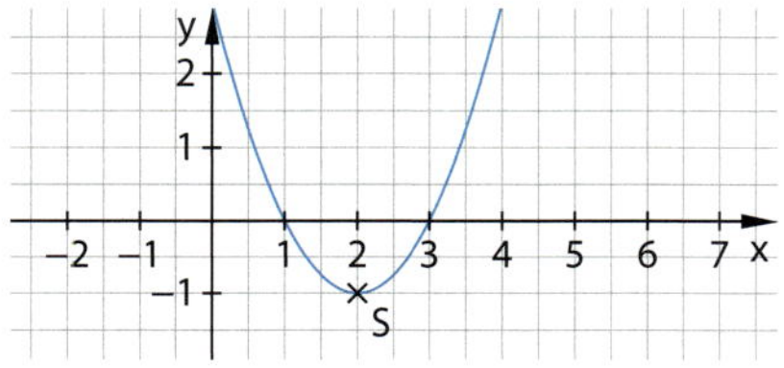

b)

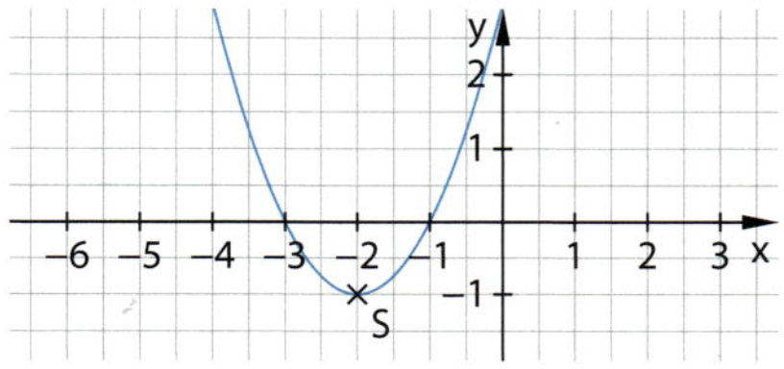

2. a) Gib den Scheitelpunkt und die Funktionsgleichung der verschobenen Normalparabel an.
① Verschiebung um 4 Einheiten nach rechts und um 3 Einheiten nach oben
② Verschiebung um 2,5 Einheiten nach rechts und um 1,5 Einheiten nach unten
③ Verschiebung um 1 Einheit nach unten und um 1 Einheit nach rechts
b) Wie ändern sich bei den Parabeln aus a) der Scheitelpunkt und die Funktionsgleichung, wenn die Normalparabel zusätzlich mit dem Faktor 3 gestreckt wird?

3. Von einer Parabel sind der Streckfaktor und der Scheitelpunkt angegeben. Stelle die zugehörige Funktionsgleichung auf.
a) $a = 1{,}5;\ S(1|4)$ b) $a = 1;\ S(4|-1)$ c) $a = -5{,}5;\ S(0|3)$ d) $a = -10;\ S(-10|-25)$

4. Skizziere in einem Koordinatensystem mit der Längeneinheit 1 cm die Normalparabel. Gib nach jedem der Schritte ① bis ③ die Funktionsgleichung an und skizziere den Graphen.
a) ① Streckung mit dem Faktor 2 ② Verschiebung um 4 Einheiten nach links
③ Verschiebung um 2 Einheiten nach oben
b) ① Spiegelung an der x-Achse ② Verschiebung um 3 Einheiten nach rechts
③ Verschiebung um 2 Einheiten nach unten

5. a) Gib die Koordinaten des Scheitelpunkts und den Streckfaktor der Parabeln an.
① $f(x) = (x-4)^2 - 2$ ② $g(x) = (x+2{,}5)^2 - 4{,}5$
③ $h(x) = -0{,}5\,(x+3)^2 - 1$ ④ $k(x) = 2\,(x+2)^2 - 3$
b) Zeichne ein Koordinatensystem mit der Längeneinheit 1 cm. Zeichne die Parabeln aus a) in das Koordinatensystem. Gib Eigenschaften der Parabeln an.

6. a) Tom möchte per Hand den Graphen der Funktion f mit $f(x) = -2\,(x+3)^2 + 4$ skizzieren. Dafür zeichnet er den Scheitelpunkt ein. Dann geht er vom Scheitelpunkt eine Einheit nach links bzw. nach rechts und jeweils 2 Einheiten nach unten, da der Streckfaktor −2 ist. Tom erhält auf diese Weise drei Punkte. Gib die Koordinaten dieser Punkte (S, A und B) an.

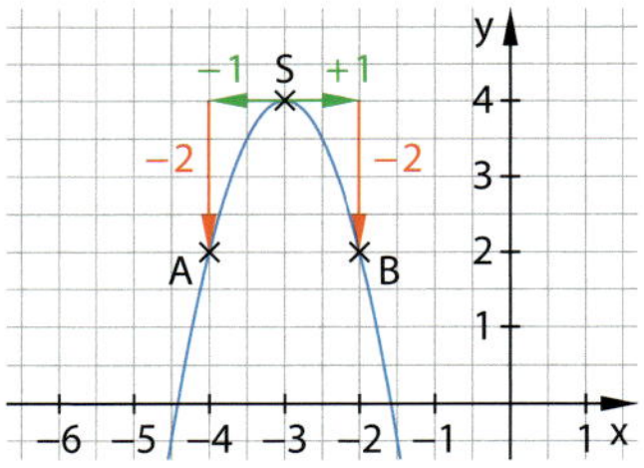

b) Bestimme auf die gleiche Weise jeweils die Koordinaten von drei Punkten und skizziere den Graphen.
① $g(x) = 2\,(x-2)^2 - 3$ ② $h(x) = -3{,}5\,(x+0{,}5)^2 - 1$ ③ $k(x) = 2{,}5\,(x-4)^2 - 2{,}5$

7. Gegeben sind der Scheitelpunkt S sowie zwei weitere Punkte einer Parabel. Bestimme den Streckfaktor und gib die Funktionsgleichung an.
a) $A(2|8),\ S(3|12),\ B(4|8)$ b) $A(4|1),\ S(5|-7),\ B(6|1)$ c) $A(-2|2),\ S(-1|2{,}5),\ B(0|2)$

8. Bestimme durch Ablesen den Scheitelpunkt und den Streckfaktor der Parabel. Gib auch die Funktionsgleichung an.

a)
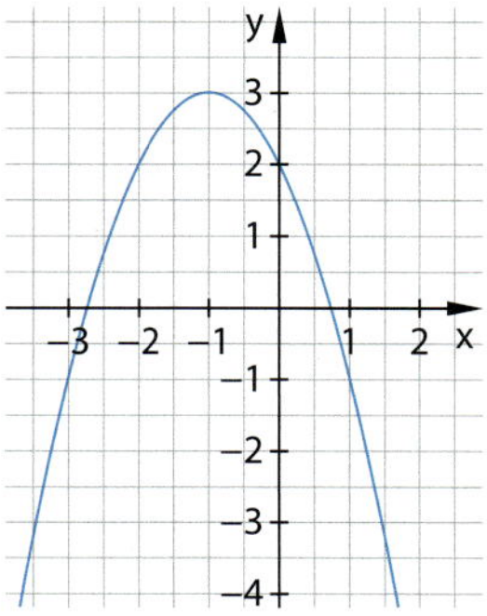

b)
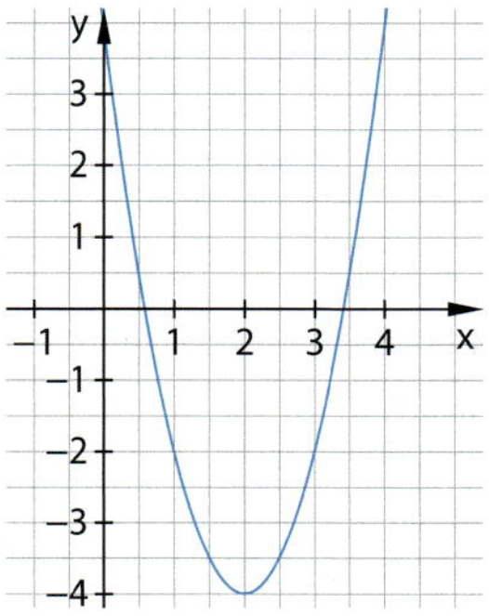

c)
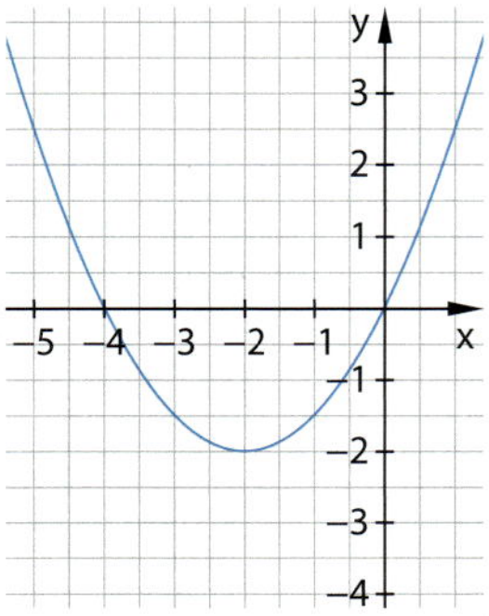

GTR **9.** Erstelle im Grafikmenü des Taschenrechners einen Schieberegler a. Zeichne die angegebene Funktion und verändere den Wert von a. Beschreibe die Auswirkung auf die Lage und Form der Parabel.

a) $f(x) = (x-2)^2 + a$
b) $g(x) = (x-a)^2 - 1$
c) $h(x) = (x+a)^2 + a$
d) $k(x) = a(x-2)^2 - 1$

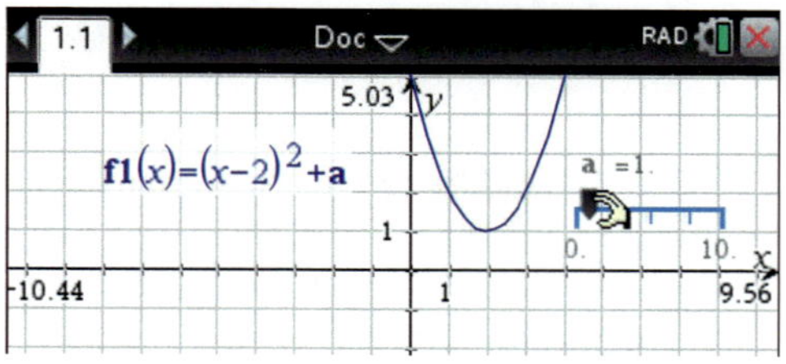

Hinweis zu 9:
Du kannst statt des Grafiktaschenrechners auch dynamische Geometriesoftware verwenden.

Nullstellen von Parabeln in der Scheitelpunktform

Die Nullstellen einer Funktion f bestimmt man, indem man $f(x) = 0$ setzt und die entstehende Gleichung nach x auflöst.

Beispiel 2: Bestimme rechnerisch die Nullstellen der Funktion f mit $f(x) = 2(x-3)^2 - 8$.

Lösung:
Bestimme die Lösungen der Gleichung $f(x) = 0$, indem du die Gleichung nach x auflöst.

$$2(x-3)^2 - 8 = 0 \quad |+8$$
$$2(x-3)^2 = 8 \quad |:2$$
$$(x-3)^2 = 4 \quad |\sqrt{\ }$$
$$x-3 = 2 \text{ oder } x-3 = -2 \quad |+3$$
$$x_1 = 5 \qquad x_2 = 1$$

Nullstellen: $x_1 = 5$ und $x_2 = 1$

Basisaufgaben

10. Bestimme die Nullstellen der Funktion mit der angegebenen Gleichung rechnerisch.

a) $f(x) = (x-1)^2 - 100$
b) $g(x) = (x+4)^2 - 1$
c) $h(x) = 3(x-2)^2 + 75$
d) $k(x) = -(x+1)^2 + 16$
e) $l(x) = -3(x+2{,}5)^2$
f) $m(x) = -1{,}5(x-0{,}5)^2 + 9{,}375$

11. Ordne Funktionsgleichung, Nullstellen und Graph einander zu.

$f(x) = (x-2{,}5)^2 - 0{,}25$	① $x_1 = -3{,}5;\ x_2 = -0{,}5$
$g(x) = 2(x+2)^2 - 4{,}5$	② $x_1 = 2;\ x_2 = 3$
$h(x) = -0{,}5(x+1)^2 + 0{,}125$	③ $x_1 = 1{,}5;\ x_2 = 3{,}5$
$k(x) = -2(x-2{,}5)^2 + 2$	④ $x_1 = -1{,}5;\ x_2 = -0{,}5$

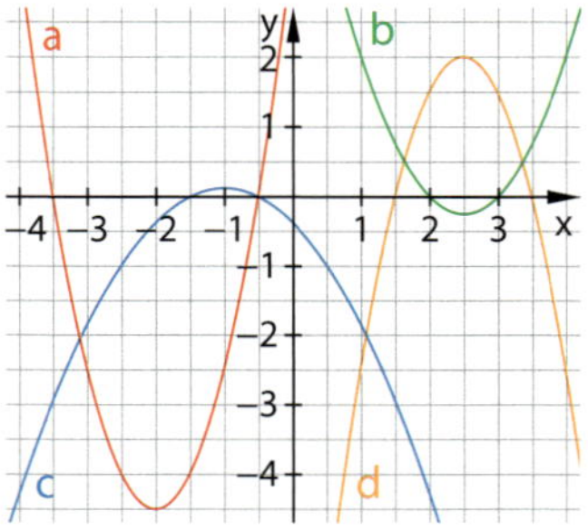

12. a) Entscheide ohne Rechnung, ob die Parabeln mit den angegebenen Funktionsgleichungen Nullstellen haben. Begründe deine Entscheidung.

① $f(x) = 2(x-4)^2 - 3$ ② $g(x) = -3(x+4)^2 + 4$ ③ $h(x) = -0{,}1(x+1)^2 - 0{,}25$

b) Joris behauptet: „Eine Parabel hat immer dann Nullstellen, wenn der Streckfaktor und die Verschiebung in y-Richtung unterschiedliche Vorzeichen haben." Hat Joris recht? Begründe.

Hinweis zu 13:
Hier findest du die gerundeten Lösungen.

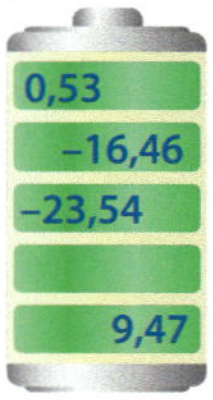

GTR **13.** Untersuche im Grafikmenü des Taschenrechners, ob die Funktionen Nullstellen haben. Falls ja, gib sie auf zwei Nachkommastellen gerundet an.

a) $f(x) = (x-5)^2 - 20$
b) $g(x) = 2{,}5(x-3)^2 + 1$
c) $h(x) = -8(x+20)^2 + 100$

Weiterführende Aufgaben

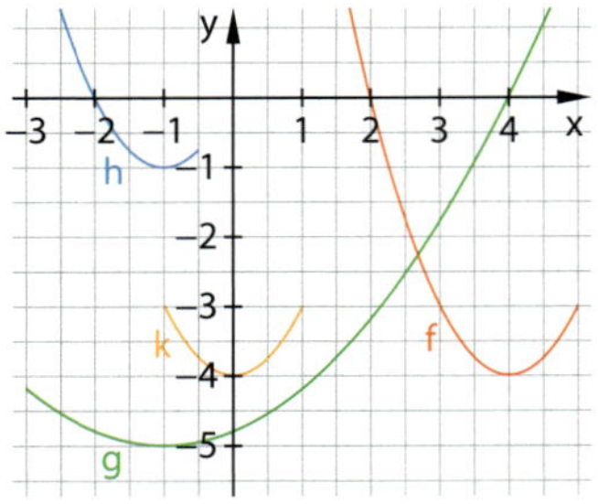

14. a) Bestimme in der Abbildung die beiden Nullstellen der unvollständig gezeichneten Parabeln.
b) Gegeben sind der Scheitelpunkt und eine Nullstelle einer Parabel. Gib die zweite Nullstelle an. Erkläre dein Vorgehen.
① $S(-3|-25)$; $x = -8$ ② $S(4|-56{,}25)$; $x = 11{,}5$
c) Notiere einen Merksatz zur Lage der Nullstellen einer Parabel im Bezug zum Scheitelpunkt.

15. Stolperstelle: Erkläre und korrigiere die Fehler in Thomas Hausaufgaben.

a) Nullstellen von f mit $f(x) = (x - 3)^2 - 16$

$(x - 3)^2 - 16 = 0 \quad | +16$
$(x - 3)^2 = 16 \quad | \sqrt{\ }$
$x - 3 = 4 \quad | +3$
$x_1 = 7$ und $x_2 = -7$, da es auch eine negative Lösung gibt.

b) Nullstellen von g mit $g(x) = 2(x - 1)^2 - 4$

$2(x - 1)^2 - 4 = 0 \quad | +4$
$2(x - 1)^2 = 4 \quad | \sqrt{\ }$
$2(x - 1) = 2$ oder $2(x - 1) = -2$
$2x - 2 = 2$ oder $2x - 2 = -2 \quad | +2$
$2x = 4$ oder $2x = 0 \quad | :2$
$x_1 = 2 \qquad x_2 = 0$

16. Es sollen die Nullstellen der Funktion mit der Gleichung $y = (x - x_s)^2 - 9$ bestimmt werden. Marco beschreibt seinen Plan:
„Ich bestimme die Nullstellen der Funktion $y = x^2 - 9$. Dann verschiebe ich beide Nullstellen um x_s nach rechts."
a) Erkläre mithilfe einer geeigneten Skizze, dass Marcos Vorgehen funktioniert.
b) Bestimme mit Marcos Vorgehen die Nullstellen der folgenden Funktionen.
① $f(x) = (x - 3{,}5)^2 - 121$ ② $g(x) = (x - 7{,}5)^2 - 225$ ③ $h(x) = (x + 3{,}5)^2 - 42{,}25$

17. x-Werte rechnerisch bestimmen: Die Punkte A und B sollen auf dem Graphen der Funktion f liegen. Berechne alle möglichen Werte für die fehlende x-Koordinate.
a) $f(x) = (x + 1)^2 - 4$; A(■|12), B(■|32)
b) $f(x) = -3x^2 + 10$; A(■|7), B(■|−38)
c) $f(x) = 0{,}25(x - 10)^2$; A(■|4), B(■|64)
d) $f(x) = 2(x - 2{,}5)^2 - 5$; A(■|3), B(■|19,5)

18. Streckfaktor rechnerisch bestimmen: Auf dem Graphen der Funktion f mit $f(x) = a \cdot (x - 3)^2 - 4$ liegt der Punkt $A(1|-2)$. Mit dieser Information soll der Streckfaktor a bestimmt werden.
Jonas stellt dazu die folgende Gleichung auf: $-2 = a \cdot (1 - 3)^2 - 4$
a) Erkläre, wie Jonas auf diese Gleichung gekommen ist.
b) Bestimme den Streckfaktor, indem du die Gleichung löst.
c) Der angegebene Punkt liegt auf dem Graphen der Funktion. Bestimme den Streckfaktor a.
① $g(x) = a \cdot (x + 4)^2 - 1$; $B(-3|1)$
② $h(x) = a \cdot (x + 4)^2 - 1$; $C(4|-3)$
③ $k(x) = a \cdot (x - 1)^2 - 1$; $D(-1|9)$
④ $l(x) = a \cdot (x - 0{,}5)^2 + 1{,}5$; $E(0|0)$

19. Ein DIN-A4-Blatt hat die Maße 21 cm × 29,7 cm. Eine Parabel soll durch die beiden unteren Ecken des Blattes gehen und ihr Scheitelpunkt genau im Mittelpunkt der gegenüberliegenden Seite liegen. Gib die Gleichung der Parabel (Längeneinheit 1 cm) an, wenn der Ursprung des Koordinatensystems
a) in der Ecke links unten liegt und das Blatt Hochformat hat,
b) genau in der Blattmitte liegt und das Blatt Hochformat hat,
c) in der Ecke rechts oben liegt und das Blatt Querformat hat.

20. Die abgebildete Brücke führt in Hannover über den Mittellandkanal. Der Brückenbogen hat eine Spannweite von 55 m. Die Fahrbahn befindet sich 5 m über dem Wasser. Der höchste Punkt des Brückenbogens liegt 6,50 m über der Fahrbahn.

a) Skizziere den Verlauf des Brückenbogens in einem Koordinatensystem. Lege dabei den Ursprung des Koordinatensystems in den Scheitelpunkt des Brückenbogens.
b) Bestimme den Streckfaktor der Parabel aus a), die den Brückenbogen modelliert, und gib die Funktionsgleichung an.
c) Gib die Gleichung der Parabel an, wenn der Ursprung des Koordinatensystems
① am linken Schnittpunkt von Fahrbahn und Brückenbogen,
② am rechten Schnittpunkt von Fahrbahn und Brückenbogen,
③ auf der Wasseroberfläche genau unter dem höchsten Punkt des Brückenbogens liegt.

21. a) Die Flugbahn eines geschossenen Balls beim Fußball wird durch den Graphen einer Funktion f mit $f(x) = -0{,}02\,(x - 15)^2 + 4{,}5$ beschrieben (x horizontale Entfernung in m, f(x) Höhe in m). Berechne, wie weit und wie hoch der Ball fliegt.
b) Ein Mitspieler schießt den Ball ebenfalls auf einer parabelförmigen Flugbahn. Der Ball fliegt genau 40 m weit. Im höchsten Punkt ist er 4 m hoch. Bestimme eine Funktionsgleichung für die Flugbahn dieses Balls in der Scheitelpunktform.
c) Berechne, nach welcher Entfernung der zweite Ball erstmals die Höhe 1,75 m erreicht.

22. Der Graph von Funktionen der Form $f(x) = a \cdot (x - x_s)^2 + y_s$ soll die Symmetrieachse bei $x = 2$ haben und durch den Koordinatenursprung gehen.

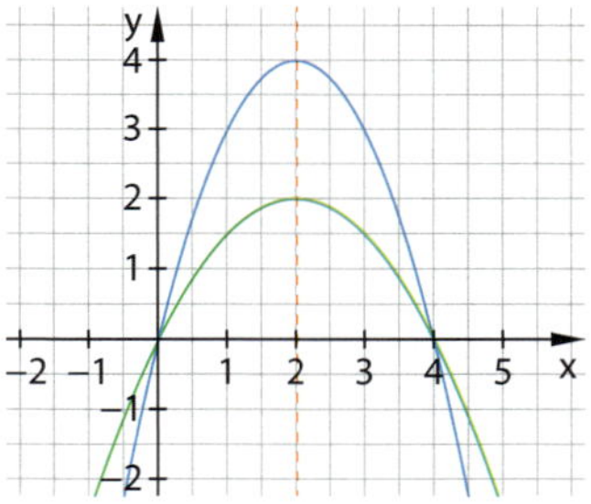

a) Begründe, dass die zweite Nullstelle immer bei $x = 4$ liegt.
b) Bestimme die Koordinaten des Scheitelpunkts für den angegeben Wert des Streckfaktors.
① $a = -2$ ② $a = 1{,}5$ ③ $a = -5$ ④ $a = \frac{1}{5}$

23. Betrachte die quadratischen Funktionen mit Gleichungen der Form $f(x) = (x - b)^2 - b^2$.

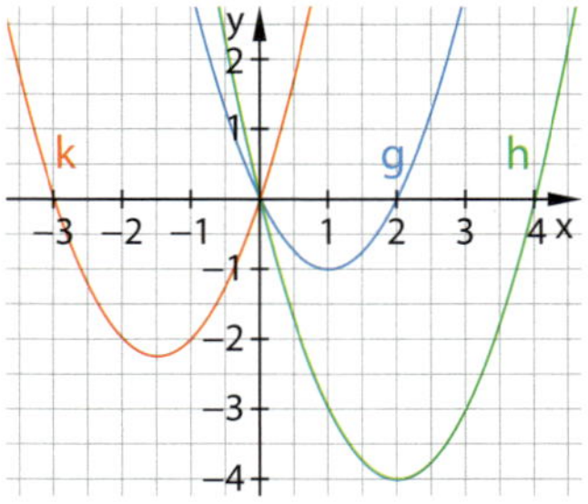

a) Die drei Graphen in der Abbildung passen für bestimmte Werte von b zur Funktion f. Gib die zugehörigen Werte von b an. Erkläre deine Antwort.
b) Gib für die abgebildeten Graphen die Nullstellen an. Erkläre, welcher Zusammenhang zwischen dem Wert von b und den Nullstellen besteht.

24. Ausblick: Betrachte die quadratischen Funktionen mit Funktionsgleichung der Form $g(x) = (x - t)^2 + t^2$.
a) Zeichne die Graphen von g für mindestens fünf Werte von t. Markiere die Scheitelpunkte.
b) Gib die Koordinaten der Scheitelpunkte an und beschreibe die Lage der Scheitelpunkte.
c) Gib die Gleichung einer Funktion p an, sodass alle Scheitelpunkte von g auf dem Graphen von p liegen.
d) Untersuche, welche Auswirkung eine Veränderung des Streckfaktors der Funktion g auf die Funktion p hat.

2.6 Die allgemeine und die faktorisierte Form

■ Zeichne die Graphen der beiden Funktionen f und g mit $f(x) = 2(x + 1)^2 - 4$ und $g(x) = 2x^2 + 4x - 2$.
Was fällt dir auf? Hast du dafür eine Erklärung? ■

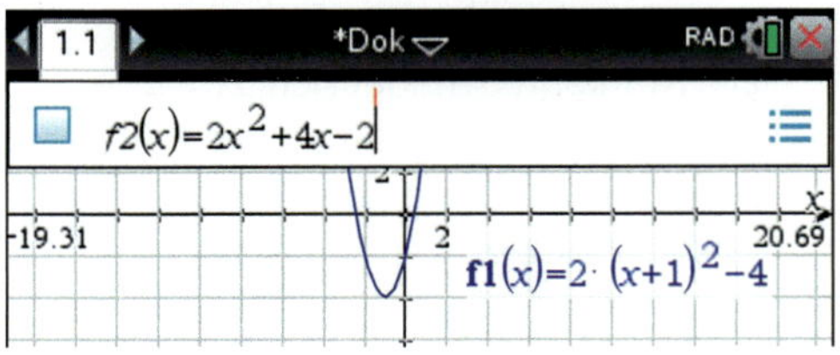

Allgemeine Form

Multipliziert man die Scheitelpunktform der Funktion f mit $f(x) = -0{,}5\,(x - 2)^2 + 5$ aus, erhält man: $f(x) = -0{,}5\,(x^2 - 4x + 4) + 5 = -0{,}5x^2 + 2x + 3$
Die Funktionsgleichung hat nun die **allgemeine Form** $f(x) = ax^2 + bx + c$. Dabei ist $a = -0{,}5$ der Streckfaktor der Parabel und $c = 3$ der y-Achsenabschnitt, das heißt die Funktion f schneidet die y-Achse im Punkt $(0|3)$.
Bei der allgemeinen Form ist es nicht mehr möglich, die Verschiebungen der Parabel in x- und in y-Richtung aus der Funktionsgleichung direkt abzulesen.

Wissen: Allgemeine Form
$f(x) = ax^2 + bx + c$ ist die **allgemeine Form** einer quadratischen Funktionsgleichung.
Dabei ist a der **Streckfaktor** und c der **y-Achsenabschnitt**.
Jede Funktion, deren Funktionsgleichung man durch Termumformungen in die allgemeine Form bringen kann, nennt man **quadratische Funktion**.

Beispiel 1: Betrachte die Funktion f mit $f(x) = 2x^2 - 12x + 16$.
a) Zeichne die Funktion im Bereich $0 \le x \le 5$ und lies den Scheitelpunkt ab. Gib die Funktionsgleichung von f in der Scheitelpunktform an.
b) Forme die Funktionsgleichung rechnerisch in die Scheitelpunktform um.

Lösung:
a) Zeichne einen Graphen der Funktion.
Der Scheitelpunkt liegt bei $S(3|-2)$.
Der Streckfaktor ist der Koeffizient von x^2, also 2.
Mit den Koordinaten des Scheitelpunkts ergibt sich die Scheitelpunktform:
$f(x) = 2(x - 3)^2 - 2$

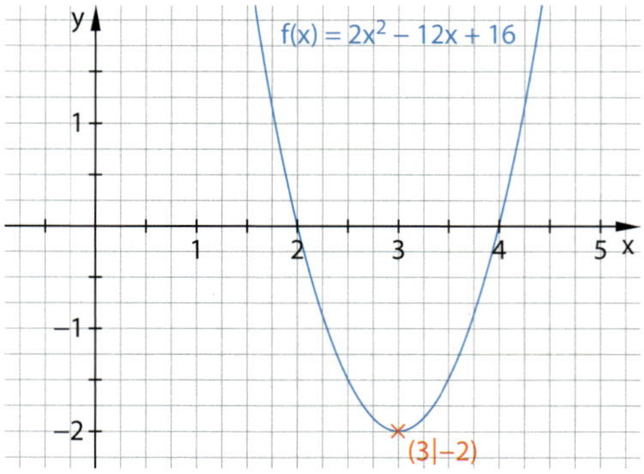

b) Klammere zuerst den Streckfaktor 2 aus.
Quadratische Ergänzung:
Ergänze zu $x^2 - 6x$ die Zahl $\left(\frac{6}{2}\right)^2 = 9$, um die 2. binomische Formel anwenden zu können: $x^2 - 6x + 9 = (x - 3)^2$.
Die addierte Zahl 9 muss wieder substrahiert werden.
Multipliziere die äußere Klammer aus, um die Scheitelpunktform zu erhalten.

$f(x) = 2x^2 - 12x + 16$ | 2 ausklammern
$= 2(x^2 - 6x + 8)$ | quadr. Ergänzung
$\left(\frac{6}{2}\right)^2 = 9$
$= 2(\underbrace{x^2 - 6x + 9}_{(x-3)^2} - 9 + 8)$ | 2. bin. Formel
$= 2((x - 3)^2 - 1)$ | äußere Klammer auflösen
$= 2(x - 3)^2 - 2$

Hinweis:
Die quadratische Ergänzung zu $x^2 + px$ ist $\left(\frac{p}{2}\right)^2$.
Für $p > 0$ kann man die 1. binomische Formel anwenden, z. B.
$x^2 + 7x + \left(\frac{7}{2}\right)^2 = \left(x + \frac{7}{2}\right)^2$

Basisaufgaben

1. Bringe die Funktionsgleichung durch Ausmultiplizieren in die allgemeine Form.

a) $f(x) = (x + 2)^2 - 5$ b) $f(x) = 3(x - 5)^2 - 70$ c) $f(x) = 2(x + 4)^2 - 3$

d) $f(x) = 0{,}1(x + 10)^2 + 2$ e) $f(x) = 3x(x + 2) + 3$ f) $f(x) = 5x^2 - 5 - (4x^2 - 2x)$

GTR **2.** Zeichne den Graphen der Funktion mit einem Grafiktaschenrechner und lies die Koordinaten des Scheitelpunkts ab. Gib dann die Funktionsgleichung in der Scheitelpunktform an.

a) $f(x) = -2x^2 - 4x - 5$ b) $g(x) = 0{,}5x^2 - 4x + 15$ c) $h(x) = \frac{1}{4}x^2 - \frac{1}{2}x + \frac{1}{4}$

3. Ergänze in beiden Kästchen dieselbe Zahl, sodass du die 1. oder 2. binomische Formel anwenden kannst. Gib dann die Scheitelpunktform der Funktion an.

a) $f(x) = x^2 + 6x$
$= x^2 + 6x + \square - \square$

b) $f(x) = x^2 - 14x + 3$
$= x^2 - 14x + \square - \square + 3$

c) $f(x) = x^2 + 3x - 7$
$= x^2 + 3x + \square - \square - 7$

d) $f(x) = 4x^2 + 8x$
$= 4(x^2 + 2x + \square - \square)$

e) $f(x) = -2x^2 + 16x$
$= -2(x^2 - 8x + \square - \square)$

f) $f(x) = 5x^2 + 5x + 10$
$= 5(x^2 + x + \square - \square + 2)$

Erinnere dich:
1. binomische Formel:
$a^2 + 2ab + b^2 = (a + b)^2$
2. binomische Formel:
$a^2 - 2ab + b^2 = (a - b)^2$

4. Bringe die Funktionsgleichung in die Scheitelpunktform. Klammere dazu den Streckfaktor aus und ergänze in der Klammer so, dass du binomische Formeln anwenden kannst.

a) $f(x) = 3x^2 + 6x + 4$ b) $g(x) = -x^2 + 4x - 1$ c) $h(x) = 0{,}25x^2 - 3x + 11$

Faktorisierte Form

Neben der Scheitelpunktform und der allgemeinen Form gibt es noch eine weitere Darstellungsmöglichkeit für quadratische Funktionen, an der sich die Nullstellen direkt ablesen lassen.

Wissen: Faktorisierte Form

$f(x) = a(x - m)(x - n)$ ist die **faktorisierte Form** einer quadratischen Funktionsgleichung. Dabei ist a der Streckfaktor. Die **Nullstellen** $x_1 = m$ und $x_2 = n$ sind direkt **ablesbar**.

Achtung: Die Funktionsgleichung einer quadratischen Funktion kann nur dann in einer faktorisierten Form dargestellt werden, wenn die Funktion Nullstellen hat.

Beispiel 2: Nullstellen bei der faktorisierten Form

Gegeben ist die Funktion f mit $f(x) = 0{,}5(x + 3)(x - 2)$.

a) Lies am Graphen die Nullstellen ab.

b) Erkläre, wie man die Nullstellen am Funktionsterm ablesen kann.

c) Zeige, dass f eine quadratische Funktion ist, indem du die Funktionsgleichung in die allgemeine Form bringst.

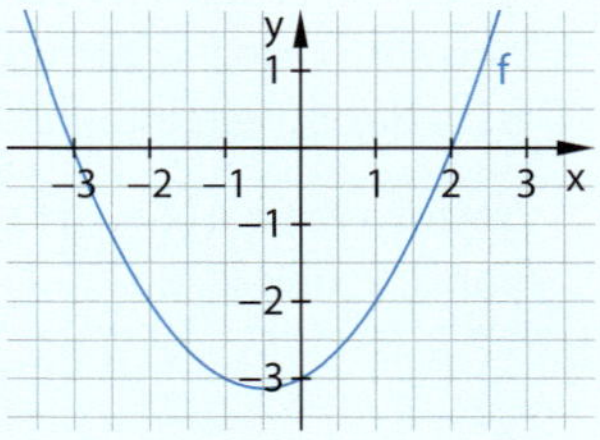

Lösung:

a) Bei den Nullstellen schneidet der Graph die x-Achse.

Nullstellen: $x_1 = -3$; $x_2 = 2$

b) Eine Nullstelle liegt vor, wenn $f(x) = 0$ gilt. Dies ist genau dann der Fall, wenn eine der Klammern im Funktionsterm 0 wird.

$0{,}5(x + 3)(x - 2) = 0$
$(x + 3) = 0$ oder $(x - 2) = 0$
$x_1 = -3$ $x_2 = 2$

c) Multipliziere zunächst die beiden Klammern aus.
Multipliziere dann den Streckfaktor 0,5 mit dem Ergebnis.

$f(x) = 0{,}5(x + 3)(x - 2)$
$= 0{,}5(x^2 - 2x + 3x - 3 \cdot 2)$
$= 0{,}5(x^2 + x - 6)$
$= 0{,}5x^2 + 0{,}5x - 3$

Basisaufgaben

Hinweis zu 5:
Hier findest du die Lösungen.

5. Gib die Nullstellen der Funktion an.

a) $f(x) = 2(x-3)(x-5)$ b) $g(x) = -0{,}5(x+4)(x-6)$ c) $h(x) = -3\left(x-\frac{1}{2}\right)\left(x+\frac{7}{4}\right)$

6. a) Ordne jeder Funktionsgleichung den passenden abgebildeten Graphen zu.
$f(x) = 0{,}1(x-8)(x+7)$
$g(x) = (x-2)(x+3)$
$h(x) = -0{,}1(x+3)(x-2)$
$k(x) = -(x-3)(x+2)$
$l(x) = 0{,}5x(x-2)$

b) Ein Graph bleibt in a) übrig. Gib die zugehörige Funktionsgleichung an.

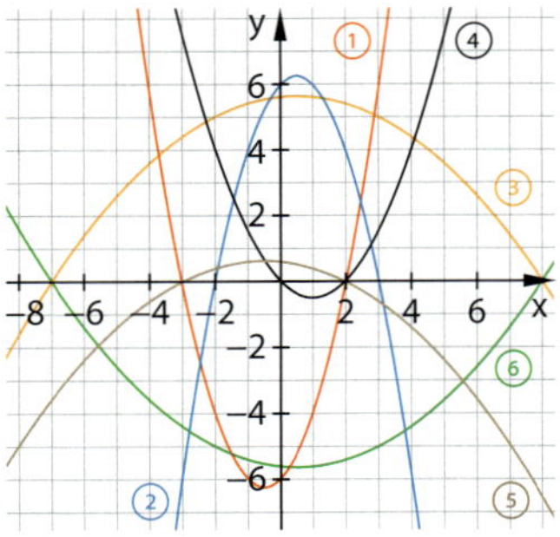

7. Wandle die faktorisierte Funktionsgleichung in die allgemeine Form um.

a) $f(x) = (x-3)(x+4)$ b) $g(x) = 2(x+0{,}5)(x+6)$ c) $h(x) = -3(x-2)(x+3)$

d) $k(x) = -2{,}5(3-x)(x+4)$ e) $l(x) = -\frac{1}{2}(10-x)(20-x)$ f) $m(x) = -\frac{1}{3}(x-3)(x+3)$

Beispiel 3: Faktorisierte Form aufstellen und in die Scheitelpunktform umwandeln

Die quadratische Funktion f hat den Streckfaktor $a = 3$ und die Nullstellen $x_1 = -1$ und $x_2 = 7$.

a) Stelle die Funktionsgleichung in faktorisierter Form auf.

b) Bestimme die Scheitelpunktform der Funktionsgleichung.

Lösung:

a) Setze in $f(x) = a(x-m)(x-n)$ den Streckfaktor $a = 3$ und die Nullstellen $m = -1$ und $n = 7$ ein.

$f(x) = 3(x-(-1))(x-7)$
$f(x) = 3(x+1)(x-7)$

b) Genau in der Mitte zwischen den beiden Nullstellen verläuft die Symmetrieachse, auf der der Scheitelpunkt liegt. Der x-Wert x_s des Scheitelpunkts ist daher der Mittelwert der Nullstellen.

$x_s = \frac{m+n}{2}$
$= \frac{-1+7}{2} = 3$

Setze $x_s = 3$ in f(x) ein, um die y-Koordinate des Scheitelpunkts zu erhalten.

$y_s = f(x_s)$
$= f(3) = 3 \cdot (3+1)(3-7) = -48$

Setze in $f(x) = a(x-x_s)^2 + y_s$ die Werte von a, x_s und y_s ein.

$f(x) = 3(x-3)^2 - 48$

Hinweis:
Man kann die faktorisierte Form auch durch Ausmultiplizieren in die allgemeine Form und dann durch quadratische Ergänzung in die Scheitelpunktform umwandeln. Aber das ist aufwändiger.

Basisaufgaben

8. Angegeben sind der Streckfaktor a sowie die Nullstellen x_1 und x_2 einer quadratischen Funktion f. Stelle die Funktionsgleichung von f in der faktorisierten Form auf.

a) $a = -2;\ x_1 = 2;\ x_2 = 3$ b) $a = 1;\ x_1 = -1;\ x_2 = -4$ c) $a = -0{,}5;\ x_1 = 0;\ x_2 = -3$

9. Gegeben sind die folgenden Funktionsgleichungen in faktorisierter Form.

① $f(x) = (x+5)(x-3)$ ② $g(x) = -3(x+0{,}5)(x-2{,}5)$

③ $h(x) = 0{,}25(x-3)(x-6)$ ④ $k(x) = -2x(x-6)$

a) Bestimme jeweils die Symmetrieachse der Parabeln.

b) Bestimme rechnerisch die Koordinaten des Scheitelpunkts der Parabeln.

c) Gib die Scheitelpunktform der Funktionsgleichungen an.Bestimmung der Funktionsgleichung aus drei Punkten

Bestimmung der Funktionsgleichung aus drei Punkten

In manchen Situationen ist die Funktionsgleichung nicht gegeben, sondern muss aus anderen Werten bestimmt werden, z. B. aus drei Punkten des Graphen.

Wissen: Bestimmung der Funktionsgleichung aus drei Punkten des Graphen
Aus drei Punkten des Graphen lässt sich die Funktionsgleichung einer quadratischen Funktion auf folgende Weise eindeutig bestimmen: Man setzt die x- und y-Koordinaten in die allgemeine Form $y = ax^2 + bx + c$ ein und löst dann das entstehende lineare Gleichungssystem.

Beispiel 4: Bestimme die Funktionsgleichung der Parabel durch die drei Punkte $P(-1|5)$, $Q(1|1)$ und $R(2|2)$.

Lösung:
Wähle als Ansatz die allgemeine Form einer quadratischen Gleichung $y = ax^2 + bx + c$.
Setze die x- und y-Werte der Punkte P, Q und R in die Gleichung ein. Es entsteht ein lineares Gleichungssystem mit drei Gleichungen und drei Variablen a, b und c.
Subtrahiere im ersten Schritt die 2. und 3. Zeile jeweils von der 1. Zeile, damit c wegfällt.
Bestimme dann zuerst b und durch Einsetzen a und c.

$$\begin{vmatrix} a\cdot(-1)^2 & +b\cdot(-1) & +c & =5 \\ a\cdot 1^2 & +b\cdot 1 & +c & =1 \\ a\cdot 2^2 & +b\cdot 2 & +c & =2 \end{vmatrix}$$

$$\begin{vmatrix} a-b+c=5 \\ a+b+c=1 \\ 4a+2b+c=2 \end{vmatrix} \quad \text{(2. und 3. Zeile jeweils von der 1. Zeile subtrahieren: } -\text{)}$$

$$\begin{vmatrix} a-b+c=5 \\ -2b=4 \\ -3a-3b=3 \end{vmatrix} \quad \begin{matrix} \\ |:(-2) \\ |:(-3) \end{matrix}$$

$$\begin{vmatrix} a-b+c=5 \\ b=-2 \\ a+b=-1 \end{vmatrix} \quad \underline{b=-2}$$

3. Zeile: $a - 2 = -1$, also $\underline{a = 1}$
1. Zeile: $1 - (-2) + c = 5$, also $\underline{c = 2}$
Parabel: $y = x^2 - 2x + 2$

Basisaufgaben

CAS **10.** Finde heraus, wie du mit einem CAS ein lineares Gleichungssystem mit drei Gleichungen und drei Variablen lösen kannst. Löse das Gleichungssystem von Beispiel 1 mit dem CAS.

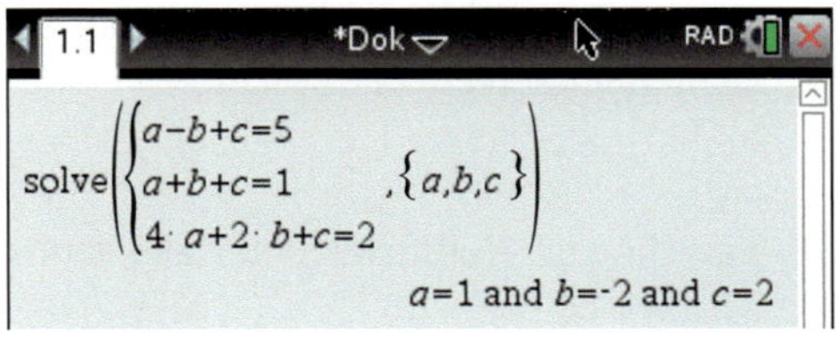

11. Die Punkte P, Q und R liegen auf einer Parabel. Ermittle die zugehörige Funktionsgleichung.
a) $P(0|3)$, $Q(0{,}5|0{,}5)$, $R(-0{,}5|6{,}5)$
b) $P(0|-3)$, $Q(1{,}5|0)$, $R(3|7{,}5)$
c) $P(1|-3)$, $Q(-1|-7)$, $R(-4|2)$
d) $P(-1|-4)$, $Q(-2|0)$, $R(4|6)$

Weiterführende Aufgaben

12. Je zwei Funktionsgleichungen beschreiben die gleiche Funktion. Ordne zu.

$f_1(x) = 0{,}5(x-2)(x+2)$	$f_2(x) = -x^2 - 2x + 8$	$f_3(x) = 0{,}5x^2 + 2x + 4$	$f_7(x) = 0{,}5x^2 - 2$
$f_4(x) = -0{,}5x^2 + 2$	$f_5(x) = -(x+4)(x-2)$	$f_6(x) = -0{,}5(x-2)(x+2)$	$f_8(x) = 0{,}5(x+2)^2 + 2$

13. Zeige durch Umformen, dass die Funktionen f, g und h identisch sind.

a) $f(x) = 3(x - 4)(x + 6)$ $\quad g(x) = 3(x + 1)^2 - 75$ $\quad h(x) = 3x^2 + 6x - 72$

b) $f(x) = 0{,}25(x + 5)(x - 7)$ $\quad g(x) = 0{,}25(x - 1)^2 - 9$ $\quad h(x) = 0{,}25x^2 - 0{,}5x - 8{,}75$

14. Stolperstelle: Lina hat Funktionsgleichungen bei a) in die allgemeine Form und bei b) und c) in die Scheitelpunktform umgeformt. Beschreibe und korrigiere ihre Fehler.

a) $f(x) = 2(x + 3)(x - 4)$
$= 2(x^2 + 3x - 4x - 12)$
$= 2x^2 - x - 12$

b) $g(x) = 2x^2 + 6x - 2$
$g(x) = x^2 + 3x - 1$
$g(x) = \left(x + \frac{3}{2}\right)^2 - \frac{9}{4} - 1$
$g(x) = \left(x + \frac{3}{2}\right)^2 - \frac{13}{4}$

c) $h(x) = 2x^2 - 12x + 4$
$= 2(x^2 - 6x + 2)$
$= 2(x^2 - 6x + 9 - 9 + 2)$
$= 2(x - 3)^2 - 7$

15. Gib zu dem Graphen die passende Funktionsgleichung in Scheitelpunktform, in faktorisierter Form und in allgemeiner Form an.

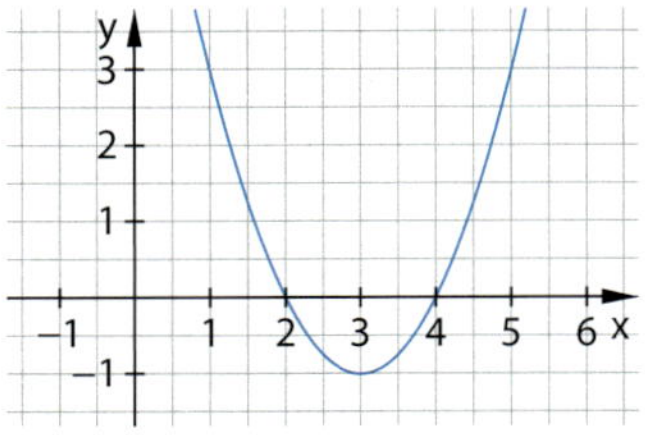

16. Die drei Funktionsgleichungen beschreiben dieselbe Funktion.

$f_1(x) = -1{,}5(x - 6)(x + 2)$ $\quad f_2(x) = -1{,}5x^2 + 6x + 18$ $\quad f_3(x) = -1{,}5(x - 2)^2 + 24$

a) Tim sagt: „Aus den drei Funktionsgleichungen kann man direkt vier Punkte ablesen, die auf dem zugehörigen Graphen liegen: $P_1(0|18)$, $P_2(2|24)$, $P_3(6|0)$ und $P_4(-2|0)$."
Erkläre, wie Tim jeden der einzelnen Punkte ermittelt hat.

b) Tom meint: „Es lassen sich weitere Punkte angeben: $P_5(4|18)$, $P_6(1|22{,}5)$ und $P_7(3|22{,}5)$."
Kannst du erklären, wie Tom zu den Punkten gekommen ist, ohne dass er die x-Koordinate in eine Funktionsgleichung eingesetzt hat?

c) Auch die Funktionen g_1, g_2 und g_3 beschreiben ebenfalls dieselbe Funktion.
$g_1(x) = 0{,}5(x + 4)(x - 6)$ $\quad g_2(x) = 0{,}5x^2 - x - 12$ $\quad g_3(x) = 0{,}5(x - 1)^2 - 12{,}5$
Skizziere den Verlauf des Graphen, indem du zunächst wie in a) und b) sieben Punkte auf dem Graphen bestimmst.

GTR **17.** Gib die Funktionsgleichung in faktorisierter Form an. Nutze dazu das Grafikmenü eines Grafiktaschenrechners. Beschreibe deine Vorgehensweise.

a) $f(x) = x^2 + 1{,}5x - 1$ $\quad$ b) $g(x) = -2x^2 - 6x + 20$ $\quad$ c) $h(x) = 0{,}25x^2 + 3x + 5$

18. Berechne die Nullstellen und stelle dann die Funktionsgleichung in faktorisierter Form auf.

a) $f(x) = (x - 6)^2 - 25$ $\quad$ b) $g(x) = -1{,}5(x - 2)^2 + 6$ $\quad$ c) $h(x) = 5(x + 5)^2 - 20$

CAS **19.** Ein CAS kann Funktionsterme umformen.

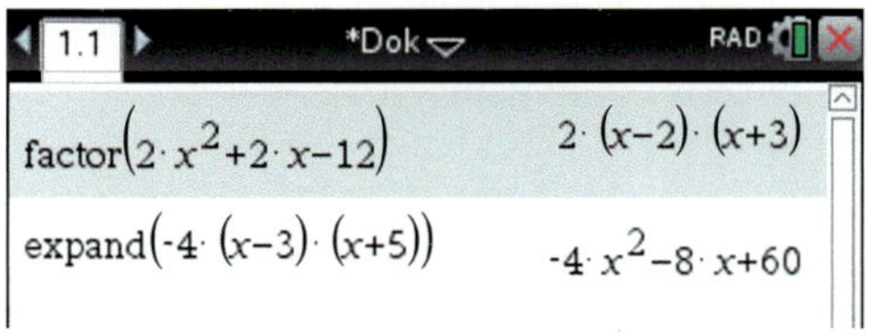

a) Erkläre, was die Befehle „factor" und „expand" im Bild rechts bewirken.

b) Bringe die Funktionsgleichungen mithilfe der Befehle „expand" und „factor" in eine andere Form.

① $f(x) = -3(x + 6)(x - 4)$ $\quad$ ② $g(x) = -2x^2 + 6x + 8$

③ $h(x) = 0{,}25(x - 4)^2 - 16$ $\quad$ ④ $k(x) = -0{,}6x^2 - 1{,}8x + 2{,}4$

c) Erkläre, warum der Befehl „factor($-0{,}5(x - 3)^2 - 2$)" keine faktorisierte Form liefert.

d) Überprüfe, ob dein CAS den Befehl „completeSquare" hat. Falls ja: Untersuche, wie sich der Befehl auf die Funktionsgleichungen aus b) auswirkt.

DGS **20.** Erzeuge mit einer dynamischen Geometriesoftware zunächst zwei Schieberegler p und q, dann die Funktion mit der Gleichung $f(x) = x^2 + px + q$ und schließlich den Scheitelpunkt S der zugehörigen Parabel.

a) Setze p auf einen beliebigen festen Wert. Verändere q und beschreibe, auf welcher Spur der Punkt S wandert.

b) Setze $q = 0$ und verändere p. Beschreibe, auf welcher Spur der Punkt S wandert. Gib hierfür eine Funktionsgleichung an.

c) Beschreibe, wie sich die Spur von S in b) verändert, wenn man nun auch q verändert.

Hinweis:
Auf der Methodenkarte 9 C findest du eine Anleitung zum Erstellen von Schiebereglern.

Hinweis:
Man kann sich die Spur eines Punktes anzeigen lassen.

DGS **21.** Ein Feuerwehrmann steht auf einer 1 m hohen Plattform und 2 m vor einer 3 m hohen Wand. Er muss ein Feuer auf einer Fläche löschen, die zwischen 6 m und 7 m von ihm entfernt ist. Der Wasserstrahl kann durch eine Funktion mit der Gleichung $f(x) = -0{,}25x^2 + px + 2$ beschrieben werden.

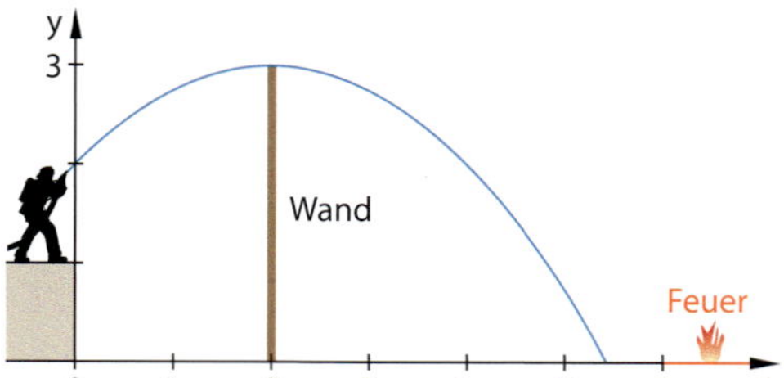

a) Setze die Situation mit einer dynamischen Geometriesoftware um, indem du für p einen Schieberegler erzeugst.

b) Untersuche, für welche Werte von p der Wasserstrahl über die Wand geht.

c) Untersuche, für welche Werte von p der Wasserstrahl die brennende Fläche trifft.

d) Setze $p = 1$ und erzeuge einen Schieberegler a für den Streckfaktor. Untersuche, für welche Werte von a der Wasserstrahl die brennende Fläche trifft.

e) Bestätige alle deine Untersuchungsergebnisse duch eine rechnerische Probe.

22. Im freien Fall gilt für die zurückgelegte Strecke s in Meter in Abhängigkeit von der Zeit t in Sekunden ungefähr die Formel $s(t) = 5t^2$. Ein Ball wird von einem 100 m hohen Turm fallen gelassen.

a) Gib die Gleichung einer Funktion h(t) an, die die Höhe des Balls in Abhängigkeit von der Zeit während des freien Falls beschreibt.

b) Erkläre, warum bei der Funktion aus a) die Scheitelpunktform und die allgemeine Form identisch sind.

c) Bestimme die Höhe, die der Ball nach 2 Sekunden erreicht.

d) Bestimme die Dauer des freien Falls aus 100 m Höhe.

e) Gib an, für welche Werte von t die Funktion h(t) die Höhe des Balls beschreibt.

23. Ein Basketballspieler wirft einen Ball. Seine Flugbahn lässt sich durch die Funktion f mit $f(x) = -x^2 + 4x + 2$ beschreiben (x: Höhe in m).

a) Erkläre die Bedeutung der „+2“ in der Gleichung.

b) Bestimme die Höhe des Balls nach 1 m und nach 3 m.

c) Bestimme mithilfe der Ergebnisse aus b) die Koordinaten des Scheitelpunktes und erkläre seine Bedeutung in dieser Situation.

d) Ein Basketballkorb hängt in einer Höhe von 3,05 m. Der Spieler steht 4 m vor dem Korb. Der Ring eines Basketballkorbes hat einen Durchmesser von 0,45 m. Fliegt der Ball in den Korb? Begründe.

24. Ein Basketballspieler wirft einen Freiwurf so, dass der Ball 1 m hinter der Freiwurflinie eine Höhe von 3,20 m und 2 m hinter der Freiwurflinie eine Höhe von 3,70 m hat. Abgeworfen wird der Ball aus einer Höhe von 2,20 m.
Bestimme die Gleichung einer Parabel, die die Flugbahn des Balls beschreibt.

CAS **25.** Die Tabelle zeigt das durchschnittliche Gewicht der Frauen, die am Mikrozensus 2013 teilgenommen haben.

Alter (in Jahren)	Gewicht (in kg)	Alter (in Jahren)	Gewicht (in kg)
20	60,9	60	70,4
30	64,7	70	71,2
40	67,5	75	70,8
50	68,8	85	68,3

a) Stelle die Daten mit einem CAS in einem Streudiagramm grafisch dar.
b) Bestimme mithilfe von drei Punkten eine quadratische Funktion für den Zusammenhang zwischen Alter und Gewicht. Nutze die Daten bei 30 Jahren, 50 Jahren und 70 Jahren. Zeichne den Graphen in das Streudiagramm ein. Erkläre, warum der Graph exakt durch drei Datenpunkte geht.

26. Zwischen zwei 12 m auseinanderstehenden Pfeilern wird in 2 m Höhe eine Schnur gespannt. Diese Schnur hängt in der Mitte 1 m durch. Ihr Verlauf kann näherungsweise durch eine nach oben geöffnete Parabel beschrieben werden.

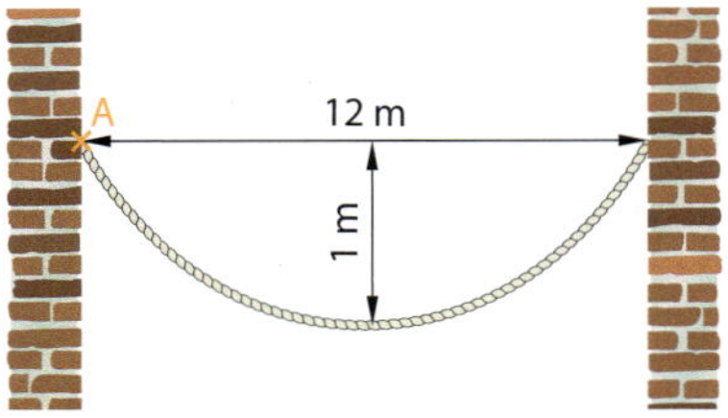

a) Bestimme die Funktionsgleichung der Parabel in faktorisierter Form. Lege dabei den Ursprung des Koordinatensystems in den linken Befestigungspunkt A der Schnur.
b) Bestimme auch die Funktionsgleichung in Scheitelpunktform und in allgemeiner Form.
c) Bestimme eine Höhe, sodass die Schnur insgesamt auf genau der Hälfte der horizontalen Strecke zwischen den Pfeilern unterhalb dieser Höhe verläuft.

27. Eine Silvesterrakete wird schräg nach oben abgefeuert. Ihre Flugbahn kann durch die Funktion f mit $f(x) = -0{,}4x\,(x - 25)$ beschrieben werden (Längeneinheit 1 m).

a) Gib die Nullstellen von f an und beschreibe ihre Bedeutung im Sachzusammenhang.
b) Bestimme den Scheitelpunkt der Funktion f und gib die maximale Flughöhe der Rakete an.
c) Richtig oder falsch? Begründe.
Verdoppelt man den Streckfaktor der Funktion f, so verdoppelt sich
① die maximale Flughöhe der Rakete,
② die Entfernung von Start- und Landepunkt.
d) Eine zweite Rakete wird direkt neben der ersten abgeschossen. Die Flugbahn wird durch die Funktion g mit $g(x) = -0{,}3\,(x - 15)^2 + 67{,}5$ beschrieben. Zeige, dass bei $x = 0$ eine Nullstelle vorliegt. Bestimme die zweite Nullstelle und erkläre ihre Bedeutung.

28. Ausblick: An einem Fenster 3 m über dem Boden eines Hauses wird das Ende eines Seils befestigt. Das andere Ende wird genau 5 m vor dem Haus im Boden verankert.
a) Begründe, dass die Parabel mit der Gleichung $f(x) = \frac{3}{25}(x - 5)^2$ den Verlauf des Seils modellieren kann.
b) Als Durchhang wird die vertikal gemessene Abweichung des Seils von der direkten Verbindung zwischen den beiden Endpunkten des Seils bezeichnet.
Erkläre den Durchhang anhand einer Skizze und bestimme den maximalen Durchhang.

2.7 Einfache quadratische Gleichungen

■ Erkläre, welche der drei Gleichungen mit welcher Abbildung grafisch gelöst wurde. Gib die Lösungen an.
① $x^2 = 4$ ② $2x^2 = 8$ ③ $2x^2 - 4 = 4$
Forme durch Äquivalenzumformungen die Gleichungen ② und ③ in die Gleichung ① um. ■

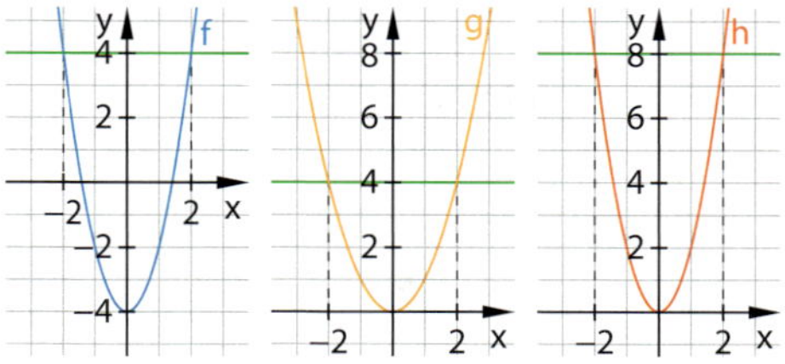

Eine Gleichung wie $3x^2 + 8 = 35$ heißt **quadratische Gleichung**, weil die höchste Potenz x^2 ist. Die Lösungen lassen sich mithilfe von Äquivalenzumformungen bestimmen.

Gleichungen, die sich in die Form $x^2 = a$ umwandeln lassen

Die Gleichung $x^2 = a$ muss man lösen, wenn man bei der Normalparabel $y = x^2$ die x-Werte zu einem gegebenen y-Wert a sucht.

Wissen: Lösungen der Gleichung $x^2 = a$
Für $a > 0$ gibt es bei der Normalparabel zwei zugehörige x-Werte, die Gleichung $x^2 = a$ hat **zwei Lösungen** $x_1 = \sqrt{a}$ und $x_2 = -\sqrt{a}$.
Zu $a = 0$ gehört bei der Normalparabel der x-Wert 0, die Gleichung $x^2 = 0$ hat nur die **eine Lösung** $x = 0$.
Für $a < 0$ gibt es bei der Normalparabel zu a keine x-Werte, die Gleichung $x^2 = a$ hat **keine Lösung**, da ein Quadrat nicht negativ sein kann.

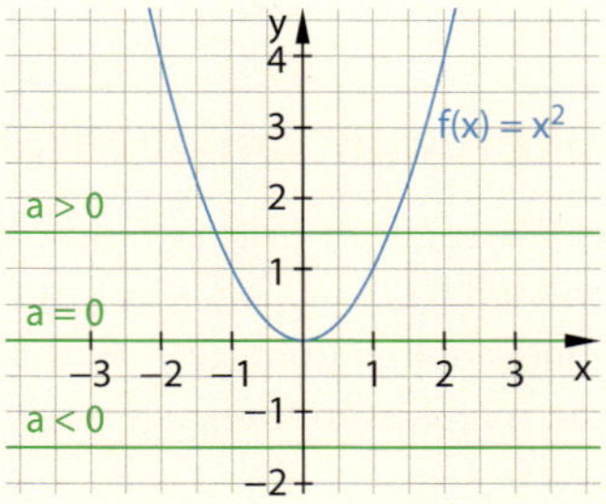

Beispiel 1: Löse die Gleichung rechnerisch und veranschauliche die Lösung grafisch.
a) $2x^2 - 2 = 0$ b) $-x^2 - 1{,}5 = 1$

Lösung:
Löse die Gleichung durch Äquivalenzumformungen nach x^2 auf. Ziehe dann, wenn möglich, die Wurzel und bestimme so alle Lösungen.

a) $2x^2 - 2 = 0 \quad |+2$
$2x^2 = 2 \quad |:2$
$x^2 = 1 \quad |\sqrt{\ }$
$x_1 = \sqrt{1} = 1 \quad x_2 = -\sqrt{1} = -1 \quad L = \{1; -1\}$

Der Graph von $y = 2x^2 - 2$ ist eine nach oben geöffnete Parabel. Ihr Scheitelpunkt liegt 2 Einheiten unterhalb der x-Achse. Die Nullstellen sind die Lösungen der Gleichung $2x^2 - 2 = 0$.

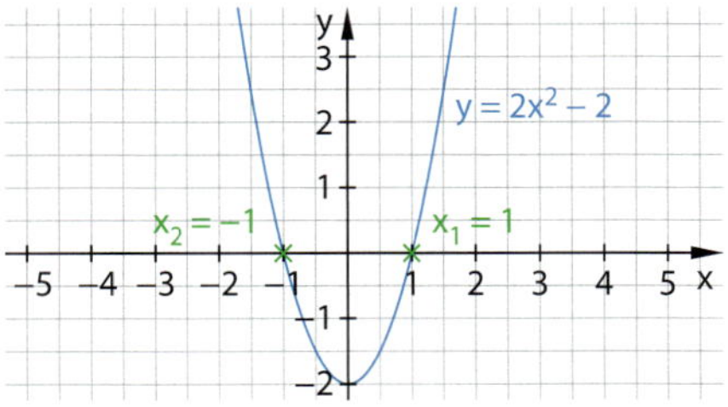

b) $-x^2 - 1{,}5 = 1 \quad |+1{,}5$
$-x^2 = 2{,}5 \quad |\cdot(-1)$
$x^2 = -2{,}5$ keine Lösung $L = \{\ \}$

Der Graph von $y = -x^2 - 1{,}5$ ist eine nach unten geöffnete und um 1,5 Einheiten nach unten verschobene Normalparabel. Die Funktionswerte sind alle negativ und können daher nicht 1 sein.

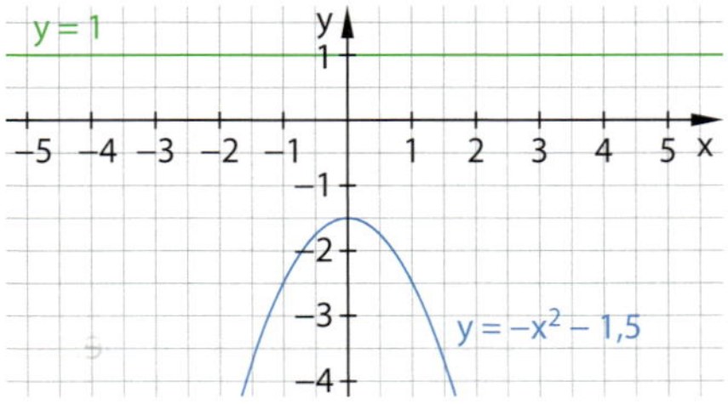

Basisaufgaben

1. Löse die Gleichung rechnerisch und veranschauliche die Lösung grafisch.
a) $x^2 = 4$ b) $0{,}25 = x^2$ c) $x^2 = -1$ d) $x^2 - 9 = 0$ e) $x^2 + 2 = 0$
f) $-x^2 = -16$ g) $0{,}5x^2 = 0$ h) $4x^2 + 12 = 0$ i) $2 = -x^2 + 6$ j) $2x^2 - \frac{1}{2} = 0$

2. Gib ohne zu rechnen die Anzahl der Lösungen an.
a) $x^2 = 5$ b) $x^2 + 7 = 0$ c) $-9x^2 = 0$ d) $2x^2 - 3 = \frac{1}{3}$ e) $-x^2 + 7 = 7$

3. Löse die Gleichung rechnerisch. Überprüfe grafisch mit einem Grafiktaschenrechner.
a) $3x^2 - 48 = 0$ b) $x^2 + 7 = 9$ c) $-5x^2 - 3 = 0$ d) $0{,}2a^2 - 2 = -2$

4. Löse die Gleichung rechnerisch. Falls es Lösungen gibt, führe eine Probe durch.
a) $x^2 - 105 = -24$ b) $8 - x^2 = -41$ c) $7 + 4x^2 = 0$ d) $\frac{1}{2}x^2 - 50 = 0$
e) $5 - 0{,}25x^2 = 0$ f) $5x^2 - 605 = 0$ g) $3y^2 + 4 = 13$ h) $16t^2 - 25 = -16$

5. Gib eine quadratische Gleichung mit der gegebenen Lösungsmenge an.
a) $L = \{1{,}5; -1{,}5\}$ b) $L = \{0\}$ c) $L = \{\ \}$ d) $L = \{\sqrt{11}; -\sqrt{11}\}$

Nullprodukt bei quadratischen Gleichungen

Der Wasserstrahl lässt sich durch den Graphen einer Funktion f mit $f(x) = -0{,}3x^2 + 3x$ beschreiben (Längeneinheit 1 m). Er beginnt im Punkt (0|0). Mithilfe der zweiten Nullstelle kann man bestimmen, wie weit der Wasserstrahl reicht.

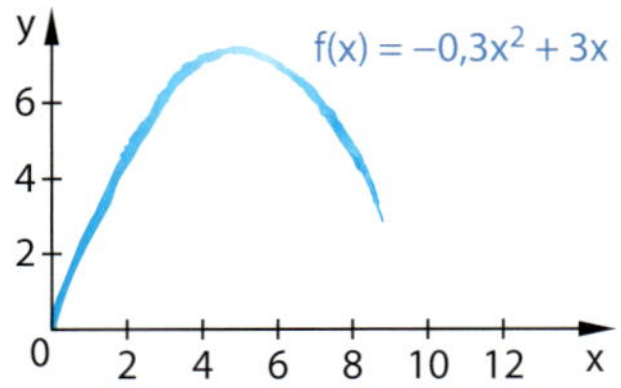

$-0{,}3x^2 + 3x = 0 \quad |:(-0{,}3)$
$x^2 - 10x = 0$

Zum Lösen der Gleichung klammert man x aus und erhält $x \cdot (x - 10) = 0$. Eine solche Gleichung heißt **Nullprodukt**, da ein Produkt zweier Terme null ergibt. Damit das Produkt 0 ist, muss einer der Terme 0 sein. Als Lösungen erhält man $x_1 = 0$ und $x_2 = 10$. Der Strahl reicht also 10 m weit.

Wissen: Regel vom Nullprodukt
Ein Produkt ist genau dann 0, wenn einer der Faktoren 0 ist.

Sind T_1 und T_2 zwei Terme, so folgt: Die Lösungen einer Gleichung vom Typ $T_1 \cdot T_2 = 0$ sind die Lösungen von $T_1 = 0$ zusammen mit den Lösungen von $T_2 = 0$.

Hinweis:
Auch für n Terme T_1 bis T_n gilt:
Die Lösungen der Gleichung $T_1 \cdot T_2 \cdot \ldots \cdot T_n = 0$ sind die Lösungen von $T_1 = 0, T_2 = 0, \ldots$ zusammen mit den Lösungen von $T_n = 0$.

Beispiel 2: Löse die Gleichung.
a) $7(x + 3)(x - 4) = 0$ b) $4x^2 + 12x = 0$

Lösung:

a) Wende die Regel vom Nullprodukt an. Setze die einzelnen Faktoren gleich 0, um die Lösungen der Gleichung zu erhalten.

7 ist ungleich 0.
$(x + 3) = 0$ ergibt $x = -3$.
$(x - 4) = 0$ ergibt $x = 4$.
Lösungen: $x_1 = -3$; $x_2 = 4$ $\quad L = \{-3; 4\}$

b) Dividiere die Gleichung zuerst durch den Koeffizienten 4 vor x^2. Klammere dann x aus.
Wende die Regel vom Nullprodukt an.

$4x^2 + 12x = 0 \quad |:4$
$x^2 + 3x = 0 \quad |$ x ausklammern
$x \cdot (x + 3) = 0$
Lösungen: $x_1 = 0$; $x_2 = -3$ $\quad L = \{0; -3\}$

Basisaufgaben

6. Gib die Lösungen der Gleichung an.
a) $(x - 11)(x + 1) = 0$ b) $(x - 4{,}5) \cdot x = 0$ c) $2x(x + 12) = 0$ d) $0 = 5(x + 1)(x + 2)$

7. a) Gib die Lösungen der Gleichung $(x - 3)(x + 1) = 0$ an.
b) Zeichne den Graphen der Funktion f mit $f(x) = (x - 3)(x + 1)$ und erkläre den Zusammenhang mit den Lösungen aus a).

8. Klammere x aus und löse dann die Gleichung. Überprüfe grafisch mit einem Taschenrechner.
a) $x^2 - 6x = 0$ b) $0 = x^2 + 3{,}5x$ c) $8x + x^2 = 0$ d) $-1{,}5x + x^2 = 0$

9. Löse die Gleichung, indem du ein Nullprodukt erzeugst. Du kannst die Gleichung zuerst durch den Koeffizienten vor x^2 dividieren.
a) $4x^2 + 36x = 0$ b) $30x - 2x^2 = 0$ c) $144x + 60x^2 = 0$ d) $-0{,}5x^2 - 3x = 0$

Hinweis zu 9:
Hier findest du die Lösungen. Manche treten mehrfach auf.

10. a) Gib jeweils eine Gleichung mit der gegebenen Lösungsmenge an.
① $L = \{2; 5\}$ ② $L = \{-3{,}5; 10\}$ ③ $L = \{0; 6\}$ ④ $L = \{-4; 0\}$
b) Gib zu den Lösungsmengen aus a) jeweils eine zweite Gleichung an.
Erkläre deine Vorgehensweise.

11. Forme um, sodass auf einer Seite der Gleichung 0 steht, und löse die Gleichung.
Überprüfe die Lösungen durch Einsetzen in die Ausgangsgleichung.
a) $42x = x^2$ b) $-x^2 = 2{,}5x$ c) $6x^2 = 18x$ d) $4y^2 + 3 = 2y + 3$

Weiterführende Aufgaben

12. Fasse gleichartige Terme zusammen und löse die Gleichung rechnerisch. Manchmal bietet es sich an, die Gleichung als Nullprodukt zu schreiben.
a) $5 + x^2 = 69 - 3x^2$ b) $0{,}5x^2 + x = 2x$ c) $1{,}5x^2 - 5{,}5 = 5 + x^2$ d) $a^2 = -12a - 2a^2$

13. Löse die Gleichungen rechnerisch. Multipliziere dazu zunächst die Klammer aus.
a) $16x + 9x^2 = 8(2x - 1)$ b) $y(5 - 7y + 6) = 11y$ c) $6x^2 + 3 = -3(1 + x^2)$
d) $x(x + 1) = 3x$ e) $5a(a - 1) = (2 - 3a) \cdot a$ f) $2(x^2 + 14) = -3(12 - x^2)$

14. Stolperstelle: Beschreibe, welche Fehler beim Lösen der Gleichungen passiert sind.
Löse die Gleichungen richtig und markiere die korrigierten Schritte.

a) $x^2 + 225 = 0$
$x_1 = \sqrt{225} = 15$
$x_2 = -\sqrt{225} = -15$

b) $x(x - 3) = 0 \quad | : x$
$x - 3 = 0 \quad | + 3$
$x = 3$

c) $(x + 2)(x + 4) = 8$
$(x + 2) = 8$ oder $(x + 4) = 8$
$x_1 = 6 \qquad x_2 = 4$

15. a) Sarah antwortet auf die Frage nach ihrem Alter: „Quadriert man mein Alter und addiert 1820, so erhält man 2016. Bei meiner Schwester müsste man 1895 statt 1820 addieren."
Wie alt ist Sarah? Wie alt ist ihre Schwester?
b) Tim meint: „Quadriert man mein Alter und verdoppelt das Ergebnis, so erhält man das gleiche Ergebnis, wie wenn man mein Alter mit 30 multipliziert."
Bestimme Tims Alter mithilfe einer Gleichung.

16. Die Gleichungen ① bis ③ wurden grafisch gelöst. Ordne jeder Gleichung die passende Abbildung zu.

① $(x-1)^2 = 4$ ② $(x+1)^2 = 4$ ③ $2(x+1)^2 = 4$

a) 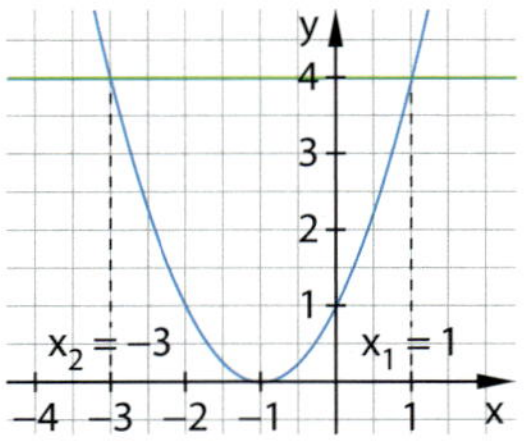

b) 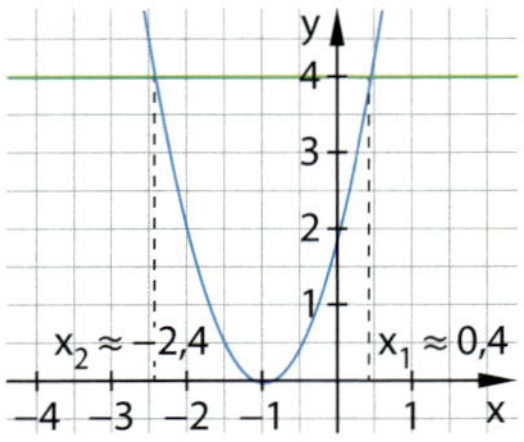

c) 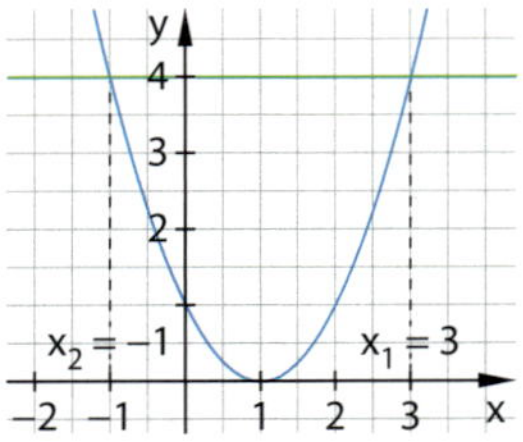

17. Löse die Gleichung rechnerisch. Überprüfe grafisch mit einem Taschenrechner.

a) $(x-1)^2 = 0$ b) $(x+2)^2 = 9$ c) $49 = (x-7)^2$ d) $(x+0{,}5)^2 - 2{,}25 = 0$
e) $7(x+5{,}5)^2 = 0$ f) $3(x-4)^2 = 15$ g) $-8 = -2(x+1)^2$ h) $0 = -4(x+3{,}5)^2 + 25$

Erinnere dich:
Mithilfe der binomischen Formeln kann man eine Summe in ein Produkt verwandeln.

● **18.** Forme eine Seite der Gleichung mit der 1. oder 2. binomischen Formel um. Bestimme dann die Lösung der Gleichung.

a) $x^2 + 6x + 9 = 0$ b) $a^2 - 2a + 1 = 0$ c) $0 = x^2 + \frac{2}{3}x + \frac{1}{9}$ d) $x^2 - 8x + 16 = 1$
e) $16 = x^2 + 10x + 25$ f) $y^2 - 20y + 100 = 2$ g) $x^2 - 3x + 2{,}25 = -2$ h) $0{,}25 + x^2 + x = 2{,}5$

19. Verlängert man alle Kanten eines Würfels um 4 cm, so ist der Oberflächeninhalt 2646 cm². Berechne die Kantenlänge des ursprünglichen Würfels.

20. Bestimme rechnerisch die Nullstellen der Funktion. Überprüfe grafisch mit einem Taschenrechner.

a) $f(x) = x^2 + 2x$ b) $g(x) = 3x^2 - 3x$ c) $h(x) = -5x^2 + 20x$ d) $k(x) = -2x - 0{,}1x^2$

● **21.** Ein Fußballspieler schießt einen Freistoß aus 20 m Entfernung aufs Tor. Die Flugbahn des Balls kann näherungsweise mit der Funktion $h(x) = -0{,}02x\ 2 + 0{,}4x$ beschrieben werden (x horizontale Entfernung vom Freistoßpunkt in m, h(x) Höhe in m).

a) Kommt der Ball noch vor der Torlinie auf dem Boden auf?
b) Bestimme die maximale Höhe des Balls.

● **22.** a) Berechne den Flächeninhalt eines Rechtecks mit den Seitenlängen 5 cm und 10 cm.
b) Nun soll die kürzere Seite um x cm verlängert und die längere Seite um x cm verkürzt werden. Gib einen Term für den neuen Flächeninhalt an.
c) Bestimme, für welche Werte von x der neue Flächeninhalt mit dem ursprünglichen übereinstimmt.

● **23.** **Ausblick:** Die Lösungen der folgenden Gleichungen hängen vom Parameter a bzw. b ab.

a) Untersuche, für welche Werte von a die Gleichung $(x-a)(x-4) = 0$
① genau eine Lösung, ② zwei Lösungen und ③ keine Lösung hat.

b) Bestimme die beiden Lösungen der Gleichung $2(x-b)^2 = 32$ in Abhängigkeit von b. Untersuche dann, für welche Werte von b
① beide Lösungen positiv sind, ② x = 0 eine Lösung der Gleichung ist,
③ beide Lösungen größer als 10 sind, ④ das Produkt beider Lösungen 7 ist.

2.8 Quadratische Ergänzung und die p-q-Formel

■ In der Figur soll x so bestimmt werden, dass die blaue Fläche 119 cm^2 groß ist.

a) Isa stellt die Gleichung $x^2 + 10x = 119$ auf. Erläutere, wie sie darauf kommt.

b) Isa ergänzt die Figur durch das rote Quadrat und schreibt die Gleichung $(x + 5)^2 = 119 + 25$ auf. Erläutere das Vorgehen.

c) Bestimme x mithilfe der Gleichung aus b). Löst der Wert von x auch die Gleichung aus a)? ■

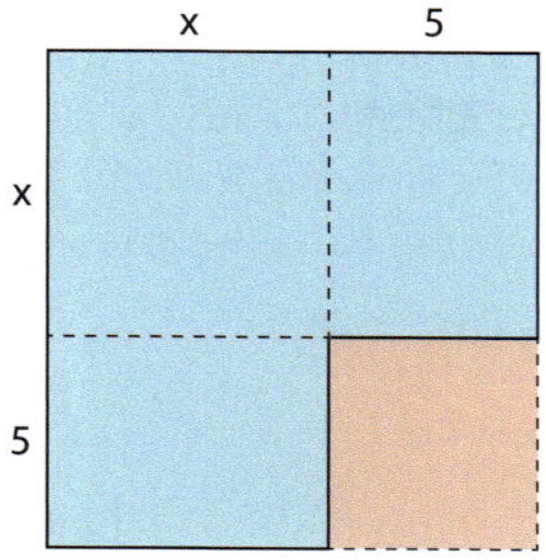

Maße in cm

Quadratische Gleichungen mit quadratischer Ergänzung lösen

Mithilfe der quadratischen Ergänzung und der binomischen Formeln kann man jede **quadratische Gleichung** in der **Normalform** $x^2 + px + q = 0$ lösen.

Wissen: Lösen von quadratischen Gleichungen mit quadratischer Ergänzung
Durch quadratische Ergänzung kann man jede quadratische Gleichung in der Normalform $x^2 + px + q = 0$ in die Form $(x + a)^2 = b$ mit bestimmten Zahlen a, b bringen. Diese Gleichung hat für $b \geq 0$ die Lösungen $x_1 = -a + \sqrt{b}$ und $x_2 = -a - \sqrt{b}$.

Beispiel 1: Löse die Gleichung $x^2 + 3x - 10 = 0$ mit quadratischer Ergänzung.

Lösung:

Bringe −10 auf die andere Seite.

$x^2 + 3x - 10 = 0 \quad | +10$

Teile für die quadratische Ergänzung den Koeffizienten 3 bei 3x durch 2 und quadriere das Ergebnis: $\left(\frac{3}{2}\right)^2 = 1{,}5^2$.

$x^2 + 3x = 10 \quad | + \left(\frac{3}{2}\right)^2 = 1{,}5^2$ (quadr. Ergänzung)

Fasse die linke Seite der Gleichung mit der 1. binomischen Formel zusammen.

$x^2 + 3x + 1{,}5^2 = 10 + 1{,}5^2 \quad |$ zusammenfassen

$(x + 1{,}5)^2 = 12{,}25 \quad | \sqrt{\ }$

Löse nun die quadratische Gleichung wie gewohnt.

$x + 1{,}5 = 3{,}5$ oder $x + 1{,}5 = -3{,}5 \quad | -1{,}5$

$x_1 = 2 \qquad x_2 = -5$

$L = \{2; -5\}$

Basisaufgaben

1. Ergänze im Heft auf beiden Seiten der Gleichung dieselbe Zahl, sodass sich die 1. oder 2. binomische Formel anwenden lässt. Löse dann die Gleichung.

a) $x^2 + 10x + \square = -21 + \square$
$(x + 5)^2 = \ldots$

b) $x^2 - 12x + \square = 13 + \square$
$(x - 6)^2 = \ldots$

c) $x^2 + 4x + \square = 5 + \square$
$(x + \bigcirc)^2 = \ldots$

d) $x^2 + 40x + \square = -300 + \square$

e) $x^2 - 16x + \square = -63 + \square$

f) $x^2 - 5x + \square = 18{,}75 + \square$

2. Löse die Gleichung mit quadratischer Ergänzung.

a) $x^2 + 6x = -5$ b) $x^2 - x = 0{,}75$ c) $2x^2 - 20x = 48$ d) $x^2 + 30x = 75$

e) $x^2 + 2x - 8 = 0$ f) $x^2 - 14x - 32 = 0$ g) $x^2 - 8x + 9 = 0$ h) $x^2 + x - 6 = 0$

3. Forme die Gleichung um und löse sie mit quadratischer Ergänzung. Überprüfe rechnerisch.

a) $10x + 11 = x^2$ b) $-49 + x^2 = 14x$ c) $7x^2 - 14x - 21 = 0$ d) $5x^2 = 5x + 10$

Tipp zu 3:
Wenn vor x^2 ein Koeffizient steht, teile die Gleichung zuerst durch diesen Koeffizienten.

Die p-q-Formel

Jede quadratische Gleichung kann man durch Äquivalenzumformungen in die Normalform $x^2 + px + p = 0$ umformen.
Anstatt immer eine quadratische Ergänzung durchzuführen, kann man eine **allgemeine Lösungsformel** für eine quadratische Gleichung in Normalform herleiten. Diese wird nach den Bezeichnungen der Variablen **p-q-Formel** genannt.

$$x^2 + px + q = 0 \quad | -q$$
$$x^2 + px = -q \quad | +\left(\frac{p}{2}\right)^2 \text{ (quadratische Ergänzung)}$$
$$x^2 + px + \left(\frac{p}{2}\right)^2 = -q + \left(\frac{p}{2}\right)^2 \quad | \text{ 1. binomische Formel}$$
$$\left(x + \frac{p}{2}\right)^2 = \left(\frac{p}{2}\right)^2 - q$$

Wenn $\left(\frac{p}{2}\right)^2 - q < 0$, dann gibt es keine Lösung.
Andernfalls kann man auf beiden Seiten der Gleichung die Wurzel ziehen und erhält:

$$x + \frac{p}{2} = \sqrt{\left(\frac{p}{2}\right)^2 - q} \quad \text{oder} \quad x + \frac{p}{2} = -\sqrt{\left(\frac{p}{2}\right)^2 - q} \quad | -\frac{p}{2}$$
$$x_1 = -\frac{p}{2} + \sqrt{\left(\frac{p}{2}\right)^2 - q} \qquad x_2 = -\frac{p}{2} - \sqrt{\left(\frac{p}{2}\right)^2 - q}$$

Hinweis:
$x_{1,2} = -\frac{p}{2} \pm \sqrt{\left(\frac{p}{2}\right)^2 - q}$ ist eine Kurzschreibweise für
$x_1 = -\frac{p}{2} + \sqrt{\left(\frac{p}{2}\right)^2 - q}$
$x_2 = -\frac{p}{2} - \sqrt{\left(\frac{p}{2}\right)^2 - q}$

Wissen: Die p-q-Formel
Die quadratische Gleichung in Normalform $x^2 + px + q = 0$ hat

zwei Lösungen: $x_{1,2} = -\frac{p}{2} \pm \sqrt{\left(\frac{p}{2}\right)^2 - q}$, falls $\left(\frac{p}{2}\right)^2 - q > 0$;

genau **eine Lösung**: $x = -\frac{p}{2}$, falls $\left(\frac{p}{2}\right)^2 - q = 0$;

keine Lösung, falls $\left(\frac{p}{2}\right)^2 - q < 0$.

Der Term $\left(\frac{p}{2}\right)^2 - q$ wird als **Diskriminante D** bezeichnet.

Hinweis:
Das Wort **Diskriminante** kommt aus dem Lateinischen, discriminare bedeutet unterscheiden.

Tipp:
Achte beim Ablesen von p und q besonders auf die Vorzeichen.

Beispiel 2: Löse die quadratische Gleichung mit der p-q-Formel.
a) $x^2 + 8x - 33 = 0$ b) $4x^2 - 16x = 28$

Lösung:
a) Vergleiche $x^2 + 8x - 33 = 0$ mit der Normalform $x^2 + px + q = 0$.
Du erhältst $p = 8$ und $q = -33$. Setze diese Werte in die p-q-Formel ein und berechne die Lösungen.

$$x_{1,2} = -\frac{p}{2} \pm \sqrt{\left(\frac{p}{2}\right)^2 - q}$$
$$x_{1,2} = -\frac{8}{2} \pm \sqrt{\left(\frac{8}{2}\right)^2 - (-33)}$$
$$= -4 \pm \sqrt{49}$$
$$= -4 \pm 7$$
$$x_1 = -4 + 7 = 3 \qquad x_2 = -4 - 7 = -11$$
$$L = \{3; -11\}$$

b) Bringe die Gleichung in die Normalform. Teile dazu die Gleichung durch den Koeffizienten 4 bei $4x^2$ und subtrahiere 5, damit auf einer Seite der Gleichung 0 steht.

$$4x^2 - 16x = 20 \quad | :4$$
$$x^2 - 4x = 5 \quad | -5$$
$$x^2 - 4x - 5 = 0$$

Du kannst in der Normalform die Werte $p = -4$ und $q = -5$ ablesen. Setze diese Werte in die p-q-Formel ein.

$$x_{1,2} = -\frac{-4}{2} \pm \sqrt{\left(\frac{-4}{2}\right)^2 - (-5)}$$
$$= 2 \pm \sqrt{9}$$
$$= 2 \pm 3$$
$$x_1 = 2 + 3 = 5 \qquad x_2 = 2 - 3 = -1$$
$$L = \{5; -1\}$$

Basisaufgaben

4. Übertrage die Tabelle in dein Heft und vervollständige sie.

$x^2+px+q=0$	p	q	$-\frac{p}{2}$	$\left(\frac{p}{2}\right)^2$	$\sqrt{\left(\frac{p}{2}\right)^2-q}$	$-\frac{p}{2}\pm\sqrt{\left(\frac{p}{2}\right)^2-q}$	x_1	x_2
$x^2-2x+4=0$								
$x^2+4x+4=0$								
$x^2-3x-1{,}75=0$								
$x^2+x=0$								
$x^2-16=0$								
$x^2+2{,}5x+1=0$								

5. Vervollständige die vorgegebenen Lösungen.

a) $x^2+10x+7=0$ $\quad x_{1,2}=$ ■ $5\pm\sqrt{5^2-}$ ●
b) $x^2+x-7=0$ $\quad x_{1,2}=$ ■ $0{,}5\pm\sqrt{0{,}5^2-}$ ●
c) $x^2-8x-8=0$ $\quad x_{1,2}=$ ■ $\pm\sqrt{(-4)^2-}$ ●
d) $x^2-x-3=0$ $\quad x_{1,2}=$ ■ $\pm\sqrt{(-0{,}5)^2}$ ●

GTR **6.** Löse die Gleichung mit der p-q-Formel. Überprüfe die Lösung, indem du die Gleichung grafisch mit einem Taschenrechner löst.

a) $x^2+2x-3=0$ b) $x^2+4x-21=0$ c) $x^2-7x+12=0$ d) $x^2-8x+16=0$
e) $x^2+10x+44=0$ f) $x^2-4x=0$ g) $x^2-0{,}75+3x=0$ h) $-1+x^2+14x=0$

7. Bringe die Gleichung in die Normalform. Löse sie dann mit der p-q-Formel. Überprüfe durch Einsetzen der Lösungen in die Ausgangsgleichung.

a) $x^2+2x-7=1$ b) $2x-x^2=-24$ c) $2x^2+4x-2=0$ d) $0{,}5x^2-4x-24=0$
e) $\frac{2}{3}x^2-6x-24=0$ f) $2x^2+12x=14$ g) $4x^2+36=24x$ h) $15=42x-30+3x^2$

Weiterführende Aufgaben

8. Löse die Gleichung ① mit quadratischer Ergänzung und ② mit der p-q-Formel. Prüfe, ob du mit beiden Verfahren die gleichen Lösungen erhältst.

a) $x^2-2x-63=0$ b) $x^2+20x=-100$ c) $y^2+y+2=0$ d) $4x^2+4x=48$

9. Fasse gleichartige Terme zusammen. Bringe die Gleichung in die Normalform und löse sie.

a) $x^2-4x=16x+96$ b) $8y+84=3y^2-y$
c) $4a-a^2=9-2a^2$ d) $3x^2+2x-3=-x^2+3$

Hinweis zu 9:
Hier findest du die Lösungen.

10. Stolperstelle: Beschreibe, welche Fehler bei der Anwendung der p-q-Formel gemacht wurden. Löse die Gleichungen mit der p-q-Formel richtig und markiere die korrigierten Stellen.

a) $x^2-4x+1=0$

$x_{1,2}=-\frac{4}{2}\pm\sqrt{\left(\frac{4}{2}\right)^2-1}$

$x_{1,2}=-2\pm\sqrt{3}$

b) $x^2+6x-5=0$

$x_{1,2}=-\frac{6}{2}\pm\sqrt{\left(\frac{6}{2}\right)^2-5}$

$x_{1,2}=-3\pm\sqrt{4}$

c) $x^2+14+9x=0$

$x_{1,2}=-\frac{14}{2}\pm\sqrt{\left(\frac{14}{2}\right)^2-9}$

$x_{1,2}=-7\pm\sqrt{40}$

d) $2x^2-12x-13=1$

$x_{1,2}=-\frac{-12}{2}\pm\sqrt{\left(\frac{-12}{2}\right)^2-(-13)}$

$x_{1,2}=6\pm\sqrt{49}$

● **11.** Multipliziere zuerst die Klammer aus. Löse dann die Gleichung.

a) $x(x-3)=4$ b) $(x-5)(x+4)=-8$ c) $3(x-2)\cdot x=240$
d) $2x(6-x)=8$ e) $-12=(y+3)(y-4)$ f) $2(x-2)(x+2)=40$
g) $-3(a+5)(a-3)=-33$ h) $x(x+1)=(x+2)(x-4)$ i) $b(4-b)=(1-b)^2$

12. Bestimme die Diskriminante und gib die Anzahl der Lösungen an.

a) $x^2+7x+12=0$ b) $x^2-2x+2=0$ c) $x^2+8x-3=0$
d) $x^2-10x+25=0$ e) $x^2-8x-16=0$ f) $x^2-16=0$

13. a) Gib die Diskriminante der Gleichung $x^2-3x+k=0$ an.
b) Bestimme, für welche Werte aus $\mathbb{R}$ die Gleichung aus a)
① genau eine Lösung, ② zwei Lösungen und ③ keine Lösung hat.
c) Untersuche mit dem Verfahren aus a) und b) die folgenden Gleichungen auf Lösbarkeit.
① $x^2+10x+k=0$ ② $x^2-2x+k-3=0$ ③ $x^2+8x+k=-16$

CAS **14.** CAS-Rechner können Gleichungen mit dem Befehl „solve" lösen.

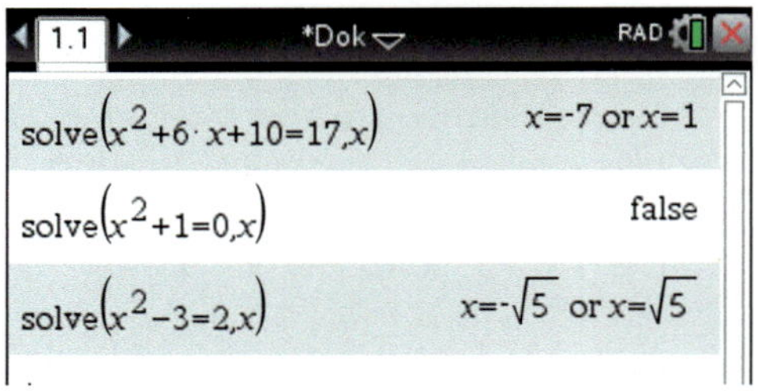

a) Erkläre anhand der Abbildung, welche Eingaben der Befehl verlangt.
b) Erkläre die Lösungen der Gleichungen in der Abbildung.
c) Bestimme mit dem „solve"-Befehl die Lösungen der folgenden Gleichungen.
① $x^2+4x+4=9$ ② $2x^2+4x=22{,}5$ ③ $x^2-2x=1$ ④ $-3x^2+6x=15x+2$
d) Überprüfe, ob dein Taschenrechner in der Lage ist, die p-q-Formel mithilfe des „solve"-Befehls zu erstellen. Erkläre dein Vorgehen und die Lösung des Taschenrechners.

Hinweis:
Beispiele zu den verschiedenen Methoden, quadratische Gleichungen zu lösen, findest du auf der Methodenkarte 9 B.

15. Bestimme die Zahl des Zahlenrätsels mithilfe einer quadratischen Gleichung.

a) Quadriert man die Zahl und addiert dazu das Doppelte der Zahl, so erhält man 48.
b) Addiert man zum Doppelten des Quadrats der gesuchten Zahl das Achtfache dieser Zahl, dann erhält man die Summe aus dem Doppelten der gesuchten Zahl und 216.
c) Multipliziert man die gesuchte Zahl mit der um 15 verminderten Zahl, so erhält man 496.
d) Das Produkt der um 7 verminderten und der um 9 vergrößerten Zahl ist –64.

16. a) Bei einem Quadrat wird eine Seite um 6 cm verlängert. Das neue Rechteck hat einen Flächeninhalt von 160 cm². Bestimme die Seitenlänge und den Flächeninhalt des Ausgangsquadrats.
b) Wird bei einem Quadrat die eine Seite um 3 cm verkürzt und die andere verdoppelt, so ist der Flächeninhalt des dabei entstehenden Rechtecks um 16 cm² größer als der des Quadrats. Gib die Seitenlänge des Quadrats an.

17. a) Ein quadratisches Grundstück ist 6724 m² groß. Berechne die Seitenlängen des Quadrats.
b) Das Grundstück soll gegen ein rechteckiges, gleich großes getauscht werden, um darauf einen Sportplatz zu erstellen. Dabei soll eine Rechteckseite 15 m länger als die andere Seite sein. Welche Maße ergeben sich für das gesuchte neue Grundstück?

18. Die Seitenlängen der beiden Schenkel eines gleichschenkligen rechtwinkligen Dreiecks werden verändert, der erste wird um 3 cm verlängert, der zweite um 2 cm gekürzt. Anschließend beträgt der Flächeninhalt 18 cm². Wie lang waren die Schenkel ursprünglich?

19. Ein Würfel mit der Kantenlänge x hat den gleichen Oberflächeninhalt wie ein Quader mit der Höhe x, der Breite 6 cm und der Länge 15 cm. Bestimme x.

20. a) Bestimme die Nullstellen der Funktion rechnerisch.

① $f(x) = x^2 - 6x - 7$ ② $g(x) = x^2 - x + 1$ ③ $h(x) = 3x^2 - 33x + 54$

④ $k(x) = 3x^2 - 5x + 2$ ⑤ $l(x) = -0{,}5x^2 - 1{,}5x + 9$ ⑥ $m(x) = 3{,}5x^2 - 2{,}1x + 1{,}4$

b) Gib die Funktionsgleichungen aus a) in faktorisierter Form an, falls dies möglich ist.

● **21.** Gegeben sind die folgenden quadratischen Funktionen.

① $f(x) = x^2 + 5x - 6$ ② $g(x) = x^2 + 9x + 8$ ③ $h(x) = x^2 - 3x - 4$

a) Bestimme jeweils die Nullstellen und gib den x-Wert des Scheitelpunkts an.

b) Tim betrachtet allgemein die Funktion $k(x) = x^2 + p \cdot x + q$. Er behauptet: „Der x-Wert des Scheitelpunkts steht in direktem Zusammenhang mit dem Wert des Parameters p.“ Stelle anhand deiner Ergebnisse aus Aufgabe a) eine Vermutung für den Zusammenhang zwischen p und dem x-Wert des Scheitelpunkts auf.

c) Begründe den x-Wert des Scheitelpunkts der Funktion k mithilfe der p-q-Formel.

d) Bestimme für die Funktion f, g und h auch den y-Wert des Scheitelpunkts sowie die Diskriminante D. Beschreibe den Zusammenhang.

e) Beweise den Zusammenhang aus d) allgemein für die Funktion k.

22. In der Fahrschule lernt man, dass sich der Anhalteweg aus dem Reaktionsweg $s_R = \frac{3}{10}v$ und dem Bremsweg $s_B = \frac{1}{100}v^2$ zusammensetzt (Wege in m; Geschwindigkeit v in km/h).

a) Ermittle eine Funktionsgleichung, die den Anhalteweg in Abhängigkeit von der Geschwindigkeit angibt.

b) Berechne den Anhalteweg für eine Geschwindigkeit von 50 km/h.

c) Wie schnell darf man fahren, wenn der Anhalteweg kleiner als 50 Meter sein soll?

23. Ein Feuerwerkskörper bewegt sich auf einer Flugbahn, die annähernd durch die Funktionsgleichung $f(x) = -0{,}5x^2 + 25x + 0{,}98$ beschrieben werden kann. Dabei ist x die horizontale Entfernung vom Abschussort in Meter und f(x) die Höhe in Meter.

a) Ist die Abschusshöhe realistisch?

b) In welcher Höhe befindet sich der Feuerwerkskörper, wenn die horizontale Entfernung vom Abschussort 5 m ist?

c) In welcher Entfernung vom Abschussort müsste der abgebrannte Rest auf der Erde landen, wenn er sich ungehindert genau auf dieser Bahn bewegen würde?

d) Bestimme die maximale Höhe der Flugbahn.

e) Muss man befürchten, dass der Feuerwerkskörper ein Fenster in 8 m Höhe und 40 m Entfernung vom Abschussort trifft?

24. Hannah meint: „Um die Lösung von $2x^2 + 6x + 4 = 0$ zu bestimmen, dividiere ich durch 2. Daher sind auch die Funktionen $f(x) = 2x^2 + 6x + 4$ und $g(x) = x^2 + 3x + 2$ gleich."
Nimm begründet Stellung dazu.

● **25.** a) In der Rechenmauer soll der Eintrag in einem Feld jeweils das Ergebnis der Rechnung sein, die in den beiden Feldern darunter steht. Berechne, welche Werte x, y und z haben können.

① 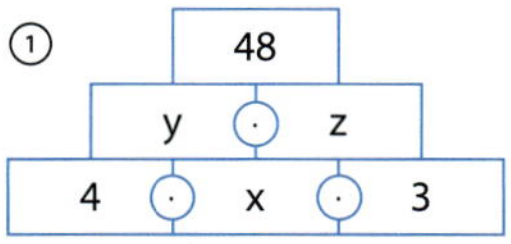

② 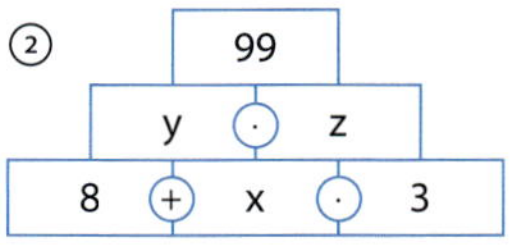

b) Erstelle zwei eigene Rechenmauern. Dabei soll in einem der unteren Felder x stehen und im obersten Feld ein Ergebnis. Tausche die Rechenmauern mit deinem Nachbarn.

● **26.** Betrachte die Gleichung $x^2 + k \cdot x + 20 = 0$.

a) Bestimme, für welche Werte aus $\mathbb{R}$ die Lösungsmenge nicht leer ist.
b) Begründe, ob die Lösungsmenge genau ein Element enthalten kann.
c) Eine Lösung dieser Gleichung soll $x_1 = -4$ sein. Bestimme die zweite Lösung.

● **27.** Vier Schüler haben quadratische Gleichungen mit der quadratischen Ergänzung oder mit der p-q-Formel gelöst. Einige Zahlen sind nicht mehr lesbar. Finde die fehlenden Zahlen.

a)
$x^2 + ■x = ■$ | + 9 (quad. Erg.)
$x^2 + ■x + 9 = ■$ | 1. binom. Formel
$(x + 3)^2 = ■$ | $\sqrt{\ }$
$x + 3 = 5$ oder $x + 3 = -5$
$x_1 = ■$ $x_2 = ■$

b)
$x^2 - 10x + 26 = ■$ | −■ (quad. Erg.)
$x^2 - 10x + ■ = 64$ | 2. binom. Formel
$(x - ■)^2 = 64$ | $\sqrt{\ }$
$x - ■ = ■$ oder $x - ■ = ■$
$x_1 = ■$ $x_2 = ■$

c)
$3x^2 + ■x - ■ = 0$ | : ■
$x^2 + ■x - ■ = 0$
p-q-Formel: $x_{1,2} = -\frac{4}{2} \pm \sqrt{\left(\frac{4}{2}\right)^2 - (■)}$
$x_1 = 8$ $x_2 = -12$

d)
$■x^2 + ■x + ■ = 0$ | : (−2)
$x^2 - ■x - ■ = 0$
p-q-Formel: $x_{1,2} = 4 \pm \sqrt{49}$
$x_1 = ■$ $x_2 = ■$

● **28. Ausblick:** Der französische Mathematiker François Viète – meist Vieta genannt – fand im 16. Jahrhundert für eine quadratische Gleichung $x^2 + px + q = 0$ einen einfachen Zusammenhang zwischen den Parametern p und q und den Lösungen x_1 und x_2, der als **Satz von Vieta** bekannt ist: $p = -(x_1 + x_2)$, $q = x_1 \cdot x_2$.
Das Produkt der Lösungen ist q und die Gegenzahl ihrer Summe ist p.
Mit dem Satz von Vieta kann man die Lösungen einer quadratischen Gleichung „durch Anstarren" der Parameter bestimmen.

a) Für $q = +7$ kommen als ganzzahlige Faktoren nur +1 und +7 oder −1 und −7 in Frage. Die Summen sind dann 8 oder −8, entsprechend die Gegenzahlen. Für $q = -7$ sind es +1 und −7 oder −1 und +7, die Gegenzahlen der Summen sind dann 6 oder −6.
Gib möglichst schnell die Lösungen der folgenden Gleichungen an.
① $x^2 - 8x + 7 = 0$ ② $x^2 + 8x + 7 = 0$ ③ $x^2 - 6x - 7 = 0$ ④ $x^2 + 6x - 7 = 0$

b) Löse die folgenden Gleichungen mit diesem Verfahren.
① $x^2 + 3x + 2 = 0$ ② $x^2 - 2x + 1 = 0$ ③ $x^2 - 12x - 13 = 0$
④ $x^2 - 8x + 12 = 0$ ⑤ $x^2 - 12x - 28 = 0$ ⑥ $2x^2 - 16x + 14 = 0$

c) Der Satz von Vieta eignet sich auch gut, um zu überprüfen, ob man eine quadratische Gleichung richtig gelöst hat. Gib an, ob die folgenden Lösungsmengen korrekt sind.
① $x^2 + x - 12 = 0$ $L = \{-4; 3\}$ ② $x^2 - 7x - 12 = 0$ $L = \{3; 4\}$
③ $x^2 + 7x + 10 = 0$ $L = \{2; 5\}$ ④ $3x^2 - 5x + 6 = 0$ $L = \{2; 3\}$

2.9 Grafisches Lösen durch Schnittpunktbestimmung

■ Gegeben ist die lineare Gleichung $2x - 1 = -0{,}5x + 4$.

a) Löse die Gleichung rechnerisch.

b) Gib die Funktionen an, die in der Grafik dargestellt sind.

c) Erkläre, welcher Zusammenhang zwischen der Lösung der Gleichung und der Grafik besteht. ■

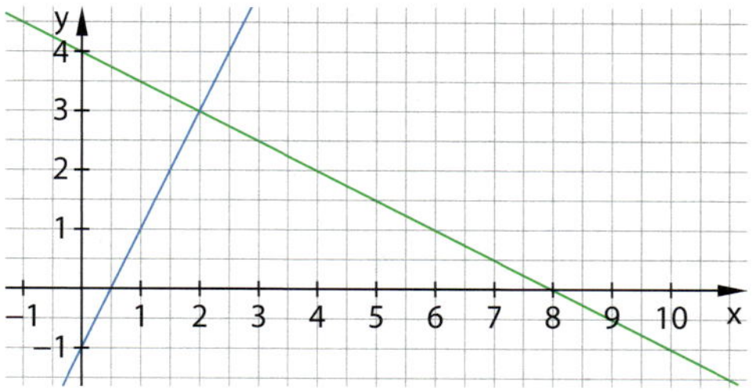

Grafisches Lösen quadratischer Gleichungen

Beispiel 1: Bestimme die Lösungen der quadratischen Gleichung grafisch.

a) $-2x^2 - 2x + 12 = 0$ b) $0{,}5x^2 + 2x + 2 = x + 6$

Lösung:

a) Fasse die linke Seite der Gleichung als Term einer quadratischen Funktion $f(x) = -2x^2 - 2x + 12$ auf und zeichne den zugehörigen Graphen.

Bei den Nullstellen von f gilt $f(x) = 0$, also $-2x^2 - 2x + 12 = 0$. Die Nullstellen sind also genau die Lösungen der Gleichung. Lies die Nullstellen ab und du erhältst die Lösungen $x_1 = -3$ und $x_2 = 2$.

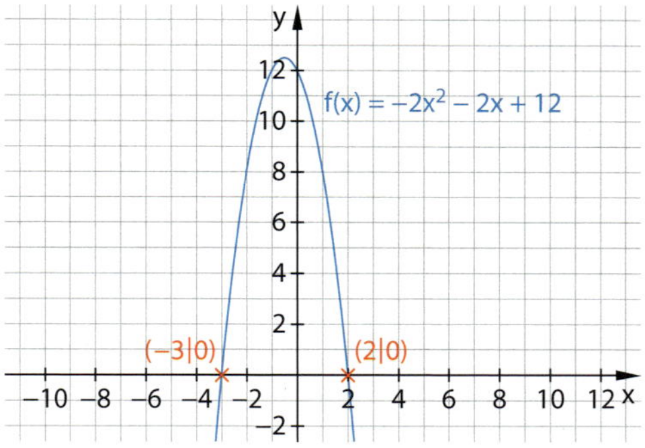

b) Fasse jede Seite der Gleichung als Term einer Funktion auf:
$f(x) = 0{,}5x^2 + 2x + 2$ $g(x) = x + 6$
Zeichne die zugehörigen Graphen.

Bei den Schnittpunkten von f und g gilt $f(x) = g(x)$, also $0{,}5x^2 + 2x + 2 = x + 6$. Die **Schnittstellen** (x-Koordinaten der Schnittpunkte) sind also genau die Lösungen der Gleichung. Lies die Schnittstellen ab und du erhältst die Lösungen $x_1 = -4$ und $x_2 = 2$.

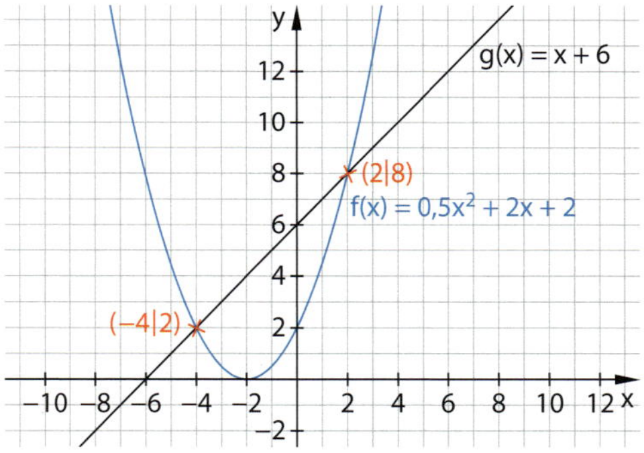

Hinweis:
Bei Grafiktaschenrechnern lassen sich im Grafikmenü auch die Schnittpunkte zweier Graphen im dargestellten Bereich anzeigen.

Wissen: Grafisches Lösen von Gleichungen
Man kann eine Gleichung lösen, indem man die **linke** und **rechte** Seite der Gleichung als Terme einer Funktion auffasst und die beiden Funktionen **grafisch** darstellt. Die **Schnittstellen (x-Koordinaten der Schnittpunkte)** beider Graphen sind die **Lösungen** der Gleichung. Die Lösungen einer Gleichung der Form $f(x) = 0$ sind die Nullstellen des Graphen von f.

Basisaufgaben

1. Bestimme die Lösungen der quadratischen Gleichung grafisch.
a) $3x^2 - 12x + 9 = 0$ b) $2x^2 + 2x - 40 = 0$ c) $3x^2 - 4x + 1 = 0$ d) $-2x^2 - 4x + 6 = 0$

Hinweis:
Du kannst auch einen GTR oder ein CAS verwenden.

Hinweis:
Eine Anleitung zum Bestimmen von Schnittpunkten mit einem GTR oder CAS findest du auf den Methodenkarte 8 G und 8 H.

GTR CAS

2. Bestimme die Lösungen der quadratischen Gleichung als Schnittstellen zweier Graphen. Verwende einen GTR oder ein CAS. Führe auch eine rechnerische Probe.

a) $3x^2 - 12x - 7 = 8$ b) $2x^2 + 10x + 25 = 13$ c) $4x^2 - 10x + 1 = 5 + 5x$
d) $x^2 = x$ e) $2x^2 - 4x + 1 = -x^2$ f) $-0{,}75x^2 + 4x = 0{,}25x^2 + 6x$

3. Bestimme, welche quadratische Gleichung grafisch gelöst wird. Gib auch die Lösungen an.

a) 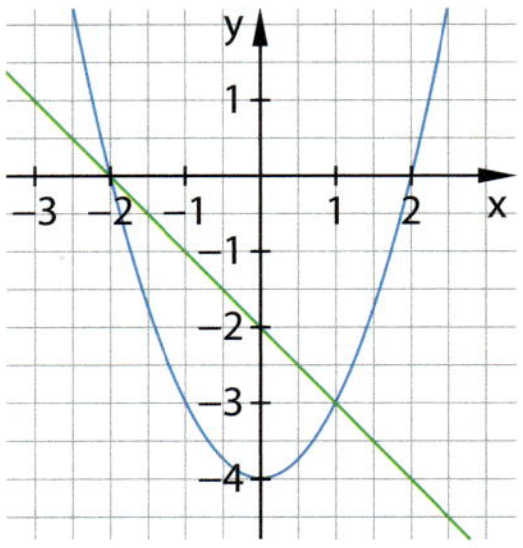
b) 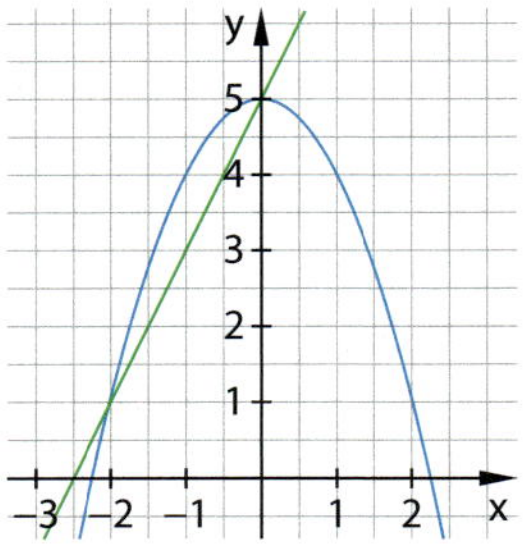
c) 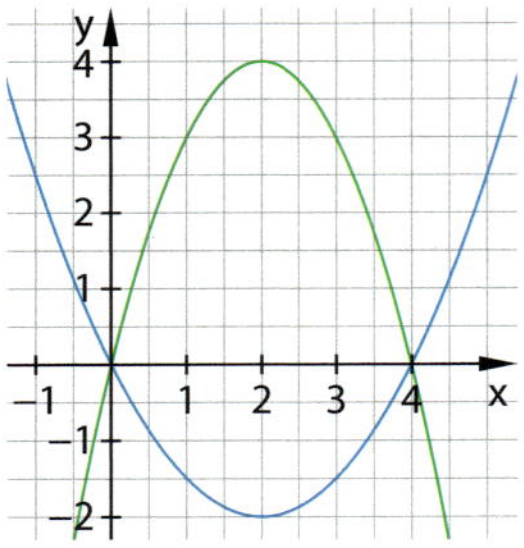

Schnittpunkte von Parabeln

Wissen: Rechnerisches Bestimmen der Schnittpunkte von zwei Graphen
Zur Bestimmung der Schnittpunkte zweier Graphen werden die Funktionsterme **gleichgesetzt**. Die Lösungen der Gleichung sind die **Schnittstellen**, also die x-Koordinaten der Schnittpunkte. Die **y-Koordinaten der Schnittpunkte** erhält man, indem man die x-Koordinaten in eine der Funktionsgleichungen einsetzt.

Beispiel 2: Gegeben sind die Funktionen f und g mit $f(x) = -0{,}5x^2 + x + 2$ und $g(x) = x^2 - 0{,}5x - 1$. Bestimme die Schnittpunkte der beiden Graphen
a) grafisch, b) rechnerisch.

Lösung:

a) Zeichne die Graphen beider Funktionen in ein gemeinsames Koordinatensystem.

Lies die x- und y-Koordinate bei jedem Schnittpunkt ab.
Schnittpunkte: $S_1(2|2)$ und $S_2(-1|0{,}5)$

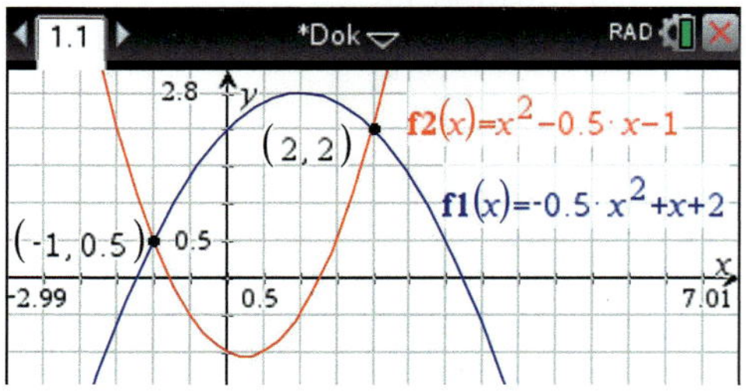

b) Bei den Schnittpunkten sind die Funktionswerte von f und g gleich, es gilt f(x)= g(x). Setze die beiden Funktionsterme gleich und löse die quadratische Gleichung.

$$-0{,}5x^2 + x + 2 = x^2 - 0{,}5x - 1 \quad | -x^2 + 0{,}5x + 1$$
$$-1{,}5x^2 + 1{,}5x + 3 = 0 \quad | : (-1{,}5)$$
$$x^2 - x - 2 = 0$$

Du kannst die Gleichung in die Normalform bringen und die p-q-Formel anwenden.
Die Lösungen sind die x-Koordinaten der Schnittpunkte.

p-q-Formel:
$$x_{1,2} = -\frac{-1}{2} \pm \sqrt{\left(\frac{-1}{2}\right)^2 - (-2)} = \frac{1}{2} \pm \frac{3}{2}$$
$$x_1 = \frac{1}{2} + \frac{3}{2} = 2 \qquad x_2 = \frac{1}{2} - \frac{3}{2} = -1$$

Setze die beiden Lösungen jeweils in f(x) oder g(x) ein, um die y-Koordinaten der Schnittpunkte zu bestimmen.

$g(2) = 2^2 - 0{,}5 \cdot 2 - 1 = 2$ $S_1(2|2)$
$g(-1) = (-1)^2 - 0{,}5 \cdot (-1) - 1 = 0{,}5$ $S_2(-1|0{,}5)$

Basisaufgaben

4. Bestimme die Schnittpunkte der Parabeln rechnerisch. Kontrolliere, indem du die Schnittpunkte grafisch mit einem Grafiktaschenrechner bestimmst.
   a) $f(x) = -x^2 + 12$; $g(x) = x^2 + 4$
   b) $f(x) = x^2 + 4x + 3$; $g(x) = 2x^2 + 8x + 6$
   c) $f(x) = -0{,}5x^2 + 4$; $g(x) = -2x^2 + 2x + 4$

GTR 5. Bestimme die Schnittpunkte der beiden Parabeln grafisch mit einem Grafiktaschenrechner.
   a) $f(x) = x^2 + 4x$; $g(x) = -x^2 + 4x + 8$
   b) $f(x) = -2x^2 + 3x + 10$; $g(x) = x^2 + 10$
   c) $f(x) = (6x - 9)^2$; $g(x) = (3x - 9)^2$

6. Bestimme, falls vorhanden, die Schnittpunkte der beiden Graphen rechnerisch. Kontrolliere, indem du die Koordinaten der Schnittpunkte in die Funktionsgleichungen einsetzt.
   a) $f(x) = x^2$; $g(x) = x$
   b) $f(x) = -4x^2$; $g(x) = -16$
   c) $f(x) = x^2 - 2x + 1$; $g(x) = -x$
   d) $f(x) = x^2 + 2x$; $g(x) = -2x - 4$
   e) $f(x) = 6x^2 - 1$; $g(x) = 3$
   f) $f(x) = 0{,}25x^2 + x - 5$; $g(x) = -x - 8$
   g) $f(x) = 3x^2 + 1$; $g(x) = 2x^2 + 2x$
   h) $f(x) = x^2 - 9$; $g(x) = -x^2 + 5$
   i) $f(x) = -0{,}25x^2 - 1$; $g(x) = x^2 + 3$

Hinweis zu 6:
Hier findest du x- und y-Werte für a) – d).

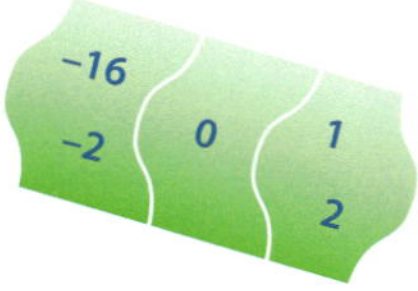

Weiterführende Aufgaben

7. Abgebildet sind jeweils zwei Graphen.

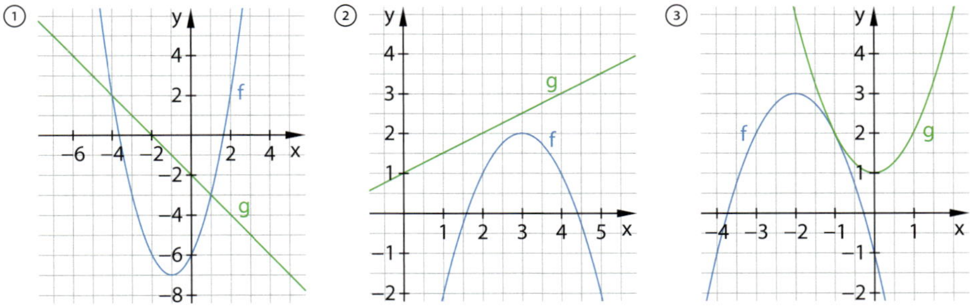

   a) Lies, falls vorhanden, die Schnittpunkte ab.
   b) Gib die Funktionsgleichungen der Graphen an und erstelle mit ihnen die zugehörige quadratische Gleichung.
   c) Überprüfe deine Ergebnisse aus a), indem du die Gleichungen aus b) rechnerisch löst.
   d) Beschreibe den Zusammenhang zwischen den Lösungen einer Gleichung der Form $f(x) = g(x)$ und der Lagebeziehung der Graphen von f und g.

8. **Stolperstelle:** Erkläre die Fehler von Theo und Tina beim grafischen Lösen von Gleichungen und korrigiere sie.
   a) Theo löst die Gleichung $0{,}25\,(x - 1)^2 = 2x + 3$ mit der Abbildung rechts. Er sagt: „Die beiden Graphen haben nur einen Schnittpunkt in $(-1|1)$. Also hat die Gleichung nur die Lösung $x = -1$."
   b) Tina löst die Gleichung $-x^2 - 3x + 4 = 2x^2 + 4$, indem sie die beiden Schnittpunkte $A\,(-1|6)$ und $B\,(0|4)$ abliest. Dann sagt sie: „Die Gleichung hat die Lösungen $x_1 = 6$ und $x_2 = 4$".

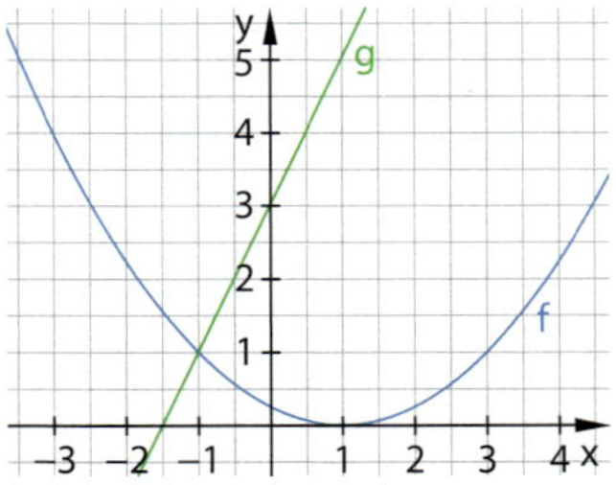

9. Gib zwei Funktionsgleichungen an, sodass die zugehörigen Graphen den angegebenen Schnittpunkt S haben. Dabei soll mindestens eine Funktion quadratisch sein. Gib, falls vorhanden, auch die Koordinaten eines zweiten Schnittpunkts an.
a) $S(0|0)$ b) $S(0|-2)$ c) $S(1|2)$ d) $S(-5|-1)$

10. Mark soll die Gleichung $4x^2 - 8x + 4 = 16$ grafisch lösen. Vor dem Zeichnen formt er die Gleichung in $x^2 = 2x + 3$ um.
a) Zeige, dass die beiden Gleichungen äquivalent sind.
b) Zeichne ein Koordinatensystem und stelle dort die Gleichung $x^2 = 2x + 3$ grafisch dar. Lies die Lösungen der Gleichung ab.
c) Welche Vorteile hat das Vorgehen von Mark, wenn kein Grafiktaschenrechner zur Verfügung steht?
d) Löse die Gleichungen grafisch, indem du wie Mark jeweils die Normalparabel und eine passende Gerade zeichnest.
① $9x^2 + 7 = 16$ ② $16x^2 - 24x + 8 = 0$ ③ $26x^2 - 25x + 4 = x^2 + 154$

11. Die drei folgenden Gleichungen sollen grafisch gelöst werden.
① $x^2 = 2x + 8$ ② $x^2 = 2x + 1$ ③ $x^2 = 2x - 3$
a) Zeichne die Normalparabel und die Geraden, die zu den rechten Seiten der Gleichungen gehören, in ein gemeinsames Koordinatensystem. Lies die Lösungen der Gleichungen ab.
b) Forme die Gleichungen so um, dass auf einer Seite 0 steht. Zeichne die zugehörigen Parabeln in ein gemeinsames Koordinatensystem und lies die Nullstellen ab.
c) Erläutere den Zusammenhang zwischen den Ergebnissen aus a) und b).

● **12.** In der Abbildung sind drei Parabeln dargestellt.

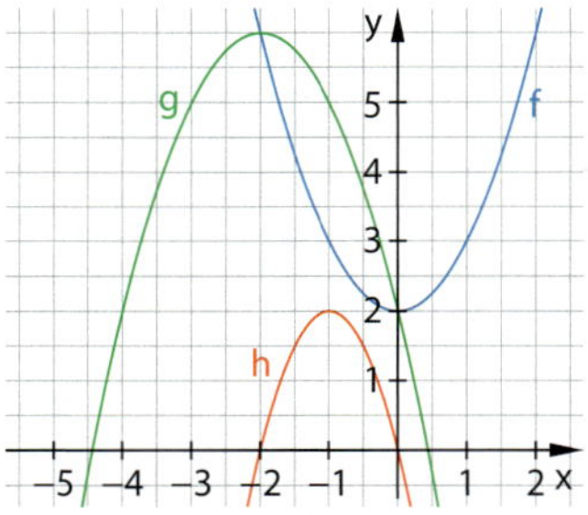

a) Bestimme die Funktionsgleichungen der drei Parabeln.
b) Zeige, dass sich die Funktion h aus der Differenz der anderen beiden Funktionen ergibt.
c) Vergleiche die Schnittstellen der Graphen von f und g mit den Nullstellen des Graphen von h.
d) Bestimme jeweils die Schnittstellen der Graphen der Funktionen f und g.
① $f(x) = x^2 - 3$, $g(x) = -x^2 + 5$
② $f(x) = 0{,}25x^2 + x - 5$, $g(x) = -x - 8$
③ $f(x) = -5x^2 - 4x$, $g(x) = 3x^2 - 4$
e) Gib jeweils zu den Funktionen f und g aus d) die Gleichung einer Funktion h an, sodass die Funktion h genau an den Schnittstellen der Graphen von f und g eine Nullstelle hat.
f) Begründe: Alle Lösungen von quadratischen Gleichungen der Form $f(x) = g(x)$ können sowohl als Schnittstellen von Graphen als auch als Nullstellen einer Parabel interpretiert werden.

● **13. Ausblick:** Erstelle mithilfe eines Schieberegels für den Parameter $t\ (-4 \le t \le 4)$ eine Grafik mit den Graphen der Funktionen f und g mit $f(x) = x^2$ und $g(x) = -(x - t)^2 + t$.
DGS
a) Beschreibe den Einfluss des Parameters t auf den Verlauf des Graphen von g. Konzentriere dich dabei vor allem auf den Scheitelpunkt.
b) Untersuche, für welche Werte von t die Graphen von f und g ① keinen, ② einen oder ③ zwei Schnittpunkte haben.
c) Bestätige die Fälle ① bis ③ aus b) rechnerisch.
d) Zeige: Wenn f und g zwei Schnittpunkte haben, so entspricht die Summe der Schnittstellen dem Wert des Parameters t.

2.10 Optimierungsprobleme

■ Beschreibe jeweils, welche Gemeinsamkeiten und Unterschiede es zwischen dem Modell und dem realen Objekt gibt.
Erkläre, wodurch sich ein Modell auszeichnet. Finde weitere Beispiele für Modelle. ■

Viele alltägliche Problemstellungen kann man lösen, indem man ein mathematisches Modell bildet. Die Lösung im Modell überträgt man dann auf den realen Sachverhalt.

Wissen: Optimierungsprobleme mithilfe quadratischer Funktionen lösen
Bei **Optimierungsproblemen** wird das **Minimum** (der kleinste Wert) oder das **Maximum** (der größte Wert) einer Größe gesucht. Kann man die Situation mit einer quadratischen Funktion modellieren, liegt das Minimum oder das Maximum immer am **Scheitelpunkt**.

Beispiel 1: Modelliere das beschriebene Problem mit einer quadratischen Funktion und löse es.
Problem:
Ein dreieckiges Grundstück liegt an einer rechtwinkligen Straßenkreuzung, es ist an den beiden Straßen 120 m bzw. 80 m lang. Auf dem Grundstück soll eine rechteckige Lagerhalle mit einer möglichst großen Grundfläche gebaut werden. Die Seiten der Lagerhalle sollen parallel zu den Straßen verlaufen.

Lösung:
Mathematisches Modell bilden:
Übertrage das Grundstück in ein Koordinatensystem (Längeneinheit 1 m). Das rote Rechteck stellt die Lagerhalle dar.
Die schräge Dreieckseite lässt sich mit einer Geradengleichung $y = mx + b$ modellieren.
y-Achsenabschnitt: $b = 80$ Steigung $m = -\frac{80}{120} = -\frac{2}{3}$
Daraus ergibt sich: $y = -\frac{2}{3}x + 80$

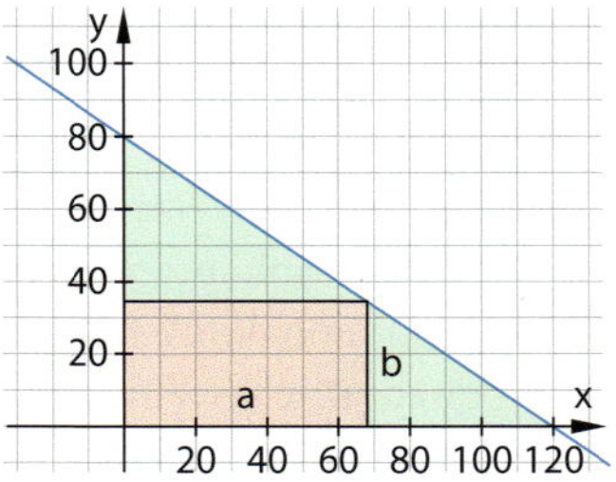

Ist a die Länge des Rechtecks, gilt für die Breite $b = -\frac{2}{3}a + 80$. Die Funktion A mit $A(a) = a \cdot (-\frac{2}{3}a + 80)$ gibt den Flächeninhalt des Rechtecks in Abhängigkeit von a an.

Lösung im Modell bestimmen:
Bestimme, bei welchem Wert für a die Funktion A den größten Funktionswert **(Maximum)** hat. Zeichne dafür den Graphen von A. Das Maximum befindet sich am Scheitelpunkt (60|2400).
Für die Länge $a = 60$ hat das Rechteck den maximalen Flächeninhalt 2400.
Für die Breite ergibt sich: $b = -\frac{2}{3} \cdot 60 + 80 = 40$

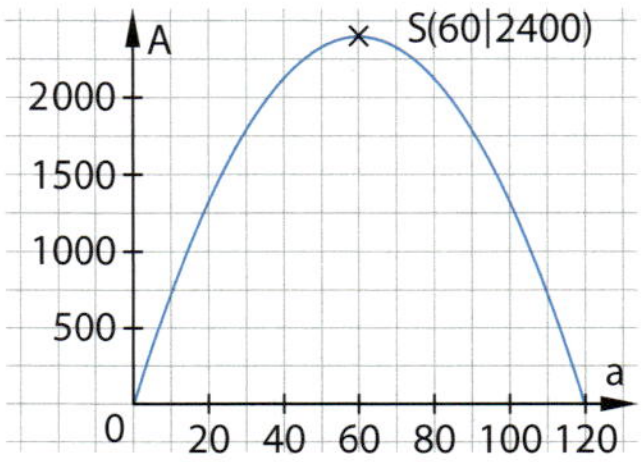

Lösung interpretieren:
Die Lagerhalle muss 60 m lang und 40 m breit sein. Sie hat dann einen maximalen Flächeninhalt von 2400 m^2.

Basisaufgaben

Hinweis:
Tipps zum Modellieren findest du auf der-Methodenkarte 9 F.

1. a) Gesucht ist die Zahl, für die die Summe aus dem Quadrat der Zahl und dem Achtfachen der Zahl am kleinsten ist. Erläutere die Vorgehensweise von Henry und Mats und gib die gesuchte Zahl sowie die minimale Summe an.

Henry: $x^2 + 8x$
$= x^2 + 8x + 16 - 16$
$= (x + 4)^2 - 16$
Scheitelpunkt $S(-4|-16)$

Mats: $x^2 + 8x = 0$
$x(x + 8) = 0 \quad x_1 = 0 \quad x_2 = -8$
Mittelwert: $\frac{0 + (-8)}{2} = -4$
Minimum: $(-4)^2 + 8 \cdot (-4) = -16$

Hinweis zu 1b):
Hier findest du die Lösungen zu b).

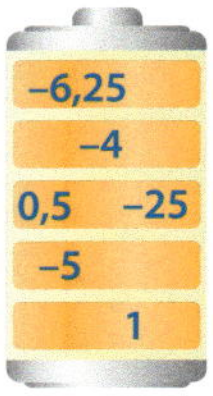

b) Bestimme die Zahl, für die das Ergebnis am kleinsten ist, sowie das minimale Ergebnis. Gehe sowohl wie Henry als auch wie Mats vor.
① Summe aus dem Quadrat einer Zahl und dem Zehnfachen der Zahl.
② Produkt aus dem Vierfachen einer Zahl und der um 2 verminderten Zahl.
③ Produkt aus der um 3 verminderten und der um 2 vermehrten Zahl.

2. a) Gib an, ob die Parabel am Scheitelpunkt ein Minimum oder ein Maximum hat.
① $f(x) = x^2 + 14x + 49$ ② $g(x) = -3x^2 - 15x$ ③ $h(x) = -2x^2 + 4x + 6$
b) Bestimme das Minimum bzw. Maximum der Funktionen aus a) rechnerisch.

GTR

c) Finde heraus, wie du im Grafikmenü eines Grafiktaschenrechners das Minimum oder Maximum einer quadratischen Funktion anzeigen lassen kannst. Überprüfe damit deine Ergebnisse aus b).

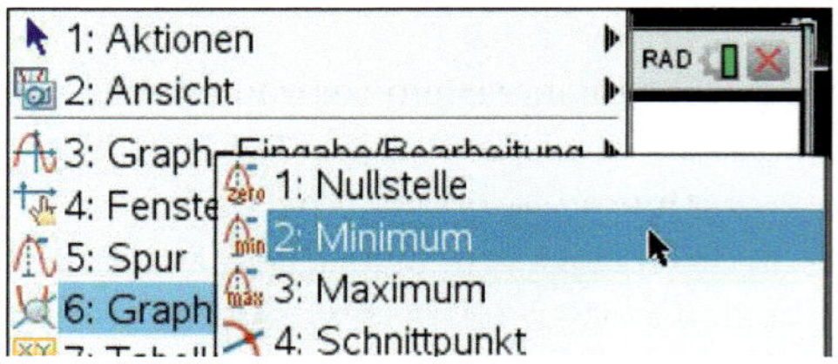

3. Betrachte ein Rechteck mit den Seitenlängen a = 12 cm und b = 3 cm. Die Seite a wird um eine beliebige Länge x verkürzt und die Seite b um die gleiche Länge verlängert. Für welchen Wert von x wird der Flächeninhalt A des veränderten Rechtecks am größten?
a) Untersuche die Situation, indem du die Tabelle für ganzzahlige Werte von x fortsetzt.
b) Stelle für den Flächeninhalt einen Term in Abhängigkeit von x auf.
c) Bestimme den Scheitelpunkt der quadratischen Funktion, die zum Term aus b) gehört.

x (in cm)	a (in cm)	b (in cm)	Flächeninhalt A (in cm²)
0	12	3	36
1	11	4	44
2	10	5	50
…	…	…	…

d) Gib den gesuchten Wert von x und den zugehörigen maximalen Flächeninhalt an.

4. Ein Dreieck hat die Grundseite g = 10 cm und die Höhe h = 7 cm. Die Grundseite wird um eine Länge x verkürzt, die Höhe wird um die Hälfte dieser Länge verlängert. Bestimme x so, dass der Flächeninhalt des Dreiecks so groß wie möglich wird.

5. Auf der abgebildeten Wiese soll eine möglichst große rechteckige Fläche für Tiere eingezäunt werden. Der rechte obere Eckpunkt E der Fläche soll auf der Strecke $\overline{CD}$ liegen.
a) Überführe die Abbildung in ein geeignetes Koordinatensystem.
b) Untersuche, wo der Punkt E liegen muss, damit die Tierfläche so groß wie möglich wird.

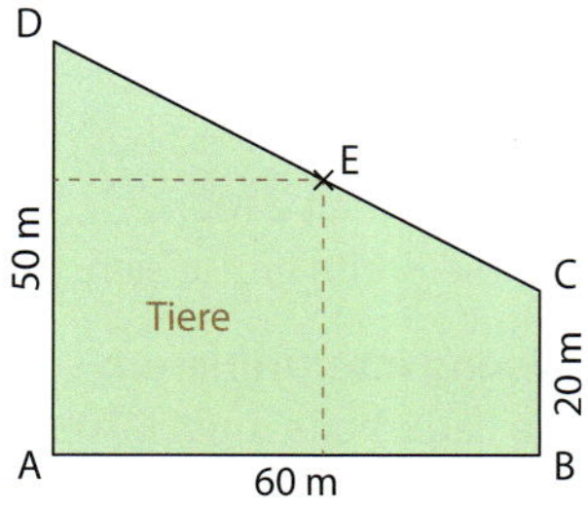

Weiterführende Aufgaben

6. Beim letzten Konzert der Schulband hat der Eintritt 5 € gekostet. Es kamen 600 Gäste. Allerdings wurde bei der Aufführung insgesamt Verlust gemacht. Deswegen soll der Preis erhöht werden. Eine Befragung ergibt, dass pro 1 € Preiserhöhung etwa 20 Gäste weniger kommen werden.

a) Vervollständige die Tabelle mit Preisen von 5 € bis 10 € im Heft.

Preis	Gäste	Einnahmen
5 €	600	3000 €
6 €	...	...
...	...	...

b) Die Variable x stehe für die Preisänderung in Euro. Gib einen Term für die Anzahl der Gäste und die Einnahmen in Abhängigkeit von x an.

c) Bestimme den Preis, mit dem die Schulband die höchsten Einnahmen erzielen kann. Wie hoch sind dann die Einnahmen und wie viele Gäste werden kommen?

d) Beurteile das Ergebnis. Würdest du der Band empfehlen, diesem Ergebnis zu folgen? Begründe deine Entscheidung.

7. Stolperstelle: Johanna möchte mit 100 m Stacheldrahtzaun an einer Mauer eine möglichst große Fläche für ihre Hunde einzäunen. Mithilfe der Skizze erstellt sie eine Tabelle in 10-m-Schritten.

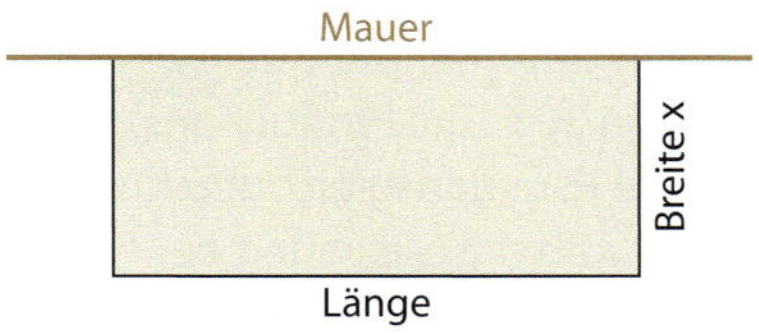

Breite x	Länge	Flächeninhalt
10 m	80 m	
20 m		
30 m		
40 m		

a) Überprüfe, ob Johanna die Tabelle richtig begonnen hat, und vervollständige sie im Heft.

b) Nachdem Johanna mit der Tabelle fertig ist, sagt sie: „Den größtmöglichen Auslauf bekomme ich für x = 20 m oder für x = 30 m." Erkläre, welchen Fehler Johanna gemacht hat, und bestimme die Breite x mit dem maximalen Flächeninhalt.

8. Ein Fußballtrainer verwendet 50 m Markierungsband, um damit Spielfelder abzustecken.

a) Der Trainer möchte ein möglichst großes rechteckiges Spielfeld abstecken. Dazu legt er die Tabelle rechts an. Vervollständige sie im Heft.

Länge	Breite	Flächeninhalt
5 m	20 m	
6 m		
7 m		
8 m		
9 m		

b) Die Länge des Rechtecks in m sei x. Stelle einen Term für die Breite in m und einen Term für den Flächeninhalt in m^2 auf.

c) Bestimme die Maße des Spielfelds mit maximalem Flächeninhalt.

d) Der Trainer möchte auf einem größeren Feld spielen lassen und nutzt deswegen für eine Seite des Spielfeldes den Rand des Rasenplatzes.
Bestimme die Maße, sodass das Spielfeld möglichst groß wird. Vergleiche die Größe dieses Feldes mit dem von c).

e) Beim Abschlussspiel soll auf ein 5-m-Tor gespielt werden. Wieder soll das rechteckige Spielfeld möglichst groß werden.
Bestimme die Maße eines Spielfeldes mit möglichst großer Fläche.

9. a) Ermittle eine Funktionsgleichung zu der gespiegelten und verschobenen Normalparabel in der Abbildung.
b) Der Punkt $A(a|0)$ liegt auf der x-Achse zwischen 0 und 2,5. Bestimme die Breite und Höhe des Rechtecks ABCD in Abhängigkeit von a.
c) Untersuche, für welchen Wert von a der Umfang des Rechtecks maximal wird und gib den maximalen Umfang an.

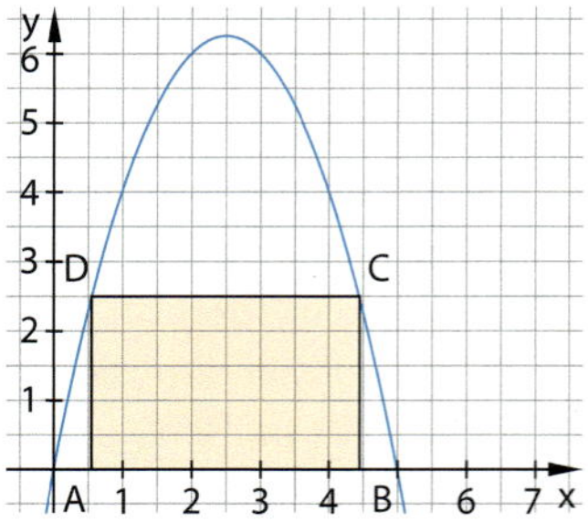

10. Ein Kino hat bei einem Eintrittspreis von 6 € durchschnittlich 225 Besucher pro Vorstellung. Aus langer Erfahrung weiß der Besitzer: Würde der Eintrittspreis um 0,50 € (1 € usw.) erhöht, so ginge die Besucherzahl um 10 Personen (20 Personen usw.) zurück.
a) Erarbeite eine Preisempfehlung für den Kinobesitzer, wenn die Einnahmen möglichst hoch sein sollen.
b) Für eine Benefizveranstaltung möchte der Kinobesitzer nur seine Unkosten in Höhe von 700 € erhalten. Zu welchem Preis sollte er die Karten anbieten?

11. Ein Unternehmen stellt ein Produkt her und verkauft es auf dem Markt für einen Stückpreis von 30 €. Die Produktionskosten in € in Abhängigkeit von der Stückzahl x können durch die Funktionsgleichung $K(x) = 5000 + 0{,}1x + 0{,}01x^2$ modelliert werden.

Hinweis zu 11:
Der Umsatz gibt die erzielten Einnahmen an. Der Gewinn gibt den Umsatz abzüglich der Kosten an.

a) Gib die Gleichung der Funktion U an, welche den Umsatz in Abhängigkeit der verkauften Stückzahl angibt.
b) Untersuche, wie groß die Anzahl der verkauften Produkte sein muss, damit das Unternehmen Gewinn erzielt.
c) Untersuche, wie viele Produkte das Unternehmen verkaufen muss, damit der Gewinn so groß wie möglich ist.

● **12.** Im Punkt $(0|0)$ befindet sich ein altes Wasserwerk. Der Ort A liegt 400 m nördlich und der Ort B 1200 m östlich sowie 100 m nördlich des alten Wasserwerks. 400 m nördlich und 800 m östlich des alten Wasserwerks wird ein modernes neues Wasserwerk gebaut.
a) Berechne die Entfernung des alten und des neuen Wasserwerks zum Ort A und zum Ort B.

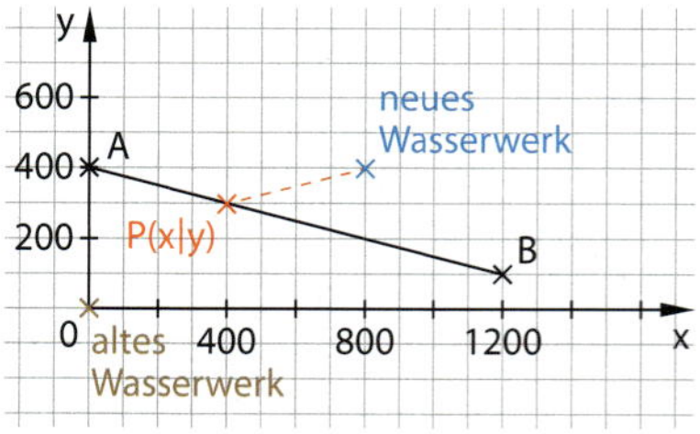

b) Die Orte A und B sind durch eine gerade Straße miteinander verbunden. Entlang dieser Straße liegt auch die Wasserversorgung. Bestimme den Punkt P auf der Straße $\overline{AB}$, von dem aus der Abstand zum neuen Wasserwerk am kleinsten ist. Stelle dazu eine Funktion auf, die den quadratischen Abstand zwischen dem neuen Wasserwerk und dem Punkt P beschreibt.

● **13. Ausblick:** Ein quadratisches Blatt Pappe mit der Seitenlänge 50 cm soll zu einer nach oben offenen Schachtel gefaltet werden. Dafür wird an allen vier Ecken ein kleines Quadrat mit der Seitenlänge x herausgeschnitten. Dann können die Seiten hochgeklappt werden.
a) Gib eine Funktion für den Flächeninhalt der Grundfläche in Abhängigkeit von x an. Erkläre die Bedeutung der beiden Nullstellen in dieser Situation.

GTR b) Gib eine Funktion für das Volumen der Pappschachtel in Abhängigkeit von x an. Bestimme mithilfe eines Grafiktaschenrechners die Maße der Pappschachtel mit dem größtmöglichen Volumen.

2.11 Vermischte Aufgaben

1. Der Graph einer quadratischen Funktion mit der Gleichung $f(x) = ax^2$ geht durch den Punkt P. Bestimme die Funktionsgleichung und überprüfe deine Lösung zeichnerisch.
   a) $P(1|2)$ b) $P(-2|-2)$ c) $P(-1|4)$ d) $P(2|-4)$ e) $P(2|3)$ f) $P(-5|-5)$

2. In dieser Abbildung sind die Achsen nicht beschriftet. Begründe, welche Zahlenwerte du auf den Achsen eintragen müsstest, damit die Parabel zu der Funktion mit der angegebenen Gleichung gehört.
   a) $f(x) = 0{,}25x^2$ b) $f(x) = 2x^2$

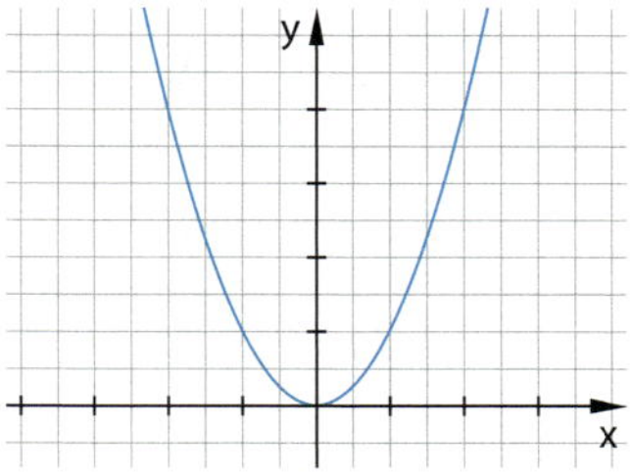

3. Richtig oder falsch? Begründe. Jede verschobene Normalparabel hat
   a) zwei Nullstellen, b) höchstens zwei Nullstellen, c) mindestens eine Nullstelle.

4. Gib die Funktionsgleichung zu dem abgebildeten Graphen an.

a)
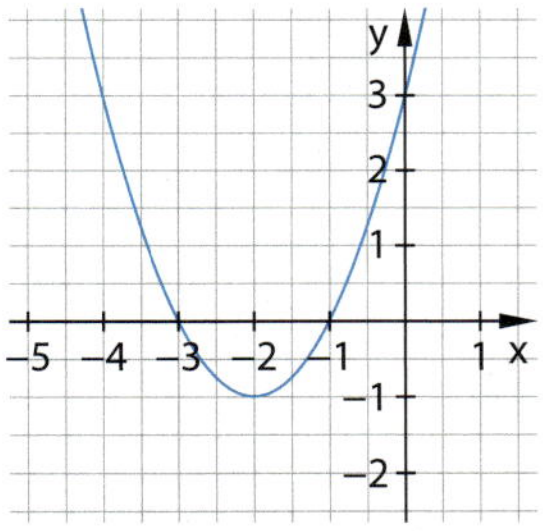

b)
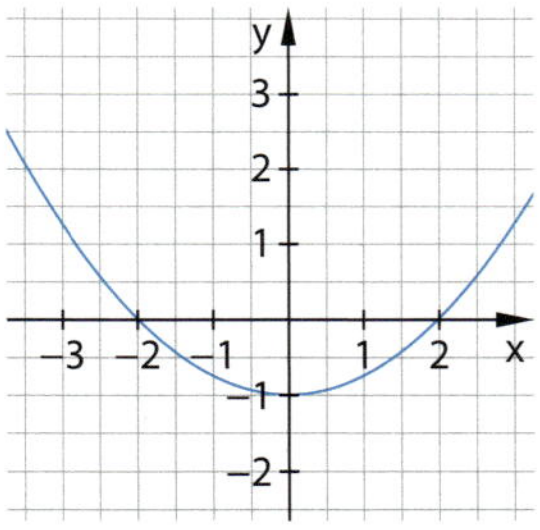

c)
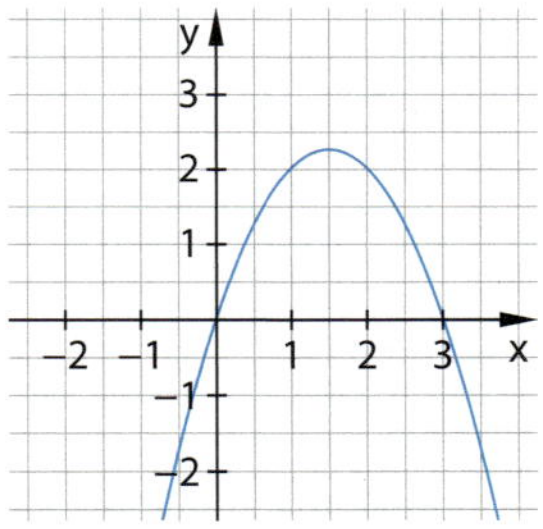

5. Die Wasserfontänen haben die Form einer Parabel. Sie können durch die quadratische Funktion mit der Gleichung $f(x) = -(x-2)^2 + 4$ (Längeneinheit m) beschrieben werden.
   a) Bestimme anhand der Funktionsgleichung die maximale Höhe der Parabel.
   b) Bestimme rechnerisch, in wie viel Metern Entfernung das Wasser wieder auf dem Boden aufkommt.

GTR 6. Betrachte die quadratischen Funktionen mit einer Gleichung der Form $f(x) = a \cdot (x-2)^2 + y_s$ mit $a > 0$ und $y_s < 0$.
   a) Zeichne mit einem Grafiktaschenrechner die folgenden vier Parabeln.
   ① $a = 1, y_s = -2$ ② $a = 3, y_s = -3$ ③ $a = 0{,}5, y_s = -1$ ④ $a = 5, y_s = -5$
   b) Gib an, welche Parabeln die gleichen Nullstellen haben.
   c) Richtig oder falsch: Die Nullstellen bleiben gleich, wenn der Streckfaktor und die Verschiebung in y-Richtung mit dem gleichen Faktor multipliziert werden. Begründe.

7. a) Bestimme die Nullstellen der Funktion f mit $f(x) = x^2 - 361$.
   b) Gib eine weitere Funktionsgleichung an, deren Graph dieselben Nullstellen hat.

8. Gib die Funktionsgleichung dreier verschiedener quadratischer Funktionen an, die die Nullstellen $x_1 = 2$ und $x_2 = 5$ haben.

9. Multipliziert man die Funktionsterme zweier linearer Funktionen, so ergibt sich der Funktionsterm einer quadratischen Funktion. Erläutere, ob es quadratische Funktionen gibt, deren Term sich so nicht erzeugen lässt.

10. Ein Feuerwerkskörper bewegt sich auf einer Flugbahn, die annähernd durch die Funktionsgleichung $f(x) = -0{,}24x^2 + 12x$ beschrieben werden kann. Dabei ist x die Entfernung vom Abschussort (in m) und der Funktionswert gibt die Höhe (in m) an.

a) Interpretiere den Funktionswert f(0).

b) Berechne die Höhe des Feuerwerkskörpers bei einer horizontalen Entfernung von 10 m vom Abschussort.

c) Ermittle die Höhe, die der Feuerwerkskörper maximal erreichen kann.

d) Berechne die horizontale Entfernung vom Abschussort, auf dem der abgebrannte Rest des Feuerwerkskörpers auf der Erde landen wird.

11. Vervollständige die Gleichung im Heft.

a) $x^2 + 12x = (x + \square)^2 - 36$ b) $x^2 + 24x = (x + \square)^2 - 144$ c) $x^2 + 12x = (x + 6)^2 - \square$

d) $x^2 + 11x = (x + 5{,}5)^2 - \square$ e) $x^2 + 20x = \left(x + \frac{\square}{2}\right)^2 - \diamond$ f) $x^2 + 15x = \left(x + \frac{\square}{2}\right)^2 - \diamond$

12. Hält man einen Gartenschlauch schräg nach oben, entsteht eine annähernd parabelförmige Wasserfontäne. Die „Bewegung" des Wasserstrahls wurde mit einer Stroboskopaufnahme festgehalten.

Lies die Koordinaten der Punkte ab und notiere hierzu eine Wertetabelle.

Stelle zu dem Wasserstrahl die Funktionsgleichung einer Parabel auf. Verwende dazu den Scheitelpunkt und den Anfangspunkt bei x = 0.
Berechne damit die Funktionswerte bei x = 0,1; x = 0,2; … x = 0,9 und vergleiche mit den Punkten in der Grafik.

Angenommen, die Bewegung könnte durch die Gleichung $f(x) = -3x^2 + 1{,}8x + 1{,}2$ beschrieben werden. Berechne, in welcher Höhe der Gartenschlauch gehalten wird und nach wie viel Metern das Wasser auf dem Boden aufkommt.

Überlege, welche Vorgänge durch Parabeln beschreibbar sind. Nenne mindestens drei Beispiele.

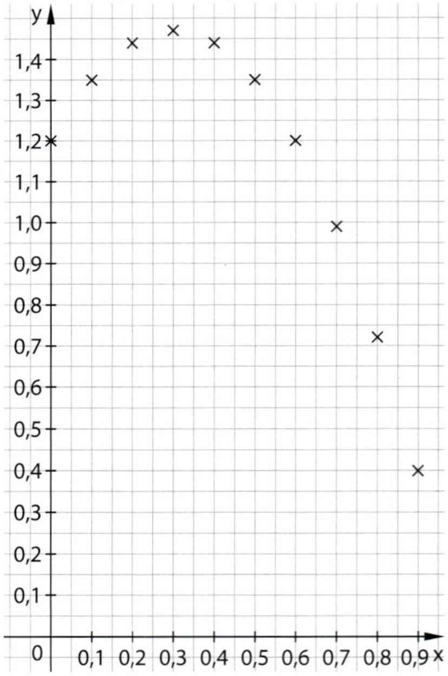

13. Die Flugkurve eines Tennisballs kann annähernd durch die quadratische Funktion mit der Gleichung $f(x) = -0{,}1x^2 + x + 2{,}5$ beschrieben werden. Die x-Werte geben hierbei die Entfernung des Tennisballs in Metern an, die y-Werte die Höhe des Balls in Metern. Berechne.

a) Wie hoch ist der Ball beim Aufschlag?

b) Wie hoch ist der Ball nach drei Metern?

c) Nach wie viel Metern ist der Ball 3,40 m hoch?

d) Nach wie viel Metern kommt der Ball wieder auf dem Boden auf?

e) Wie hoch fliegt der Tennisball maximal?

14. Bestimme die Lösungsmenge.

a) $0 = x^2 - 7x + 12$
b) $x^2 - 2x - 63 = 0$
c) $x^2 + 8x = -16$
d) $(x - 3)^2 = 0$
e) $5x^2 = 25x + 30$
f) $17(x - 0{,}12)(x + 0{,}89) = 0$
g) $432 = (9x - 81)(x - 7)$
h) $8(x^2 - 12x + 28) = 8$
i) $0{,}5(x - 12) = 4(x - 1)^2$
j) $(x - 5)(x + 9) = 0$
k) $(x - 7)^2 = 0$
l) $(x + 3)(x - 7) - 1 = -1$
m) $x^2 = 441$
n) $3x^2 - 3x - 90 = 0$
o) $3{,}75x^2 - 0{,}125x = -0{,}25x$

15. Löse die Gleichung.

a) $(x + 2)^2 - 2(2x + 1) = 18$
b) $x(x + 5) - 3(x + 8) = 2x + 57$
c) $(x + 1)^2 + (x - 1)^2 = 100$
d) $2(x - 3)^2 + 5(x - 1)^2 = (x - 11)^2 + 1252$

16. Vervollständige die Gleichung im Heft.

a) $x^2 + 2x + 1 = (x + 1)(x + \square)$
b) $x^2 + 4x + 3 = (x + 1)(x + \square)$
c) $x^2 - 2x - 3 = (x + 1)(x + \square)$
d) $x^2 + px + \square = \left(x + \frac{p}{2}\right)(x + \square)$

17. Löse das Zahlenrätsel.

a) Subtrahiert man vom Vierfachen des Quadrats der gesuchten Zahl ihr Vierfaches, so erhält man ihr Zehnfaches.
b) Das verdoppelte Quadrat der gesuchten Zahl ist ebenso groß wie das Vierfache der gesuchten Zahl.

18. Der Flächeninhalt eines Dreiecks beträgt $5{,}98\,\text{cm}^2$. Die Grundseite ist um 2 cm länger als die zugehörige Höhe. Wie lang sind beide Seiten?

19. Erstelle ein Plakat oder Merkblatt zur Bestimmung von Nullstellen von Parabeln. Gehe dabei auf den Zusammenhang mit quadratischen Gleichungen und auf die verschiedenen Möglichkeiten zum Lösen ein.

20. Gegeben sind zwei quadratische Funktionen f und g.

a) Bestimme jeweils den Scheitelpunkt der Parabeln und gib die Funktionsgleichung in Scheitelpunktform an.
b) Forme die Scheitelpunktform jeweils in die allgemeine Form um.
c) Berechne die Schnittpunkte von f und g.
d) Gib die Funktionsgleichung einer quadratischen Funktion h an, deren Graph keinen (bzw. genau einen) Schnittpunkt mit f hat.

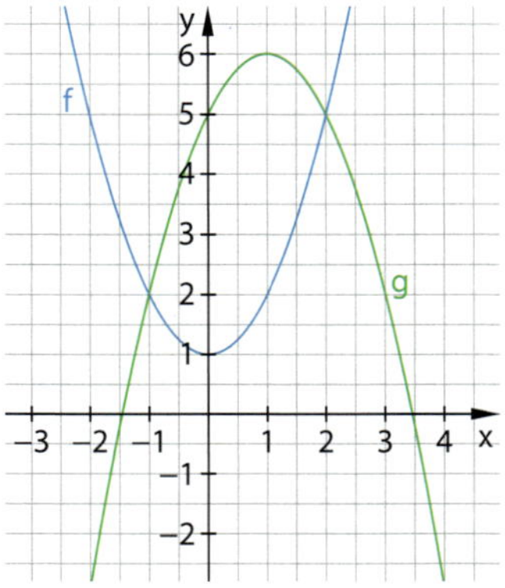

21. Gegeben sind die rechts abgebildeten Graphen zweier Funktionen.

a) Ermittle die Gleichungen der zugehörigen Funktionen.
b) Beschreibe möglichst viele Arten, wie man durch die Veränderung von jeweils einem Wert in einer der Funktionsgleichungen erreichen kann, dass die Graphen genau einen Schnittpunkt haben.

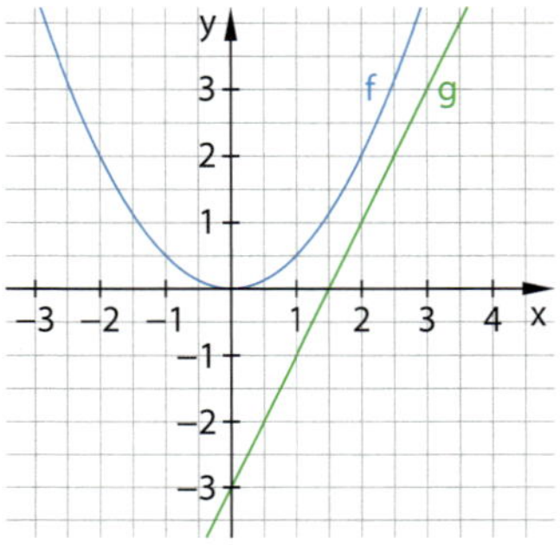

Prüfe dein neues Fundament

Lösungen ↗ S. 237

1. Der Punkt P liegt auf der Normalparabel. Bestimme fehlende Werte, soweit möglich.
   a) P(3,5|■) b) P(■|1,96) c) P(■|0) d) P(0|■) e) P(■|−1)

2. Zeichne den Graphen der Funktion mithilfe einer Wertetabelle.
   a) $f(x) = x^2$ b) $g(x) = 3x^2$ c) $h(x) = -0{,}5x^2$ d) $k(x) = -2x^2$ e) $l(x) = 0{,}2x^2$

3. Beschreibe die Verschiebung gegenüber der Normalparabel, gib den Scheitelpunkt an und zeichne den Graphen der Funktion.
   a) $f(x) = x^2 + 2$ b) $g(x) = (x + 1)^2$ c) $h(x) = (x - 2)^2 - 1$ d) $k(x) = \left(x + \frac{1}{2}\right)^2 - \frac{9}{4}$

4. a) Bestimme jeweils die Funktionsgleichung der verschobenen Normalparabel.
   ① Verschiebung der Normalparabel um 4 Einheiten nach unten und 7 Einheiten nach links.
   ② Der Scheitelpunkt liegt bei S(−1,5|3,5).
   ③ Der Graph enthält die Punkte P(−2|−5,25), Q(−1|−6,25) und R(0|−5,25).
   b) Bestimme die Nullstellen der Funktionen aus a).

5. Zeichne den Graphen der Funktion. Gib zuerst die Koordinaten des Scheitelpunkts an.
   a) $f(x) = 2(x - 2)^2 + 1$ b) $g(x) = -(x - 1)^2 - 1$ c) $h(x) = 0{,}25(x - 4)^2 - 2$

6. a) Gib die Funktionsgleichung zu der abgebildeten Parabel an.
   b) Berechne die x-Werte, bei denen die Parabel den Funktionswert 11,25 hat.

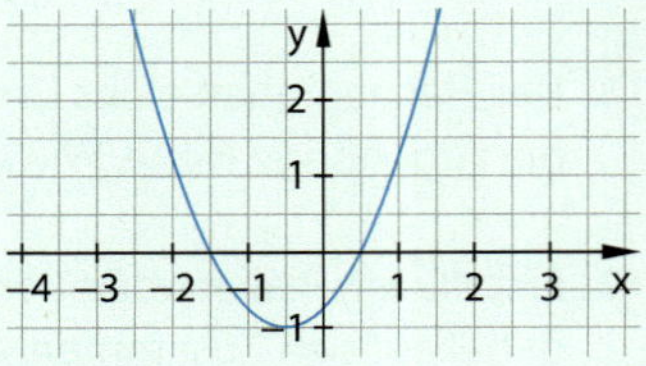

7. Auf dem Graphen einer quadratischen Funktion liegen der Scheitelpunkt S und der Punkt P. Bestimme die Nullstellen der Funktion.
   a) S(0|−2) und P(2|0) b) S(3|−2) und P(7|0) c) S(2|12) und P(1|9)

8. Der Brückenbogen mit den gegebenen Maßen hat die Form einer Parabel.
   a) Bestimme eine Funktionsgleichung der Parabel, wenn der Koordinatenursprung ① im Scheitelpunkt, ② links unten am Beginn des Bogens liegt.
   b) Berechne die Länge der Stützen, die 29 m vom Scheitelpunkt entfernt beginnen.

9. Bestimme die Funktionsgleichung jeweils in der Scheitelpunktform, in der allgemeinen Form und in der faktorisierten Form.
   a) $f(x) = 2(x - 1)^2 - 18$ b) $g(x) = x^2 - 14x + 45$ c) $h(x) = -3(x + 4)(x - 2)$

10. Bestimme $a \in \mathbb{R}$ so, dass die Gleichung $(x - 1)^2 + a = 3$ keine, eine oder zwei Lösungen hat.

11. Löse die Gleichung rechnerisch. Überprüfe grafisch mit einem Taschenrechner.
    a) $x^2 - 0{,}04 = 0$ b) $9x^2 - 225 = 0$ c) $7x^2 + 7x = 0$ d) $3x^2 + 6 = 33$

12. Die Funktion f mit $f(x) = -0{,}002x^2 + 0{,}6x$ beschreibt die Flugbahn eines Golfballs.
    a) Bestimme, wie weit der Golfball fliegt.
    b) Bestimme die maximale Höhe des Golfballs während des Flugs.

13. Die Gleichung wird mit der p-q-Formel gelöst. Vervollständige die Lücken im Heft.

a) $x^2 - 6x + 8 = 0;\ x_{1,2} = 3 \pm \sqrt{(-3)^2 - ■}$
b) $x^2 - 12x + 32 = 0;\ x_{1,2} = ■ \pm \sqrt{(-6)^2 - ■}$
c) $x^2 + 6x + 8 = 0;\ x_{1,2} = ■3 \pm \sqrt{3^2 - ■}$
d) $x^2 - x - \frac{3}{4} = 0;\ x_{1,2} = ■ \pm \sqrt{■^2 - ■}$

14. Bestimme die Lösungen der Gleichung rechnerisch.

a) $x^2 + 4x + 3 = 0$
b) $x^2 + 6x + 11 = 0$
c) $0{,}5x^2 - 3x + 2{,}5 = 0$
d) $2x^2 - 28x + 96 = 0$
e) $\frac{1}{3}x^2 - \frac{8}{3}x + 5 = 0$
f) $0{,}25x^2 + 1{,}5x + 1{,}75 = 0$

15. Ein Rechteck hat die Seiten a = 6 cm und b = 4 cm. Beide Seiten werden um die Länge x verlängert, sodass sich der Flächeninhalt des Rechtecks verdoppelt. Bestimme x mithilfe einer Gleichung.

16. Ein Quadrat hat den Flächeninhalt 100 cm². Nun wird eine Seite des Quadrats um eine Länge x verkürzt, die andere Seite wird um das Doppelte der Länge x verlängert, sodass ein Rechteck entsteht.

a) Bestimme x so, dass der Flächeninhalt des Rechtecks so groß wie möglich wird.
b) Wie ändert sich das Ergebnis in a), wenn eine Seite des Quadrats um eine Länge x verkürzt und die andere Seite um das Fünffache der Länge x verlängert wird?

17. a) Bestimme, welche quadratische Gleichung in der Abbildung grafisch gelöst wird.
b) Lies die Lösung ab und führe eine rechnerische Probe durch.

18. Bestimme die Schnittpunkte der Graphen von f und g rechnerisch. Kontrolliere deine Ergebnisse im Grafikmenü eines Grafiktaschenrechners.

a) $f(x) = x^2 + 2x + 1;\ g(x) = 4$
b) $f(x) = x^2 + 2x + 1;\ g(x) = -x^2 + 2x + 1$
c) $f(x) = x^2 - 2x + 1;\ g(x) = -x + 1$
d) $f(x) = -2x^2 + x - 1;\ g(x) = -x^2 + 1$

Wiederholungsaufgaben

1. Ein Energieversorgungsunternehmen verlangt von seinen Gaskunden 3,50 € als Grundgebühr im Monat und 7,3 ct pro verbrauchte KWh. Berechne, wie hoch die Gasrechnung im Monat Dezember ist, in dem 280 KWh verbraucht wurden.

2. Bestimme die Lösungsmenge des Gleichungssystems.

$$\begin{vmatrix} 2x - 6y = 1 \\ x - y = 1 \end{vmatrix}$$

3. Im Dreieck ABC ist $\gamma = 90°$, w_β ist die Winkelhalbierende von β. Berechne die Größe der Winkel α und β.

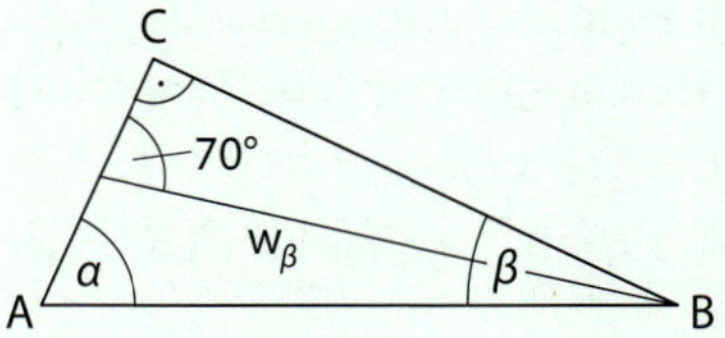

4. Beim Kauf eines Gebrauchtwagens werden 30 % angezahlt. Dies sind 4 200 €. Berechne den Kaufpreis des Fahrzeugs.

Quadratische Funktionen und Parabeln

Funktionen mit Gleichungen der Form **$y = f(x) = ax^2 + bx + c$** ($a \neq 0$) heißen quadratische Funktionen. Ihre Graphen nennt man **Parabeln** mit dem **Scheitelpunkt S.**
Der Graph der Funktion **$y = f(x) = x^2$** heißt **Normalparabel (NP).**

$y = f(x) = x^2$

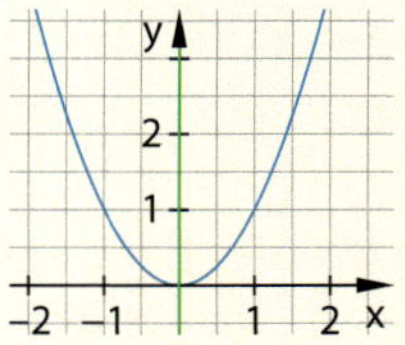

Symmetrieachse

Normalparabel

$x \leqq 0$ monoton fallend
$x \geqq 0$ monoton steigend

S(0|0)

Scheitelpunktform

Aus der Scheitelpunktform

$$y = f(x) = a \cdot (x - x_s)^2 + y_s \quad (a \neq 0)$$

einer quadratischen Funktion kann man unmittelbar den Scheitelpunkt $S(x_s|y_s)$ ablesen. Der Faktor a bestimmt die Form und die Öffnungsrichtung der Parabel.

$a = 1$ Normalparabel
$|a| > 1$ Parabel ist gegenüber NP gestreckt.
$|a| < 1$ Parabel ist gegenüber NP gestaucht.
$a > 0$ Parabel ist nach oben geöffnet.
$a < 0$ Parabel ist nach unten geöffnet.

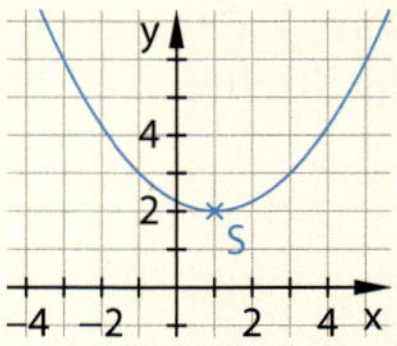

$y = f(x) = \frac{1}{4}(x - 1)^2 + 2$
S(1|2).
Da $a = \frac{1}{4}$, ist die Parabel gestaucht und nach oben geöffnet.

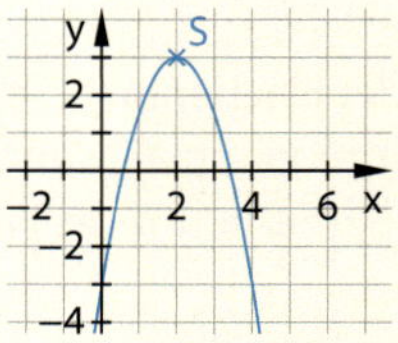

$y = f(x) = -1{,}5(x - 2)^2 + 3$
S(2|3)
Da $a = -1{,}5$, ist die Parabel gestreckt und nach unten geöffnet.

Nullstellen

Eine Funktion hat die **Nullstelle x_o**, wenn $f(x_o) = 0$ ist.
Die Nullstelle ist die x-Koordinate des Schnittpunktes des Graphen mit der x-Achse.
Eine quadratische Funktion hat zwei Nullstellen oder eine oder keine Nullstelle.

$f(x) = x^2 + 2x - 3$

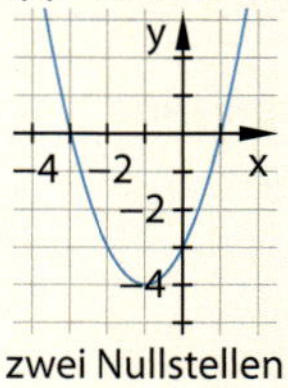

zwei Nullstellen

$f(x) = x^2 + 2x + 1$

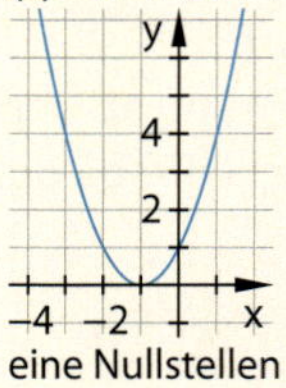

eine Nullstellen

$f(x) = x^2 + 1$

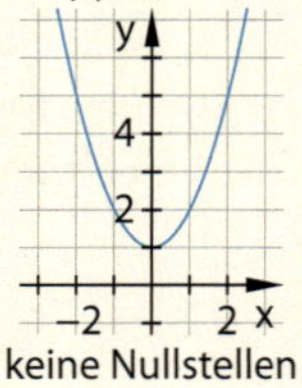

keine Nullstellen

Aus der **faktorisierenden Form** einer quadratischen Funktionsgleichung **$y = f(x) = a(x - m)(x - n)$** sind die Nullstellen **$x_1 = m$** und **$x_2 = n$** direkt ablesbar.

$f(x) = 2(x - 3)(x + 2)$ Nullstellen: $x_1 = 3$; $x_2 = -2$

Quadratische Gleichungen

Die **allgemeine Form $ax^2 + bx + c = 0$** ($a \neq 0$) einer quadratischen Gleichung kann in die **Normalform $x^2 + px + q = 0$** überführt werden, indem man die Gleichung durch a dividiert.
Die Lösung der Gleichung **$x^2 + px + q = 0$** erhält man mithilfe der **quadratischen Ergänzung** oder der p-q-Formel:

$$x_{1/2} = -\frac{p}{2} \pm \sqrt{\frac{p^2}{4} - q}$$

Anzahl der Lösungen von $x^2 + px + q = 0$ in Abhängigkeit von der **Diskriminante D** mit $D = \frac{p^2}{4} - q$:

$\frac{p^2}{4} - q > 0$ genau zwei Lösungen
$\frac{p^2}{4} - q = 0$ genau eine Lösung
$\frac{p^2}{4} - q < 0$ keine Lösung

$2x^2 + 2x - 4 = 0 \quad |:2$ allgemeine Form
$x^2 + x - 2 = 0$ Normalform

Lösung mit quadratischer Ergänzung:

$x^2 + x + 0{,}5^2 - 0{,}5^2 - 2 = 0$
$(x + 0{,}5)^2 - 2{,}25 = 0 \quad |+2{,}25$
$(x + 0{,}5)^2 = 2{,}25$
$x_1 + 0{,}5 = \sqrt{2{,}25} \rightarrow x_1 = 1$
und $x_2 + 0{,}5 = -\sqrt{2{,}25} \rightarrow x_2 = -2$

Lösung mit p-q-Formel:

$x_{1/2} = -\frac{p}{2} \pm \sqrt{\frac{p^2}{4} - q}$ $p = 1$; $q = -2$
$x_{1/2} = -0{,}5 \pm \sqrt{0{,}5^2 + 2}$
$x_{1/2} = -0{,}5 \pm \sqrt{2{,}25} \rightarrow x_1 = 1$; $x_2 = -2$

3. Satzgruppe des Pythagoras

In Dachkonstruktionen treten oft rechtwinklige Dreiecke auf. Sätze über Dreiecke helfen bei der Berechnung solcher Konstruktionen.

Nach diesem Kapitel kannst du …
- fehlende Seitenlängen in rechtwinkligen Dreiecken berechnen,
- den Satz des Pythagoras und andere Sätze auch in Sachsituationen anwenden,
- anhand der Seitenlängen rechtwinklige Dreiecke erkennen.

Lösungen ↗ S. 238

Winkel

1. Zeichne
a) einen spitzen Winkel; b) einen stumpfen Winkel; c) einen rechten Winkel.

2. Übertrage die Winkel durch Kästchenzählen in dein Heft. Gib jeweils die Winkelgröße und die Winkelart an.

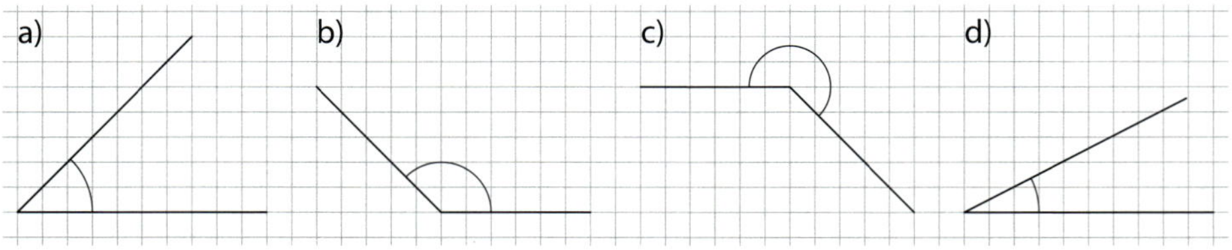

3. Bestimme die Größe
a) des Winkels α_4, wenn $\beta_2 = 76°$;
b) des Winkels β_1, wenn $\alpha_1 = 100°$;
c) aller Winkel, wenn $\alpha_1 = 110°$.

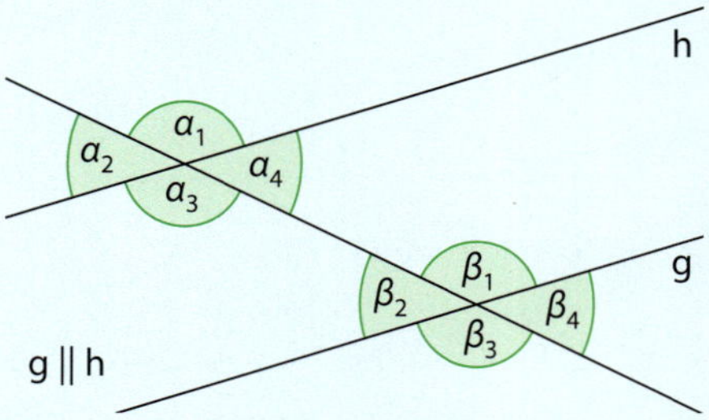

Dreiecke und Vierecke

4. Berechne Umfang und Flächeninhalt
a) eines Rechtecks mit a = 3 cm und b = 7 cm;
b) eines Quadrats mit a = 11 cm;
c) eines Dreiecks mit a = 6 cm, b = 8 cm, c = 10 cm und $\gamma = 90°$.

5. Unterscheide die Dreiecke ① bis ⑥
a) nach ihren Seiten (gleichseitig, gleichschenklig, unregelmäßig),
b) nach ihren Innenwinkeln (spitzwinklig, rechtwinklig, stumpfwinklig).

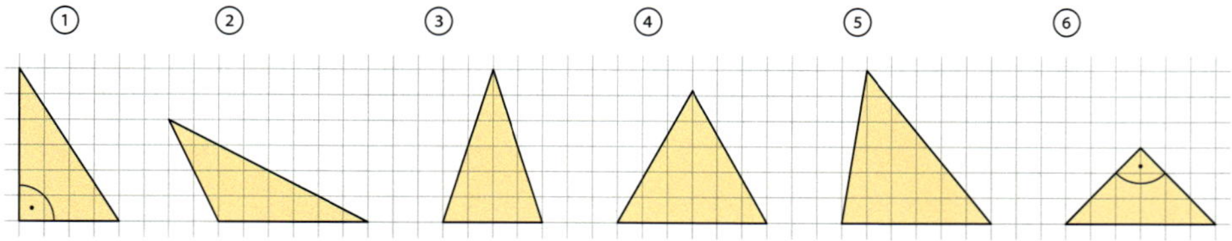

6. Berechne für das Dreieck ABC die Größe der Innenwinkel, die nicht gegeben sind. Gib jeweils an, welche Dreiecksseite am längsten ist.
a) $\alpha = 43°$; $\beta = 65°$ b) $\alpha = 40°$; $\beta = 90°$ c) $\beta = \gamma = 60°$
d) $\alpha = 90°$; $\beta = \gamma$ e) $\beta = 2\alpha$; $\gamma = 3\alpha$

7. Konstruiere ein Dreieck
a) mit a = 3 cm; b = 4 cm und c = 5 cm; b) mit $\alpha = 30°$; b = 2 cm und c = 3 cm.

8. Gib die Seitenlänge eines Quadrats mit dem gegebenen Flächeninhalt an.
a) $A = 25\,cm^2$ b) $A = 1{,}69\,dm^2$ c) $A = 0{,}81\,m^2$ d) $A = 0{,}04\,km^2$

Gleichungen lösen

9. Löse die Gleichung.
a) $3x + 5 = 2x + 0{,}5$
b) $x^2 + 16 = 25$
c) $x + 4 = \sqrt{2 \cdot 18}$
d) $x^2 + 3x - 5 = x^2 + 4$

10. Stelle die Gleichung nach der in Klammern angegebenen Variablen um.
a) $a + c^2 = b$ (a; c)
b) $a^2 = b \cdot c$ (b; c)
c) $a \cdot b^2 = 25$ (a; b)
d) $a^2 + b = 25$ (a; b)

11. Gib alle Lösungen der Gleichung an.
a) $x^2 = 36$
b) $x^2 + 9 = 5$
c) $x^2 = 2x^2 - 0{,}5$
d) $-x^2 - 4x - 3 = 3x^2 - 4x - 15$

Vermischtes

12. Löse die Klammern auf.
a) $(x + 2)(x + 5)$
b) $(x + 7)(y - 3)$
c) $(a - 6)(b + 4)$
d) $(2a + b)(3 - 3b)$

13. Rechne die gegebenen Größen in die Einheit um, die in der Klammer vorgegeben ist.
a) 1 dm; 1 m; 1 mm; 1 km; 50 mm; 0,75 m; $\frac{3}{4}$ dm; 0,015 km (in cm)
b) 1 dm²; 1 mm²; 1 m²; 12 dm²; 0,05 m²; 25 mm²; $\frac{1}{10}$ dm²; $\frac{3}{100}$ m² (in cm²)

14. Ordne die gegebenen Größen. Beginne mit der Kleinsten.
a) 20 cm; 350 mm; 0,25 dm; 0,15 m; $\frac{1}{100}$ km; 12 m; 140 dm; 1350 cm
b) 10 dm²; 200 cm²; $\frac{3}{10}$ m²; 150 dm²; 0,07 m²; 2500 mm²; $\frac{1}{10}$ dm²; 5000 cm²

15. Übertrage die Figuren in dein Heft.

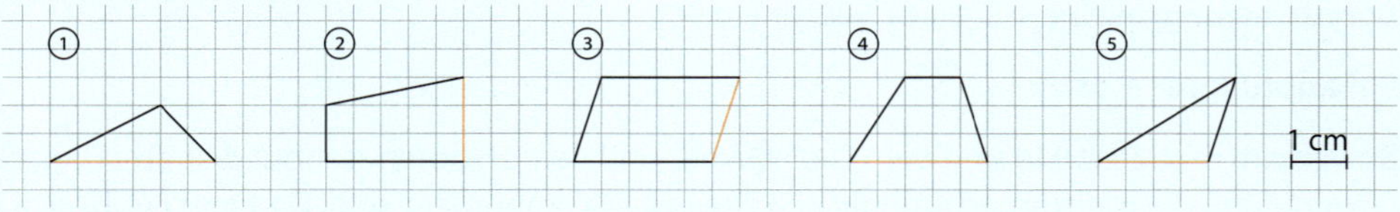

a) Zeichne in jede der Figuren zur rot markierten Grundseite eine Höhe ein.
b) Berechne den Flächeninhalt jeder Figur.

16. Gib für jeden der folgenden Sätze die Voraussetzung und die Behauptung an.
Formuliere die Aussagen zunächst in der Wenn-dann-Form.
a) Jede durch 6 teilbare Zahl ist auch durch 3 teilbar.
b) Die Summe der Innenwinkel eines Dreiecks beträgt immer 180°.
c) Scheitelwinkel sind gleich groß.
d) Das Produkt zweier Quadratzahlen ist wieder eine Quadratzahl.
e) Wechselwinkel an geschnittenen Parallelen sind gleich groß.

17. Michael löst gern Knobelaufgaben. Er meint, dass es Quadratzahlen gibt, z. B. 5^2 und 12^2, deren Summe wieder eine Quadratzahl ist. Stimmt das?
Untersuche, ob es solche Zahlen auch zwischen 2^2 und 11^2 gibt.

3.1 Der Satz des Pythagoras

■ Vergleiche für jedes Dreieck den Flächeninhalt des größten Quadrats mit der Summe der Flächeninhalte der beiden kleineren Quadrate. ■

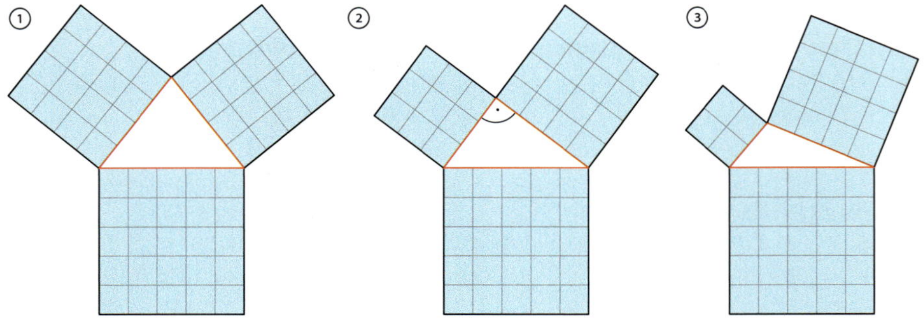

Hinweis:
Auf der Methodenkarte 9 G findest du eine Anleitung, wie sich der Satz des Pythagoras mit einer dynamischen Geometriesoftware erkunden lässt.

In rechtwinkligen Dreiecken nennt man die Seite, die dem rechten Winkel gegenüber liegt, **Hypotenuse.** Die Hypotenuse ist die längste Seite des Dreiecks. Die Seiten, die den rechten Winkel einschließen, nennt man **Katheten**.

Wissen: Satz des Pythagoras
In jedem rechtwinkligen Dreieck haben die Quadrate über den Katheten zusammen denselben Flächeninhalt wie das Quadrat über der Hypotenuse.
Also gilt für jedes Dreieck ABC:

Wenn $\gamma = 90°$ ist, dann gilt $a^2 + b^2 = c^2$.

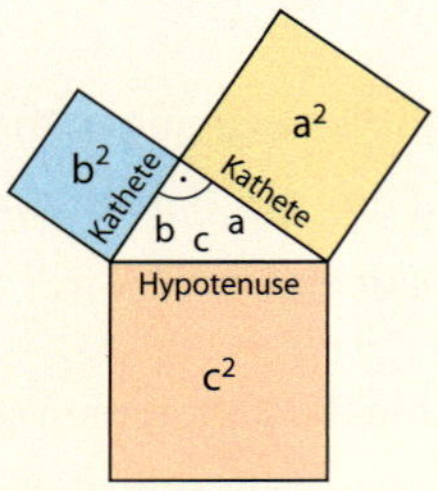

Hinweis:
Ist $\alpha = 90°$ im Dreieck ABC, so gilt $b^2 + c^2 = a^2$.
Ist $\beta = 90°$ im Dreieck ABC, so gilt $a^2 + c^2 = b^2$.

Sind in einem rechtwinkligem Dreieck zwei Seitenlängen bekannt, so lässt sich mithilfe des Satzes des Pythagoras die Länge der dritten Seite berechnen.

Voraussetzung: In einem Dreieck ABC ist $\gamma = 90°$.

Behauptung: $a^2 + b^2 = c^2$

Beweis: Im mittleren Bild sind dem Dreieck ABC und dem Hypotenusenquadrat drei Dreiecke hinzugefügt, die alle zum ursprünglichen Dreieck ABC kongruent sind. Dadurch ergibt sich ein großes Quadrat mit dem Flächeninhalt $A = (a + b)^2 = a^2 + 2ab + b^2$.

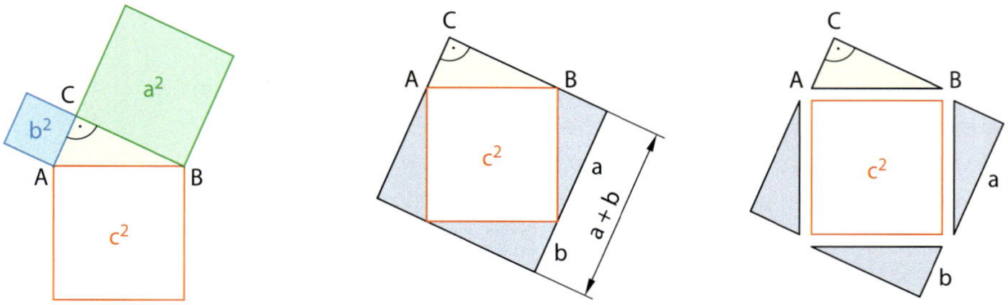

Addiert man zum Flächeninhalt des Hypotenusenquadrats den Flächeninhalt der vier zueinander kongruenten Dreiecke, so erhält man $A = c^2 + 4 \cdot \left(a \cdot \frac{b}{2}\right) = c^2 + 2ab$. Die beiden Terme $a^2 + 2ab + b^2$ und $c^2 + 2ab$ geben den Flächeninhalt des gleichen Quadrats an. Daher gilt:

$a^2 + 2ab + b^2 = c^2 + 2ab \quad | - 2ab$
$a^2 \quad + \quad b^2 = c^2 \qquad$ q. e. d.

Erinnere dich:
q. e. d. bezeichnet das Ende eines Beweises.

Beispiel 1: Fehlende Seitenlängen in rechtwinkligen Dreiecken berechnen.
Ermittle die Länge der dritten Seite eines rechtwinkligen Dreiecks ABC.

a) $\gamma = 90°$; $a = 8\,cm$; $b = 15\,cm$ b) $\alpha = 90°$; $a = 10\,cm$; $c = 6\,cm$

Lösung:

a) Notiere die gegebenen und gesuchten Größen. Zeichne eine Planfigur.

gegeben: Dreieck ABC mit $\gamma = 90°$; $a = 8\,cm$; $b = 15\,cm$
gesucht: c

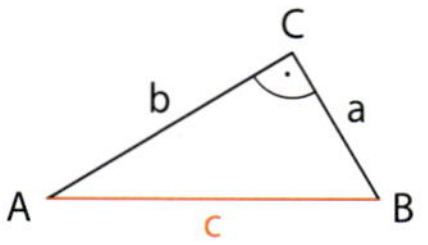

Da das Dreieck rechtwinklig ist, gilt der Satz des Pythagoras. Setze zunächst für a und b die gegebenen Größen ein. Berechne schrittweise c.

$c^2 = a^2 + b^2$
$c^2 = (8\,cm)^2 + (15\,cm)^2$ | einsetzen
$c^2 = 64\,cm^2 + 225\,cm^2 = 289\,cm^2$ | $\sqrt{\ }$
$c = \sqrt{289\,cm^2} = 17\,cm$
Die Seite c ist 17 cm lang.

b) Notiere die gegebenen und gesuchten Größen. Zeichne eine Planfigur.

gegeben: Dreieck ABC mit $\alpha = 90°$; $a = 10\,cm$; $c = 6\,cm$
gesucht: b

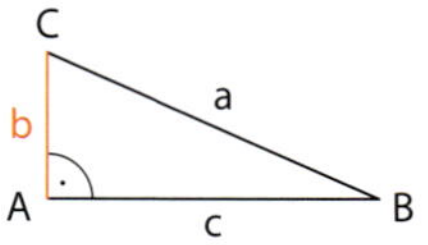

Da das Dreieck rechtwinklig ist, gilt der Satz des Pythagoras. Beachte die Lage des rechten Winkels α. Forme nach b^2 um. Setze für a und c die gegebenen Größen ein. Berechne schrittweise b.

$b^2 + c^2 = a^2$ | $-c^2$
$b^2 = a^2 - c^2$ | einsetzen
$b^2 = (10\,cm)^2 - (6\,cm)^2$
$b^2 = 100\,cm^2 - 36\,cm^2 = 64\,cm^2$ | $\sqrt{\ }$
$b = \sqrt{64\,cm^2} = 8\,cm$
Die Seite b ist 8 cm lang.

Basisaufgaben

1. Berechne die dritte Seitenlänge.

a)
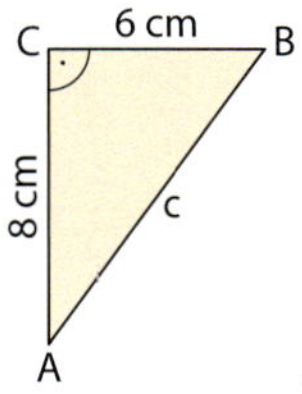

b)
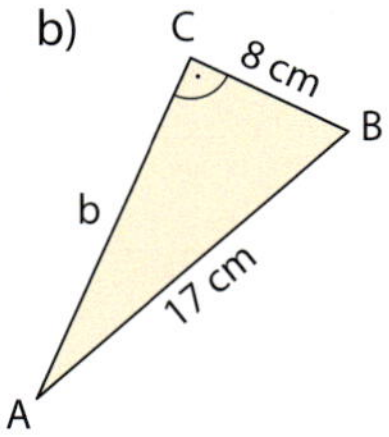

c)
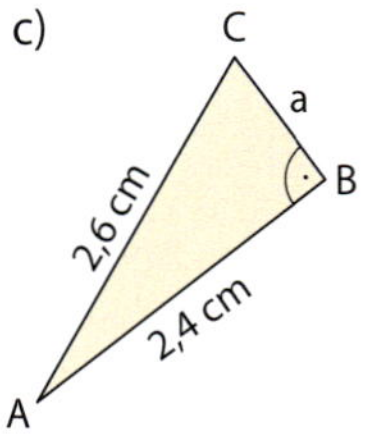

d)
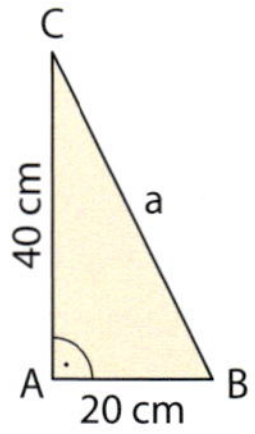

e)
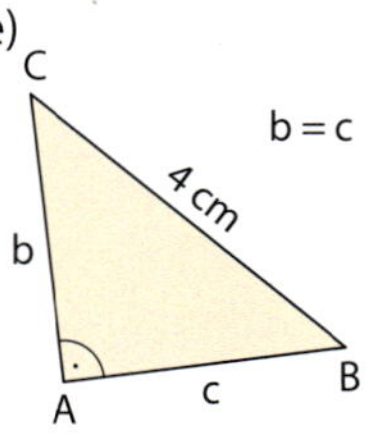

2. Zeichne eine Planfigur und berechne die dritte Seitenlänge.

a) $a = 3\,m$; $b = 4\,m$; $\gamma = 90°$
b) $a = 12\,cm$; $c = 20\,cm$; $\gamma = 90°$
c) $a = 6{,}0\,cm$; $b = 4{,}8\,cm$; $\alpha = 90°$
d) $a = 3{,}0\,dm$; $c = 1{,}6\,dm$; $\beta = 90°$
e) $a = 2{,}9\,m$; $b = 2{,}1\,m$; $\alpha = 90°$

3. a) Gib, falls vorhanden, den rechten Winkel, die Hypotenuse und die Katheten an.
b) Stelle dann, wenn möglich, eine Gleichung nach dem Satz des Pythagoras auf.

①
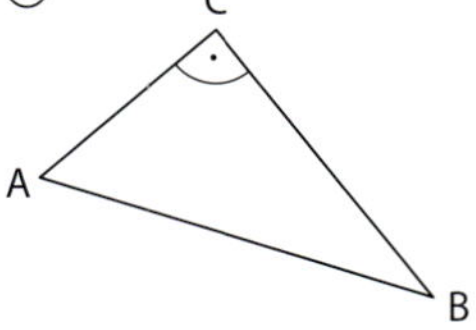

②
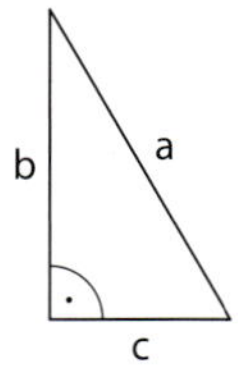

③
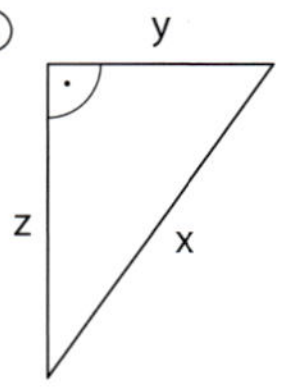

④
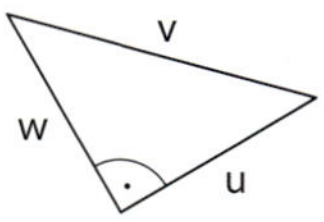

⑤
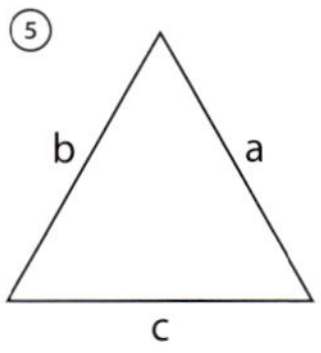

Hinweis:
Den Winkel zwischen den Seiten x und z bezeichnet man mit $\sphericalangle xz$.

4. Gegeben sind die Flächeninhalte der Quadrate über den Katheten eines rechtwinkligen Dreiecks. Ermittle die Seitenlängen des Dreiecks.

a) $A_1 = 144\,cm^2$; $A_2 = 256\,cm^2$ b) $A_1 = 81\,cm^2$; $A_2 = 400\,cm^2$

5. Gegeben sind die Flächeninhalte von sieben Quadraten.
$A_1 = 25\,cm^2$; $A_2 = 144\,cm^2$; $A_3 = 9\,cm^2$; $A_4 = 169\,cm^2$; $A_5 = 16\,cm^2$; $A_6 = 64\,cm^2$; $A_7 = 49\,cm^2$

a) Finde Quadrate, die zusammen eine Figur nach dem Satz des Pythagoras ergeben.
b) Ermittle die Seitenlängen der Quadrate und zeichne ein Dreieck mit den drei Seitenlängenquadraten.

Weiterführende Aufgaben

6. Berechne die Länge der Strecke x.

a)

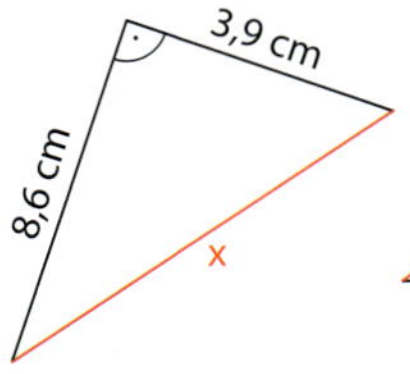

b)

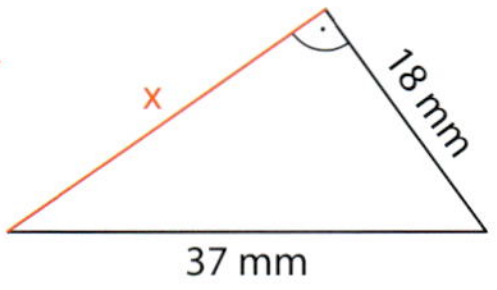

c)

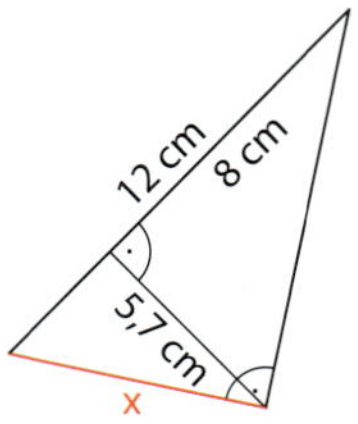

d)

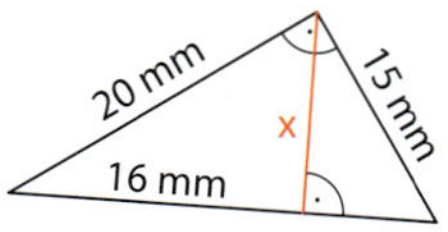

7. **Stolperstelle:** Für ein rechtwinkliges Dreieck ABC mit γ = 90°, b = 7 cm und c = 8,6 cm sollte die Länge der Seite a berechnet werden. Einige Schülerinnen und Schüler haben dabei Fehler gemacht. Finde und korrigiere sie.

Tim:
$a^2 + b^2 = c^2 \quad | -b^2$
$a^2 = c^2 - b^2$
$a^2 = 8{,}6\ cm^2 - 7\ cm^2$
$a^2 = 1{,}6\ cm^2 \quad | \sqrt{\ }$
$a \approx 1{,}3\,cm$

Isabel:
$a^2 + b^2 = c^2 \quad | -b^2$
$a^2 = c^2 - b^2$
$a^2 = 73{,}96\,cm^2 - 49\,cm^2 \quad | \sqrt{\ }$
$a^2 = \sqrt{24{,}96\,cm^2}$
$a = 4{,}99\,cm \approx 5\,cm$

Magnus:
$a^2 + b^2 = c^2 \quad | -b^2$
$a^2 = c^2 - b^2$
$a^2 = (8{,}6\ cm)^2 - (7\ cm)^2$
$a^2 \approx 25\ cm^2 \quad | :2$
$a = 12{,}5\ cm$

8. Im Dreieck ABC sei a = 3 cm und b = 2 cm. Begründe, warum man die Länge von c nicht bestimmen kann, ohne weitere Angaben zum Dreieck zu haben.

9. Ermittle – falls möglich – vom Dreieck ABC die Seitenlänge c.

a) α = 90°; a = 2,5 cm; b = 1,5 cm b) a = b = 3 cm; α = β = 45°
c) a = 3 cm; b = 4 cm; α = 37°; β = 53° d) a = 4 cm; α = β = γ = 60°
e) α = 45°; b = 3 cm; c = 6 cm f) a = b = 8 cm; β = 45°

Hinweis zu 10:
Hier findest du die Maßzahlen der Lösungen.

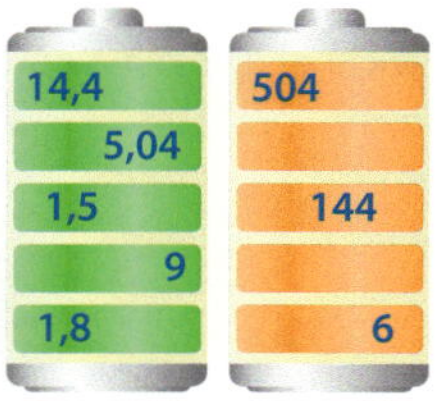

10. Berechne von den rechtwinkligen Dreiecken jeweils den Flächeninhalt und den Umfang. (Zeichnungen nicht maßgenau.)

a)

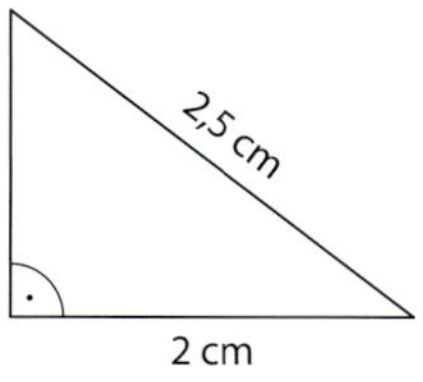

b)

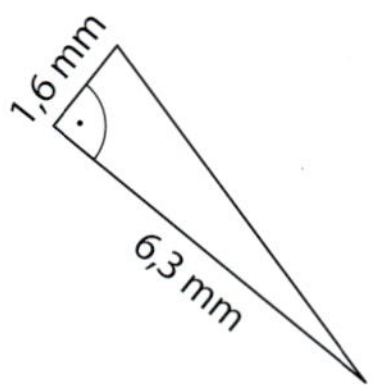

c)

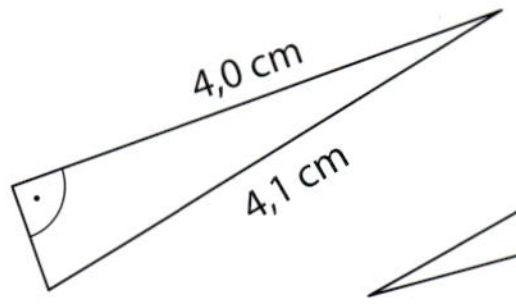

d)

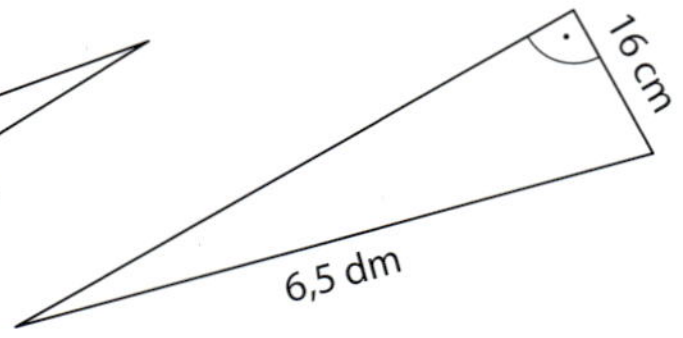

11. Übertrage die Tabelle in dein Heft. Vervollständige sie für ein Dreieck mit $\beta = 90°$.

a	b	c	u	A
	3,4 m	3,0 m		
12 cm				96 cm^2
4,8 m	6,0 m		14,4 m	

12. Eine Leiter ist 5,20 m lang. Sie wird an eine Hauswand gestellt. Dabei steht sie am Boden 1,80 m von der Hauswand entfernt. Wie hoch reicht die Leiter an der Hauswand?

13. Eine Bahnstrecke überwindet auf einer Länge von horizontal 12 km einen Höhenunterschied von 300 m. Es wird zur Vereinfachung angenommen, dass die Bahnstrecke überall die gleiche Steigung hat. Gesucht ist die Länge des Schienenstrangs.
Überprüfe die folgenden Ergebnisse. Begründe deine Entscheidungen.
a) etwa 200 m länger als 12 km b) 11,9 km c) etwa 4 m länger als 12 km

● **14.** a) Welche Quadratwurzeln können mit den Längen der blau und grün markierten Dreiecksseiten bestimmt werden (siehe Bild rechts)? Begründe durch Rechnungen.
b) Zeichne das Bild im Maßstab 1 : 1 in dein Heft.
c) Ergänze deine Zeichnung so, dass du weitere Quadratwurzeln berechnen kannst. Halte dazu einen Kurzvortrag und erkläre dein Vorgehen.
d) Verändere die Maße und die Zeichnung so, dass du schrittweise $\sqrt{2}, \sqrt{3}, \sqrt{4}$ … mithilfe der Längen von Dreiecksseiten bestimmen kannst.

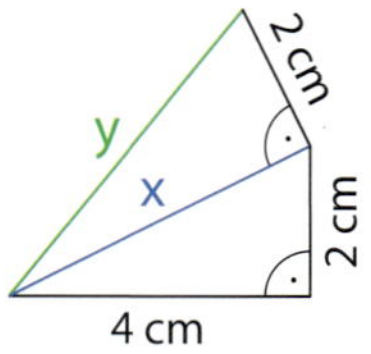

● **15.** Sarah und Jonas verabschieden sich an einer rechtwinkligen Kreuzung und fahren beide in verschiedene Richtungen nach Hause. Sarah fährt mit einer Durchschnittsgeschwindigkeit von 12 km/h in Richtung Osten und Jonas mit durchschnittlich 18 km/h in Richtung Süden.
a) Wie weit sind die beiden nach 15 Minuten Fahrzeit voneinander entfernt?
b) Beide erreichen nach 20 Minuten ihr Ziel. Dabei sind sie nur geradeaus gefahren. Berechne die Entfernung ihrer Häuser (Luftlinie). Runde dabei geeignet.
c) Am nächsten Morgen fährt Jonas mit durchschnittlich 20 km/h in Richtung der Kreuzung. Sarah startet zur selben Zeit und möchte nicht nach Jonas dort ankommen. Ermittle die durchschnittliche Geschwindigkeit, mit der sie mindestens fahren sollte.

● **16.** **Ausblick:** Gegeben sind drei Dreiecke ABC (mit a = 3 cm; b = 4 cm; c = 5 cm), DEF (mit d = 4,5 cm; e = 6 cm; f = 7,5 cm) und GHI (mit g = 6 cm; h = 8 cm; i = 10 cm).
a) Konstruiere die Dreiecke und miss die Innenwinkel.
Was stellst du fest?
b) Vergleiche die Seitenverhältnisse a : d und a : g (b : e und b : h; c : f und c : i).
Was stellst du fest?
c) Finde weitere Dreiecke, die nach den Innenwinkeln und den Seitenverhältnissen zu den Dreiecken ABC, DEF und GHI passen.

3.2 Längen berechnen in Figuren und Körpern

■ Die Größe von Bildschirmen wird häufig durch die Länge der Bildschirmdiagonale angegeben. Sie wird meist in der Einheit Zoll gemessen (1 Zoll = 1" = 2,54 cm).

a) Zeige im Bild rechts eine Bildschirmdiagonale.

b) Schätze für den Bildschirm rechts die Länge der Bildschirmdiagonale in cm und in Zoll.

c) Berechne nun die Bildschirmdiagonale. ■

Man kann den Satz des Pythagoras nutzen, um zum Beispiel Seitenlängen in gleichschenkligen Dreiecken, Vierecken oder Körpern zu berechnen. Auch in vielen Anwendungssituationen wird der Satz des Pythagoras verwendet, um fehlende Maße zu ermitteln.
Dabei werden rechtwinklige Dreiecke in den Objekten gesucht. Hilfslinien (zum Beispiel Höhen) dienen dazu, Figuren so zu zerlegen, dass rechtwinklige Dreiecke sichtbar werden.

Beispiel 1: Ein gleichschenkliges Dreieck ABC hat die Seitenlängen a = b = 5 cm und c = 3 cm. Berechne die Länge der Höhe h_c. Fertige dafür eine Skizze an.

Lösung:

1. In der Skizze sind die gegebenen Größen eingetragen, die gesuchte Größe ist rot markiert.
2. Das rechtwinklige Dreieck BCF ist farbig markiert. Die Höhe h_c steht senkrecht auf der Seite c. Dort liegt ein rechter Winkel.
3. Zwei Seiten des Dreiecks BCF sind bekannt. Die Hypotenuse ist a = 5 cm. $\overline{BF}$ ist eine Kathete des Dreiecks BCF. Die Höhe h_c halbiert die Seite c. Daher ist $\overline{BF}$ = 1,5 cm. Die Höhe h_c ist die andere Kathete.
4. Nun wird h_c berechnet (Gleichung aufstellen, Größen einsetzen).
5. Formuliere das Ergebnis.

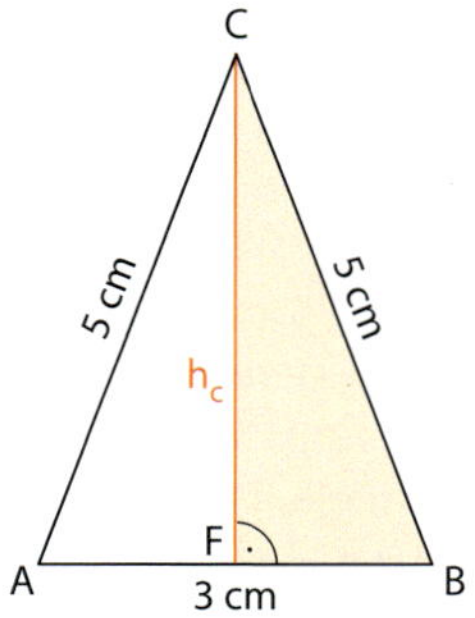

$h_c^2 + (\overline{BF})^2 = a^2 \quad | - (\overline{BF})^2$

$h_c^2 = a^2 - (\overline{BF})^2 \quad |$ einsetzen

$h_c^2 = (5\,\text{cm})^2 - (1{,}5\,\text{cm})^2$

$h_c^2 = 25\,\text{cm}^2 - 2{,}25\,\text{cm}^2 \quad | \sqrt{\ }$

$h_c = \sqrt{22{,}75\,\text{cm}^2} \approx 4{,}8\,\text{cm}$

Die Höhe h_c ist 4,8 cm lang.

Basisaufgaben

1. Skizziere die Figuren in deinem Heft. Finde rechtwinklige Dreiecke und markiere in deiner Skizze die rechten Winkel. Formuliere dann Gleichungen nach dem Satz des Pythagoras.

a)
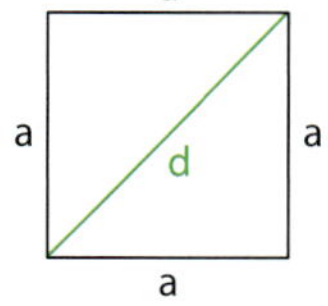

b)
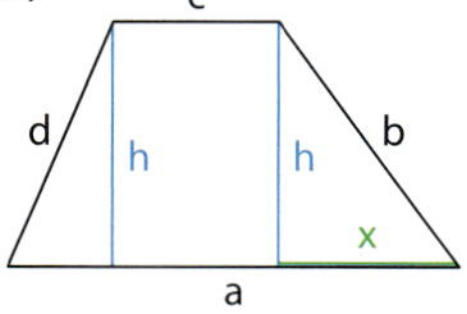

c)
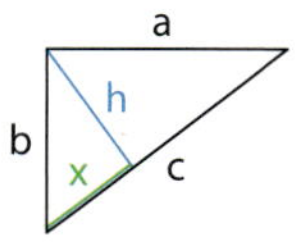

d)
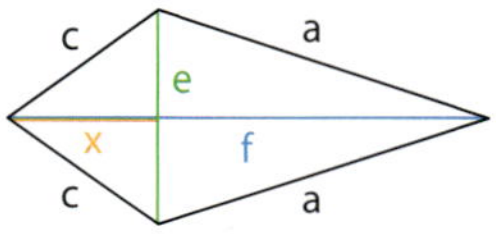

2. Gegeben ist ein gleichseitiges Dreieck (siehe Skizze rechts). Berechne die gesuchten Größen.
   a) $a = b = c = 5\,cm$; gesucht: h_c; h_a; h_b
   b) $a = b = c = 3{,}2\,cm$; gesucht: h_c; A
   c) $u = 24\,cm$; gesucht: h_c; A

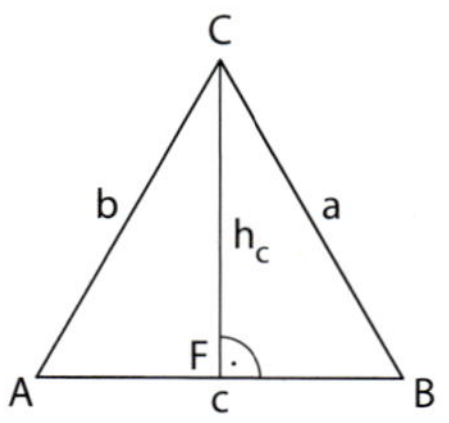

Hinweis zu 2:
Hier findest du die gerundeten Maßzahlen. Lösungen können mehrfach auftreten.

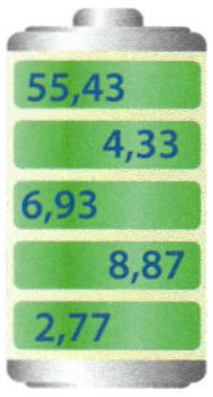

3. Fertige eine Skizze an. Berechne dann die gesuchten Größen.
   a) Quadrat ABCD mit a = 5 cm; gesucht: Länge der Diagonalen $\overline{AC}$
   b) Rechteck ABCD mit $\overline{BC} = 3$ cm und $\overline{AC} = 8$ cm; gesucht: $\overline{AB}$
   c) gleichschenkliges Dreieck ABC mit der Basis c = 5,5 cm und $h_c = 7{,}2$ cm; gesucht: a; b; u
   d) gleichschenkliges Dreieck ABC mit $A = 45\,cm^2$ und der Basis c = 6 cm; gesucht: h_c; a; u

4. Die Gondel einer Seilbahn hängt an einem 4,1 km langen Seil. Die horizontale Entfernung zwischen der Talstation und der Bergstation beträgt 3,7 km. Gesucht ist der Höhenunterschied zwischen der Tal- und der Bergstation.
   a) Vervollständige die Skizze im Heft.
   b) Berechne den Höhenunterschied.

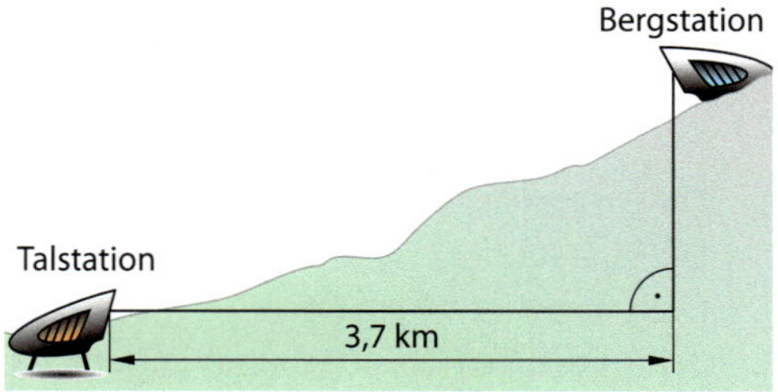

5. Berechne die rot markierten Strecken.

a)

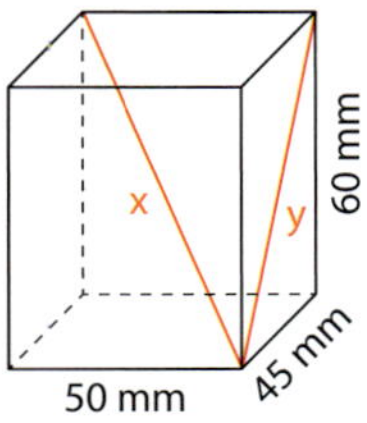

b)

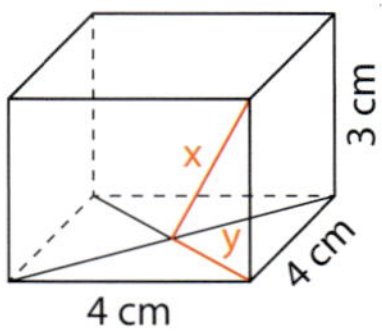

c)

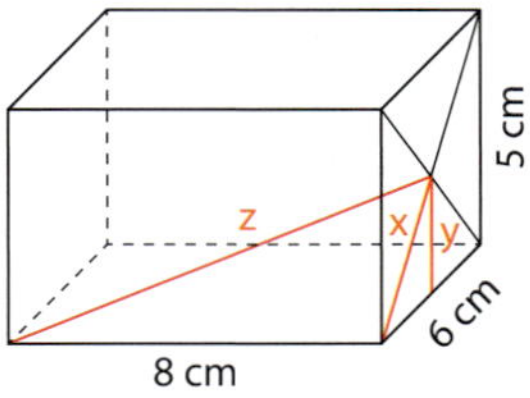

Weiterführende Aufgaben

6. Frank möchte eine rechteckige Holzplatte (210 cm × 250 cm) in sein Zimmer bringen. Die Tür des Zimmers ist 2,00 m hoch und 0,80 m breit. Entscheide, ob die Holzplatte durch die Tür passt. Begründe durch eine Rechnung.

7. Ein quadratischer Platz hat die Seitenlänge 150 m. Es gibt Fußwege über den Platz, die diagonal verlaufen, und Fußwege an den Rändern. Sina will von einem Eckpunkt zum diagonal gegenüberliegenden Eckpunkt des Platzes laufen. Gib an, um wie viel Prozent der diagonale Weg kürzer ist als der Weg entlang des Randes.

8. **Stolperstelle:** Prüfe die Aussagen. Erkläre die Fehler.

a)

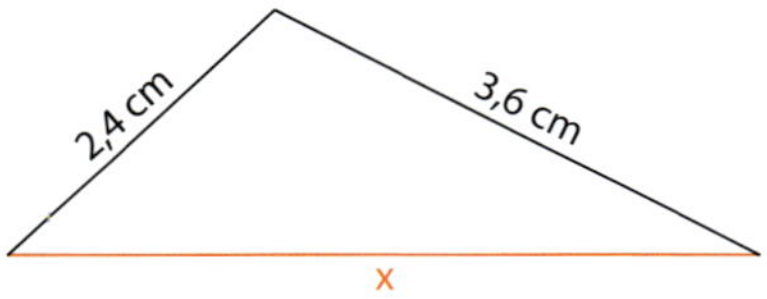

Jonas: „Aus den gegebenen Längen kann ich die Länge von x mit dem Satz des Pythagoras berechnen."

b)

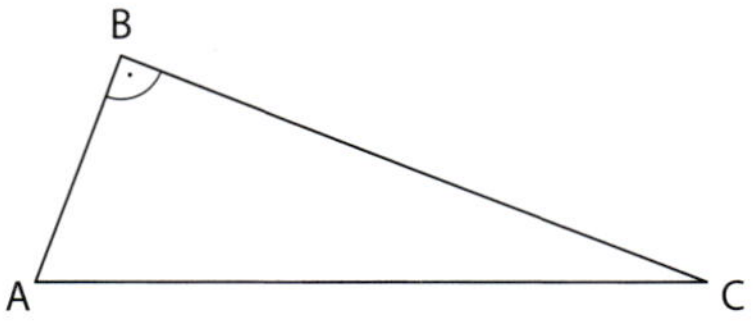

Mara: „Nach dem Satz des Pythagoras gilt: $a^2 + b^2 = c^2$."

9. Ein quadratischer Teich hat eine Seitenlänge von 5 m. In der Mitte des Teiches ragt eine Schilfpflanze 1 m über die Wasseroberfläche hinaus. Wenn man sie an das Ufer zur Mitte einer Seite hin zieht, dann reicht die Pflanze gerade bis an den Rand des Teiches. Berechne die Tiefe des Teiches in der Mitte.

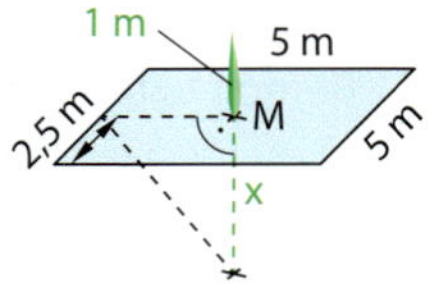

10. Berechne die Längen der rot markierten Strecken.

a) Prisma b) Zylinder c) Prisma

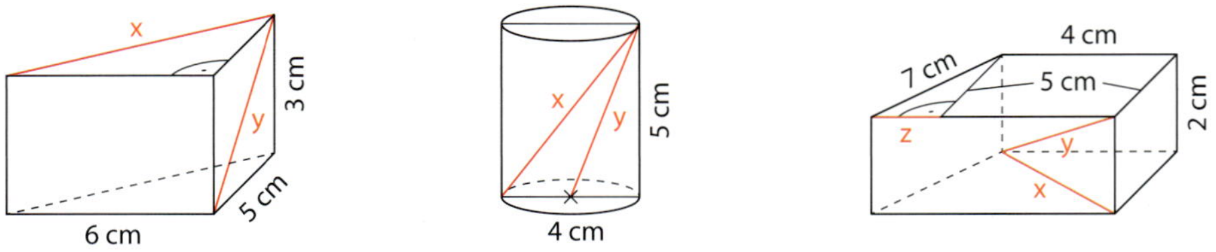

11. Die Grundfläche eines geraden dreiseitigen Prismas ist ein rechtwinkliges Dreieck. Die eine Kathete dieses Dreiecks ist 6,3 cm lang, die andere Kathete ist 1,6 cm lang. Das Prisma ist 6,0 cm hoch.

a) Ermittle den Oberflächeninhalt und das Volumen des Prismas.

b) Prüfe, ob es möglich ist, aus 45 cm Draht ein Kantenmodell des Prismas zu bauen.

12. Ein zylindrisches Trinkglas hat den Innendurchmesser 6 cm und eine Innenhöhe von 12,5 cm. Berechne wie weit ein 20 cm langer Trinkhalm mindestens aus dem Trinkglas ragt.

13. Eine Pyramide ABCDS hat ein Rechteck als Grundfläche ($\overline{AB} = 48$ mm; $\overline{BC} = 3{,}1$ cm). Die Pyramide ist 10 cm hoch. Berechne die Länge der Kante $\overline{AS}$.

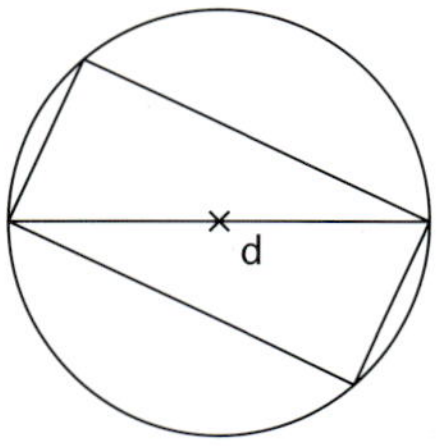

14. Gegeben ist ein Kreis mit dem Radius r = 3 cm. Ein Rechteck wird in den Kreis einbeschrieben. Eine Seite des Rechtecks hat eine Länge von 1 cm (2 cm; 3 cm; 4 cm; 5 cm).

a) Berechne den Flächeninhalt der fünf Rechtecke.

b) Gib an, welches der fünf Rechtecke den größten Flächeninhalt hat.

15. Ein Baumstamm hat einen kreisförmigen Querschnitt (d = 50 cm). Aus ihm soll ein Balken mit einem möglichst großen quadratischen Querschnitt herausgesägt werden.

a) Fertige eine Skizze an.

b) Welche Maße hat der Querschnitt? Runde auf Millimeter.

● **16.** Berechne den Umfang eines gleichseitigen Dreiecks mit einem Flächeninhalt von 100 cm².

● **17.** Beweise. Erstelle dafür zuerst eine Skizze.

a) Die Länge der Diagonalen d in einem Rechteck ABCD mit den Seitenlängen a und b ist $d = \sqrt{a^2 + b^2}$.

b) Die Länge der Diagonalen d in einem Quadrat ABCD mit der Seitenlänge a ist $d = a\sqrt{2}$.

c) Die Höhe h über der Seite c in einem gleichschenkligen und rechtwinkligen Dreieck ABC mit den Schenkeln a und b ist $h = \frac{c}{2}$.

d) Die Höhe h über c in einem gleichseitigen Dreieck ABC mit der Seitenlänge a ist $h = \frac{a}{2}\sqrt{3}$.

e) Der Flächeninhalt A eines gleichseitigen Dreiecks ABC mit der Seitenlänge a ist $A = \frac{a^2}{4}\sqrt{3}$.

18. Beweise. Nutze die Skizzen rechts.

a) Die Raumdiagonale d eines Quaders mit den Kantenlängen a, b und c ist $d = \sqrt{a^2 + b^2 + c^2}$.

b) Die Raumdiagonale d eines Würfels mit der Kantenlänge a ist $d = a\sqrt{3}$.

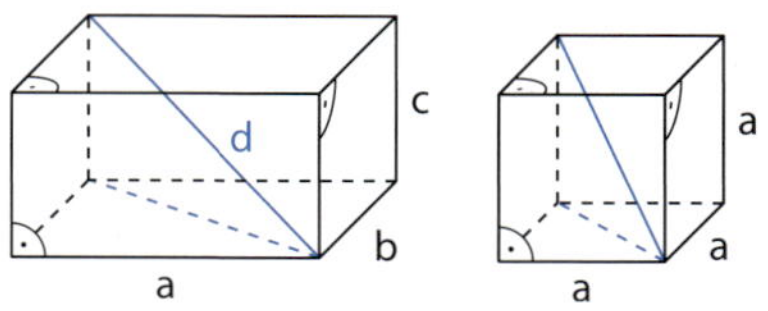

19. Typische Spielkarten sind 6 cm × 9 cm groß. Ermittle möglichst genau die Höhe eines Kartenhauses, das aus drei Etagen besteht. Beachte das Bild rechts.

20. Die Drehleiter eines Feuerwehrautos kann bis auf 30 m Länge ausgefahren werden. Sie beginnt in 3,40 m Höhe über dem Boden.

a) Eine hilflose Person soll in einer Höhe von 21 m aus dem 8. Stockwerk eines Hauses gerettet werden. Wie nah am Haus muss der Drehkranz mindestens stehen, um die Person zu erreichen?

b) Berechne, wie hoch die Leiter bei einem Anstiegswinkel von 45° reicht.

● **21.** Berechne Umfang und Flächeninhalt der Figur. Runde jeweils sinnvoll.

a)

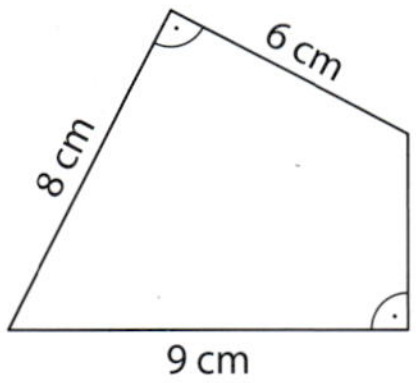

b)

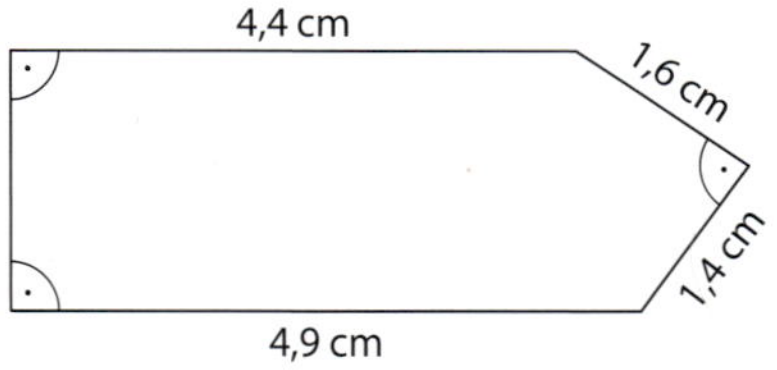

● **22.** Betrachte die Abbildungen. Sven behauptet, dass für die Flächeninhalte A_1, A_2 und A_3 in den Figuren gilt: $A_1 = A_2 + A_3$.

DGS

a) Beweise, dass die Aussage für Figur ① gilt.

b) Prüfe mit einer dynamischen Geometriesoftware, ob die Aussage auch für die Flächeninhalte in den Figuren ② und ③ gilt.

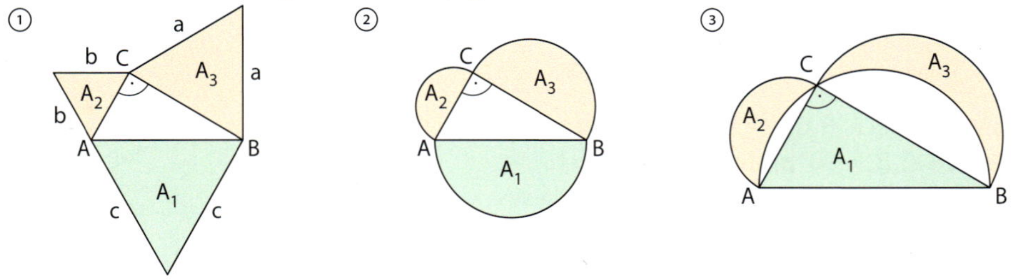

● **23.** **Ausblick:** Die erste Figur einer Folge von rechtwinkligen Dreiecken hat die Katheten $a = 4\,\text{cm}$ und $b = 2\,\text{cm}$. Mit jeder Figur der Folge nimmt die Länge der Katheten auf das 1,5-fache zu.

a) Wie lang sind die Katheten des 6. Dreiecks der Folge?

b) Finde einen möglichst einfachen Weg, die Länge der Hypotenuse des 20. Dreiecks der Folge zu ermitteln (ohne Tabellenkalkulation oder Geometriesoftware).

c) Gib Formeln für die Seitenlängen und den Flächeninhalt der n-ten Figur der Folge an.

3.3 Die Umkehrung des Satzes des Pythagoras

Ina hat aus zwölf Büroklammern ein rechtwinkliges Dreieck geformt:

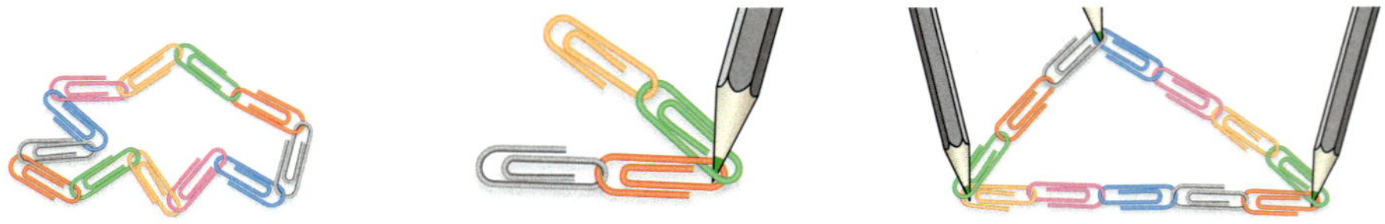

Hinweis:
Statt Büroklammern könnt ihr auch Streichhölzer verwenden.

a) Probiere aus: Kann man ein rechtwinkliges Dreieck auch aus 9 Büroklammern formen (aus 24 Büroklammern)?
Wenn ja: Wie lang sind die Katheten? Wie lang ist die Hypotenuse?

b) Finde Anzahlen von Büroklammern, aus denen man rechtwinklige Dreiecke formen kann.

Hinweis:
Auf der Methodenkarte 9 H findest du eine Anleitung, wie sich die Umkehrung des Satzes des Pythagoras mit einer dynamischen Geometriesoftware erkunden lässt.

Schon im Jahr 2300 v. Chr. war in Ägypten bekannt, dass ein Dreieck bei geschickter Wahl der Seitenlängen rechtwinklig ist. Landvermesser wendeten dieses Wissen an, um rechte Winkel abzustecken.

Dies geschah vermutlich mit einem geschlossenen Seil, welches zwölf Knoten in regelmäßigen Abständen enthielt. Um einen rechten Winkel zu erhalten, spannte man das Seil zu einem Dreieck mit den Seitenlängen drei, vier und fünf Einheiten. Der rechte Winkel lag dann dem längsten Seilstück gegenüber.
Die Landvermesser nutzten die **Umkehrung des Satzes des Pythagoras**.

Hinweis:
Wenn
$\mathbf{b^2 + c^2 = a^2}$,
dann ist $\alpha = \mathbf{90°}$.
Wenn
$\mathbf{a^2 + c^2 = b^2}$,
dann ist $\beta = \mathbf{90°}$.

Wissen: Umkehrung des Satzes des Pythagoras

Wenn in einem Dreieck die Quadrate über zwei Seiten zusammen denselben Flächeninhalt haben wie das Quadrat über der dritten Seite, so ist das Dreieck rechtwinklig.

Also gilt für jedes Dreieck ABC: Wenn $\mathbf{a^2 + b^2 = c^2}$, so ist $\gamma = \mathbf{90°}$.

Voraussetzung:
Im Dreieck ABC gilt $a^2 + b^2 = c^2$.

Behauptung:
Das Dreieck ist rechtwinklig mit $\gamma = 90°$.

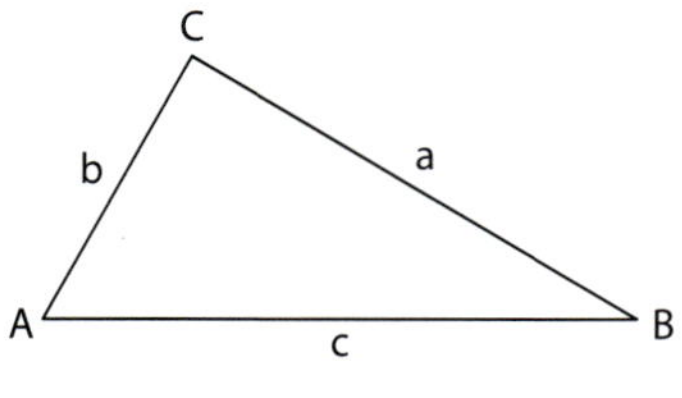

Beweis: Sei $A_1B_1C_1$ ein beliebiges Dreieck mit $\sphericalangle A_1C_1B_1 = 90°$ und $a_1 = a$ und $b_1 = b$. Nach dem Satz des Pythagoras gilt für dieses Dreieck $a^2 + b^2 = c_1^2$.

Da nach der Voraussetzung auch $a^2 + b^2 = c^2$ gilt, folgt $c^2 = c_1^2$. Da die Seitenlängen c und c_1 nur positiv sein können, gilt auch $c = c_1$.

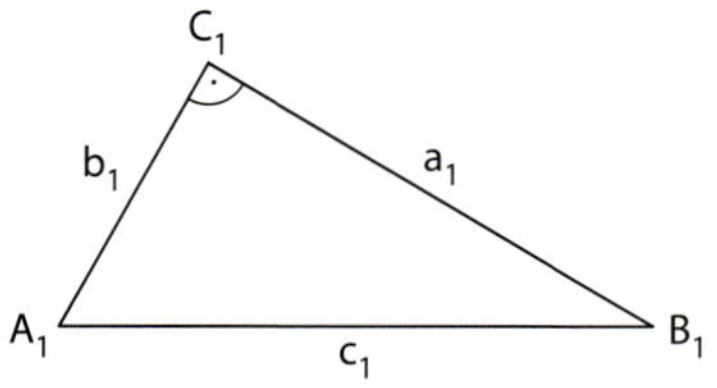

Daher sind die Dreiecke ABC und $A_1B_1C_1$ nach dem Kongruenzsatz sss kongruent. Somit ist auch das Dreieck $A_1B_1C_1$ rechtwinklig mit $\gamma_1 = \gamma = 90°$. q. e. d.

Mit der Umkehrung des Satzes des Pythagoras lässt sich anhand der Seitenlängen eines Dreiecks entscheiden, ob es rechtwinklig ist.

Beispiel 1: Entscheide, ob das Dreieck ABC rechtwinklig ist. Wenn ja, gib den rechten Winkel und die Hypotenuse an.

a) $a = 4\,cm$, $b = 5\,cm$, $c = 6\,cm$ b) $a = 6\,cm$, $b = 8\,cm$, $c = 10\,cm$

Lösung:

a) Die längste Seite ist c. Quadriere sie. $(6\,cm)^2 = 36\,cm^2$

Addiere die Quadrate der beiden anderen Seiten und vergleiche die Ergebnisse. $(4\,cm)^2 + (5\,cm)^2 = 16\,cm^2 + 25\,cm^2 = 41\,cm^2$
$36\,cm^2 \neq 41\,cm^2$

Sie sind nicht gleich, also ist das Dreieck nicht rechtwinklig. Das Dreieck ist nicht rechtwinklig.

b) Die längste Seite ist c. Quadriere sie. $(10\,cm)^2 = 100\,cm^2$

Addiere die Quadrate der beiden anderen Seiten und vergleiche die Ergebnisse. $(6\,cm)^2 + (8\,cm)^2 = 36\,cm^2 + 64\,cm^2 = 100\,cm^2$
$100\,cm^2 = 100\,cm^2$

Sie sind gleich, also ist das Dreieck rechtwinklig. Das Dreieck ist rechtwinklig.

c ist als längste Seite die Hypotenuse, es gilt $\gamma = 90°$.

Basisaufgaben

1. Entscheide, ob das Dreieck rechtwinklig ist.
Wenn ja, gib den rechten Winkel und die Hypotenuse an.
a) $a = 9\,cm$, $b = 12\,cm$, $c = 15\,cm$
b) $a = 10\,cm$, $b = 4\,cm$, $c = 6\,cm$
c) $a = 1{,}8\,m$, $b = 3{,}0\,m$, $c = 1{,}2\,m$
d) $a = 6{,}0\,dm$, $b = 3{,}6\,dm$, $c = 4{,}8\,dm$
e) $a = 1{,}6\,cm$, $b = 3{,}0\,cm$, $c = 3{,}5\,cm$

2. Gegeben sind je zwei Seitenlängen von Dreiecken (in cm). Ergänze jeweils eine dritte Seitenlänge so, dass das Dreieck rechtwinklig ist.

5|…|13 6|…|10 …|24|25 8|15|… …|12|15

9|…|41 10|24|… 11|60|… …|16|20 12|…|37

Hinweis:
Die Längen sind der Größe nach geordnet.

3. Um rechte Winkel abzustecken, wird zum Teil noch heute das „Maurerdreieck" verwendet. Man schlägt drei Pflöcke in die Erde, die voneinander einen Abstand von 80 cm, 60 cm und 100 cm haben. Begründe das Vorgehen.

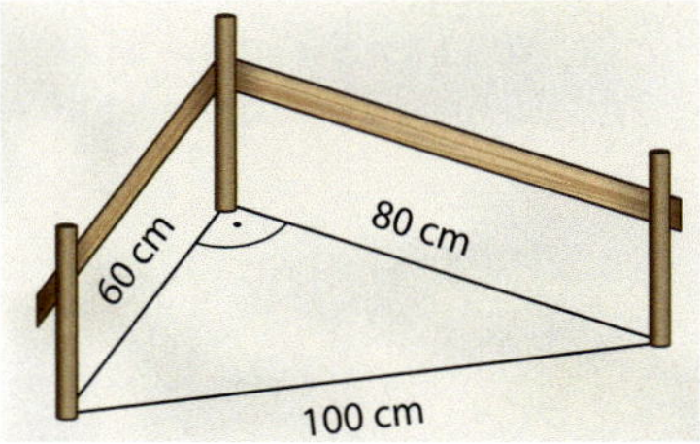

4. Gib an, ob die folgenden Aussagen zu Dreiecken richtig sind. Korrigiere falsche Aussagen.
a) Wenn $a^2 + c^2 = b^2$ gilt, dann ist $\gamma = 90°$.
b) Wenn $b^2 + c^2 = a^2$ gilt, dann ist $\alpha = 90°$.
c) Wenn $a^2 + c^2 = b^2$ gilt, dann ist b die Hypotenuse im Dreieck.
d) Wenn $a^2 + b^2 = c^2$ gilt, dann ist $\beta = 90°$.

Weiterführende Aufgaben

5. Gegeben ist ein Dreieck ABC mit b = 12 mm und c = 15 mm.
a) Ergänze eine dritte Seitenlänge so, dass das Dreieck ABC rechtwinklig ist.
b) Gib die Katheten, die Hypotenuse und den rechten Winkel an.
c) Prüfe, ob es mehr als eine Lösung gibt.

6. In einem Dreieck ABC mit $\gamma = 90°$, a = 10 cm und c = 20 cm ist die Länge der Seite b gesucht.

Joanna hat diese Aufgabe so gelöst:

$a^2 + b^2 = c^2$ | $- a^2$
$b^2 = c^2 - a^2$ | Einsetzen
$b^2 = (20\,cm)^2 - (10\,cm)^2$
$b^2 = 300\,cm^2$ | Wurzelziehen $\sqrt{}$
$b \approx 17{,}3\,cm$
Die Seite b ist 17,3 cm lang.

Luca kontrolliert die Lösung von Joanna. Er argumentiert mit einer Rechnung:

$(20\,cm)^2 = 400\,cm^2$
$(10\,cm)^2 + (17{,}3\,cm)^2 = 399{,}29\,cm^2$
$400\,cm^2 \neq 399{,}29\,cm^2$
Das Dreieck ABC ist nicht rechtwinklig.
Laut Aufgabe muss es aber rechtwinklig sein.
Das Ergebnis b = 17,3 cm muss daher falsch sein.

Was meinst du dazu?

7. **Stolperstelle:** a, b, c seien die Seitenlängen eines Dreiecks ABC. Überprüfe folgende Aussagen. Begründe deine Entscheidung.
a) Wenn für ein Dreieck ABC $a^2 = c^2 + b^2$ gilt, dann ist das Dreieck ABC rechtwinklig mit $\gamma = 90°$.
b) Ein rechtwinkliges Dreieck hat eine 3 cm lange Seite und eine 4 cm lange Seite. Tom behauptet: „Dann muss die dritte Seite 5 cm lang sein."

8. In einem Viereck mit den Seiten a, b, c und d gilt a = 1,1 dm und b = 6,0 dm. Kann das Viereck ein Rechteck sein, wenn die Länge einer Diagonalen 7,0 dm beträgt? Begründe deine Antwort.

9. Gerbers wollen in ihrem Garten einen rechteckigen Sandkasten mit den Maßen 2,10 m × 2,00 m anlegen. Sie schlagen zunächst für die Ecken vier Pfähle ein.
Beschreibe eine Möglichkeit zu prüfen, ob die vier Pfähle wirklich ein Rechteck bilden.

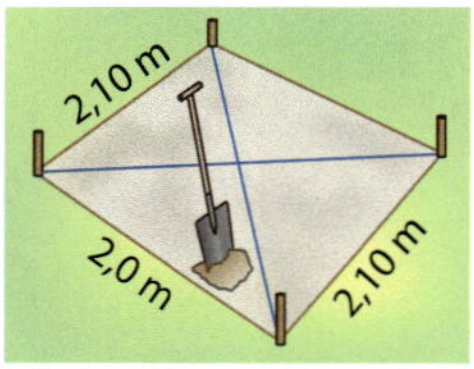

10. Welche der Aussagen ① bis ⑤ wird durch die Figur I, II oder III veranschaulicht? Begründe.

① Wenn $\gamma = 90°$, dann ist $a^2 + b^2 = c^2$.
② Wenn $\gamma > 90°$, dann ist $a^2 + b^2 > c^2$.
③ Wenn $\gamma > 90°$, dann ist $a^2 + b^2 < c^2$.
④ Wenn $\gamma < 90°$, dann ist $a^2 + b^2 < c^2$.
⑤ Wenn $\gamma < 90°$, dann ist $a^2 + b^2 > c^2$.

I

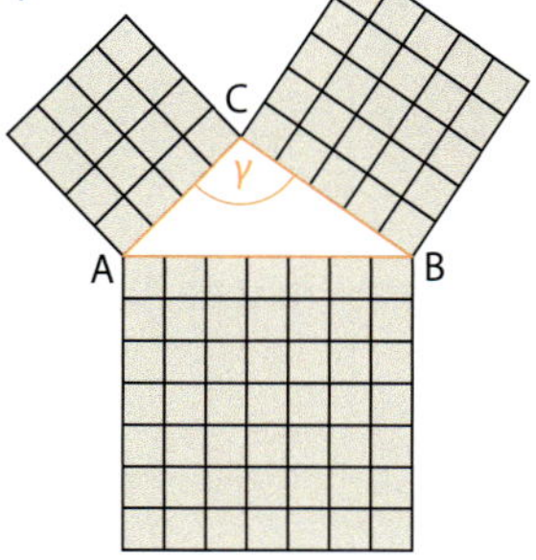

II

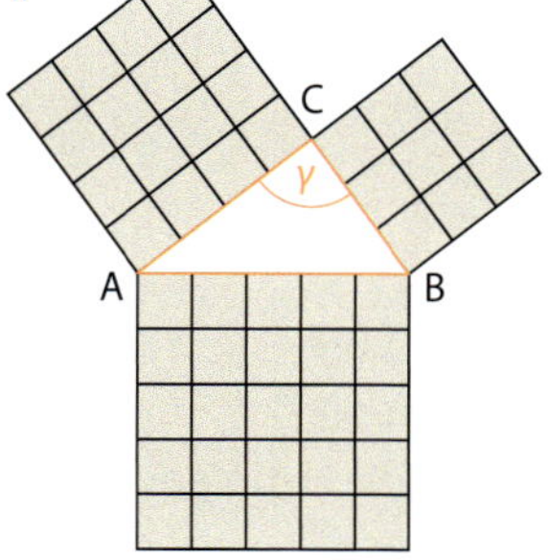

III

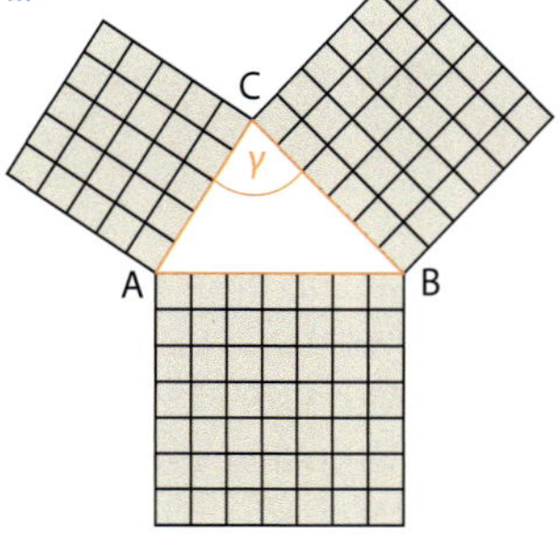

11. a) Überprüfe anhand der gegebenen Dreiecksseitenlängen die folgenden Aussagen: Ist das Quadrat der längsten Seite eines Dreiecks größer (kleiner) als die Summe der Quadrate der beiden kürzeren Seiten, so ist es stumpfwinklig (spitzwinklig).
1. $a = 3{,}3\,cm$, $b = 7{,}3\,cm$, $c = 6{,}3\,cm$
2. $a = 2\,cm$, $b = 4\,cm$, $c = 5\,cm$
3. $a = 6\,cm$, $b = 7\,cm$, $c = 4\,cm$
4. $a = 13\,cm$, $b = 5\,cm$, $c = 12\,cm$

b) Überprüfe die Aussagen an weiteren selbstgewählten Beispielen.

Erinnere dich:
Dreiecksarten:
- spitzwinklig: alle Innenwinkel sind kleiner als 90°;
- rechtwinklig: ein Innenwinkel ist 90°;
- stumpfwinklig: ein Innenwinkel ist größer als 90°

12. Ein Fischkutter fährt an einem Leuchtturm in einer Entfernung von 15 km vorbei. Zu diesem Zeitpunkt befindet er sich genau südlich vom Leuchtturm. Einige Zeit später ist er 19 km vom Leuchtturm entfernt und hat geradlinig eine Strecke von 8 km zurückgelegt (siehe Bild).
a) Ist der Fischkutter genau nach Westen gefahren? Begründe.
b) Nimm an, der Kutter wäre nach 8 km Fahrstrecke genau 17 km vom Leuchtturm entfernt gewesen. Ermittle die Fahrtrichtung.

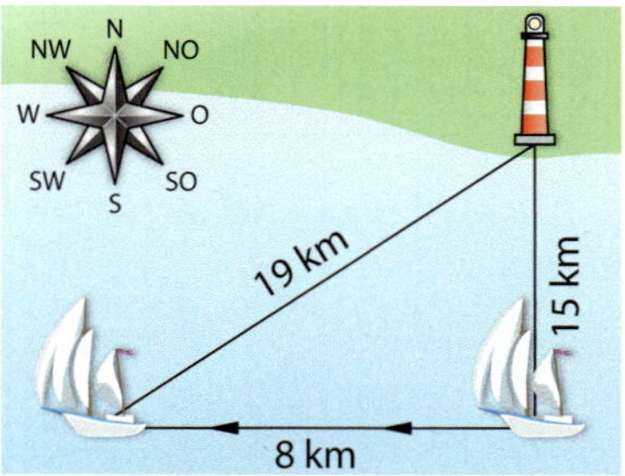

(Skizze nicht maßgenau)

13. Drei natürliche Zahlen größer als Null (z. B. 3; 4; 5), die die Gleichung $a^2 + b^2 = c^2$ erfüllen ($3^2 + 4^2 = 5^2$), nennt man ein **pythagoreisches Zahlentripel**. Das Zahlentripel (1 | 2 | 3) ist kein pythagoreisches Zahlentripel, denn $1^2 + 2^2 \neq 3^2$.
a) Gib an, welche der folgenden Zahlentripel pythagoreische Zahlentripel sind.
① (8 | 15 | 17) ② (5 | 7 | 9) ③ (20 | 21 | 29) ④ (13 | 19 | 23)
b) Übertrage in dein Heft und ersetze ■ – falls möglich – so durch eine natürliche Zahl, dass ein pythagoreisches Zahlentripel entsteht. (Die größte Zahl des Tripels steht jeweils rechts.)
① (6 | 8 | ■) ② (5 | ■ | 13) ③ (■ | 35 | 37) ④ (8 | 13 | ■) ⑤ (■ | 99 | 101)
c) Gib zwei weitere pythagoreische Zahlentripel an.
d) Beweise: Ist n eine natürliche Zahl (n > 0) und (a | b | c) ein pythagoreisches Zahlentripel, dann ist auch (n · a | n · b | n · c) ein pythagoreisches Zahlentripel.

Hinweis zu 13:
Die griechische Vorsilbe tri bedeutet drei, so wie in Triathlon und Triangel.
Ein **Tripel** besteht aus drei Zahlen.

● **14.** TK a) Erstelle mit einer Tabellenkalkulation eine Liste mit 50 pythagoreischen Zahlentripeln. Nutze dafür den Satz: Wenn u und v natürliche Zahlen sind mit u > v > 0, dann ist $(u^2 - v^2 \,|\, 2 \cdot u \cdot v \,|\, u^2 + v^2)$ ein pythagoreisches Zahlentripel.
b) Beweise die Aussage des Satzes.

● **15.** Entscheide, welche Aussagen wahr sind. Bilde dann auch die Umkehrungen der Aussagen und entscheide ebenfalls, ob diese wahr sind. Begründe jeweils.
a) Wenn ein Dreieck gleichseitig ist, dann ist es auch gleichschenklig.
b) Wenn ein Dreieck ABC spitzwinklig ist, dann ist der Innenwinkel α kleiner als 90°.
c) Wenn ein Viereck ein Parallelogramm ist, so sind je zwei Gegenseiten gleich lang.
d) Wenn α und β Nebenwinkel sind, so ist $\alpha + \beta = 180°$.
e) Wenn in einem Dreieck alle drei Innenwinkel gleich groß sind, dann ist das Dreieck gleichseitig.

● **16. Ausblick:** Zeichne ein Dreieck mit den Eckpunkten A(0 | 0), B(8 | 0) und C(8 | 6) in ein Koordinatensystem. Verschiebe den Punkt B um +1 (+1,5; –2; –4; –6) entlang der x-Achse. Berechne jeweils neue Koordinaten für den Punkt C, sodass im Dreieck ABC weiterhin b = 10 und $\beta = 90°$ gilt, und zeichne den Punkt ein. Beschreibe die Bahn, auf der sich der Punkt C bewegt.

Der Höhensatz und der Kathetensatz

■ Vergleiche für jede der Figuren den Flächeninhalt des rötlichen Quadrats und des blauen Rechtecks (alle Angaben in cm).

a)

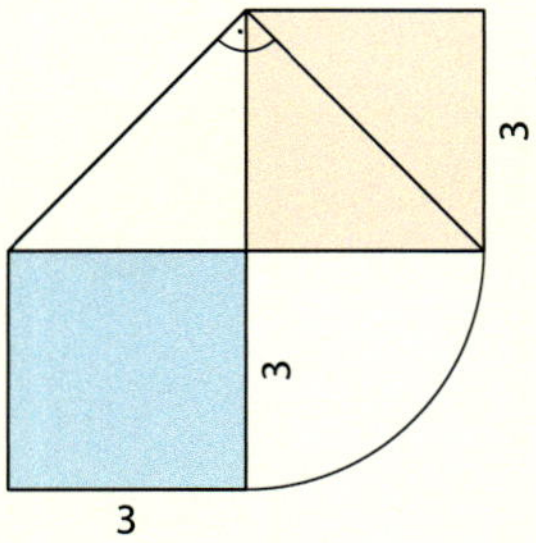

b)

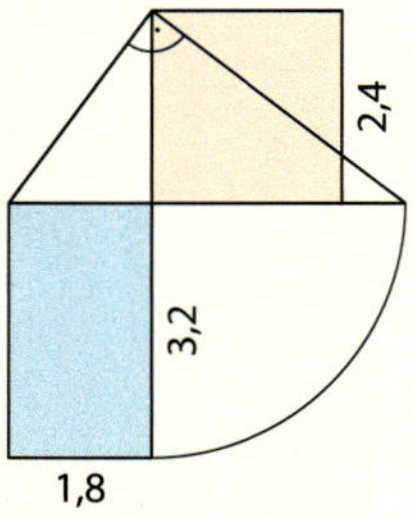

c)

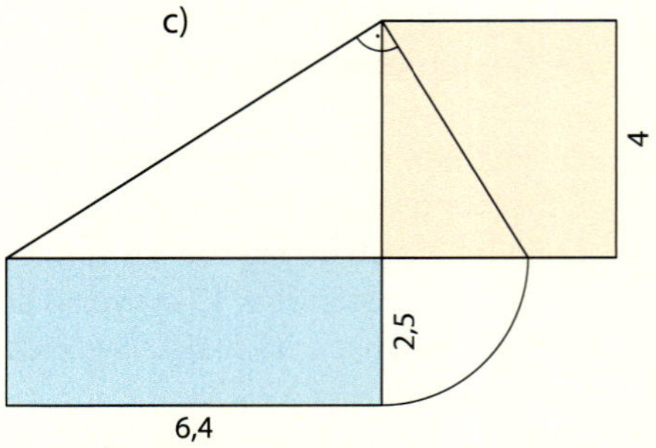

Fasse deine Beobachtungen in einem Satz zusammen. ■

Aus dem Satz des Pythagoras ergeben sich weitere Sätze und Formeln, die für Berechnungen an rechtwinkligen Dreiecken genutzt werden können.

Der Höhensatz

In einem rechtwinkligen Dreieck teilt die Höhe h auf der Hypotenuse die Hypotenuse in zwei Teilstrecken. Diese nennt man **Hypotenusenabschnitte** und bezeichnet sie meistens mit p und q.

Tipp:
Im Alphabet steht a vor b wie p vor q.
p gehört zu a;
q gehört zu b.

Wissen: Höhensatz

In einem rechtwinkligen Dreieck sind das Quadrat über der Höhe auf der Hypotenuse und das Rechteck aus den Längen der Hypotenusenabschnitte p und q flächengleich.

Ist das Dreieck ABC **rechtwinklig**, so gilt $\mathbf{h^2 = p \cdot q}$.

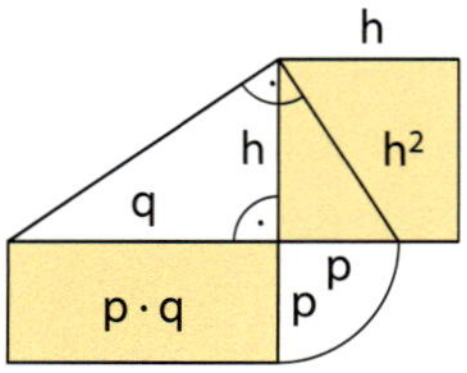

Voraussetzung: Ein Dreieck ABC ist rechtwinklig (z.B. $\gamma = 90°$).

Behauptung: Es gilt $h^2 = p \cdot q$.

Beweis: Die Höhe h teilt das Dreieck ABC in zwei rechtwinklige Dreiecke AHC und BCH.
Nach dem Satz des Pythagoras gilt für diese Dreiecke: $q^2 + h^2 = b^2$ und $p^2 + h^2 = a^2$
Außerdem ist $c = q + p$.

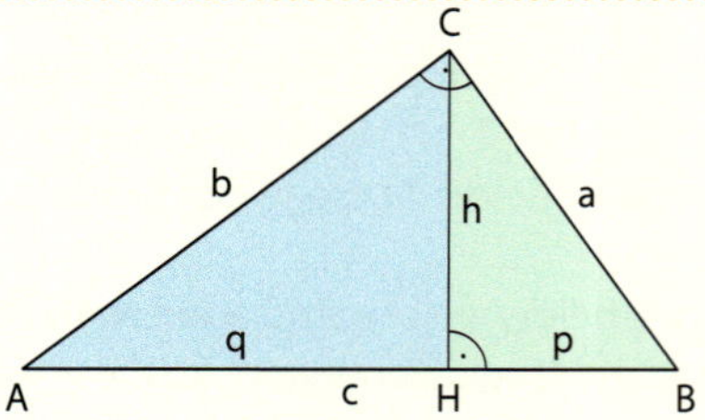

Nach dem Satz des Pythagoras gilt für das Dreieck ABC die Gleichung $a^2 + b^2 = c^2$.
Ersetzt man darin a^2, b^2 und c durch die oben angegebenen Terme, so erhält man:

$$\begin{array}{lll} a^2 + b^2 & = c^2 & \\ p^2 + h^2 + q^2 + h^2 & = (q+p)^2 & \mid \text{Klammern auflösen} \\ p^2 + h^2 + q^2 + h^2 & = q^2 + 2pq + p^2 & \mid -q^2 \text{ und } -p^2 \\ h^2 + h^2 & = 2pq & \mid \text{Zusammenfassen} \\ 2h^2 & = 2pq & \mid :2 \\ h^2 & = pq & \text{q. e. d.} \end{array}$$

Beispiel 1:

a) Im Dreieck ABC mit $\gamma = 90°$ ist $p = 4{,}5\,cm$ und $q = 2\,cm$. Berechne die Höhe h.

b) Im Dreieck ABC mit $\gamma = 90°$ ist $p = 1{,}2\,cm$ und $h = 4\,cm$. Berechne q.

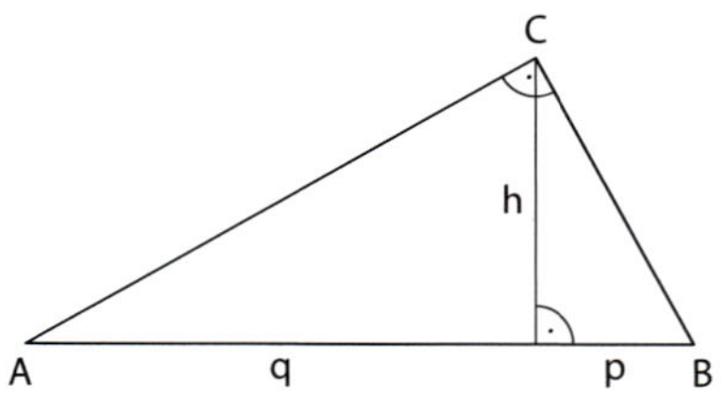

Lösung:

a) Notiere gegebene und gesuchte Größen.
Gegeben: Dreieck ABC mit $\gamma = 90°$; $p = 4{,}5\,cm$; $q = 2\,cm$
Gesucht: h

Notiere die Formel für den Höhensatz. Setze die gegebenen Größen ein und berechne schrittweise h.

$h^2 = p \cdot q$
$h^2 = 4{,}5\,cm \cdot 2\,cm$ | einsetzen
$h^2 = 9\,cm^2$ | $\sqrt{\ }$
$h = 3\,cm$

Formuliere das Ergebnis.
Die Höhe h ist 3 cm lang.

b) Notiere gegebene und gesuchte Größen.
Gegeben: Dreieck ABC mit $\gamma = 90°$; $p = 1{,}2\,cm$; $h = 4\,cm$
Gesucht: q

Notiere die Formel für den Höhensatz. Stelle sie nach q um. Setze dann die gegebenen Größen ein und berechne schrittweise q. Runde, wenn nötig.

$h^2 = p \cdot q$ | : p, Seiten vertauschen
$q = \frac{h^2}{p}$ | einsetzen
$q = \frac{(4\,cm)^2}{1{,}2\,cm}$
$q \approx 13{,}3\,cm$

Formuliere das Ergebnis.
q ist 13,3 cm lang.

Hinweis zum Beispiel 1 b):
Statt zuerst die Formel umzustellen, kannst du auch die gegebenen Größen in die Formel einsetzen und die so entstehende Gleichung lösen.

Basisaufgaben

1. Berechne die rot markierte Strecke.

a)
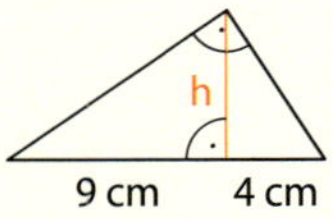

b)
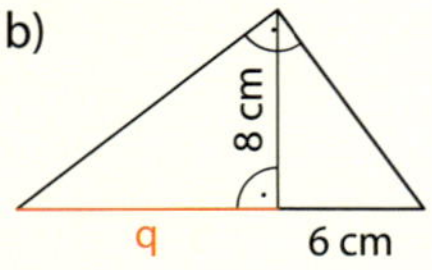

c)
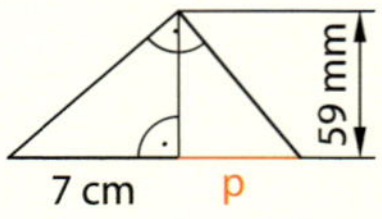

d)
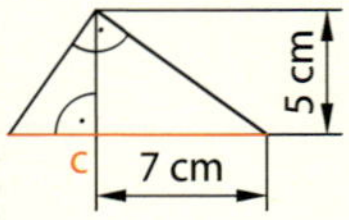

2. Unter den fünf Längen sind jeweils die Hypotenusenabschnitte p und q sowie die Höhe h eines rechtwinkligen Dreiecks. Finde diese Längen. Begründe deine Wahl.

a) 3 cm; 4 cm; 6 cm; 8 cm; 16 cm
b) 2 cm; 3 cm; 4,5 cm; 5,5 cm; 7 cm;
c) 3 cm; 10 cm; 11 cm; 12 cm; 12,1 cm
d) 2 cm; 3 cm; 11 cm; 16 cm; 128 cm

3. Stelle Gleichungen nach dem Höhensatz auf.

a)
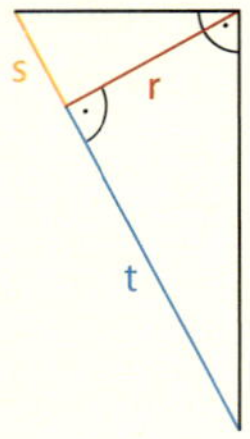

b)
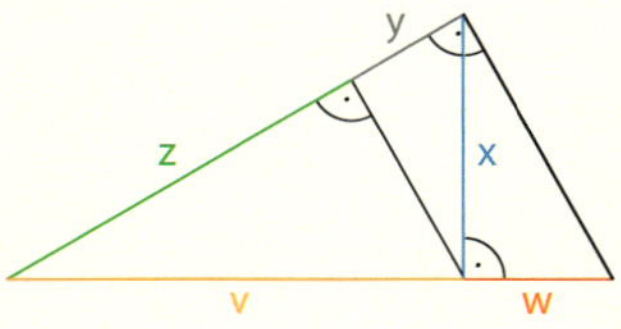

c)
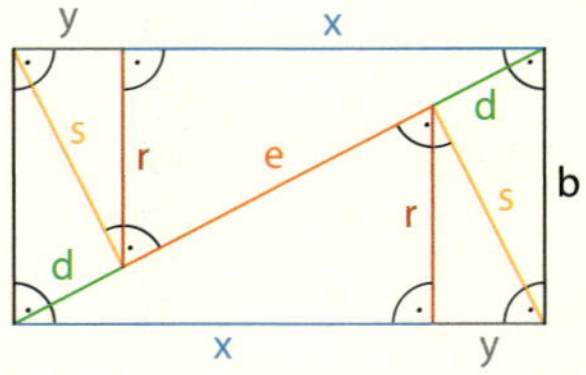

Hinweis zu 4:
Hier findest du die gerundeten Maßzahlen (in der größeren Einheit für e) und f)).

4. Berechne von einem Dreieck ABC mit $\gamma = 90°$ die dritte der drei Längen p, q und h. Runde – falls erforderlich – auf Zehntel.

a) $p = 2{,}8\,m$, $q = 0{,}7\,m$ b) $p = 4\,cm$, $q = 1\,cm$ c) $p = 3\,dm$, $q = 2\,dm$ d) $h = 2\,m$, $q = 1{,}6\,m$ e) $h = 40\,dm$, $p = 2\,m$ f) $q = 4\,cm$, $h = 40\,mm$

Der Kathetensatz

In jedem rechtwinkligen Dreieck ist das Hypotenusenquadrat genauso groß wie die beiden Kathetenquadrate (Satz des Pythagoras). Zusammen mit den Bezeichnungen im Bild gilt
$c^2 = a^2 + b^2$.

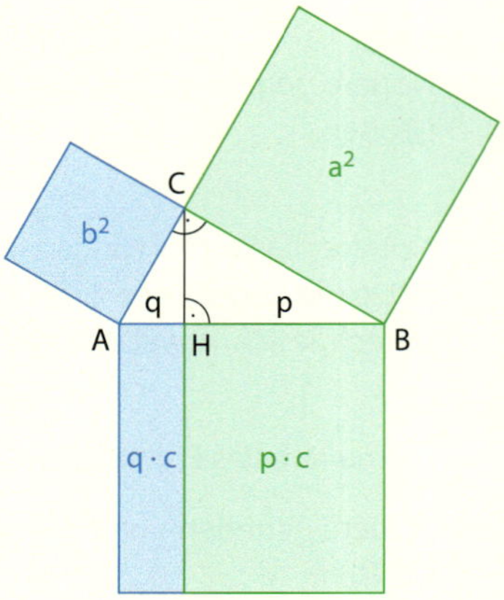

Es ist möglich, das Hypotenusenquadrat so in zwei Rechtecke zu zerlegen, dass ein Rechteck den Flächeninhalt a^2 und das andere Rechteck den Flächeninhalt b^2 hat.

Den Teilungspunkt H der Hypotenuse erhält man durch Einzeichnen der Dreieckshöhe auf die Hypotenuse.

Wissen: Kathetensatz

In einem rechtwinkligen Dreieck sind das Quadrat über einer Kathete und das Rechteck aus der Hypotenuse und dem an der Kathete anliegenden Hypotenusenabschnitt flächengleich.

Für ein Dreieck ABC gilt:
Wenn $\boldsymbol{\gamma = 90°}$, dann ist $\mathbf{a^2 = p \cdot c}$ und $\mathbf{b^2 = q \cdot c}$.

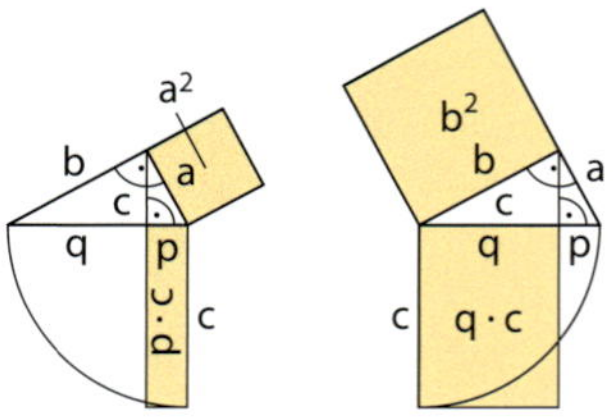

Voraussetzung: In einem Dreieck ABC ist $\gamma = 90°$.

Behauptung: Es gilt $b^2 = q \cdot c$.

Beweis:

①

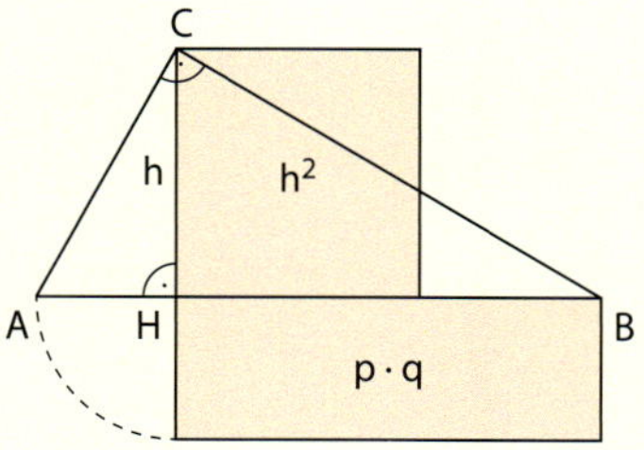

②

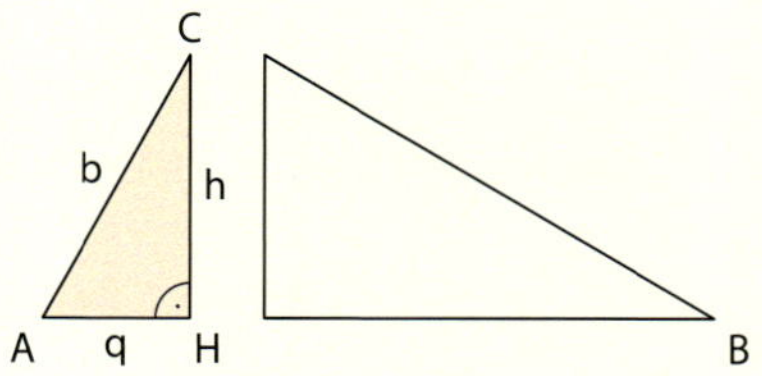

① Es gilt nach dem Höhensatz:
$h^2 = p \cdot q$

② Für das Dreieck AHC gilt nach dem Satz des Pythagoras: $b^2 = q^2 + h^2$

Wenn man ① in ② einsetzt, erhält man:

$b^2 = q^2 + p \cdot q$ | Ausklammern von q
$b^2 = q\,(p + q)$ | p + q ergibt zusammen die Länge c.
$b^2 = q \cdot c$ q. e. d.

Analog lässt sich $a^2 = p \cdot c$ beweisen.

Beispiel 2:

a) Im Dreieck mit $\gamma = 90°$ ist $c = 1{,}6\,m$ und $p = 0{,}4\,m$. Berechne a.

b) Im Dreieck mit $\gamma = 90°$ ist $b = 4\,cm$ und $c = 8{,}2\,cm$. Berechne q.

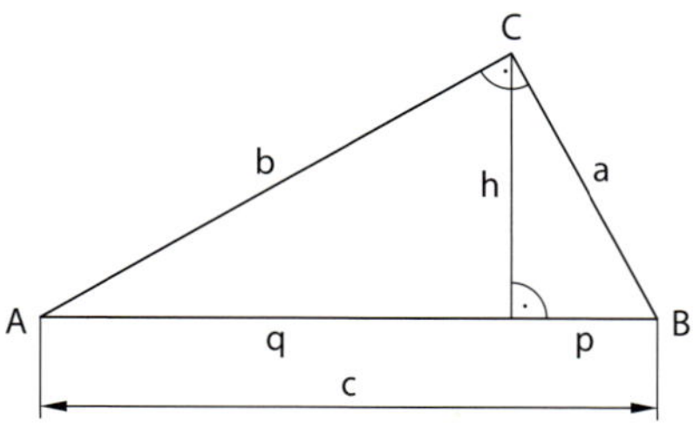

Lösung:

a) Notiere gegebene und gesuchte Größen.

Gegeben: Dreieck ABC mit $\gamma = 90°$; $c = 1{,}6\,m$; $p = 0{,}4\,m$
Gesucht: a

Notiere die Formel für den Kathetensatz mit der Kathete a. Setze die gegebenen Größen ein und berechne schrittweise a.

$a^2 = p \cdot c$
$a^2 = 0{,}4\,m \cdot 1{,}6\,m$ | einsetzen
$a^2 = 0{,}64\,m^2$ | $\sqrt{\ }$
$a = 0{,}8\,m$

Formuliere das Ergebnis.

Die Kathete a ist 0,8 m lang.

b) Notiere gegebene und gesuchte Größen.

Gegeben: Dreieck ABC mit $\gamma = 90°$; $b = 4\,cm$; $c = 8{,}2\,cm$
Gesucht: q

Notiere die Formel für den Kathetensatz mit der Kathete b. Setze die gegebenen Größen ein und löse die so entstehende Gleichung. Runde, wenn nötig.

$b^2 = q \cdot c$ | einsetzen
$(4\,cm)^2 = q \cdot 8{,}2\,cm$
$16\,cm^2 = q \cdot 8{,}2\,cm$ | : 8,2 cm
$q \approx 1{,}95\,cm$

Formuliere das Ergebnis.

Der Hypotenusenabschnitt q ist 1,95 cm lang.

Hinweis zum Beispiel 2 b):
Statt die gegebenen Größen direkt in die Formel einzusetzen, kannst du auch zuerst die Formel nach q umstellen.

Basisaufgaben

5. Berechne die rot markierte Strecke.

a)

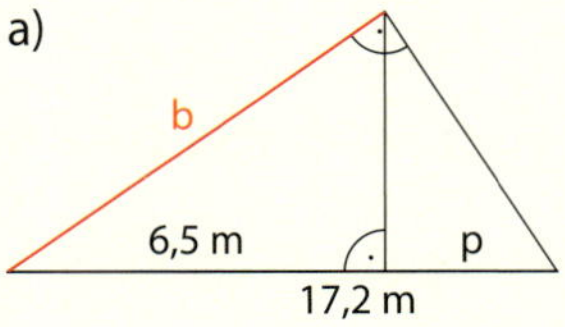

b)

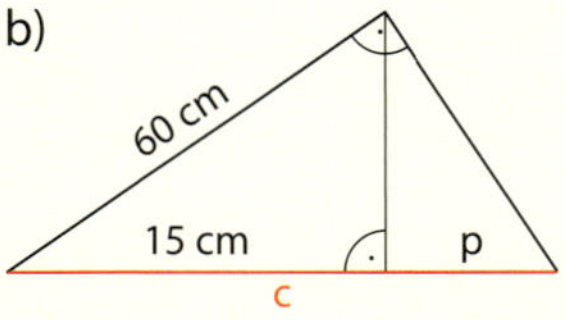

c)

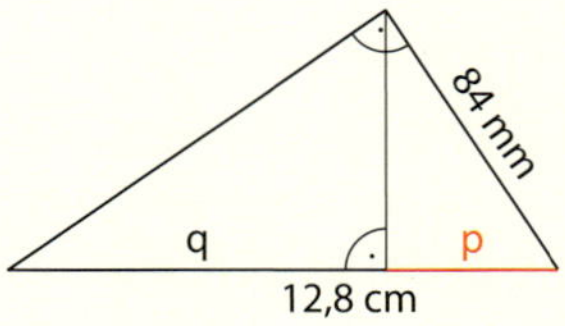

6. Stelle Gleichungen nach dem Kathetensatz auf.

a)

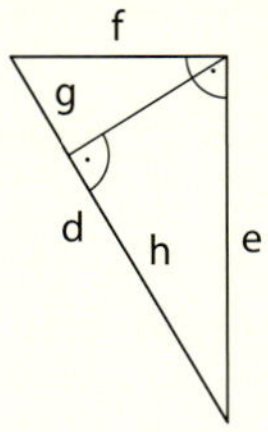

b)

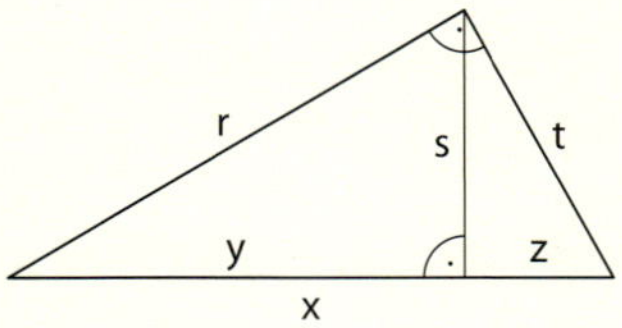

c)

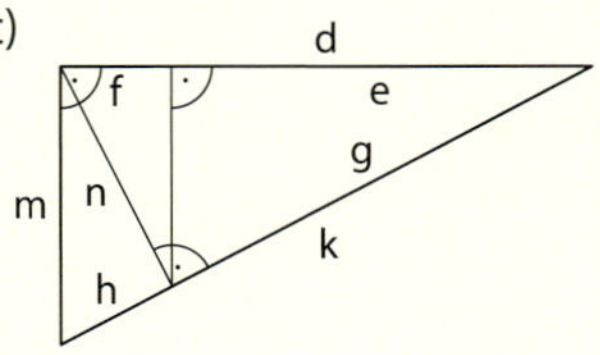

7. Berechne für ein Dreieck ABC mit $\gamma = 90°$ jeweils die nicht angegebene Größe.

	a	c	p
a)		9 cm	1 cm
b)	12 cm	36 cm	
c)	5 cm		2 cm

	b	c	q
d)		18 cm	2 cm
e)	4 cm		2 cm
f)	3 cm	4 cm	

Weiterführende Aufgaben

Hinweis zu 8:
Die Hypotenusenabschnitte p und q sind hier Teilstrecken der Seite a.

8. Berechne von einem Dreieck ABC mit $\alpha = 90°$ die in Klammern stehenden Längen. Erstelle zunächst eine Planfigur.
a) $p = 32\,cm$, $q = 2\,cm$ (h) b) $p = 2\,m$, $a = 40\,dm$ (q, h) c) $q = 30\,mm$, $h = 0{,}06\,m$ (c)

9. Berechne für ein Dreieck ABC mit $\gamma = 90°$ jeweils die fehlenden Größen.
Runde auf Zehntel.

	a	b	c	p	q	h
a)			6 m	2 m		
b)				1 cm		3 cm
c)			9 cm		1 cm	
d)	0,5 dm	12 cm			11 cm	

10. Gib an, welche Gleichungen auf das Dreieck (s. Bild) zutreffen und welche nicht. Begründe.
a) $c^2 - a^2 = b^2$ b) $y^2 = h^2 + x^2$ c) $y^2 = x \cdot z$
d) $h^2 = b \cdot p$ e) $h^2 = x \cdot y$ f) $q^2 = a \cdot z$
g) $p = h^2 : q$ h) $h^2 = p \cdot b$ i) $ax = h^2$

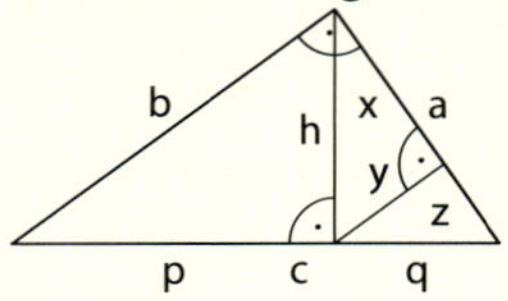

11. Beweise den Höhensatz mithilfe der folgenden Bilder.

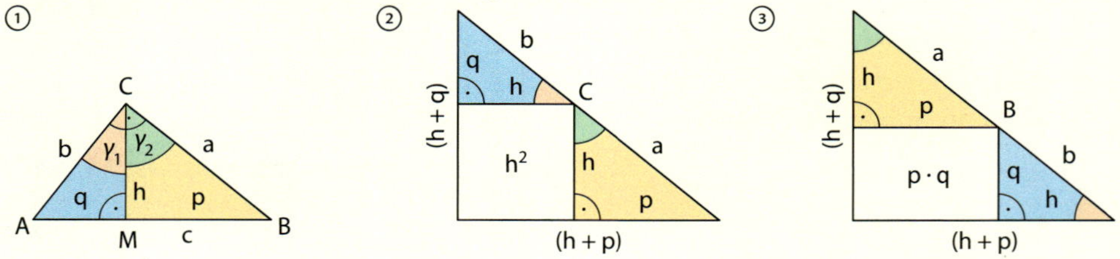

12. Beweise, dass für ein gleichschenklig-rechtwinkliges Dreieck ABC mit $\gamma = 90°$ Folgendes gilt:
a) $a^2 = \frac{c^2}{2}$ b) $h^2 = \frac{1}{4}c^2$ c) $c = b\sqrt{2}$

13. a) Zeige, dass man mithilfe des Satzes des Pythagoras und des Kathetensatzes den Höhensatz herleiten kann.
b) Zeige, dass man mithilfe des Kathetensatzes den Satz des Pythagoras herleiten kann.

14. Bilde die Umkehrung des Höhensatzes und überprüfe die Gültigkeit an zwei Beispielen. Zeichne dafür zwei verschiedene rechtwinklige Dreiecke und miss die benötigten Größen.

15. Ein rechtwinkliges Dreieck ABC hat die Maße $\gamma = 90°$, $a = 55\,mm$, $\beta = 57°$ und $q = 30\,mm$.
a) Zeichne das Dreieck. Miss darin α, p, h_c, b und c.
b) Berechne nun α, p, h_c, b und c.
c) Gib die Abweichungen zwischen den Messergebnissen und den rechnerisch ermittelten Werten in Prozent an.

16. Von einem rechtwinkligen Dreieck ABC sind $\beta = 90°$, $b = 8\,cm$ und $q = 3\,cm$ bekannt. Sandro hat mit den Formeln $b^2 = q \cdot c$ und $a^2 + b^2 = c^2$ ausgerechnet:
$c \approx 21{,}3\,cm$ und $a \approx 19{,}8\,cm$.
a) Begründe, warum diese Ergebnisse nicht stimmen können.
b) Schreibe eine Erläuterung für Sandro, wie er seine Fehler vermeiden kann.

17. Ein rechtwinkliges Dreieck hat eine Höhe von 36 mm. Für die Längen der Hypotenusenabschnitte p und q gilt p : q = 1 : 4. Gib die Längen der Hypotenusenabschnitte an.

18. Das Bild rechts zeigt einen Hausgiebel.
a) Berechne die Längen der rot markierten Dachschrägen.
b) Berechne die Fläche des dreieckigen Teils des Hausgiebels.

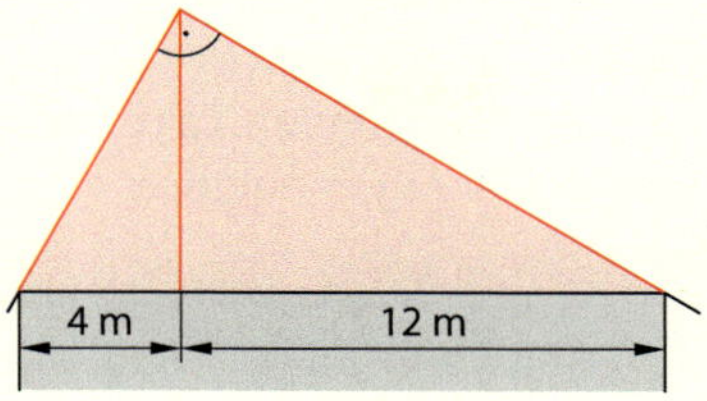

19. Für einen Dachstuhl (siehe Bild) sollen die Längen aller Streben berechnet werden. Die senkrechten Streben teilen den 10 m langen Balken in sechs gleiche Abschnitte.
Tanja sagt: „Ohne den Kathetensatz und den Höhensatz ist das nicht möglich."
Entscheide, ob Tanjas Aussage richtig ist.
Begründe, z. B. durch Rechnungen.

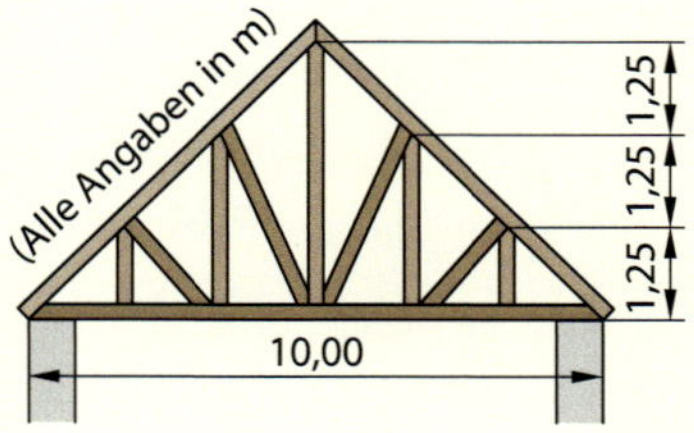

20. Der Querschnitt eines Straßentunnels hat etwa die Form eines Halbkreises mit dem Durchmesser 9,50 m. Durch den Tunnel führt eine Straße mit zwei Fahrbahnen und Randstreifen auf beiden Seiten. Die Randstreifen sind jeweils 1,75 m breit.
a) Fertige eine Skizze an. Gib die Breite der Fahrbahn an.
b) Ein Fahrzeug mit Ladung soll überall einen Sicherheitsabstand zur Tunneldecke von 10 cm haben. Wie hoch darf es höchstens sein?

Hinweis zu Aufgabe 20:
Wende den Satz des Thales an.
Gehe in b) davon aus, dass das Fahrzeug auf der Fahrbahn unmittelbar am Randstreifen fährt. Zeichne das Fahrzeug in deine Skizze ein.

21. Ein halbkreisförmiges Fenster (Breite unten 60 cm) soll durch drei Metallstäbe gesichert werden. Die Stäbe sollen voneinander den gleichen Abstand (15 cm) haben. Oben und unten werden sie 5 cm tief ins Mauerwerk eingelassen.
Berechne die Längen der Stäbe.

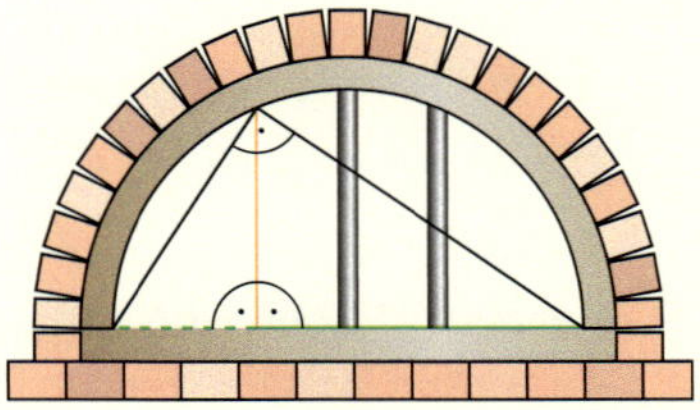

22. Forschungsauftrag: Mithilfe des Höhensatzes kannst du zu jedem Rechteck ein Quadrat mit gleichem Flächeninhalt konstruieren.
a) Führe dies für ein Rechteck mit $\overline{AB} = 4$ cm und $\overline{BC} = 1$ cm aus. Beachte die Bildfolge und die folgenden Erläuterungen.
① Zeichne das Rechteck. Konstruiere den Punkt R durch Verlängern der Rechteckseite $\overline{CD}$ und Schlagen eines Kreisbogens um den Punkt C (Radius $\overline{BC}$).
② Konstruiere den Mittelpunkt M der Strecke $\overline{DR}$. Schlage einen Halbkreis um M mit dem Radius $\overline{MD}$.
③ Verlängere die Strecke $\overline{BC}$ so, dass sie den Halbkreis schneidet. So erhältst du eine Seite des Quadrats. Konstruiere damit das Quadrat.
b) Konstruiere mithilfe des Höhensatzes Strecken mit den folgenden Längen: $\sqrt{10}$ cm; $\sqrt{6}$ cm; $\sqrt{12}$ cm; $\sqrt{2}$ cm.
Erläutere deine Konstruktion in einer kurzen Präsentation.
c) Erläutere die Aussage: „Man kann eine Strecke der Länge $\sqrt{2}$ cm konstruieren, aber man kann die Nachkommastellen von $\sqrt{2}$ nicht vollständig angeben."

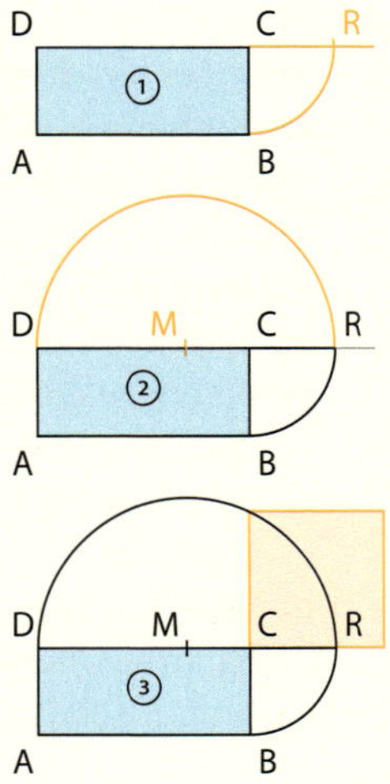

3.4 Vermischte Aufgaben

1. Der Satz des Pythagoras lässt sich anschaulich durch das Falten eines quadratischen Papierstücks begründen. Falte nach der folgenden Anleitung und begründe die einzelnen Schritte der Argumentation.

Schritt 1: Falte ein quadratisches Papier entlang einer Diagonalen (Punkt A auf C).

Schritt 2: Falte den Punkt B so nach oben, dass die entstehende Faltlinie parallel zu DC liegt (hier gibt es viele verschiedene Möglichkeiten).

Schritt 3: Falte den Punkt D nach innen wie in der Abbildung (auf der Rückseite entsteht ein Rechteck).

Schritt 4: Wende das Papier und falte das Rechteck entlang seiner Diagonalen (Punkt E schräg nach oben).

Schritt 5: Falte das Papier komplett auf. Die vier kleinen nicht-gleichschenkligen rechtwinkligen Dreiecke sind kongruent. Sind a und b die Seiten eines Rechtecks, das von je zwei dieser Dreiecke gebildet wird, so gilt für den Flächeninhalt des gesamten Papiers: $A = a^2 + b^2 + 2ab$

Schritt 6: Schneide die vier Dreiecke aus.

Schritt 7: Lege die Dreiecke so zusammen wie in der Abbildung. Ist c die Hypotenuse eines Dreiecks, so gilt für den Flächeninhalt des Quadrats:
$A = c^2 + 4 \cdot \frac{ab}{2} = c^2 + 2ab$

Die beiden großen Quadrate der Schritte 5 und 7 haben denselben Flächeninhalt. Daraus lässt sich schließen, dass die beiden Quadrate über den Katheten zusammen denselben Flächeninhalt haben wie das Quadrat über der Hypotenuse eines kleinen rechtwinkligen Dreiecks.

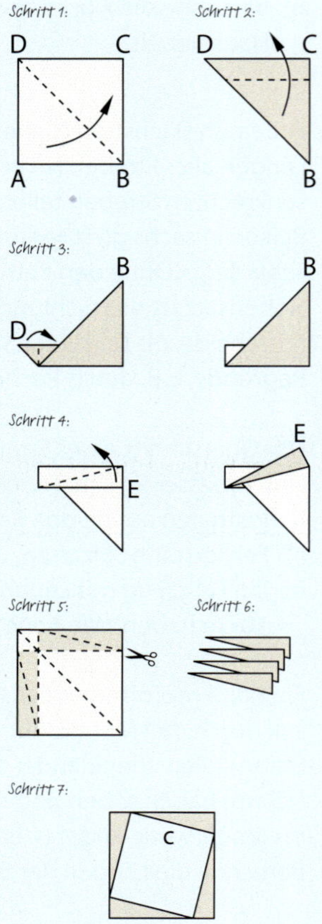

Hinweis:
In einem Pythagorasbaum findet man in jedem Ausschnitt eine exakte Kopie des gesamten Baumes. Solche Strukturen werden auch als Fraktale bezeichnet.

2. Auf ein Quadrat wird ein rechtwinkliges Quadrat mit einer Hypotenuse gesetzt und die zwei kleineren Kathetenquadrate. Nun wird das Vorgehen jeweils auf diese Quadrate angewendet. Wiederholt man diese Schritte immer und immer wieder, so entsteht ein Pythagorasbaum. Die Abbildung zeigt ein Teilstück eines solchen Baumes.
   a) Berechne die Seitenlängen der grünen Quadrate und sortiere sie der Größe nach.
   b) Bestimme den Gesamtflächeninhalt aller Quadrate.
   c) Berechne den Umfang des Teilstücks des Baumes. Überlege zuerst, welche Strecken den Umfang bilden.

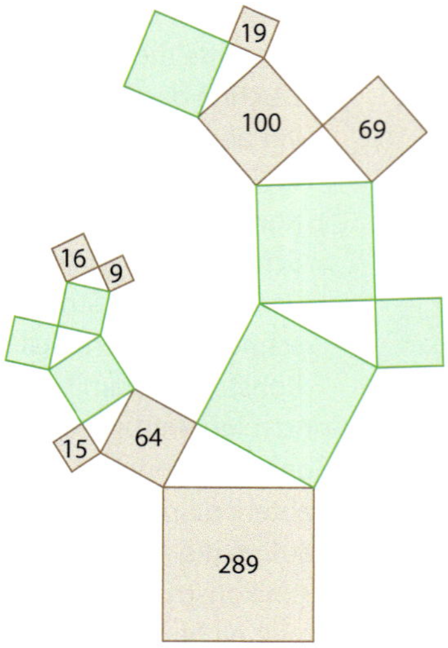

Hinweis:
Hilfe beim Modellieren findest du auf der Methodenkarte 9 F.

3. Nimm an, dass die Erde in etwa die Form einer Kugel mit Radius r = 6371 km hat. Eine Person (P) befindet sich auf offener See auf dem Mast eines Schiffes in 40 Metern Augenhöhe und blickt Richtung Horizont (H).

a) Fertige eine Skizze an und beschrifte alle gegebenen Strecken.

b) Wie weit kann die Person sehen?

4. In einem quaderförmigen Raum (a = 2 m, b = 5 m, c = 2,50 m) sitzen zwei Spinnen (S_1 und S_2) und eine Fliege (F). S_1 sitzt genau in der Mitte der vorderen Bodenkante, S_2 sitzt mittig auf der linken Seitenkante (siehe Skizze).

a) Welche Spinne hat den kürzeren Weg zur Fliege? Beachte: Spinnen können nur entlang der Wände laufen.

b) Zu welcher Spinne kann die Fliege mit derselben Fluggeschwindigkeit schneller fliegen?

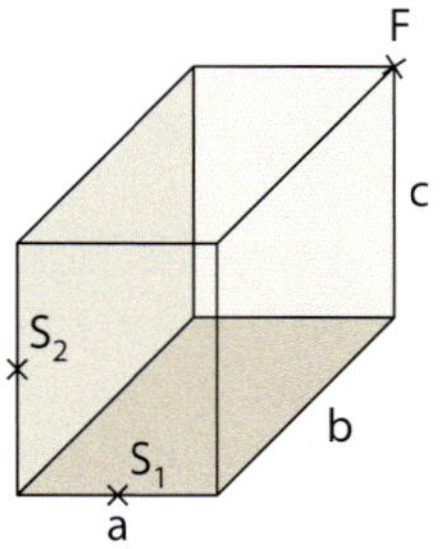

5. Im Herbst weht häufig starker Wind: Ideale Bedingungen, um Drachen steigen zu lassen. Tim baut zusammen mit seinem jüngeren Bruder einen Drachen. Hierzu benötigen sie zwei Holzleisten für die Innenstreben, feste Schnur für die Verbindung außen zwischen den Holzstreben und reißfeste Folie.
In der Bauanleitung finden sie die folgenden Angaben.
Die kürzeren Seiten sind 40 cm lang. Oben in der Spitze des Drachen liegt ein rechter Winkel vor. Die Diagonale f ist halb so lang wie die Diagonale e.

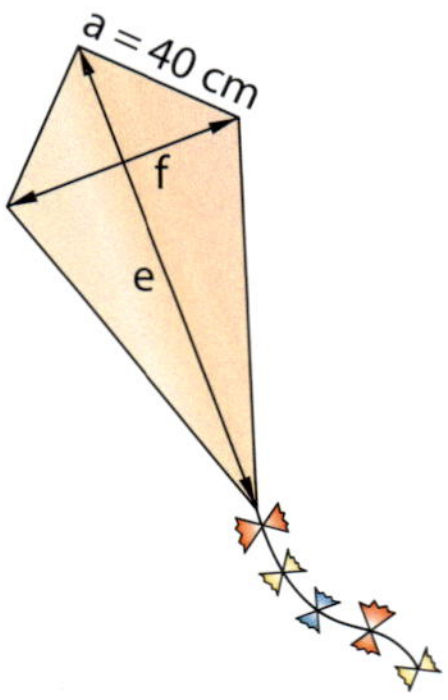

a) Bestimme die Länge der Holzleisten und der Schnur, die die Enden der Holzleisten verbindet und die Begrenzung des Drachens darstellt.

b) Wie viel Folie benötigen die Brüder mindestens?

c) Es ist noch Material für einen zweiten Drachen übrig. Die Holzleisten des zweiten Drachen haben die Maße e = 1 m und f = 40 cm. Die Brüder befestigen die Holzstreben so aneinander, dass die längere Diagonale im Verhältnis 2 : 3 geschnitten wird. Zeichne eine Skizze und berechne die Länge der Seitenkanten. Prüfe anschließend rechnerisch, ob rechte Winkel vorliegen.

6. Unter Bauholz versteht man Holz, das zur Errichtung von Gebäuden und anderen Bauwerken genutzt wird. Verschiedene Normen definieren Qualitätsansprüche und Eigenschaften, die die Bauholzprodukte erfüllen müssen. Der innere Teil des Baumstamms, das sogenannte Kernholz, ist im Gegensatz zum äußeren Splintholz meist wertvoller und erfüllt dementsprechend höhere Qualitätsansprüche.
Aus einem Baumstamm mit Radius r = 20 cm soll ein quaderförmiger Balken hergestellt werden.

Der Radius beträgt r = 20 cm. Der Querschnitt des Balkens soll quadratisch sein. Welche Maße hat der größtmögliche Querschnitt des Balkens?

Ein Balken hat eine quadratische Querschnittsfläche von 0,25 m^2. Wie groß war der Stammdurchmesser des Baumes mindestens?

Nenne zwei Möglichkeiten für den Querschnitt eines Balkens, der aus einem Baumstamm mit dem Radius r = 20 cm gefertigt werden kann.

Ein Holzbalken mit quadratischem Querschnitt (Kantenlänge a) und mit der Länge 6a wird anhand der diagonalen Ebene in zwei Hälften geteilt (siehe Skizze). Gib die Größe der grün schraffierten Schnittfläche in Abhängigkeit von a an.

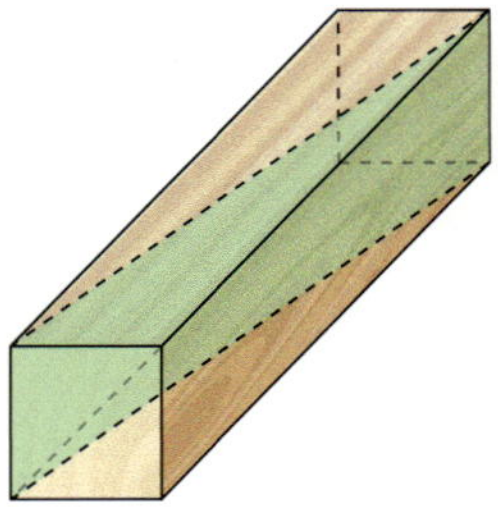

Prüfe dein neues Fundament

Lösungen
↗ S. 239

1. Frau Meier ist Schreinerin. Wenn sie einen rechteckigen Holzrahmen baut, braucht sie keinen Winkelmesser, um zu überprüfen, ob sie gründlich gearbeitet hat. Beschreibe, wie Frau Meier vorgehen kann, wenn ihr nur ein Maßband zur Verfügung steht.

2. Berechne die dritte Seitenlänge des Dreiecks.

a) $a = 8\,cm$, $b = 6\,cm$, $\gamma = 90°$
b) $a = 288\,mm$, $c = 34\,mm$, $\alpha = 90°$
c) $a = 5\,cm$, $b = 3{,}2\,cm$, $\alpha = 90°$
d) $a = 4\,dm$, $c = 3{,}5\,dm$, $\beta = 90°$
e) $a = 6{,}9\,cm$, $b = 4{,}1\,cm$, $\alpha = 90°$
f) $a = 10{,}05\,cm$, $c = 10{,}05\,cm$, $\beta = 90°$

3. Ein rechteckiger Sportplatz ist 100 m lang und 50 m breit. Luca und Jan machen ein Wettrennen von einer Eckfahne bis zu der schräg gegenüberliegenden Eckfahne. Luca läuft über die Diagonale. Jan läuft an den Außenlinien entlang.

a) Ermittle, wie lang die Strecken sind, die Luca und Jan jeweils laufen.
b) Angenommen, beide laufen mit einer Geschwindigkeit von 20 km/h. Berechne, wie weit Jan noch vom Ziel entfernt ist, wenn Luca ankommt.

4. Hat eine Straße eine Steigung von 20 %, so bedeutet dies, dass die Höhe pro 100 m in waagerechter Richtung um 20 m zunimmt.

a) Ermittle die Länge einer Straße mit einer Steigung von 10 %, die einen Höhenunterschied von 300 m überwindet.
b) Gib die Steigung einer Straße an, die auf einer Strecke von 2 km einen Höhenunterschied von 180 m überwindet, und berechne, wie lang die Straße mindestens sein muss.

5. Welche der Dreiecke sind rechtwinklig? Begründe. Gib den rechten Winkel an.

a) $a = 8\,cm$, $b = 15\,cm$, $c = 17\,cm$
b) $a = 2\,cm$, $b = 5\,cm$, $c = 1\,cm$
c) $a = 13\,dm$, $b = 85\,dm$, $c = 84\,dm$
d) $a = 3{,}8\,m$, $b = 4{,}5\,m$, $c = 5{,}89\,dm$
e) $a = 4{,}1\,cm$, $b = 5{,}7\,cm$, $c = 53{,}4\,cm$
f) $a = 0{,}5\,m$, $b = 0{,}7\,m$, $c = 0{,}29\,m$

6. Übertrage die Tabelle in dein Heft und ergänze die fehlenden Größen. Begründe, welche der Dreiecke ABC rechtwinklig sind und welche nicht.

	a	b	c	α	β	γ
a)	3 cm	4 cm	5 cm		53,13°	
b)	4 cm		3 cm	53,13°		36,87°
c)	2 cm	3 cm	4 cm	34°	67°	
d)	5 cm			45°		45°
e)	10,15 cm	4,1 cm	6,43 cm	80,94°	41,72°	

7. Berechne den Umfang des abgebildeten Trapezes.

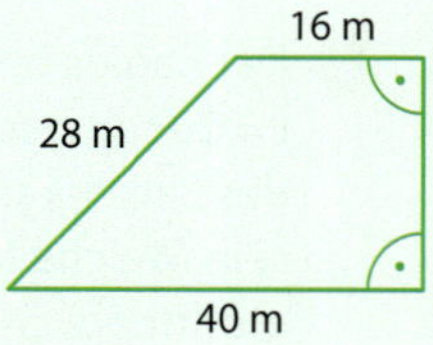

8. Einem Quadrat von 8 cm Seitenlänge wird ein kleineres Quadrat so einbeschrieben, dass dessen Eckpunkte jeweils im Abstand von 1 cm zu den Eckpunkten des großen Quadrates liegen. Fertige eine Skizze an. Berechne den Flächeninhalt des einbeschriebenen Quadrates.

9. Berechne die Länge der rot markierten Strecke (alle Angaben in cm).

a)

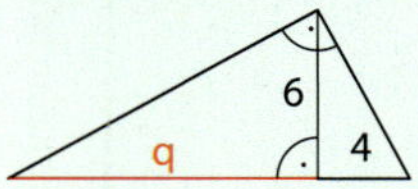

b)

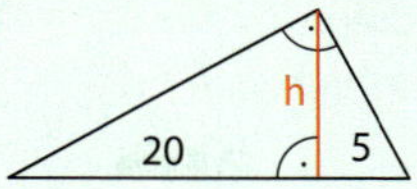

c)

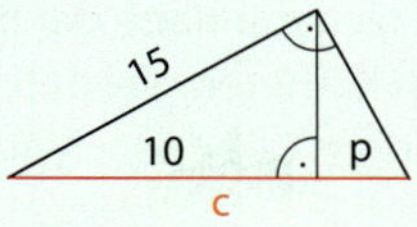

10. Berechne in einem Dreieck ABC mit $\gamma = 90°$ die in Klammern stehenden Längen.

a) $p = 9\,cm, q = 4\,cm$ (h) b) $h = 12\,cm, q = 18\,cm$ (p) c) $q = 4\,m, h = 4\,m$ (c, b)

d) $a = 0{,}6\,m, b = 80\,cm$ (p, q) e) $a = 0{,}6\,dm, c = 0{,}9\,dm$ (p, h) f) $p = 90\,mm, a = 1{,}5\,dm$ (h)

11. Übertrage die Tabelle in dein Heft und ergänze die fehlenden Größen. Die Angaben beziehen sich auf ein rechtwinkliges Dreieck mit der Hypotenuse c.
Runde auf zwei Stellen nach dem Komma.

	a	b	c	p	q	h
a)	4 cm		9 cm			
b)		12 cm			3 cm	
c)				3 cm		5 cm
d)			7,5 cm		3,7 cm	
e)		8 cm				4 cm

Wiederholungsaufgaben

1. Ermittle die fehlende Größe, wenn das Kapital für ein Jahr angelegt wurde.

Grundkapital	Zinssatz	Zinsen
150 €	3 %	
	4 %	10 €
350 €		14 €

2. Skizziere ein Netz und ein Schrägbild eines Prismas mit einem rechtwinkligen Dreieck als Grundfläche.

3. Ordne den Graphen rechts ihre Funktionsgleichung zu.

a) $f(x) = 3x - 2$

b) $g(x) = -3x + 2$

c) $h(x) = -3x - 2$

d) $i(x) = 3x + 2$

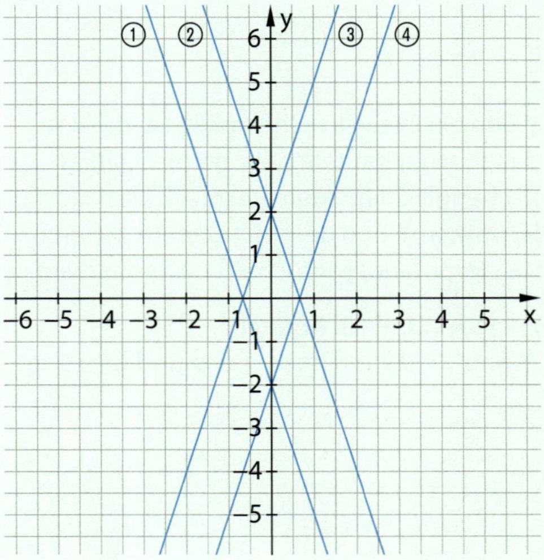

4. Runde 83,04965 auf die angegebene Rundungsstelle.

a) Tausendstel

b) Hundertstel

c) Zehntel

Zusammenfassung

Satz des Pythagoras

In jedem rechtwinkligen Dreieck ist die Summe der Flächeninhalte der beiden Quadrate über den Katheten gleich dem Flächeninhalt des Quadrats über der Hypotenuse.

Für jedes **Dreieck ABC** gilt:

Wenn $\gamma = 90°$, so ist $a^2 + b^2 = c^2$.

Mit dem Satz des Pythagoras lassen sich in rechtwinkligen Dreiecken fehlende Seitenlängen berechnen.

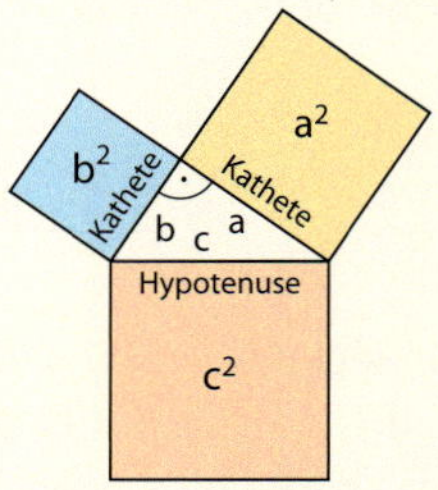

Geg.: ΔABC; $\gamma = 90°$; $c = 10\,cm$; $b = 8\,cm$

Ges.: a

$$a = \sqrt{c^2 - b^2} = \sqrt{(10\,cm)^2 - (8\,cm)^2}$$
$$= \sqrt{36\,cm^2} = 6\,cm$$

Umkehrung des Satzes des Pythagoras

Wenn in einem Dreieck der Flächeninhalt des Quadrats über einer Seite genauso groß ist wie die Summe der Flächeninhalte der Quadrate über den anderen beiden Seiten, dann ist das Dreieck rechtwinklig.

Für jedes **Dreieck ABC** gilt:

Wenn $a^2 + b^2 = c^2$, so ist $\gamma = 90°$.

Mit der Umkehrung des Satzes des Pythagoras lässt sich prüfen, ob bei gegebenen drei Seitenlängen eines Dreiecks das Dreieck rechtwinklig ist.

Ist das Dreieck ABC rechtwinklig?

a) $a = 2{,}1\,cm$, $b = 2{,}0\,cm$ und $c = 2{,}9\,cm$

b) $a = 2\,cm$, $b = 3\,cm$ und $c = 4\,cm$

Lösung:

a) $2{,}1^2 = 4{,}41$; $2{,}0^2 = 4{,}0$; $2{,}9^2 = 8{,}41$

$4{,}41\,cm^2 + 4{,}0\,cm^2 = 8{,}41\,cm^2$

→ Das Dreieck ist rechtwinklig.

b) $2^2 = 4$; $3^2 = 9$; $4^2 = 16$

$4\,cm^2 + 9\,cm^2 \neq 16\,cm^2$

→ Das Dreieck ist nicht rechtwinklig.

Höhensatz

Wenn ein Dreieck rechtwinklig ist, dann ist das Quadrat über der Hypotenusenhöhe flächengleich mit dem Rechteck, das aus beiden Hypotenusenabschnitten bestimmt wird.

Für jedes **Dreieck ABC** gilt:

Wenn $\gamma = 90°$, so ist $h^2 = p \cdot q$.

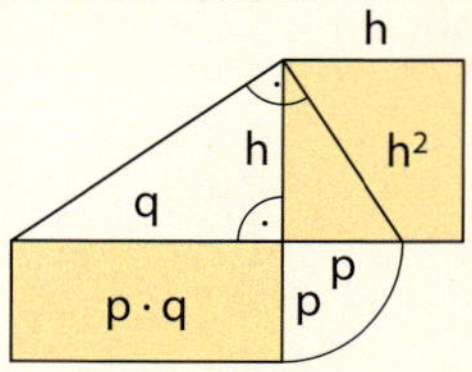

Geg.: ΔABC; $\gamma = 90°$; $p = 3{,}6\,cm$; $q = 6{,}4\,cm$

Ges.: h

$$h = \sqrt{p \cdot q} = \sqrt{3{,}6\,cm \cdot 6{,}4\,cm}$$
$$= \sqrt{23{,}04\,cm^2} = 4{,}8\,cm$$

Kathetensatz

Wenn ein Dreieck rechtwinklig ist, dann ist das zu einer Kathete gehörende Quadrat flächengleich mit dem Rechteck, das aus der Hypotenuse und dem zur Kathete gehörenden Hypotenusenabschnitt bestimmt wird.

Für jedes **Dreieck ABC** gilt:

Wenn $\gamma = 90°$, so ist $a^2 = c \cdot p$ und $b^2 = c \cdot q$.

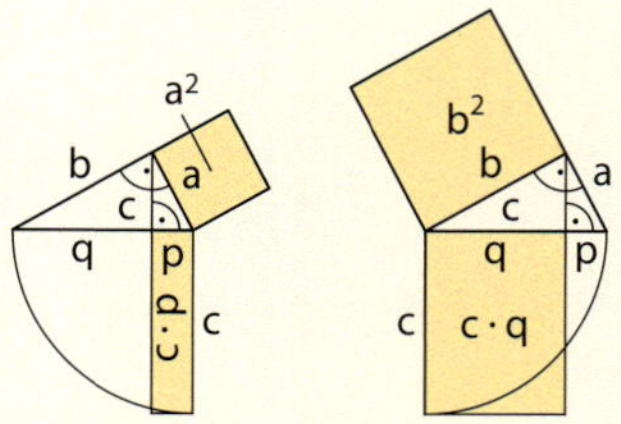

Geg.: ΔABC; $\gamma = 90°$; $c = 10\,cm$; $p = 3{,}6\,cm$

Ges.: a

$$a = \sqrt{c \cdot p} = \sqrt{10\,cm \cdot 3{,}6\,cm}$$
$$= \sqrt{36\,cm^2} = 6\,cm$$

4. Statistische Auswertungen

Viele Unternehmen führen statistische Untersuchungen vor, während und nach der Einführung neuer Produkte oder neuer Serviceangebote durch. Die dabei erhobenen Kundenmeinungen werden ausgewertet und bilden eine wichtige Grundlage für weitere Produktentwicklungen.

Nach diesem Kapitel kannst du …

- Häufigkeitsverteilungen mithilfe verschiedener Diagramme darstellen,
- Daten in Klassen einteilen und Histogramme erstellen,
- Lagemaße und Streumaße von Häufigkeitsverteilungen berechnen und interpretieren,
- aus unterschiedlichen Diagramm Informationen entnehmen und interpretieren.

Lösungen ↗ S. 240

Arithmetisches Mittel und Median

1. Stelle die Messreihe in einer geordneten Liste dar und gib jeweils das arithmetische Mittel und den Median an.
   a) 50 g; 51 g; 49 g; 50 g; 52 g; 55 g; 51 g
   b) 3,75 m; 3,80 m; 4,01 m; 3,25 m; 3,95 m; 3,50 m

2. Die Messung der Körpergröße von zehn Jungen einer Sportgruppe ergab: 1,62 m; 1,64 m; 1,61 m; 1,65 m; 1,68 m; 1,66 m; 1,62 m; 1,65; 1,75 m; 1,72 m
   a) Ermittle den Median und das arithmetische Mittel der Daten.
   b) Vergleiche Median und arithmetisches Mittel miteinander.
   c) Ermittle, wie viele Mitglieder größer als der Durchschnitt sind.

3. Gib jeweils fünf verschiedene Zahlen mit der folgenden Eigenschaft an.
   a) Das arithmetische Mittel ist 4,5.
   b) Der Median ist 6.
   c) Die größte Zahl ist 18 und das arithmetische Mittel ist 12.

4. Vor einer Schule dürfen Fahrzeuge höchstens 30 $\frac{km}{h}$ fahren.
   Bei einer Verkehrskontrolle wurden folgende Werte (in Kilometer pro Stunde) gemessen:
   25, 30, 65, 30, 20, 29, 30, 3, 28, 29, 45, 60, 25, 28, 26, 29, 30, 30, 30, 29
   a) Berechne das arithmetische Mittel und den Median der Werte.
   b) Beurteile folgende Aussage: *„Das arithmetische Mittel zeigt, dass alle kontrollierten Fahrer zu schnell gewesen sind."*
   c) Ersetze den größten Wert so, dass das arithmetische Mittel genau 30 $\frac{km}{h}$ beträgt.

Absolute und relative Häufigkeit

5. Bei Verkehrskontrollen in Brandenburg, Potsdam und Berlin wurden die Fahrzeugbeleuchtungen kontrolliert. Die Ergebnisse der Kontrollen sind in folgender Tabelle unterschiedlich dargestellt:

	Brandenburg	Potsdam	Berlin
Anzahl der kontrollierten Fahrzeuge	425	500	
Anzahl der Fahrzeuge mit Mängeln (absolute Häufigkeit)	51		67
Anzahl der Fahrzeuge mit Mängeln (in Prozent)		11 %	10 %

   a) Übertrage die Tabelle ins Heft und ergänze sie.
   b) Vergleiche die Ergebnisse miteinander und gib an, in welcher der drei Städte die meisten Fahrzeuge Mängel aufwiesen.

6. In einem Sportverein mit 340 Mitgliedern gehören 140 Mitglieder zum Bereich Fußball und 120 Mitglieder zum Bereich Handball. Alle anderen Mitglieder gehören zum Bereich Leichtathletik.
   a) Stelle den Sachverhalt in einem Säulendiagramm dar.
   b) Stelle den Sachverhalt in einem Kreisdiagramm dar.

7. In einem Gefäß befinden sich 20 Würfel, die sich nur durch ihre Farbe (rot, grün oder blau) unterscheiden. Es wird mehrmals hintereinander ein Würfel zufällig entnommen, dessen Farbe notiert und wieder zurückgelegt.
Die Tabelle zeigt, wie oft rote, grüne oder blaue Würfel gezogen wurden.

Farbe	rot	grün	blau
Anzahl	8	10	22

a) Ermittle die relativen Häufigkeiten für das Ziehen von roten, grünen und blauen Würfeln.
b) Wie viele rote, grüne und blaue Würfel vermutest du im Gefäß? Begründe deine Vermutung.

Vermischtes

8. Bei einer Umfrage gaben die befragten Schüler an, wie viele Bücher sie im letzten halben Jahr gelesen haben. Tom wertet die Daten mit einer Tabellenkalkulation aus.
a) Erläutere, wie der Wert in Zelle E3 zustande kommt.
b) Gib an, welche Formeln du in die Zellen E4 und E5 schreiben würdest.
c) Stelle die ermittelten Daten in einem aussagekräftigen Diagramm dar.

	A	B	C	D	E
1	Anzahl gelesener Bücher	0	1	2	3
2	Anzahl der Schüler	41	99	73	23
3	Anzahl der insgesamt gelesenen Bücher				314
4	Anzahl der insgesamt befragten Schüler				
5	Gelesene Bücher je Schüler (Durchschnitt)				

9. Gib die relativen Häufigkeiten an, die im Kreisdiagramm dargestellt sind.
a) 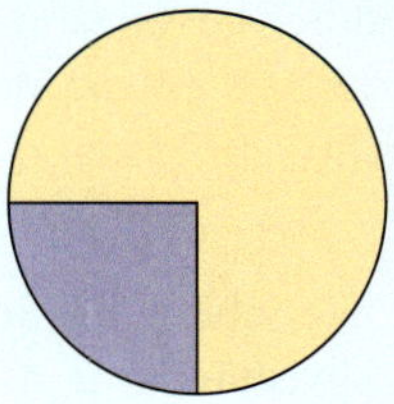
b) 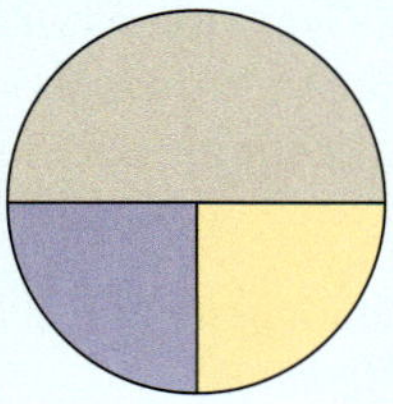
c) 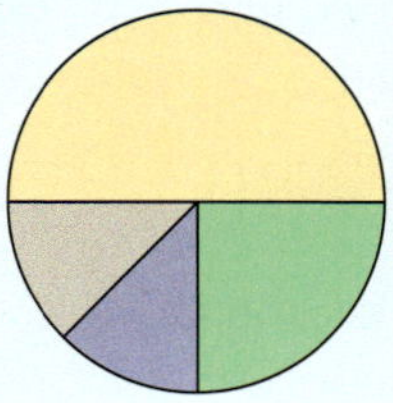
d) 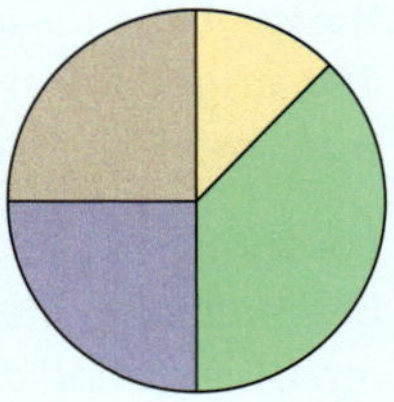

TK 10. Erzeuge mit einer Tabellenkalkulation 500 ganzzahlige Zufallszahlen 0 oder 1.
a) Stelle das Ergebnis in einem Säulendiagramm und in einem Kreisdiagramm dar.
b) Beschreibe, wie du dabei vorgegangen bist.

11. Mia hat sich für ihr Fahrrad ein dreistelliges Zahlenschloss gekauft. Jedes der drei Rädchen kann auf 0; 1; 2; …; 9 eingestellt werden. Gib an, wie viele Möglichkeiten es gibt, einen Code für das Schloss festzulegen.

12. Gegeben ist ein Rechteck mit den Seitenlängen a = 50 cm und b = 20 cm.
a) Berechne den Flächeninhalt des Rechtecks.
b) Erläutere, wie sich der Flächeninhalt des Rechtecks ändert, wenn man die Länge der Seite a um 10 % verkleinert und die Länge der Seite b um 10 % vergrößert.

13. Berechne im Kopf.
a) $5 \cdot 1{,}2 + 100 \cdot 7{,}84$
b) $(1{,}3 + 2{,}7)^2 \cdot 0{,}1$
c) $\left(\frac{3}{2} - 0{,}5\right)^2 \cdot \frac{1}{5} + \left(2{,}5 - \frac{1}{2}\right)^2 \cdot 0{,}4$

4.1 Häufigkeitsverteilungen darstellen

■ Mehrere Meinungsforschungsinstitute wählen wöchentlich zufällig 1000 bis 5000 Telefonnummern aus und stellen die „Sonntagsfrage".
Die Ergebnisse der Institute unterscheiden sich in der Regel, trotzdem lässt sich meistens ein gemeinsamer Trend ablesen.
Erläutere, wie die Unterschiede zustande kommen. ■

Grundgesamtheit, Merkmale und Stichproben

Die Körpergröße und das Körpergewicht aller Neuntklässler Berlins sollen untersucht werden.
Grundgesamtheit: Alle Neuntklässler Berlins
Merkmale: Körpergröße, Körpergewicht
Merkmalsausprägungen: 0 bis 250 cm, 0 bis 150 kg
Stichprobe: 10 zufällig gewählte 9. Klassen
Stichprobenumfang: 298

Bei statistischen Untersuchungen bezeichnet man alle möglichen Objekte (Personen, Haushalte, …), über die eine Aussage getroffen werden soll, als **Grundgesamtheit**. **Merkmale** sind die Eigenschaften, die untersucht, gemessen oder beobachtet werden sollen. Die **Merkmalsausprägung** gibt die möglichen Werte zu einem Merkmal an.
Eine **Stichprobe** ist eine Teilmenge der Grundgesamtheit, bei der die Merkmale erhoben werden. Der **Stichprobenumfang** ist die Anzahl der Objekte der Stichprobe.

Um von den Ergebnissen bei der Stichprobe auf die Grundgesamtheit schließen zu können, muss die Stichprobe möglichst repräsentativ gewählt werden.

Hinweis:
Eine Grundgesamtheit wird auch als Population bezeichnet.

Beispiel 1: Aus den 758 Schülern des Schiller-Gymnasiums werden durch Losverfahren 100 ausgewählt und befragt, ob sie Linkshänder sind. Gib die Grundgesamtheit, die Merkmale, mögliche Merkmalsausprägungen, die Stichprobe und den Stichprobenumfang an.

Lösung:

Beschreibe die Menge aller betrachteten Objekte und die interessierende Aussage.
Gib die ausgewählten Objekte und die Art der Auswahl an. Ermittle die Anzahl der ausgewählten Objekte.

Grundgesamtheit:	alle Schüler der Schule
Merkmal:	Linkshänder sein
Merkmalsausprägung:	ja und nein
Stichprobe:	ausgeloste Schüler
Art der Auswahl:	Losverfahren
Stichprobenumfang:	100

Basisaufgaben

1. Gib, wenn möglich, Grundgesamtheit, Merkmal, mögliche Merkmalsausprägungen, die Stichprobe und Stichprobenumfang an.
   a) Aus den 562 Schülern einer Schule werden 50 ausgelost und befragt, mit welchem Verkehrsmittel sie zur Schule kommen.
   b) Ein Gefäß enthält 30 rote und 50 weiße Kugeln. Es wird 20-mal je eine Kugel mit geschlossenen Augen entnommen und wieder zurückgelegt. Die Farbe wird notiert.
   c) Einem Trinkwassertank werden auf zufällige Weise 1000 ml Wasser entnommen, um es auf Rückstände von Pflanzenschutzmitteln zu untersuchen.
   d) Nach Schließung der Wahllokale bei Bundestagswahlen werden Prognosen der Ergebnisse veröffentlicht. Grundlage solcher Prognosen sind Fragebögen, die am Wahltag von ausgewählten Wählern beantwortet werden.

Häufigkeitsverteilung

Wissen: Häufigkeitsverteilung
Eine Häufigkeitsverteilung ordnet jeder Merkmalsausprägung x_k die zugehörige absolute Häufigkeit $H(x_k)$ oder die relative Häufigkeit $h(x_k)$ zu.
Beispiel: Schuhgrößen in der Klasse 9b

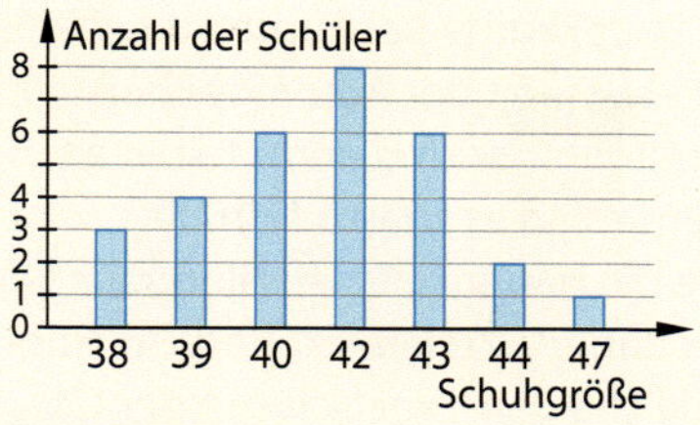

Häufigkeitsverteilungen können tabellarisch und grafisch dargestellt werden.

Schuhgröße	38	39	40	42	43	44	47
$H(x_k)$	3	4	6	8	6	2	1

Beispiel 2: Der letzte Mathe-Test der 9a wurde zweimal mit „sehr gut", fünfmal mit „gut", neunmal mit „befriedigend", viermal mit „ausreichend" und je einmal mit „mangelhaft" und „ungenügend" bewertet.
a) Stelle die Häufigkeitsverteilung der Zensuren tabellarisch dar.
b) Stelle die Häufigkeitsverteilung der Zensuren in einem Diagramm dar.

Lösung:
a) Notiere in der ersten Zeile einer Tabelle die Merkmalsausprägungen (Zensuren) und ordne diesen die jeweilige Häufigkeit zu.

Zensur	1	2	3	4	5	6
Anzahl	2	5	9	4	1	1

b) Wähle eine geeignete Diagrammart. Beachte die Achseneinteilungen und die Achsenbeschriftungen.

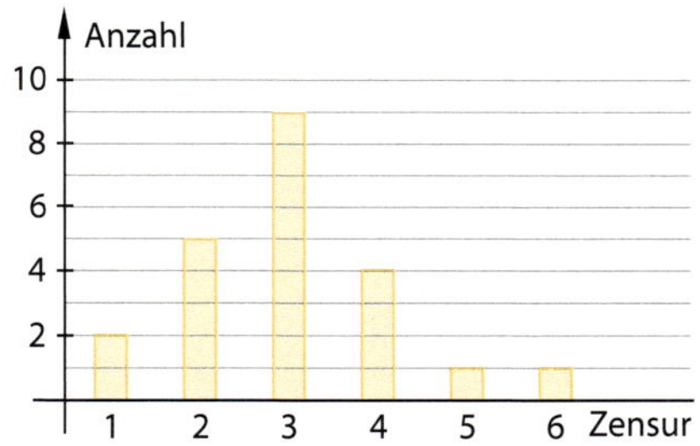

Hinweis:
In Säulendiagrammen lassen sich absolute Häufigkeiten gut veranschaulichen.

Basisaufgaben

2. Das Schiller-Gymnasium hat 758 Schüler. Davon kommen 421 aus A-Stadt, 152 aus B-Stadt, 75 aus C-Dorf und der Rest aus D-Hausen.
   a) Berechne die relativen Häufigkeiten und stelle sie übersichtlich in einer Tabelle dar.
   b) Veranschauliche die relativen Häufigkeiten in einem geeigneten Diagramm.

3. Bei der „Sonntagsfrage" wurden 1500 Personen befragt, welche Partei sie wählen würden. Die Ergebnisse sind in folgender Tabelle dargestellt:

Partei	A	B	C	D	E	F	Sonstige
Anteil in %	37,5	26,0	9,5	5,5	9,5	7,0	5,0

   a) Stelle die Häufigkeitsverteilung in einem Säulendiagramm dar.
   b) Ermittle die absoluten Häufigkeiten der Stimmenanteile.

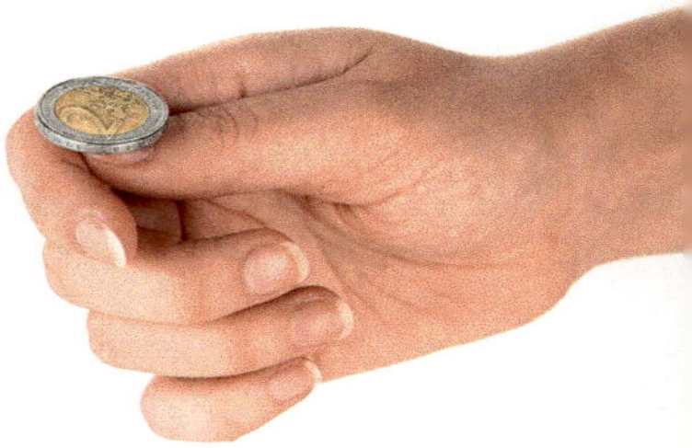

4. Wirf eine Münze fünfmal und ermittle, wie oft „Zahl" oben liegt. Erzeuge 20 solcher Fünferserien und ermittle dafür die Häufigkeitsverteilung. Stelle die Häufigkeitsverteilung tabellarisch und grafisch dar.

Weiterführende Aufgaben

5. In einer Rede wurde behauptet, dass jeder siebte Arbeitsplatz in Deutschland direkt oder indirekt etwas mit der Automobilherstellung zu tun hat. Gut 390 000 Arbeitnehmerinnen und Arbeitnehmer sind unmittelbar am Bau von Kraftfahrzeugen beteiligt. In der Zulieferindustrie sind es knapp 370 000.
   a) Stelle die Häufigkeitsverteilung auf Grundlage der Behauptung nach den Merkmalen „Autobauer", „Zulieferer" und „Sonstige" tabellarisch und grafisch dar.
   b) Vergleiche dein Ergebnis mit der Tatsache, dass es in Deutschland etwa 37 Millionen Arbeitnehmerinnen und Arbeitnehmer gibt.

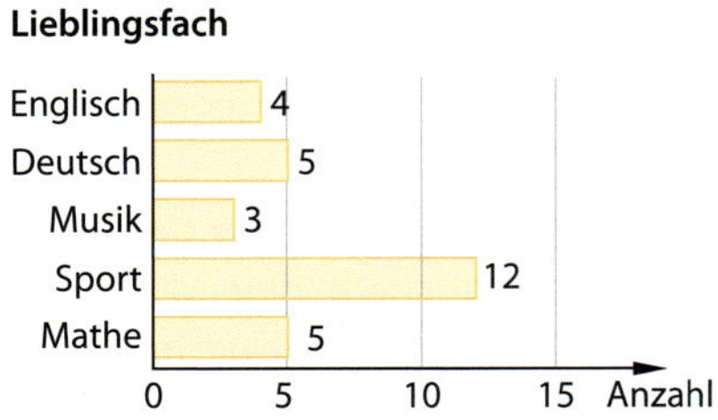

6. Eine Befragung einer Auswahl von Neuntklässlern zum Thema Lieblingsfach erbrachte das nebenstehende Ergebnis.
   a) Ermittle den Stichprobenumfang.
   b) Berechne die relativen Häufigkeiten und stelle sie in einem Kreisdiagramm dar.

7. In Deutschland waren 2014 von den etwa 42 Millionen angeschafften Pkw 36 % neu gekauft, 59 % gebraucht gekauft und 5 % geleast.
   Stelle den Sachverhalt tabellarisch und grafisch dar.

8. **Stolperstelle:** Am Herder-Gymnasium soll durch die Befragung einer Stichprobe ermittelt werden, wie groß der Anteil der Schüler ist, die ein Handy besitzen. Max schlägt vor, dazu alle Schüler der Klassenstufe 7 zu befragen. Beurteile seinen Vorschlag.

9. Beurteile, ob die Stichprobe repräsentativ ist. Begründe deine Antwort.
   a) Julian soll eine Umfrage zur Häufigkeit der Kommunikation per Mail durchführen. Er schickt seinen Fragebogen an alle Leute, deren Mail-Adresse er im Adressbuch seines Mailprogramms hat.
   b) Der Bürgermeister einer Stadt mit 5000 Einwohnern möchte wissen, ob die Bewohner den Ausbau einer Straße wünschen. Er befragt 100 zufällig ausgewählte Bewohner.
   c) Ein Getränkeautomatenaufsteller möchte den Bedarf an einer Schule ermitteln. Dafür befragt er alle Klassensprecher der Schule nach ihren Trinkgewohnheiten.

10. Die Tabelle zeigt die Häufigkeitsverteilung für den Verkauf einer Zeitschrift.

Monat	J	F	M	A	M	J	J	A	S	O	N	D
Anzahl	56	101	63	77	85	76	111	69	96	108	113	100

   a) Stelle die Häufigkeitsverteilung in einem Diagramm anschaulich dar.
   b) Berechne, wie viele Zeitschriften durchschnittlich pro Monat verkauft worden sind.

11. Informiert euch im Internet über den aktuellen Stand der Ergebnisse der „Sonntagsfrage". Vergleicht die Ergebnisse verschiedener Meinungsforschungsinstitute und berichtet darüber in der Klasse.

● 12. **Ausblick:** Bei einer Firma gibt es Zucker-Perlen in zwei Farben. Es soll der Anteil von jeder der Farben in den verkauften Packungen anhand einer Stichprobe geschätzt werden.
   Erläutere, wie du vorgehen würdest, wenn die Gesamtzahl der Perlen in einer Packung nach Angaben des Herstellers etwa 450 beträgt.

4.2 Klasseneinteilung von Daten und Histogramme

■ Bei einer Untersuchung wurde der Ruhepuls bei 14-jährigen Mädchen gemessen. Insgesamt wurden 200 Messungen durchgeführt. In den beiden nebenstehenden Diagrammen sind die Ergebnisse dargestellt.

Vergleiche die Diagramme und beschreibe, wodurch sie sich unterscheiden. ■

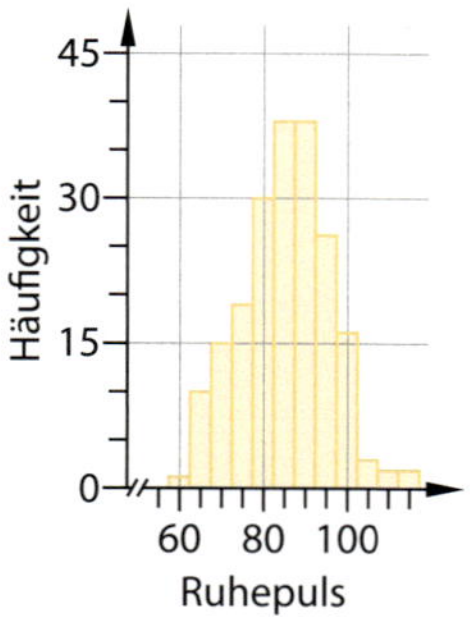

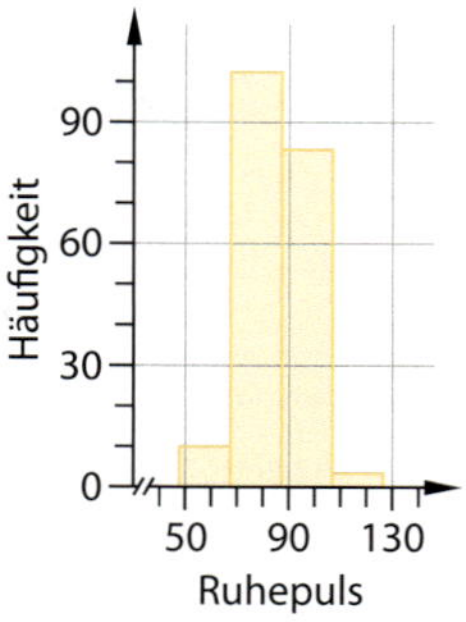

Klasseneinteilung

Beim Vorliegen sehr vieler Einzeldaten werden diese aus Gründen der Übersichtlichkeit oft in Gruppen (Klassen) zusammengefasst.

Wissen: Klassen und Klassenbreite

Klassen sind **zusammengefasste Daten** ein und derselben Liste in möglichst gleich langen Teilintervallen. Sie sind lückenlos, überschneiden einander nicht und umfassen alle Daten einer Liste. Sie sind nach unten und nach oben begrenzt und eindeutig festgelegt.

Die **Klassenbreite** ist die **Differenz aus oberer und unterer Klassengrenze.** Mitunter erhalten die einzelnen Klassen spezielle Namen.

Hinweis:
In Einzelfällen können Klassen auch unterschiedliche Breiten haben.

Beispiel 1: Gegeben ist das Körpergewicht von 16 Neugeborenen:
3,26 kg; 3,86 kg; 3,04 kg; 3,26 kg; 3,68 kg; 4,40 kg; 3,57 kg; 3,34 kg; 3,32 kg; 3,69 kg; 2,97 kg; 3,53 kg; 4,27 kg; 3,99 kg; 4,27 kg; 3,59 kg

Teile die Daten in Klassen mit einer Klassenbreite von 0,5 kg ein und gib an, wie viele der Daten in jeder Klasse liegen.

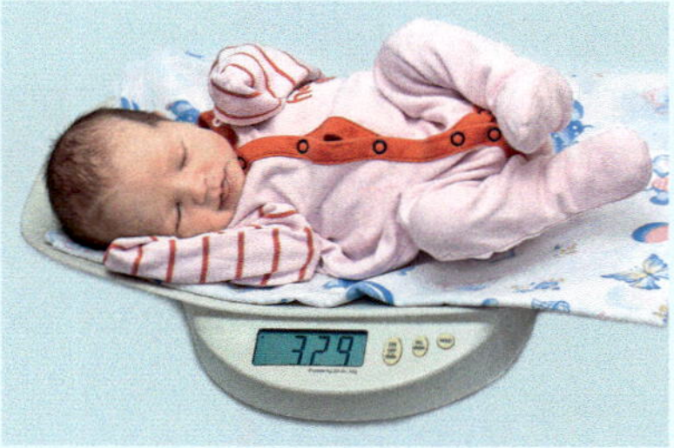

Lösung:

Erstelle gleich lange Teilintervalle mit der Klassenbreite 0,5 kg.

Vorgegebene Klassenbreite:
0,5 kg

Achte dabei darauf, dass sich die Intervalle nicht überschneiden, sie aber lückenlos aneinander gefügt sind. Jeder Messwert muss also in genau einem Intervall liegen.

als Ungleichung	mit Klammern
$2{,}5\,kg \le x < 3{,}0\,kg$	[2,5 kg; 3,0 kg)
$3{,}0\,kg \le x < 3{,}5\,kg$	[3,0 kg; 3,5 kg)
$3{,}5\,kg \le x < 4{,}0\,kg$	[3,5 kg; 4,0 kg)
$4{,}0\,kg \le x < 4{,}5\,kg$	[4,0 kg; 4,5 kg)

Bezeichne jedes Intervall, schreibe die zugehörigen Messwerte auf und gib deren Anzahl an.

Intervall (kg)	Name	Daten (kg)	Anzahl
[2,5; 3,0)	S	2,97	1
[3,0; 3,5)	M	3,04; 3,26; 3,26; 3,32; 3,34	5
[3,5; 4,0)	XL	3,53; 3,57; 3,59; 3,68; 3,69; 3,86; 3,99	7
[4,0; 4,5)	XXL	4,27; 4,27; 4,40	3

Hinweis:
Verwende bei abgeschlossenen Intervallenden eckige Klammern, bei offenen Intervallenden runde Klammern.

Basisaufgaben

1. Gegeben sind die Körpergrößen von 20 Neugeborenen. Teile die Daten in Klassen mit einer Klassenbreite von 2 cm ein und gib an, wie viele der Daten in jeder Klasse liegen.
49 cm; 48 cm; 56 cm; 47 cm; 52 cm; 48 cm; 48 cm; 53 cm; 47 cm; 52 cm;
54 cm; 54 cm; 52 cm; 49 cm; 53 cm; 55 cm; 49 cm; 53 cm; 55 cm; 51 cm

2. Eine Leistungskontrolle wird nach folgendem Schlüssel bewertet:

Zensur	1	2	3	4	5	6
Prozent	100 bis 93	92 bis 77	76 bis 61	60 bis 45	44 bis 20	19 bis 0

a) Erläutere an diesem Beispiel die Begriffe „Klasse" und „Klassenbreite".
b) In der Leistungskontrolle gab es insgesamt 30 Punkte. Erreicht wurden folgende Punkte:
26; 12; 22; 14; 15; 30; 6; 19; 0; 21; 21; 27; 27; 25; 7; 20; 11; 13; 2; 8; 9; 22; 17
Erstelle dazu eine Häufigkeitsverteilung nach dem angegebenen Schlüssel.

Histogramme

Für die grafische Darstellung von Häufigkeitsverteilungen mit Klasseneinteilungen gibt es besondere Diagramme.

Wissen: Histogramme
Säulendiagramme für Häufigkeitsverteilungen mit Klasseneinteilungen, deren nebeneinanderliegende Säulen einander berühren, werden **Histogramme** genannt.
Der Flächeninhalt jeder Säule entspricht dabei der relativen Häufigkeit der zugehörigen Merkmalsausprägung. Es gilt:
Der **Flächeninhalt** einer Säule ist **gleich Klassenbreite · Säulenhöhe**.
Die Summe der Flächeninhalte aller Säulen ist **gleich 1**.

Erinnere dich:
H(A):
absolute Häufigkeit
h(A):
relative Häufigkeit

Beispiel 2: Stelle die Ergebnisse von Beispiel 1 auf Seite 131 in einem Histogramm dar.

Lösung:
Berechne die relativen Häufigkeiten h(A) der Daten:
$h(A) = \frac{H(A)}{n} = \frac{H(A)}{16}$

Berechne die Höhen der Säulen:
$\text{Höhe} = \frac{h(A)}{\text{Klassenbreite}} = \frac{h(A)}{0,5}$

Intervall (kg)	Name	H(A)	h(A)	Säulenhöhe
[2,5; 3,0)	S	1	0,0625	0,125
[3,0; 3,5)	M	5	0,3125	0,625
[3,5; 4,0)	XL	7	0,4375	0,875
[4,0; 4,5)	XXL	3	0,1875	0,375

Zeichne das Histogramm.

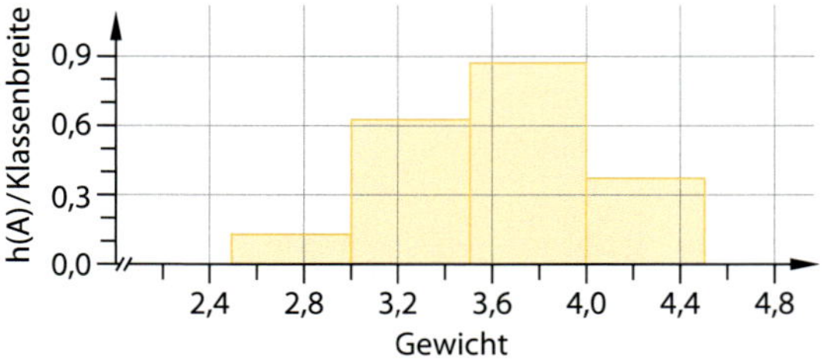

Hinweis:
Bei gleich breiten Klassen sind die Höhen der Rechtecksäulen proportional zu den relativen bzw. absoluten Häufigkeiten.
Der Quotient $\frac{h(A)}{\text{Klassenbreite}}$ wird auch „Dichte" genannt.

Basisaufgaben

3. Stelle die Ergebnisse von Aufgabe 1 auf dieser Seite (Körpergröße von Neugeborenen) in einem Histogramm dar.

4. Stelle die Ergebnisse von Aufgabe 2 b auf Seite 132 (Punkte bei der Leistungskontrolle) in einem Histogramm dar.
   a) mit einer Klassenbreite von 5 Punkten b) mit einer Klassenbreite von 10 Punkten
   c) mit einer Klassenbreite, die durch den Bewertungsmaßstab vorgegeben ist

Weiterführende Aufgaben

5. a) Begründe, warum in nebenstehender Darstellung eine Klasseneinteilung verwendet wurde und gib die Breite jeder Klasse an.
   b) Erkläre, warum hier kein Histogramm vorliegt.

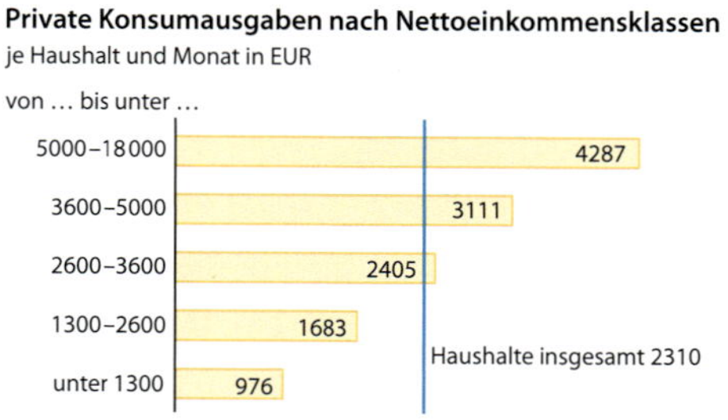

6. **Stolperstelle:** Bei einem Test konnten maximal 34 Punkte erreicht werden. Karl meint, dass er die Punkte, die jeder aus der Klasse erreicht hat, im nebenstehenden Histogramm dargestellt hat. Bewerte das Histogramm.

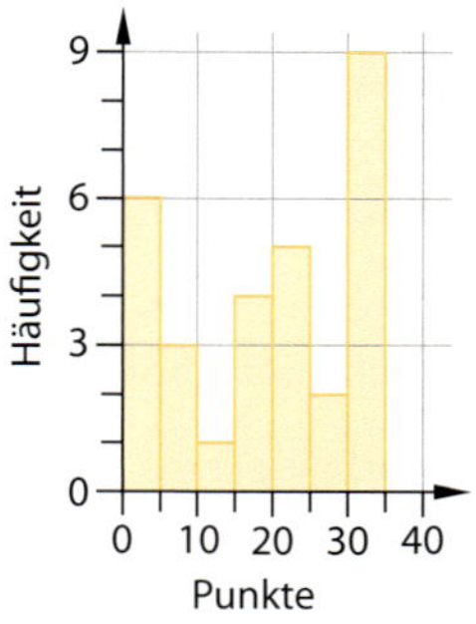

7. Hier ist eine Preistabelle für den Briefversand gegeben:

Standardbrief	bis 20 g; max. 23,5 × 12,5 × 0,5 cm	0,70 €
Kompaktbrief	bis 50 g; max. 23,5 × 12,5 × 1,0 cm	0,85 €
Großbrief	bis 500 g; max. 35,3 × 25,0 × 2,0 cm	1,45 €
Maxibrief	bis 1000 g; max. 35,3 × 25 × 5 cm	2,60 €

Beschreibe, auf welcher Grundlage die Klasseneinteilung erfolgt. Gib die Klassenbreiten an.

8. Arbeitet zu zweit.
Jeder würfelt mit einem Spielwürfel so lange, bis die Sechs erstmalig erscheint und notiert die Anzahl der benötigten Würfe. Wiederholt diesen Zufallsversuch zehnmal.
   a) Stellt die Häufigkeitsverteilung tabellarisch dar und veranschaulicht die Ergebnisse in einem Histogramm.
   b) Tragt die Ergebnisse eurer Klasse zusammen und veranschaulicht sie in einem Histogramm. Beschreibt das Histogramm dieser zusammengefassten Ergebnisse.

9. In einer Schule wurde die Dauer der Schulwege ermittelt und in Histogrammen dargestellt.
Beschreibe, warum sich beide Histogramme äußerlich unterscheiden, obwohl sie ein und denselben Sachverhalt veranschaulichen.

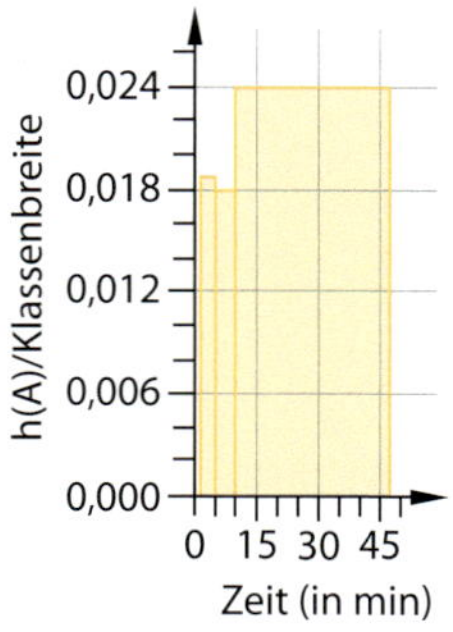

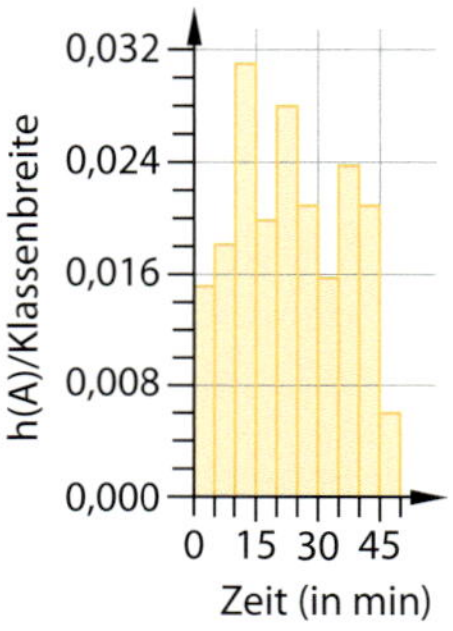

10. **Ausblick:** Simuliere mit einer Tabellenkalkulation das 500-malige Werfen von zehn Würfeln und veranschauliche die erzielten Augensummen in einem Histogramm.

TK

4.3 Lagemaße und Streumaße ermitteln

■ Die nebenstehende Tabelle enthält die Ergebnisse des letzen Mathe-Tests der Klasse 9 a.

Zensur	1	2	3	4	5	6
Anzahl	4	6	8	7	4	1

Erläutere, wie du den Zensurendurchschnitt ermitteln würdest. ■

Lagemaße – Arithmetisches Mittel, Modalwert und Median

Daten lassen sich durch **Kenngrößen** beschreiben. Zu den Kenngrößen gehören **Lage- und Streumaße**. Folgende Lagemaße kennst du bereits:

Arithmetisches Mittel: Summe aller Werte dividiert durch die Anzahl der Werte

Modalwert: am häufigsten auftretender Wert

Median (Zentralwert): Wert in der Mitte aller der Größe nach geordneten Werte

Diese Lagemaße lassen sich auch durch Vorgabe der Werte durch eine Häufigkeitsverteilung ermitteln.

Wissen: Lagemaße von Häufigkeitsverteilungen

Für eine Häufigkeitsverteilung lassen sich die Lagemaße wie folgt bestimmen:

Messwert	x_1	x_2	…	x_n
Absolute Häufigkeit	$H(x_1)$	$H(x_2)$	…	$H(x_n)$

Arithmetisches Mittel $\bar{x}$: $\bar{x} = \frac{x_1 \cdot H(x_1) + x_2 \cdot H(x_2) + \ldots + x_n \cdot H(x_n)}{H(x_1) + H(x_2) + \ldots + H(x_n)}$

Modalwert m: x_k mit der größten absoluten (relativen) Häufigkeit

Median (Zentralwert) z: Wert in der Mitte der nach Größe geordneten Daten (Bei gerader Anzahl von Werten ist es das arithmetische Mittel der beiden mittleren Werte.)

Hinweis:
Bei zufälligen Erhebungen (Stichproben) kann das arithmetische Mittel in der Stichprobe (Stichprobenmittel) von dem der Grundgesamtheit abweichen.

Beispiel 1: 15 Personen haben den Preis für eine Flasche Parfüm geschätzt.
a) Berechne das arithmetische Mittel.
b) Gib den Modalwert an.
c) Ermittle den Median.

Schätzwert (in Euro)	Absolute Häufigkeit
15	12
35	2
50	1

Lösung:

a) Berechne das arithmetische Mittel mit der oben angegebenen Formel.

$\bar{x} = \frac{15 \cdot 12 + 35 \cdot 2 + 50 \cdot 1}{12 + 2 + 1} = \frac{300}{15} = 20$

Das arithmetische Mittel der Schätzungen beträgt $\bar{x} = 20$ €.

b) Gib den Schätzwert mit der größten absoluten Häufigkeit an.

Der Schätzwert 15 € tritt am häufigsten auf:
Modalwert: m = 15 €

c) Erstelle eine geordnete Urliste und gib den Wert an, der genau in der Mitte steht.

Geordnete Urliste:
15; 15; 15; 15; 15; 15; 15; 15; 15; 15; 15; 15; 35; 35; 50
Der mittlere Wert (der achte Wert) beträgt 15:
Median: z = 15

Basisaufgaben

1. Gegeben ist eine Häufigkeitsverteilung:
   a) Berechne das arithmetische Mittel.
   b) Gib den Modalwert an.
   c) Ermittle den Median.

Messwert	3	1	8	4	0	6
Häufigkeit	2	7	7	4	3	0

2. Gegeben ist das nebenstehende Diagramm. Ermittle daraus das arithmetische Mittel, den Median und den Modalwert der erteilten Zensuren.

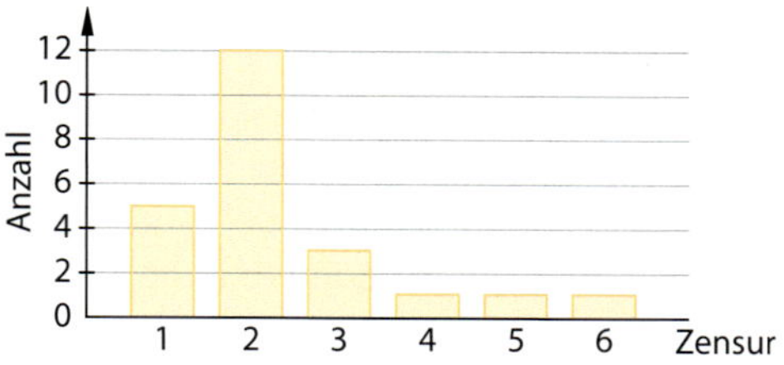

Streumaße – Varianz und Standardabweichung

Die einzelnen Werte einer Häufigkeitsverteilung können mehr oder weniger stark vom arithmetischen Mittel abweichen. Man sagt: sie streuen um das arithmetische Mittel. **Streumaße** sind ein Maß dafür, wie stark die Abweichung ist. Du kennst bereits ein Streumaß, die Spannweite einer Datenreihe: Spannweite = Maximum – Minimum.

Häufigkeitsverteilungen können aber bei gleicher Spannweite sehr unterschiedlich um ein und dasselbe arithmetische Mittel streuen (siehe Beispiel rechts).

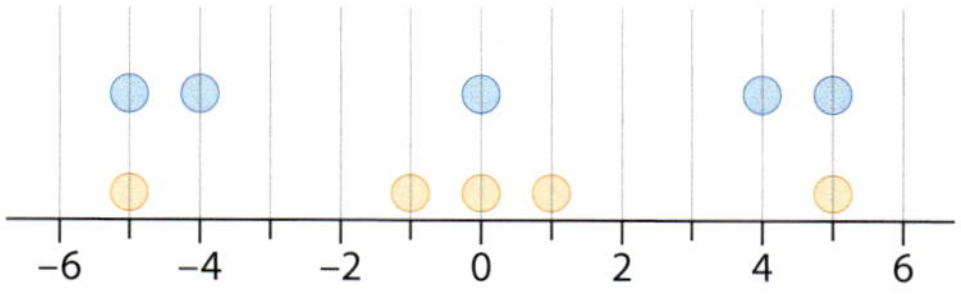

Deshalb ist die Spannweite für viele Häufigkeitsverteilungen nicht sehr aussagekräftig.
Weitere Streumaße sind die **Varianz** und die **Standardabweichung**.

Wissen: Varianz und Standardabweichung

Gegeben ist eine Häufigkeitsverteilung mit dem arithmetischen Mittel $\bar{x}$.

Messwert	x_1	x_2	…	x_n
Absolute Häufigkeit	$H(x_1)$	$H(x_2)$	…	$H(x_n)$

Die **Varianz V** ist das arithmetische Mittel der Quadrate der Abstände der einzelnen Werte zum arithmetischen Mittel.

Als Formel: $V = \dfrac{(x_1 - \bar{x})^2 \cdot H(x_1) + (x_2 - \bar{x})^2 \cdot H(x_2) + \ldots + (x_n - \bar{x})^2 \cdot H(x_n)}{H(x_1) + H(x_2) + \ldots + H(x_n)}$

Da durch das Quadrieren auch die Einheiten quadriert werden, zieht man häufig noch die Wurzel aus der Varianz und erhält so die **Standardabweichung s**: $s = \sqrt{V}$

Hinweis:
Die Varianz wird auch als mittlere quadratische Abweichung bezeichnet.

Eine kleine Standardabweichung heißt, alle Beobachtungswerte liegen nahe am arithmetischen Mittelwert, eine große Standardabweichung heißt, die Beobachtungswerte sind weit um das arithmetische Mittel gestreut.

Beispiel 2: Die Tabelle zeigt das Ergebnis einer Befragung zur Anzahl von Kindern in Familien. Berechne das arithmetische Mittel, die Varianz und die Standardabweichung.

Anzahl der Kinder pro Familie	1	2	3	4	5	6
Anzahl der Familien	3	5	11	8	3	0

Lösung:

a) Berechne das arithmetische Mittel: $\bar{x} = \dfrac{1 \cdot 3 + 2 \cdot 5 + 3 \cdot 11 + 4 \cdot 8 + 5 \cdot 3 + 6 \cdot 0}{3 + 5 + 11 + 8 + 3 + 0} = \dfrac{93}{30} = 3{,}1$

b) Berechne die Varianz mit der Formel.

$$V = \frac{(1-3{,}1)^2 \cdot 3 + (2-3{,}1)^2 \cdot 5 + (3-3{,}1)^2 \cdot (4-3{,}1)^2 \cdot 8 + (5-3{,}1)^2 \cdot 3 + (6-3{,}1)^2 \cdot 0}{30} \approx 1{,}2233$$

c) Berechne die Standardabweichung: $s = \sqrt{V} = \sqrt{1{,}2233} \approx 1{,}1$

Basisaufgaben

3. Berechne für jede Klasse das arithmetische Mittel, die Varianz und die Standardabweichung für die angegebenen Zensurenverteilungen.

Zensur	1	2	3	4	5	6
9a	3	5	12	4	2	1
9b	12	1	0	0	2	7

4. Spreizt Daumen und Zeigefinger möglichst weit auseinander und messt die Entfernung der beiden Fingerspitzen. Notiert eure Messwerte und berechnet das arithmetische Mittel, die Spannweite und die Standardabweichung aller „Handspannen" in eurer Klasse.

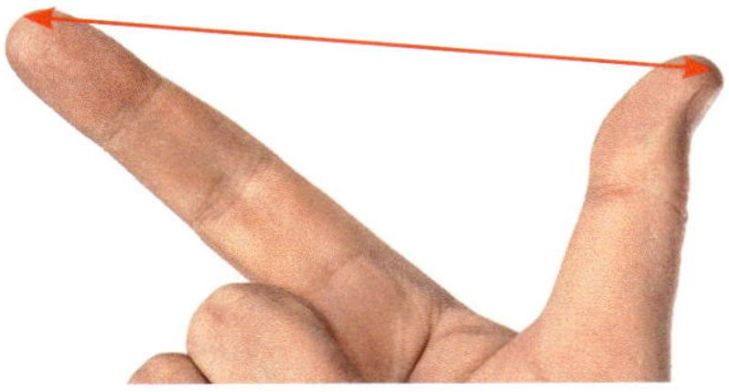

Weiterführende Aufgaben

5. Erläutere, ob sich zu den abgebildeten Figuren in sinnvoller Weise ein arithmetisches Mittel, ein Modalwert und ein Median angeben lässt. Begründe deine Auffassung.

6. Vor etwa fünf Jahren betrug das arithmetische Mittel aller Geldvermögen in Deutschland etwa 195 000 €, der Median hingegen nur 51 000 €. Erkläre, woran das liegen könnte.

7. Berechne die Spannweite, die Varianz und die Standardabweichung der im Diagramm dargestellten Häufigkeitsverteilung. Beschreibe dein Vorgehen.

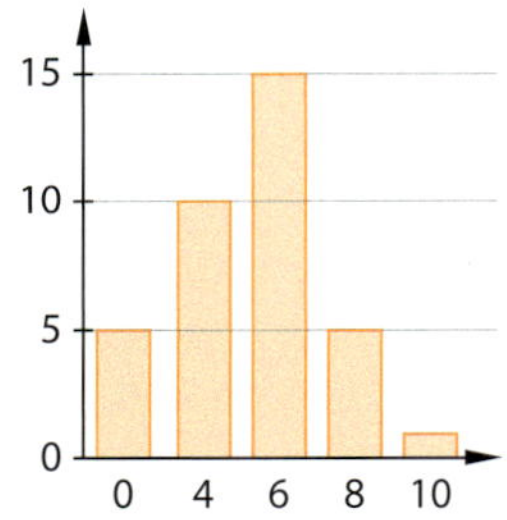

8. In mehreren Elektronikgeschäften werden USB-Sticks der gleichen Sorte zu unterschiedlichen Preisen angeboten. In der Tabelle ist der Anteil (die relativen Häufigkeiten) der Geschäfte angegeben, die zu dem genannten Preis verkaufen wollen.

Preis (in €)	6,99	7,50	6,40	8,00
Anteil der Geschäfte	0,4	0,2	0,3	0,1

Erläutere, warum das arithmetische Mittel dieser Häufigkeitsverteilung durch folgenden Term berechnet werden kann: $6{,}99 \cdot 0{,}4 + 7{,}50 \cdot 0{,}2 + 6{,}40 \cdot 0{,}3 + 8{,}00 \cdot 0{,}1$

● 9. Gegeben ist eine Häufigkeitsverteilung mit den Daten $x_1, x_2, \ldots, x_n$ und den zugehörigen relativen Häufigkeiten $h(x_1), h(x_2), \ldots, h(x_n)$. Begründe, dass folgende Formeln gelten:

$\bar{x} = x_1 \cdot h(x_1) + x_2 \cdot h(x_2) + \ldots + x_n \cdot h(x_n)$

$V = (x_1 - \bar{x})^2 \cdot h(x_1) + (x_2 - \bar{x})^2 \cdot h(x_2) + \ldots + (x_n - \bar{x})^2 \cdot h(x_n)$

10. Ermittle arithmetisches Mittel und Standardabweichung folgender Häufigkeitsverteilung:

Messwert	3,4 °C	2,7 °C	4,2 °C	3,8 °C
Relative Häufigkeit	12 %	24 %	44 %	20 %

11. Würfele 20-mal mit einem Spielwürfel und notiere jedesmal die gewürfelte Augenzahl.
   a) Veranschauliche die Daten grafisch.
   b) Ermittle das arithmetische Mittel, die Standardabweichung, den Median und den Modalwert der Augenzahlen.

12. Eine Klinik hat die relativen Häufigkeiten für die Aufenthaltsdauer ihrer Patienten erfasst. Ermittle die durchschnittliche Aufenthaltsdauer und die zugehörige Standardabweichung.

Aufenthaltsdauer	1 Tag	2 Tage	3 Tage	4 Tage	5 Tage	6 oder mehr Tage
Relative Häufigkeit	0,05	0,1	0,15	0,4	0,2	0,1

13. **Stolperstelle:** Nele ermittelt die Durchschnittstemperatur von den zehn Tageshöchsttemperaturen 15 °C, 16 °C, 15 °C, 14 °C, 14 °C, 18 °C, 17 °C, 15 °C, 16 °C und 16 °C folgendermaßen:
„Es gab genau fünf Temperaturwerte, nämlich 14 °C, 15 °C, 16 °C, 17 °C und 18 °C. Deren Durchschnittswert beträgt 16 °C.
Also war die Durchschnittstemperatur für alle zehn Tage 16 °C."
Prüfe, ob Neles Überlegungen richtig sind.

14. In einer Stadt wurde an 130 Tagen die Anzahl von Verkehrsunfällen pro Tag registriert:

Anzahl Unfälle	0	1	2	3	4
Anzahl Tage	15	26	38	30	21

a) Stelle die Daten in einem Kreisdiagramm dar.
b) Berechne das arithmetische Mittel und die Standardabweichung der Unfälle pro Tag.

15. Chris erzählt seinen Freunden vom letzten Mathe-Test.
Er hatte eine 3 bekommen und behauptet:
„Ich war besser als der Durchschnitt, also gibt es mehr Schüler mit einer schlechteren Note, als Schüler mit einer besseren Note."
Beurteile die Aussage von Chris.

16. Karl hat bei zwölf Gläsern mit Schokolinsen die Anzahl der Schokolinsen pro Glas ermittelt. Es waren maximal 106 Schokolinsen bei einer Spannweite von fünf Stück.
a) Gib zwei mögliche Häufigkeitsverteilungen an.
b) Berechne für diese beiden Häufigkeitsverteilungen weitere Kenngrößen.

Hinweis zu 16 und 17:
Du kannst auch mit einer Tabellenkalkulation arbeiten.

17. In einer kleinen Firma verdienen die drei Mitarbeiter jeweils 2000 € im Monat.
Der Chef, der über ein Monatseinkommen von 8000 € verfügt, sagt zu einem Freund:
„In meiner Firma verdient jeder, mich mitgerechnet, im Schnitt 3500 € monatlich."
a) Berechne Lage- und Streumaße der vier Einkommen.
b) Nimm zur Aussage des Chefs Stellung.
c) Untersuche, wie sich Lage- und Streumaße ändern, wenn das Monatseinkommen des Chefs 4000 € mehr (weniger) beträgt.

18. **Ausblick:** In der Klasse würfelt jeder jeweils mit zwei Spielwürfeln gleichzeitig zwanzigmal hintereinander und trägt jedes Mal die erwürfelte Augensumme in eine Tabelle ein.
a) Berechnet jeweils den Anteil der Augensummen an den 20 Ergebnissen, die höchstens eine Standardabweichung von der durchschnittlichen Augensumme entfernt sind.
b) Vergleicht eure Ergebnisse untereinander.

Hilfsmittel beim Auswerten von Datenreihen nutzen

■ In einer Zeitschrift stand, dass in allen Ländern der Erde gesunde Mütter unabhängig von ihrer Herkunft und Größe annähernd gleich große Säuglinge zur Welt bringen, die etwa 3,3 Kilogramm schwer und 49,4 Zentimeter lang sind. Um solch eine Aussage treffen zu können, müssen sehr viele Daten untersucht werden. Was meinst du, welche Hilfsmittel dazu dienen können? ■

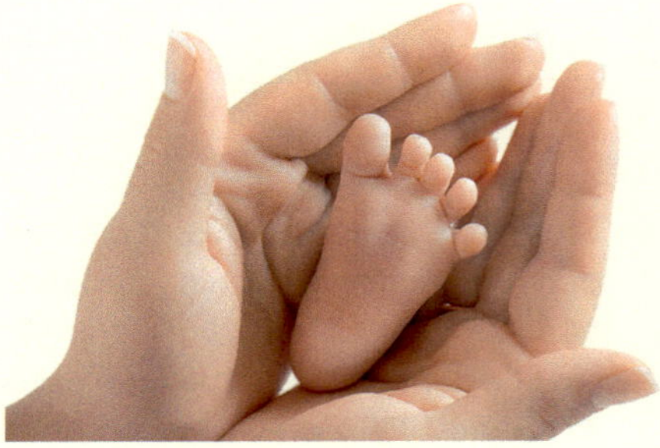

Große Datenmengen können beispielsweise mit einer Tabellenkalkulation bearbeitet werden, die als Software auf Computern oder speziellen Taschenrechnern zu finden ist. Dazu werden die Daten in Listen, die auch aus Zeilen oder Spalten eines Tabellenblattes bestehen können, erfasst und gespeichert. Beim Auswerten der Daten wird auf die Listen selbst, die Namen der Listen oder auf Zellbereiche zurückgegriffen.

Kenngrößen von Datenreihen ermitteln

Beispiel 1: Ermittle mit einer Tabellenkalkulation das arithmetische Mittel und die Standardabweichung der folgenden Körperlängen von neun Säuglingen:
52 cm; 53 cm; 51 cm; 53 cm; 53 cm; 49 cm; 51 cm; 47 cm; 49 cm

Lösung:

Verwende die Befehle zum Berechnen des arithmetischen Mittels und der Standardabweichung deiner Tabellenkalkulation.

Nutzung eines Taschenrechners oder Computers
Arithmetisches Mittel:
mean(Liste [, Häufigkeitsliste]) *oder* Mittelwert()

Standardabweichung:
stDevPop(Liste [, Häufigkeitsliste]) *oder* STABW()

Schreibe den jeweiligen Befehl unter Einbeziehung der gegebenen Daten auf.

mean({52,53,51,53,53,49,51,47,49})	50.8889
größe:={52,53,51,53,53,49,51,47,49}	{52,53,51,53,53,49,51,47,49}
mean(*größe*)	50.8889
stDevPop(*größe*)	2.02454

Das arithmetische Mittel beträgt etwa 50,9 cm.
Die Standardabweichung beträgt etwa 2,0 cm.

Hinweis:
Damit Daten als Liste erkannt werden, müssen sie, beispielsweise in der Anwendung Calculator beim TI-Nspire, in geschweifte Klammern gesetzt werden.

Ein Tabellenbereich kann durch die Angabe der Adressen der ersten und letzten Zelle beschrieben werden.

	A	B	C
=			
1	52	=mean(*a1*:*a9*)	
2	53		
3	51		

Aufgaben

1. In einer Bäckerei wurde an den vergangenen 12 Werktagen täglich eine unterschiedliche Anzahl von Brötchen verkauft: 321, 380, 256, 340, 337, 520, 392, 805, 410, 328, 367, 321. Ermittle mit einer Tabellenkalkulation das arithmetische Mittel, den Median, den Modalwert, das Minimum, das Maximum und die Standardabweichung dieser Datenreihe.

2. Ermittle mit einer Tabellenkalkulation das arithmetische Mittel, den Median, den Modalwert, das Minimum, das Maximum und die Standardabweichung des angegebenen Zensurenspiegels.

Zensur	1	2	3	4	5	6
Anzahl	3	7	9	6	2	0

Häufigkeitsverteilungen grafisch darstellen

Beispiel 2: Veranschauliche den Zensurenspiegel aus Aufgabe 2 in einem Säulendiagramm und einem Boxplot.

Lösung:

Trage die Daten in eine Tabellenkalkulation ein.

Nutzung eines Taschenrechners oder Computers

Erstelle über die Menübefehle ein Säulendiagramm.

Säulendiagramm:
Menü – Daten – Ergebnisdiagramm *oder*
Einfügen – Säule – 2D Säule

Erstelle über die entsprechenden Menübefehle den Boxplot.

Boxplot: Menü – Plot-Typ

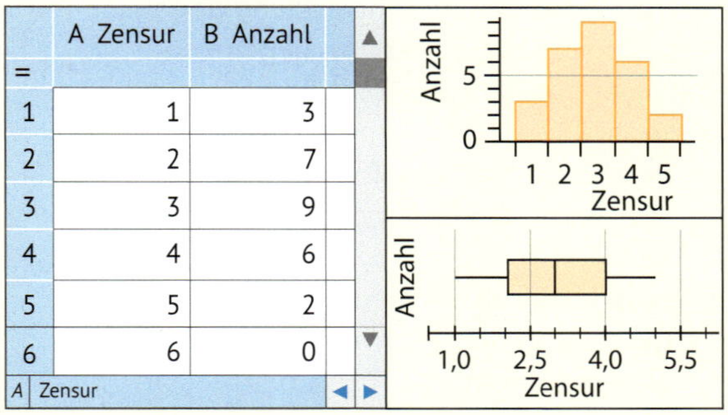

Aufgaben

3. In der Tabelle sind Schulweg-Zeiten (in min) angegeben. Erstelle mit einer Tabellenkalkulation ein Säulendiagramm und einen Boxplot.

Zeitdauer	4	10	12	18	25	30	35	60
Anzahl	5	13	8	19	15	8	10	2

4. a) Erstelle mit einer Tabellenkalkulation ein Säulendiagramm für Aufgabe 1.
   b) Erstelle mit einer Tabellenkalkulation ein aussagekräftiges Kreisdiagramm für Aufgabe 2.

5. Erzeuge mit einer Tabellenkalkulation 100 Zufallszahlen zwischen 0 und 1 und stelle die Ergebnisse als Histogramm mit der gegebenen Klassenbreite dar. Erläutere dein Vorgehen.
   a) Klassenbreite: 0,1 b) Klassenbreite: 0,2 c) Klassenbreite: 1

Hinweis:
Beachte den Maßstab der senkrechten Achse.

4.4 Darstellungen interpretieren

■ Im Demografiebericht der Bundesregierung wird festgestellt, dass sich Deutschland in den nächsten Jahrzehnten auf einen Rückgang und eine starke Alterung der Bevölkerung einstellen muss.
Vergleiche diese Aussagen mit der abgebildeten Alterspyramide. ■

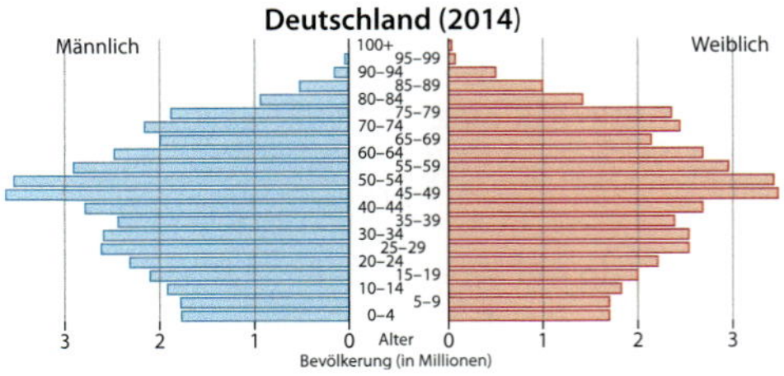

Aus Diagrammen von Häufigkeitsverteilungen lassen sich Lage- und Streumaße oft besser ablesen als aus der zugehörigen Liste (Tabelle).

Hinweis:
In Abhängigkeit vom Sachverhalt und von der Darstellungsart können Frage 4 und 5 nicht immer eindeutig beantwortet werden.

Wissen: Informationen aus Diagrammen entnehmen
Beantworte beim Interpretieren von Diagrammen folgende Fragen:
1. Welcher Sachzusammenhang wird dargestellt?
2. Welche Darstellungsart liegt vor und welche Daten werden verwendet?
3. Wie ist die y-Achse beschriftet? Beginnt sie bei 0?
4. Welche sinnvollen Lage- und Streumaße können entnommen werden?
5. Welche Zusammenhänge bzw. Trends sind erkennbar?

Diagramme stellen einen Sachverhalt nicht immer angemessen dar. Einige Darstellungen legen eine falsche Deutung nahe: durch falsche Achseneinteilungen oder ungünstige Skalierungen, durch fehlerhafte Verwendung von Flächen- und 3D-Diagrammen.

Hinweis:
3D steht für 3 Dimensionen.

Beispiel 1: Hier ist die Entwicklung der Ausgaben eines Ministeriums beginnend mit dem Jahr 2008 (8,63 Mrd. Euro) dargestellt.
a) Beschreibe, welche Informationen sich aus der Darstellung entnehmen lassen.
b) Entscheide, ob die Art der Darstellung dem Sachverhalt angemessen ist.

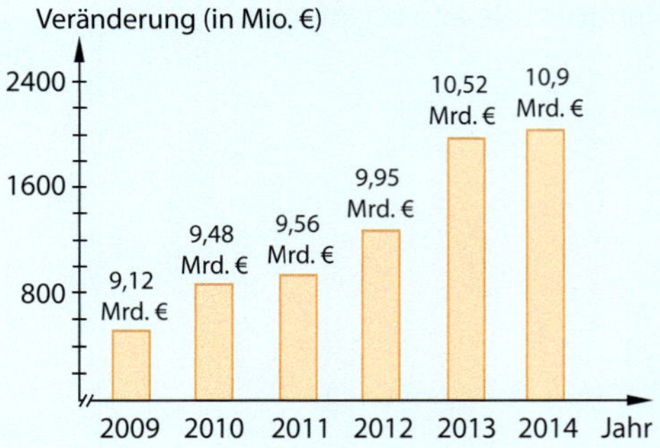

Lösung:

a) Beantworte folgende Fragen:
   - Welcher Sachzusammenhang wird dargestellt?
   - Welche Darstellungsart liegt vor, welche Daten werden verwendet?
   - Welche sinnvollen Lage- und Streumaße können entnommen werden?
   - Welche Zusammenhänge bzw. Trends sind erkennbar?

Im Säulendiagramm wird für jedes Jahr von 2009 bis 2014 dargestellt, um wie viel Mio. Euro die Ausgaben höher waren als im Jahr 2008. Jede Säule ist zusätzlich mit den absoluten Ausgaben pro Jahr beschriftet. Damit lässt sich beispielsweise die durchschnittliche jährliche Erhöhung der Ausgaben für den betrachteten Zeitraum berechnen (ca. 378 Mio. €) und so ein Trend der Ausgabenerhöhungen angeben.

b) Prüfe, ob die Darstellung den Sachverhalt angemessen wiedergibt.

Der Bezug auf 2008 erscheint etwas willkürlich. Die Säulenhöhen erwecken den Eindruck eines zu großen Zuwachses. Ein Säulendiagramm mit den absoluten Ausgaben wäre informativer.

Basisaufgaben

1. a) Beschreibe, welche Informationen sich aus den Darstellungen entnehmen lassen.
   b) Entscheide, ob die Art der Darstellung jeweils dem Sachverhalt angemessen ist.

Umsatzentwicklung eines Unternehmens

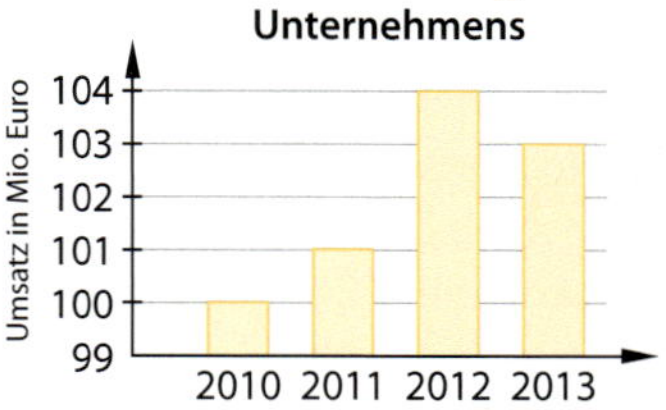

Sitze im 1. Deutschen Bundestag 1949

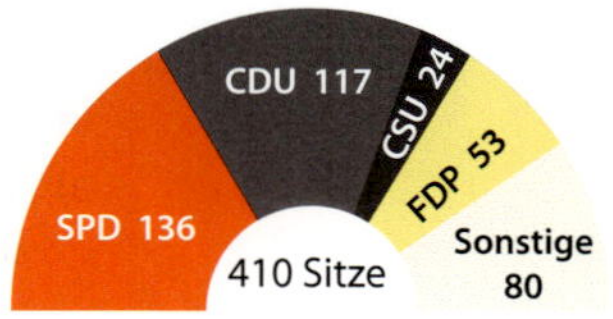

2. a) Beschreibe, was die Diagramme aus einer Zeitung vom 5. März 2014 darstellen.
   b) Entscheide und begründe, ob die Darstellung jeweils angemessen ist.

Inflationsrate im Euroraum

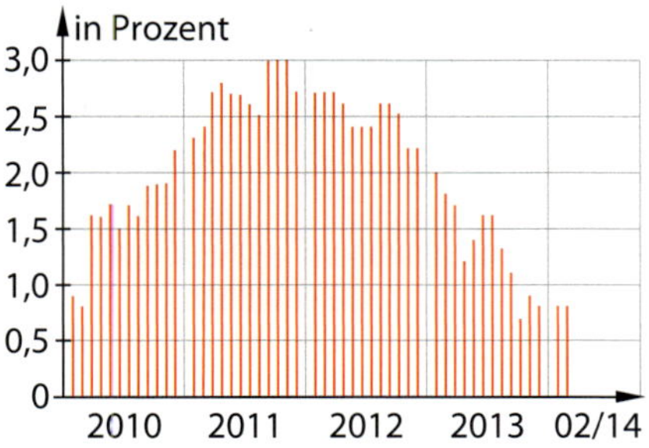

Bilanzsumme der EZB

Quelle: Bloomberg

Darstellungen mit Flächen und Körpern

Beispiel 2: Der Goldpreis hat sich verdoppelt.

a) Begründe, welcher der Goldwürfel B oder C jetzt so viel kostet wie früher der Goldwürfel A.

b) Erstelle eine zweidimensionale Darstellung der Goldpreisverdopplung.

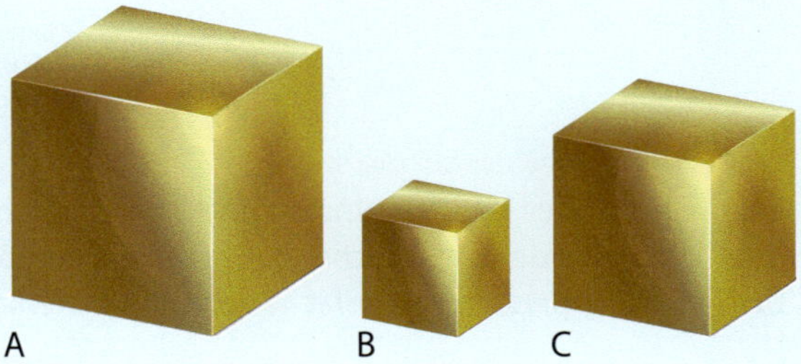

Erinnere dich:
Volumen eines Würfels: $V = a^3$.

Lösung:

a) Da sich der Preis verdoppelt hat, muss das Volumen halbiert werden.
Bei Würfel B wurden alle Kantenlängen halbiert, damit halbiert sich das Volumen nicht, denn es passen 8 Würfel der Größe B in den Würfel der Größe A, das Volumen ist also auf $\frac{1}{8}$ geschrumpft.
Der zweite Goldwürfel muss ein Volumen von $4\,\text{cm}^3$ haben.
Würfel C entspricht diesen Vorgaben.

Volumen des Würfels A:
$V_A = (2\,\text{cm})^3 = 8\,\text{cm}^3$
Volumen des Würfels B:
$V_B = (1\,\text{cm})^3 = 1\,\text{cm}^3 = \frac{1}{8} V_A$

Seitenlänge eines Würfels mit $V = 4\,\text{cm}^3$:
$\sqrt[3]{4} \approx 1{,}6\,\text{cm}$ $\quad V_C \approx (1{,}6\,\text{cm})^3 \approx 4\,\text{cm}^3$

b) Stelle den Ausgangswürfel als Quadrat mit der Seitenlänge 2 cm dar. Dann ist der Flächeninhalt $A = (2\,\text{cm})^2 = 4\,\text{cm}^2$.
Die Fläche des zweiten als Quadrat dargestellten Würfels muss dann die Hälfte, also $2\,\text{cm}^2$ betragen.

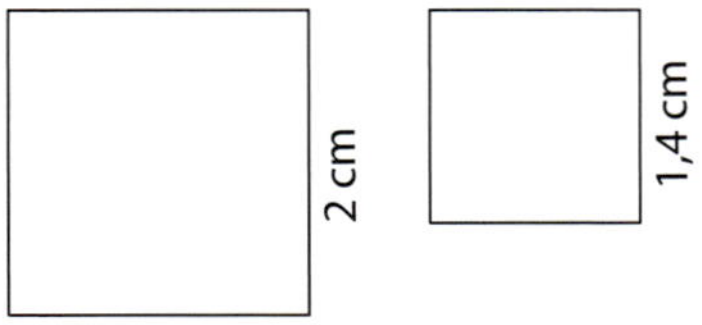

Seitenlänge eines Quadrats mit $A = 2\,\text{cm}^2$:
$a = \sqrt{2\,\text{cm}^2} \approx 1{,}4\,\text{cm}$

Basisaufgaben

3. Das 3 kg-Aktionspaket enthält doppelt so viel wie das Normalprodukt.
  a) Was ist falsch an der Darstellung und warum wurde diese Darstellung gewählt?
  b) Berichtige die fehlerhafte Darstellung in einer Skizze.

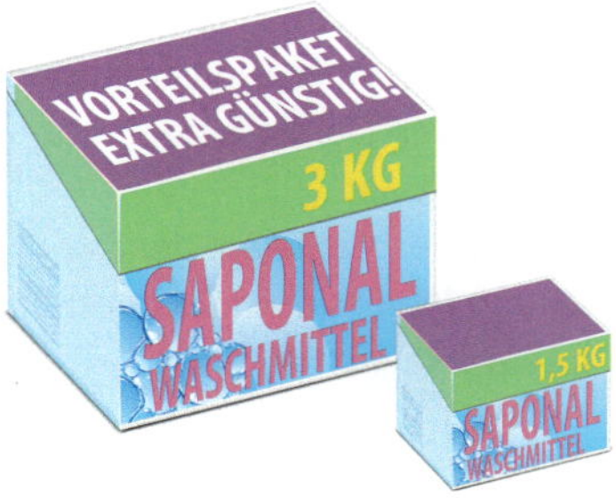

4. Aus der Werbung:
„Unsere neuen Bildschirme sind doppelt so groß wie unsere alten."
  a) Ist die Aussage richtig? Begründe.
  b) Formuliere eine Aussage, die sofort erkennen lässt, was sich verdoppelt hat.

5. Das Bundesministerium für Finanzen veröffentlichte vor einigen Jahren eine Darstellung zur Entwicklung des Kindergeldes.
  a) Begründe, warum die Darstellung nicht korrekt ist.
  b) Skizziere eine korrekte Darstellung.

Wir fördern Familien.

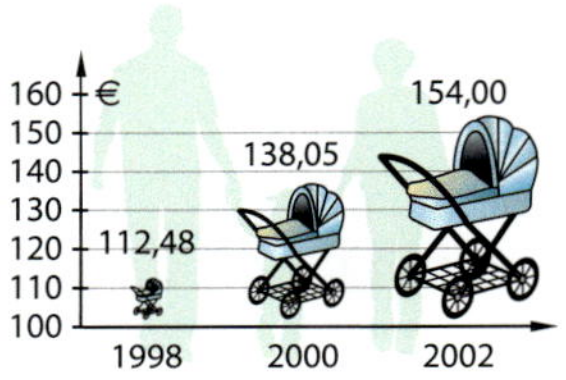

Entwicklung des Kindergeldes für das erste und zweite Kind

> **Wissen: Daten sinnvoll darstellen**
> Bei Flächen- oder 3D-Diagrammen entsprechen nicht die Seitenlängen, sondern die **Flächen oder Volumina** den entsprechenden Anteilen. Verdoppelt man die Seitenlängen einer Figur bzw. eines Körpers, so vervierfacht sich der Flächeninhalt und verachtfacht sich das Volumen.

Weiterführende Aufgaben

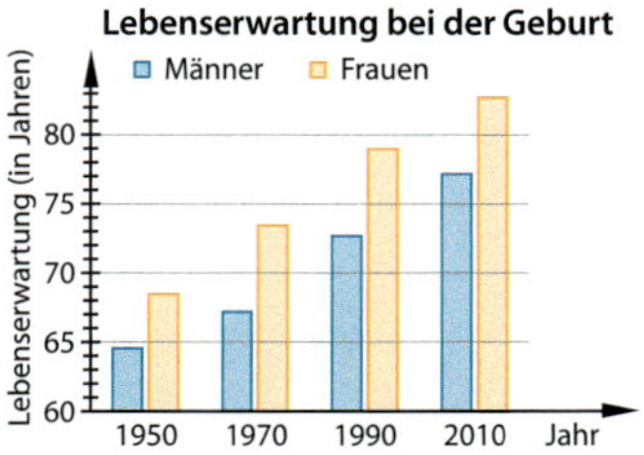

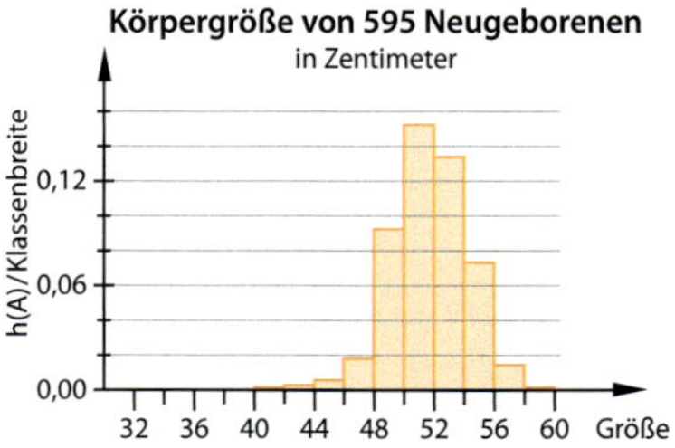

6. a) Entnimm jedem Diagramm möglichst viele Informationen.
  b) Stellt euch gegenseitig Fragen, die mithilfe der Diagramme beantwortet werden können.

7. Maria ist eine begeisterte Smartphonenutzerin. Bei einer Umfrage zum Verbot der Nutzung von Handys in den Pausen unter den 650 Schülern ihrer Schule sprachen sich 322 für das Verbot und 328 für die Zulassung der Smartphones aus. Maria will ihre Meinung mit einer Grafik in der neuen Ausgabe der Schülerzeitung stützen.
  a) Erstelle ein geeignetes Diagramm.
  b) Erstelle ein Diagramm, das die Aussagen der Befürworter des Verbotes positiv darstellt.

8. Ein Telefonanbieter will mit den Umsatzzahlen der letzen 10 Jahre (in Mio. €) werben:

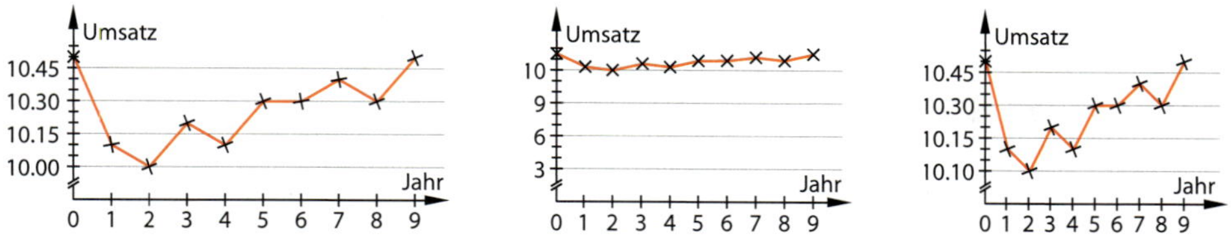

a) Entscheide und begründe, welche Darstellung die Firma verwenden sollte.
b) Stelle die Daten in einer für die Firma noch günstigeren Form dar.

9. In der Grafik sollte die Blutgruppenhäufigkeit in Deutschland dargestellt werden.
a) Erkläre, welcher Fehler begangen wurde.
b) Erstelle für diesen Sachverhalt ein Balken- und ein Kreisdiagramm.
c) Begründe, welche Darstellungsart du für diesen Sachverhalt am sinnvollsten hältst.

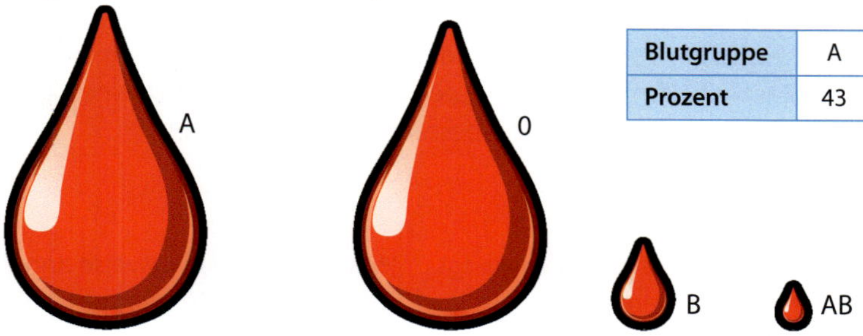

Blutgruppe	A	0	B	AB
Prozent	43	41	11	5

10. **Stolperstelle:** Hier sind Umsätze und Kosten einer Firma in vier aufeinanderfolgenden Jahren veranschaulicht. Lars meint, dass die Kosten im Verhältnis zum Umsatz im 4. Jahr am höchsten waren. Ina ergänzt, dass es im 2. Jahr die größte prozentuale Steigerung des Umsatzes gegenüber dem Vorjahr gab. Bewerte beide Aussagen.

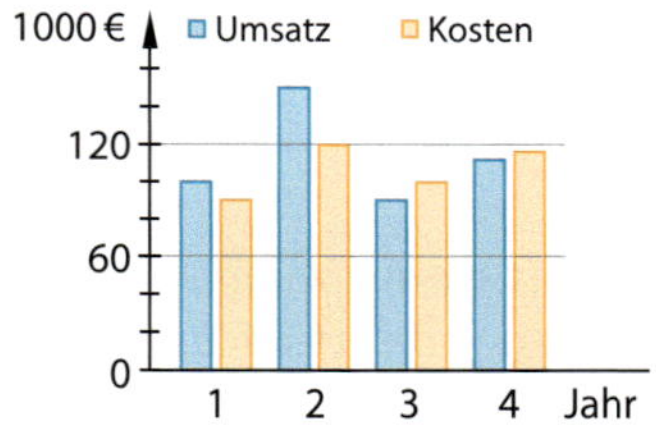

11. 40 Jahre Sicherheitsgurt, eine Erfolgsgeschichte
a) Stelle für die Jahre 1953, 1963, … bis 2013 die Daten in einem Säulendiagramm dar.
b) Erstelle für die Jahre 1973 und 2013 eine täuschende und eine korrekte Grafik unter Verwendung eines Piktogramms wie in der Randspalte.

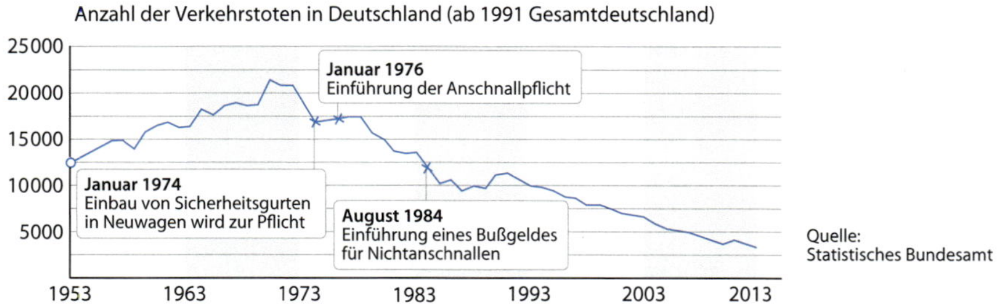

12. **Ausblick:** Interpretiere das nebenstehende Klimadiagramm für den Brocken.

Hinweis:
Der Brocken ist mit 1141 m der höchste Berg im Harz.

4.5 Simulation von Häufigkeitsverteilungen

■ In einer Fachzeitschrift wurde festgestellt, dass jeder dritte Erwachsene zwischen 18 und 79 Jahren in Deutschland Bluthochdruck hat.
Beschreibe, wie man durch eine Simulation mit Würfeln die Chance abschätzen kann, unter zehn Personen dieser Altersgruppe mehr als vier zu finden, die an Bluthochdruck leiden. ■

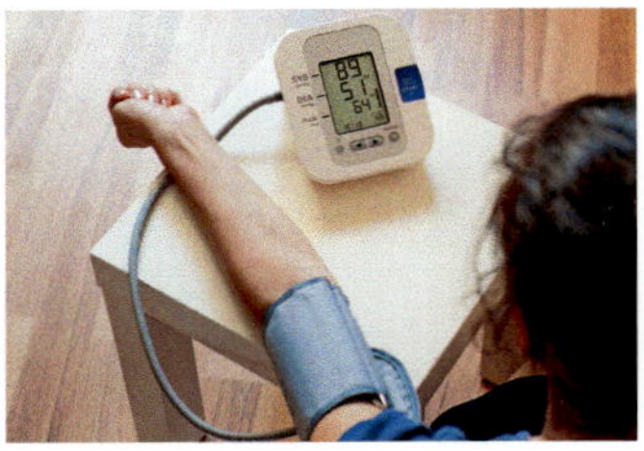

Durch Simulationen können reale Vorgänge modelliert werden. Werden dazu Hilfsmittel, wie beispielsweise Tabellenkalkulationen verwendet, lassen sich Häufigkeitsverteilungen schnell erzeugen. Beim Formulieren der Ergebnisse sollten die Grenzen des verwendeten Modells immer berücksichtigt werden.

Beispiel 1: Ein Torwart hat in der Vergangenheit von 35 Elfmetern 13 gehalten und 22 nicht gehalten. Ermittle mit einer Tabellenkalkulation durch Simulation, wie groß seine Chance ist, bei einem Elfmeterschießen von 5 Schüssen mindestens drei zu halten.

Lösung:

Modellannahme:
Beschreibe, welche Eigenschaft des realen Vorgangs für die Modellierung verwendet werden soll.
Beschreibe, welche von der Realität abweichenden Annahmen gemacht werden.

Man kann beispielsweise annehmen, dass der Torwart einen Elfmeter mit der Wahrscheinlichkeit von 37 % $\left(\frac{13}{35} \approx 0{,}37\right)$ hält. Die Tagesform des Torwarts oder die Qualität der Schützen werden dabei vernachlässigt.

Simuliere den Vorgang mit einer Tabellenkalkulation:
Erzeuge dazu fünf Zufallszahlen zwischen 0 und 1 und ordne jeder Zufallszahl zwischen 0 und 0,37 die Zahl 1 zu (Halten des Elfmeters), sonst die Zahl 0.
Zellen A1 bis E1: =WENN(ZUFALLSZAHL()≤0,37;1;0)

Zähle, wie oft in jeder Fünferserie die Zahl 1 vorkommt (Anzahl gehaltener Elfmeter).
Zelle F1: =SUMME(A1:E1)

Kopiere die Inhalte der Zellen A1 bis F1 bis in die Zeile 1000 (Simulation von 1000 Fünferserien).
Ermittle die Häufigkeitsverteilung:
Zellen G1 bis G6: 0, 1, 2, 3, 4, 5
Bilde Klassen.
Zelle H1: =HÄUFIGKEIT(F1:F1000;G1:G6)
Markiere die Zellen H1 bis H6, drücke <F2> und danach gleichzeitig die Tasten <Shift> <Strg> und <Return>.

	A	B	C	D	E	F	G	H
1	0	0	1	0	0	1	0	91
2	0	1	0	0	0	1	1	269
3	0	1	0	0	1	2	2	368
4	0	1	0	1	1	3	3	211
5	1	0	0	0	0	1	4	53
6	1	0	1	1	1	4	5	9
7	1	1	0	1	0	3		
…	…	…	…	…	…	…	…	…

Hinweis:
Markiere die zu kopierenden Zellen und ziehe dann am kleinen Quadrat rechts unten die Markierung über alle Zellen, in die kopiert werden soll.

Hinweis:
Durch Drücken der Taste <F9> wird die Simulation wiederholt.

Beantworte die Frage zum realen Sachverhalt mit den Ergebnissen der Simulation.

Die Chance für mindestens drei gehaltene Elfmeter beträgt:

$$\frac{211 + 53 + 9}{1000} = 0{,}273, \text{ also } 27\,\%$$

Basisaufgaben

TK **1.** Es wird angenommen, dass ein Biathlet bei jedem Schuss mit einer Wahrscheinlichkeit von 0,75 die Zielscheibe trifft. In jedem Durchlauf wird eine Serie von fünf Schüssen abgegeben. Ermittle durch Simulation mit einer Tabellenkalkulation eine Häufigkeitsverteilung der Trefferanzahlen.

TK **2.** Die Tabelle zeigt den Anfang einer Simulation für eine Häufigkeitsverteilung der Augensumme beim Werfen von drei Spielwürfeln. Erläutere, welche Befehle in die Zellen eingegeben werden müssen. Vervollständige die Simulation und erzeuge eine tabellarische und eine grafische Darstellung der Häufigkeitsverteilung.

	A	B	C	D	E	F
1	Würfel 1	Würfel 2	Würfel 3	Summe	Augensumme	Anzahl
2	6	6	5	17	3	

Weiterführende Aufgaben

3. Eier werden häufig in Sechserpackungen verkauft. Aus Erfahrung wird angenommen, dass jedes Ei in einer solchen Sechserpackung mit derselben Wahrscheinlichkeit von 0,1 beschädigt ist. Beschreibe eine Simulation, die eine Häufigkeitsverteilung der Anzahl beschädigter Eier in einer Sechserpackung modelliert.

4. **Stolperstelle:** Eine Handballmannschaft gewinnt durchschnittlich 70 % ihrer Spiele. Aus der Häufigkeitsverteilung einer Simulation zur Anzahl gewonnener Spiele entnimmt der Trainer Werte und meint, dass die Chance, mehr als sieben von zehn Spielen zu gewinnen, $\frac{82}{500} \approx 16\,\%$ beträgt.

a) Erläutere, welchen Fehler der Trainer gemacht hat.

b) Beschreibe, wie eine solche Simulation realisiert werden kann.

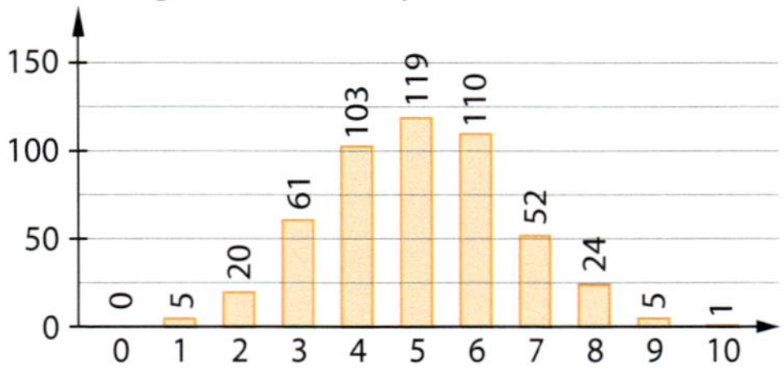

TK **5.** Test A besteht aus vier Fragen, Test B aus acht Fragen. Auf jede Frage in beiden Tests ist stets entweder JA oder NEIN zu antworten. Beide Tests sind bestanden, wenn mindestens 50 % der Fragen richtig beantwortet sind. Entscheide anhand geeigneter Simulationen, bei welchem der beiden Tests ein Prüfling größere Chancen hat zu bestehen, wenn er nur rät.

● **6.** **Ausblick:** Jan und Jana spielen ein Spiel, bei dem es kein Unentschieden gibt. In jeder Runde erhält der Sieger einen Punkt. Die Gewinnchancen für beide sind gleich. Sieger des Spiels soll sein, wer zuerst 5 Punkte hat. Dem Gesamtsieger winken 8 € Belohnung. Beim Stand von 3 : 2 für Jan muss das Spiel abgebrochen werden.
Jan: „Die 8 € stehen mir zu, denn ich bin dem Sieg am nächsten."
Jana: „Nein, mir stehen 40 % zu, denn ich habe 2 von 5 Spielen gewonnen."
Wie würdest du entscheiden? Begründe deine Aussage.

4.6 Anwendungsaufgaben lösen

■ Im nebenstehenden Diagramm ist die Entwicklung eines Aktienfonds von Januar bis Dezember dargestellt.
Entscheide, wann man am besten Aktien gekauft hätte.
Begründe deine Entscheidung. ■

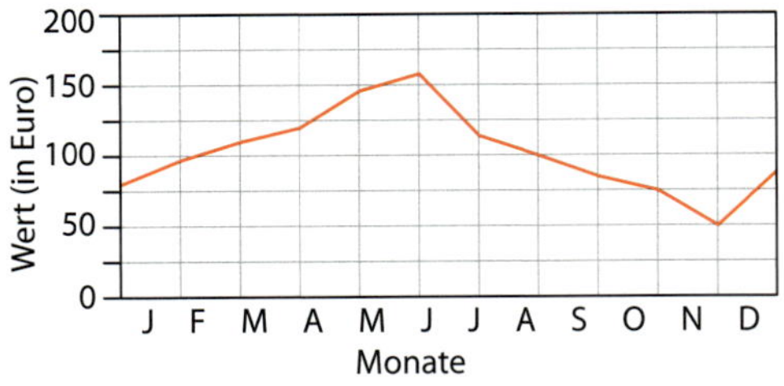

Diagramme sind wichtige Hilfsmittel zum Darstellen und Interpretieren von Datenreihen. Mit ihrer Hilfe können beispielsweise Entwicklungstendenzen und wichtige Kenngrößen dargestellt werden.

Beispiel 1: Aus der laufenden Produktion von Schokoladentafeln mit einem Sollmaß von 100 g wurden 200 Stück entnommen. Die Tabelle enthält die ermittelten absoluten Häufigkeiten.

Masse (in Gramm)	97	98	99	100	101	102	103
Relative Häufigkeit	2	6	42	96	38	14	2

Veranschauliche die Daten in einem geeigneten Diagramm.
Werte die Daten unter Nutzung von sinnvollen Lage- und Streumaßen aus.

Lösung:
Erstelle beispielsweise mithilfe einer Tabellenkalkulation ein aussagefähiges Diagramm, hier ein gruppiertes Balkendiagramm.

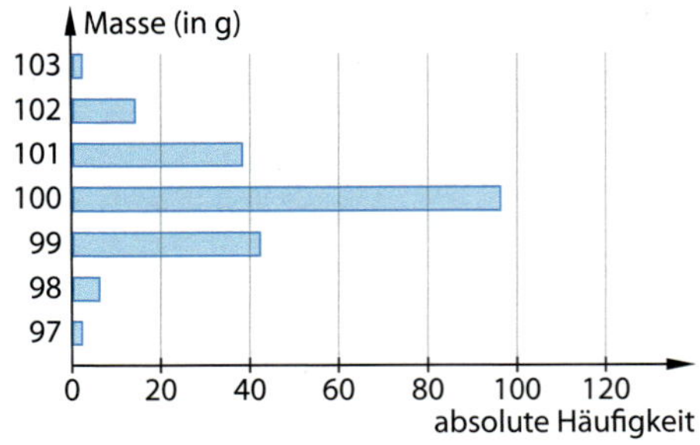

Berechne das arithmetische Mittel und die Standardabweichung.
Interpretiere die Werte.

$\overline{x} = 100{,}06\,g$
$S = 0{,}99\,g$
Das arithmetische Mittel liegt nah am Sollmaß, nur geringfügig oberhalb. Die Standardabweichung ist klein, das heißt, die Werte streuen nur wenig um das arithmetische Mittel. Die meisten der 200 Schokoladentafeln wiegen zwischen 99 und 101 g.

Basisaufgaben

1. Messt eure Pulsschläge pro Minute in Ruhephase und unmittelbar nach Belastung durch zwölf Kniebeugen. Notiert alle in der Klasse gemessenen Werte getrennt nach Geschlecht und getrennt nach Ruhe- und Belastungszustand.
   a) Stellt die Messwerte in geeigneter Form grafisch dar und wertet sie anhand von Lage- und Streumaßen aus.
   b) Informiert euch im Internet über Werte für den Pulsschlag gesunder Menschen und vergleicht diese mit euren Messergebnissen.

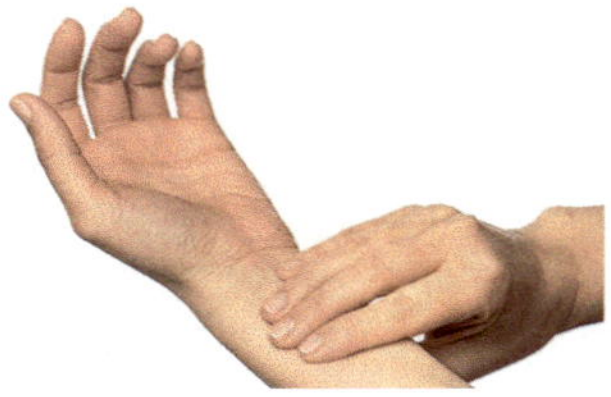

2. Erfasst für alle Jungen und alle Mädchen eurer Klasse die Körpergrößen und die Oberarmlängen.
   a) Stellt die Daten in geeigneten Diagrammen und mit sinnvollen Lage- und Streumaßen dar und vergleicht die Ergebnisse.
   b) Vergleicht die Ergebnisse in eurer Klasse mit den Angaben in der Tabelle.

Alter	Geschlecht	Körpergröße	Oberarmlänge
14	Jungen	170,3 cm	35,8 cm
	Mädchen	163,7 cm	34,4 cm
15	Jungen	175,1 cm	36,9 cm
	Mädchen	165,0 cm	34,5 cm

Weiterführende Aufgaben

3. a) Erhebt in der Klasse unter Beachtung der Anonymität folgende Daten.
   - Schreibt für jeden Tag der kommenden Woche (in der Reihenfolge von Montag bis Sonntag) die Uhrzeit auf, zu der ihr aufgestanden seid.
   - Notiert, wie viel Zeit ihr in der kommenden Woche täglich (in der Reihenfolge von Montag bis Sonntag) am Computer verbringt.
   - Ergänzt die Erhebung um weitere Punkte, die euch interessieren.

   b) Wählt geeignete Darstellungsformen sowie Lage- und Streumaße zur Auswertung aus. Begründet jeweils eure Auswahl.

4. Für neun Jungen der Klasse 9 b wurden folgende Daten erhoben:

	1	2	3	4	5	6	7	8	9
Körpergröße (in m)	1,78	1,82	1,66	1,69	1,70	1,77	1,73	1,80	1,64
Körpergewicht (in kg)	79,1	82,9	68,7	71,1	75,4	73,4	76,2	77,1	67,3

   a) Ermittle die Lage- und Streumaße und erstelle aussagekräftige Diagramme.
   b) Untersuche, ob zwischen Größe und Masse ein Zusammenhang existiert.

5. **Stolperstelle:** Milan ermittelt täglich die Außentemperatur über einen Zeitraum von sieben Tagen und will damit die Durchschnittstemperatur für diesen Zeitraum ermitteln.

Tag	1	2	3	4	5	6	7
Uhrzeit	07:00	09:30	12:00	10:00	17:00	15:00	19:00
Temperatur	12 °C	13 °C	17 °C	14 °C	14 °C	15 °C	8 °C

Mauro meint, dass dies mit den Daten in der Tabelle nicht möglich ist.
Beurteile Milans Vorgehen und Mauros Meinung.

6. In der Tabelle ist, teilweise prognostiziert, die Entwicklung der an Demenz erkrankten Menschen über 65 Jahren in Deutschland dargestellt.
Stelle die Daten grafisch dar.

Jahr	2000	2010	2020	2030	2040	2050
Kranke (in 1000)	935	1165	1415	1690	1920	2290

7. **Ausblick:** Anton erhält 10 € Taschengeld. Er möchte mehr bekommen und nennt seinen Eltern, wie viel Euro andere bekommen: Anna 9 €, Chris 8 €, Dan 7 €, Erik 6 €, Frieda 32 €
   a) Mache einen Vorschlag, wie Anton die Höhe des Taschengeldes der anderen in seiner Argumentation verwenden sollte.
   b) Wie wird wohl sein Vater argumentieren, um eine Taschengelderhöhung zu vermeiden?

4.7 Vermischte Aufgaben

1. Die nebenstehende Grafik zeigt die Entwicklung der Geburtenzahlen in Deutschland von 1946 bis 2008.
Erläutere, was du an der grafischen Darstellung als gelungen ansiehst und was du selbst anders gemacht hättest.
Begründe deine Antworten.

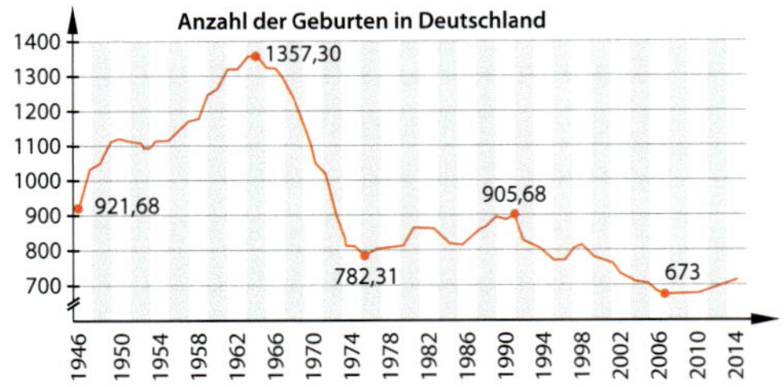

2. 13 Jungen und 15 Mädchen einer neunten Klasse haben auf die Frage geantwortet, wie viele Kurznachrichten sie pro Tag verschicken.
a) Gib sowohl für die Jungen als auch für die Mädchen die Kenngrößen an.
b) Interpretiere beide Boxplots im Zusammenhang und bewerte die Extremwerte für beide Gruppen.
c) Welche Streumaße lassen sich an den Boxplots ablesen?

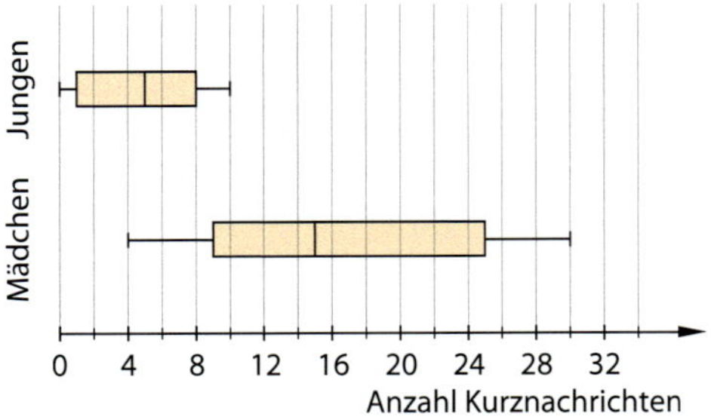

3. Die Diagramme sind Alterspyramiden von Deutschland.

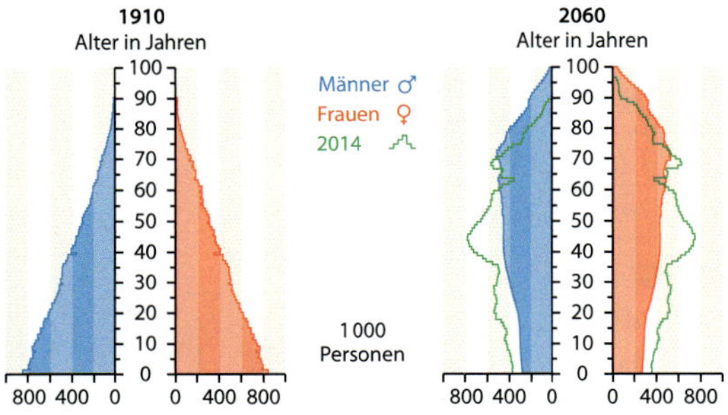

Gib an, welche Informationen sich aus den Alterspyramiden ablesen lassen. Was steht auf der x-Achse, was auf der y-Achse?

Passt die Bezeichnung „Pyramide" für diese Diagrammart?

Ermittle die mittlere Lebenserwartung im Jahr 1910, 2014 und 2060.

Im Jahr 1950 waren doppelt so viele Menschen in Deutschland unter 20 Jahre wie über 59 Jahre alt. Jeder 7. war damals 60 Jahre und älter. Vergleiche diese Zahlen mit den Werten von 2014 und 2060.

Interpretiere die rechte Alterspyramide. Verwende dabei die Begriffe „Geburtenrate", „Lebenserwartung", „Zuwanderung", …

Vermute anhand des rechten Diagramms, welche Jahre man „Babyboom" und welche Jahre man „Pillenknick" nennt. Recherchiere nach diesen Begriffen.

4. Die Tabelle gibt die Anzahl der Erwerbsfähigen (in Tausend) nach dem monatlichen Einkommen (in €) im Jahr 2011 wieder.

Nettoeinkommen (in €)	Deutschland gesamt	Neue Länder mit Berlin
Unter 500	8932	1610
500 bis unter 1300	24412	7262
1300 bis unter 2000	15775	6028
2000 bis unter 3200	9669	1190
3200 und mehr	3981	371

a) Veranschauliche die Daten in einem geeigneten Diagramm.
b) Beschreibe die Informationen, die du diesen Daten entnehmen kannst, mithilfe von Lage- und Streumaßen.

TK **5.** a) Begründe, warum die Aussagen (1), (2) und (3) wahr sind:

(1) Der Vierteleinheitskreis hat den Flächeninhalt $\frac{\pi}{4}$.

(2) Alle Punkte P(x|y) auf dem Viertelkreisbogen erfüllen die Gleichung $y = \sqrt{1 - x^2}$.
(Hinweis: Verwende das grüne Dreieck.)

(3) Mit dem folgenden Verfahren kann ein Näherungswert für die Zahl π erzeugt werden:
Erzeuge mit einer Tabellenkalkulation je 500 Zufallszahlen x und y, die zwischen 0 und 1 liegen. Zähle alle diejenigen der 500 Wertepaare (x|y), für die $x^2 + y^2 \leq 1$ gilt.
Dividiere die Anzahl dieser Wertepaare durch die Anzahl aller erzeugten Wertepaare (x|y) und multipliziere das Ergebnis mit 4.

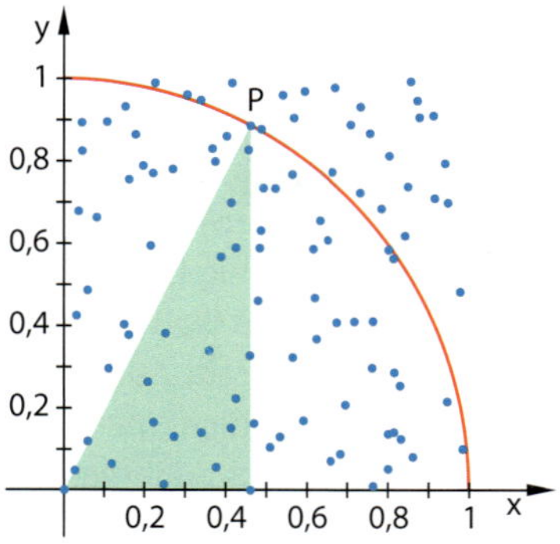

b) Realisiere das beschriebene Verfahren mit einer Tabellenkalkulation und ermittle so mindestens zehn Näherungswerte für die Zahl π.

TK **6.** Simuliere mit einer Tabellenkalkulation das 500-malige gleichzeitige Werfen von zehn Würfeln und ermittle dann für jeden Wurf die Summe der geworfenen Augenzahlen.

a) Stelle die Häufigkeitsverteilung der Summen der gewürfelten Augenzahlen in einem Histogramm und in einer zweiten Diagrammart deiner Wahl grafisch dar.

b) Ermittle den Durchschnitt und die Standardabweichung der Augensummen.

c) Ermittle den Anteil der Versuche, in denen die Augensumme mehr als drei Standardabweichungen vom arithmetischen Mittel abweicht, bezogen auf die Gesamtanzahl aller Versuche.

● **7.** 200 Personen wurden gefragt, was sie handschriftlich erledigen.
Die Antwort wurde angekreuzt, Mehrfachnennungen waren erlaubt.

a) Berechne, wie viele Kreuze es insgesamt gab und wie viele Kreuze es bei jeder Antwortmöglichkeit gab.

b) Im Kreisdiagramm nimmt der Kreissektor für „Merkzettel schreiben" ungefähr nur ein Drittel der Kreisfläche ein, obwohl angegeben wird, dass 86 % der Teilnehmer diese Antwort ankreuzten. Erläutere, warum das kein Widerspruch ist.

c) Beschreibe, wie man ein solches Kreisdiagramm erstellen kann, wenn die Summe der Prozentangaben größer als 100 % ist.

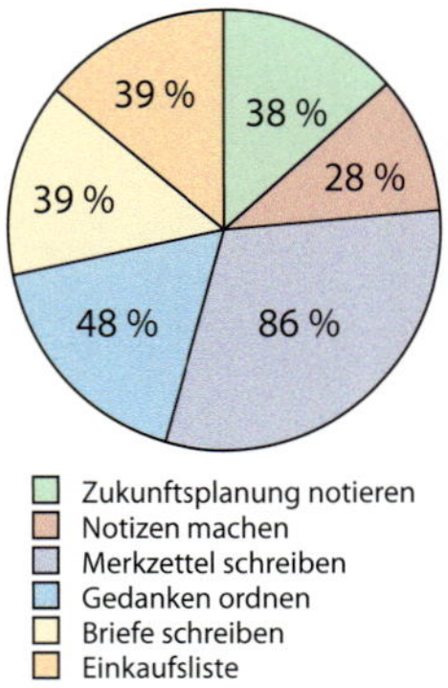

● **8.** In einem Jahr gab es 9454 Verkehrstote und Schwerverletzte in Deutschland.
Die folgende Tabelle enthält die relativen Häufigkeiten für verschiedene Altersgruppen.

Alter (Jahre)	0 bis 5	6 bis 14	15 bis 22	23 bis 64	65 und älter
Relative Häufigkeit	0,01	0,04	0,24	0,56	0,15

a) Rike hat die Anteile in einem Kreisdiagramm dargestellt. Lars ist aber der Meinung, dass diese Darstellung einen falschen Eindruck vermittelt. Erläutere, wodurch dieser Eindruck hervorgerufen wird.

b) Lars schlägt deshalb vor, ein Streifendiagramm zu verwenden, aus dem ersichtlich wird, dass Jugendliche gefährdeter sind als 23 bis 64-jährige Verkehrsteilnehmer. Entwirf ein Diagramm, das diesem Sachverhalt gerecht wird.

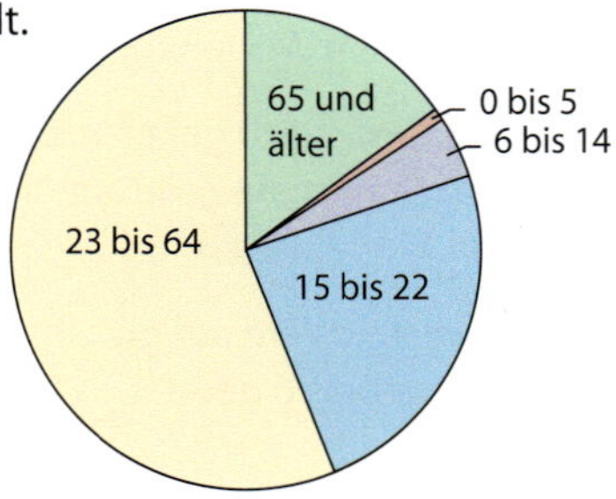

Abgedreht!

■ Auf der Rückseite dieses Buches findest du ein Glücksrad, dessen äußerer Ring vier Bereiche mit den Zahlen 1 bis 4 enthält. Du benötigst einen Bleistift und ein wenig Übung, um es zu benutzen. Drehe im Feld einen Bleistift um seinen Mittelpunkt. Es zählt die Zahl, auf deren Feld die Spitze zeigt, wenn er sich nicht mehr bewegt. Lässt sich nichts ablesen, muss nochmals gedreht werden.

Ermittle sowohl rechnerisch als auch experimentell die Wahrscheinlichkeit, die Zahl 4 zu treffen. ■

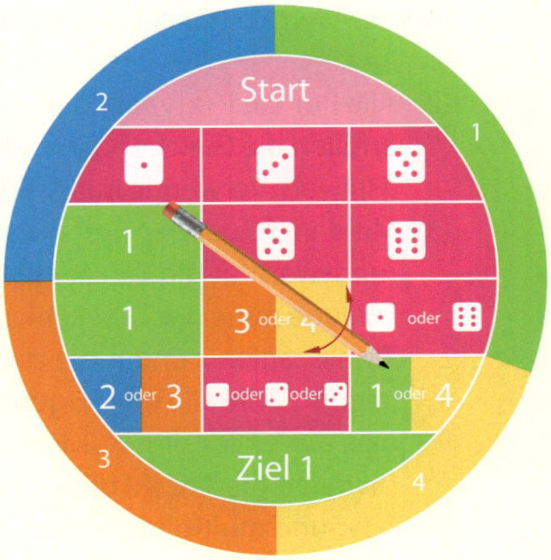

Innerhalb des Ringes befinden sich Spielfelder mit Zahlen und Würfelsymbolen, auf die Münzen oder Spielsteine gesetzt werden sollen.

Wissen: Spielanleitung

Es werden ein Bleistift, ein Würfel, für jeden Spieler eine Münze oder ein Spielstein und zwei Spielfelder benötigt. Jede Spielgruppe kann aus bis zu vier Spielern bestehen.
Zu Beginn stehen alle Spielsteine auf dem Startfeld.

Der erste Spieler setzt seinen Stein auf die Startlinie und gibt damit seinen Tipp ab. Für die erste Spielzeile kann er die Augenzahlen 1, 3 oder 5 tippen. Dann darf er einmal würfeln. Würfelt er die getippte Augenzahl, darf er seine Spielfigur auf das getippte Feld setzen. Hat er falsch getippt, gibt der nächste Spieler seinen Tipp ab und würfelt.

In der zweiten Runde kann auf alle drei Felder der zweiten Zeile getippt werden, auf die Zahl 1 oder die Augenzahlen 5 oder 6. Die Augenzahlen 5 und 6 können erwürfelt, die Zahl 1 kann nur erdreht werden. Legt dazu den Bleistift auf das zweite Spielfeld und dreht ihn um seinen Mittelpunkt. Jeder Spieler entscheidet selbst, ob er würfeln oder drehen will.

Es wird Zeile für Zeile nach unten gesetzt. Bei Feldern mit mehreren Würfeln oder Zahlen setzt man automatisch auf alle dort stehenden Zahlen oder Augenzahlen. Gewonnen hat, wer zuerst im Ziel ist.

Beispiel 1: Spielsteine setzen

Tippe zu Beginn die Augenzahl 3 und würfele. Ziehe weiter, wenn die 3 tatsächlich gefallen ist. Tippe dann auf die Augenzahl 6 und würfele.

Lösung:

Der Spielstein wird auf die Linie zwischen Start und dem Würfelergebnis 3 gesetzt.

Ist die 3 tatsächlich gefallen, darf der Spielstein in die nächste Zeile auf die 3 gesetzt werden.

Der Spielstein wird auf die Linie vor das Würfelergebnis 6 gesetzt.

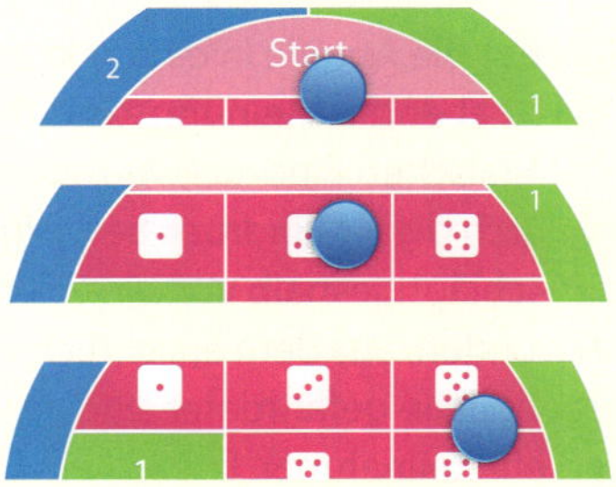

Beispiel 2: Chancen beurteilen

Betrachte das nebenstehende Bild und schlage vor, auf welches Feld der Spielstein gesetzt werden sollte, damit man mit hoher Wahrscheinlichkeit weiterkommt.

Lösung:

Sowohl die Felder 2 und 3 (links) als auch die Felder 1 und 4 (rechts) auf dem Glücksrad bilden jeweils zusammen einen Halbkreis.

P (2 oder 3) = 0,5
P (1 oder 4) = 0,5

Beim Würfeln können 3 von 6 Möglichkeiten auftreten.

P(1 oder 2 oder 3) = 0,5

Es gibt bei keinem der Felder einen Spielvorteil.

Die Wahrscheinlichkeiten sind alle gleich.

Aufgaben

1. Spiele das Spiel aus Beispiel 1 (Seite 150) weiter bis zum Ziel.

2. Ermittle die Wahrscheinlichkeit der Ereignisse in der nächsten Zeile und erläutere, auf welches Spielfeld du als nächstes setzen würdest. Begründe deine Aussage.

a)

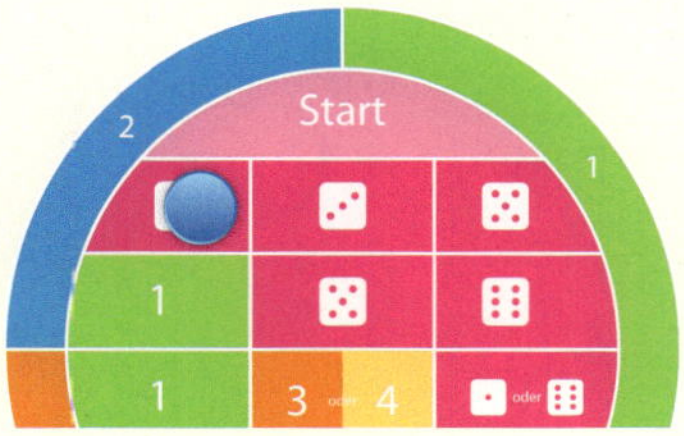

b)

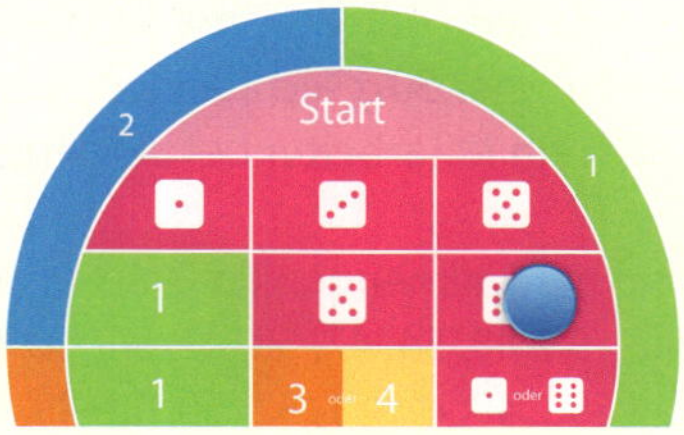

3. **Spielvariante Turnier**
Geht jetzt beim Spielen zur Turniervariante über, bei der alle Gruppen gegeneinander spielen. Die Spieler einer Gruppe bilden jeweils ein Team. Ziel ist es, einen möglichst guten Weg vom Start zum Ziel zu finden. In jeder Runde darf genau einmal gewürfelt oder einmal gedreht werden. Gewonnen hat die Gruppe, die zuerst das Ziel erreicht.

4. a) Entwickelt ein eigenes Spielfeld mit anderen möglichen Ereignissen.
b) Tauscht eure selbst entwickelten Spielfelder untereinander aus und spielt damit gegeneinander in einem Turnier.

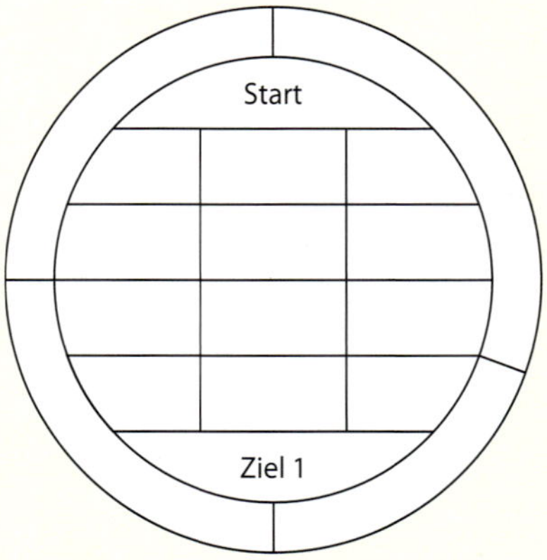

5. **Forschungsauftrag:** Erfindet euer eigenes „Abgedreht-Spiel" mit anderen Zufallsgeräten.

Prüfe dein neues Fundament

Lösungen
↗ S. 241

1. Die folgenden Angaben weisen für einen Tag die „TOP 20" der Zugverspätungen für ICE und IC aus:
128 min, 123 min, 120 min, 86 min, 86 min, 80 min, 66 min, 63 min, 62 min, 60 min, 56 min, 50 min, 44 min, 43 min, 40 min, 40 min, 40 min, 40 min, 39 min, 39 min

a) Stelle die Häufigkeitsverteilung in einem Diagramm dar.
b) Bestimme das arithmetische Mittel, den Median und den Modalwert.

2. Die Tabelle enthält den Ruhepuls von Mädchen.

Pulsschläge in 15 s	15	16	17	18	19	20	21	22	23	24	25
Anzahl	2	6	8	12	18	24	21	15	8	5	1

a) Stelle die Daten in einem Histogramm mit der Klassenbreite 2 dar.
b) Ermittle das arithmetische Mittel und die Standardabweichung der Datenreihe.

3. Erstelle eine Liste mit 15 Werten, für die folgende Bedingung gilt:
Das Minimum ist 5, das Maximum ist 20, der Median ist 20 und das arithmetische Mittel 13.

4. Beschreibe und interpretiere die dargestellte Häufigkeitsverteilung.

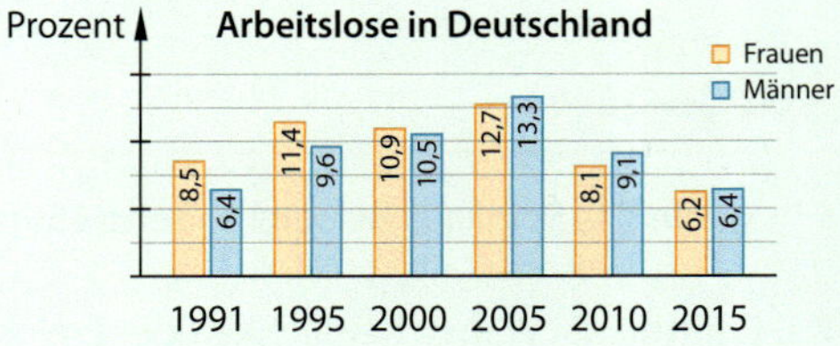

5. Miriam und Lena füllen während ihres Betriebspraktikums Tee ab. Sie sollen immer 50 g Tee in eine Tüte füllen. Als sie fertig sind, prüft ein Mitarbeiter bei beiden jeweils neun Tüten nach.
Hier sind die Füllmengen (in Gramm) angegeben:
Miriam: 50, 48, 54, 47, 53, 47, 54, 50, 48
Lena: 50, 49, 49, 51, 52, 50, 48, 49, 51

a) Erstelle für beide Mädchen ein Diagramm.
b) Berechne jeweils das arithmetische Mittel, den Median und die Standardabweichung.
c) Beurteile, ob die folgenden Aussagen wahr sind.
(1) Bei beiden Mädchen entspricht der Median der geforderten Menge.
(2) Miriam hat insgesamt zu wenig Tee abgefüllt.
(3) Lena hat genauer abgefüllt.

6. Im abgebildeten Diagramm ist der Umsatz einer Firma für vier aufeinanderfolgende Jahre dargestellt.
a) Welche Informationen können dem Diagramm entnommen werden?
b) Erläutere, warum mit der gewählten Darstellung ein falscher Eindruck über die tatsächliche Entwicklung des Umsatzes erweckt werden kann.

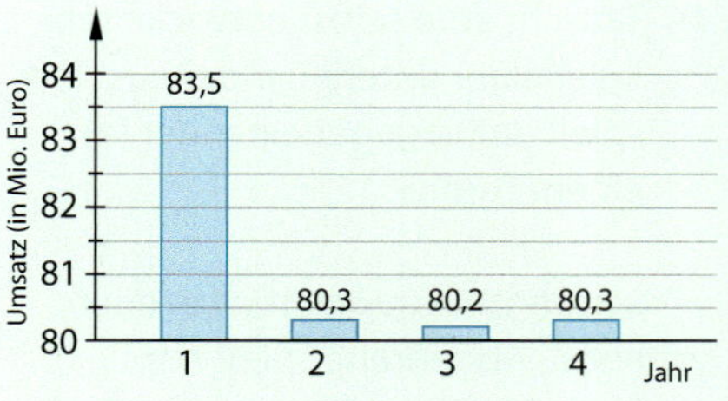

7. In den Diagrammen sind die Einschaltquoten einer Sendung eines Fernsehsenders in den einzelnen Monaten eines Jahres in Prozent dargestellt.

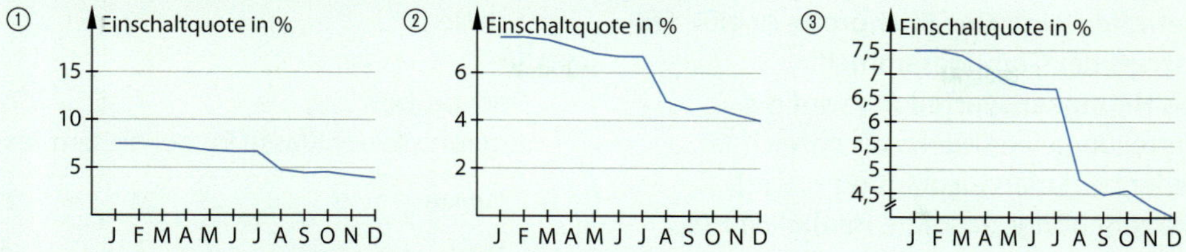

a) Beurteile die Entwicklung der Einschaltquoten.
b) Welche der drei Darstellungen sollte der Sender auswählen, um die erreichten Einschaltquoten der Öffentlichkeit zu präsentieren? Begründe deine Antwort.

8. Ein Waschmittel wird in würfelförmigen Packungen mit 2 kg und mit 4 kg verkauft. In der Werbung wird die Kantenlänge der großen Packung im Vergleich zu der kleinen verdoppelt.
a) Vergleiche den Inhalt der beiden Packungen. Beurteile die Darstellung.
b) Entwickle eine Darstellung, welche die Größenverhältnisse angemessen widerspiegelt.

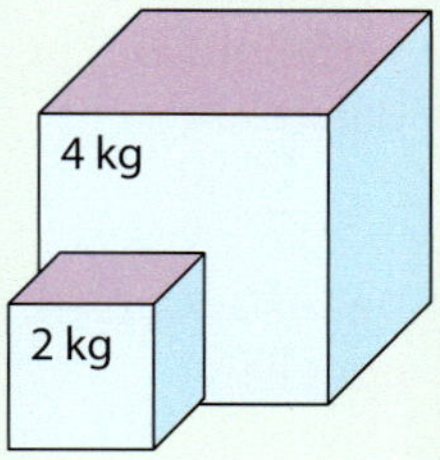

9. Simuliere 500-mal den fünffachen Wurf eines Dodekaederwürfels („Spielwürfel" mit 12 Seitenflächen) mithilfe einer Tabellenkalkulation. Ermittle dann für jede Fünferserie die Augensumme.
a) Erstelle für die Häufigkeitsverteilung der Augensummen ein Histogramm mit der Klassenbreite 5.
b) Stelle die Häufigkeitsverteilung auch in einem Kreisdiagramm dar.
c) Berechne das arithmetische Mittel und die Standardabweichung der Augensummen.

Wiederholungsaufgaben

1. Schreibe Begriffe auf, die für die Beschreibung der Eigenschaften von Funktionen wichtig sind, und erkläre sie.

2. Ersetze die Ziffer z in der Zahl 274 z 0 so, dass folgende Eigenschaft gilt.
a) Teilbarkeit durch 3
b) Teilbarkeit durch 25

3. Zwei Spielwürfel werden gleichzeitig geworfen. Berechne die Wahrscheinlichkeit dafür, dass die Summe der Augenzahlen 10 beträgt.

4. g und h sind parallel zueinander. Ermittle zeichnerisch die gesuchte Streckenlänge x.

a)
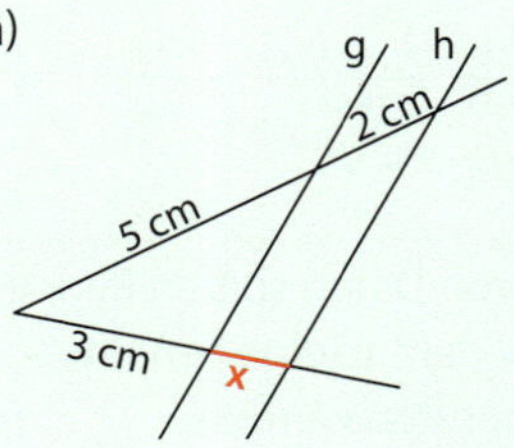

b)
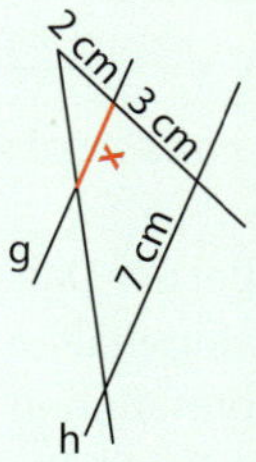

5. Prüfe anhand folgender Tabelle, ob die zugehörige Zuordnung proportional oder antiproportional sein kann. Gib die Zuordnungsvorschrift an.

x	1	2	4	6
y	120	60	30	20

Zusammenfassung

Grundgesamtheit, Stichprobe, Häufigkeitsverteilung

Eine **Grundgesamtheit** ist die Menge aller möglichen Objekte, über die eine Aussage getroffen wird. Eine **Stichprobe** ist eine Teilmenge der Grundgesamtheit.
Als **Häufigkeitsverteilung** wird die Verteilung eines Merkmals bezeichnet. Jeder Merkmalsausprägung x_k wird die zugehörige absolute Häufigkeit $H(x_k)$ (relative Häufigkeit $h(x_k)$) zugeordnet.

Grundgesamtheit:
Punkte im Test der neunten Klassen einer Schule.

Stichprobe:
Ergebnisse der Klasse 9a bei diesem Test.

Punkte	19	20	23	24	28	29
$H(x_k)$	2	3	4	7	5	3

Häufigkeitsverteilungen darstellen

Häufigkeitsverteilungen können tabellarisch, aber auch grafisch beispielsweise mithilfe von **Säulendiagrammen** dargestellt werden.

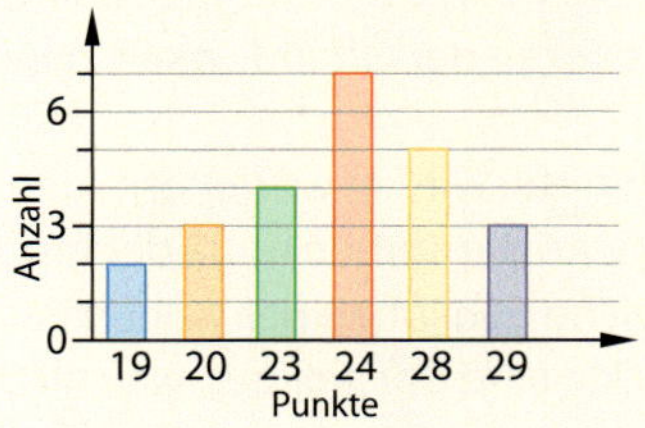

Daten in Klassen einteilen

Daten ein und derselben Liste können in **Klassen** mit einer vorgegebenen **Klassenbreite** eingeteilt werden.
Die Einteilung der Daten in Klassen erfolgt lückenlos und überschneidungsfrei.

Histogramme sind Säulendiagramme, mit **einander berührenden Säulen** gleicher Breite, deren Flächeninhalt jeweils ein Maß für die **relative Häufigkeit** der Merkmalsausprägung ist.

Histogramm (Klassenbreite 5):

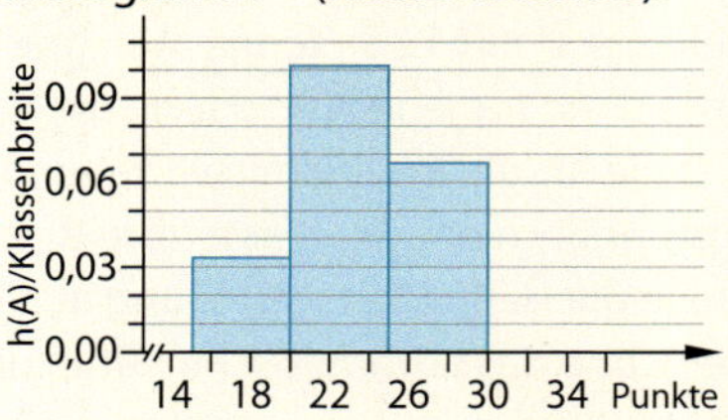

Lagemaße und Streumaße

Arithmetisches Mittel:
$$\overline{x} = \frac{x_1 \cdot H(x_1) + x_2 \cdot H(x_2) + \ldots + x_n \cdot H(x_n)}{H(x_1) + H(x_2) + \ldots + H(x_n)}$$
Modalwert:
x_k mit der größten absoluten (relativen) Häufigkeit

Median (Zentralwert):
Wert in der Mitte aller der Größe nach geordneten Werte, bei gerader Anzahl das arithmetische Mittel der beiden mittleren Werte.
Spannweite: $w = x_{Max} - x_{Min}$
Varianz:
$$V = \frac{(x_1 - \overline{x})^2 \cdot H(x_1) + (x_2 - \overline{x})^2 \cdot H(x_2) + \ldots + (x_n - \overline{x})^2 \cdot H(x_n)}{H(x_1) + H(x_2) + \ldots + H(x_n)}$$
Standardabweichung: $s = \sqrt{V}$

Anzahl Geschwister	0	1	2	3
$H(x_k)$	8	7	4	1

$$\overline{x} = \frac{0 \cdot 8 + 1 \cdot 7 + 2 \cdot 4 + 3 \cdot 1}{8 + 7 + 4 + 1} = \frac{7 + 8 + 3}{20} = 0{,}9$$
Modalwert: 0
Median: 1
Spannweite: $w = 3 - 0 = 3$
$$V = \frac{8 \cdot (0 - 0{,}9)^2 + 7 \cdot (1 - 0{,}9)^2 + 4 \cdot (2 - 0{,}9)^2 + 1 \cdot (3 - 0{,}9)^2}{20}$$
$\approx 0{,}79$
$s = \sqrt{0{,}79} \approx 0{,}89$

Darstellungen interpretieren

Bei der Darstellung von Daten sollten Regeln eingehalten werden, damit keine Fehlinterpretationen hervorgerufen werden.
- Bei Säulendiagrammen sollte in der Regel die y-Achse bei 0 beginnen.
- Bei Flächen- oder 3D-Diagrammen entsprechen nicht die Seitenlängen (bzw. Kantenlängen), sondern die Flächen (bzw. Volumina) den entsprechenden Anteilen.

Monat	**Regenmenge (in mm)**
Nov.	90
Dez.	140
Jan.	150
Feb.	145

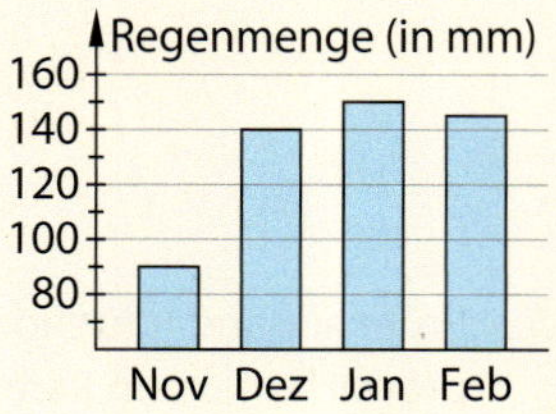

Da die y-Achse nicht bei 0 beginnt, entsteht der falsche Eindruck, dass es im Januar dreimal so viel regnet wie im November.

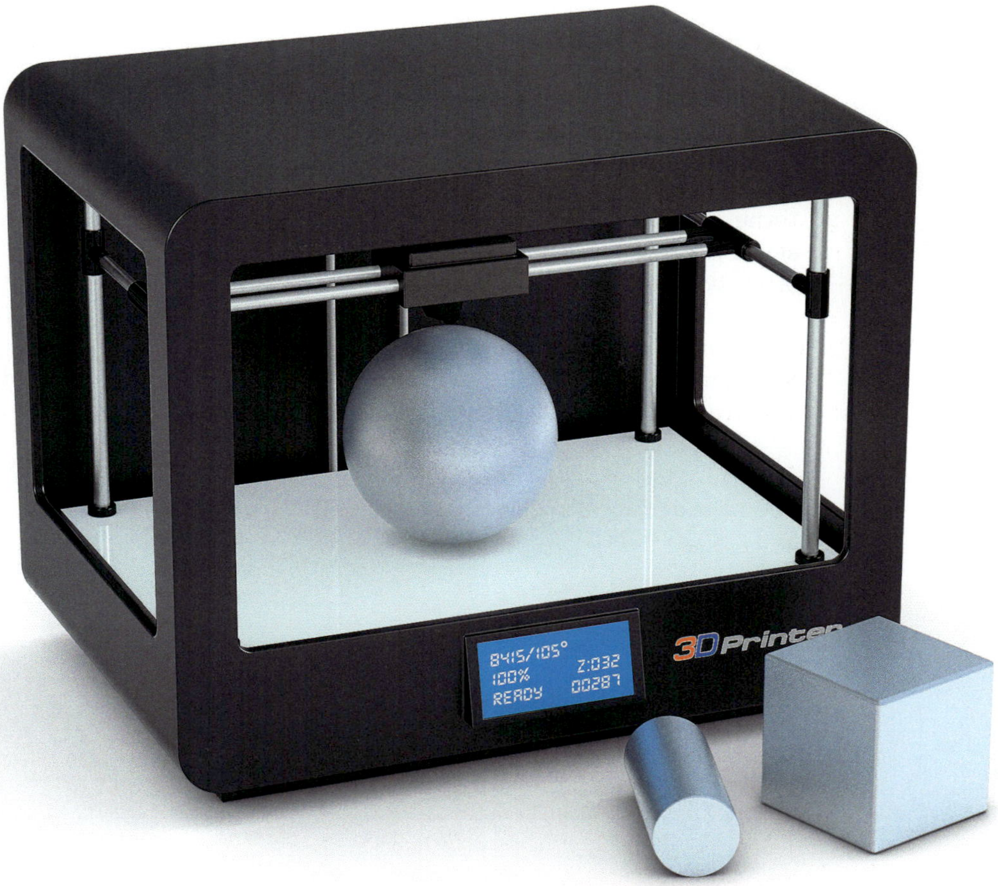

5. Körperberechnungen

Mit einem 3D-Drucker können nach Vorgabe aller nötigen Größen unterschiedliche Gegenstände hergestellt werden. Solche Gegenstände können auch die Form geometrischer Körper haben, beispielsweise die Form eines Prismas, eines Kegels, eines Zylinders, einer Pyramide oder einer Kugel.

Nach diesem Kapitel kannst du …

- den Oberflächeninhalt und das Volumen von Pyramiden, Kegeln und Kugeln und von zusammengesetzten Körpern berechnen.

Lösungen
↗ S. 242

Größenangaben umrechnen

1. Suche aus den Angaben mm^3; a; dm; t; ℓ; ha; mℓ; km^2; m; h; m^2; dm^3
a) alle Flächeneinheiten;
b) alle Volumeneinheiten heraus.

2. Wandle in die in Klammern angegebene Einheit um.

a) 13 cm (mm) b) 78,99 dm^2 (m^2) c) 0,89 dm^3 (cm^3) d) 0,8 dm^2 (mm^2)
e) 9,8 m^3 (cm^3) f) 1,5 ha (a) g) 1 km^2 (m^2) h) 450 cm^3 (m^3)

3. Übertrage die Tabelle in dein Heft und vervollständige sie.

a)

mm^2	cm^2	dm^2	m^2	a	ha
					0,1
50000000					
		101,5			

Hinweis zu 3 b:
1 Hektoliter (1 hℓ) sind 100 ℓ.

b)

mm^3	cm^3	dm^3	mℓ	ℓ	hℓ
				10	
1000					
		15,4			

Körper darstellen

4. Zeichne von folgenden Körpern ein Netz und ein Schrägbild:
a) Würfel mit einer Kantenlänge von 2 cm;
b) Quader mit den Kantenlängen a = 2 cm, b = 3 cm, c = 1 cm.

5. Gib an, welche der Zeichnungen das Netz eines Prismas darstellen und welche nicht. Begründe jeweils deine Entscheidung.

a) b) c) d)

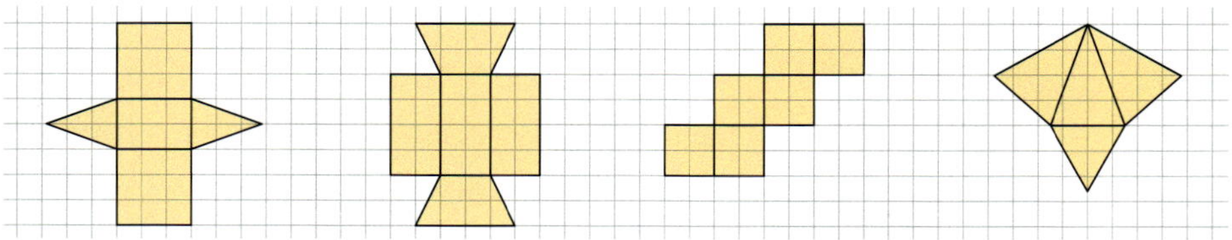

6. Entscheide und begründe, welche der dargestellten Körper Prismen sind.

a) b) c) d) e) f)

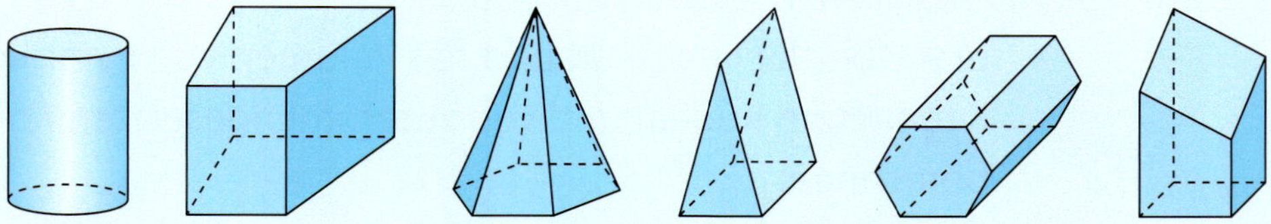

7. a) Gib an, wie viele Ecken, Kanten und Seitenflächen ein Prisma mit einem Fünfeck als Grundfläche hat.
b) Skizziere ein Prisma mit einem Fünfeck als Grundfläche als Schrägbild.

Berechnungen am Kreis

8. Berechne den Umfang und den Flächeninhalt des Kreises mit dem gegebenen Radius r bzw. Durchmesser d. Runde auf Hundertstel.
a) r = 1 cm b) d = 4 cm c) r = 1,4 cm d) d = 2,6 cm

9. Berechne den Radius des Kreises. Runde das Ergebnis auf Zehntel.
a) Umfang 42 cm b) Flächeninhalt 3,14 cm^2

10. Berechne den Flächeninhalt und den Umfang der Figur. Runde die Ergebnisse auf Hundertstel.

a)
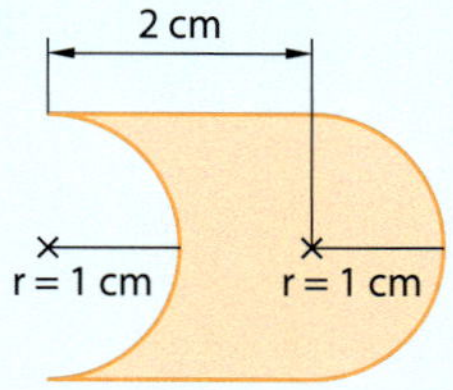

b)
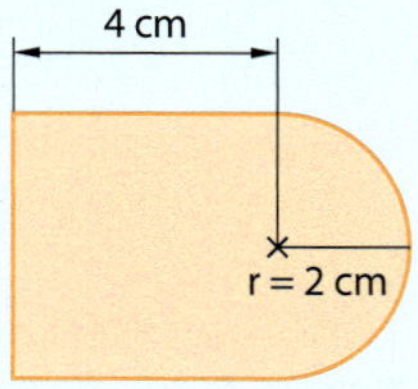

Oberflächeninhalt und Volumen berechnen

11. Berechne das Volumen und den Oberflächeninhalt
a) eines Würfels mit der Kantenlänge 2 cm;
b) eines Quaders mit den Kantenlängen a = 3 cm; b = 1 cm und c = 2 cm.

12. Berechne den Oberflächeninhalt und das Volumen des dargestellten Körpers (alle Maße in Zentimeter). Runde auf Quadratzentimeter bzw. auf Kubikzentimeter.

a)
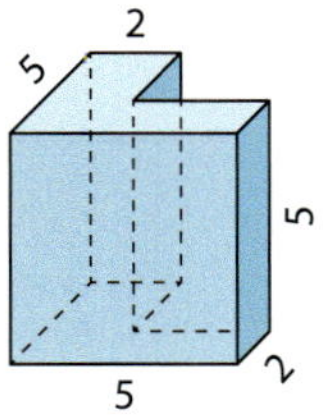

b)
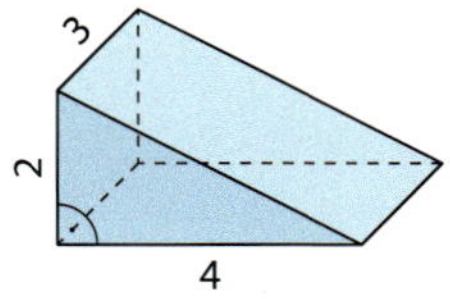

c)
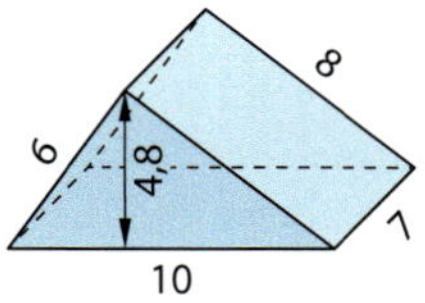

d)
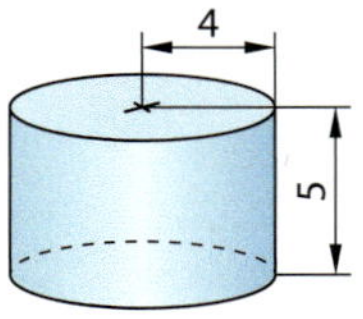

13. Ein Prisma hat ein Volumen von 30 cm^3. Ermittle die Höhe des Prismas mit der angegebenen Grundfläche. Entnimm die erforderlichen Größenangaben der Zeichnung.
a) b) c) d)

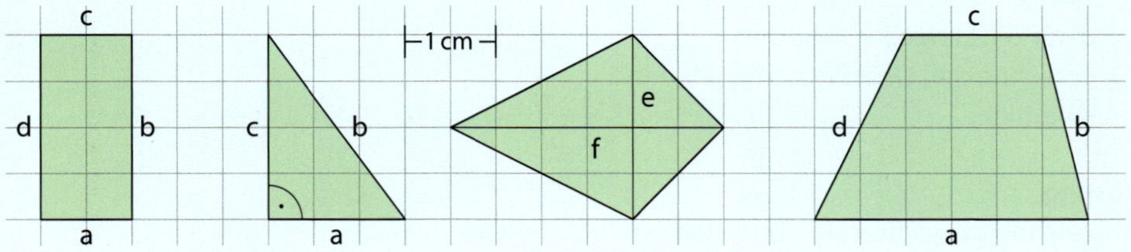

14. Der Oberflächeninhalt eines Zylinders beträgt 1000 cm^2. Berechne die gesuchte Länge.
a) r = 1 cm; h = ? b) r = 10 cm; h = ? c) h = 10 cm; r = ? d) h = 100 cm; r = ?

15. Sofia behauptet: „Es gibt einen Würfel, für den die Maßzahl des Oberflächeninhalts (in cm^2) gleich der Maßzahl des Volumens (in cm^3) ist."
Gib, falls möglich, die Kantenlänge eines solchen Würfels in cm an.

5.1 Pyramide – Netz und Oberflächeninhalt

■ In der kasachischen Hauptstadt Astana steht diese von Norman Forster entworfene Pyramide. Sie ist 62 Meter hoch und ihre Grundfläche misst 62 mal 62 Meter.
- Gib an, welche geometrischen Figuren die Pyramide bilden.
- Berechne die Größe der Außenfläche. ■

Wissen: Pyramide

Eine Pyramide ist ein Körper mit folgenden Eigenschaften:
1. Die **Grundfläche G** ist ein Vieleck (n-Eck).
2. Die n **Seitenflächen** sind Dreiecke, die sich in einem Punkt, der Spitze, treffen. Die Seitenflächen bilden zusammen die **Mantelfläche M**.

Die Grundfläche und die Mantelfläche bilden zusammen die Oberfläche der Pyramide.
Für den Oberflächeninhalt O gilt: $O = G + M$

Gerade Pyramide mit rechteckiger Grundfläche

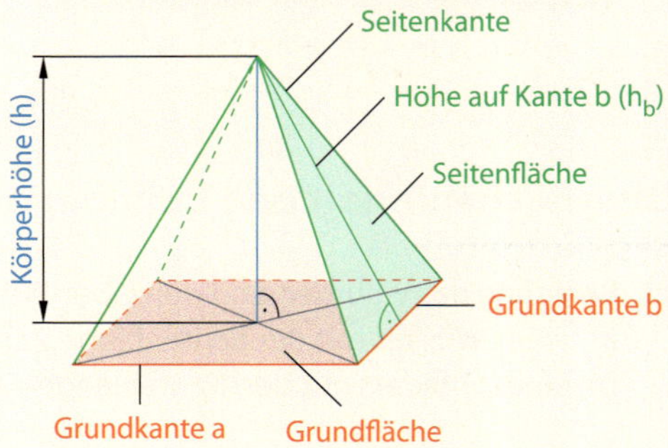

Hinweis:
Die Spitze einer Pyramide kann bei gleicher Körperhöhe unterschiedliche Lagen haben. Ist die Grundfläche punktsymmetrisch und liegt die Spitze senkrecht über dem Symmetriezentrum der Grundfläche, so nennt man die Pyramide gerade.

Pyramiden bezeichnet man nach der Art ihrer Grundfläche und der Lage ihrer Spitze.

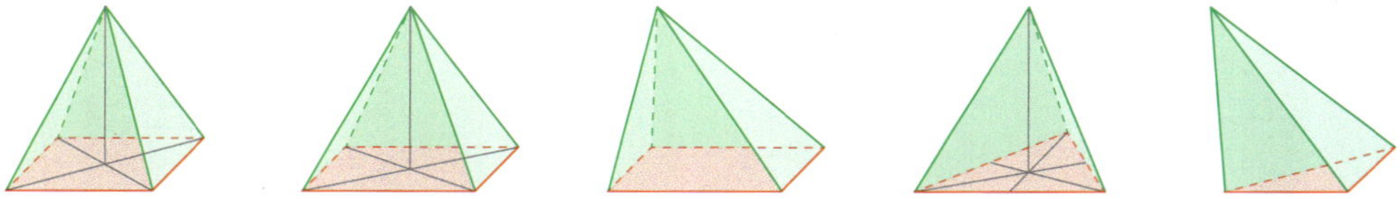

Beispiel 1:
Eine gerade Pyramide mit rechteckiger Grundfläche hat die in der Zeichnung angegebenen Maße.
a) Skizziere ein Netz der Pyramide. Schätze dafür die Längen von h_a und h_b.
b) Berechne den Oberflächeninhalt der Pyramide.

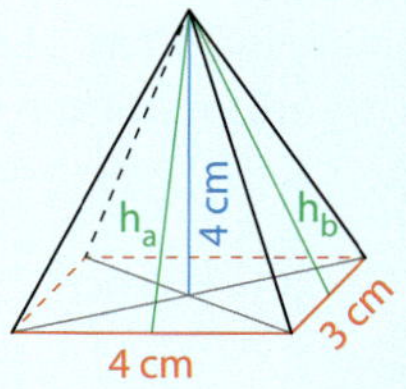

Lösung:
a) Zeichne die rechteckige Grundfläche. Zeichne die vier dreieckigen Seitenflächen.
Da die Pyramide gerade ist, stehen die Höhen h_a bzw. h_b jeweils senkrecht auf den Seiten a bzw. b. Ihr Fußpunkt ist jeweils der Mittelpunkt der Seite.

Netz:

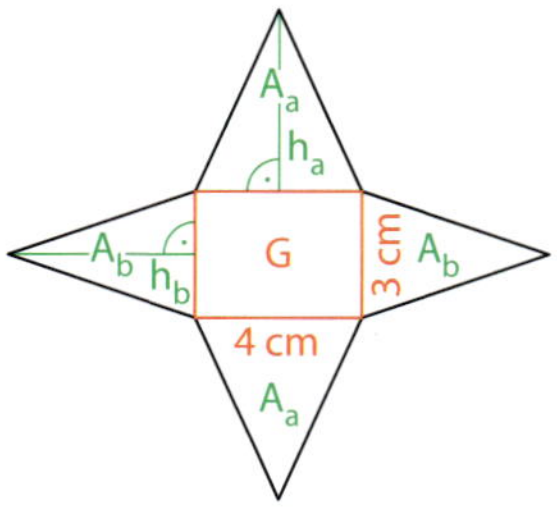

b) Die Körperhöhe h, die Höhe einer Seitenfläche h_a bzw. h_b und die kürzeste Verbindungsstrecke zwischen dem Höhenfußpunkt und der Grundkante bilden jeweils rechtwinklige Dreiecke. Die Längen h_a und h_b lassen sich deshalb mit dem Satz des Pythagoras berechnen.

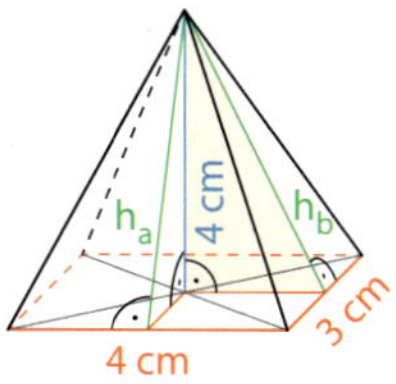

$$h_b^2 = (2\,cm)^2 + (4\,cm)^2 = 20\,cm^2 \quad |\sqrt{\ }$$
$$h_b = \sqrt{20\,cm^2} \approx 4{,}5\,cm$$
$$h_a^2 = (1{,}5\,cm)^2 + (4\,cm)^2 = 18{,}25\,cm^2 \quad |\sqrt{\ }$$
$$h_a = \sqrt{18{,}25\,cm^2} \approx 4{,}3\,cm$$

Die Oberfläche setzt sich aus den vier **Seitenflächen** und der **Grundfläche** zusammen. Da bei einer Pyramide mit rechteckiger Grundfläche je zwei Seitenflächen (A_a und A_b) kongruent zueinander sind, vereinfacht sich die Formel für den Oberflächeninhalt. Setze die Größen in die Formel ein und berechne.

$$O = G + 2 \cdot A_a + 2 \cdot A_b$$
$$= G + 2 \cdot \frac{a \cdot h_a}{2} + 2 \cdot \frac{b \cdot h_b}{2}$$
$$\approx 12\,cm^2 + 17{,}2\,cm^2 + 13{,}5\,cm^2 = 42{,}7\,cm^2$$

Hinweis:
Im Beispiel wurden Zwischenergebnisse gerundet, wenn nötig. Mit den gerundeten Zwischenergebnissen wurde weitergerechnet. Es gibt auch andere Möglichkeiten, z. B. mit dem Taschenrechner.

Hinweis:
Für Pyramiden mit quadratischer Grundfläche vereinfacht sich die Formel für den Oberflächeninhalt zu $O = a^2 + 2 \cdot a \cdot h_a$.

Basisaufgaben

Hinweis:
Wenn im Folgenden nichts anderes benannt wird, handelt es sich immer um gerade Pyramiden.

1. Berechne den Oberflächeninhalt der Pyramide.

a)
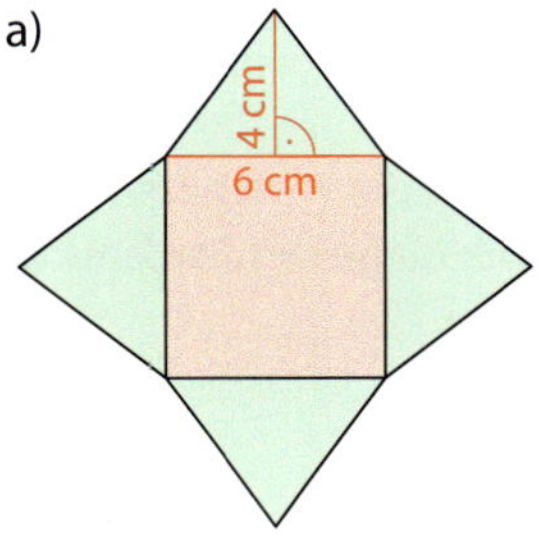

b)
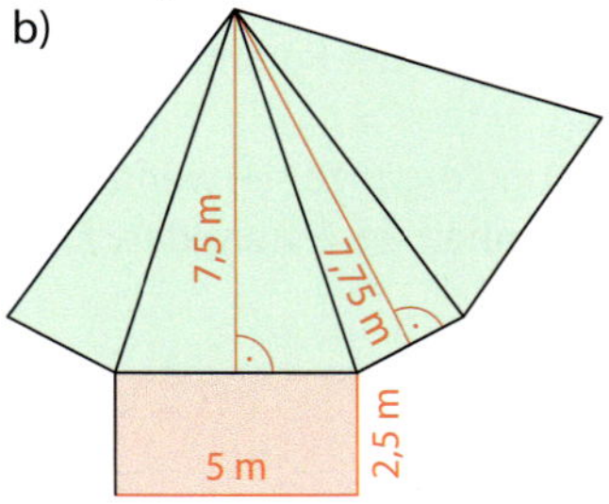

c)
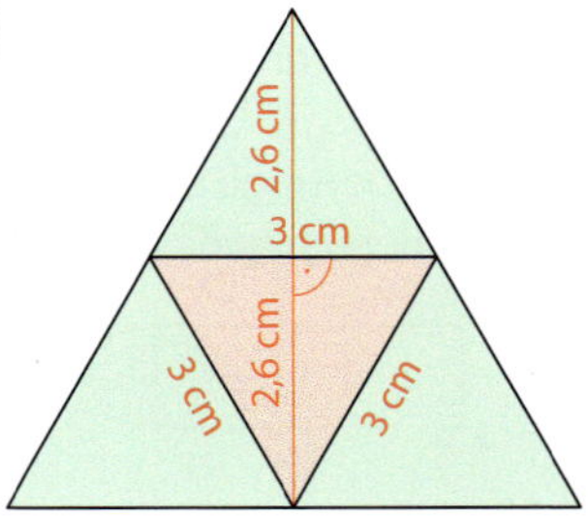

Hinweis zu 1 und 3:
Die teilweise gerundeten Lösungen findest du hier.

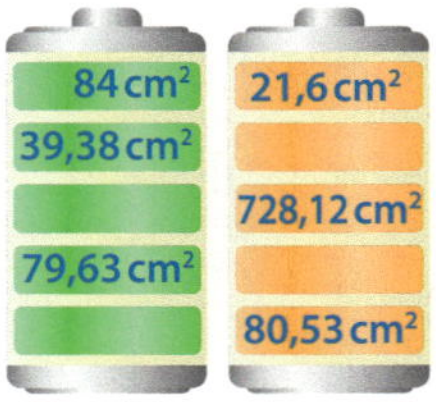

2. Eine Pyramide mit quadratischer Grundfläche hat die Maße $a = 3\,cm$ und $h_a = 5\,cm$.
a) Skizziere ein Netz.
b) Berechne den Oberflächeninhalt.

3. Berechne den Oberflächeninhalt der Pyramide.

a)
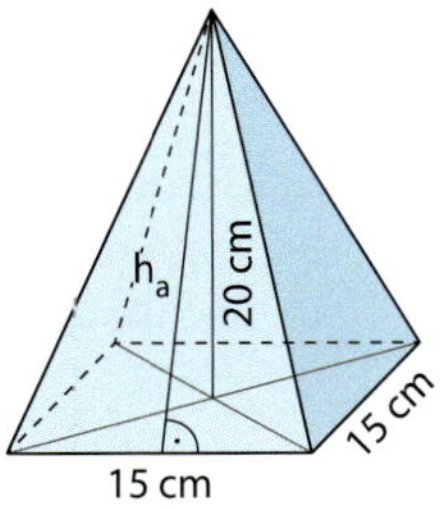

b)
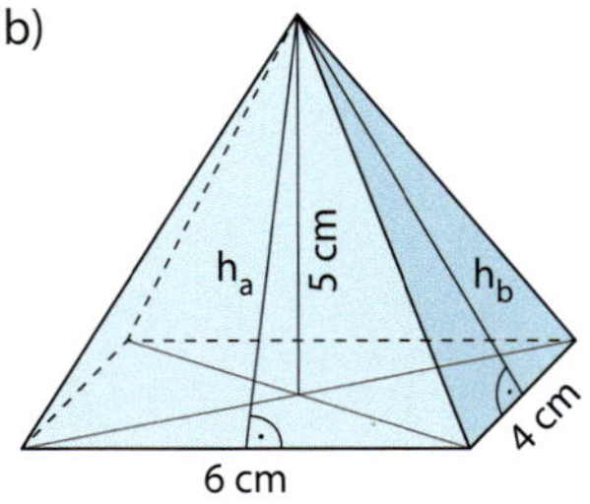

c)
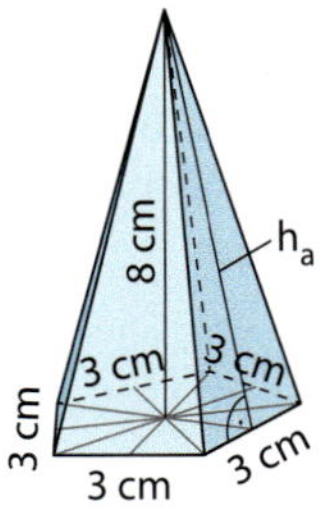

4. Eine Pyramide hat eine quadratische Grundfläche mit $a = 6\,cm$ und eine Körperhöhe von 12 cm. Berechne den Oberflächeninhalt.

5. Die Chefren-Pyramide hat eine quadratische Grundfläche mit einer Kantenlänge von 215 m und eine Körperhöhe von 143,5 m. Berechne den Mantelflächeninhalt der Pyramide.

Weiterführende Aufgaben

6. Stelle die folgenden Pyramiden her. Verwende dafür z. B. Zeichenkarton.
   a) G ist ein Quadrat mit a = 5 cm; h = 10 cm.
   b) G ist ein Rechteck mit a = 8 cm und b = 5 cm.
   Die Seitenkanten sind 10 cm lang.
   c) G ist ein gleichseitiges Dreieck mit a = b = c = 6 cm. Die Seitenflächen sind jeweils kongruent zur Grundfläche. (Es handelt sich also um einen Tetraeder.)

7. a) Gib die Anzahl der Ecken, Kanten und Flächen einer Pyramide mit dreieckiger Grundfläche an.
   b) Gib die Anzahl der Ecken, Kanten und Flächen einer Pyramide mit n-eckiger Grundfläche für n = 4; 5; 6; 7; 8 und als Term allgemein für n an.

8. **Stolperstelle:** Der Oberflächeninhalt der Pyramide mit quadratischer Grundfläche sollte berechnet werden.
Beschreibe und korrigiere die Fehler.

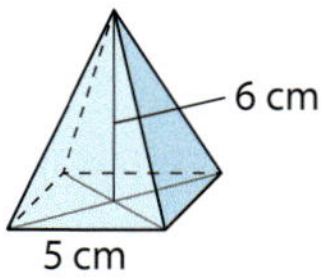

$O = G + M$
$O = (5\,cm)^2 + 2 \cdot 5\,cm \cdot 6\,cm$
$= 25\,cm^2 + 60\,cm^2$
$= 85\,cm$

9. Trage die Punkte A(−3|−1), B(1|−1), C(3|1) und S(0|4) in ein Koordinatensystem ein.
   a) Ergänze einen Punkt D, sodass ABCDS das Schrägbild einer Pyramide mit quadratischer Grundfläche ist. Gib die Koordinaten von D an.
   b) Berechne den Oberflächeninhalt der Pyramide aus a).

10. a) Übertrage die Zeichnung und ergänze sie, wenn möglich, zu einem Pyramidennetz.
   b) Berechne den Oberflächeninhalt der Pyramiden. Entnimm die Maße der Zeichnung.

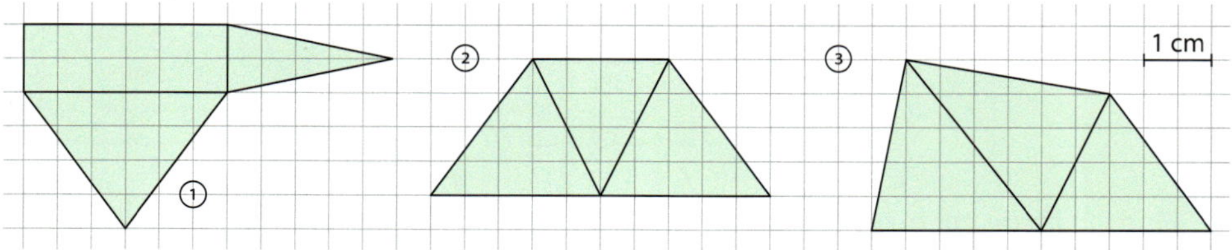

11. Eine Pyramide hat eine quadratische Grundfläche mit a = 4 cm und eine Seitenkantenlänge von s = 3 cm. Beschreibe, wie man ihren Oberflächeninhalt berechnen kann.

12. Berechne den Oberflächeninhalt der Pyramide.

a) Grundfläche: Quadrat

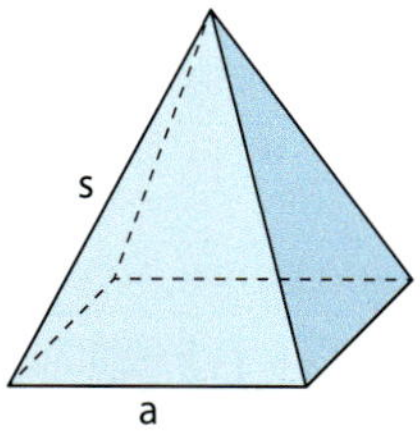

a = 5,5 cm
s = 7 cm

b) Grundfläche: Rechteck

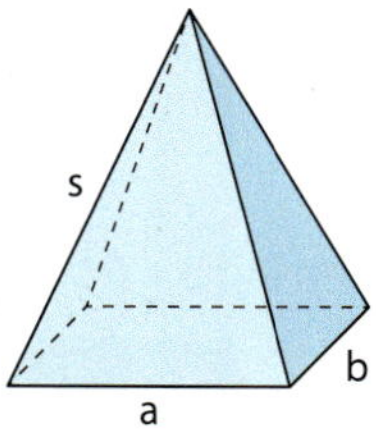

a = 4,2 cm
b = 3,3 cm
s = 6,4 cm

c) Grundfläche: gleichseitiges Dreieck

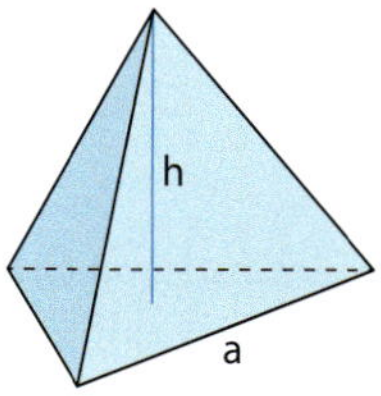

a = 45 mm
h = 36 mm

d) Grundfläche: regelmäßiges Sechseck

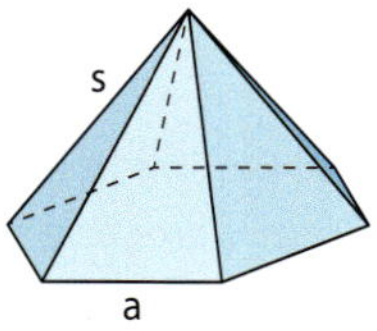

a = 29 mm
s = 3 cm

13. Ermittle die Höhe h der quadratischen Pyramide aus den gegebenen Größen.

a) $a = 6\,cm$; $h_a = 5\,cm$

b) $a = 2\,m$; $O = 16{,}65\,m^2$

14. Berechne die fehlenden Größen der Pyramide mit quadratischer Grundfläche.

	a	s	h	h_a	O
a)	8 cm			12 cm	
b)			10 m	15 m	
c)		12 cm		90 mm	
d)	12 mm	1,5 cm			

15. Ordne die Pyramidennetze nach der Größe ihrer Flächeninhalte. Schätze zuerst und überprüfe dann durch eine Rechnung.

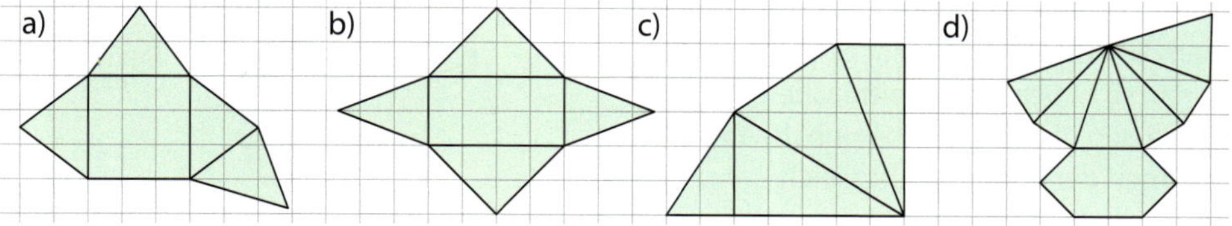

16. Bei einer Pyramide mit quadratischer Grundfläche und der Grundkante a beträgt die Höhe einer Seitenfläche $h_a = 41\,m$ und der Oberflächeninhalt $O = 2\,943\,m^2$.
Ermittle alle Kantenlängen der Pyramide.

● **17.** In einem Würfel mit der Kantenlänge 5 cm befindet sich eine Pyramide mit den angegebenen Eigenschaften. Zeichne ein Schrägbild des Würfels mit der Pyramide. Skizziere ein Netz der Pyramide und berechne den Oberflächeninhalt.

a) Die Grundfläche der Pyramide ist die Grundfläche des Würfels. Die Spitze der Pyramide liegt in der Mitte der Deckfläche des Würfels.

b) Die Grundfläche der Pyramide ist die Grundfläche des Würfels. Die Spitze der Pyramide befindet sich in einer Ecke der Deckfläche des Würfels.

c) Die Spitze der Pyramide ist eine Ecke des Würfels. Die drei Würfelkanten, die von dieser Ecke ausgehen, sind die Seitenkanten der Pyramide.

18. Das Dach eines Kirchturms hat die Form einer quadratischen Pyramide mit den Maßen $a = 7{,}2\,m$ und $h = 6{,}3\,m$. Das Dach soll mit Kupferplatten gedeckt werden. Berechne, wie viel Quadratmeter Kupferplatten man benötigt. Berücksichtige 5 % Verschnitt.

● **19.** Eine Pyramide aus Holz hat eine quadratische Grundfläche ($a = 40\,cm$, $h_a = 30\,cm$). Sie wird auf der halben Körperhöhe parallel zur Grundfläche zersägt. Die Spitze wird entsorgt.

a) Berechne, um wie viel Prozent sich der Oberflächeninhalt dadurch verkleinert hat.

b) Untersuche, ob es eine Kombination aus den beiden gegebenen Größen a und h_a gibt, bei der eine Oberflächenvergrößerung eintritt.

● **20.** **Ausblick:** Stelle eine möglichst einfache Formel für den Oberflächeninhalt eines Tetraeders mit der Kantenlänge a auf.

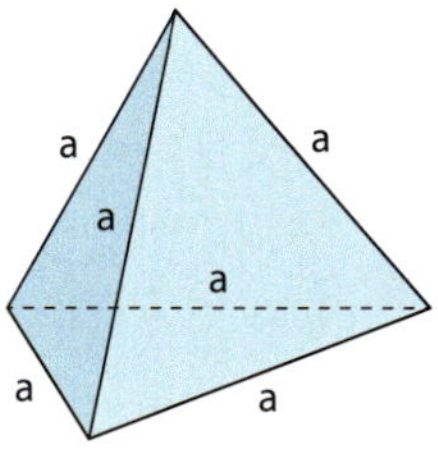

5.2 Volumen einer Pyramide

■ Ein Papierstapel wird wie dargestellt verschoben. Wie lässt sich begründen, dass die Volumina aller Papierstapel gleich sind? ■

Satz von Cavalieri

Ein Stapel runder Bierdeckel bildet einen geraden Zylinder. Verschiebt man die einzelnen Schichten, so entstehen (näherungsweise) schiefe Zylinder und verdrehte Zylinder.
Die Höhe der Körper bleibt gleich. Schneidet man die Körper parallel zur Grundfläche durch, so haben die Schnittflächen F_1, F_2 und F_3 alle den gleichen Flächeninhalt. Auch das Volumen der Körper bleibt gleich.

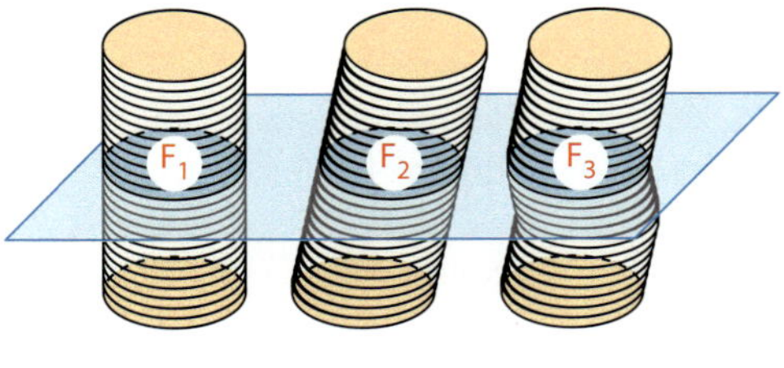

Hinweis:
Bonaventura Francesco Cavalieri lebte im 17. Jh. in Italien.

Wissen: Satz von Cavalieri
Das Volumen zweier Körper ist gleich groß, wenn beide Körper
1. den gleichen Grundflächeninhalt,
2. die gleiche Höhe und
3. in jeder beliebigen Höhe jeweils gleich große Querschnittsflächen besitzen.

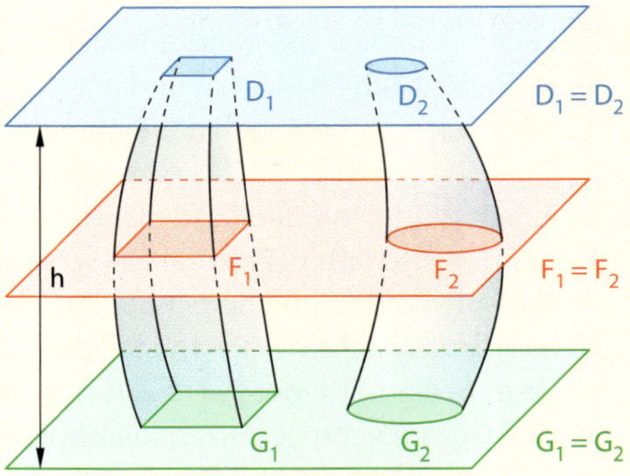

Beispiel 1:
Ein schiefes Prisma ist 5,3 cm hoch und hat ein rechtwinkliges Dreieck ($a = 4\,cm$; $b = 6\,cm$; $\gamma = 90°$) als Grundfläche. Berechne sein Volumen.

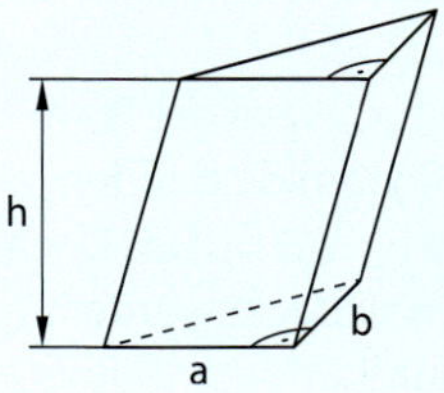

Lösung:
Das schiefe und das gerade Prisma im Bild rechts haben das gleiche Volumen, denn alle drei Bedingungen des Satzes von Cavalieri sind erfüllt.

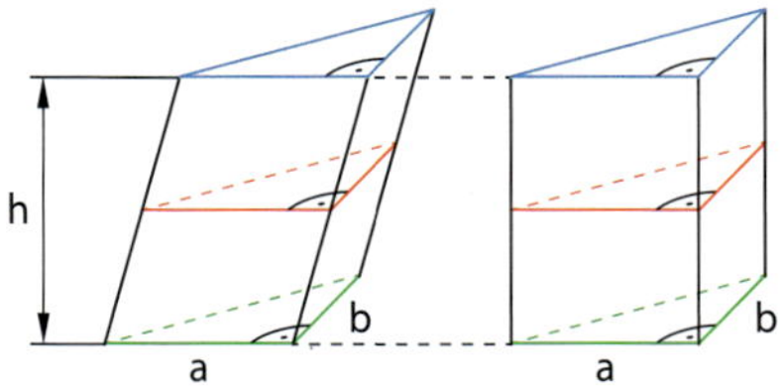

Daher lässt sich das Volumen des schiefen Prismas mit der Formel $V = G \cdot h$ berechnen. Für die **Grundfläche** gilt die Formel $G = \frac{1}{2} \cdot a \cdot b$. Die gegebenen Größen können direkt in die Formel eingesetzt werden.

$$V = G \cdot h = \frac{1}{2} \cdot a \cdot b \cdot h = \frac{1}{2} \cdot 4\,cm \cdot 6\,cm \cdot 5{,}3\,cm = 63{,}6\,cm^3$$

Basisaufgaben

1. Berechne das Volumen des abgebildeten Körpers.

a)

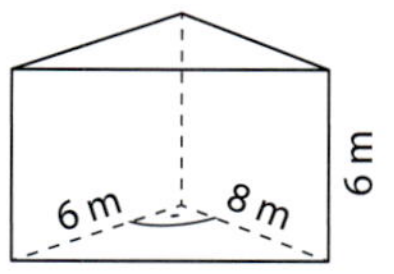

b)

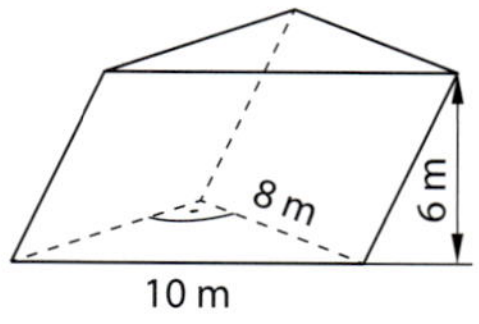

c)

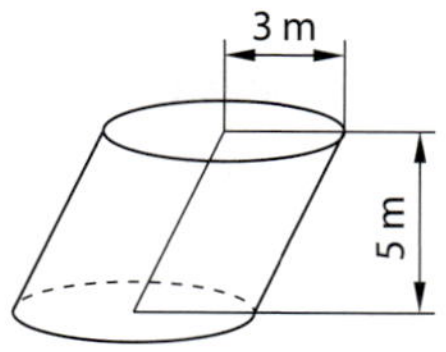

Hinweis zu 1 b:
Nutze den Satz des Pythagoras für die Berechnung der dritten Seitenlänge des Dreiecks.

2. Begründe, ob für das Körperpaar der Satz von Cavalieri anwendbar ist oder nicht.

a)

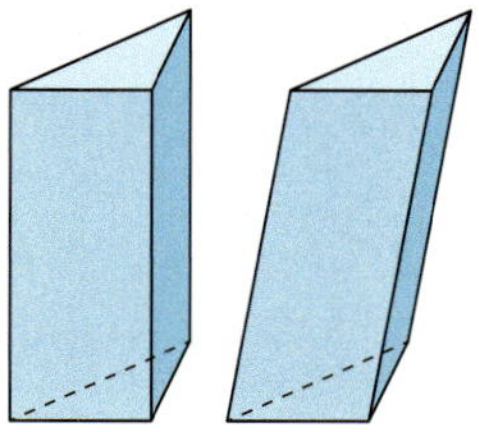

b)

c)

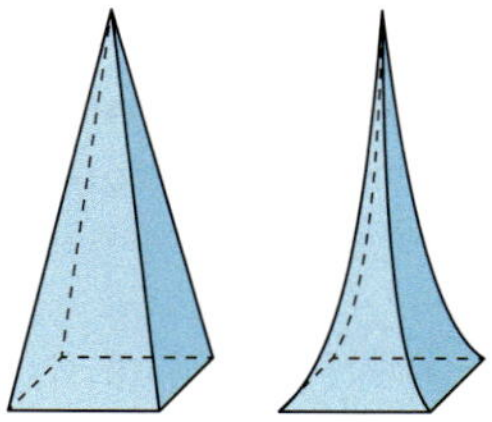

3. Gib fünf weitere Möglichkeiten an, den Würfel so zu zerschneiden, dass jeweils zwei Prismen mit gleichem Volumen entstehen. Begründe die Gleichheit der Volumina.

Volumen einer Pyramide

Behauptung 1: Zwei Pyramiden mit dreieckiger gleich großer Grundfläche $G_1 = G_2$ und gleicher Höhe h haben das gleiche Volumen.
Beweis: Die Dreiecke F_1 und F_2 in der Schnittebene sind ähnlich zur Grundfläche mit dem Ähnlichkeitsfaktor $k = \frac{h'}{h}$.
Damit gilt $F_1 = k^2 \cdot G_1$ und $F_2 = k^2 \cdot G_2$, also folgt aus $G_1 = G_2$ auch $F_1 = F_2$. Nach dem Satz von Cavalieri haben beide Pyramiden also das gleiche Volumen. q.e.d.

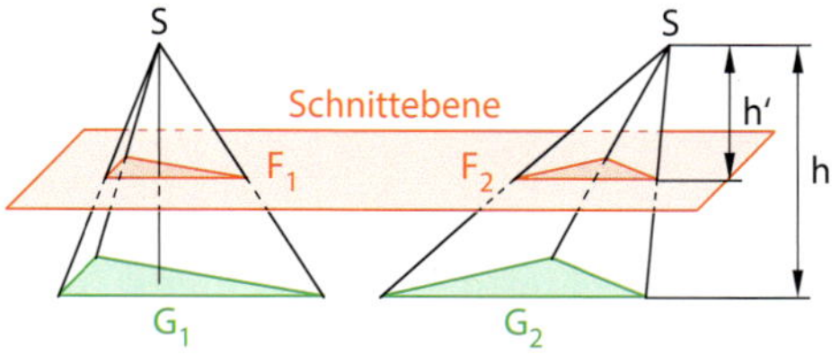

Zerlege ein beliebiges Prisma mit dreieckiger Grundfläche in drei Pyramiden:
P_1 und P_3 haben die gleiche Grundfläche und die gleiche Höhe, also das gleiche Volumen.

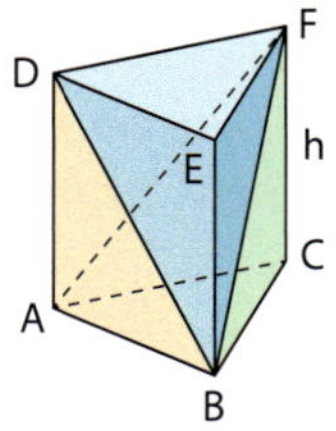

Die Dreiecke ABD und BDE sind gleich groß, da die Diagonale $\overline{BD}$ das Rechteck ABED in zwei kongruente Dreiecke teilt. Der Punkt F ist die gemeinsame Spitze von P_2 und P_3, also haben auch P_2 und P_3 das gleiche Volumen, jeweils ein Drittel des Prismavolumens $G \cdot h$.
Damit gilt $V_{P_1} = V_{P_2} = V_{P_3} = \frac{1}{3} \cdot G \cdot h$.

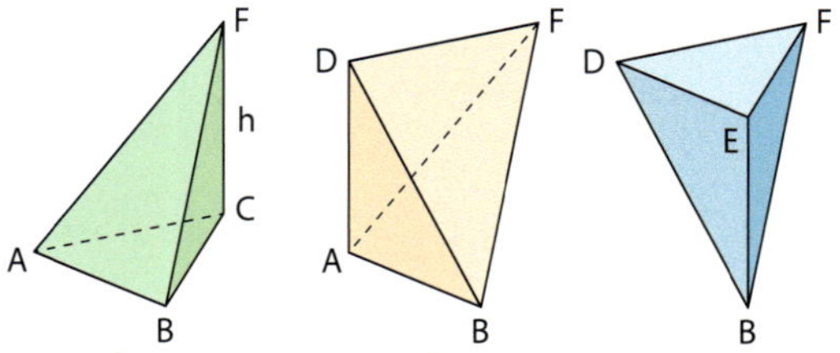

P_1 P_2 P_3

Nach Behauptung 1 gilt diese Volumenformel für jede Pyramide mit dreieckiger Grundfläche.

Jede beliebige Pyramide lässt sich in dreiseitige Pyramiden gleicher Körperhöhe zerlegen.
Im Beispiel rechts sind es drei Pyramiden mit den Grundflächen A_1, A_2 und A_3. Für das Volumen der fünfseitigen Pyramide gilt dann:

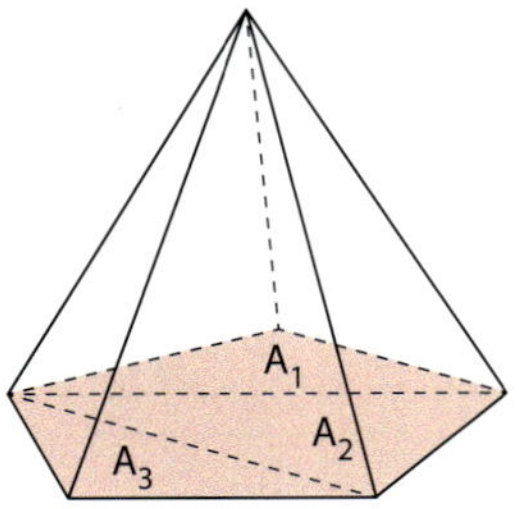

$$V = \frac{1}{3} \cdot A_1 \cdot h + \frac{1}{3} \cdot A_2 \cdot h + \frac{1}{3} \cdot A_3 \cdot h$$
$$= \frac{1}{3} \cdot (A_1 + A_2 + A_3) \cdot h$$
$$= \frac{1}{3} \cdot G \cdot h$$

Damit ist gezeigt, dass die Volumenformel für beliebige Pyramiden gilt.

Wissen: Volumen einer Pyramide
Für das Volumen einer Pyramide mit der Grundfläche G und der Körperhöhe h gilt:
$V = \frac{1}{3} \cdot G \cdot h$

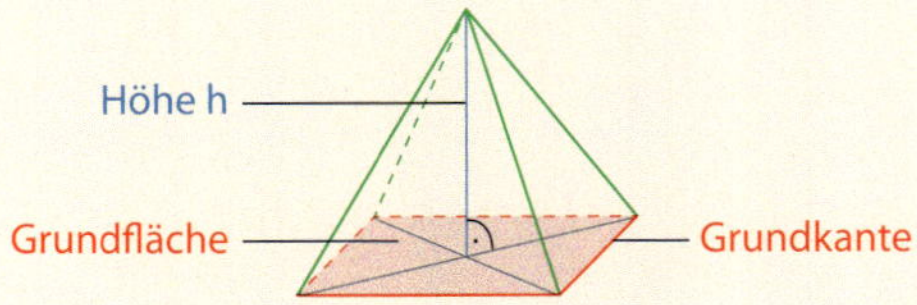

Beispiel 2:
a) Eine gerade Pyramide hat die Körperhöhe h = 7 cm und eine rechteckige Grundfläche mit a = 4 cm und b = 6 cm. Berechne ihr Volumen.
b) Berechne das Volumen der abgebildeten geraden Pyramide mit rechteckiger Grundfläche.

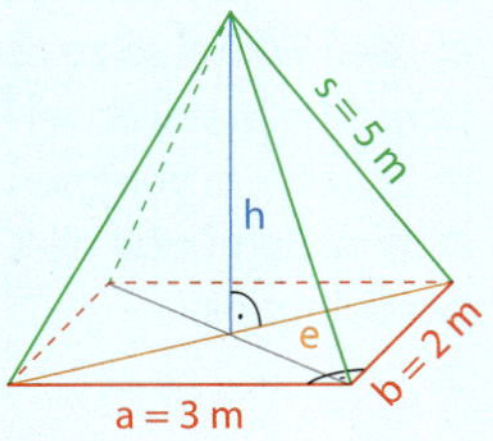

Lösung:
a) Berechne den Grundflächeninhalt G.
Setze G und h in die Formel für das Volumen ein.

$$G = a \cdot b = 4\,\text{cm} \cdot 6\,\text{cm} = 24\,\text{cm}^2$$
$$V = \frac{1}{3} \cdot G \cdot h = \frac{1}{3} \cdot 24\,\text{cm}^2 \cdot 7\,\text{cm} = 56\,\text{cm}^3$$

b) Berechne den Grundflächeninhalt G.

$$G = a \cdot b = 3\,\text{m} \cdot 2\,\text{m} = 6\,\text{m}^2$$

Um die Körperhöhe h zu berechnen, muss zuerst die Diagonalenlänge e der Grundfläche berechnet werden.
Nutze dafür den Satz des Pythagoras.

$$e^2 = a^2 + b^2 \quad |\sqrt{\ }$$
$$e = \sqrt{(3\,\text{m})^2 + (2\,\text{m})^2} \approx 3{,}6\,\text{m}$$

Berechne nun mit e die Körperhöhe h.
Nutze auch hier den Satz des Pythagoras.

$$h^2 = s^2 - \left(\frac{e}{2}\right)^2 \quad |\sqrt{\ }$$
$$h \approx \sqrt{(5\,\text{m})^2 - (1{,}8\,\text{m})^2} \approx 4{,}66\,\text{m}$$

Setze G und h in die Formel für das Volumen ein.

$$V = \frac{1}{3} \cdot G \cdot h \approx \frac{1}{3} \cdot 6\,\text{m}^2 \cdot 4{,}66\,\text{m} = 9{,}32\,\text{m}^3$$

Basisaufgaben

Hinweis:
Wenn im Folgenden nichts anderes benannt wird, handelt es sich immer um gerade Pyramiden.

4. Berechne das Volumen der Pyramide.
   a) G ist ein Quadrat mit a = 9 cm; h = 10 cm.
   b) G ist ein gleichschenkliges Dreieck mit c = 5 cm und a = b = 4 cm; h = 8,5 cm.
   c) G ist ein Rechteck mit a = 3 dm und b = 7 dm; h = 10 dm.

5. Berechne das Volumen der Pyramide.

a)

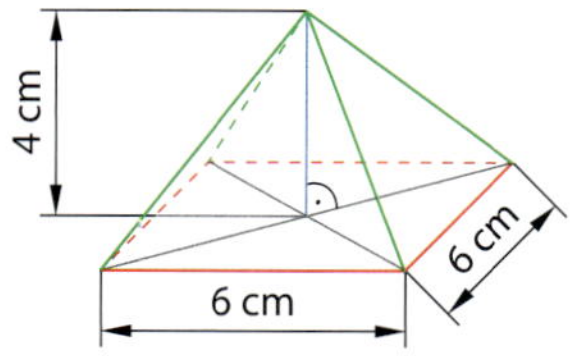

b)

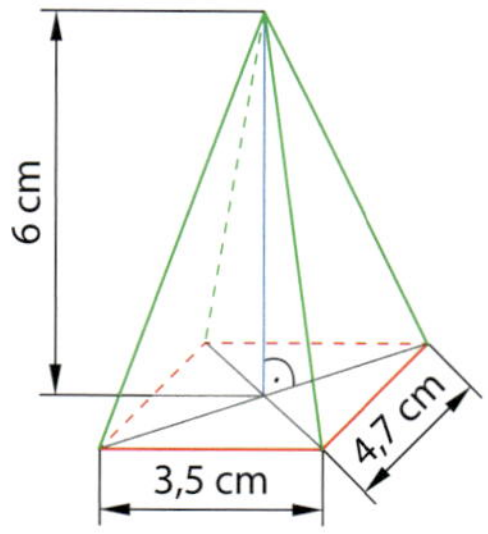

c)

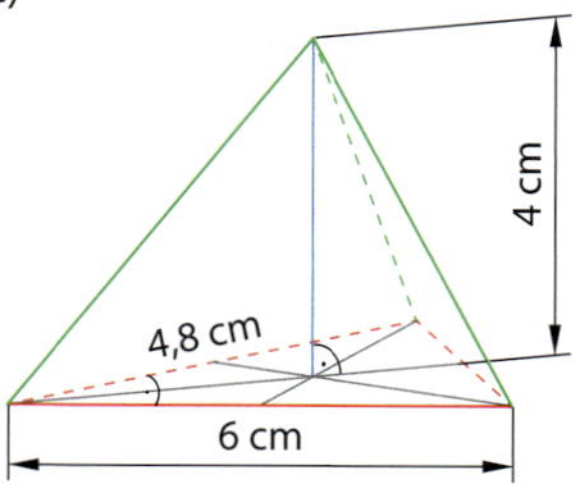

Hinweis zu 5:
Die teilweise gerundeten Lösungen findest du hier.

6. Die Cheops-Pyramide war ursprünglich 147 m hoch. Ihre quadratische Grundfläche hatte eine Kantenlänge von 230 m. Heute ist sie nur noch 139 m hoch. Ihre Kantenlänge beträgt noch 225 m.

a) Berechne das ursprüngliche und das heutige Volumen der Pyramide.

b) Gib den Volumenunterschied in Prozent an.

7. Berechne das Volumen der Pyramide.

a) Grundfläche: Rechteck mit a = 3,5 cm, b = 4,6 cm; Seitenkantenlänge s = 4 cm

b) Grundfläche: Quadrat mit a = 5 cm; Seitenhöhe $h_a = 3$ cm

8. Ermittle die Höhe der Pyramide aus den gegebenen Größen.

a) $V = 32\,cm^3$; G ist ein Quadrat mit a = 4 cm

b) $V = 20\,m^3$; G ist ein Rechteck mit a = 3 m und b = 4 m

c) $V = 20\,000\,cm^3$; G ist ein Parallelogramm mit a = 40 cm und $h_a = 35$ cm

Hinweis:
In 8 c) bezeichnet h_a die Höhe des Paralellogramms auf der Seite a.

Weiterführende Aufgaben

9. Berechne das Volumen der Pyramide.

a) Grundfläche:

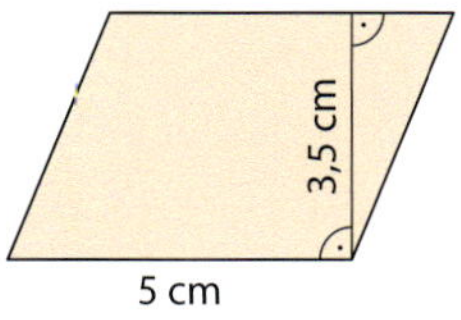

Körperhöhe: 4 cm

b) Grundfläche:

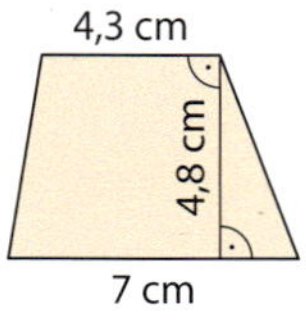

Körperhöhe: 8,5 cm

c) Grundfläche:

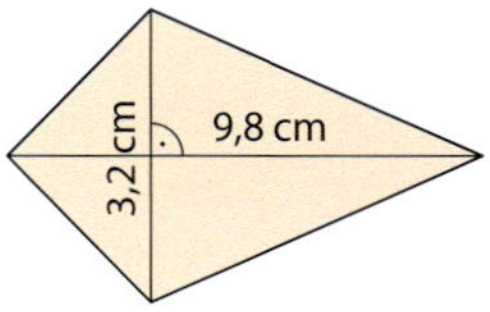

Körperhöhe: 11,4 cm

10. Wie verändert sich das Volumen einer Pyramide, wenn man

a) den Grundflächeninhalt verdoppelt (verdreifacht, vervierfacht, …);

b) die Länge der Höhe verdoppelt (halbiert, verdreifacht, drittelt, …)?

11. Von einer Pyramide mit quadratischer Grundfläche sind die Maße a = 12 m und $h_a = 20$ m gegeben. Berechne ihr Volumen und ihren Oberflächeninhalt.

12. Stelle die Formel nach den in der Klammer gegebenen Größen um.

a) $V = \frac{1}{3} \cdot G \cdot h$; (h, G)

b) $O = G + 2 \cdot a \cdot h_a$; (a, h_a)

c) $V = \frac{1}{3} \cdot a^2 \cdot h$; (h, a)

13. Der „Turning Torso" (siehe Foto links) ist ein 190 Meter hohes Gebäude in der schwedischen Stadt Malmö. Das Gebäude hat 54 Stockwerke. Jedes Stockwerk ist um etwa 1,6 Grad zum darunterliegenden Stockwerk verdreht. Auf der ganzen Höhe verdreht sich das Gebäude um rund 90 Grad. Erläutere, ob sich gegenüber einem quaderförmigen Bau mit gleicher Grundfläche und Höhe ein Verlust an nutzbarem Gebäudevolumen ergibt.

14. Berechne die fehlenden Größen der quadratischen Pyramide.

	a)	b)	c)	d)	e)	f)
a	32 cm		21,0 cm			
s						
h	63 cm					
h_a	65 cm	65 m				
V			19 913,5 cm^3		600 m^3	
G		5184 m^2		25 m^2	36 m^2	
M						800 m^2
O				85 m^2		1200 m^2

15. Stolperstelle: Von einer Pyramide mit einem Rechteck als Grundfläche sind $a = 3\,cm$, $b = 5\,cm$ und $h_a = 6\,cm$ bekannt. Beschreibe und korrigiere die Fehler in Piets Hausarbeiten.

Berechne G:
$G = a \cdot b = 3\,cm \cdot 5\,cm = 15\,cm$
Berechne h:
$h = \sqrt{h_a^2 + \left(\frac{a}{2}\right)^2} = \sqrt{(6\,cm)^2 + (1{,}5\,cm)^2} \approx 6{,}2\,cm$
Berechne V:
$V \approx \frac{1}{3} \cdot 15\,cm^2 \cdot 6{,}2\,cm = 31\,m^3$

16. Berechne das Volumen der Pyramide: Körperhöhe: 11 cm; Grundfläche: regelmäßiges Sechseck mit a = 5 cm.

17. Eine 20 cm hohe Pyramide hat als Grundfläche ein Rechteck, bei dem eine Seite doppelt so lang ist wie die andere Seite. Das Volumen der Pyramide beträgt 1080 cm^3. Berechne den Oberflächeninhalt dieser Pyramide.

18. Jonas behauptet, dass man ein Prisma mit einem gleichseitigen Dreieck als Grundfläche auf mindestens vier verschiedene Arten so halbieren kann, dass die entstehenden Körper auch Prismen sind.

a) Prüfe Jonas Behauptung.
b) Begründe, dass die Aussage für jede beliebige dreieckige Grundfläche gilt.
c) Verallgemeinere die Aussage für ein Prisma, dessen Grundfläche n Symmetrieachsen besitzt.

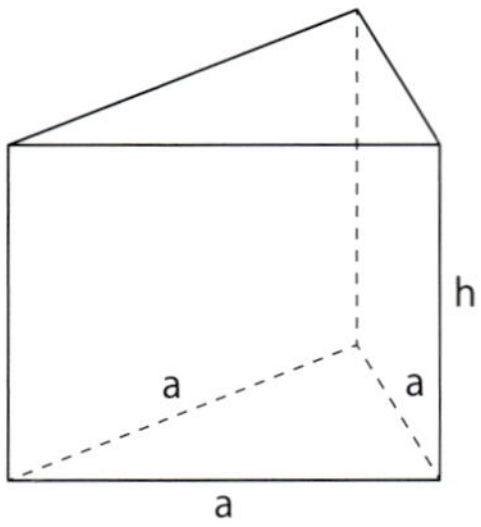

19. Der abgebildete Quader wurde in drei Pyramiden zerlegt. Begründe, dass die drei Pyramiden das gleiche Volumen haben.

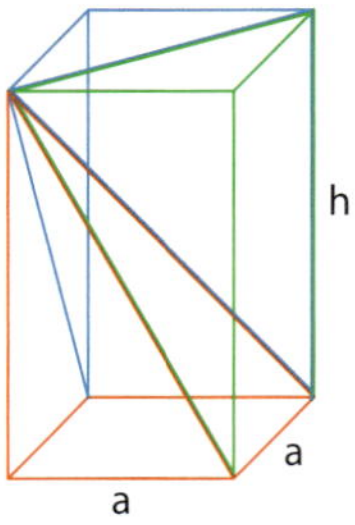

20. Aus einem quaderförmigen Stein (a = 5 cm, b = 3 cm und c = 6 cm) soll eine Pyramide mit rechteckiger Grundfläche mit möglichst großem Volumen herausgearbeitet werden.

a) Bestimme die Maße der Pyramide mit dem größten Volumen.
b) Zeichne ein Schrägbild des Quaders mit der Pyramide.
c) Gib den Abfall in Kubikzentimetern und in Prozent an.

21. a) Zeichne einen Körper, der aus zwei Pyramiden zusammengesetzt ist, deren Grundflächen aufeinander liegen.
b) Überlege, welche Abmessungen angegeben werden müssen, damit Volumen und Oberflächeninhalt des zusammengesetzten Körpers berechenbar sind.
c) Berechne Oberflächeninhalt und Volumen deines Körpers.
d) Prüft gegenseitig eure Rechnungen.

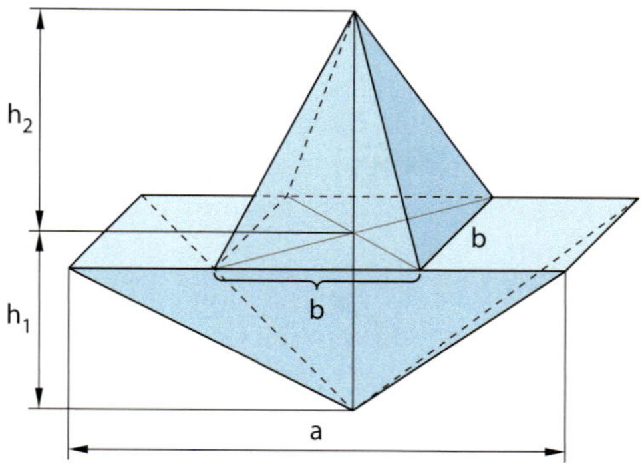

Hinweis zu 21:
Achtet bei der Berechnung des Oberflächeninhalts darauf, welche Flächen sichtbar und welche verdeckt sind.

22. a) Stelle eine Formel für das Volumen eines Tetraeders mit der Kantenlänge a auf.
b) Ein Tetraeder hat ein Volumen von $100\,m^3$. Berechne seine Kantenlänge.

23. In dieser Verpackung befinden sich 0,2 ℓ Saft.
a) Modelliere die Form der Verpackung mit einem möglichst einfachen Körper.
b) Gib Maße des Körpers an, die zum Volumen der Verpackung passen.

24. Eine Pyramide mit quadratischer Grundfläche (Grundkante a = 2,5 cm) besteht aus Kupfer (Dichte $8{,}92\,g/cm^3$). Die Pyramide wiegt 44,6 g.
Berechne die Höhe der Pyramide.

25. Das Bürogebäude „Transamerica Pyramid" in San Francisco ist 260 m hoch. Seine quadratische Grundfläche hat eine Seitenlänge von 45 m. Die zwei angesetzten Flügel stabilisieren das Gebäude bei Erdbeben. Sie enthalten einen Fahrstuhl und ein Treppenhaus.
a) Berechne den umbauten Raum (ohne die Flügel).
b) Gib Maße eines zylinderförmigen Gebäudes (eines quaderförmigen Gebäudes) mit dem gleichen umbauten Raum und dem gleichen Grundflächeninhalt an.

26. Ausblick: Eine Pyramide hat eine quadratische Grundfläche. Sie wird mit der Spitze nach unten schrittweise ins Wasser getaucht. Bei jedem Schritt wird das von ihr verdrängte Wasservolumen gemessen.
a) Begründe, warum keine Proportionalität zwischen der Tiefe der eingetauchten Pyramidenspitze und dem verdrängten Wasservolumen vorliegt.
b) Man verdoppelt (verdreifacht, vervierfacht) die Eintauchtiefe der Pyramide. Berechne jeweils, um das Wievielfache sich das Volumen der eingetauchten Pyramidenspitze vergrößert.
c) Prüfe die folgende Aussage: „Das verdrängte Wasservolumen ist proportional zur dritten Potenz der Grundkantenlänge der eingetauchten Teilpyramide, da das Verhältnis aus Höhe und Grundkantenlänge konstant ist."
d) Zeige, dass sich das Volumen des aus dem Wasser ragenden Teils der Pyramide (**Pyramidenstumpf**) mit der Formel $V = \frac{1}{3} \cdot h \cdot (a_2^2 + a_1 \cdot a_2 + a_1^2)$ berechnen lässt.

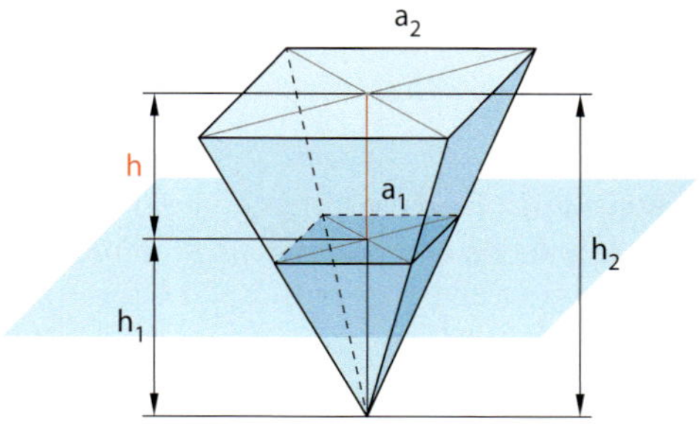

Hinweis zu 26 d):
$a^3 - b^3 = (a - b) \cdot (a^2 + a \cdot b + b^2)$

5.3 Kegel – Netz und Oberflächeninhalt

■ Aus Filz wird ein 60 cm hoher Hut gebastelt.
a) Skizziere ein passendes Schnittmuster.
b) Eine Person mit dem Kopfumfang 55 cm soll den Hut tragen. Ermittle Maße für den Zuschnitt. ■

Bei einer Pyramide wird die Grundfläche von einem Vieleck gebildet. Ist die Grundfläche stattdessen ein Kreis, so bezeichnet man den Körper als Kreiskegel oder kurz **Kegel**.

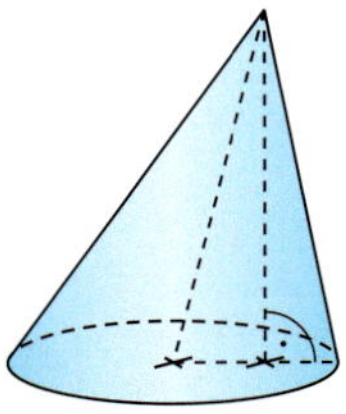

Ein schiefer Kegel

Wissen: Kegel
Ein gerader Kegel ist ein Körper mit einem Kreis als **Grundfläche**. Die Spitze liegt senkrecht über dem Mittelpunkt der Grundfläche.
Die **Mantelfläche** ist gewölbt. Abgerollt und eben ausgebreitet bildet sie einen Kreisausschnitt.

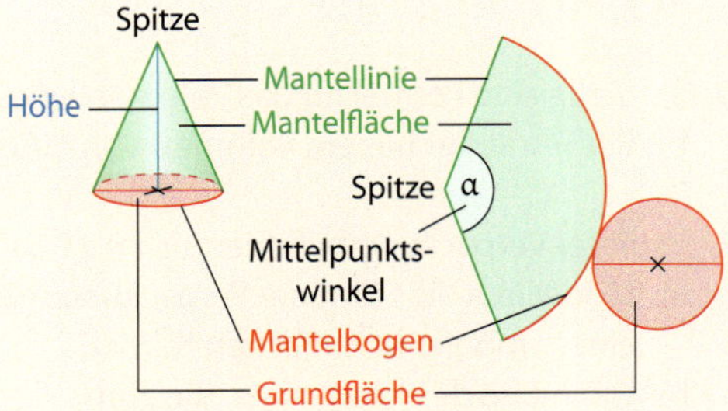

Um den Mantelflächeninhalt M eines geraden Kegels zu berechnen, betrachten wir die Mantelfläche zum Grundflächenradius r genauer:
Der Mantelbogen ist genau so lang wie der Umfang der Grundfläche des Kegels, also $2 \cdot \pi \cdot r$. Die Mantellinie s bildet den Radius der Mantelfläche.
Vervollständigt man den Kreisausschnitt zu einem Kreis mit dem Radius s, so ergibt sich folgendes Verhältnis: $\frac{2 \cdot \pi \cdot r}{u_{Kreis}} = \frac{M}{A_{Kreis}}$.

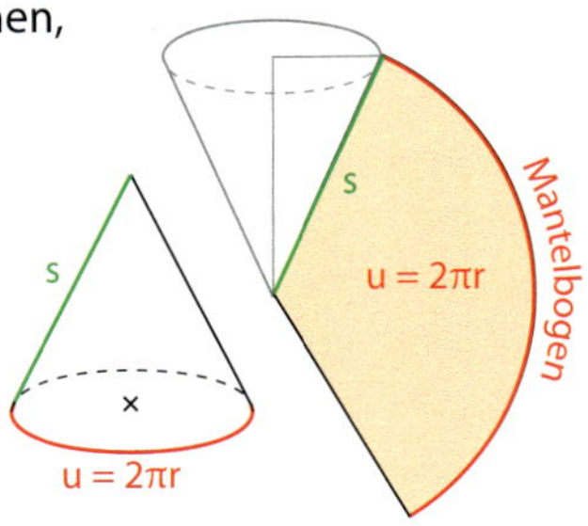

Da dieser Kreis den Radius s hat, gilt $\frac{2 \cdot \pi \cdot r}{2 \cdot \pi \cdot s} = \frac{M}{\pi \cdot s^2}$.

Umgeformt ergibt sich $M = \frac{2 \cdot \pi \cdot r \cdot \pi \cdot s^2}{2 \cdot \pi \cdot s} = \pi \cdot r \cdot s$.

Wissen: Oberflächeninhalt eines Kegels
Für den Oberflächeninhalt O eines geraden Kegels mit dem Grundflächenradius r und der Mantellinie s gilt: $O = G + M$
$= \pi \cdot r^2 + \pi \cdot r \cdot s = \pi \cdot r \cdot (r + s)$

Beispiel 1: Ein 4 cm hoher gerader Kegel hat eine Grundfläche mit einem Radius von 2 cm. Berechne den Oberflächeninhalt des Kegels.

Hinweis:
In den Beispielen wird die π-Taste am Taschenrechner verwendet. Mann kann auch mit 3,14 als Näherungswert für π rechnen.

Lösung:
Fertige eine Skizze an.
Berechne die Mantellinie s mit dem Satz des Pythagoras.

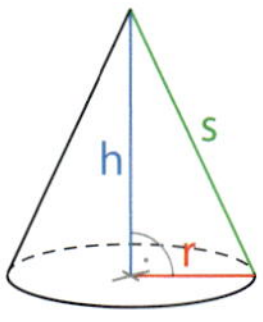

$s^2 = r^2 + h^2 = (2\,\text{cm})^2 + (4\,\text{cm})^2$
$= 20\,\text{cm}^2$
$s = \sqrt{20\,\text{cm}^2} \approx 4{,}5\,\text{cm}$

Berechne den Flächeninhalt der Grundfläche (Kreis) und den Flächeninhalt der Mantelfläche (Kreisausschnitt). Addiere die Flächeninhalte G und M.

$G = \pi \cdot r^2 \approx \pi \cdot (2\,\text{cm})^2 \approx 12{,}6\,\text{cm}^2$

$M = \pi \cdot r \cdot s = \pi \cdot 2\,\text{cm} \cdot 4{,}5\,\text{cm} \approx 28{,}3\,\text{cm}^2$

$O = G + M \approx 12{,}6\,\text{cm}^2 + 28{,}3\,\text{cm}^2 = 40{,}9\,\text{cm}^2$

Basisaufgaben

1. Berechne den Oberflächeninhalt des abgebildeten Kegels.

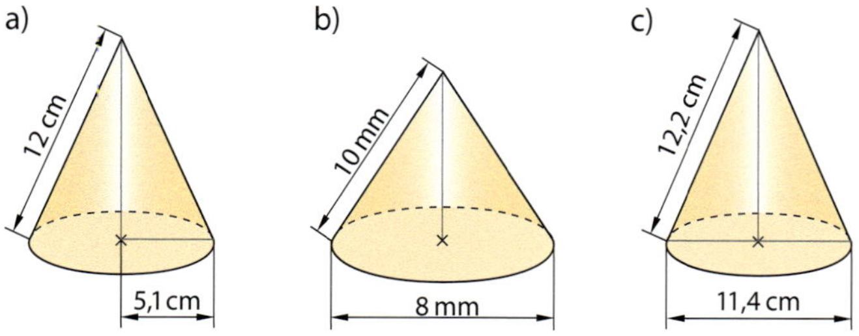

Hinweis:
Wenn im Folgenden nichts anderes gesagt wird, dann handelt es sich immer um einen geraden Kegel.

2. Berechne den Oberflächeninhalt des Kegels mit den gegebenen Maßen.
   a) $r = 3\,cm$; $h = 4\,cm$ b) $r = 1{,}5\,cm$; $h = 2{,}5\,cm$
   c) $r = 5\,cm$; $h = 5\,cm$ d) $r = 1\,cm$; $h = 3\,cm$

3. Eine Schultüte soll eine Höhe von 45 cm haben. Die Öffnung soll einen Umfang von 60 cm haben. Berechne, wie viel cm^2 Pappe für die Herstellung nötig sind.

4. Von einem Kegel sind die Größen $O = 20\,dm^2$ und $r = 10\,cm$ bekannt.
   Berechne die Mantellinie s.

Weiterführende Aufgaben

5. **Stolperstelle:** Ein Kegel hat den Radius 4 cm. Seine Mantelfläche hat den Radius 6 cm. Henry sollte den Oberflächeninhalt des Kegels berechnen. Beschreibe und berichtige seine Fehler.

$O = G + M$
$= \pi \cdot (6\,cm)^2 + \pi \cdot 6\,cm \cdot 4\,cm$
$\approx 113{,}1\,cm^2 + 75{,}4\,cm^2$
$= 188{,}5\,cm^2$

6. Ein Kreis aus Papier wird entlang eines Radius vom Rand bis zum Mittelpunkt eingeschnitten. Daraus kann man unterschiedliche Kegelmäntel formen. Fülle dazu die Tabelle aus.

G	$4\,cm^2$	$8\,cm^2$	$12\,cm^2$		
h				4 cm	3 cm

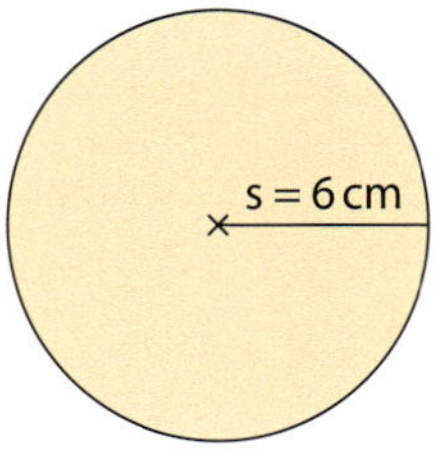

7. Berechne den Oberflächeninhalt eines Kegels, dessen Mantelfläche $1000\,cm^2$ groß ist und dessen Mantellinie $s = 10\,cm$ lang ist.

8. Stelle einen Kegel her mit $r = 4\,cm$ und $h = 10\,cm$. Verwende z. B. Zeichenkarton.

9. Berechne den Radius r des Kegels mit den angegebenen Maßen.
   a) $O = 219{,}91\,cm^2$; $s = 9\,cm$ b) $O = 573{,}53\,mm^2$; $s = 15{,}3\,mm$
   c) $O = 23\,926{,}37\,m^2$; $s = 80\,m$ d) $O = 225\,m^2$; $s = 17{,}5\,m$

10. Das Dach eines Turms hat die Form eines Kegels, dessen Höhe 6 m und dessen Radius 3 m beträgt. Berechne die Materialkosten für die Neueindeckung des Dachs, wenn der Preis pro Quadratmeter 87 € beträgt.

Der Buddenturm in Münster

11. Eine Fabrik stellt aus Blech Lampenschirme her, die etwa die Form eines Kegels haben. Die Höhe eines Lampenschirms beträgt 30 cm, der Umfang der Grundfläche 80 cm.

a) Ermittle, wie viel Blech für die Herstellung eines Lampenschirms benötigt wird.

b) Die Materialkosten für 1 cm^2 Blech betragen 0,275 €. Berechne die Materialkosten für die Herstellung eines Lampenschirms.

c) Für welchen Preis sollte ein Händler den Schirm anbieten? Begründe deine Antwort.

12. Handelt es sich um das Netz eines Kegels? Begründe deine Antwort.

a)
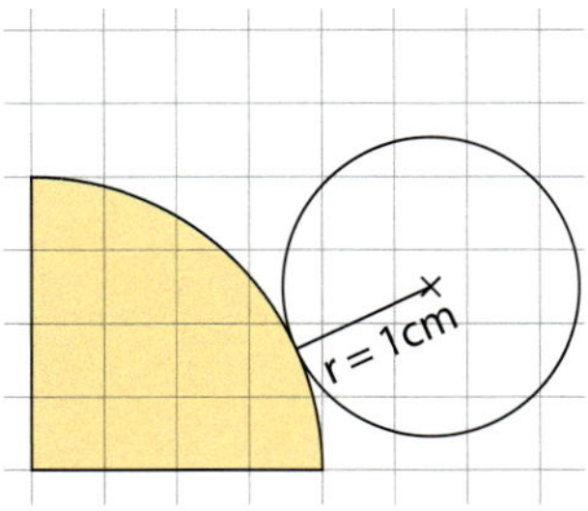

b)
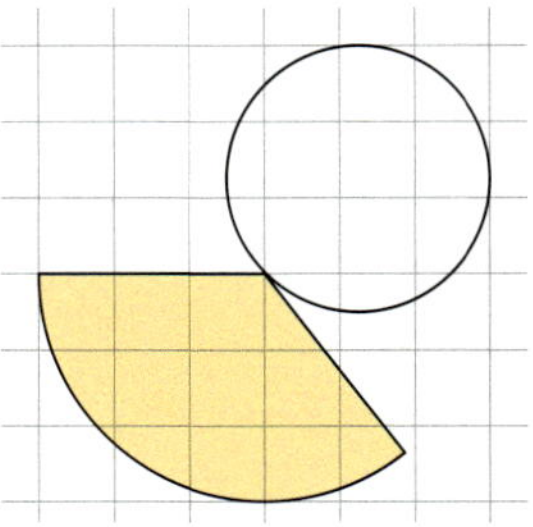

c)
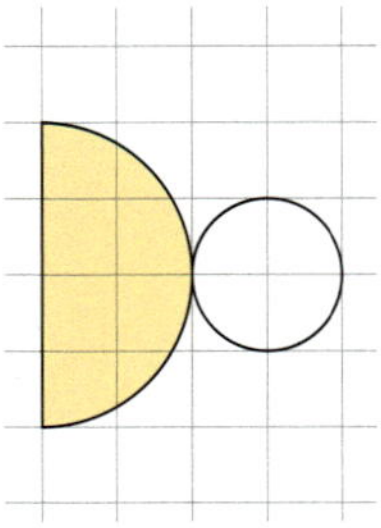

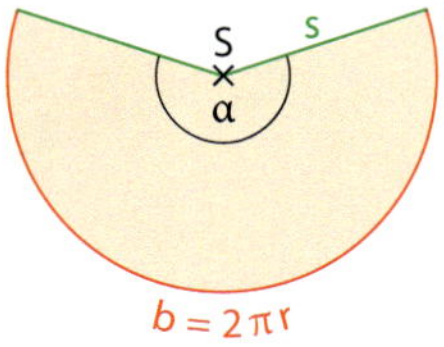

● **13.** Die Größe eines Kreisausschnitts lässt sich auch mithilfe des Mittelpunktswinkels α angeben.

a) Ein Kreisausschnitt mit dem Radius s = 5 cm und dem Mittelpunktswinkel α = 180° soll einen Kegelmantel ergeben. Berechne den Radius r und die Höhe h des Kegels.

b) Begründe, dass für den Mittelpunktswinkel α folgende allgemeine Formel gilt: $\alpha = \frac{360° \cdot r}{s}$.

c) Von einem Kegel sind der Mittelpunktswinkel α = 100° und s = 15 cm gegeben. Berechne seinen Oberflächeninhalt.

14. a) Beschreibe, was für ein Körper entsteht, wenn man das abgebildete Netz zusammenfaltet.

b) Erkläre, warum für den Oberflächeninhalt des schiefen Kegels nicht die Formel $O = \pi \cdot r^2 + \pi \cdot r \cdot s$ gilt.

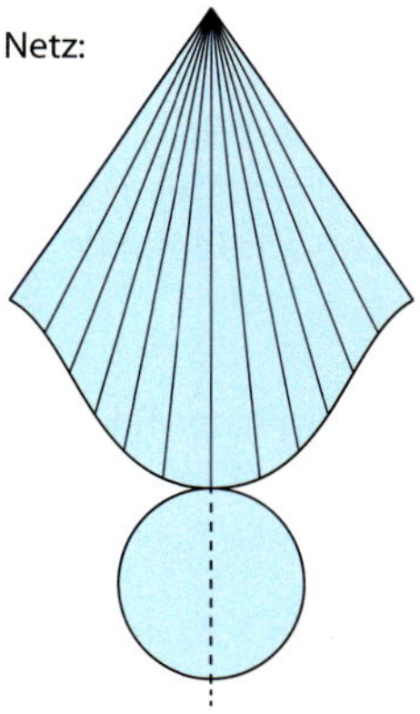

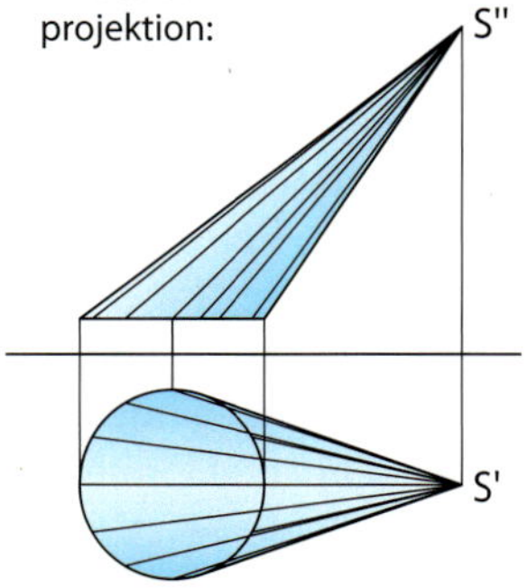

● **15.** **Ausblick:** Aus der schraffierten Stofffläche soll ein Lampenschirm gefertigt werden (Angaben in cm).

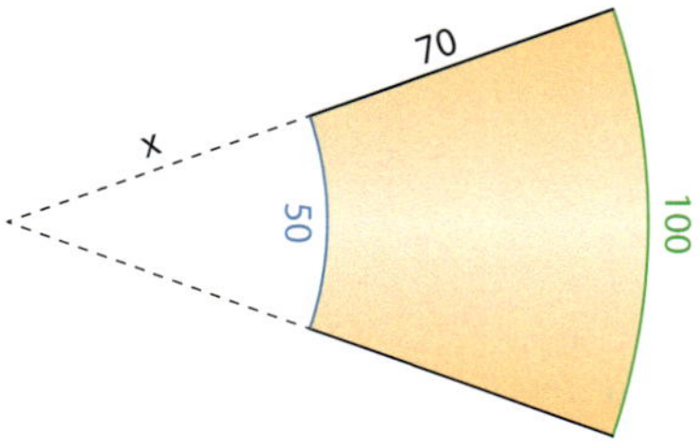

a) Beschreibe, welche geometrische Form der Schirm haben wird.

b) Begründe, warum die Strecke x 70 cm lang ist.

c) Berechne die Fläche des Stoffs, die mindestens für die Herstellung benötigt wird.

d) Zeige, dass der gestrichelte Kreisausschnitt genau ein Viertel der Gesamtfläche ausmacht.

e) Es sollen mehrere dieser Schirme hergestellt werden. Dabei soll der Verschnitt möglichst klein sein. Finde dafür ein geeignetes Schnittmuster. Skizziere es.

f) Welches Längenverhältnis müssten der blaue und der grüne Kreisbogen haben, damit der gestrichelt markierte Teil den selben Flächeninhalt wie der Lampenschirm hat?

5.4 Volumen eines Kegels

■ Ein kegelförmige Portion Eis hat den Durchmesser 5,6 cm und die Höhe 15,2 cm. Wie viel Kubikzentimeter Eis sind es? Begründe deine Wahl.

- 500 cm³
- 250 cm³
- 125 cm³
- 375 cm³
- 187 cm³
- 25 cm³ ■

Die Volumenformel für Pyramiden gilt für beliebige n-eckige Grundflächen. Je mehr Ecken eine solche Grundfläche besitzt, desto mehr ähnelt sie einem Kreis. Aus dieser Überlegung folgt für die Volumenformel eines Kegels:

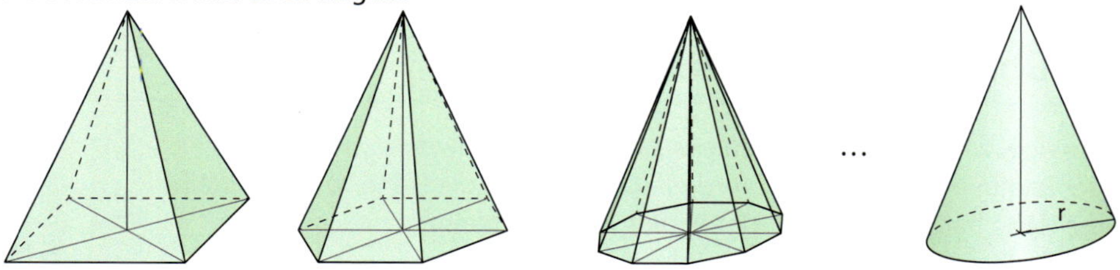

$V = \frac{1}{3} \cdot G \cdot h$ $\quad$ $V = \frac{1}{3} \cdot G \cdot h$ $\quad$ $V = \frac{1}{3} \cdot G \cdot h$ $\quad$ ... $\quad$ $V = \frac{1}{3} \cdot G \cdot h$

Wissen: Volumen eines Kegels

Für das Volumen eines Kegels mit der Grundfläche G, dem Grundflächenradius r und der Höhe h gilt:

$$V = \frac{1}{3} \cdot G \cdot h$$
$$= \frac{1}{3} \cdot \pi \cdot r^2 \cdot h$$

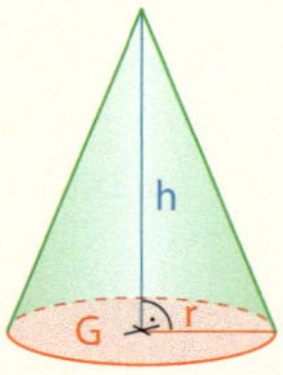

Beispiel 1: Berechne das Volumen eines Kegels mit der Höhe h = 20 cm und dem Radius r = 10 cm.

Lösung:

Die Grundfläche ist ein Kreis. Berechne die Grundfläche G. Setze dafür in die Formel ein. Runde das Ergebnis.

$G = \pi \cdot r^2$
$= \pi \cdot (10\,cm)^2$
$\approx 314{,}16\,cm^2$

Berechne aus der Grundfläche G und der Höhe h das Volumen. Setze dafür in die Formel ein. Runde das Ergebnis.

$V = \frac{1}{3} \cdot G \cdot h$
$\approx \frac{1}{3} \cdot 314{,}16\,cm^2 \cdot 20\,cm$
$= 2094{,}4\,cm^3$

Hinweis:
Sofern nichts anderes gesagt ist, handelt es sich immer um gerade Kegel.

Hinweis:
Man kann r und h auch direkt in die Formel $V = \frac{1}{3} \cdot \pi \cdot r^2 \cdot h$ einsetzen.

Basisaufgaben

1. Berechne das Volumen des Kegels mit den angegebenen Längen.
   a) r = 2 m; h = 5 m
   b) r = 3,5 dm; h = 5,7 dm
   c) r = 19,1 cm; h = 24 cm
   d) r = π m; h = 2π m

Hinweis zu 1:
Die teilweise gerundeten Maßzahlen findest du hier.

2. Eine Kerze hat die Form eines geraden Kegels (Radius r = 3 cm; Höhe h = 10 cm). Berechne das Volumen an Wachs, das zur Herstellung der Kerze benötigt wird.

3. Stelle die Formel für das Volumen eines Kegels $V = \frac{1}{3} \cdot \pi \cdot r^2 \cdot h$ nach h und nach r um.

4. Berechne den Radius des Kegels aus den gegebenen Größen.
a) $V = 500\,cm^3$; $h = 20\,cm$
b) $V = 188{,}5\,cm^3$; $h = 5\,cm$
c) $V = 689{,}92\,dm^3$; $h = 7{,}3\,dm$
d) $V = 6647{,}61\,m^3$; $h = 12\,m$

5. Berechne die Höhe des Kegels aus den gegebenen Größen.
a) $V = 50\,cm^3$; $r = 3\,cm$
b) $V = 20\,cm^3$; $r = 2{,}5\,cm$
c) $V = 6{,}25\,cm^3$; $r = 1{,}25\,cm$
d) $V = 7{,}2\,cm^3$; $d = 6{,}4\,cm$

6. Begründe, warum sich das Volumen eines Kegels, von dem der Durchmesser d und die Höhe h gegeben sind, mit der Formel $V = \frac{1}{12} \cdot \pi \cdot d^2 \cdot h$ berechnen lässt.

Weiterführende Aufgaben

7. Beschreibe, wie sich das Volumen eines Kegels ändert, wenn …
a) der Radius verdoppelt bzw. verdreifacht wird und die Höhe konstant bleibt;
b) die Höhe halbiert wird und der Radius konstant bleibt;
c) der Radius verdoppelt und die Höhe halbiert wird;
d) der Radius und die Höhe verdoppelt werden.

8. Berechne das Volumen und den Oberflächeninhalt eines Kegels mit den angegebenen Maßen.
a) $r = 2\,m$; $h = 5\,m$
b) $d = 7\,dm$; $h = 5{,}7\,dm$
c) $d = 38{,}2\,cm$; $h = 24\,cm$
d) $r = \pi\,m$; $h = 2\pi\,m$

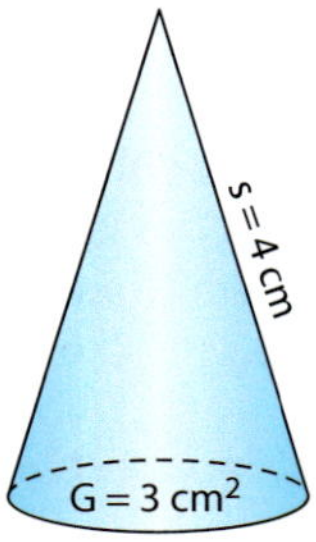

9. **Stolperstelle:** Erkläre, was beim Berechnen des Volumens des nebenstehenden Kegels falsch gemacht wurde: $V = 3\,cm^2 \cdot 4\,cm = 12\,cm^3$.

10. Berechne die fehlenden Größen des Kegels.

	a)	b)	c)	d)	e)
Radius r	3,5 cm			12 cm	
Körperhöhe h	8,2 cm	14 mm	50 mm		
Mantellinie s		17 mm			
Grundflächeninhalt G			22,9 cm²		172 dm²
Volumen V				2262 cm³	
Oberflächeninhalt O					379 dm²

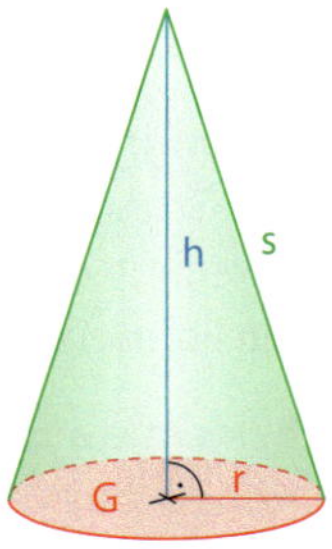

11. Stelle mit einem Graphen die Abhängigkeit des Volumens eines Kegels von seinem Radius dar. Bedenke, welche Größe des Kegels dabei konstant bleiben muss. Beschreibe den Graphen und gib eine passende Funktionsgleichung an.

Erinnere dich:
Kreisförmige Grundflächen im Schrägbild lassen sich so skizzieren:

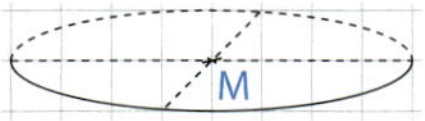

12. Skizziere das Schrägbild eines Kegels mit den angegebenen Größen.
a) $r = 1\,cm$; $h = 2\,cm$
b) $d = 1{,}5\,cm$; $h = 4\,cm$
c) $r = 2{,}5\,cm$; $h = 4{,}5\,cm$

13. Ein Kunstwerk aus Beton hat die Form eines Kegels mit dem Grundflächendurchmesser $d = 150\,cm$ und der Mantellinie $s = 2{,}75\,m$.
Ermittle die Masse des Kunstwerks, wenn $1\,m^3$ Beton etwa 1,8 t wiegt.

14. Eine Sanduhr besteht aus zwei kegelförmigen Glaselementen, deren Höhe jeweils 4 cm ist und deren Grundflächenradius jeweils 0,5 cm misst. Ermittle, wie viel Sand in die Sanduhr zu füllen ist, wenn ein Glaselement zu 80 Prozent gefüllt werden soll.

15. Aus einem zersprungenen Glas, das zuvor voll gefüllt war, tritt Wasser aus. Nach einer Stunde ist der Wasserstand nur noch halb so hoch wie zu Beginn.

a) Begründe, warum das Glas nach weniger als einer weiteren Stunde leer ist.

b) Gib eine Vermutung über den Zusammenhang zwischen Höhe des Wasserstands und Volumen an.

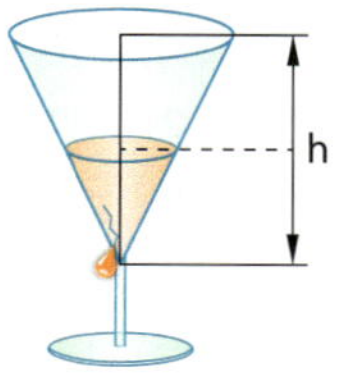

16. Schätze, welcher der Körper das größte Volumen hat.
Überprüfe deine Schätzung anschließend durch eine Rechnung.

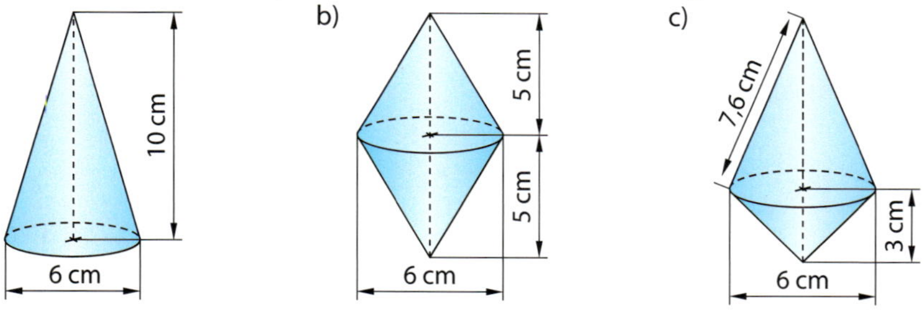

● **17.** Eine Fabrik stellt Bleikörper in verschiedenen Größen her. Der obere und der untere Teil eines Körpers haben jeweils die Form eines Kegels.

a) Gib je eine Formel zur Berechnung von Oberflächeninhalt und Volumen beliebiger Bleikörper dieser Form an.

b) Berechne den Oberflächeninhalt und das Volumen eines Bleikörpers mit $x = 10\,cm$, $y = 25\,cm$ und $r = 15\,cm$.

c) Ein Bleikörper hat einen Radius von 10 mm und ein Volumen von 15 700 mm^3. Gib drei mögliche Längen der Strecken x und y an. Wie lang kann x maximal sein? Begründe deine Antwort.

d) Die Dichte von Blei beträgt 11,342 g/cm^3. Berechne die Masse eines Bleikörpers mit $x = 2\,cm$, $y = 4\,cm$ und $r = 1{,}5\,cm$.

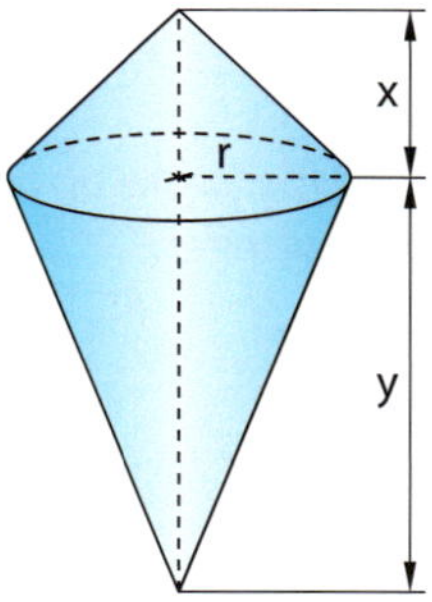

Tipp zu 17c:
Verwende einen Taschenrechner und probiere verschiedene Werte für x und y.

18. Die obere Öffnung eines kegelförmigen Messbechers soll einen Radius von 5 cm haben. Das Volumen soll mindestens 1 ℓ betragen.
Berechne, in welchen Höhen die Markierungen für $\frac{1}{4}$ ℓ, $\frac{1}{2}$ ℓ und $\frac{3}{4}$ ℓ angebracht werden müssen.

19. a) Recherchiere oder schätze die Höhe und den Grundflächenradius einer kegelförmigen Eistüte.

b) Berechne das Volumen, wenn man nur die in der Tüte enthaltene Eismenge betrachtet.

c) Schätze, wie viel Eis (in mℓ) eine Tüte im Durchschnitt etwa enthält, wenn sie durch eine Halbkugel gekrönt wird. Vergleiche mit einem Trinkglas Wasser.

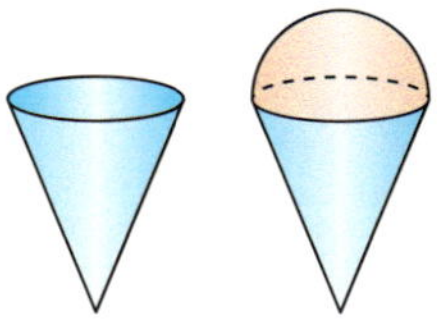

20. Der Salzkegel hat eine Mantellinie von 2,4 m und an der Basis einen Umfang von 7,5 m. Salz hat eine Dichte von 2,17 g/cm³.
   a) Berechne, wie viel Kilogramm Salz der Salzkegel enthält.
   b) Berechne, wie viele Salzstreuer mit 0,05 ℓ Inhalt mit dem Salz dieses Salzkegels befüllt werden könnten.

● 21. Aus einem Würfel wird zunächst eine größtmögliche Pyramide hergestellt. Aus der Pyramide wird danach ein größtmöglicher Kegel hergestellt.
   a) Begründe, warum im ersten Schritt rund 66,7 % Abfall entstehen.
   b) Berechne, wie viel Prozent Abfall insgesamt beim Schneiden des Kegels entstehen.
   c) Berechne, um wie viel Prozent sich der Oberflächeninhalt mit jedem Herstellungsschritt verkleinert.
   d) Begründe, warum sich an den Ergebnissen aus a) und b) nichts verändert, wenn ein Quader mit quadratischer Grundfläche als Ausgangswerksstück verwendet wird.
   e) Begründe, warum du mit schiefen Pyramiden bzw. Kegeln bei a) und b) das gleiche Ergebnis erhältst.

22. Vergleiche das Volumen der beiden Gläser.

● 23. Überprüfe, ob für die Pyramide und den Kegel die Bedingungen des Satzes von Cavalieri zutreffen.

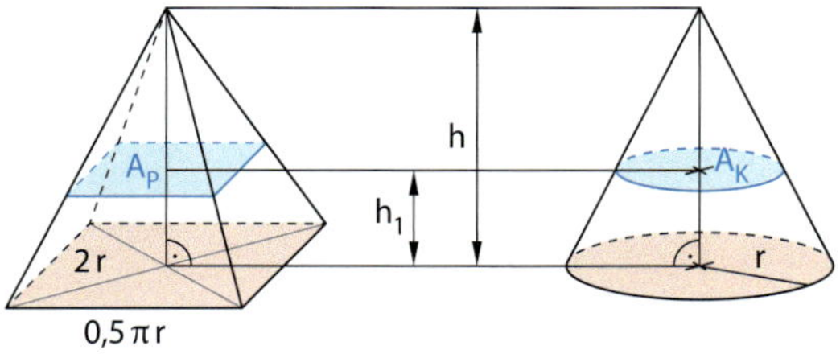

● 24. **Ausblick:** Ein **Kegelstumpf** entsteht durch Abtrennen eines Kegels parallel zur Grundfläche des Ausgangskegels.
   a) Begründe, dass sich der Oberflächeninhalt eines Kegelstumpfes mit der Formel $O = \pi \cdot (r_2^2 + r_1^2 + s \cdot (r_2 + r_1))$ berechnen lässt.
   b) Begründe, dass sich das Volumen eines Kegelstumpfes mit der Formel $V = \frac{\pi}{3} \cdot h \cdot (r_2^2 + r_2 \cdot r_1 + r_1^2)$ berechnen lässt.
   c) Berechne das Volumen und den Oberflächeninhalt eines Kegelstumpfes mit $r_1 = 44$ mm, $r_2 = 28$ mm und $h = 32$ mm.

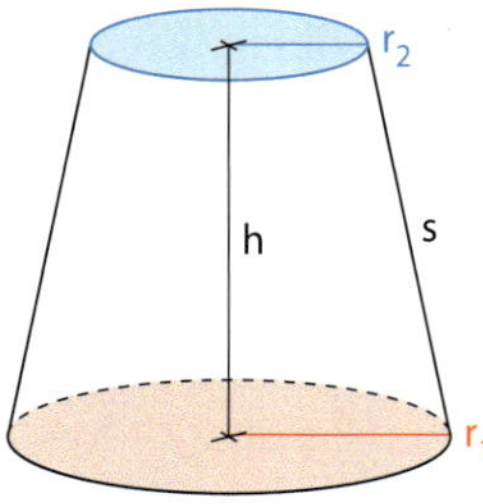

5.5 Volumen einer Kugel

■ Eine Kugel mit dem Radius r wird in einen wassergefüllten Zylinder mit dem gleichen Radius r und der Höhe $h = 2 \cdot r$ getaucht. Messungen ergeben, dass genau $\frac{2}{3}$ des Wassers aus dem Zylinder überlaufen.
Stelle eine Formel für das Kugelvolumen auf. ■

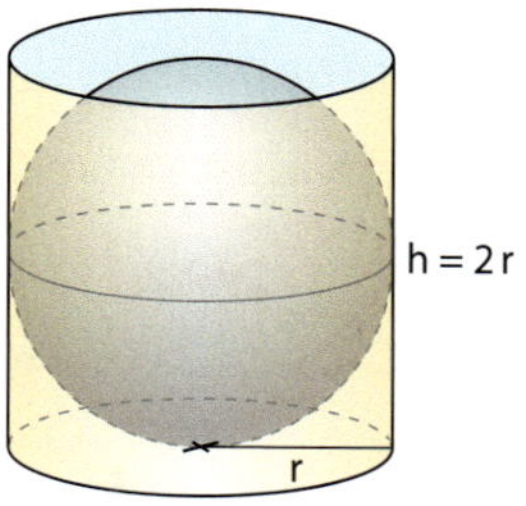

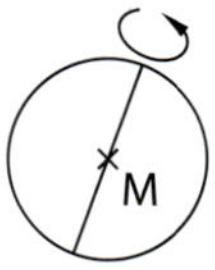

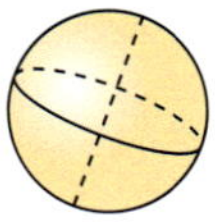

Wenn man einen Kreis um einen seiner Durchmesser dreht, so entsteht eine Kugel.

Wissen: Kugel
Alle Punkte eines Raumes, die von einem festen Punkt M den gleichen Abstand r haben, bilden eine Kugel.

M ist der **Mittelpunkt**, r der **Radius** und d der **Durchmesser** der Kugel.

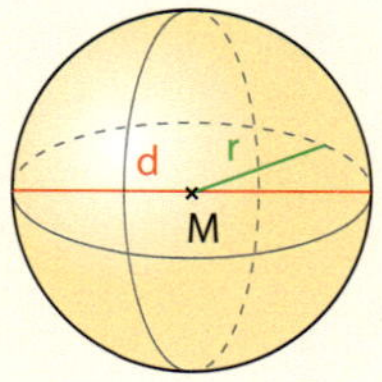

Schüttet man den Inhalt einer vollständig gefüllten Halbkugel mit dem Radius r und den Inhalt eines vollständig gefüllten Kegels mit dem Radius r und der Höhe r in einen Zylinder mit dem Radius r und der Höhe r, so ist der Zylinder vollständig gefüllt.

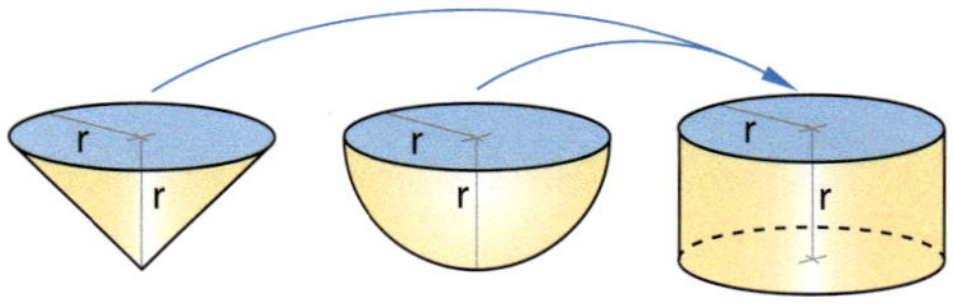

Es gilt also $V_{Halbkugel} + V_{Kegel} = V_{Zylinder}$. Durch Umformen und Einsetzen folgt:

$$V_{Halbkugel} = V_{Zylinder} - V_{Kegel} = \pi \cdot r^2 \cdot r - \frac{1}{3} \cdot \pi \cdot r^2 \cdot r$$
$$= \pi \cdot r^3 - \frac{1}{3} \cdot \pi \cdot r^3$$
$$= \frac{2}{3} \cdot \pi \cdot r^3$$

Für eine Kugel mit dem Radius r gilt demnach: $V_{Kugel} = 2 \cdot V_{Halbkugel} = \frac{4}{3} \cdot \pi \cdot r^3$

Wissen: Volumen einer Kugel
Für das Volumen einer Kugel mit dem Radius r gilt: $V = \frac{4}{3} \cdot \pi \cdot r^3$

Beispiel 1:
a) Berechne das Volumen einer Kugel mit dem Radius $r = 5$ cm.
b) Eine Kugel hat das Volumen $V = 500\,cm^3$. Berechne den Radius r der Kugel.

Lösung:
a) Setze 5 cm für r in die Formel $V = \frac{4}{3} \cdot \pi \cdot r^3$ ein, berechne und runde das Ergebnis.

$$V = \frac{4}{3} \cdot \pi \cdot r^3$$
$$= \frac{4}{3} \cdot \pi \cdot (5\,cm)^3 \approx 523{,}3\,cm^3$$

b) Löse die Formel für das Volumen der Kugel nach r auf.

$$V = \frac{4}{3} \cdot \pi \cdot r^3 \quad | \cdot 3 \quad | : 4\pi$$
$$\frac{3 \cdot V}{4 \cdot \pi} = r^3 \quad | \sqrt[3]{\ }$$
$$r = \sqrt[3]{\frac{3 \cdot V}{4 \cdot \pi}}$$

Setze $500\,cm^3$ für V in die umgestellte Formel ein und berechne das Ergebnis.

$$= \sqrt[3]{\frac{3 \cdot 500\,cm^3}{4 \cdot \pi}}$$
$$\approx 4{,}9\,cm$$

Basisaufgaben

1. Berechne das Volumen der Kugel mit dem Radius r.

a) r = 2 cm b) r = 4 cm c) r = 2,5 dm d) r = 4 π mm

2. Ein Lederfußball hat einen Durchmesser von 24,0 cm. Berechne sein Volumen.

3. Von einer Kugel ist das Volumen bekannt. Berechne die Länge des Radius.

a) V = 33,51 cm^3 b) V = 6 370 626,3 mm^3

4. Auf einem Parkplatz begrenzen Betonhalbkugeln mit einem Durchmesser von 80 cm die Parkbuchten.
Berechne die Menge an Beton, die für die Herstellung einer Halbkugel benötigt wird.

Weiterführende Aufgaben

5. a) Stelle eine Formel auf, mit der das Volumen einer Kugel aus ihrem Durchmesser berechnet werden kann.

b) Berechne das Volumen der Kugel mit dem Durchmesser d.

① d = 2 cm ② d = 4,5 dm ③ d = 12,2 cm ④ d = 3 π mm

6. a) Beschreibe, wie sich das Volumen einer Kugel verändert, wenn man den Radius verdoppelt, verdreifacht …

b) Wie muss sich der Radius einer Kugel verändern, wenn sich das Volumen verdoppeln (verzehnfachen, halbieren) soll?

7. **Stolperstelle:** Aline hat das Volumen dreier Kugeln berechnet.
Kontrolliere und berichtige, falls nötig.

a) r = 3 cm
$V = \frac{4}{3}\pi \cdot (3\,cm)^2$
$V = 37{,}7\,cm^2$

b) r = 5 cm
$V = \pi \cdot (5\,cm)^3$
$V = 392{,}7\,cm^3$

c) r = 1,7 cm
$V = \frac{(1{,}7\,cm)^3 \cdot \pi \cdot 4}{3}$
$V = 20{,}58\,cm^3$

8. Ein Wasserhahn tropft ununterbrochen 72 Stunden lang. Die nahezu kugelförmigen Wassertropfen haben einen Durchmesser von 5 mm. Alle zwei Sekunden fällt ein Tropfen.
Berechne, wie viel Liter Wasser insgesamt verloren gehen.

9. Durch Umschmelzen sollen aus einer Metallplatte gleich große Kugeln mit d = 4 cm hergestellt werden. Die Platte ist 2,30 m lang, 0,45 m breit und 0,008 m dick.
Berechne, wie viele Kugeln hergestellt werden können.

Hinweis zu 10:
Für die Dichte ϱ gilt
$\text{Dichte} = \frac{\text{Masse}}{\text{Volumen}}$.

10. In der Leichtathletik werden beim Kugelstoßen Kugeln mit einer Masse von 7,25 kg benutzt. Sie werden aus Stahl mit der Dichte ϱ = 7,5 g/cm^3 hergestellt.
Ermittle den Radius einer solchen Kugel.

11. Schätze, welche der vier Kugeln die größte Masse hat. Überprüfe durch eine Rechnung.

a) Holzkugel (Dichte 0,8 $\frac{g}{cm^3}$; r = 30 cm) b) Bleikugel (Dichte 11,342 $\frac{g}{cm^3}$; r = 10 cm)

c) Goldkugel (Dichte 19,32 $\frac{g}{cm^3}$; r = 5 cm) d) Aluminiumkugel (Dichte 2,7 $\frac{g}{cm^3}$; r = 50 cm)

● **12.** Der Durchmesser einer Kugel wird um 1 cm vergrößert. Dadurch vergrößert sich ihr Volumen um $100\,cm^3$. Bestimme den ursprünglichen Durchmesser.

13. Aus einer Holzkugel mit dem Radius 5 cm wird der größtmögliche Würfel herausgeschnitten.

a) Berechne die Volumina von Kugel und Würfel.

b) Schätze zuerst und berechne dann: Wie viel Prozent des Kugelvolumens fallen beim Ausschneiden des Würfels als Abfall an? Wie genau hast du geschätzt?

14. Der Äquator der Erde ist etwa 40 000 km lang.

a) Berechne mit dieser Größe den Erdradius und das Volumen der Erde.

b) In einem Lexikon wird das Volumen der Erde mit $1{,}083\,3 \cdot 10^{12}\,km^3$ angegeben. Vergleiche mit deinem Ergebnis aus a). Erkläre den Unterschied.

15. Ein Öltropfen hat einen Durchmesser von 0,5 cm. Er verteilt sich als kreisförmiger Ölfleck mit 1 m Durchmesser auf einer Wasseroberfläche.
Berechne das Volumen des Tropfens und gib die Dicke des Ölflecks an.

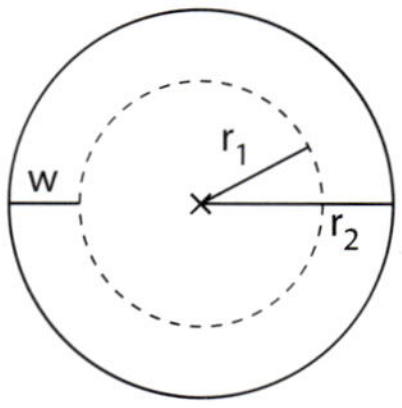

● **16.** **Hohlkugeln:** r_1 bezeichnet den inneren Radius einer Hohlkugel, r_2 ihren äußeren Radius und w ihre Wanddicke.

a) Leite eine Formel zur Berechnung des Volumens einer Hohlkugel her.

b) Berechne das Volumen einer Hohlkugel mit $r_1 = 10\,cm$ und $r_2 = 8\,cm$.

c) Leite eine Formel für das Hohlraumvolumen her, wenn w und r_1 gegeben sind.

d) Berechne das Hohlraumvolumen einer Hohlkugel mit $r_1 = 12$ cm und w = 2 cm.

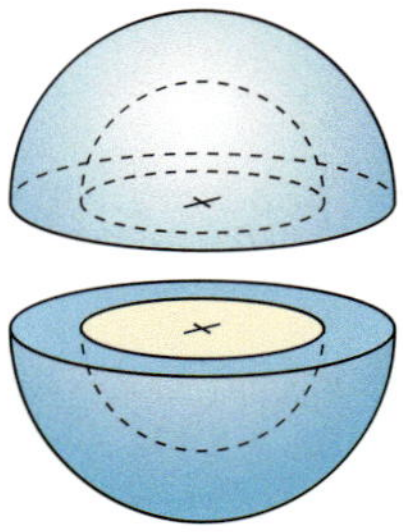

17. Ein Tischtennisball hat einen Durchmesser von 40 mm und wiegt zwischen 2,67 und 2,77 g. Er besteht aus Kunststoff mit der Dichte $1{,}1\,g/cm^3$.

a) Sechs Tischtennisbälle werden in einem quaderförmigen Karton verpackt. Der Karton hat die Innenmaße 40 mm × 40 mm × 240 mm. Berechne die Differenz zwischen dem Volumen des Kartons und dem Raum, den die sechs Bälle insgesamt einnehmen.

b) Berechne die Wanddicke eines Tischtennisballs.

● **18.** **Ausblick:** Die Volumenformel für eine Kugel lässt sich auch mithilfe des Satzes von Cavalieri herleiten.
Betrachte dafür eine Halbkugel mit dem Radius r. Wähle einen Zylinder, der die Halbkugel genau umschließt. Schneide aus diesem Zylinder einen Kegel mit der gleichen Grundfläche und der Höhe r heraus. So entsteht ein Restkörper (siehe Bilder rechts).

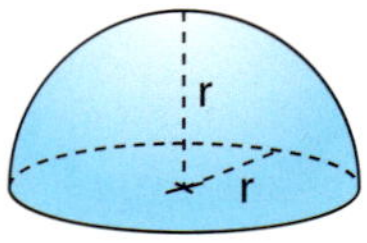

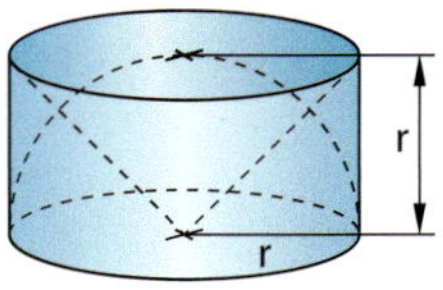

a) Begründe, dass für den Restkörper gilt: $V_{Restkörper} = \frac{2}{3} \cdot \pi \cdot r^3$.

b) Zeige, dass der Satz von Cavalieri auf die Halbkugel und den Restkörper anwendbar ist. Betrachte dafür eine beliebige Schnittebene. Sie schneidet den Restkörper in der Fläche A_1 und die Halbkugel in der Fläche A_2.
A_1 ist ein Kreisring mit den Radien r und r_1. A_2 ist ein Kreis mit dem Radius r_2.
Zeige, dass $A_1 = A_2$ gilt.

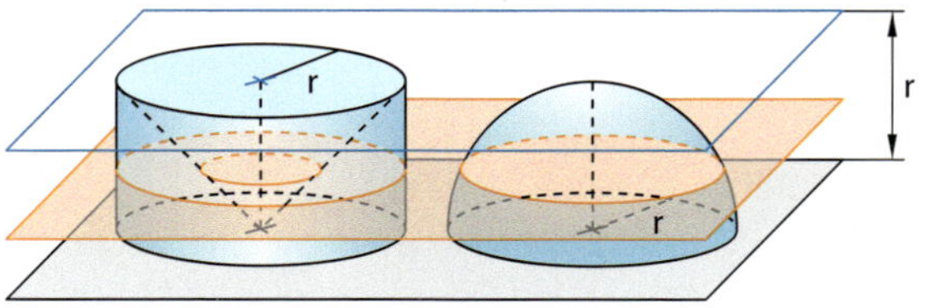

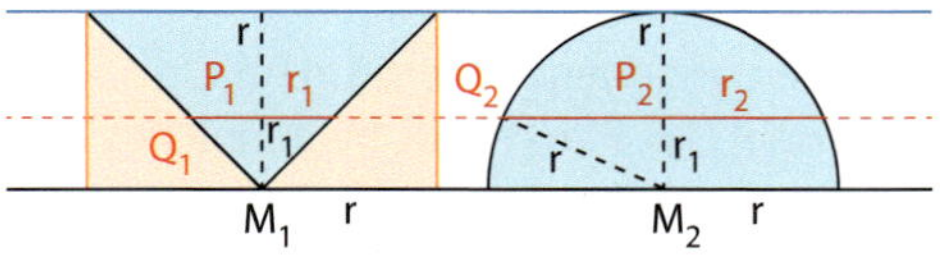

c) Leite mithilfe von a) und b) die Volumenformel für Kugeln her.

5.6 Oberflächeninhalt einer Kugel

■ Auf dieser Spiegelkugel kleben etwa 3000 Mosaiksteinchen mit quadratischen Spiegelflächen. Erläutere eine Strategie, wie sich der Oberflächeninhalt der Kugel näherungsweise bestimmen lässt. ■

Für Pyramiden oder Kegel lassen sich Netze zeichnen. Aus den Teilfiguren der Netze lässt sich der Oberflächeninhalt berechnen. Kugeln dagegen haben keine Netze: Ihre Oberfläche ist eine gekrümmte Fläche, die sich nicht in die Ebene abwickeln lässt. Um den Oberflächeninhalt einer Kugel zu bestimmen, muss ein anderer Ansatz verfolgt werden. Man stellt sich vor, dass ein kugelähnlicher Körper aus sehr vielen gleichen Pyramiden mit dreieckiger Grundfläche zusammengesetzt ist. Hat die Kugel den Radius r, so haben die Pyramiden annähernd die Höhe r.

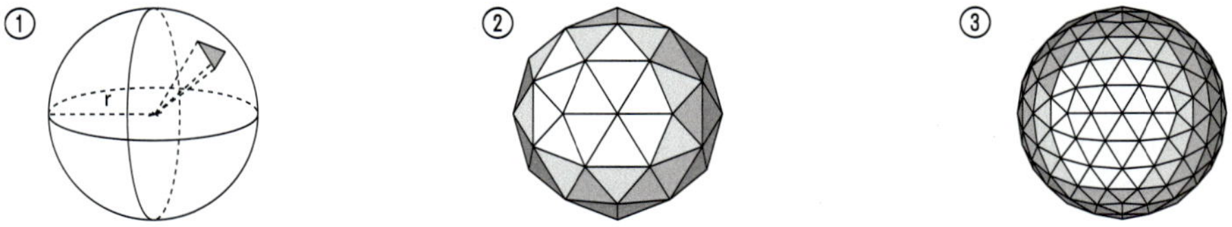

Sind $G_1, G_2, \ldots, G_n$ die Grundflächen der Pyramiden und $V_1, V_2, \ldots, V_n$ ihre Volumina, so gilt für das Gesamtvolumen V des Körpers:

$$V = V_1 + V_2 + \ldots + V_n$$
$$\approx \frac{1}{3} \cdot G_1 \cdot r + \frac{1}{3} \cdot G_2 \cdot r + \ldots + \frac{1}{3} \cdot G_n \cdot r$$
$$= \frac{1}{3} \cdot r \cdot (G_1 + G_2 + \ldots + G_n)$$

Der Term $G_1 + G_2 + \ldots + G_n$ beschreibt den Oberflächeninhalt O des Körpers, also ist $V = \frac{1}{3} \cdot r \cdot O$. Wählt man immer kleinere Dreiecke als Grundflächen der Pyramiden, so nähert sich die Form des Körpers immer mehr einer Kugel an. Also gilt annähernd $V \approx \frac{4}{3} \cdot \pi \cdot r^3$.
Durch Gleichsetzen ergibt sich: $\frac{4}{3} \cdot \pi \cdot r^3 = \frac{1}{3} \cdot r \cdot O$.

Nach O aufgelöst, ergibt sich die Formel für den Oberflächeninhalt einer Kugel: $O = 4 \cdot \pi \cdot r^2$.

Wissen: Oberflächeninhalt einer Kugel
Für den Oberflächeninhalt O einer Kugel mit dem Radius r gilt:
$O = 4 \cdot \pi \cdot r^2$

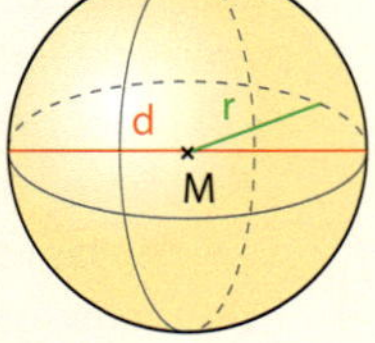

Beispiel 1:
a) Berechne den Oberflächeninhalt einer Kugel mit dem Radius r = 8 m.
b) Eine Kugel hat den Oberflächeninhalt 201 cm². Berechne ihren Radius.

Lösung:
a) Setze den gegebenen Wert 8 m für r in die Formel $O = 4 \cdot \pi \cdot r^2$ ein, berechne und runde das Ergebnis.

$$O = 4 \cdot \pi \cdot r^2$$
$$= 4 \cdot \pi \cdot (8\,m)^2$$
$$\approx 803{,}8\,m^2$$

b) Löse die Formel für den Oberflächeninhalt der Kugel nach r auf.

$O = 4 \cdot \pi \cdot r^2 \quad | : 4\pi$

$\frac{O}{4 \cdot \pi} = r^2 \quad | \sqrt{\ }$

$r = \sqrt{\frac{O}{4 \cdot \pi}}$

Setze den Wert 201 cm² für O in die umgestellte Formel ein, berechne und runde das Ergebnis.

$r = \sqrt{\frac{201\,cm^2}{4 \cdot \pi}}$

$r \approx 4{,}0\,cm$

Basisaufgaben

1. Berechne den Oberflächeninhalt der Kugel mit dem gegebenen Radius r.
   a) $r = 4\,m$ b) $r = 3{,}5\,cm$ c) $r = 12{,}5\,mm$ d) $r = 2\pi\,m$

2. Von einer Kugel ist der Oberflächeninhalt bekannt. Berechne ihren Radius.
   a) $O = 1256{,}64\,cm^2$ b) $O = 6939{,}78\,m^2$ c) $O = 467{,}59\,dm^2$ d) $O = 28{,}274\,cm^2$

3. Ein kugelförmiger Gaskessel hat den Durchmesser 43 m. Er soll außen mit Rostschutzfarbe gestrichen werden. Berechne die Größe der Fläche, die gestrichen werden muss.

Weiterführende Aufgaben

4. a) Stelle eine Formel auf, mit der sich der Oberflächeninhalt einer Kugel aus ihrem Durchmesser d berechnen lässt.
   b) Berechne den Oberflächeninhalt der Kugel mit dem Durchmesser d.
   ① $d = 1{,}5\,cm$ ② $d = 6\,dm$ ③ $d = 7{,}4\,m$ ④ $d = \pi\,mm$

5. Eine Kugel hat das Volumen $V = 113\frac{1}{7}\,cm^3$. Berechne ihren Oberflächeninhalt ohne Taschenrechner. Verwende als Näherungswert für π den Bruch $\frac{22}{7}$.

6. a) Beschreibe wie sich der Oberflächeninhalt einer Kugel verändert, wenn man den Radius verdoppelt, verdreifacht …
   b) Wie muss sich der Radius einer Kugel verändern, wenn sich ihr Oberflächeninhalt verdoppeln (halbieren, verdreifachen) soll?

7. **Stolperstelle:** Luca hat in seiner Hausaufgabe den Oberflächeninhalt verschiedener Kugeln berechnet. Kontrolliere und berichtige, falls nötig.

a)	b)	c)	d)
$r = 3\,cm$	$r = 2\,cm$	$r = 5\,cm$	$r = 1{,}7\,cm$
$O = 4\pi \cdot 3\,cm$	$O = \pi \cdot (2\,cm)^2$	$O = \pi \cdot 5$	$O = 4\pi\,2 \cdot 1{,}7\,cm$
$O = 37{,}7\,cm^2$	$O = 12{,}57\,cm^2$	$O = 15{,}7$	$O = 67{,}11\,cm$

8. Berechne die fehlenden Größen der Kugel.

	a)	b)	c)	d)	e)	f)
Radius r	12,6 cm	3,14 m				
Durchmesser d				120 dm		
Volumen V					650 m³	
Oberflächeninhalt O			1000 m²			314 cm²

9. Schätze den Oberflächeninhalt, das Volumen und den Durchmesser des Gegenstands. Recherchiere und prüfe dann durch eine Rechnung.
a) Orange b) Erbse c) Melone d) Basketball e) Tennisball

10. Eine Kugel, ein Zylinder und ein Kegel haben denselben Radius r.
Berechne die Höhe des Zylinders und des Kegels, wenn alle drei Körper
a) das gleiche Volumen, b) den gleichen Oberflächeninhalt haben.

11. Die Innenfläche eines kugelförmigen Öltanks, der 25 000 Liter fasst, wird neu beschichtet. Berechne die Größe der Innenfläche.

Hinweis zu 12 c:
Dichte von Beton: $\approx 2{,}1\,\frac{g}{cm^3}$

12. Das Foto zeigt überdimensionale Billardkugeln mit einem Durchmesser von jeweils 3,5 m.

a) Berechne den Oberflächeninhalt einer dieser Kugeln.
b) Eine gewöhnliche Billardkugel hat einen Durchmesser von 57 mm. Berechne ihren Oberflächeninhalt.
c) Angenommen, die Kugeln bestehen aus massivem Beton.
Berechne wie viel Kilogramm Beton man für alle drei Kugeln bräuchte.
d) Gib an, um das Wievielfache die Billardkugeln vergrößert wurden.

13. Der Fernsehturm am Alexanderplatz in Berlin ist 368 m hoch. Der Teil mit der Aussichtsplattform hat etwa die Form einer Kugel mit einem Radius von 32 m.
a) Ermittle das Volumen und den Oberflächeninhalt der Kugel.
b) Das in der Nähe stehende 54 m hohe „Haus des Lehrers" hat die Form eines Quaders mit einer rechteckigen Grundfläche von 44 m mal 15 m. Berechne den Oberflächeninhalt und das Volumen dieses Gebäudes. Vergleiche mit der Kugel aus a).

14. Ein Wetterballon steigt in die Atmosphäre auf. Die angehängte Sonde sammelt Wetterdaten.
Am Boden besitzt der Ballon einen Radius von 2,10 m. In der dünner werdenden Atmosphäre nimmt das Volumen des Ballons zu, bis er schließlich in 30 bis 35 km Höhe zerplatzt. Die Sonde segelt mit einem Fallschirm zurück zum Boden.

a) Berechne die Masse der hochempfindlichen Latexhülle, von der 1 dm^2 etwa 1,1 g wiegt.
b) Bis zum Zerplatzen wächst das Volumen auf das 500-fache an. Berechne den Oberflächeninhalt des Wetterballons kurz vor dem Zerplatzen.

15. Die Erde kann man sich annähernd als Kugel mit dem Radius 6370 km vorstellen.
a) Die mittlere Dichte der Erde beträgt 5,515 g/cm^3. Berechne die Masse der Erde.
b) Der Durchmesser der Sonne ist etwa 109-mal so lang wie der Durchmesser der Erde. Ihre mittlere Dichte beträgt 1,408 g/cm^3. Berechne die Masse der Sonne.
c) Berechne die Oberflächeninhalte der Erde und der Sonne.
d) Vergleiche die Massen und Oberflächeninhalte von Erde und Sonne.

16. Direkt am Ufer des Flusses Weichsel in der polnischen Stadt Krakau steht ein stationärer kugelförmiger Heißluftballon, von dem aus Besucher im Sommer die Aussicht über die Stadt genießen können.

a) Ermittle anhand des Fotos näherungsweise den Durchmesser der Kugel.

b) Berechne näherungsweise den Oberflächeninhalt des Heißluftballons. Ermittle, wie viel Gas er ungefähr fasst. Begründe deine Angaben.

17. Ein Fabrikgebäude hat als Dach eine halbkugelförmige Kuppel von 23 m Durchmesser. Das verzinkte Blech der Kuppelhaube soll erneuert werden.

a) Berechne die zu erneuernde Kuppelfläche, wenn 8 % Blech für die Überlappungen hinzugefügt werden müssen.

b) Das Blech ist 1,5 mm dick und hat eine Dichte von $8{,}20\,g/cm^3$. Berechne die Masse des gesamten Blechdachs.

18. Aus einem Holzwürfel der Kantenlänge 10 cm wird eine möglichst große Kugel hergestellt.

a) Berechne den Radius und den Oberflächeninhalt der Kugel.

b) Vergleiche die Oberflächeninhalte von Kugel und Würfel.

19. Ein Stehaufmännchen ist aus einer Halbkugel und einem Kegel zusammengesetzt.

a) Berechne das Volumen des Stehaufmännchens.

b) Berechne den Oberflächeninhalt des Stehaufmännchens.

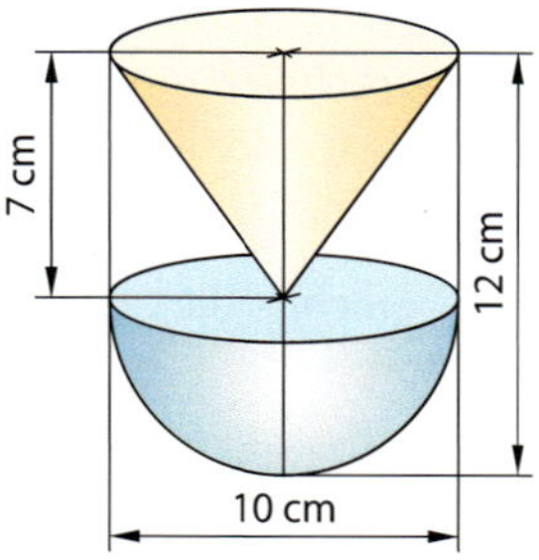

20. Aus einem Kupferquader mit den Maßen a = 0,96 m, b = 0,96 m und c = 0,48 m soll eine möglichst große Halbkugel herausgearbeitet werden.

a) Bestimme das Volumen und den Oberflächeninhalt der Halbkugel.

b) Kupfer hat eine Dichte von $8{,}96\,g/cm^3$. Berechne die Masse des Restköpers.

● **21. Ausblick:** Schneidet man eine Kugel mit einer Ebene, so entsteht ein Kugelabschnitt.
Er ist kuppelförmig und hat als Grundfläche einen Kreis.

a) Rechts ist ein Ausschnitt aus einer Formelsammlung abgebildet. Beschreibe eine Idee, wie du bei der Begründung der Formeln vorgehen könntest.

b) Eine Kugel hat den Radius 10 cm. Berechne den Oberflächeninhalt eines Kugelabschnitts mit h = 3 cm.

c) Die Kuppel des Reichstags in Berlin hat den Durchmesser 38 m und die Höhe 23,5 m. Ermittle näherungsweise den Oberflächeninhalt der Kuppel.

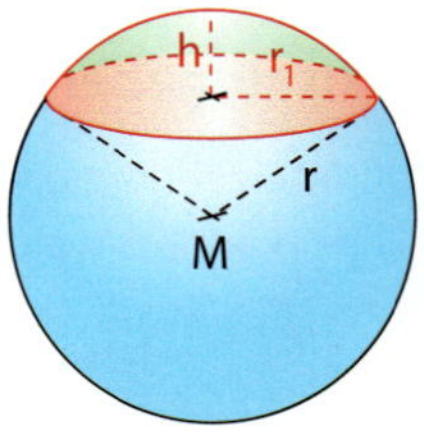

Kugelabschnitt
Oberfläche
(mit Grundfläche):
$O = \pi \cdot (2rh + r_1^2)$

5.7 Zusammengesetzte Körper

■ Für die Energiebilanz des torförmigen Gebäudes muss sein Oberflächeninhalt berechnet werden.

a) Beschreibe, welche Flächen dafür beachtet werden müssen.

b) Berechne den Oberflächeninhalt. ■

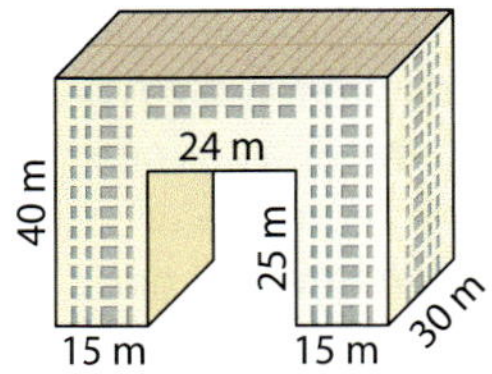

Berechnungen an zusammengesetzten Körpern

Beispiel 1: Berechne

a) das Volumen,

b) den Oberflächeninhalt des zusammengesetzten Körpers im Bild rechts.

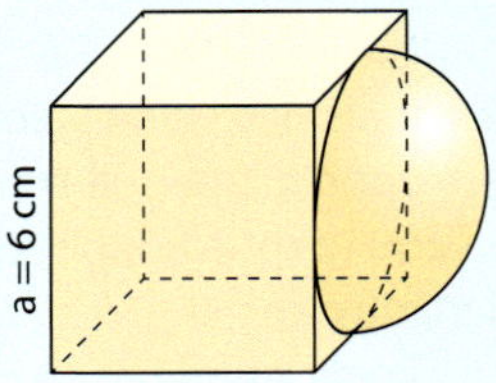

Lösung:

a) Zerlege den Körper in Teilkörper. — Würfel (a = 6 cm); Halbkugel (r = 3 cm)

Berechne die Volumina der Teilkörper.

$V_{Würfel} = a^3 = (6\,cm)^3 = 216\,cm^3$

$V_{Halbkugel} = \frac{1}{2} \cdot \frac{4}{3} \cdot \pi \cdot r^3 = \frac{2}{3} \cdot \pi \cdot (3\,cm)^3 \approx 56{,}5\,cm^3$

Berechne dann das Gesamtvolumen V durch Addition der Volumina der Teilkörper.

$V = V_{Würfel} + V_{Halbkugel} \approx 216\,cm^3 + 56{,}5\,cm^3 = 272{,}5\,cm^3$

b) Berechne die Oberflächeninhalte der Teilkörper.

$O_{Würfel} = 6 \cdot a^2 = 6 \cdot (6\,cm)^2 = 216\,cm^2$

Prüfe dann, welche Teilflächen aneinander liegen und sich verdecken. Die Teilkörper haben als gemeinsame Fläche einen Kreis (r = 3 cm).

$O_{Halbkugel} = \frac{4}{2} \cdot \pi \cdot r^2 + \pi \cdot r^2 = 2 \cdot \pi \cdot (3\,cm)^2 + \pi \cdot (3\,cm)^2 \approx 84{,}8\,cm^2$

Gemeinsame Fläche: $A_{Kreis} \approx 28{,}3\,cm^2$

Das Doppelte seines Flächeninhalts wird von der Summe der Oberflächeninhalte der Teilkörper abgezogen.

$O = O_{Würfel} + O_{Halbkugel} - 2 \cdot A_{Kreis} \approx 216\,cm^2 + 84{,}8\,cm^2 - 2 \cdot 28{,}3\,cm^2 = 244{,}2\,cm^2$

Basisaufgaben

1. Interpretiere die Gebäude und Gegenstände als zusammengesetzte Körper. Gib an, aus welchen geometrischen Grundformen sie (annähernd) bestehen.

2. Berechne den Oberflächeninhalt und das Volumen des dargestellten Körpers. Alle Maße sind in Zentimetern angegeben.

a) b) c) d)

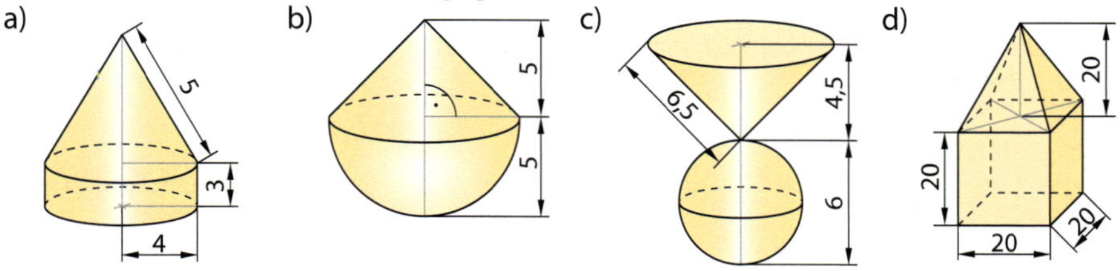

Berechnungen an Restkörpern

Es gibt auch Gegenstände mit Löchern und Ausbuchtungen. Sie bleiben als Restkörper übrig, wenn zum Beispiel Körper durchbohrt oder Teile von ihnen entfernt werden. Das Volumen eines Rohres kann als Differenz der Volumina zweier Zylinder mit unterschiedlichen Durchmessern aufgefasst werden.

Beispiel 2: Berechne
a) das Volumen und
b) den Oberflächeninhalt des Körpers im Bild rechts.

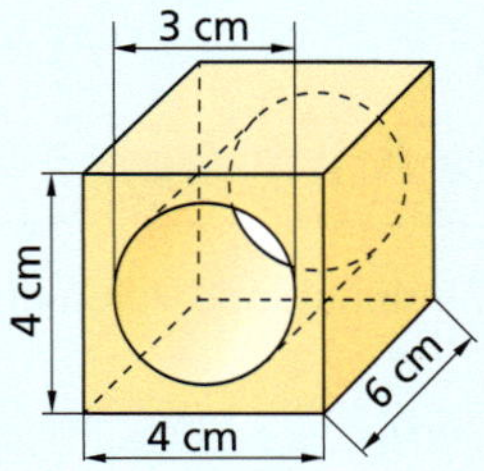

Lösung:

a) Überlege aus welchem Körper der Restkörper entstanden ist.

Aus einem Quader (a = 4 cm, b = 4 cm, c = 6 cm) wurde ein Zylinder (r = 1,5 cm, h = 6 cm) herausgebohrt.

Berechne die Volumina der Teilkörper.

$V_{Quader} = a \cdot b \cdot c$
$= 4\,cm \cdot 4\,cm \cdot 6\,cm = 96\,cm^3$

$V_{Zylinder} = \pi \cdot r^2 \cdot h$
$= \pi \cdot (1{,}5\,cm)^2 \cdot 6\,cm \approx 42{,}4\,cm^3$

Berechne das Volumen V des Restkörpers durch Subtraktion der beiden Volumina.

$V = V_{Quader} - V_{Zylinder}$
$\approx 96\,cm^3 - 42{,}4\,cm^3 = 53{,}6\,cm^3$

b) Berechne den Oberflächeninhalt des äußeren Teilkörpers (Quader).

$O_{Quader} = 2 \cdot (a \cdot b + a \cdot c + b \cdot c)$
$= 2 \cdot (16\,cm^2 + 24\,cm^2 + 24\,cm^2)$
$= 128\,cm^2$

Prüfe, welche Teilflächen
- im Inneren des Restkörpers liegen,
- herausgeschnitten wurden.

Berechne diese Teilflächen.

Die Mantelfläche $M_{Zylinder}$ des Zylinders muss als Oberfläche im Inneren dazu addiert werden. Die beiden Kreisflächen A_{Kreis} müssen dagegen subtrahiert werden.

$M_{Zylinder} = 2 \cdot \pi \cdot r \cdot h$
$= 2 \cdot \pi \cdot 1{,}5\,cm \cdot 6\,cm \approx 56{,}5\,cm^2$

$A_{Kreis} = \pi \cdot r^2 = \pi \cdot (1{,}5\,cm)^2 \approx 7{,}1\,cm^2$

Verringere bzw. vergrößere den Oberflächeninhalt des äußeren Teilkörpers um diese Flächeninhalte.

$O = O_{Quader} + M_{Zylinder} - 2 \cdot A_{Kreis}$
$\approx 128\,cm^2 + 56{,}5\,cm^2 - 2 \cdot 7{,}1\,cm^2$
$= 170{,}3\,cm^2$

Basisaufgaben

3. Beschreibe, wie der dargestellte Restkörper entstanden sein kann. Benenne den großen Körper und die kleineren Körper, die aus diesem entfernt wurden.

a) b) c) d)

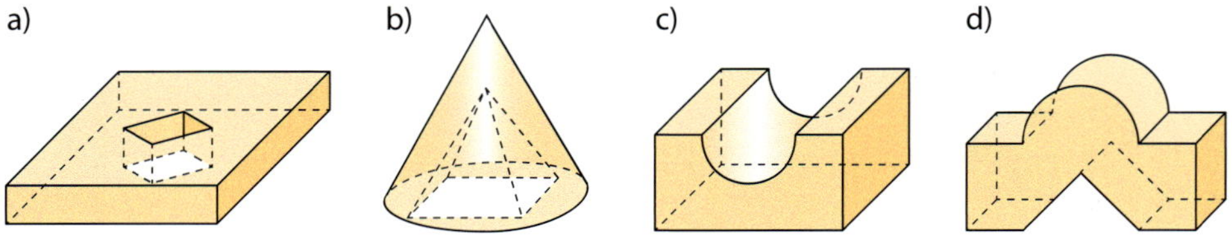

4. Berechne Oberflächeninhalt und Volumen des Körpers. (Angaben in cm.)

a) b) c) d)

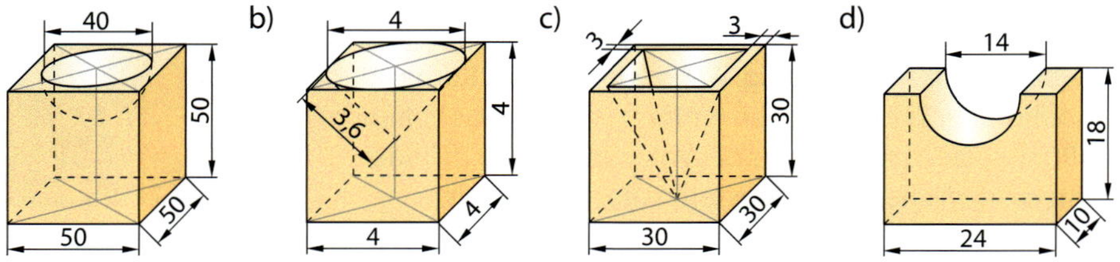

Weiterführende Aufgaben

Hinweis:
Mit der Placemat-Methode lassen sich schwierige Aufgaben gemeinsam lösen (siehe Methodenkarte 8 D).

5. Berechne Oberflächeninhalt und Volumen des Körpers. (Angaben in cm.)

a) b) c) d)

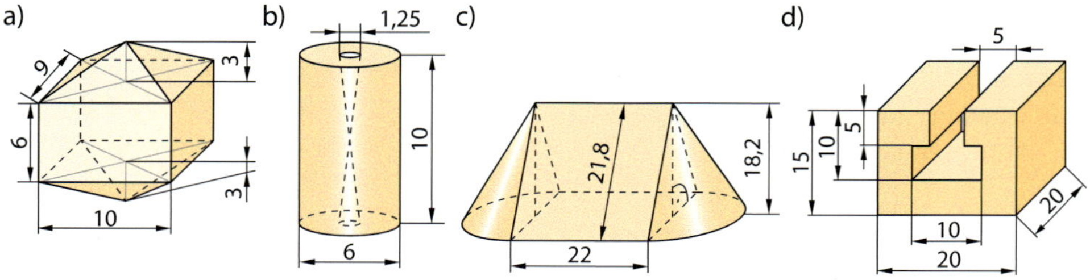

6. **Stolperstelle:** Wahr oder falsch? Begründe deine Antwort.

a) Ein zusammengesetzter Körper hat immer ein größeres Volumen als jeder seiner einzelnen Teilkörper.

b) Das Volumen eines zusammengesetzten Körpers ist immer gleich der Summe der Volumen aller Teilkörper.

c) Der Oberflächeninhalt eines zusammengesetzten Körpers ist immer gleich der Summe der Oberflächeninhalte aller Teilkörper.

d) Der Oberflächeninhalt eines Restkörpers ist immer größer als der Oberflächeninhalt des Ausgangskörpers.

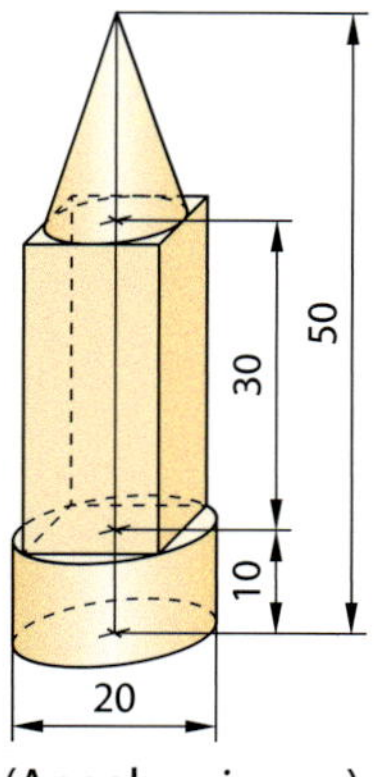

(Angaben in cm.)

7. a) Berechne Volumen und Oberflächeninhalt des Körpers im Bild links.

b) Skizziere ein Netz des Körpers.

8. Ein Zylinder hat einen Radius von 15 cm und eine Höhe von 35 cm. Auf die Deckfläche des Zylinders wird ein Kegel mit dem Radius 15 cm und der Höhe 20 cm gesetzt. Auf die Grundfläche des Zylinders wird unten eine Halbkugel mit dem Radius 15 cm gesetzt.

a) Skizziere ein Schrägbild des zusammengesetzten Körpers.

b) Berechne Volumen und Oberflächeninhalt des zusammengesetzten Körpers.

9. Ein Würfel hat eine Kantenlänge von 60 cm. Auf allen sechs Seitenflächen ist mittig eine Halbkugel mit dem Radius 19 cm aufgebracht worden.
Berechne Volumen und Oberflächeninhalt des zusammengesetzten Körpers.

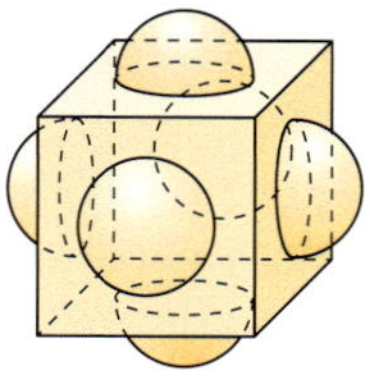

10. Bei einem Würfel der Kantenlänge 10 cm wurde eine Ecke durch einen Schnitt durch drei andere Eckpunkte des Würfels entfernt.
Berechne Volumen und Oberflächeninhalt des Restkörpers.

11. a) Entwirf einen zusammengesetzten Körper aus Pyramiden, Zylindern, Kegeln, Prismen, Quadern, Kugeln. Überlege, welche Maße du angeben musst, damit man Volumen und Oberflächeninhalt des zusammengesetzten Körpers berechnen kann.
Führe diese Berechnungen auf einem zweiten Blatt Papier aus.
b) Tauscht nun untereinander die Zeichnungen der Körper aus. Berechnet jeweils Volumen und Oberflächeninhalt des vorgegebenen Körpers.
c) Vergleicht und besprecht eure Ergebnisse.

12. Ein Senklot besteht aus zwei aneinandergesetzten Kegeln. Es wurde aus Stahl mit einer Dichte von 7,8 g/cm³ angefertigt.
Berechne das Volumen, den Oberflächeninhalt und die Masse des Senklots.

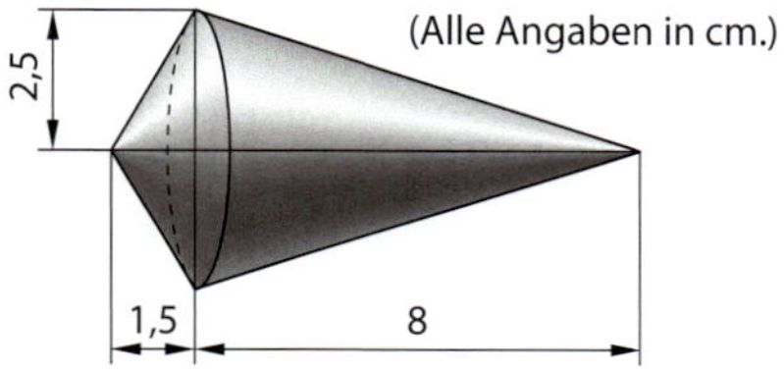

13. Der Bolzen rechts wurde aus Rundstahl mit einem Durchmesser von 20 mm und einer Länge von 69 mm gedreht.
a) Berechne Volumen und Oberflächeninhalt des Bolzens.
b) Berechne das Volumen des Abfalls.

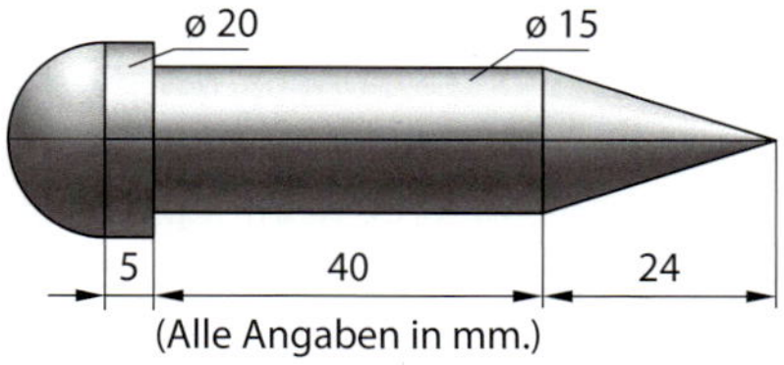

14. Die in der Zweitafelprojektion dargestellte Schraube wurde aus Edelstahl mit einer Dichte von 7,9 g/cm³ gefertigt.
Berechne die Masse der Schraube.
(Alle Angaben in mm.)

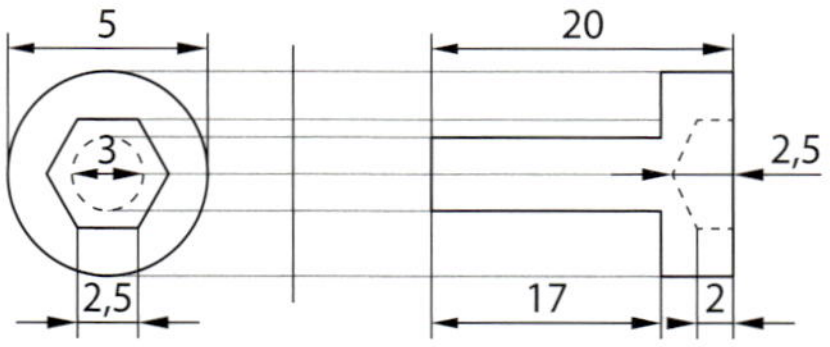

15. **Ausblick:** Für einen schräg abgeschnittenen Zylinder mit den Höhen h_1 und h_2 und dem Radius r gilt folgende Formel:

$$V = \pi \cdot r^2 \cdot \frac{h_1 + h_2}{2}$$

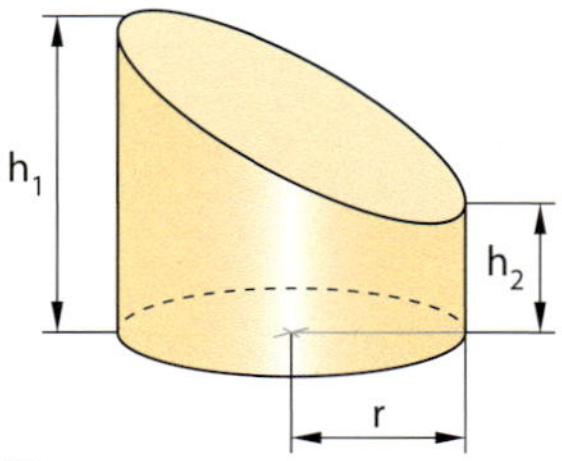

a) Berechne das Volumen eines solchen Körpers mit den Größen $r = 2\,cm$, $h_1 = 8\,cm$ und $h_2 = 3\,cm$.
b) Berechne das Volumen eines (nicht abgeschnittenen) Zylinders mit $r = 2\,cm$ und $h = 11\,cm$. Vergleiche das Ergebnis mit dem Ergebnis aus a). Was fällt dir auf?
c) Erkläre, warum für das Volumen eines schräg abgeschnittenen Zylinders die angegebene Formel gilt.

5.8 Vermischte Aufgaben

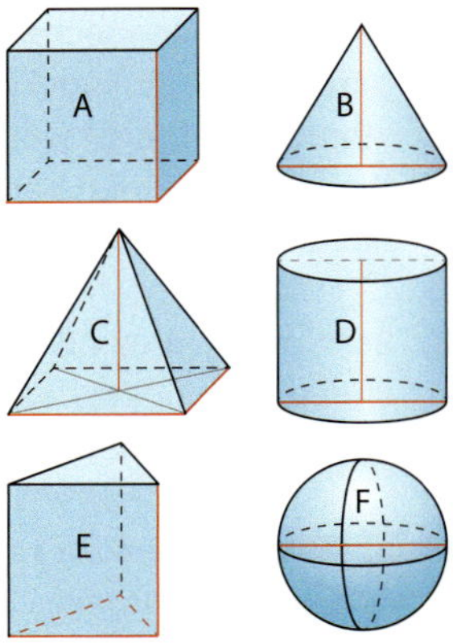

1. Die roten Linien in den Körpern sind jeweils 5 cm lang.

a) Prüfe, welche der folgenden Aussagen wahr sind:

(1) Die Körper B, C und D sind keine Prismen.

(2) Körper E passt durch keine kreisförmige Öffnung, durch die Körper F gerade noch so hindurchpasst.

(3) Die Volumina der Körper B, D und E können mit der Formel $V = G \cdot h$ *berechnet werden.*

b) Skizziere von den Körpern A, B, C, D und E die in eine Ebene abgewickelte Mantelfläche.

c) Berechne von jedem Körper das Volumen und den Oberflächeninhalt.

2. Ein Pralinenhersteller produziert kugelförmige und kegelförmige Pralinen. Beide Sorten haben den gleichen Durchmesser $d = 18\,\text{mm}$. Die Höhe der kegelförmigen Praline beträgt das Doppelte ihres Durchmessers.

a) Betrachte die beiden Pralinen und schätze, welche das größere Volumen hat.

b) Berechne jeweils das Volumen und vergleiche das Ergebnis mit deiner Schätzung aus a).

c) Wie hoch müsste die kegelförmige Praline sein, um das doppelte Volumen der kugelförmigen Praline zu haben?

d) Stelle beide Pralinensorten in einer geeigneten Lage im Zweitafelbild dar.

3. Eine Kugel soll das gleiche Volumen wie ein Kegel mit dem Grundflächenradius 8 cm und der Höhe 6,2 dm haben. Berechne den Durchmesser der Kugel.

4. $1\,\text{dm}^3$ Marmor wiegt etwa 2,7 kg. Wie lang dürfte der Durchmesser einer Marmorkugel maximal sein, damit du diese noch tragen kannst?

5. Um wie viel Prozent nimmt das Volumen (der Oberflächeninhalt) des Körpers ab oder zu?

a) Der Radius einer Kugel wird um 25 % kleiner (um 20 % größer).

b) Der Grundflächendurchmesser eines Kegels wird um 50 % kleiner (um 10 % größer).

6. Die abgebildete Regentonne hat ein Fassungsvermögen von 200 Litern, die Zisterne von 7600 Litern.

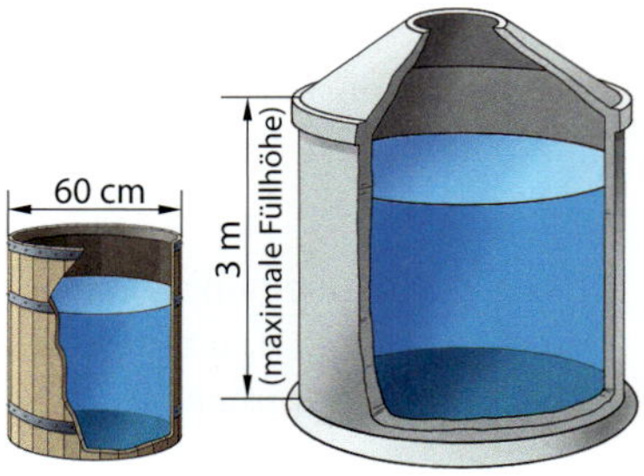

a) Berechne die Höhe der Regentonne und den Durchmesser der Zisterne.

b) Verdeutliche die Größenverhältnisse der beiden Behälter in einer maßstäblichen Skizze.

7. Gegeben sind die Grundflächen von vier Pyramiden und einem Kegel. Berechne, wie hoch jeder Körper sein muss, damit er ein Volumen von $9\,\text{cm}^3$ hat.

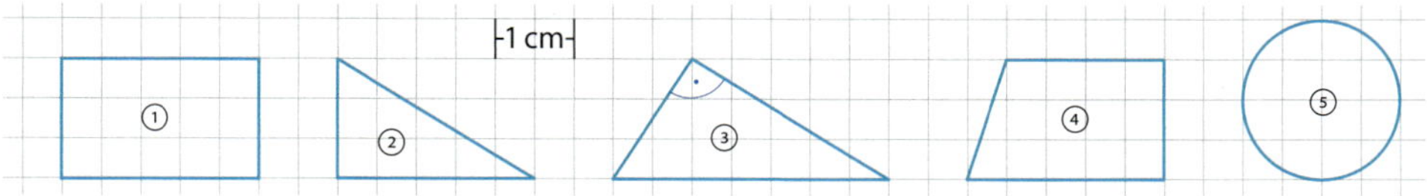

8. Stelle jeweils eine Formel für die Berechnung des Volumens und des Oberflächeninhalts der abgebildeten Körper auf.
Vergleicht eure Ergebnisse in der Klasse.

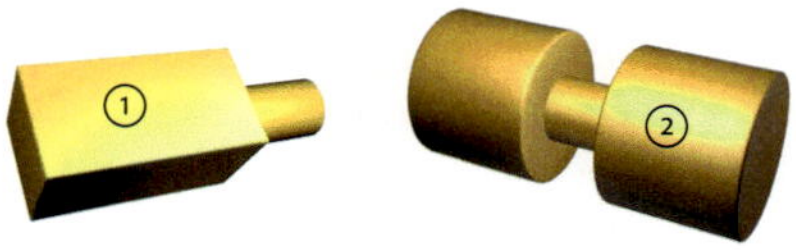

9. Unsere Sonne hat etwa einen Durchmesser von 1,4 Mio km.
Die Erde ist dagegen mit einem Durchmesser von etwa 13 000 km vergleichsweise klein.

- Zeichne maßstabsgetreue Ansichten der beiden Himmelskörper.
- Wie oft würde die Erde dem Volumen nach in die Sonne passen?
- Stelle dir vor, man könnte mit einem Auto, das $120\,\frac{\text{km}}{\text{h}}$ fährt, einmal um die Erde und auch um die Sonne fahren. Berechne, wie lange das jeweils dauern würde.
  Berechne auch, wie lange es dauern würde, wenn man mit einem $2500\,\frac{\text{km}}{\text{h}}$ schnellen Flugzeug in 10 km Höhe unterwegs wäre.

- Etwa 70 % der Erdoberfläche sind mit Wasser bedeckt. Seit 1993 steigt der Meeresspiegel durchschnittlich um 3,2 mm pro Jahr. Alle Gletscher Grönlands zusammen haben ein Volumen von 2,85 Mio. km^3.
  Formuliere anhand dieser Daten eine passende Aufgabe und löse diese.

10. Die abgebildete quadratische Pyramide wurde durch einen zur Grundfläche parallelen Schnitt in halber Höhe in zwei Teilkörper zerlegt.
Berechne den Anteil, den jeder Teilkörper am Volumen der Ausgangspyramide hat.

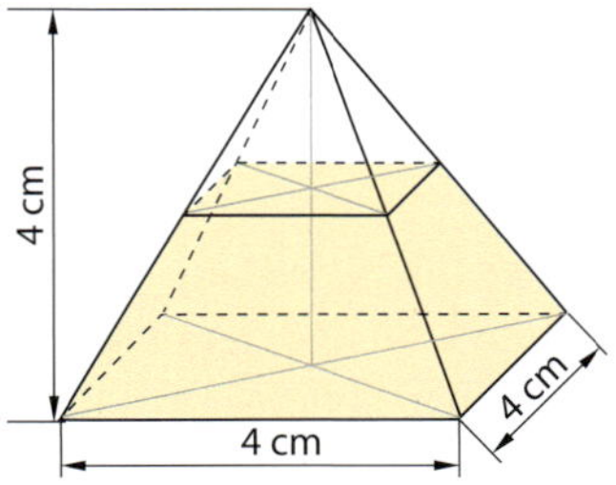

11. In der abgebildeten Schneehütte kann eine Person mit einer Körperhöhe von 1,75 m bequem stehen.
a) Zeichne von der Schneehütte mit Eingang ein Zweitafelbild im Maßstab 1 : 100.
b) Prüfe, ob die Hütte auf einer quadratischen Fläche von 10 m^2 Platz hätte.
c) Berechne, wie viel Quadratmeter Plane zum Abdecken der Hütte erforderlich sind.

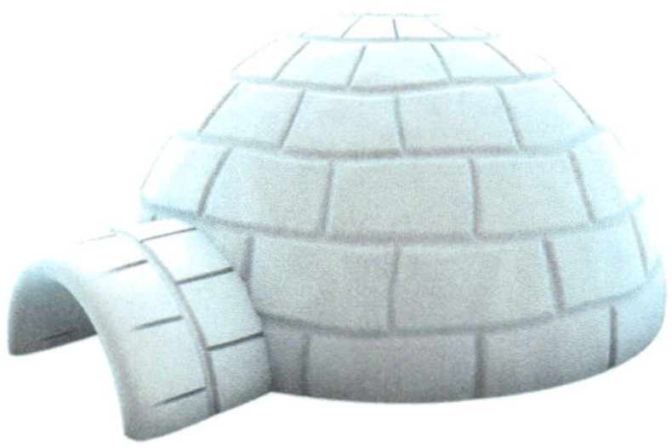

12. Gegeben sind Graphen, die die Abhängigkeit der Füllhöhe von der Zeit beim Füllen von zusammengesetzten Hohlkörpern mit Wasser zeigen. Beschreibe mögliche Körperformen.

a)
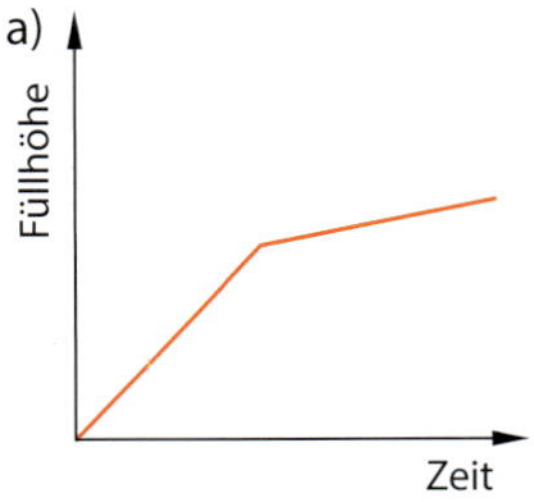

b)
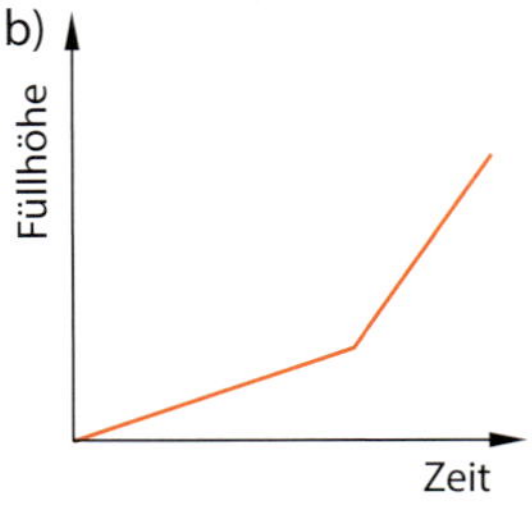

c)
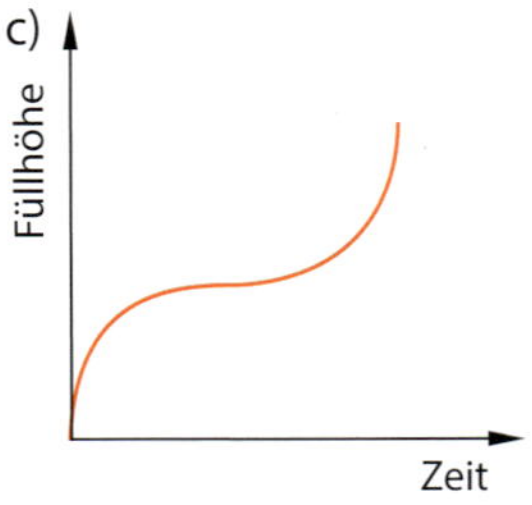

Prüfe dein neues Fundament

Lösungen
↗ S. 243

1. Zeichne zu der Pyramide mit den angegebenen Maßen ein Netz und berechne ihren Oberflächeninhalt.
a) G ist ein Quadrat mit a = 2 cm. Die Seitenkante ist 3 cm lang.
b) G ist ein Quadrat mit a = 5 cm; h = 5 cm.
c) G ist ein Rechteck mit a = 3,5 cm und b = 2,5 cm; h = 4,5 cm.

2. Berechne das Volumen der Pyramide mit den angegebenen Maßen.
a) G ist ein Quadrat mit a = 17 m; h = 24 m.
b) G ist ein Rechteck mit a = 31 cm und b = 29 cm; h = 56 cm.
c) G ist ein Trapez mit a = 28 mm; c = 41 mm und h_{Trapez} = 14 mm; h = 53 mm.

Hinweis zu 3c:
h_b bezeichnet die Höhe des Parallelogramms auf der Seite b.

3. Ermittle die Höhe der Pyramide aus den gegebenen Maßen.
a) V = 98 cm³; G ist ein Quadrat mit a = 7 cm.
b) V = 32 dm³; G ist ein Rechteck mit a = 2 dm und b = 5 dm.
c) V = 17 500 mm³; G ist ein Parallelogramm mit b = 25 mm und h_b = 30 mm.
d) V = 13,2 m³; G ist ein rechtwinkliges Dreieck mit c = 3,6 m; b = 4 m und $\alpha = 90°$.

4. Berechne den Oberflächeninhalt des Kegels mit den angegebenen Maßen.
a) r = 2 cm; s = 3,6 cm
b) r = 14 mm; h = 40 mm
c) r = 0,027 m; h = 0,035 m

5. Berechne das Volumen des Kegels mit den angegebenen Maßen.
a) r = 1 m; h = 6 m
b) d = 4 dm; h = 50 cm
c) r = 60,5 mm; s = 134,4 mm

6. Von einem Kegel ist das Volumen V und eine der Größen r oder h bekannt. Ermittle die unbekannte Größe r bzw. h.
a) V = 6 cm³; r = 1 cm
b) V = 13 000 mm³; r = 45 mm
c) V = 14 m³; h = 3 m
d) V = 10 m³; h = 10 m

7. Ein Glas hat oberhalb des Stiels die Form eines Kegels mit dem Grundflächendurchmesser d = 5 cm und der Höhe 10 cm.
a) Berechne das Volumen des Glases. Vergleiche mit dem Wert, wenn ein Getränk bis 1 cm unter den Rand eingefüllt wird.
b) Ermittle, wie viel Folie nötig ist, um das Glas von außen zu beschichten.

	Nord-turm	Süd-turm
Breite	12,05 m	11,5 m
Tiefe	13,6 m	12,95 m
Höhe	57,7 m	55,5 m

8. Der St.-Paulus-Dom zu Münster hat zwei ungefähr gleich hohe Türme. Ihre Grundfläche ist etwa identisch und lässt sich näherungsweise als Quadrat mit einer Kantenlänge von 12 m betrachten. Auf beiden Türmen thront ein pyramidenförmiges Dach mit einer Höhe von etwa 6 m. Die beiden Dächer wurden zwischen den Jahren 2009 und 2013 mit Kupferplatten neu eingedeckt.
a) Ermittle, wie viel m² Kupferblech für die Eindeckung der Turmdächer benötigt wurde.
b) Berechne die Materialkosten für die Eindeckung der Turmdächer, wenn 1 m² Kupferblech 98,03 € kostete.
c) Ermittle, wie hoch ein pyramidenförmiger Dachraum sein müsste, wenn er einen Raum von 720 m³ umschließen soll.
d) In der Tabelle links sind die genauen Maße der Türme angegeben. Beurteile die in a) verwendeten Näherungswerte.

9. Eine Zuckerpackung hat die Form einer quadratischen Pyramide mit einer Grundkantenlänge von 8 cm und einer Höhe von 15 cm.
a) Berechne das Volumen der Verpackung.
b) 1 cm³ Zucker wiegt 1,6 g. Berechne die in der Packung maximal enthaltene Masse Zucker.

10. Berechne das Volumen und den Oberflächeninhalt der Kugel mit dem gegebenen Maß.
a) $r = 4\,cm$ b) $d = 14{,}6\,dm$ c) $r = \frac{3}{4}\pi\,m$ d) $r = 2{,}71\,mm$ e) $d = \frac{3}{8}\,cm$ f) $r = 0{,}25\,\pi\,cm$

11. Ein kugelförmiger Gasbehälter mit einem Fassungsvermögen von etwa $4000\,m^3$ soll innen mit einer Schutzschicht versiegelt werden.
a) Berechne, wie groß der Innendurchmesser des Behälters ist.
b) Gib an, wie viel Quadratmeter Innenfläche zu versiegeln sind.

12. Berechne das Volumen und den Oberflächeninhalt der zusammengesetzten Körper. (Alle Angaben in cm.)

a)
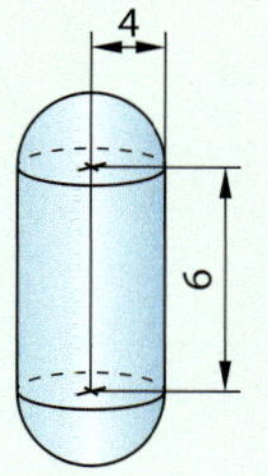

b)
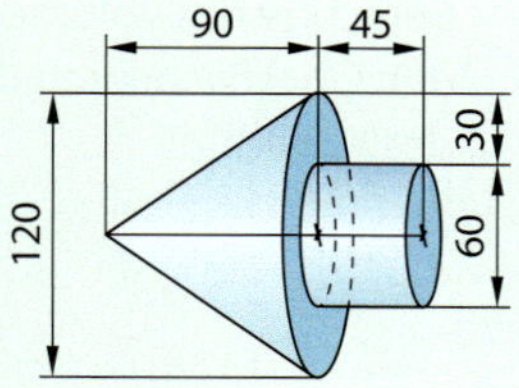

c)
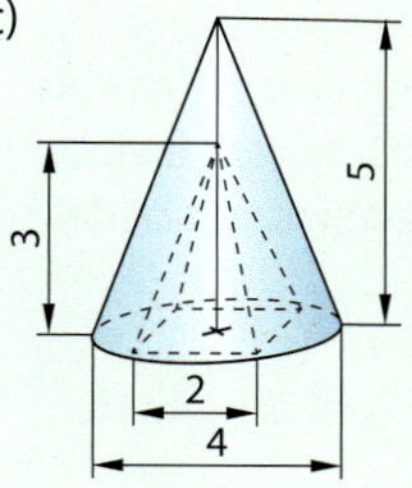

d)
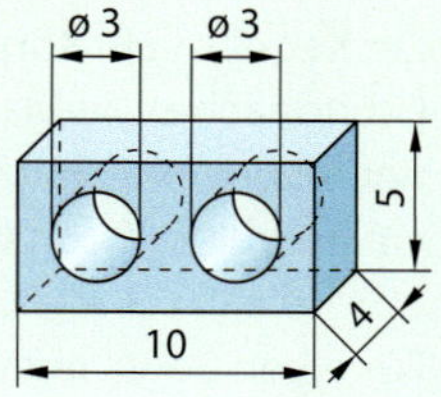

13. Ein Werkstück aus Stahl besteht aus einem Kegel, einem Zylinder und einer Halbkugel. Die Dichte von Stahl beträgt $7{,}85\,\frac{g}{cm^3}$.
a) Berechne, wie schwer ein solches Werkstück ist.
b) Schätze und begründe, ob du eine Kiste mit 100 solcher Werkstücke heben kannst.

Querschnitt: Maßangaben in Millimeter
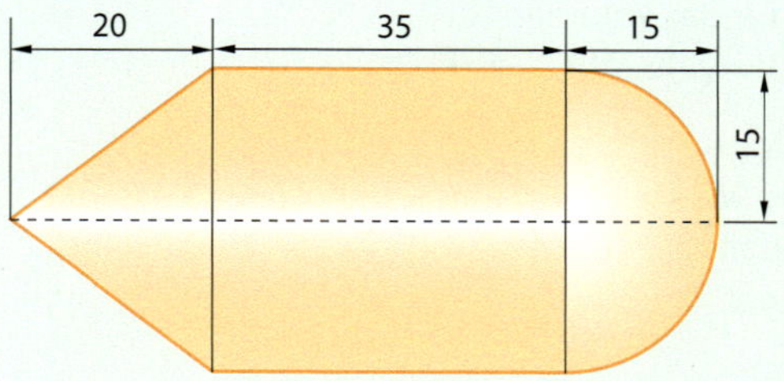

Wiederholungsaufgaben

1. Schreibe als Potenz und berechne ohne Taschenrechner.
a) $(-2)^4 \cdot (-2)^{-2}$ b) $48^{-3} : 16^{-3}$ c) $(4^3)^{-1}$

2. Gegeben ist der Graph einer Zuordnung. Prüfe, ob eine Funktion vorliegt.

a)
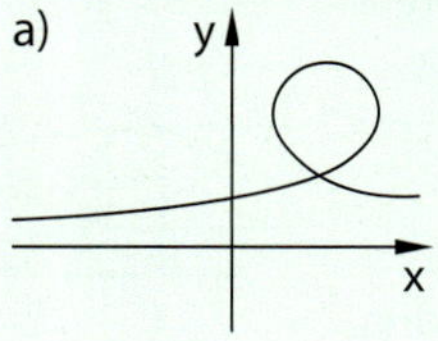

b)
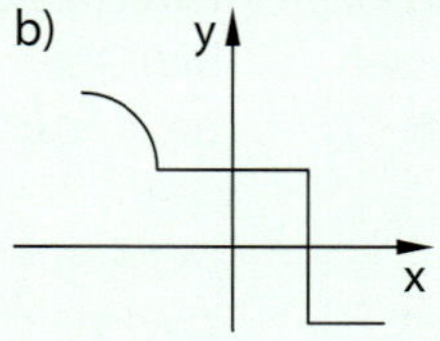

c)
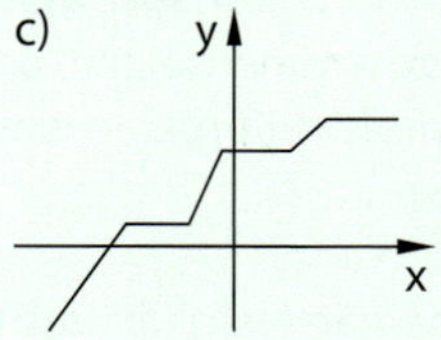

3. Entscheide ohne Taschenrechner, ob die Ergebnisse stimmen können.
a) $\sqrt{60} \approx 7{,}75$ b) $\sqrt{150} \approx 14{,}28$ c) $\sqrt{200} \approx 13{,}79$ d) $\sqrt{250} \approx 15{,}81$

4. In einer Urne liegen drei blaue und zwei rote Kugeln. Es werden nacheinander verdeckt zwei Kugeln ohne Zurücklegen gezogen.
a) Stelle den Zufallsversuch in einem Baumdiagramm dar.
b) Berechne die Wahrscheinlichkeit, dass die beiden roten Kugeln gezogen werden.

5. Berechne für das Dreieck ABC die fehlenden Winkel und Seitenlängen. Runde auf Zehntel.
a) $a = 4\,cm;\ b = 2\,cm;\ \gamma = 50°$ b) $a = 6\,cm;\ \alpha = 45°;\ \beta = 55°$

Zusammenfassung

Pyramide

Eine **Pyramide** ist ein Körper mit einem n-Eck als Grundfläche G. Die n Seitenflächen sind Dreiecke, die sich in der Spitze treffen. Sie bilden zusammen die Mantelfläche M.

Für eine Pyramide mit der Höhe h gilt
für den Oberflächeninhalt O:
$O = G + M$
für das Volumen V:
$V = \frac{1}{3} \cdot G \cdot h$

Berechne das Volumen und den Oberflächeninhalt der Pyramide.

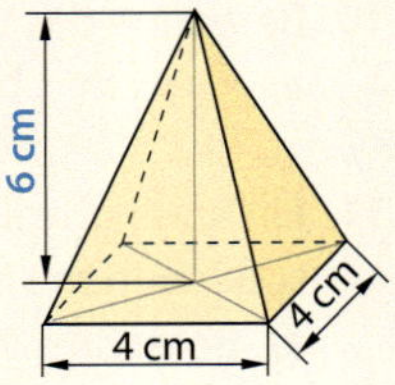

$V = \frac{1}{3} \cdot G \cdot h$
$= \frac{1}{3} \cdot (4\,\text{cm})^2 \cdot 6\,\text{cm}$
$= 32\,\text{cm}^3$

Nach dem Satz der Pythagoras gilt:
$h_a = \sqrt{(6\,\text{cm})^2 + (2\,\text{cm})^2} \approx 6{,}3\,\text{cm}$
$O \approx (4\,\text{cm})^2 + 4 \cdot \frac{4\,\text{cm} \cdot 6{,}3\,\text{cm}}{2} = 66{,}4\,\text{cm}^2$

Kegel

Ein **Kegel** ist ein Körper mit einem Kreis als Grundfläche. Die Mantelfläche ist gewölbt und bildet eine Spitze. Abgewickelt bildet sie einen Kreisausschnitt.

Für einen Kegel mit dem Radius r und der Höhe h gilt
für den Oberflächeninhalt O:
$O = G + M = \pi \cdot r^2 + \pi \cdot r \cdot s$
für das Volumen V:
$V = \frac{1}{3} \cdot G \cdot h = \frac{1}{3} \cdot \pi \cdot r^2 \cdot h.$

Berechne das Volumen und den Oberflächeninhalt des Kegels.

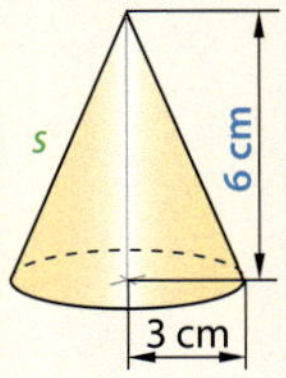

$V = \frac{1}{3} \cdot G \cdot h$
$= \frac{1}{3} \cdot \pi \cdot r^2 \cdot h$
$= \frac{1}{3} \cdot \pi \cdot (3\,\text{cm})^2 \cdot 6\,\text{cm}$
$\approx 57\,\text{cm}^3$

Nach dem Satz des Pythagoras gilt:
$s = \sqrt{(6\,\text{cm})^2 + (3\,\text{cm})^2} \approx 6{,}7\,\text{cm}$
$O = \pi \cdot r^2 + \pi \cdot r \cdot s$
$= \pi \cdot (3\,\text{cm})^2 + \pi \cdot 3\,\text{cm} \cdot 6{,}7\,\text{cm} \approx 91{,}4\,\text{cm}^2$

Kugeln

Alle Punkte eines Raums, die von festen Punkt M den gleichen Abstand r haben, bilden eine Kugel.

Für eine Kugel mit dem Radius r gilt
für den Oberflächeninhalt:
$O = 4 \cdot \pi \cdot r^2$
für das Volumen:
$V = \frac{4}{3} \cdot \pi \cdot r^3$

Berechne das Volumen und den Oberflächeninhalt der Kugel.

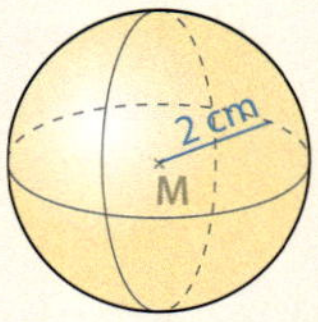

$V = \frac{4}{3} \cdot \pi \cdot r^3$
$= \frac{4}{3} \cdot \pi \cdot (2\,\text{cm})^3 \approx 34\,\text{cm}^3$
$O = 4 \cdot \pi \cdot r^2$
$= 4 \cdot \pi \cdot (2\,\text{cm})^2 \approx 50\,\text{cm}^2$

Zusammengesetzte Körper

Aus den Grundkörpern lassen sich komplexe Körper zusammensetzen, umgekehrt lassen sich komplexe Körper in einfache Körper zerlegen.

Den Oberflächeninhalt und das Volumen eines zusammengesetzten Körpers kann man wie folgt bestimmen:
- Berechne für die einzelnen Teilkörper V oder O.
- Addiere oder subtrahiere die Teilergebnisse.
- Prüfe, welche Teilflächen sich verdecken oder innerhalb des zusammengesetzten Körpers liegen. Vermehre oder vermindere das Gesamtergebnis entsprechend.

Berechne das Volumen und den Oberflächeninhalt des Körpers (Maße in cm).

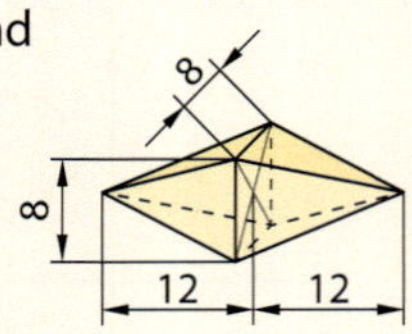

Der Körper besteht aus zwei gleichen Pyramiden.
Für jede Pyramide gilt:
$G_P = 64\,\text{cm}^3$; $V_P = 256\,\text{cm}^3$; $O_P \approx 266{,}4\,\text{cm}^2$
$V_{ges} = 2 \cdot V = 512\,\text{cm}^3$
$O_{ges} = 2 \cdot O \approx 532{,}8\,\text{cm}^2$
$V = V_{ges}$
$O = O_{ges} - 2 \cdot G \approx 404{,}8\,\text{cm}^2$

6. Potenzfunktionen

Der Wind versetzt die Rotoren der Windräder in Bewegung. Die Bewegungsenergie wird in einem Generator in elektrischen Strom umgewandelt. Je höher die Windgeschwindigkeit, desto höher ist die elektrische Leistung, die Leistung hängt von der dritten Potenz der Windgeschwindigkeit ab. Jedoch bei zu hohen Windgeschwindigkeiten müssen die Windräder abgeschaltet werden, um sie vor Schäden zu schützen.

Nach diesem Kapitel kannst du …
- mit Potenzfunktionen und Wurzelfunktionen umgehen,
- Potenzgleichungen lösen,
- Umkehrfunktionen von Potenzfunktionen bilden.

Lösungen ↗ S. 244

Potenzen

1. Berechne ohne Taschenrechner.
a) 2^4 b) 3^3 c) $\left(\frac{1}{4}\right)^3$ d) $(-2)^5$ e) $(-5)^0$ f) $\left(-\frac{2}{3}\right)^3$ g) $(-0{,}5)^3$

2. Schreibe ohne negativen Exponenten und berechne dann im Kopf.
a) 3^{-3} b) $(-3)^{-2}$ c) 6^{-3} d) $(-0{,}25)^{-2}$ e) $\left(\frac{1}{3}\right)^{-3}$ f) $\left(-\frac{1}{6}\right)^{-2}$ g) $\left(-\frac{2}{5}\right)^{-2}$

3. Fasse zu einer Potenz zusammen und berechne. Gib die verwendeten Potenzgesetze an.
a) $3^4 \cdot 3^2$ b) $4^{-2} \cdot 4^3$ c) $2^3 \cdot 4^3$ d) $(-2)^5 : 3^5$ e) $(3^2)^3$
f) $4^{-4} : 2^{-4}$ g) $((-2)^3)^{-2}$ h) $(-5)^3 \cdot (-3)^3$ i) $\left(\frac{1}{5}\right)^2 \cdot (0{,}2)^{-2}$ j) $\left(\frac{2}{3}\right)^3 : \left(\frac{2}{3}\right)^2$

4. Vereinfache mithilfe von Potenzgesetzen.
a) $a^2 \cdot a^{-5}$ b) $x^{-3} \cdot y^{-3}$ c) $x^5 : x^2$ d) $(b^3)^{-3}$ e) $a^2 b^{-3} a^{-4} b$
f) $\frac{x^2 \cdot y^{-3} \cdot x^{-1}}{x^4 \cdot y^4}$ g) $b^{3n+4} \cdot b^{3+n}$ h) $(x^{2n})^{2n}$ i) $\frac{x^{3a+1}}{x^{-a+1}}$ j) $\frac{a^{2n-4}}{a^{2n-2}} \cdot a^{-2}$

Wurzeln und Potenzen mit rationalen Exponenten

5. Berechne ohne Taschenrechner.
a) $\sqrt{16}$ b) $\sqrt{64}$ c) $\sqrt{100}$ d) $\sqrt{\frac{4}{9}}$ e) $\sqrt[3]{64}$ f) $\sqrt{-81}$ g) $\sqrt[3]{125}$
h) $\sqrt[6]{0}$ i) $\sqrt[4]{16}$ j) $\sqrt[4]{81}$ k) $\sqrt[5]{32}$ l) $\sqrt[3]{0{,}001}$ m) $\sqrt[3]{\frac{8}{125}}$ n) $\sqrt[2]{\sqrt[4]{256}}$

6. a) Schreibe die Wurzel als Potenz: $\sqrt{3}$; $\sqrt[3]{5}$; $\sqrt{7^3}$; $\sqrt[3]{5^{-4}}$; $\left(\sqrt[5]{2}\right)^3$
b) Schreibe die Potenz mit Wurzelzeichen und berechne: $16^{\frac{1}{2}}$; $64^{\frac{1}{3}}$; $81^{\frac{2}{4}}$; $4^{\frac{3}{2}}$; $125^{-\frac{1}{3}}$

7. Vereinfache. Gib die verwendeten Wurzel- bzw. Potenzgesetze an.
a) $\sqrt{\frac{a}{b}} \cdot \sqrt{\frac{b}{a}}$ b) $\sqrt{xy} \cdot \sqrt{x^2 y}$ c) $\sqrt{(a+b)\cdot(a+b)}$ d) $\sqrt{x^2 + 4xy + 4y^2}$
e) $\sqrt[3]{x^5} \cdot \sqrt[3]{x^4}$ f) $\sqrt[4]{x^2 y^4} \cdot \sqrt[4]{x^6}$ g) $\frac{\sqrt[3]{x^2}}{\sqrt[3]{x^{-1}}}$ h) $\sqrt{\sqrt{\sqrt{x}}}$

8. Bestimme die Kantenlänge a eines Würfels, wenn
a) die Oberfläche $O = 864\,\text{cm}^2$ beträgt; b) das Volumen $V = 3375\,\text{dm}^3$ beträgt.

9. Wie groß ist die Kantenlänge eines Würfels, wenn dieser Würfel das gleiche Volumen wie ein Quader mit den Kantenlängen $a = 8\,\text{cm}$; $b = 4\,\text{cm}$; $c = 2\,\text{cm}$ hat?

Quadratische Funktionen und quadratische Gleichungen

10. Zeichne den Graphen der Funktion mithilfe einer Wertetabelle.
a) $f(x) = x^2$ b) $f(x) = -x^2$ c) $f(x) = 2x^2$ d) $f(x) = 0{,}5x^2$ e) $f(x) = -2x^2$

11. Beschreibe die Verschiebung gegenüber der Normalparabel, gib den Scheitelpunkt an und zeichne den Graphen der Funktion.
a) $f(x) = x^2 + 0{,}5$ b) $f(x) = x^2 - 2$ c) $f(x) = x^2 + 1$ d) $f(x) = x^2 + 2$

12. Gib die Scheitelpunkte der folgenden Funktionen an und skizziere die Graphen.
a) $f(x) = (x+3)^2 - 3$ b) $g(x) = (x-4)^2 + 0{,}5$ c) $h(x) = \left(x + \sqrt{2}\right)^2 - 2$

13. Skizziere den Graphen der Funktion und gib ihre Funktionsgleichung an.
a) Normalparabel mit dem Faktor 2 strecken und um 3 Einheiten nach unten verschieben.
b) Normalparabel mit dem Faktor 0,5 stauchen, an der x-Achse spiegeln und dann um 2 Einheiten nach oben verschieben.

14. In Brüssel steht die Brunnenfigur le Petit Julien.
Die 61 Zentimeter hohe Bronzestatue wurde 1619 vom Brüsseler Bildhauer Hieronymus Duquesnoy geschaffen.
Die Bahn des Wasserstrahls kann mit der Gleichung $y = -\frac{1}{8} \cdot x^2 + 2{,}5$ modelliert werden.
Skizziere die Bahn des Wasserstrahls in ein Koordinatensystem.

15. Bestimme die Lösungsmenge der quadratischen Gleichungen.
a) $x^2 - x - \frac{9}{4} = 0$ b) $x^2 + 6x - 16 = 0$ c) $2x^2 - 8x + 52{,}5 = 0$
d) $(x + 3)^2 - 4 = 0$ e) $(2x + 4)^2 - 4(4x + 2) = 36$ f) $x^2 - \frac{1}{7}x + \frac{2}{49} = 0$

16. Bestimme rechnerisch die Nullstellen der gegebenen Funktionen.
a) $f(x) = x^2 + 4x$ b) $g(x) = 5x^2 + 5x$ c) $g(x) = -3x - 0{,}2x^2$

17. a) Bestimme, welche quadratische Gleichung in der Abbildung grafisch gelöst wird.
b) Lies die dargestellte Lösung ab und führe eine rechnerische Probe durch. Gib gegebenenfalls eine zweite Lösung an.

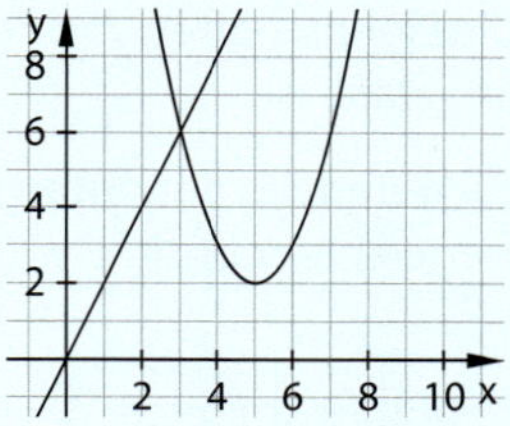

18. Berechne die Schnittpunkte der Graphen der beiden gegebenen Funktionen f und g.
a) $f(x) = x^2 + 4$ und $g(x) = 2x^2 - x - 2$ b) $f(x) = 4x^2 + 8x$ und $g(x) = -x - 2$

Vermischtes

19. Übertrage die Figur in dein Heft und gib an, ob sie achsensymmetrisch, punktsymmetrisch oder beides ist. Trage alle Symmetrieachsen und das Symmetriezentrum ein.

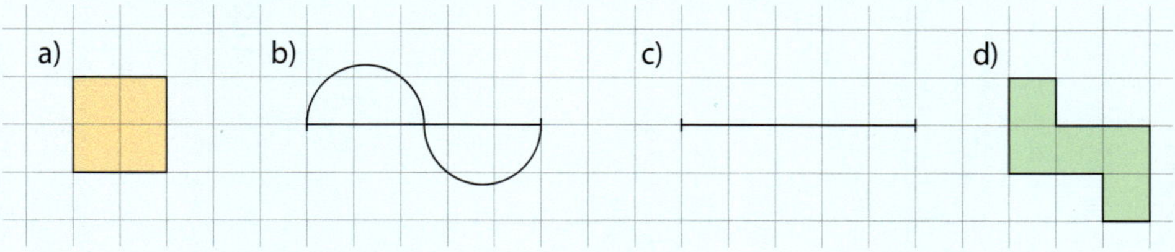

20. Übertrage die Figur mit der Geraden s in dein Heft und spiegele die Figur an s.

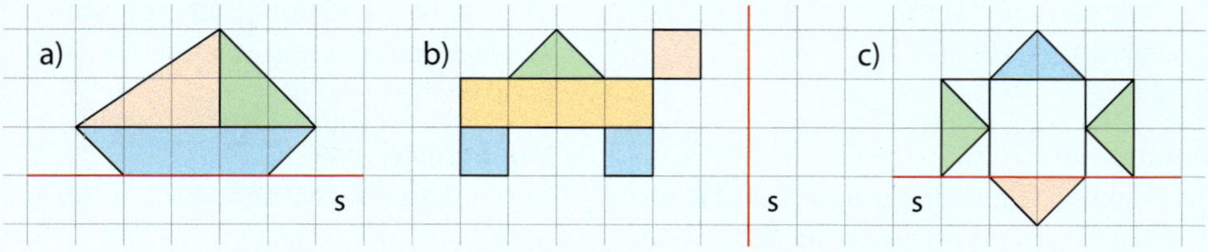

21. Zeichne den Graphen der Funktion f mit $f(x) = x^2 + 3$ und spiegle ihn an der ersten Winkelhalbierenden.

6.1 Potenzfunktionen mit natürlichen Exponenten

■ Ordne der Kantenlänge a eines Würfels sein Volumen V zu. Erstelle eine Wertetabelle. Bestimme eine Gleichung und zeichne einen Graphen der Funktion.
Vergleiche den Graphen mit dem der quadratischen Funktion $f(x) = x^2$. ■

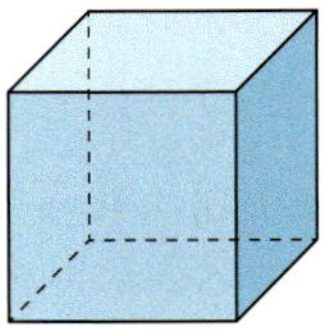

$a = 1\,\text{cm} \rightarrow V = 1\,\text{cm}^3$

$a = 2\,\text{cm} \rightarrow V = 8\,\text{cm}^3$

⋮

Bei quadratischen Funktionen werden den Argumenten zweite Potenzen zugeordnet. Die Verallgemeinerung zu höheren Potenzen führt zu den Potenzfunktionen wie den Funktionen mit den Funktionsgleichungen $f(x) = x^3$ oder $g(x) = x^4$ oder $h(x) = x^7$.

Wissen: Potenzfunktionen mit natürlichen Exponenten
Funktionen mit der Gleichung $f(x) = x^n$ mit $n \in \mathbb{N}$, $n > 0$ heißen **Potenzfunktionen**.
Man sagt, die Funktion f ist vom **Grad n**. Potenzfunktionen sind für alle reellen Zahlen definiert, der Definitionsbereich ist $\mathbb{R}$, kurz: $D = \mathbb{R}$.

Hinweis:
$\mathbb{R}$ bezeichnet die Menge aller reellen Zahlen.
$\mathbb{R}^+$ bezeichnet die Menge aller positiven reellen Zahlen.
$\mathbb{R}_0^+$ bezeichnet die Menge aller positiven reellen Zahlen mit der Null.
$\mathbb{R}^-$ bezeichnet die Menge aller negativen reellen Zahlen.

Die Eigenschaften von Potenzfunktionen hängen davon ab, ob der Exponent gerade oder ungerade ist.

Für **gerade Exponenten** sind die Funktionswerte immer positiv.

Definitionsbereich: $D = \mathbb{R}$
Wertebereich: $W = \mathbb{R}_0^+$
Die Punkte $(0|0)$, $(-1|1)$ und $(1|1)$ liegen auf den Graphen.

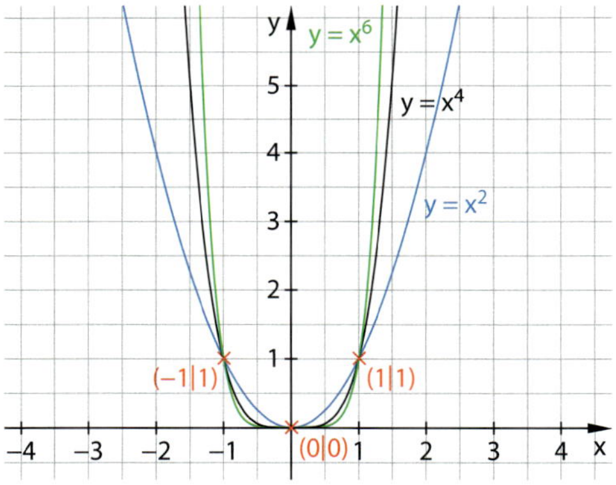

Symmetrie:
Die Graphen sind symmetrisch zur y-Achse, d. h. für alle $x \in \mathbb{R}$ gilt $f(-x) = f(x)$.

Monotonie:
Die Funktion fällt streng monoton auf $\mathbb{R}^-$ und wächst streng monoton auf $\mathbb{R}^+$.

Für **ungerade Exponenten** sind die Funktionswerte für $x > 0$ positiv und für $x < 0$ negativ.

Definitionsbereich: $D = \mathbb{R}$
Wertebereich: $W = \mathbb{R}$
Die Punkte $(0|0)$, $(-1|-1)$ und $(1|1)$ liegen auf den Graphen.

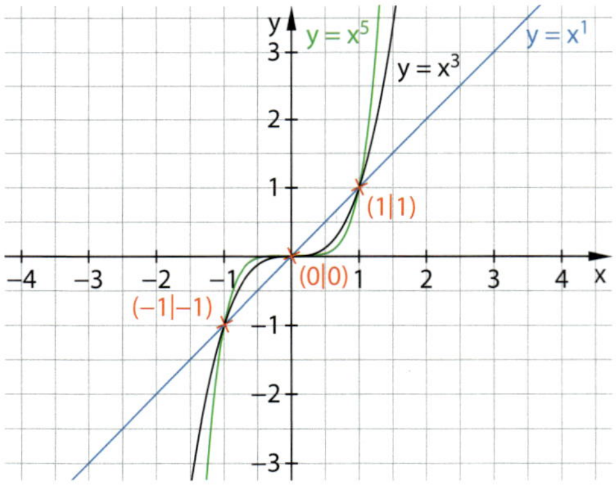

Symmetrie:
Die Graphen sind punktsymmetrisch zum Koordinatenursprung, d. h. für alle $x \in \mathbb{R}$ gilt $f(-x) = -f(x)$.

Monotonie:
Die Funktion wächst streng monoton auf ganz $\mathbb{R}$.

Hinweis:
Eine Funktion heißt **streng monoton wachsend**, wenn aus $x_1 < x_2$ immer $f(x_1) < f(x_2)$ folgt; **streng monoton fallend**, wenn aus $x_1 < x_2$ immer $f(x_1) > f(x_2)$ folgt.

Die Graphen von Potenzfunktionen mit natürlichen Exponenten $n > 1$ nennt man **Parabeln**.

Beispiel 1: Zeichne die Graphen zu den beiden Potenzfunktionen mit den Gleichungen $f(x) = x^2$ und $g(x) = x^3$. Gib die Definitions- und Wertebereiche an.
Beschreibe jeweils das Symmetrie- und das Monotonieverhalten.

Lösung:

$f(x) = x^2$

Erstelle eine Wertetabelle:

x	−1,5	−1	−0,5	0	0,5	1	1,5
x^2	2,25	1	0,25	0	0,25	1	2,25

Definitionsbereich: $D = \mathbb{R}$
Wertebereich: $W = \mathbb{R}_0^+$

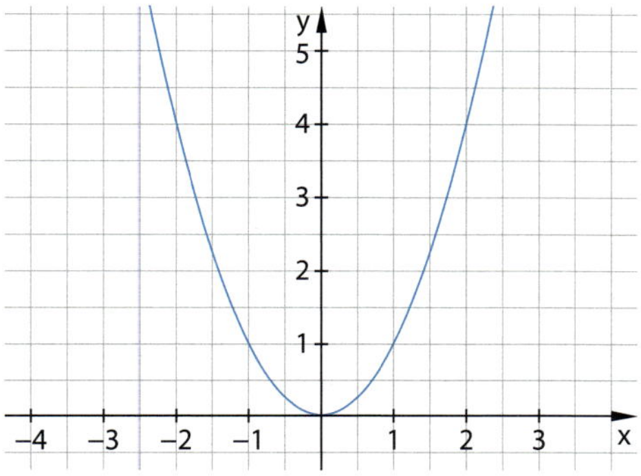

Der Graph fällt streng monoton auf $\mathbb{R}^-$ und wächst streng monoton auf $\mathbb{R}^+$.
Für alle $x \in \mathbb{R}$ gilt: $f(-x) = (-x)^2 = x^2 = f(x)$, also ist der Graph achsensymmetrisch zur y-Achse.

$g(x) = x^3$

Erstelle eine Wertetabelle:

x	−1,5	−1	−0,5	0	0,5	1	1,5
x^3	−3,375	−1	−0,125	0	0,125	1	3,375

Definitionsbereich: $D = \mathbb{R}$
Wertebereich: $W = \mathbb{R}$

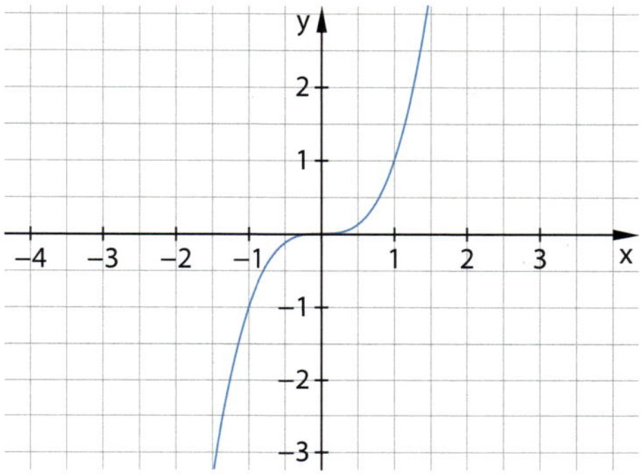

Der Graph wächst streng monoton auf ganz $\mathbb{R}$.
Für alle $x \in \mathbb{R}$ gilt: $g(-x) = (-x)^3 = -x^3 = -g(x)$, also ist der Graph punktsymmetrisch zum Koordinatenursprung.

Erinnere dich:
Potenzwerte negativer Zahlen mit geraden Exponenten sind immer positiv, z. B. $(-3)^4 = 81$.
Potenzwerte negativer Zahlen mit ungeraden Exponenten sind immer negativ, z. B. $(-3)^3 = -27$.

Basisaufgaben

1. Vervollständige die Wertetabelle ohne Taschenrechner.

x	−2	−1	0	1	2
$y = x^2$					
$y = x^3$					
$y = x^4$					
$y = x^5$					

2. Lies aus den Graphen der Potenzfunktionen mit $f(x) = x^2$ und $g(x) = x^3$ im Beispiel 1 jeweils
   a) die Funktionswerte an den Stellen $x = 0,4$; $x = 1$; $x = -0,4$; $x = 1,7$; $x = -1,7$ ab;
   b) die x-Werte ab, für die die Funktionen die Funktionswerte $y = 1,5$; $y = 2$; $y = 0,5$ annehmen.

3. Überprüfe rechnerisch, welche der folgenden Punkte auf dem Graphen der Funktion mit der Funktionsgleichung $f(x) = x^3$ liegen.
   $P(-3|27)$, $Q(-3|-27)$, $R(5|125)$, $S(-2|8)$, $T(0,5|0,125)$, $U(-0,2|-0,008)$

4. Übertrage die Wertetabelle für die Funktion f mit $f(x) = x^4$ und fülle sie aus. Zeichne den Graphen der Funktion. Beschreibe sein Symmetrie- und sein Monotonieverhalten.

x	−1,5	−1	−0,5	0	0,5	1	1,5
f(x)							

5. Erstelle für die Funktion mit $f(x) = x^5$ eine Wertetabelle und zeichne den Graphen.

6. Ordne den Graphen eine passende Funktionsgleichung zu.
$f_1(x) = x^2$; $f_2(x) = x^3$;
$f_3(x) = x^6$; $f_4(x) = x^7$;
$f_5(x) = x^{10}$; $f_6(x) = x^{11}$

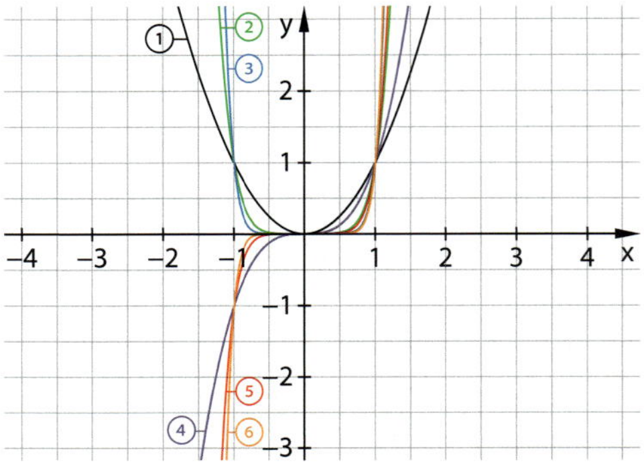

7. a) Beschreibe die Symmetrie des Graphen der Funktion mit $f(x) = x^3$.
b) Der Punkt $P(-3|-27)$ liegt auf dem Graphen. Nutze die Symmetrie und ergänze die fehlenden Werte der Punkte, sodass sie ebenfalls auf dem Graphen von $f(x) = x^3$ liegen.
Q(■|27), R(−2|■), S(■|8), T(−0,5|■), U(■|0,125)

Weiterführende Aufgaben

8. Gib jeweils eine passende Funktionsgleichung an und vervollständige die Wertetabelle. Skizziere dann die drei Graphen in ein gemeinsames Koordinatensystem.

a)

x	−3		−1	2	3	4
y	−243	−32				

b)

x	−9	−7	−5	3	6	10
y	81					

c)

x	−13	−6	0	4	8	12
y					8	12

9. Entscheide, ob die folgenden Aussagen für Potenzfunktionen mit natürlichen Exponenten wahr oder falsch sind. Begründe deine Entscheidung.
a) Funktionswerte von Potenzfunktionen mit ungeradem Exponenten sind immer positiv.
b) Der Punkt $P(0|0)$ liegt auf allen Graphen von Potenzfunktionen mit natürlichen Exponenten.
c) Bei Funktionen mit ungeraden Exponenten gibt es keine positiven Funktionswerte.
d) Bei Funktionen mit geraden Exponenten gibt es keine negativen Funktionswerte.
e) Für $x < 0$ hängt das Vorzeichen des Funktionswertes vom Exponenten ab.
f) Die Graphen verlaufen für gerade Exponenten im 1. und 3. Quadranten.
g) Die Graphen verlaufen für ungerade Exponenten im 1. und 3. Quadranten.

10. a) Untersuche, ob die Punkte $P(-3|81)$, $Q(-1|1)$, $R(2|16)$ und $S(3|81)$ auf einem Graphen liegen können, der symmetrisch zur y-Achse verläuft. Begründe deine Antwort.
b) Gib eine Funktionsgleichung einer Potenzfunktion an, auf deren Graphen die Punkte aus a) liegen.

11. a) Untersuche, wie sich der Funktionswert der Funktionen f und g mit den Gleichungen $f(x) = x^3$ und $g(x) = x^4$ verändert, wenn man den x-Wert ver-k-facht.
b) Verallgemeinere dein Ergebnis aus a) auf die allgemeine Funktion h mit $h(x) = x^n$.

12. Stolperstelle: Carmen sollte den Graphen der Funktion f mit der Gleichung $f(x) = x^4$ zeichnen.

Carmens Wertetabelle:

x	−3	−2	−1	0	1	2	3
x^4	−81	−16	−1	0	1	16	81

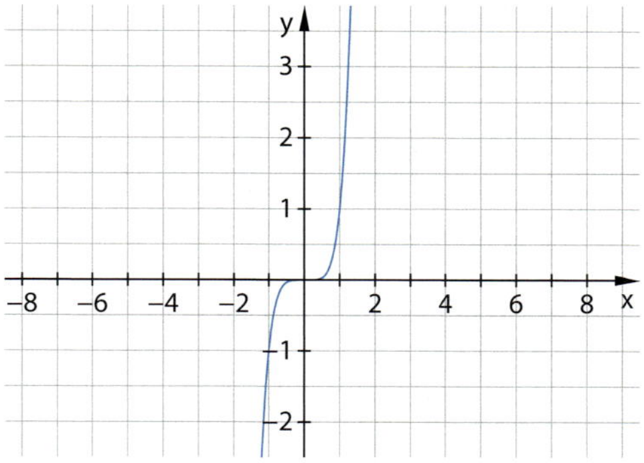

a) Welche Funktionswerte sind falsch bestimmt?
b) Erkläre Carmens Fehler.
c) Beschreibe, wie der Graph berichtigt werden muss.

13. Der grüne Graph gehört zu einer Funktion mit der Gleichung $f(x) = x^n$, der rote zu einer Funktion mit der Gleichung $g(x) = x^m$.

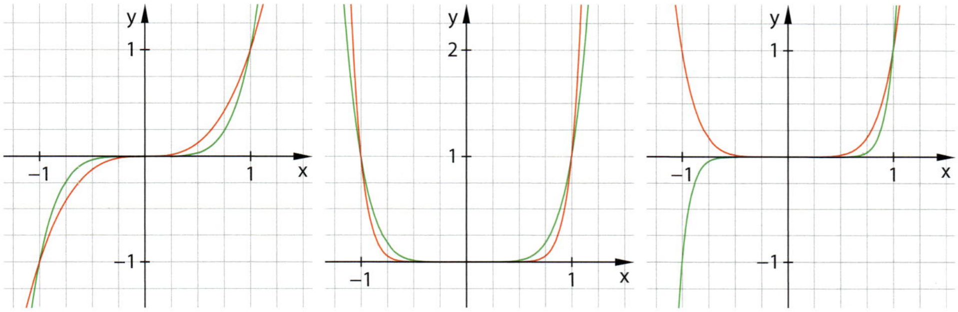

a) Gib für alle Paare von Funktionen Informationen über die Exponenten n und m an. Begründe deine Antworten.
b) Versuche jeweils mithilfe der Zeichnungen n und m zu ermitteln.

14. Gegeben sind die Funktionen f, g, h und k mit den Gleichungen $f(x) = x^7$, $g(x) = x^{10}$, $h(x) = x^{13}$ und $k(x) = x^{16}$.
a) Gib jeweils den Definitions- und den Wertebereich an.
GTR CAS
b) Skizziere den ungefähren Verlauf der Graphen der vier Funktionen in ein Koordinatensystem. Überprüfe deine Zeichnung mit einem GTR oder CAS.
c) Beschreibe Gemeinsamkeiten und Unterschiede der Graphen. Berücksichtige dabei gemeinsame Punkte, Symmetrieeigenschaften und das Monotonieverhalten der Graphen.
d) Berechne jeweils den Funktionswert an der Stelle $x = 2$.
e) Gib die x-Werte an, für die $y = 1\,000\,000$ übertroffen wird.
f) Gib Bereiche des Definitionsbereichs an, in denen folgendes gilt:
① $f(x) < g(x)$ ② $h(x) < g(x)$ ③ $g(x) < h(x)$ ④ $k(x) < g(x)$

15. a) Untersuche, wie sich das Volumen eines Würfels verändert, wenn man die Seitenlänge verdoppelt, verdreifacht, …
b) Untersuche, wie sich der Oberflächeninhalt eines Würfels verändert, wenn man die Seitenlänge verdoppelt, verdreifacht, …

● **16. Ausblick:** Die Graphen der Potenzfunktionen mit natürlichen Exponenten sind entweder symmetrisch zur y-Achse oder zum Koordinatenursprung.
Untersuche die Graphen der Funktionen mit den gegebenen Funktionsgleichungen auf Symmetrie. Begründe deine Ergebnisse.
a) $f(x) = (x - 4)^3$ b) $g(x) = (x - 2)^4$ c) $h(x) = (x + 1)^3 - 3$

6.2 Potenzfunktionen mit ganzzahligen Exponenten

Erinnere dich:
Potenzen mit negativen Exponenten lassen sich als Bruch schreiben, z. B. $x^{-3} = \frac{1}{x^3}$

■ Es gibt unendlich viele Rechtecke mit dem gleichen Flächeninhalt wie das abgebildete Quadrat. Erstelle eine Wertetabelle für die Funktion *Länge der Seite a → Länge der Seite b* für Rechtecke mit den Seiten a und b mit einem Flächeninhalt von 1 m². Gib eine Funktionsgleichung an und zeichne den Graphen der Funktion. ■

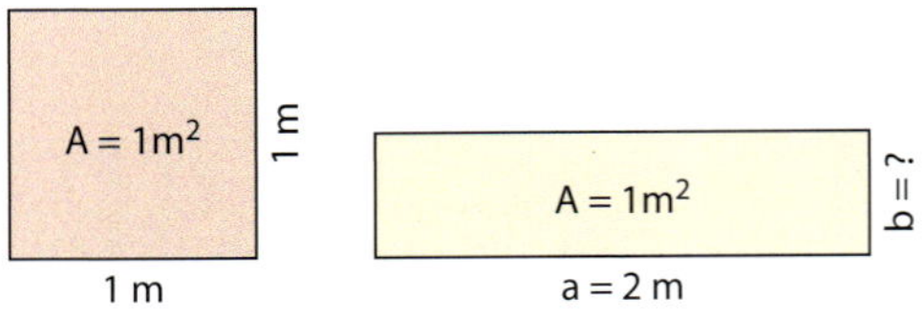

Potenzfunktionen gibt es auch mit negativen Exponenten. Da die Gleichung $f(x) = x^{-n}$ mit $n \in \mathbb{N}$ für $f(x) = \frac{1}{x^n}$ steht und man nicht durch 0 teilen darf, besteht an der Stelle $x = 0$ eine **Definitionslücke**.

Wissen: Potenzfunktionen mit negativen Exponenten
Auch Funktionen mit der Gleichung $f(x) = x^{-n}$ mit $n \in \mathbb{N}$, $n \neq 0$ heißen Potenzfunktionen. Potenzfunktionen mit **negativen Exponenten** haben den **eingeschränkten Definitionsbereich** $D = \mathbb{R}\setminus\{0\}$.

Hinweis:
$\mathbb{R}\setminus\{0\}$ ist die Menge aller reellen Zahlen ohne die Null.

Auch die Eigenschaften von Potenzfunktionen mit negativen Exponenten hängen davon ab, ob der Exponent negativ oder positiv ist.

Für **gerade Exponenten** sind die Funktionswerte immer positiv.

Definitionsbereich: $D = \mathbb{R}\setminus\{0\}$
Wertebereich: $W = \mathbb{R}^+$.
Die Punkte $(-1|1)$ und $(1|1)$ liegen auf den Graphen.

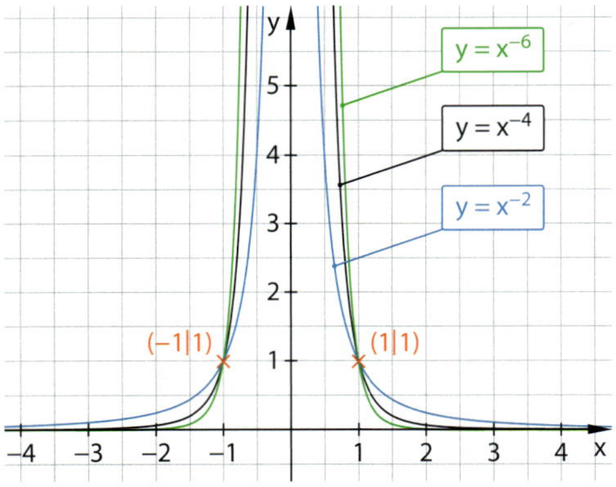

Symmetrie:
Die Graphen sind symmetrisch zur y-Achse, d. h. für alle $x \in \mathbb{R}\setminus\{0\}$ gilt $f(x) = f(-x)$.

Monotonie:
Die Funktion wächst streng monoton auf $\mathbb{R}^-$ und fällt streng monoton auf $\mathbb{R}^+$.

Für **ungerade Exponenten** sind die Funktionswerte für $x > 0$ positiv und für $x < 0$ negativ.

Definitionsbereich: $D = \mathbb{R}\setminus\{0\}$
Wertebereich: $W = \mathbb{R}\setminus\{0\}$
Die Punkte $(-1|-1)$ und $(1|1)$ liegen auf den Graphen.

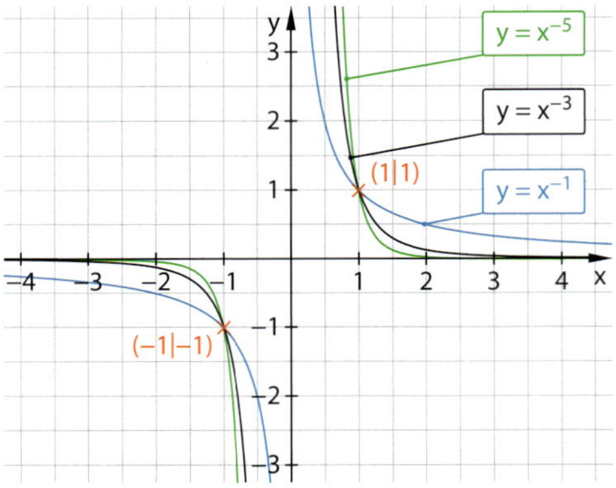

Symmetrie:
Die Graphen sind punktsymmetrisch zum Koordinatenursprung, d. h. für alle $x \in \mathbb{R}\setminus\{0\}$ gilt $f(-x) = -f(x)$.

Monotonie:
Die Funktion fällt streng monoton auf $\mathbb{R}^-$ und auf $\mathbb{R}^+$.

Hinweis:
Die Graphen nähern sich den Koordinatenachsen an, ohne sie je zu berühren.

Die Graphen von Potenzfunktionen mit negativen Exponenten nennt man **Hyperbeln**. Sie bestehen aus zwei Teilen. Die Hyperbeln nähern sich den Koordinatenachsen beliebig an, ohne sie je zu berühren. Dieses Verhalten nennt man asymptotisch.

Beispiel 1:

a) Prüfe rechnerisch, ob die Punkte $A(-2|-0{,}125)$, $B(-1|1)$, $C(-0{,}5|-8)$, $D(0|0)$, $E(0{,}5|8)$, $F(1|1)$ und $G(2|8)$ auf dem Graphen der Funktion f mit der Gleichung $f(x) = x^{-3} = \frac{1}{x^3}$ liegen.

b) Zeichne den Graphen von f und gib sein Symmetrie- und Monotonieverhalten an.

Lösung:

a) Ob ein Punkt $P(x|y)$ zu einer Funktion f gehört, lässt sich durch Einsetzen von x in die Funktionsgleichung $y = f(x)$ überprüfen.
Die Rechnungen ergeben, dass die Punkte A, C, E und F auf dem Graphen von f liegen und dass die Punkte B und G nicht auf dem Graphen liegen.
Der Punkt $D(0|0)$ gehört nicht zum Graphen, denn $x = 0$ gehört nicht zum Definitionsbereich der Funktion $f(x) = \frac{1}{x^3}$.

Punkt A: $f(-2) = \frac{1}{(-2)^3} = \frac{1}{-8} = -0{,}125$ ✓

Punkt B: $f(-1) = \frac{1}{(-1)^3} = \frac{1}{-1} = -1 \quad \neq 1$

Punkt C: $f(-0{,}5) = \frac{1}{(-0{,}5)^3} = \frac{1}{-0{,}125} = -8$ ✓

Punkt D: $f(0)$ ist nicht definiert.

Punkt E: $f(0{,}5) = \frac{1}{0{,}5^3} = \frac{1}{0{,}125} = 8$ ✓

Punkt F: $f(1) = \frac{1}{1^3} = \frac{1}{1} = 1$ ✓

Punkt G: $f(2) = \frac{1}{2^3} = \frac{1}{8} = 0{,}125 \quad \neq 8$

b) Erstelle eine Wertetabelle. Verwende die Ergebnisse aus a).

Der Graph verläuft symmetrisch zum Koordinatenursprung, denn

$f(-x) = \frac{1}{(-x)^3} = \frac{1}{-x^3} = -\frac{1}{x^3} = -f(x)$

Der Graph fällt auf beiden Teilbereichen $\mathbb{R}^-$ und $\mathbb{R}^+$ streng monoton: Je größer x wird, desto kleiner wird der dazugehörende y-Wert.

Wertetabelle:

x	−2	−1	−0,5	0,5	1	2
f(x)	−0,125	−1	−8	8	1	0,125

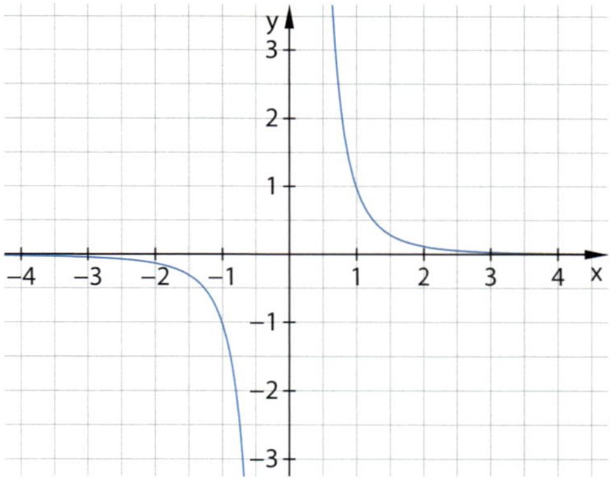

Basisaufgaben

1. Vervollständige die Wertetabelle ohne Taschenrechner.

x	−2	−1	$-\frac{1}{2}$	$\frac{1}{2}$	1	2
$y = \frac{1}{x}$						
$y = \frac{1}{x^2}$						
$y = \frac{1}{x^3}$						
$y = \frac{1}{x^4}$						

2. Lies aus dem Graphen der Potenzfunktionen mit den Gleichungen $f(x) = x^{-1}$ und $g(x) = x^{-2}$ (siehe Seite 198) jeweils
   a) die Funktionswerte an den Stellen $x = 0{,}9$; $x = -0{,}9$; $x = 1{,}2$; $x = -1{,}2$ ab;
   b) die x-Werte ab, für die die Funktionen die Funktionswerte $y = 2$; $y = \frac{1}{4}$ annehmen.

3. Prüfe rechnerisch, welche der Punkte $P(-1|1)$, $Q(-2|-0{,}5)$, $R(0{,}5|2)$, $S(-0{,}125|-8)$, $T(4|0{,}125)$ und $U(-0{,}2|5)$ auf dem Graphen der Funktion mit der Gleichung $f(x) = x^{-1}$ liegen.

4. Erstelle für die Funktion mit der angegebenen Gleichung eine Wertetabelle und zeichne den Graphen. Beschreibe sein Symmetrie- und Monotonieverhalten.
a) $f(x) = x^{-2}$ b) $g(x) = x^{-5}$

5. Bestimme die Funktionswerte der Potenzfunktionen $f(x) = x^{-1}$ und $g(x) = x^{-2}$ an den Stellen $\frac{1}{3}$; $-\frac{1}{3}$; 1,2; −1,2; 3; −3; a und −a. Nutze die Symmetrieeigenschaften.

Weiterführende Aufgaben

6. **Stolperstelle:** Ben hat den Graphen der Funktion mit der Gleichung $f(x) = x^{-3}$ gezeichnet. Kontrolliere seine Zeichnung. Beschreibe und verbessere seine Fehler.

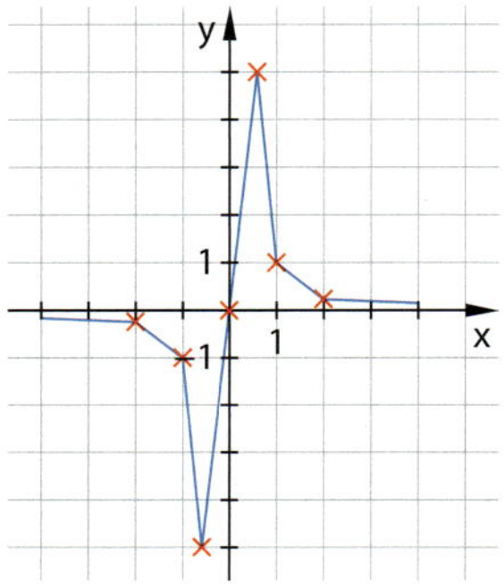

7. a) Zeichne mithilfe von Wertetabellen die Graphen für die Funktionen mit $f(x) = x^{-n}$ mit ① n = 1; 3; 5 und ② n = 2; 4; 6 in jeweils ein gemeinsames Koordinatensystem.
b) Beschreibe jeweils die Veränderungen der Graphen, wenn sich n vergrößert.

8. Gegeben sind die Funktionen f, g, h und k mit den Gleichungen $f(x) = x^{-4}$; $g(x) = x^{-5}$; $h(x) = x^{-7}$ und $k(x) = x^{-8}$.
a) Gib jeweils den Definitions- und den Wertebereich an.
GTR CAS
b) Skizziere den ungefähren Verlauf der Graphen. Überprüfe mit einem GTR oder CAS.
c) Beschreibe die Gemeinsamkeiten und Unterschiede der Graphen. Berücksichtige dabei gemeinsame Punkte, Symmetrieeigenschaften und das Monotonieverhalten.
d) Berechne jeweils den Funktionswert an der Stelle x = 0,5 und x = 1,5.
e) Gib Bereiche des Definitionsbereichs an, in denen folgendes gilt:
① $f(x) < k(x)$ ② $g(x) < h(x)$ ③ $g(x) < k(x)$

9. Gegeben sind die Punkte $P(1|1)$, $Q(0{,}5|16)$, $R(-0{,}2|0{,}04)$, $S(-0{,}1|-0{,}001)$, $T(-1|-1)$, $U(0{,}2|5)$ und $V(-1|1)$ und die Funktionen mit $f(x)=x^{-1}$; $g(x)=x^{-2}$; $h(x)=x^{-3}$ und $k(x)=x^{-4}$. Welche Punkte gehören zu welcher Funktion? Ordne zu und begründe.

10. Ordne den Graphen eine passende Funktionsgleichung zu.
$f_1(x) = x^2$; $f_2(x) = x^{-2}$;
$f_3(x) = x^3$; $f_4(x) = x^4$;
$f_5(x) = x^{-3}$; $f_6(x) = x^{-5}$;
$f_7(x) = x^{-6}$; $f_8(x) = x^5$

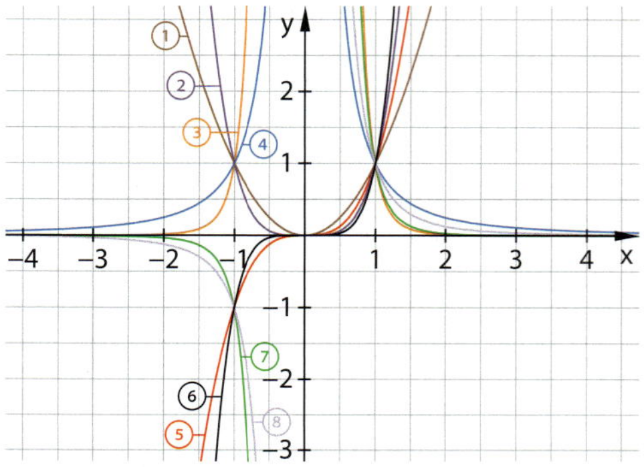

11. Elena behauptet: „Je größer der Exponent einer Potenzfunktion mit der Gleichung $y = x^{-n}$ ist, desto kleiner ist der Funktionswert y für alle $x > 0$."
Hat sie recht? Begründe deine Meinung.

12. Gib die Funktionsgleichung einer Potenzfunktion an, zu der alle vier Aussagen passen.
① Der zugehörige Graph ist symmetrisch zur y-Achse.
② Der zugehörige Graph verläuft durch den Punkt $P(0{,}5|16)$.
③ Der Wertebereich ist $\mathbb{R}^+$.
④ Der zugehörige Graph schmiegt sich an die y-Achse an.

13. An welchen Stellen nimmt die Potenzfunktion mit $y = x^{-1}$ bzw. $y = x^{-2}$ den Funktionswert 2, den Funktionswert -2, den Funktionswert $\frac{1}{4}$, den Funktionswert $-\frac{1}{4}$ an?

14. Für welche Werte von x liegen die Funktionswerte der Funktion mit der angegebenen Gleichung zwischen 0,25 und 9?
a) $f(x) = x^{-1}$
b) $f(x) = x^{-2}$

15. Gegeben ist die Funktion f mit der Funktionsgleichung $f(x) = \frac{1}{x^3}$.
a) Berechne die Funktionswerte an den Stellen 100; 1000 und 10 000 sowie bei -100; -1000 und $-10\,000$. Beschreibe das Verhalten der Funktionswerte, wenn $|x|$ immer größer wird und wenn $|x|$ immer kleiner wird.
b) Berechne die Funktionswerte an den Stellen 0,01; 0,001 und 0,000 01 sowie bei $-0{,}01$; $-0{,}001$ und $-0{,}000\,01$. Beschreibe das Verhalten der Funktionswerte, wenn sich $|x|$ von links der Null annähert und wenn sich $|x|$ von rechts der Null annähert.

16. Bei einer Heizanlage reicht der Ölvorrat 150 Tage, wenn der Ölverbrauch 50 l pro Tag beträgt. Stelle eine passende Potenzfunktion auf, um die Fragen zu beantworten.
a) Wie lange reicht der Ölvorrat bei einem Verbrauch von 60 l pro Tag?
b) Wie viel Öl pro Tag darf verbraucht werden, damit der Ölvorrat 180 Tage reicht?
c) Formuliere weitere Fragen und lasse sie einen Partner beantworten.

17. Ein Kapital von 24 000 € wird mit 2,5 % Zinsen pro Jahr verzinst.
Stelle eine Formel auf, mit der das Gesamtkapital nach n Jahren berechnet werden kann.
Wie viel Geld erhält der Kunde nach 10 Jahren?

18. Ausblick: Die Anziehungskraft F (in N) der Erde auf einen Körper nimmt quadratisch mit dem Abstand r (in m) des Körpers vom Erdmittelpunkt ab.
a) Welche der folgenden Funktionsgleichungen beschreibt dieses Gravitationsgesetz?
① $F = a \cdot r$, ② $F = a \cdot \frac{1}{r}$ oder ③ $F = a \cdot \frac{1}{r^2}$
b) Wie verhält sich die Kraft, wenn man den Abstand halbiert, verdoppelt oder verzehnfacht?
c) Die Kraft der Erde auf einen geostationären Satelliten im Abstand r = 35 000 km von der Erdoberfläche (Erdradius: 6370 km) beträgt F = 563 N. Bestimme die Konstante a in der Einheit $N \cdot m^2$.

6.3 Wurzelfunktionen

■ Hannes hat die Funktion *Volumen eines Würfels → Kantenlänge a des Würfels* grafisch dargestellt (ohne Einheiten). Stephanie möchte den Graphen der Funktion *Flächeninhalt eines Quadrats → Kantenlänge a des Quadrats* in das gleiche Koordinatensystem skizzieren. Sie fragt ihn: „Liegt der Graph ober- oder unterhalb deines Graphen?" Wie lautet die korrekte Antwort? ■

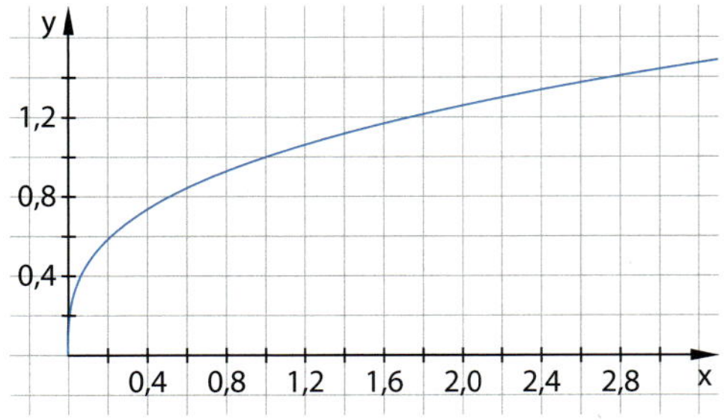

Erinnere dich:
$x^{\frac{1}{n}} = \sqrt[n]{x}$

Die Definition von Potenzfunktionen lässt sich auch auf rationale Exponenten ausweiten. Für Exponenten der Form $\frac{1}{n}$ für $n \in \mathbb{N}$, $n \geq 2$ erhält man den Spezialfall der Wurzelfunktionen. Da Wurzeln nur für nicht negative Zahlen definiert sind, ist der Definitionsbereich $\mathbb{R}_0^+$.

Wissen: Wurzelfunktionen
Funktionen mit der Gleichung
$f(x) = x^{\frac{1}{n}} = \sqrt[n]{x}$ mit $x \in \mathbb{R}_0^+$ und $n \in \mathbb{N}$, $n \geq 2$
heißen **Wurzelfunktionen.**
Der Definitionsbereich ist $D = \mathbb{R}_0^+$.

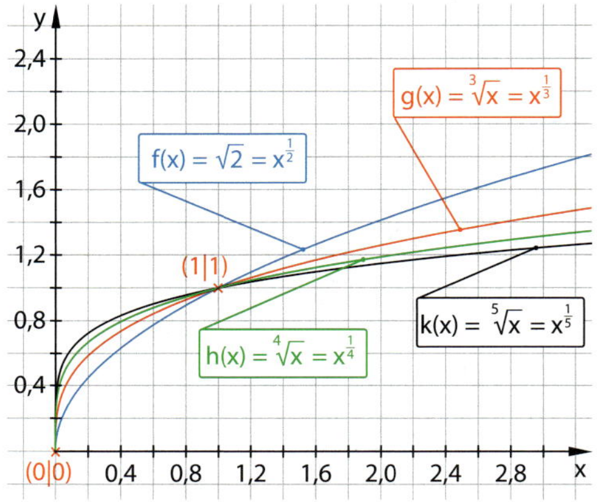

Eigenschaften von Wurzelfunktionen:

Definitionsbereich: $D = \mathbb{R}_0^+$
Wertebereich: $W = \mathbb{R}_0^+$
Die Punkte (0|0) und (1|1) liegen auf den Graphen.
Symmetrie: keine
Monotonie: Die Funktion wächst streng monoton.

Beispiel 1:
Zu welcher Wurzelfunktion mit einer Gleichung der Form $f(x) = \sqrt[n]{x}$ gehört der dargestellte Graph? Bestimme n.

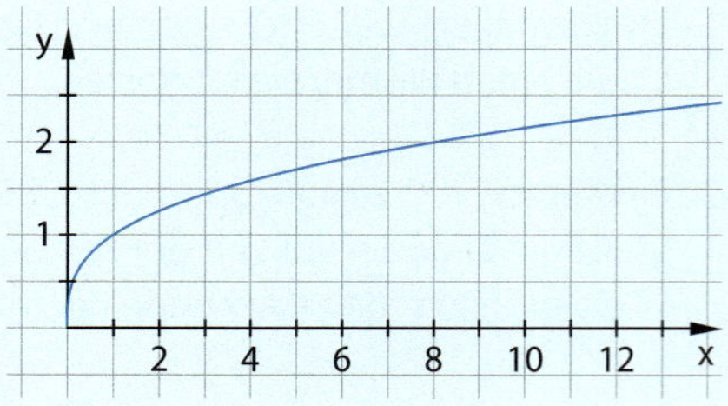

Lösung:
Suche einen Punkt (außer (0|0) und (1|1)) mit gut ablesbaren Koordinaten.
Für $x = 8$ lässt sich der Funktionswert $y = 2$ ablesen. Also liegt der Punkt (8|2) auf dem Graphen und muss deshalb die Funktionsgleichung erfüllen: $f(8) = \sqrt[n]{8} = 2$.
Umgeformt heißt das: $8 = 2^n$. Diese Gleichung ist für $n = 3$ erfüllt, denn $2^3 = 8$.
Somit gilt: $f(x) = \sqrt[3]{x}$.

Basisaufgaben

1. Gib die Funktionswerte der Wurzelfunktion mit der gegebenen Gleichung an den Stellen $x = 0{,}2$; $x = 0{,}7$; $x = 1{,}4$; $x = 2{,}2$; $x = 4{,}1$ und $x = 35{,}1$ gerundet auf zwei Nachkommastellen an.
   a) $f(x) = \sqrt{x}$ b) $f(x) = \sqrt[3]{x}$ c) $f(x) = \sqrt[5]{x}$

2. Prüfe rechnerisch, ob die folgenden Punkte auf dem Graphen der Funktion mit $f(x) = x^{\frac{1}{5}}$ liegen.

a) $P(32|2)$ b) $Q(\frac{1}{32}|\frac{1}{2})$ c) $R(4|1{,}5)$

3. Zu welcher Wurzelfunktion mit $f(x) = \sqrt[n]{x}$ gehört der dargestellte Graph? Bestimme n.

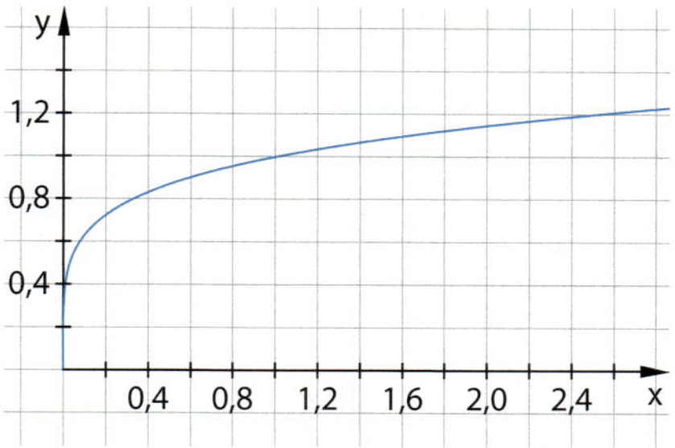

Weiterführende Aufgaben

4. An welchen Stellen nimmt die Funktion mit der gegebenen Gleichung den Wert 1,5 und an welchen Stellen den Wert 0,5 an?

a) $f(x) = \sqrt{x}$ b) $g(x) = \sqrt[3]{x}$

5. **Stolperstelle:** Kadir soll den Graphen der Funktion $f(x) = \sqrt[3]{x}$ zeichnen. Sein GTR zeigt ihm nebenstehendes Bild. Nimm Stellung zu diesem Graphen.

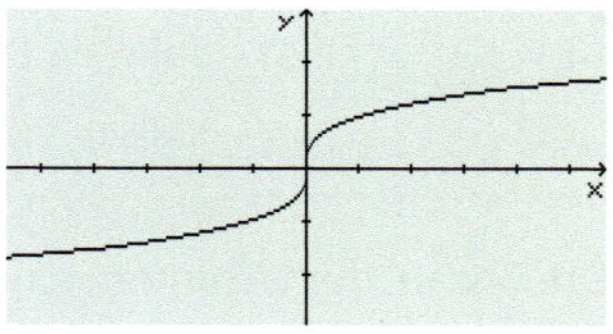

6. Welche der Punkte $P(27|3)$; $Q(16|4)$; $R(27|-3)$; $S(64|4)$; $T(25|5)$; $U(\frac{1}{25}|0{,}2)$ und $V(\frac{1}{27}|\frac{1}{3})$ liegen auf dem Graphen der Wurzelfunktion mit der Gleichung ① $y = \sqrt{x}$ bzw. ② $y = \sqrt[3]{x}$?

7. Gegeben sind die Wurzelfunktionen mit den Gleichungen $f(x) = \sqrt{x}$ und $g(x) = \sqrt[3]{x}$.

a) Gib den Definitions- und den Wertebereich von f und g an.

b) Gib Eigenschaften der Graphen von f und g an. Berücksichtige gemeinsame Punkte, das Monotonieverhalten der Graphen und das Verhalten der Funktionswerte für immer größer werdende x.

c) Beschreibe, worin sich der Verlauf der Graphen von f und g unterscheidet.

● **8.** **Potenzfunktionen mit beliebigen rationalen Exponenten:**
Auch Funktionen mit der Gleichung $f(x) = x^{\frac{m}{n}}$ mit $x > 0$, $m \in \mathbb{Z}$, $m \neq 0$ und $n \in \mathbb{N}$, $n \geq 2$ heißen Potenzfunktionen.
Ordne den Funktionen mit den gegebenen Gleichungen die Graphen zu.

$f(x) = x^{-\frac{3}{2}}$; $g(x) = x^{-\frac{2}{3}}$; $h(x) = x^{\frac{3}{2}}$; $k(x) = x^{\frac{2}{3}}$

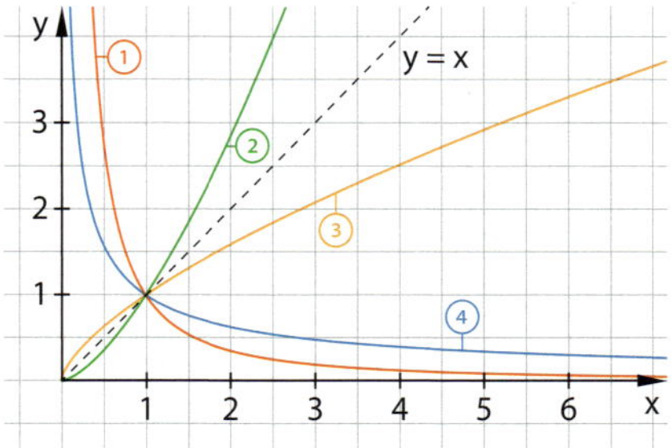

● **9.** Zeichne den Graphen der Funktion mit der Gleichung $f(x) = x^{\frac{5}{2}}$ mithilfe einer Wertetabelle. Vergleiche ihn mit dem Graphen von $f(x) = x^{\frac{2}{5}}$. Was fällt dir auf?

● **10.** **Ausblick:** Die Schwingungsdauer T eines Fadenpendels, d. h. die Zeit für einmal Hin- und Herschwingen, hängt von der Länge l des Fadens ab: Je länger der Faden ist, desto größer ist die Schwingungsdauer. Bei genauerer Untersuchung zeigt sich, dass T proportional zu $\sqrt{l}$ ist.

a) Bestimme die Proportionalitätskonstante, wenn für $T = 1{,}5$ s der Faden eine Länge von $l = 0{,}75$ m hat.

b) Wie groß ist die Schwingungsdauer, wenn man die Länge l halbiert?

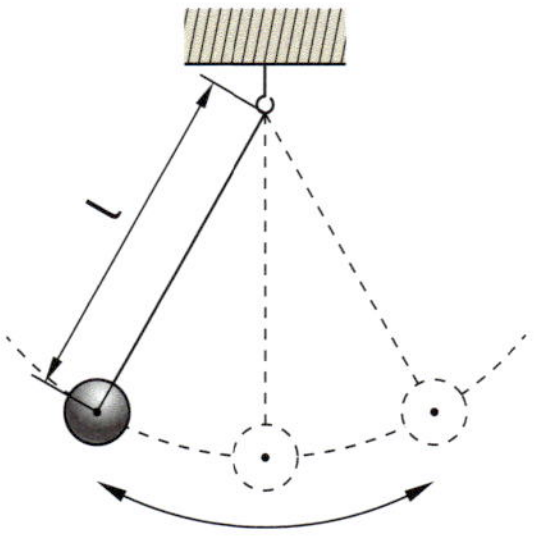

6.4 Potenzgleichungen

■ Untersuche die Anzahl der Lösungen der Gleichung $x^3 = a$ für $a = 8$, $a = 0$ und $a = -8$. Vergleiche deine Ergebnisse mit der Anzahl der Lösungen der Gleichung $x^2 = a$ für unterschiedliche Werte von a. ■

$x^3 = 8$	$L = ?$
$x^3 = 0$	$L = ?$
$x^3 = -8$	$L = ?$

Wissen: Lösungsmenge von Potenzgleichungen

Eine Gleichung der Form $x^n = a$ mit $n \geq 2$ und $a \in \mathbb{R}$ nennt man **Potenzgleichung**.
Eine Potenzgleichung hat die folgende Lösungsmenge:

für geraden Exponenten n:		für ungeraden Exponenten n:	
$L = \{\sqrt[n]{a}; -\sqrt[n]{a}\}$,	falls $a > 0$	$L = \{\sqrt[n]{a}\}$,	falls $a > 0$
$L = \{0\}$,	falls $a = 0$	$L = \{0\}$,	falls $a = 0$
$L = \{\ \}$,	falls $a < 0$	$L = \{-\sqrt[n]{\lvert a \rvert}\}$,	falls $a < 0$

Die Anzahl der Lösungen einer Potenzgleichung lässt sich am Graphen der zugehörigen Potenzfunktion erkennen. Die Schnittstellen des Graphen von $y = x^n$ und der Geraden $y = a$ sind die Lösungen der Gleichung $x^n = a$.

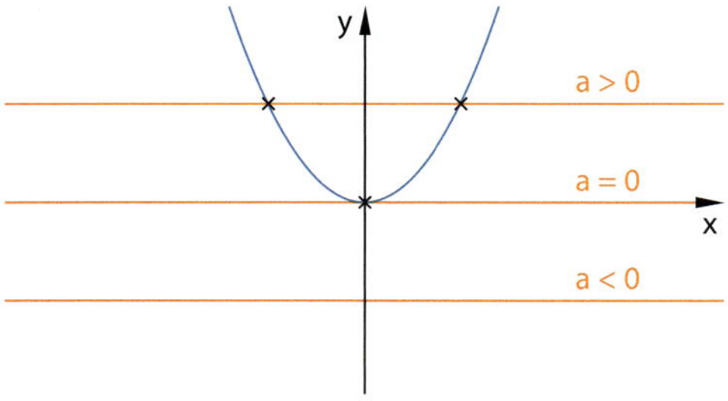

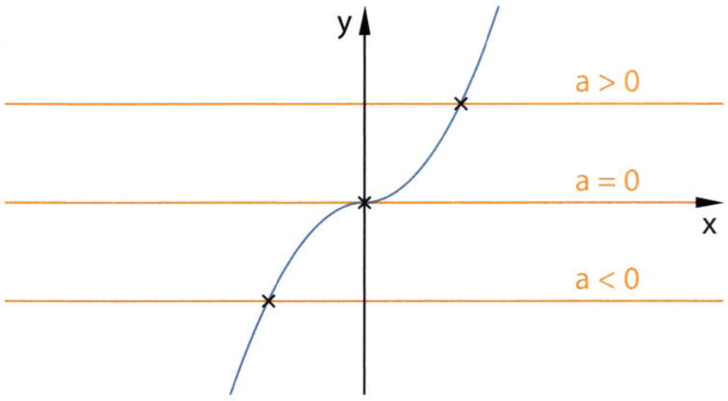

$a > 0$: zwei Schnittpunkte, also zwei Lösungen.
$a = 0$: einen Schnittpunkt, also eine Lösung.
$a < 0$: kein Schnittpunkt, also keine Lösung.

Für jeden Wert von a gibt es genau einen Schnittpunkt, also genau eine Lösung.

Beispiel 1: Löse die Gleichungen.

a) ① $x^4 = 16$ ② $x^4 = 0$ ③ $x^4 = -2$

b) ① $x^3 = 27$ ② $x^3 = 0$ ③ $x^3 = -7$

Lösung:

a) ① Der Exponent 4 ist gerade und 16 ist positiv, also gibt es die zwei Lösungen $\sqrt[4]{16}$ und $-\sqrt[4]{16}$.
$\sqrt[4]{16} = 2$, denn $2^4 = 16$, also ist die Lösungsmenge $L = \{2; -2\}$.

② Der Exponent 4 ist gerade, rechts steht 0, also gibt es nur die Lösung Null.
$0^4 = 0$, also $L = \{0\}$.

③ Der Exponent 4 ist gerade und -2 ist negativ, also gibt es keine Lösung.
Die vierte Potenz einer Zahl kann nicht negativ sein, also $L = \{\ \}$.

b) ① Der Exponent 3 ist ungerade und 27 ist positiv, also gibt es die Lösung $\sqrt[3]{27}$.
$\sqrt[3]{27} = 3$, denn $3^3 = 27$, also gilt $L = \{3\}$.

② Der Exponent 3 ist ungerade, rechts steht 0, also gibt es nur die Lösung Null.
$0^3 = 0$, also $L = \{0\}$.

③ Der Exponent 3 ist ungerade und -7 ist negativ, also gibt es die Lösung $-\sqrt[3]{7}$.
$-\sqrt[3]{7}$ lässt sich nur näherungsweise berechnen, also $L = \{-\sqrt[3]{7}\}$.

Basisaufgaben

1. Ordne den Gleichungen die Lösungsmengen zu.

$x^4 = 16$ | $\{-4\}$ | $x^5 = 243$ | $\{\ \}$ | $x^9 = 0$ | $\{2; -2\}$ | $x^3 = -64$ | $\{0\}$ | $x^8 = -256$ | $\{3\}$

2. Löse die Gleichungen im Kopf.

a) $x^2 = 121$ b) $x^3 = 64$ c) $x^4 = 10\,000$ d) $x^5 = -1$
e) $x^3 = 216$ f) $x^4 = -625$ g) $x^3 = -1000$ h) $3x^4 = 0$

3. Löse die Gleichungen grafisch. Zeichne dafür den Graphen der zugehörigen Potenzfunktion und lies die Werte ab.

a) $x^3 = 4$; $x^3 = 0$; $x^3 = -3$ b) $x^4 = 4$; $x^4 = 0$; $x^4 = -8$
c) $x^5 = 2$; $x^5 = 0$, $x^5 = -5$ d) $x^6 = 6$; $x^6 = 0$; $x^6 = -5$

4. Löse die Gleichungen.

a) $x^3 = 10$ b) $x^4 = 5$ c) $x^5 = -8$ d) $x^5 = 100\,000$
e) $x^4 = 1{,}7$ f) $-x^5 = 64$ g) $x^4 = \frac{1}{6}$ h) $x^5 = -\frac{3}{32}$

Weiterführende Aufgaben

5. Stolperstelle: Beschreibe und berichtige die Fehler, die beim Lösen der Potenzgleichungen gemacht wurden.

a) $x^4 = 7$, $L = \{\sqrt[4]{7}\}$ b) $x^7 = -3$, $L = \{\sqrt[7]{-3}\}$ c) $3x^3 - 4 = 5$, $L = \{\sqrt[3]{9}; -\sqrt[3]{9}\}$ d) $(x-1)^3 = -27$, $L = \{\ \}$

6. Löse die Gleichungen.

a) $-60 + x^2 = 4$ b) $2x^3 - 4 = -10$ c) $3x^4 + 52 = 82$ d) $3x^6 + 82 = -161$
e) $(x-4)^4 - 81 = 0$ f) $(x-2)^2 = 4$ g) $4(x-5)^4 = 64$ h) $(x+1)^3 = \frac{1}{81}$
i) $x^{-3} = 8$ j) $x^{-2} = 3$ k) $x^{-4} = \frac{1}{16}$ l) $3x^{-5} + 6 = 9$

7. Gib eine Potenzgleichung $x^n = a$ an, die die angegebene Lösungsmenge hat.

a) $L = \{0\}$ b) $L = \{-4\}$ c) $L = \{5; -5\}$ d) $L = \{\ \}$

8. Gibt es eine Gleichung der Form $x^n = a$, die die Lösungsmenge $\{2; -3\}$ hat? Begründe.

9. Gegeben sind die Gleichungen $x^2 = a$; $x^3 = a$; $x^4 = a$ und $x^5 = a$.

a) Gib für alle vier Gleichungen die Lösungsmenge an für ① $a = 32$ und für ② $a = -64$.
b) Gib für jede der vier Gleichungen an, für welche Zahlen anstelle von a eine, keine oder zwei Lösungen existieren.

CAS

10. a) Beschreibe, wie das CAS die Lösungen der eingegebenen Potenzgleichungen angibt.
b) Denke dir Potenzgleichungen aus und löse sie mit einem CAS.

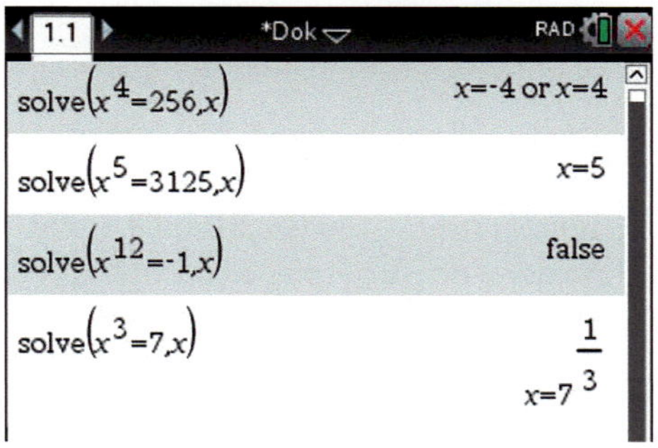

● **11. Ausblick:** Löse die Gleichungen.

a) $x^{\frac{2}{3}} = 4$ b) $x^{\frac{3}{4}} = \frac{3}{2}$
c) $x^{\frac{5}{2}} + 7 = -12$ d) $(x-2)^{\frac{2}{3}} = 4^{\frac{1}{9}}$

Erinnere dich:
Das Potenzieren von beiden Seiten einer Gleichung ist keine Äquivalenzumformung. Es können Lösungen dazu kommen.

6.5 Funktionen der Form $f(x) = a\,x^n + d$

Hinweis:
Für eine Kugel mit dem Radius r bzw. dem Durchmesser d gilt:
$V = \frac{4}{3}\pi r^3$ bzw.
$V = \frac{\pi}{6} d^3$

■ Gerda behauptet: „Das Volumen einer Kugel ist immer größer als das Volumen eines Würfels, dessen Kantenlänge dem Kugelradius entspricht. Es ist sogar größer als das Volumen eines Würfels, dessen Kantenlänge dem Kugeldurchmesser entspricht."
Beurteile Gerdas Aussage. Begründe deine Meinung.
Du kannst die nebenstehenden passenden Funktionsgraphen für deine Argumentation verwenden. ■

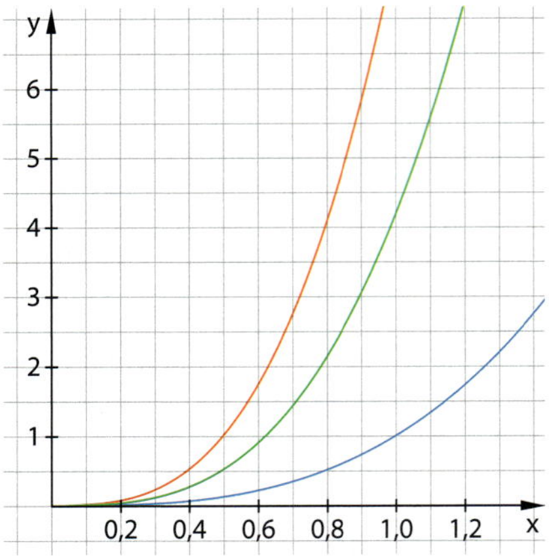

Strecken und Stauchen

Wie die Normalparabel lassen sich auch die Graphen der Potenzfunktionen strecken und stauchen. Beispielsweise geht die Funktion $g(x) = 2 \cdot x^4$ aus der ursprünglichen Potenzfunktion $f(x) = x^4$ durch Streckung in y-Richtung hervor, denn die Beträge der Funktionswerte von g sind jeweils doppelt so groß wie die Beträge der Funktionswerte von f.

Wissen: Streckung und Stauchung von Potenz- und Wurzelfunktionen
Ist f eine Potenzfunktion (Wurzelfunktion), so geht der Graph der Funktion g mit $g(x) = a \cdot f(x)$ für $a \neq 0$ aus dem Graphen von f durch **Strecken** bzw. **Stauchen** hervor.
Für $|a| > 1$ erhält man eine Streckung in y-Richtung, für $|a| < 1$ erhält man eine Stauchung in y-Richtung. Für negative Werte von a erhält man zusätzlich eine **Spiegelung an der x-Achse**.

Beispiel 1:
a) Erstelle für jede der Funktionen mit den angegebenen Gleichungen eine Wertetabelle und zeichne die Graphen in ein Koordinatensystem.
$f(x) = x^2$, $g(x) = 2x^2$, $h(x) = 0{,}5x^2$ und $k(x) = -2x^2$
b) Vergleiche die Graphen von g, h und k mit dem Graphen von f.

Lösung:
a) Erstelle Wertetabellen zu den vier Funktionen und zeichne die Graphen.

x	−2	−1	0	1	2
x^2	4	1	0	1	4
$2x^2$	8	2	0	2	8
$0{,}5x^2$	2	0,5	0	0,5	2
$-2x^2$	−8	−2	0	−2	−8

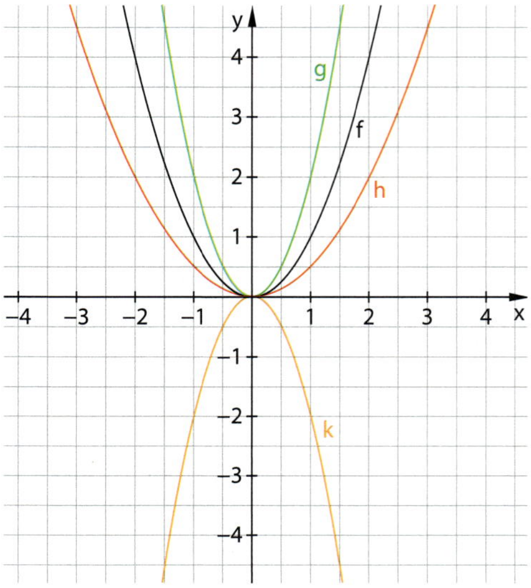

b) Der Graph von g ist gegenüber dem Graphen von f um den Faktor 2 in y-Richtung gestreckt. Der Graph von k ist der an der x-Achse gespiegelte Graph von g. Der Graph von h ist gegenüber dem Graphen von f um den Faktor 0,5 in y-Richtung gestaucht.

Basisaufgaben

1. Gib die Funktionsgleichung des gestreckten bzw. gestauchten Graphen an.
   a) Der Graph der Funktion f mit $f(x) = x^2$ wird durch den Faktor 3 gestreckt.
   b) Der Graph der Funktion f mit $f(x) = x^5$ wird durch den Faktor 0,5 gestaucht.
   c) Der Graph der Funktion f mit $f(x) = x^{-2}$ wird durch den Faktor 2 gestreckt und zusätzlich an der x-Achse gespiegelt.

2. a) Erstelle für jede der Funktionen mit der angegebenen Gleichung eine Wertetabelle und zeichne die Graphen.
   $f(x) = x^{-3}$, $g(x) = 2 \cdot x^{-3}$, $h(x) = 0{,}5 \cdot x^{-3}$ und $k(x) = -2x^{-3}$
   b) Vergleiche die Graphen von g, h und k mit dem Graphen von f.

3. Ordne den Graphen eine passende Funktionsgleichung zu.
   $f_1(x) = 2x^4$; $f_2(x) = 4x^4$;
   $f_3(x) = -2x^4$; $f_4(x) = 2x^{-2}$;
   $f_5(x) = 4x^{-2}$; $f_6(x) = -x^{-2}$;
   $f_7(x) = 2\sqrt{x}$; $f_8(x) = -2\sqrt{x}$

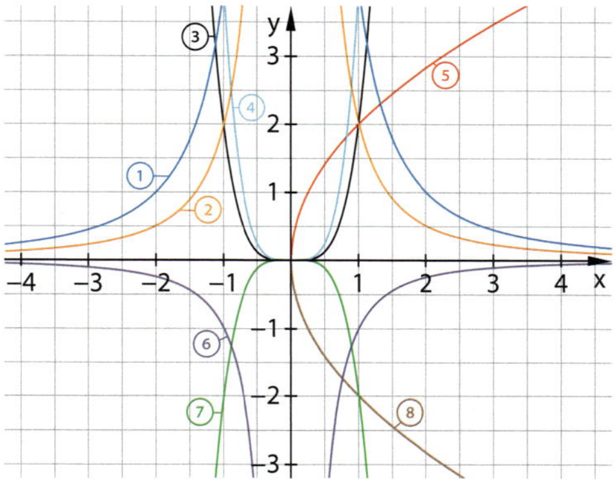

CAS GTR

4. Skizziere die Graphen in einem gemeinsamen Koordinatensystem. Kontrolliere deine Skizze mit einem GTR oder CAS.
   a) $f(x) = x^2$; $g(x) = 3x^2$; $h(x) = \frac{1}{3}x^2$; $k(x) = -\frac{1}{3}x^2$
   b) $f(x) = x^5$; $g(x) = 3x^5$; $h(x) = \frac{1}{3}x^5$; $k(x) = -\frac{1}{3}x^5$
   c) $f(x) = \frac{1}{x}$; $g(x) = 3\frac{1}{x}$; $h(x) = -3\frac{1}{x}$; $k(x) = \frac{1}{2} \cdot \frac{1}{x}$
   d) $f(x) = \frac{1}{x^2}$; $g(x) = 2\frac{1}{x^2}$; $h(x) = -2\frac{1}{x^2}$; $k(x) = \frac{1}{2} \cdot \frac{1}{x^2}$

5. Gib die Funktionsgleichung des gestreckten bzw. gestauchten Graphen an.

a) 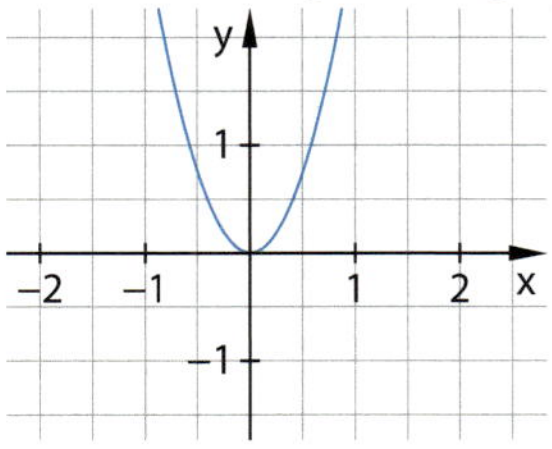

b) 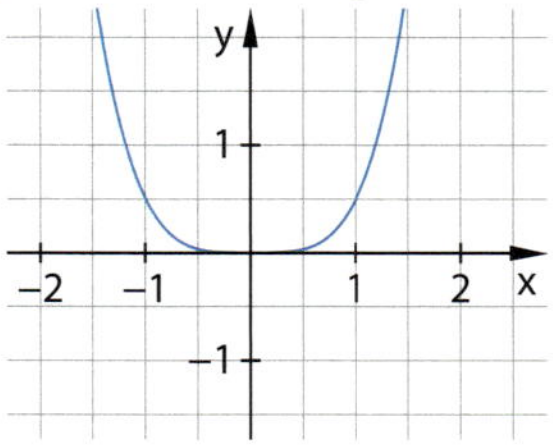

c) 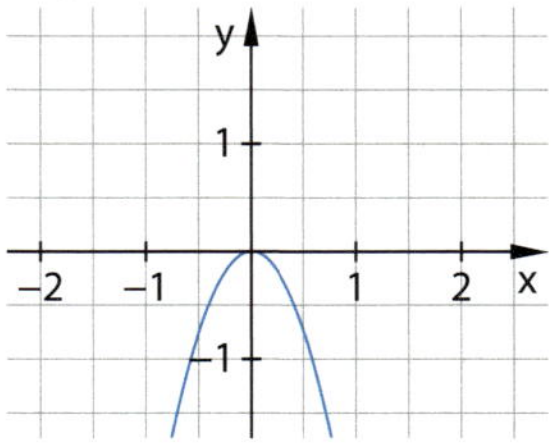

Verschieben

Durch das Addieren von Konstanten werden Graphen von Potenzfunktionen verschoben. Beispielsweise geht der Graph der Funktion mit der Gleichung $g(x) = x^2 + 3$ aus dem Graphen der Funktion mit $f(x) = x^2$ durch Verschieben um 3 Einheiten in y-Richtung nach oben hervor.

Hinweis:
Auch Funktionen mit Funktionsgleichungen der Form $y = a x^n + d$ heißen Potenzfunktionen.

Wissen: Verschieben von Potenz- und Wurzelfunktionen in y-Richtung
Ist f eine (gestauchte/gestreckte) Potenzfunktion, so geht der Graph von g mit $g(x) = f(x) + d$ aus dem Graphen von f durch **Verschieben** um d Einheiten in **y-Richtung** hervor.
Für $d > 1$ erhält man eine Verschiebung nach oben, für $d < 0$ erhält man eine Verschiebung nach unten.

Beispiel 2: Die Funktion f mit der Gleichung $f(x) = x^3$ wird
① eine Einheit nach oben und ② zwei Einheiten nach unten verschoben.
a) Gib die Funktionsgleichungen der beiden verschobenen Funktionen an.
b) Erstelle für jede der drei Funktionen eine Wertetabelle und zeichne den Graphen.

Lösung:
a) ① Jeder Funktionswert ist um 1 größer als bei f, also $g(x) = x^3 + 1$.
② Jeder Funktionswert ist um 2 kleiner als bei f, also $h(x) = x^3 - 2$.
b) Erstelle Wertetabellen und zeichne die Graphen.

x	−2	−1	0	1	2
x^3	−8	−1	0	1	8
$x^3 + 1$	−7	0	1	2	9
$x^3 - 2$	−10	−3	−2	−1	6

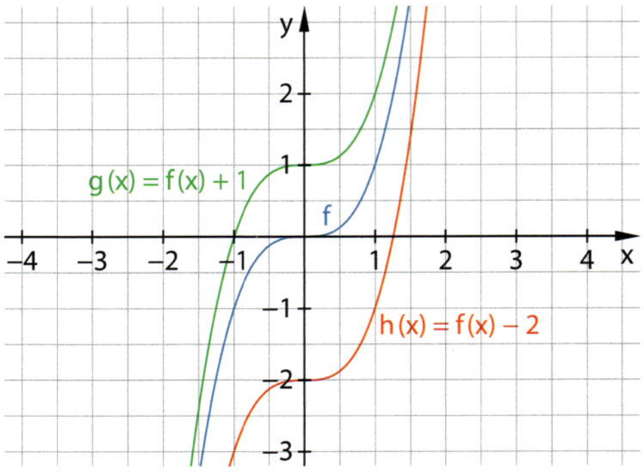

Basisaufgaben

6. Gib die Funktionsgleichung des verschobenen Graphen an.
a) Der Graph der Funktion f mit $f(x) = x^5$ wird um drei Einheiten nach unten verschoben.
b) Der Graph der Funktion f mit $f(x) = \frac{1}{x^2}$ wird um 1,5 Einheiten nach unten verschoben.
c) Der Graph der Funktion f mit $f(x) = x^4$ wird um vier Einheiten nach oben verschoben.

7. Erstelle für jede der Funktionen mit den angegebenen Gleichungen eine Wertetabelle und zeichne die Graphen.
$f(x) = x^{-2} + 2$; $g(x) = x^{-2}$; $h(x) = x^{-2} - 3$

8. Ordne den Graphen eine passende Funktionsgleichung zu.
$f_1(x) = x^4 - 1$; $f_2(x) = x^4 + 1$;
$f_3(x) = -2x^4 + 2$; $f_4(x) = x^{-2} + 2$;
$f_5(x) = x^{-2} - 3$; $f_6(x) = -x^{-2} + 1$;
$f_7(x) = x^3 + 1$; $f_8(x) = 2x^3 - 1{,}5$

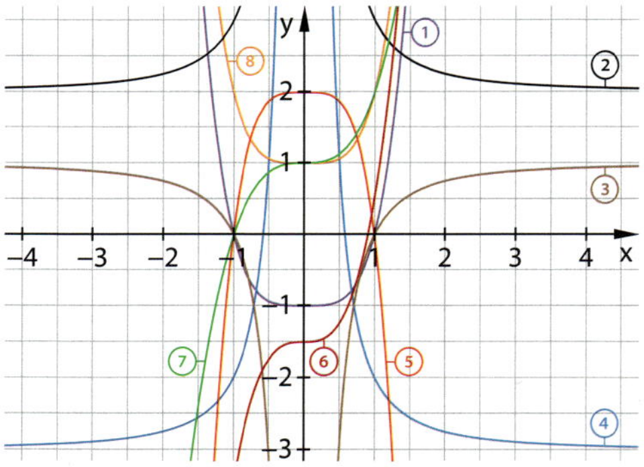

CAS GTR **9.** Skizziere die Graphen in einem Koordinatensystem. Kontrolliere mit einem GTR oder CAS.
a) $f(x) = x^2$; $g(x) = x^2 + 2$; $h(x) = x^2 - 2$
b) $f(x) = x^5$; $g(x) = x^5 + 1{,}5$; $h(x) = x^5 - 0{,}5$
c) $f(x) = \frac{1}{x}$; $g(x) = \frac{1}{x} + 0{,}5$; $h(x) = \frac{1}{x} - 4$
d) $f(x) = \frac{1}{x^4}$; $g(x) = \frac{1}{x^4} + 2{,}5$; $h(x) = \frac{1}{x^4} - 2$

10. Beschreibe zunächst in Worten, wie man die Graphen durch Verschiebung und Stauchung bzw. Streckung aus dem Graphen von f mit $f(x) = \sqrt{x}$ erzeugen kann. Ordne dann die passenden Funktionsgleichungen zu.
$g(x) = -\frac{3}{2}\sqrt{x} + 2$; $h(x) = -2\sqrt{x} + 4$;
$k(x) = 3\sqrt{x}$; $l(x) = 4\sqrt{x}$;
$m(x) = 2\sqrt{x} - 4$

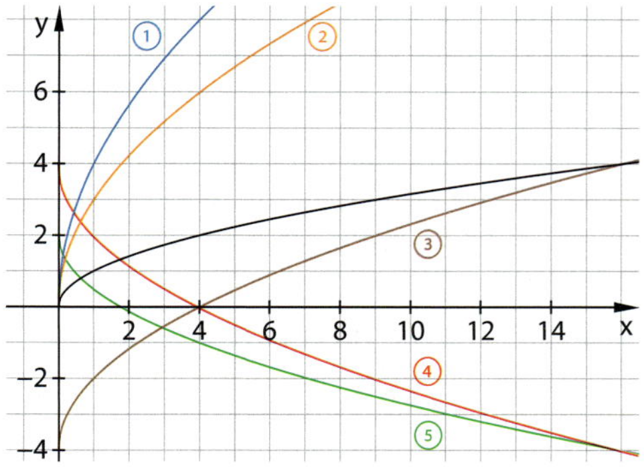

Weiterführende Aufgaben

GTR CAS **11.** Beschreibe, durch welche Streckungen bzw. Stauchungen, Spiegelungen oder Verschiebungen der Graph der Funktion f aus einer einfachen Potenzfunktion hervorgeht. Skizziere den Graphen. Lasse deinen Nachbarn mit einem GTR oder CAS kontrollieren.

a) $f(x) = 3x^2 - 5$ b) $f(x) = -\frac{1}{2}x^3 + 1$ c) $f(x) = 2x^4 - 1{,}5$

d) $f(x) = -x^5 + 1$ e) $f(x) = \frac{4}{x} + 3$ f) $f(x) = \frac{4}{x^2} - 1{,}5$

Hinweis zu 11: Mit einfacher Potenzfunktion ist eine Funktion der Form $f(x) = x^n$ mit $n \in \mathbb{Z}$ gemeint.

12. Skizziere den Graphen der Funktion f mit $f(x) = -\frac{1}{2}x^3 - 3$ schrittweise, indem du nacheinander die Graphen der Funktionen $f_1 = x^3$; $f_2(x) = \frac{1}{2}x^3$; $f_3(x) = -\frac{1}{2}x^3$ und f in ein gemeinsames Koordinatensystem skizzierst.

b) Skizziere den Graphen der Funktion f wie in a) schrittweise.

① $f(x) = -2x^{-2} + 2$ ② $f(x) = -3x^4 + 2$

13. Stolperstelle: Der Graph der Funktion mit der Gleichung $f(x) = x^4$ soll um 2 Einheiten nach oben verschoben und an der x-Achse gespiegelt werden. Selim meint: „Es ist egal, ob ich zuerst verschiebe und dann spiegle oder umgekehrt." Überprüfe Selims Behauptung. Gib auch die Funktionsgleichung der entstehenden Graphen an.

14. Welche der gegebenen Funktionen erfüllen welche der angegebenen Eigenschaften? Begründe deine Antworten.

$f_1(x) = 3x^4$; $f_2(x) = \frac{1}{2}x^3$; $f_3(x) = 3x^6 - 2$; $f_4(x) = 3\sqrt{x} - 1$;

$f_5(x) = 2x^{-3}$; $f_6(x) = x^{-1} - 10$; $f_7(x) = -\frac{1}{3}x^{-2}$; $f_8(x) = x^{-8} + 100$

a) Die Funktion ist achsensymmetrisch zur y-Achse.

b) Die Funktionswerte werden für immer größer werdendes x immer größer im negativen Bereich.

c) Der Graph ist monoton wachsend auf ganz D.

d) Der Graph schmiegt sich bei x = 0 an die y-Achse an.

15. Gib drei Funktionen f mit $f(x) = a x^n$ an, sodass der Punkt $P(-3|12)$ auf den zugehörigen Graphen liegt.

CAS GTR **16.** Untersuche mithilfe eines CAS oder GTR, welchen Einfluss die Parameter a und b auf den Graphen der Funktion $f(x) = a x^n + b$ haben. Verwende dafür die Schieberegler-Funktion.

Hinweis: Eine Anleitung zum Transformieren von Graphen mithilfe von Schiebereglern findest du auf der Methodenkarte 9 C.

17. 50 Fische benötigen für 10 Tage 500 g Fischfutter. Wie lange reichen die 500 g Futter für 5; 10 oder 25 Fische unter der Annahme, dass alle Fische gleich viel Futter benötigen? Stelle eine passende Funktionsgleichung auf.

Hinweis: Nutze eine Tabellenkalkulation, einen GTR oder ein CAS.

18. Eine Suppe wird in zylinderförmigen Dosen mit einem Volumen von einem Liter verpackt. Um Kosten zu sparen, soll der Materialverbrauch für die Dosen möglichst gering sein.

a) Bestimme eine Funktion h, sodass h(r) die Höhe der Dose in Abhängigkeit vom Grundflächenradius angibt.

b) Zeichne den Graphen der Funktion h.

c) Berechne für mehrere Punkte auf dem Graphen den Materialverbrauch.

d) Für welchen Radius r ist der Materialverbrauch am niedrigsten?

Hinweis: Hinweise zum mathematischen Modellieren findest du auf der Methodenkarte 9 F.

19. Mit dem dritten Kepler'schen Gesetz lässt sich jedem Planeten in Abhängigkeit von seinem mittleren Abstand zur Sonne r (in m) dessen Umlaufzeit T (in s) um die Sonne zuordnen. Es gilt: $T = \sqrt{C_S \cdot r^3}$. Dabei ist C_S die Kepler-Konstante mit $C_S = 2{,}97 \cdot 10^{-19} \frac{s^2}{m^3}$.
Berechne mithilfe der Formel die Länge eines Jahres. Der mittlere Abstand der Erde zur Sonne beträgt $149{,}6 \cdot 10^6$ km. Begründe, warum das Ergebnis nicht genau 365 Tagen beträgt.

20. Berechne im Kopf fünf Wertepaare und skizziere den Graphen der Funktion f mit $f(x) = (x + 2)^2 + 1$. Beschreibe den Graphen.

21. Verschiebung in x-Richtung:
Der Graph der Funktion g geht aus dem Graphen der Wurzelfunktion mit der Gleichung $f(x) = \sqrt{x}$ durch Verschiebung um zwei Einheiten nach links hervor.

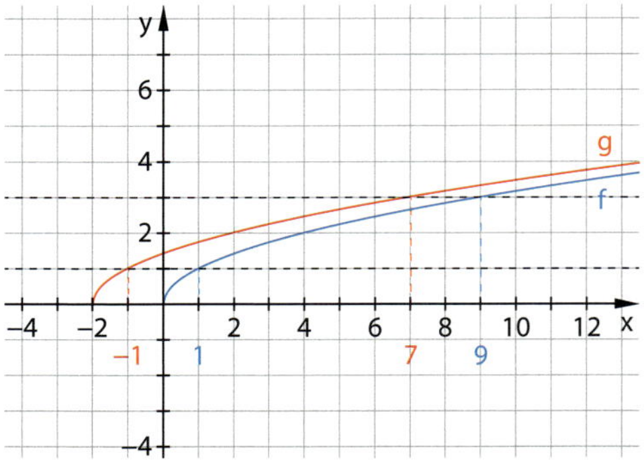

a) Vervollständige die Wertetabelle.

x	−2	−1	0	1	2	3	4	5	6	7	8	9
$f(x) = \sqrt{x}$	–	–	0	1	$\sqrt{2}$	$\sqrt{3}$	2	$\sqrt{5}$	$\sqrt{6}$	$\sqrt{7}$	$\sqrt{8}$	3
g(x)	0	1								3		

b) Bestimme mithilfe der Wertetabelle eine Funktionsgleichung von g.
c) Vergleiche dein Ergebnis in b) mit Verschiebungen von quadratischen Funktionen in x-Richtung.

22. Vervollständige die Tabelle für die angegebenen Funktionen.

Funktionsgleichung	Streckungs-/ Stauchungsfaktor	Verschiebung in y-Richtung	Verschiebung in x-Richtung
a) $f(x) = 3x^3 - 4$			
b) $f(x) = \frac{2}{x^2} + 3$			
c) $f(x) = \frac{1}{x+1}$			
d) $f(x) = 3(x+4)^4 - 14$			
e) $f(x) = x^2 + 2x + 1$			

23. Ausblick: Scheitelpunktform für Parabeln höherer Ordnung:
Die Scheitelpunktform gibt es nicht nur für quadratische Funktionen. Für alle natürlichen Zahlen n, n > 0 hat der Graph der Funktion f mit $f(x) = a \cdot (x - d)^{2n} + e$ den Scheitelpunkt bei $S(d|e)$.
a) Zeichne den Graphen der Funktion f mit der Gleichung $f(x) = 2(x - 3)^4 + 1$ in ein Koordinatensystem. Beschreibe, wie der Graph aus dem Graphen der Funktion mit der Gleichung $g(x) = x^4$ entsteht.
b) Bestimme zeichnerisch den Scheitelpunkt des Graphen der Funktion f aus a).
c) Gib die Koordinaten des Scheitelpunkts an und beschreibe, wie der Graph der Funktion aus dem der Parabel mit der Gleichung $g(x) = x^{2n}$ entsteht.

① $f(x) = (x - 4)^6 - 2$ ② $f(x) = 2\left(x + \frac{1}{2}\right)^4 + 1$ ③ $f(x) = -0{,}5(x - 1)^6 - 3$

6.6 Umkehrfunktionen

■ Sybille überlegt: „Wenn ich das Volumen eines Würfels aus der Kantenlänge a berechnen will, dann rechne ich $V(a) = a^3$. Wenn ich umgekehrt aus dem Würfelvolumen V die Kantenlänge a ausrechnen will, muss ich die 3. Wurzel ziehen, also $a(V) = \sqrt[3]{V}$."
Gib mehrere Wertepaare für die beiden Zuordnungen *Würfelvolumen → Kantenlänge* und *Kantenlänge → Würfelvolumen* an.
Beschreiben den geometrischen Zusammenhang zwischen den abgebildeten Funktionsgraphen. ■

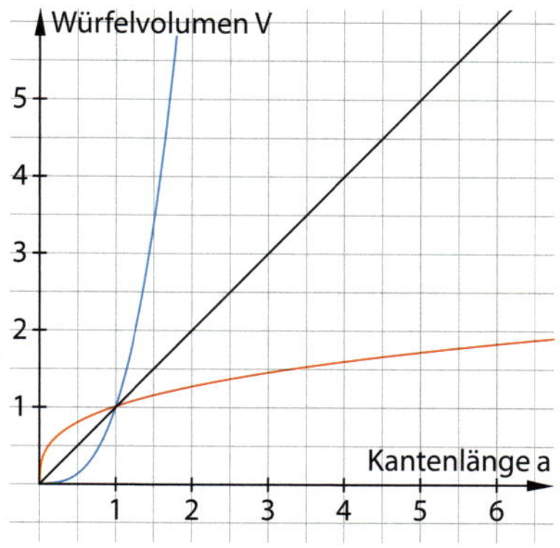

Bei einigen Funktionen ist es sinnvoll, auch die umgekehrte Zuordnung zu untersuchen. Wird dem Wert x der Wert y zugeordnet, so ordnet die umgekehrte Zuordnung dem Wert y den Wert x zu. Definitions- und Wertebereich werden vertauscht. Aber Achtung: **Die Umkehrzuordnung einer Funktion ist nicht immer eine Funktion!**

Wissen: Umkehrzuordnung und Umkehrfunktion
Beim Umkehren einer Funktion f werden jeweils Ausgangswert und zugeordneter Wert vertauscht. Die Umkehrzuordnung ist im Allgemeinen keine Funktion.
Den Graphen der **Umkehrzuordnung** erhält man durch Spiegelung des Ausgangsgraphen an der 1. Winkelhalbierenden $y = x$.
Die **Umkehrzuordnung** von f bezeichnet man mit $\mathbf{f^{-1}}$.
Ist die Umkehrzuordnung zu f eine Funktion, so heißt f **umkehrbar**.

Hinweis:
f^{-1} ist nur eine Schreibweise. −1 ist hier kein Exponent.

Die Umkehrzuordnung ist nur dann eine Umkehrfunktion, wenn die Ausgangsfunktion eine eineindeutige Zuordnung ist, d. h., wenn es zu jedem Funktionswert nur ein Argument mit diesem Wert gibt.

Beispiel 1: Bestimme die Gleichung und zeichne den Graphen der Umkehrzuordnung der gegebenen Funktion. Gib den Definitions- und den Wertebereich von f und von f^{-1} an. Schränke ggf. den Definitionsbereich von f ein, sodass f^{-1} eine Funktion wird.
a) f mit $f(x) = x^2$
b) f mit $f(x) = x^3$

Lösung:
a) Berechne die Gleichung der Umkehrzuordnung.
Gleichung von f^{-1}: $f^{-1}(x) = \sqrt{x}$

$y = x^2$
$x = y^2$ | Vertausche die Variablen
$\sqrt{x} = y$ | Löse nach y auf

Der Graph von f ist die Normalparabel.
$D_f = \mathbb{R}$ und $W_f = \mathbb{R}_0^+$
Spiegle die Normalparabel an der 1. Winkelhalbierenden.

Die Umkehrzuordnung ist keine Funktion, denn der Zahl $x = 4$ werden die zwei Werte 2 und −2 zugeordnet.
Durch Einschränkung des Definitionsbereichs von f auf $D_f = \mathbb{R}_0^+$ wird f^{-1} eine Funktion.
$D_{f^{-1}} = \mathbb{R}_0^+$ und $W_{f^{-1}} = \mathbb{R}_0^+$

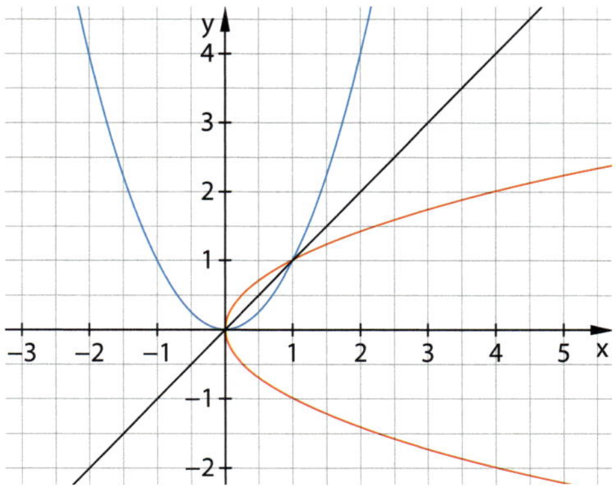

Erinnere dich:
Senkrechten-Test:
Schneidet eine Parallele zur y-Achse den Graphen mehr als einmal, so gehört der Graph nicht zu einer Funktion.

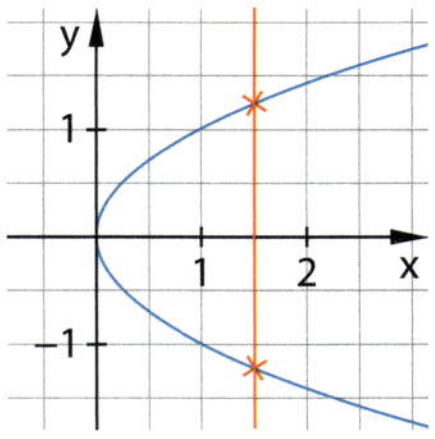

b) Berechne die Gleichung der Umkehrzuordnung.
Gleichung von f^{-1}: $f^{-1}(x) = \sqrt[3]{x}$

$y = x^3$
$x = y^3$ | Vertausche die Variablen
$\sqrt[3]{x} = y$ | Löse nach y auf

Zeichne den Graphen von f und spiegle ihn an der 1. Winkelhalbierenden.
$D_f = \mathbb{R}$ und $W_f = \mathbb{R}$

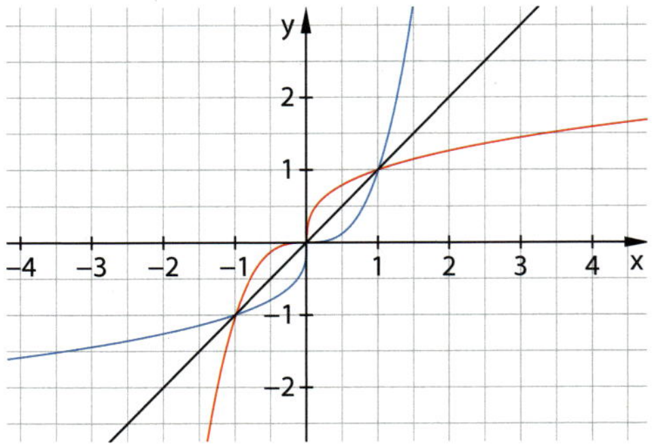

Die Umkehrzuordnung ist eine Funktion. Da die 3. Wurzel für negative Radikanden nicht definiert ist, benötigt man für die Angabe der Funktionsgleichung eine Fallunterscheidung:

$$f^{-1}(x) = \begin{cases} \sqrt[3]{x} & \text{für } x \geq 0 \\ -\sqrt[3]{|x|} & \text{für } x < 0 \end{cases}$$

$D_{f^{-1}} = \mathbb{R}$ und $W_{f^{-1}} = \mathbb{R}$

Die Ergebnisse aus dem Beispiel lassen sich verallgemeinern:

Wissen: Umkehrbarkeit von Potenzfunktionen
Zu jeder Potenzfunktion f mit der Gleichung $f(x) = x^n$ mit $n \in \mathbb{N}$, $n \geq 2$ und dem **eingeschränkten Definitionsbereich** $D_f = \mathbb{R}_0^+$ gibt es eine Umkehrfunktion f^{-1} mit der Gleichung $f^{-1}(x) = \sqrt[n]{x} = x^{\frac{1}{n}}$ und dem Definitionsbereich $D_{f^{-1}} = \mathbb{R}_0^+$.

Ist **n ungerade**, so ist die Potenzfunktion $f(x) = x^n$ auf dem **ganzen Definitionsbereich** $D_f = \mathbb{R}$ umkehrbar. Es gilt: $f^{-1}(x) = \begin{cases} \sqrt[n]{x} & \text{für } x \geq 0 \\ -\sqrt[n]{|x|} & \text{für } x < 0 \end{cases}$ mit $D_{f^{-1}} = \mathbb{R}$.

Basisaufgaben

1. Bestimme die Gleichung der Umkehrzuordnung. Gib für f^{-1} den Definitions- und den Wertebereich an.
   a) $f(x) = 4x$
   b) $f(x) = x - 7$
   c) $f(x) = \frac{1}{3}x + 5$
   d) $f(x) = x^4$; $D_f = \mathbb{R}_0^+$
   e) $f(x) = 4x^2$; $D_f = \mathbb{R}_0^+$
   f) $f(x) = -x^2 - 6$; $D_f = \mathbb{R}_0^+$

2. Zeichne den Graphen der Funktion und zeichne den Graphen der Umkehrzuordnung. Entscheide, ob die Umkehrfunktion existiert. Schränke ggf. den Definitionsbereich von f ein.
   a) $f(x) = x^4$
   b) $f(x) = x^5$
   c) $f(x) = -0{,}5x^2$

Weiterführende Aufgaben

3. Wahr oder falsch? Begründe deine Antwort.
   a) Schneidet jede Parallele zur y-Achse den Graphen einer Zuordnung f genau einmal, dann handelt es sich bei f um eine Funktion.
   b) Schneidet jede Parallele zu x-Achse den Graphen einer Funktion f höchstens einmal, dann ist f umkehrbar.

4. Bestimme die Gleichung und den Definitions- und Wertebereich der Umkehrfunktion von f. Zeichne jeweils den Graph und den Graph der Umkehrfunktion.
   a) $f(x) = \sqrt[3]{x}$
   b) $f(x) = \sqrt[4]{x}$

5. **Stolperstelle:** Benjamin sagt: „Für die Funktion f mit $f(x) = x^2$ kann ich die Umkehrfunktion auch mit Fallunterscheidung angeben:

$$f^{-1}(x) = \begin{cases} \sqrt[n]{x} & \text{für } x \geq 0 \\ -\sqrt[n]{|x|} & \text{für } x < 0 \end{cases}$$

Also hat f auf ganz $\mathbb{R}$ eine Umkehrfunktion."
Hat Benjamin recht? Begründe deine Antwort.

6. Zeichne den Graphen der Funktion und konstruiere den Graphen der Umkehrzuordnung. Entscheide anschließend, ob die Umkehrfunktion existiert. Schränke gegebenenfalls den Definitionsbereich von f ein.
a) $f(x) = -0{,}5x + 6$ b) $f(x) = 2x^2$ c) $f(x) = \frac{1}{4}x^3 + 3$

7. a) Untersuche anhand von Beispielen, wie sich Streckungen bzw. Stauchungen und Verschiebungen des ursprünglichen Graphens auf den Graphen der Umkehrfunktion auswirken.
b) Gegeben ist die Funktion f mit $f(x) = \sqrt[5]{x} - 3$.
Welche Veränderungen müssen in der Gleichung von f erfolgen, wenn man den Graphen der Umkehrzuordnung um 3 Einheiten nach oben und um 5 Einheiten nach rechts verschieben möchte?

Hinweis zu 7:
Der Einsatz eines GTR oder eines CAS bietet sich an.

8. Gib, wenn möglich, zur Funktion f die Gleichung der Umkehrfunktion und die zugehörigen (ggf. eingeschränkten Definitionsbereiche) von f und f^{-1} an.
a) $f(x) = x^8$ b) $f(x) = \sqrt[6]{x}$ c) $f(x) = x^{\frac{1}{9}}$
d) $f(x) = \frac{5}{4}x^3$ e) $f(x) = -2\sqrt[3]{x}$ f) $f(x) = \frac{1}{32}x^6 - 2$

9. **Umkehrfunktionen von Potenzfunktionen mit negativen Exponenten:**
Untersuche die Funktion auf ihre Umkehrbarkeit. Gib die Gleichung der Umkehrzuordnung an. Welche Einschränkungen gibt es beim Definitionsbereich?
a) $f(x) = x^{-2}$ b) $f(x) = x^{-3}$

10. Untersuche die Funktion f mit $f(x) = x^{-\frac{1}{3}}$.
a) Schreibe die Funktionsgleichung mit einem Wurzelzeichen.
b) Bestimme den Definitions- und den Wertebereich von f.
c) Zeichnen den Graphen von f und spiegle ihn an der 1. Winkelhalbierenden.
d) Untersuche, ob f umkehrbar ist. Gib ggf. die Umkehrfunktion an.

11. Aus einer Holzlatte sollen die 12 Seitenkanten eines Würfels gesägt werden. Gib für die Zuordnungen
Länge der Holzlatte → Volumen des Würfels
und
Volumen des Würfels → Länge der Holzlatte
Definitions- und Wertebereiche sowie die entsprechenden Funktionsgleichungen an.

12. **Ausblick:** Die **Nachfrage-Funktion** in den Wirtschaftswissenschaften gibt an, welche Menge eines Produkts man in Abhängigkeit vom angesetzten Preis verkaufen kann.
Die **Preis-Absatz-Funktion** ist die Umkehrfunktion der Nachfrage-Funktion.
a) Erkläre die Bedeutung der **Preis-Absatz-Funktion** in Worten und bewerte, welche der beiden Funktionen für ein Unternehmen in der Planung hilfreicher ist.
b) Entwickle eine Umfrage, mit der du eine der beiden Funktionen für ein Produkt deiner Wahl aufstellen könntest.

6.7 Vermischte Aufgaben

1. Der elektrische Widerstand R (in Ohm) eines Kupferdrahtes der Länge 1 m in Abhängigkeit seines Durchmessers d (in mm) lässt sich mit der Formel $R(d) = 0{,}02 \cdot \frac{1}{d^2}$ berechnen.
   a) Erstelle eine Wertetabelle und zeichne ein Diagramm, aus dem man den elektrischen Widerstand von 1 m Kupferdraht für Durchmesser von 0 mm bis 2 mm entnehmen kann.
   b) Beschreibe den Verlauf des Graphen. Was erkennst du aus dem Kurvenverlauf? Wie verhält sich z. B. der elektrische Widerstand, wenn der Durchmesser des Drahtes verdoppelt, verdreifacht usw. wird?

2. Jeder Himmelskörper übt auf andere Körper Anziehungskräfte aus. Galileo Galilei entdeckte die Gesetze des freien Falls:
   Weg-Zeit-Gesetz: $s = \frac{1}{2} g t^2$
   Geschwindigkeit-Weg-Gesetz: $v = \sqrt{2gs}$
   Dabei ist s der Weg (in m), t die Zeit (in s), g die Fallbeschleunigungskonstante (in $\frac{m}{s^2}$) und v die Geschwindigkeit (in $\frac{m}{s}$).

   Fallbeschleunigungskonstanten:
   Mars: $3{,}96\ m/s^2$
   Erde: $9{,}81\ m/s^2$
   Saturn: $10{,}44\ m/s^2$
   Jupiter: $24{,}79\ m/s^2$

   a) Stelle die Weg-Zeit-Gesetze für Mars, Erde, Saturn und Jupiter in einem Koordinatensystem dar.
   b) Ein Gegenstand fällt in der Nähe der Erde Richtung Boden. Um welche Strecke fällt der Körper innerhalb von 10 Sekunden? Vergleiche, welche Strecke der Gegenstand auf dem Mars und auf dem Jupiter zurücklegen würde.
   c) Berechne die Geschwindigkeit des Gegenstandes in b) für Mars, Jupiter und Saturn.

Hinweis:
W steht für Watt
1 kW = 1000 W
Ein Kilowatt ist nötig, um in einer Sekunde 100 Kilogramm einen Meter anzuheben.

3. Windkraftanlagen wandeln die kinetische Energie des Windes in elektrische Energie um. Die Leistung einer Windkraftanlage wird durch die Funktion f: *Windgeschwindigkeit (in m/s) → Elektrische Leistung (in kW)* mit der Gleichung $f(x) = 0{,}7x^3$ beschrieben.

   a) Berechne die Leistung der Windkraftanlage bei einer Windgeschwindigkeit von 2 m/s, 5 m/s, 10 m/s und 15 m/s.
   b) Welche Windgeschwindigkeiten sind für eine Leistung von mindestens 400 kW nötig?
   c) Zeichne ein Geschwindigkeits-Leistungs-Diagramm für die Funktion f.
   d) Die Grafik zeigt den tatsächlichen Zusammenhang zwischen Windgeschwindigkeit und Leistung der Anlage.
   Vergleiche dein Diagramm mit dem abgebildeten. Gib Gründe für die Unterschiede an.

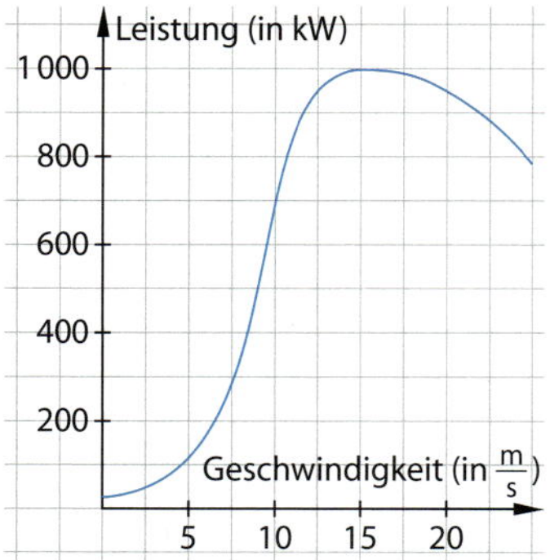

4. Fährt ein Auto durch eine Kurve, wird es durch die Kraft F mit $F = m \cdot \frac{v^2}{r}$ in der Kurve gehalten. Dabei ist m die Masse des Autos, v seine Geschwindigkeit und r der Radius der Kurve.
   a) Beurteile, welche Situation gefährlicher ist:
   ① Es werden zwei Kurven nacheinander durchfahren, der Radius der zweiten Kurven ist halb so groß wie der Radius der ersten Kurve, die Geschwindigkeit bleibt gleich.
   ② Es werden zwei Kurven mit gleichem Radius nacheinander durchfahren, bei der zweiten Kurve wird die Geschwindigkeit verdoppelt.

5. a) Berechne die gemeinsamen Punkte der Graphen der Hyperbelfunktion f mit $f(x) = \frac{1}{x}$ und der linearen Funktion $g(x) = 0{,}5x - 0{,}5$. Überprüfe dein Ergebnis zeichnerisch.

b) Welche gemeinsamen Punkte hat die Hyperbelfunktion $f(x) = x^{-1}$ mit der Normalparabel, der Quadratwurzelfunktion und der kubischen Parabel $k(x) = x^3$?

6. Beim 10-Kampf der Männer und beim 7-Kampf der Frauen werden die Punkte für jede Disziplin mithilfe von Potenzfunktionen berechnet.
Berechnung der Punktezahl bei der erbrachten Leistung x:
für Laufdisziplinen: $\mathbf{P(x) = A(B - x)^C}$
für Sprung- und Wurfdisziplinen: $\mathbf{P(x) = A(x - B)^C}$
Die Werte für die Konstanten A, B und C sind in der Tabelle aufgeführt.

10-Kampf der Männer				
Disziplin	**A**	**B**	**C**	**x**
100 m	25,437	18,0	1,81	Zeit in s
Weitsprung	0,14354	220	1,40	Weite in cm
Kugelstoßen	51,39	1,5	1,05	Weite in m
Hochsprung	0,8465	75	1,42	Höhe in cm
400 m	1,53775	82	1,81	Zeit in s
110 m Hürden	5,74352	28,5	1,92	Zeit in s
Diskuswurf	12,91	4,9	1,10	Weite in m
Stabhochsprung	0,2797	100	1,35	Höhe in cm
Speerwurf	10,14	7,0	1,08	Weite in m
1500 m	0,03768	480	1,85	Zeit in s
7-Kampf der Frauen				
Disziplin	**A**	**B**	**C**	**x**
100 m Hürden	9,23076	26,7	1,835	Zeit in s
Hochsprung	1,84523	75	1,348	Höhe in cm
Kugelstoßen	56,0211	1,5	1,05	Weite in m
200 m Lauf	4,99087	42,5	1,81	Zeit in s
Weitsprung	0,188807	210	1,41	Weite in cm
Speerwurf	15,9803	3,8	1,04	Weite in m
800 m Lauf	0,11193	254	1,88	Zeit in s

- Wie viele Punkte bekommt ein 10-Kämpfer, wenn er die 100 m in 14 Sekunden läuft?
  Wie viele Punkte bekommt ein 10-Kämpfer, wenn er es in 10 Sekunden schafft? Bei welcher Laufzeit bekommt er 0 Punkte?
- Zeichne den Graphen für den 100-m-Lauf der Herren.
- Wie viele Punkte bekommst du für deine Weitsprung-Leistung?
- Einige Disziplinen werden im 10- und im 7-Kampf ausgetragen.
  Auf welche beziehen sich die abgebildeten Graphen?
- Alle Graphen verlaufen nur oberhalb der x-Achse. Finde eine Erklärung.
- Eine Frau springt 6,73 m weit. Wie viele Punkte bekommt sie? Ein Mann bekommt für seinen Sprung 800 Punkte. Wie weit ist er gesprungen? Bestimme den ungefähren Wert durch Ablesen und berechne dann.

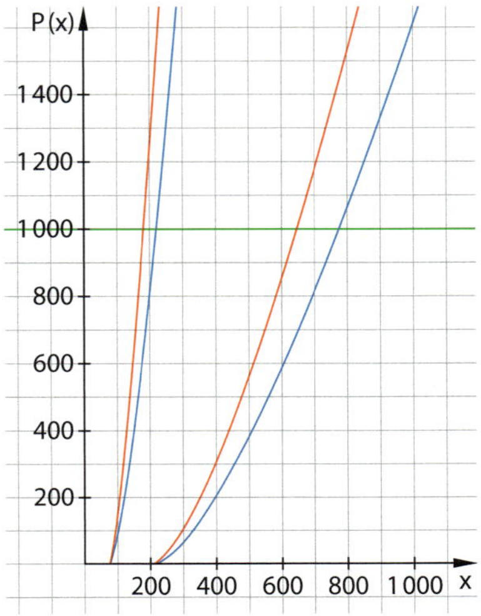

Lösungen ↗ S. 246

1. Die Punkte sollen auf dem Graphen der angegebenen Funktion liegen. Berechne die fehlenden Koordinaten. Gib an, wenn es mehrere Möglichkeiten gibt.

a) $f(x) = x^3$ $P(\blacksquare|125)$; $Q(-4|\blacksquare)$; $R(\blacksquare|0{,}216)$; $S(0{,}2|\blacksquare)$; $T(\blacksquare|-\frac{1}{64})$

b) $f(x) = x^4$ $P(\blacksquare|81)$; $Q(\blacksquare|256)$; $R(-2|\blacksquare)$; $S(\blacksquare|0{,}0016)$; $T(\blacksquare|\frac{16}{81})$

2. Erstelle eine Wertetabelle und zeichnen den Graphen der Funktion. Beschreibe sein Symmetrie- und sein Monotonieverhalten.

a) $f(x) = x^4$ b) $f(x) = x^3$

3. Überprüfe rechnerisch, welche Punkte auf dem Graphen der angegebenen Funktion liegen.

a) $f(x) = x^{-2}$ $P(-2|\frac{1}{4})$; $Q(\frac{1}{4}|16)$; $R(-3|-\frac{1}{9})$; $S(-5|0{,}04)$; $T(0{,}4|6{,}25)$

b) $f(x) = x^{-3}$ $P(-3|\frac{1}{27})$; $Q(\frac{1}{2}|-8)$; $R(-5|-0{,}008)$; $S(0{,}2|125)$; $T(-10|-0{,}01)$

4. Erstelle eine Wertetabelle und zeichne den Graphen der Funktion. Beschreibe sein Symmetrie- und sein Monotonieverhalten.

a) $f(x) = x^{-2}$ b) $f(x) = x^{-3}$

5. Ordne die Aussagen den gegebenen Funktionen zu.

a) $f(x) = x^2$ b) $f(x) = x^3$ c) $f(x) = x^4$
d) $f(x) = x^{-1}$ e) $f(x) = x^{-2}$ f) $f(x) = x$

① Der Graph verläuft durch den Punkt $(1|1)$.
② Der Graph verläuft durch den Punkt $(-1|1)$.
③ Der Graph verläuft durch den Punkt $(1|-1)$.
④ Der Graph verläuft nicht durch den Koordinatenursprung.
⑤ Der Graph ist punktsymmetrisch zum Koordinatenursprung.
⑥ Der Graph ist achsensymmetrisch zur y-Achse.
⑦ Der Graph schneidet keine Koordinatenachse.

6. a) Gib eine Gleichung einer Funktion an, die
① das Volumen V eines Würfels in Abhängigkeit von seiner Seitenlänge a beschreibt.
② den Oberflächeninhalt O eines Würfels in Abhängigkeit von seiner Seitenlänge a beschreibt.
③ die Seitenlänge a des Würfels in Abhängigkeit von seinem Volumen V beschreibt.

b) Zeichne die Graphen der Funktionen aus a).

7. Ordne den Graphen eine passende Funktionsgleichung zu.

$f_1(x) = x^4$ $f_2(x) = x^7$
$f_3(x) = x^{-3}$ $f_4(x) = x^{-6}$
$f_5(x) = x^8$ $f_6(x) = x^5$
$f_7(x) = \sqrt{x}$ $f_8(x) = \sqrt[4]{x}$

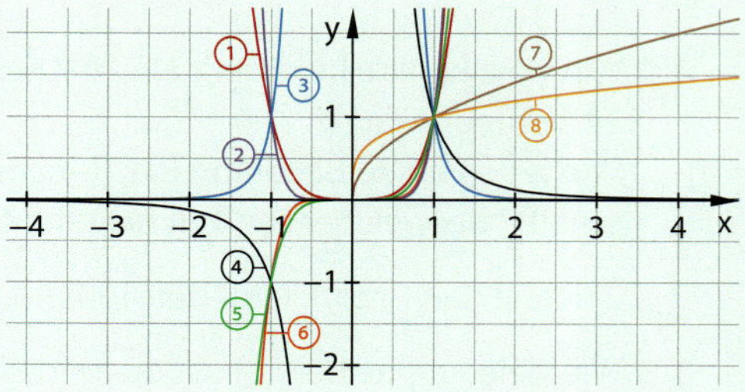

8. Löse die Potenzgleichungen.

a) $x^3 = 125$ b) $x^7 = 0$
c) $x^4 = -2$ d) $x^3 = -1\,000\,000$
e) $2x^6 - 10 = 10$ f) $5x^3 - 337 = 743$

9. Zeichne den Graphen der Funktion f mit der Gleichung $f(x) = x^{-2}$.
Skizziere ohne Wertetabelle die Graphen der Funktionen $g(x) = 2x^{-2}$; $h(x) = 0{,}5x^{-2}$ und $k(x) = -x^{-2}$ in dasselbe Koordinatensystem.

10. Beim freien Fall lässt sich die zurückgelegte Strecke s (in m) nach der Zeit t (in s) mit der Formel $s = 4{,}905 \cdot t^2$ berechnen.

a) Von welcher Höhe muss ein Stein herunterfallen, damit er nach 1 s (2 s; 5 s; 60 s) auf den Boden auftrifft?

b) Wie lange fällt ein Stein aus einer Höhe von 100 m (150 m; 250 m; 300 m)?

11. Im Koordinatensystem sind vier Graphen von Funktionen der Form $f(x) = a\,x^n + b$ für $n \in \mathbb{Z}$ gezeichnet. Was kannst du jeweils über die Parameter a und b und den Exponenten aussagen?

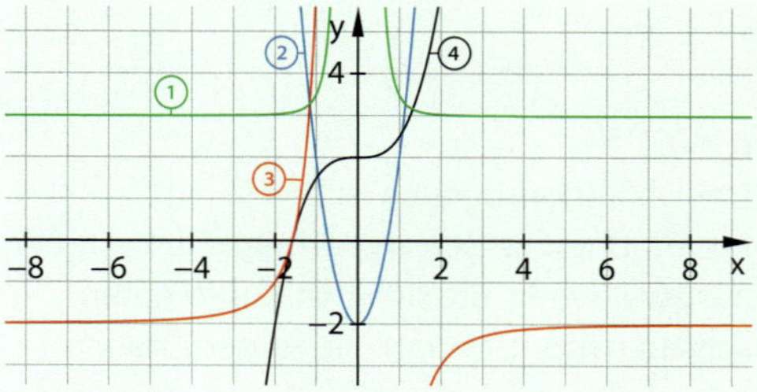

12. Die Funktionen $f_1(x) = x^2$; $f_2(x) = x^5$; $f_3(x) = x^{-3}$; $f_4(x) = -x^{-4}$; $f_5(x) = -4x^{-4}$; $f_6(x) = \sqrt{x}$ wurden verschoben. Stelle passende Funktionsgleichungen zu den sechs gezeichneten Graphen auf.

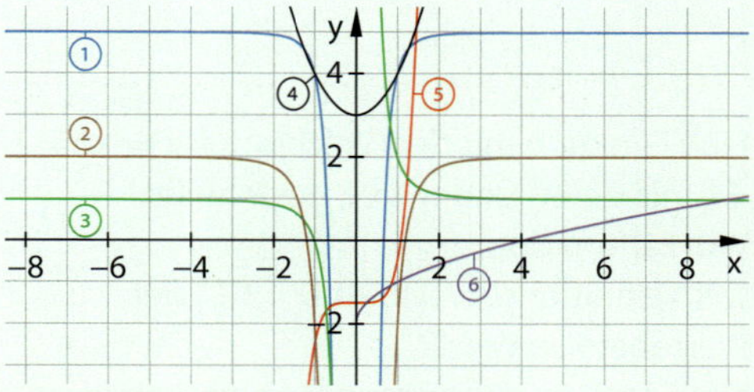

13. a) Bestimme eine Gleichung der Umkehrfunktion der gegebenen Funktion. Gib den Definitions- und den Wertebereich der Umkehrfunktion an.

① $f(x) = x^3$, $D = \mathbb{R}$ ② $f(x) = x^2$, $D = \mathbb{R}_0^+$ ③ $f(x) = -x^2$, $D = \mathbb{R}_0^+$

④ $f(x) = \sqrt{x}$, $D = \mathbb{R}_0^+$ ⑤ $f(x) = \sqrt[5]{x}$, $D = \mathbb{R}_0^+$ ⑥ $f(x) = \frac{1}{x}$, $D = \mathbb{R}, x \neq 0$

b) Skizziere jeweils den Graphen der Funktion und der zugehörigen Umkehrfunktion.

Wiederholungsaufgaben

1. Bestimme die Nullstelle der Funktion sowohl grafisch als auch rechnerisch.

a) $f(x) = -3x + 6$ b) $g(x) = \frac{1}{2}x - 4$

2. In einer Lostrommel liegen 150 Nieten, 40 Trostpreise und 10 Gewinne. Berechne die Wahrscheinlichkeit, dass man beim zufälligen Ziehen keine Niete zieht.

3. 100 mℓ Vanille-Eiscreme enthalten 220 kcal. Das kalorienreduzierte Eis desselben Herstellers enthält 90 kcal. Berechne, wie viel Prozent weniger Kalorien die zweite Eissorte enthält.

4. Entscheide, ob das Dreieck rechtwinklig ist oder nicht.

a)

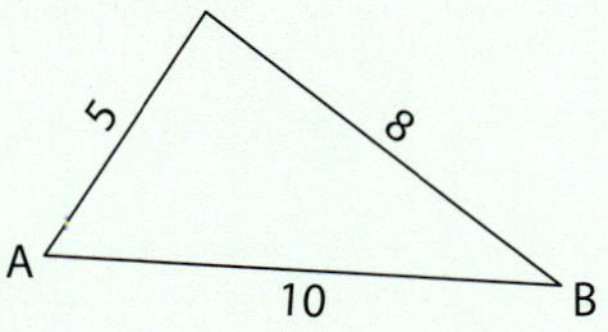

b)

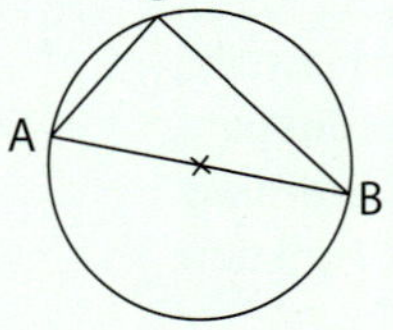

c)

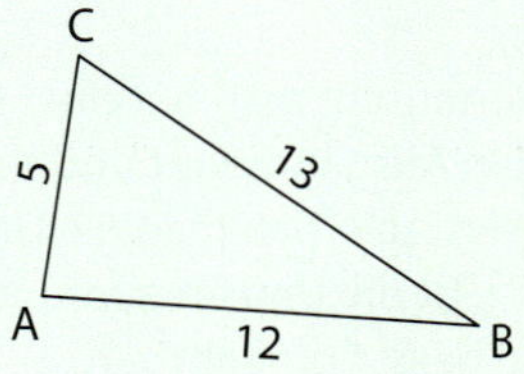

5. Berechne:

a) $20015{,}2016 \cdot 10^2$ b) $2015{,}2016 : 10^2$ c) $24{,}876 \cdot 10^4$ d) $24{,}876 : 10^4$

Zusammenfassung

Potenzfunktionen

Eine Funktion mit der Gleichung $f(x) = x^n$ mit $n \in \mathbb{Z}, n \neq 0$ heißt **Potenzfunktion**.

n > 0:
Der Definitionsbereich ist $D = \mathbb{R}$.
Die Graphen heißen **Parabeln**.

n < 0:
Der Definitionsbereich ist $D = \mathbb{R}\setminus\{0\}$.
Die Graphen heißen **Hyperbeln**. Sie bestehen aus zwei Teilen, die sich den Koordinatenachsen nähern, ohne sie je zu berühren.

n gerade: **n ungerade:**

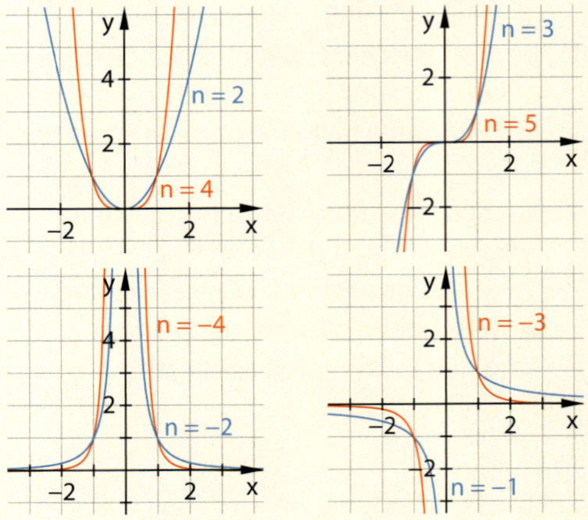

Wurzelfunktionen

Eine Funktion mit der Gleichung $f(x) = x^{\frac{1}{n}} = \sqrt[n]{x}$ mit $x \in \mathbb{R}_0^+$ und $n \in \mathbb{N}, n \geq 2$ heißt **Wurzelfunktion.**
Der Definitionsbereich ist $D = \mathbb{R}_0^+$, der Wertebereich $W = \mathbb{R}_0^+$.
Der Graph ist streng monoton wachsend.

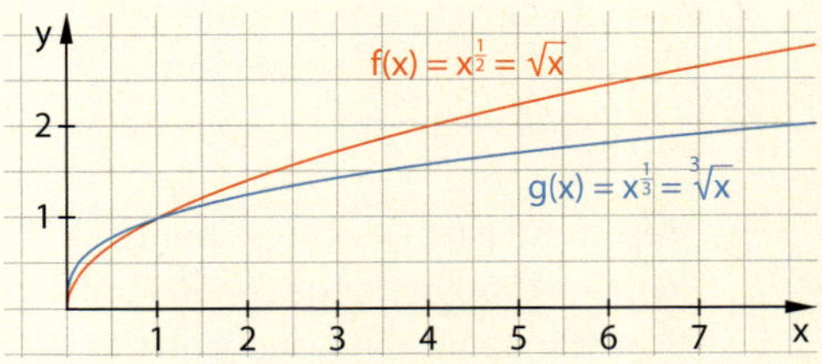

Potenzgleichungen

Eine Gleichung der Form $x^n = a$ mit $n \in \mathbb{N}, n \geq 2$ und $a \in \mathbb{R}$ nennt man **Potenzgleichung**.
Lösungsmenge:

	n gerade	**n ungerade**
a > 0	$L = \{\sqrt[n]{a}; -\sqrt[n]{a}\}$	$L = \{\sqrt[n]{a}\}$
a = 0	$L = \{0\}$	$L = \{0\}$
a < 0	$L = \{\ \}$	$L = \{-\sqrt[n]{\lvert a\rvert}\}$

Gib jeweils die Lösungsmenge an.

$x^3 = -27$; $L = \{-3\}$, denn $(-3)^3 = -27$

$x^2 = 16$; $L = \{4; -4\}$, denn $4^2 = 16$ und $(-4)^2 = 16$

$x^5 = 0$; $L = \{0\}$, denn $0^5 = 0$

$x^4 = -16$; $L = \{\ \}$, denn x^4 kann nicht negativ sein.

Potenzfunktionen der Form $f(x) = a x^n + d$

Der Graph der Funktion g mit der Gleichung $g(x) = a x^n + d$ mit $n \in \mathbb{Z}, n \neq 0$, geht aus dem Graphen der Funktion $f(x) = x^n$ durch **Strecken** bzw. **Stauchen** und **Verschieben in y-Richtung** hervor.
$|a| > 0$: Streckung; $|a| < 0$: Stauchung
$d > 1$: Verschiebung nach oben;
$d < 1$: Verschiebung nach unten.

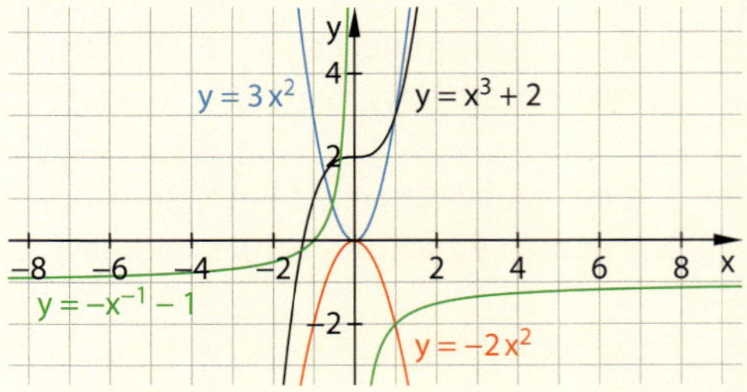

Umkehrfunktionen

Vertauscht man bei einer Funktion f jeweils den Ausgangswert und den zugeordneten Wert, so erhält man die **Umkehrzuordnung** f^{-1}. Ist die Umkehrzuordnung eine Funktion, so heißt f **umkehrbar**.
Den Graphen von f^{-1} erhält man aus dem Graphen von f durch Spiegelung an der 1. Winkelhalbierenden.

$f(x) = x^4$ $f^{-1}(x) = \sqrt[4]{x}$
$D_f = \mathbb{R}_0^+$; $W_f = \mathbb{R}_0^+$; $D_{f^{-1}} = \mathbb{R}_0^+$; $W_{f^{-1}} = \mathbb{R}_0^+$

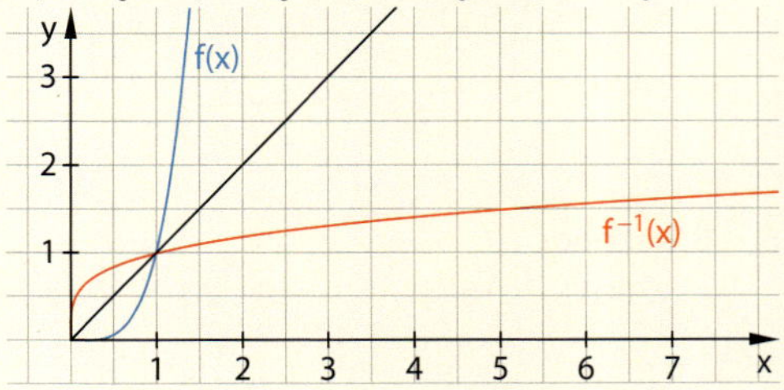

7. Komplexe Aufgaben

Die folgenden Aufgaben verbinden Kapitel dieses Buches und methodische Kompetenzen.

1. Zugunglück

Bei einem schweren Eisenbahnunglück am 24.07.2013 sind im Nordwesten Spaniens rund 80 Fahrgäste eines Schnellzuges ums Leben gekommen. Außerdem wurden knapp 200 Reisende verletzt. Der Zug war an einer Stelle, an der die Gleise in einer relativ engen Kurve verlaufen, entgleist und umgestürzt. Der Lokführer gestand nach Angaben von Ermittlern ein, viel zu schnell gefahren zu sein. Der Zug sei mit rund 190 Kilometern in der Stunde unterwegs gewesen, obwohl in der Unglückskurve höchstens Tempo 80 zulässig gewesen sei, bestätigte er den Ermittlern.

Erinnere dich:
Statt Masse wird umgangssprachlich meist der Begriff Gewicht verwendet.

Hinweis zu 1:
Für Vergleiche empfiehlt es sich, Verhältnisse statt absoluter Werte zu verwenden.

Eine Kurve ist ein Kreisbogen mit Radius r. Auf ein Fahrzeug, dessen Masse m beträgt, muss eine Kraft F wirken, damit es die Kurve durchfahren kann. Bei einem Zug muss sie durch den Kontakt der Schienen mit den Rädern aufgebracht werden. Sie ist abhängig von der Geschwindigkeit.

a) Für diese Kraft gilt $F(v) = \frac{m}{r} \cdot v^2$. Untersuche, wievielmal größer die Kraft bei einer Geschwindigkeit von 190 km/h verglichen mit der Kraft bei 80 km/h ist, wenn Masse und Radius übereinstimmen: Gib das Verhältnis der beiden Kräfte F(190) und F(80) an.

b) Um die Kurve mit 190 km/h durchfahren zu können, müsste diese einen entsprechend größeren Radius haben: Verwende dein Ergebnis aus a). Erstelle eine Zeichnung der Schienen von zwei 90°-Kurven im selben Maßstab, die für eine Höchstgeschwindigkeit von 80 km/h bzw. von 190 km/h geeignet wären.

c) Für diesen Zug kann man die Kraft mit $f(x) = a \cdot x^2$ berechnen. Erläutere anhand geeigneter Graphen den Einfluss des Parameters a auf den Verlauf des Graphen, und deute das Ergebnis in diesem Zusammenhang.

2. Parabel als Multiplikationsmaschine

Mithilfe einer Normalparabel lässt sich zeichnerisch das Produkt zweier Zahlen a und b bestimmen. Hierzu verbindet man die Punkte A und B auf der Parabel, die an der Stelle a bzw. b liegen, und prüft, wo die Verbindungsgerade die y-Achse schneidet. Der y-Achsenabschnitt ist dann das Ergebnis der Multiplikation von a und b, allerdings mit anderem Vorzeichen, also $(-a \cdot b)$. Haben beide Zahlen dasselbe Vorzeichen, so kann man einen Faktor in negativer Richtung auftragen.

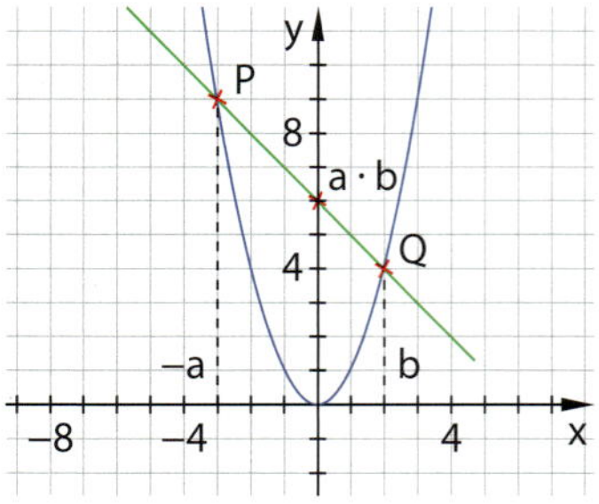

Hinweis zu 2c:
Die Geradengleichung lässt sich mit der Zweipunkteform bestimmen.

a) Überprüfe die Aussage zeichnerisch anhand der Werte a = 3 und b = 2 auf beide Arten.

b) Bestimme mithilfe einer Normalparabel den Wert des angegebenen Produktes.
① $(-4) \cdot 2$; ② $4 \cdot (-2)$; ③ $(-4) \cdot (-2)$; ④ $3 \cdot 3$ ⑤ $(-3) \cdot (-3)$

c) Stelle allgemein die Geradengleichung für die Gerade durch zwei Punkte A und B auf. Zeige damit, dass der y-Achsenabschnitt immer $(-a \cdot b)$ beträgt.

CAS GTR 3. Gleichung einer Tangente an die Parabel mit $y = a \cdot x^2$

a) Experimentiere mithilfe einer dynamischen Geometrie-Software, wie sich die Tangenten an einen Graphen zeichnen lassen. Zeichne zuerst das Bild der Parabel $y = \frac{1}{3} \cdot x^2$ und einen Punkt P auf der Parabel. Konstruiere die Tangente an die Parabel im Punkt P. Verschiebe P auf der Parabel und beobachte, wie sich die Tangente verändert.

b) Lass die Koordinaten des Punktes P und den Ordinatenabschnitt der Tangente anzeigen. Welchen Zusammenhang kann man feststellen? Verändere den Streckfaktor der Parabel. Bleibt der Zusammenhang erhalten?

c) Zeichne jetzt das Bild der Parabel $y = \frac{1}{2} \cdot x^2$ und darauf einen Punkt P in ein Koordinatensystem. Konstruiere dann nach der folgenden Anleitung die Tangente t an die Parabel im Punkt P:
Zeichne durch P eine Senkrechte zur y-Achse und bezeichne den Schnittpunkt der Geraden und der y-Achse als S. Spiegele S am Koordinatenursprung, bezeichne den Bildpunkt mit P'. Zeichne eine Gerade t durch P' und P. Wähle weitere Punkte auf der Parabel und konstruiere dazu jeweils in derselben Art eine Gerade. Erläutere mithilfe einer Rechnung: Der Punkt B (3|4,5) liegt auf der Parabel mit $y = \frac{1}{2} \cdot x^2$. Die konstruierte Gerade hat die Gleichung $y = \frac{9}{3} \cdot x - 4{,}5$. Diese Gerade hat mit der Parabel einen einzigen Schnittpunkt (B), also ist sie die Tangente an die Parabel in B.

d) Bestätige das Ergebnis durch die Wahl eines weiteren Punktes auf der Parabel.

e) Gilt die Behauptung allgemein für jeden beliebigen Punkt auf der Parabel?

Hinweis zu 3 a und b:
Eine geeignete Software bieten GTR- oder CAS-Rechner wie TI- Nspire oder Casio.
Hinweis zu 3 b:
Im kartesischen Koordinatensystem wird die x-Achse auch Abszissenachse und die y-Achse auch Ordinatenachse genannt.

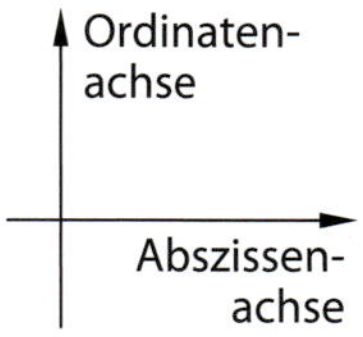

4. Gleichung einer Tangente an einen Kreis

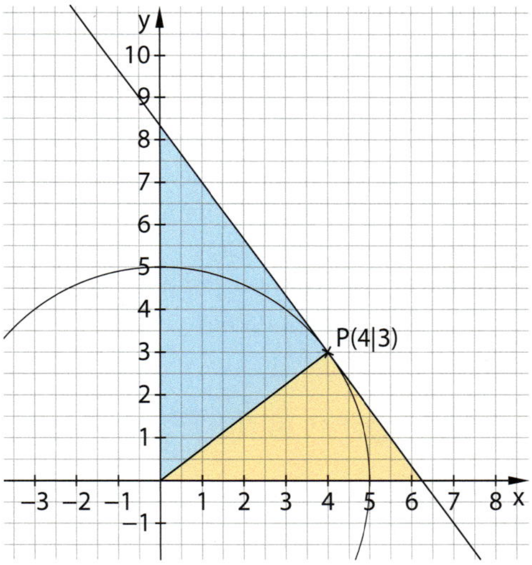

a) Zeichne in einem Koordinatensystem einen Kreis um den Ursprung mit dem Radius r = 5 cm.
Trage auf der Kreislinie den Punkt P (4|3) ein.
Begründe durch eine Rechnung, dass der Punkt P exakt auf dem Kreis liegt.

b) Eine Tangente an einen Kreis verläuft immer orthogonal zum Radius. Konstruiere im Punkt P die Tangente an den Kreis. Bezeichne die Schnittstellen dieser Tangente mit den beiden Koordinatenachsen als s_x und s_y.

c) Das entstandene rechtwinklige Dreieck wird durch den Radius in zwei rechtwinklige Teildreiecke zerlegt. Zeichne die Höhen in den beiden Dreiecken ein. Berechne mithilfe des Kathetensatzes jeweils die Länge der Hypotenuse.

d) Erläutere: Die Gleichung dieser Tangente ist $y = -\frac{4}{3} \cdot x + \frac{25}{3}$, umgeformt: $4x + 3y = 25$.

e) Verallgemeinere das Vorgehen für einen beliebigen Kreis mit Radius r und einem Kreispunkt P (a|b). Prüfe, dass für die Kreistangente im Punkt P die Gleichung $a \cdot x + b \cdot y = r^2$ gilt.

DGS f) Verwende eine dynamische Geometrie-Software, um die Tangentenformel $y = -\frac{a}{b} \cdot x + \frac{r^2}{b}$ bzw. $a \cdot x + b \cdot y = r^2$ für einen Kreispunkt P (a|b) experimentell zu bestätigen.

Hinweis zu 4 b:
Für die Lösungen gilt: Die Zähler sind 24, die Nenner 4 bzw. 3.

5. Geldanlage

Eine Bank macht das folgende Angebot. Das eingezahlte Kapital bleibt zusammen mit den jährlichen Zinsen auf diesem Konto.

Beim Zinswachstum genießen Sie alle Freiheiten, während ihr Geld schnell wächst!

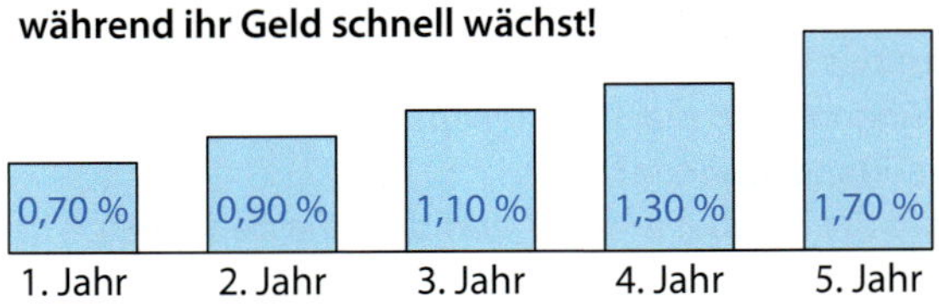

Der durchschnittliche jährliche Zins liegt bei 1,14%.
Die Zinsangaben sind Festzinsen mit Stand vom 09.07.2014

a) Begründe, dass diese Darstellung einen realistischen Eindruck von der angebotenen Sparform vermittelt. Erstelle dann eine Grafik, die den Kunden massiv täuschen könnte.
b) Erläutere anhand einer geeigneten Rechnung, was hier mit dem durchschnittlichen jährlichen Zins gemeint ist.
c) Eine andere Bank bietet eine Geldanlage an, die 1,16 % Zinsen pro Jahr für eine Laufzeit von 5 Jahren fest schreibt. Beurteile dieses Angebot im Vergleich zu dem ersten, wenn die Zinsen beim zweiten Angebot jährlich ausbezahlt werden.
d) Banken wollen möglichst allen Kunden ein passendes Angebot machen. Das Alter ist hierbei ein wichtiger Aspekt, da das Sparverhalten junger Menschen deutlich anders ist als das von Menschen, die kurz vor Erreichen des Rentenalters stehen.
Von den Bankkunden, die das erste Angebot gewählt hatten, waren 55 % höchstens 60 Jahre alt. Von diesen Personen legten 75 % mehr als 5000 € an. Von den Kunden, die älter als 60 Jahre waren, haben 82 % mehr als 5000 € angelegt.
① Berechne den prozentualen Anteil aller Kunden, die älter als 60 Jahre sind und mehr als 5000 € angelegt haben.
② Bestimme den Anteil der Kunden, die über 60 Jahre alt sind, unter allen Kunden, die mehr als 5000 € angelegt haben.
③ Berechne den Anteil der höchstens 60-Jährigen unter den Sparkunden, die mehr als 5000 € angelegt haben.
④ Berechne den Anteil der höchstens 60-Jährigen unter den Sparkunden, die weniger als 5000 € angelegt haben.

6. Pythagoras in der Ebene und im Raum

In einem Koordinatensystem sind die Punkte A(2|3), B(8|7) und M(5|5) gegeben.
a) Begründe rechnerisch, dass es einen Kreis um M gibt, der durch A und B verläuft.
b) Begründe ohne zu zeichnen, dass es nur zwei Werte für den Winkel $\sphericalangle$ ACB geben kann, wenn C auf der Kreislinie liegt.
c) Gib die Koordinaten zweier Punkte D und E an, für die der Winkel $\sphericalangle$ DCE ebenfalls nur zwei Werte annehmen kann.
d) Man nennt ein rechtwinkliges Dreieck, dessen Seiten ganzzahlig sind, pythagoreisch. Zeige, dass für ein rechtwinkliges Dreieck mit Hypotenuse c auch $a^2 = (c + b)(c - b)$ gilt, und bestimme mit dieser Beziehung sieben Möglichkeiten für ein pythagoreisches Dreieck. Untersuche, welche Dreiecke ähnlich sind.
e) Quader mit ganzahligen Kantenlängen a, b, c und ganzzahliger Raumdiagonale d nennt man pythagoreisch. Leite eine Formel her, mit der man solche Quader finden kann, und nenne fünf Beispiele.

TB 7. Masse schätzen

Einige Schüler haben geschätzt, wie viel Kilogramm ein Ziegelstein auf die Waage bringt. Die Ergebnisse sind in dem Diagramm dargestellt.

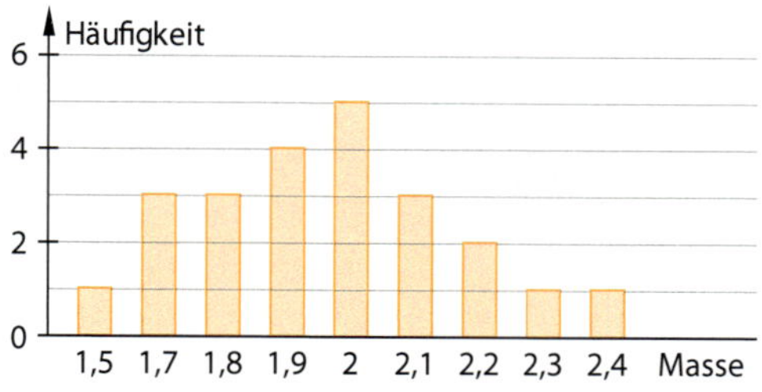

a) Übertrage die Daten in eine Tabellenkalkulation.
b) Ermittle mithilfe der Tabellenkalkulation die relativen Häufigkeiten der Schätzwerte und stelle sie in einem Kreisdiagramm dar.
c) Ermittle mithilfe der Tabellenkalkulation das arithmetische Mittel, den Median und die Standardabweichung der Schätzwerte.

TB 8. Renten in Deutschland

In einer Zeitschrift wurde eine Grafik zu Renten in Deutschland veröffentlicht.

Renten von je 1000 Versichertenrentner in der gesetzlichen Rentenversicherung				
	alte Bundesländer		neue Bundesländer	
	Männer	Frauen	Männer	Frauen
1500 € und mehr	168	11	108	14
1200 € bis unter 1500 €	221	37	198	64
900 € bis unter 1200 €	212	123	368	242
600 € bis unter 900 €	150	272	253	512
300 € bis unter 600 €	115	296	56	141
unter 300 €	135	260	16	27

a) Erläutere, warum hier eine Einteilung in Klassen vorliegt. Gib die Klassenbreite an.
b) Erstelle eine Tabelle der relativen Häufigkeiten der Rentenhöhen in einer Tabellenkalkulation.
c) Ermittle mit einer Tabellenkalkulation für jede Fallgruppe (alte Bundesländer – Männer, alte Bundesländer – Frauen, neue Bundesländer – Männer, neue Bundesländer – Frauen) die durchschnittliche Rente.
Wähle als Bezugsgröße der Rentenhöhe, soweit möglich, die Klassenmitte.

9. Stümpfe

Schneidet man von einem geraden Kegel (einer quadratischen Pyramide) parallel zur Grundfläche einen kleinen Kegel (eine kleine Pyramide) ab, so erhält man einen Kegelstumpf (Pyramidenstumpf).
a) Beweise, dass der abgeschnittene Körper ähnlich zum ursprünglichen Körper ist.
b) Berechne das Verhältnis der Volumina des abgeschnittenen Kegels zum Kegelstumpf, wenn die Höhe des abgeschnittenen Kegels $\frac{1}{5}$ der Höhe des ursprünglichen Kegels beträgt.
c) Begründe, dass für eine quadratische Pyramide dasselbe gilt.
d) Untersuche, wie sich das Verhältnis allgemein ändert, wenn man den Schnitt nicht bei $\frac{1}{5}$ der Höhe, sondern bei einem beliebigen Bruchteil k der Höhe $(k < 1)$ durchführt.
e) Bestimme allgemein das Verhältnis der Volumina der entstehenden Teilstücke, wenn man eine Kugel mit Radius r bei $k \cdot r$ $(k < 1)$ durchschneidet.

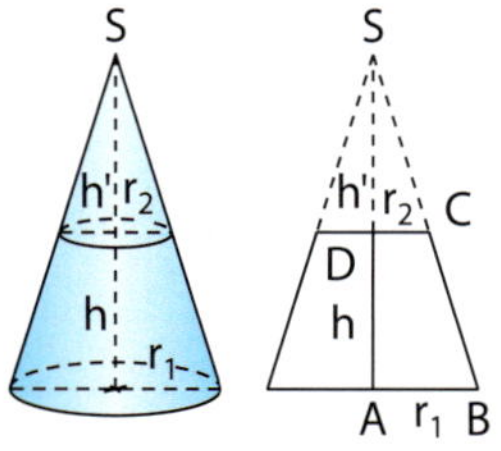

10. Der Grabstein des Archimedes

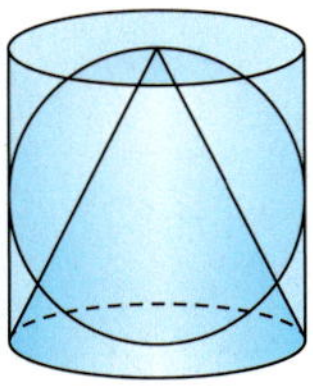

Archimedes von Syrakus entdeckte, dass die Volumina einer Kugel, eines ihr umbeschriebenen Zylinders und eines dem Zylinder einbeschriebenen Kegels folgende Beziehung erfüllen: $V_{Zylinder} : V_{Kugel} : V_{Kegel} = 3 : 2 : 1$. Da Archimedes dieses Ergebnis sehr schön fand, wählte er diese Anordnung als Schmuck für seinen Grabstein vor den Toren der sizilianischen Stadt Syracus.

a) Zeichne ein Schrägbild dieser Anordnung, wenn die Kegelspitze nach vorne [oben] zeigt.
b) Fertige eine Dreitafelprojektion der Anordnung an, wenn die Kegelspitze nach oben zeigt.
c) Beweise die von Archimedes entdeckte Beziehung für die Volumina.

11. Zweitafel

Gegeben sind die Zweitafelprojektionen zweier Körper.

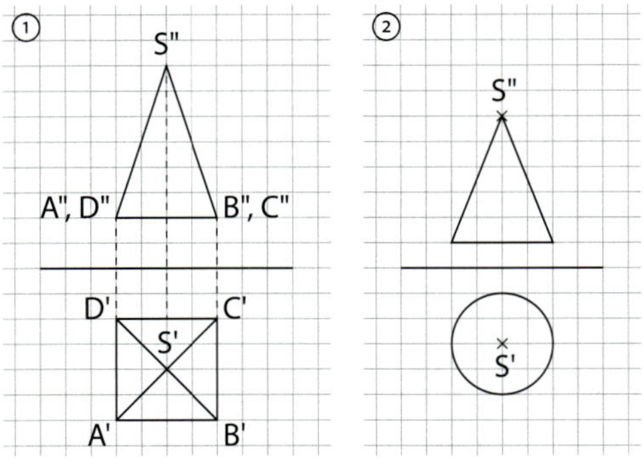

a) Gib an, um welche Körper es sich handelt.
b) Berechne das Volumen des ersten Körpers.
c) Berechne die Mantelfläche des ersten Körpers.
d) Berechne das Volumen des zweiten Körpers.
e) Um wie viel Prozent ist das Volumen des ersten Körpers größer als das Volumen des zweiten Körpers?
f) Zeige, dass die Mantellinie des zweiten Körpers eine Länge von $\frac{\sqrt{29}}{2}$ hat.

12. Schalungsstein

Der abgebildete Schalungsstein hat die äußeren Abmessungen von 39 cm x 19 cm x 14 cm, die Abmessungen der enthaltenen Hohlkammern sind jeweils 14 cm x 9 cm.

a) Stelle einen solchen Schalungsstein im geeigneten Maßstab in Grund- und Aufriss dar.
b) Berechne das Volumen eines solchen Steins.
c) Berechne die Masse von 80 solcher Steine. Sie haben eine Dichte von $2\,\frac{kg}{dm^3}$.
d) In einer neuen Produktionslinie sollen leichtere Hohlkammersteine gegossen werden. Dafür sollen die quaderförmigen Hohlkammern durch zylinderförmige ersetzt werden. Wie viele zylinderförmige Hohlkammern können in einem Stein eingebracht werden, wenn für die verbleibenden Zwischenwände eine Stärke von 3 cm einzuhalten ist? Prüfe, ob dadurch eine Gewichtsverminderung möglich ist.

13. Werkstück

Ein Werkstück setzt sich aus drei Körpern zusammen. Der untere Körper ist ein Quader mit quadratischer Grundfläche (12 cm x 12 cm), darauf steht ein Zylinder dessen Grundfläche einen Durchmesser von 12 cm hat. Darüber befindet sich ein Kegel mit gleicher Grundfläche.

a) Zeichne den in der Abbildung dargestellten Aufriss im Maßstab 1 : 3 ins Heft und ergänze den zugehörigen Grundriss entsprechend.
b) Berechne das Gesamtvolumen des Werkstücks.
c) Berechne den prozentualen Materialabfall, wenn das Werkstück aus einem Quader mit den Abmessungen von 45 cm x 12 cm x 12 cm gefräst wird.

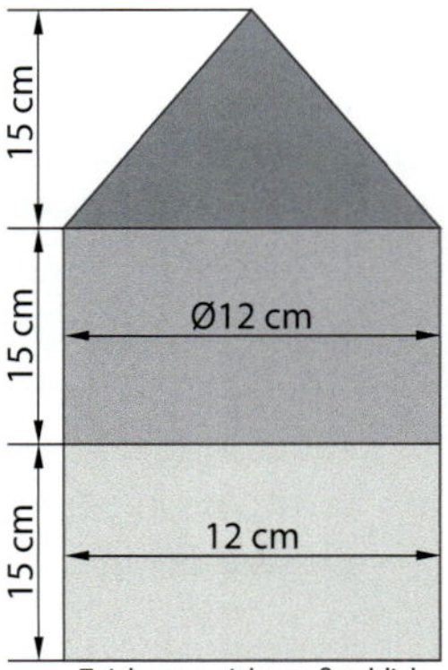

Zeichnung nicht maßstablich

8. Methoden

Die Methodenkarten helfen dir in typischen Unterrichtssituationen. Du darfst sie kopieren und ausschneiden um sie länger verwenden und durch eigene Notizen zu ergänzen.

Methodenkarte 9 A: Zeichnen von Parabeln

Je nachdem, in welcher Form der Funktionsterm einer Parabel angegeben ist, lässt sich die Parabel wie folgt zeichnen:

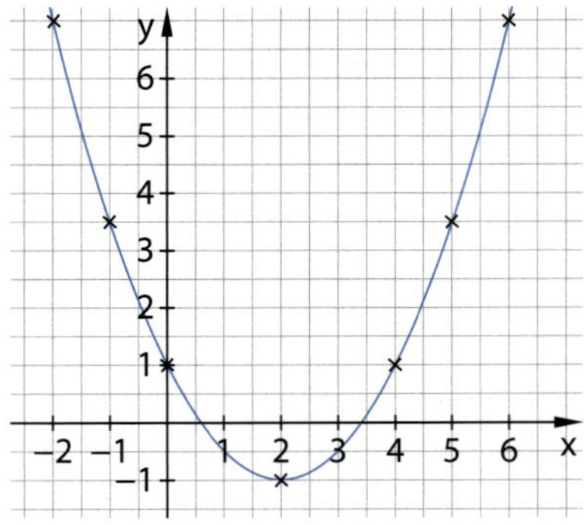

1. Normalform $f(x) = a \cdot x^2 + b \cdot x + c$
   a) Stelle eine Wertetabelle auf. Setze hierzu geeignete x-Werte in den Term ein, etwa $x = -3$; $x = -2$; $x = -1$; $x = 0$; $x = 1$; $x = 2$ …
   b) Trage die Wertepaare aus der Wertetabelle in ein Koordinatensystem ein.
   c) Verbinde die Punkte durch eine Kurve. Je kürzer die Abstände zwischen den x-Werten sind, desto genauer wird die Zeichnung.
2. Scheitelpunktform $f(x) = a \cdot (x - b)^2 + c$
   a) Der Scheitelpunkt $S(b|c)$ lässt sich direkt ablesen und einzeichnen. Weitere Punkte auf der Parabel erhält man so:
   b) Gehe vom Scheitelpunkt eine Einheit nach rechts bzw. links und dann a Einheiten nach oben (falls a negativ ist: nach unten) und trage jeweils einen Punkt ein.
   c) Gehe vom Scheitelpunkt aus zwei Einheiten nach rechts bzw. links, und dann $a \cdot 4$ Einheiten nach oben (falls a negativ ist: nach unten) und trage jeweils einen Punkt ein.
   d) Verbinde die Punkte durch eine Kurve.

Methodenkarte 9 B: Lösen quadratischer Gleichungen

Eine quadratische Gleichung kann in verschiedenen Formen vorliegen. Von der Form hängt der günstigste Lösungsweg ab. Hier einige Beispiele:

1. Beispiel: $(x - 2) \cdot (x + 3) = 0$; Methode: Regel vom Nullprodukt anwenden.
   Das Produkt wird Null, wenn einer der beiden Faktoren gleich Null wird, d. h. wenn $x - 2 = 0$ oder wenn $x + 3 = 0$ gilt. Also ist die Gleichung erfüllt, wenn $x = 2$ oder wenn $x = -3$ ist, $L = \{-3; 2\}$.
2. Beispiel: $x^2 + 4x = 0$; Methode: x-Ausklammern.
   Da kein konstantes Glied vorkommt, kann x ausgeklammert werden: $x \cdot (x + 4) = 0$. Nach der Regel vom Nullprodukt gilt: $x = 0$ oder $x = -4$, $L = \{-4; 0\}$.
3. Beispiel: $x^2 - 9 = 0$; Methode: nach x umstellen und Wurzelziehen.
   Da kein lineares Glied vorkommt, kann nach x^2 aufgelöst werden: $x^2 = 9$. Du erhältst $x = -3$ oder $x = 3$ als Lösungen der Gleichung, $L = \{-3; 3\}$.
4. Beispiel: $x^2 - 6x + 9 = 0$; Methode: Binomische Formel rückwärts.
   Wende die binomischen Formeln „rückwärts“ an. Es ist $x^2 - 6x + 9 = (x - 3)^2$. Also ist $x = 3$ die Lösung Gleichung, $L = \{3\}$.
5. Beispiel: $x^2 - 2x - 3 = 0$; Methode: p-q-Formel.
   Falls dir nicht direkt eine schnellere Lösung einfällt, verwende die p-q-Formel. Achte darauf, dass der Koeffizient von x^2 gleich 1 ist.

   $x_{1,2} = -\frac{2}{2} \pm \sqrt{\left(\frac{2}{2}\right)^2 + 3} = -1 + 2$, also $x_1 = -3$ und $x_2 = 1$, $L = \{-3; 1\}$.

Methodenkarte 9 C: Graphen mit einem Funktionenplotter transformieren

Mit einem Computer oder Tablet-PC mit einem modernen Funktionenplotter lassen sich Graphen und deren Transformationen einfach darstellen.

- Erstelle ein leeres Dokument.
- Gib einen Funktionsterm, z. B. $f(x) = x^2$, ein. Der Graph wird gezeichnet.

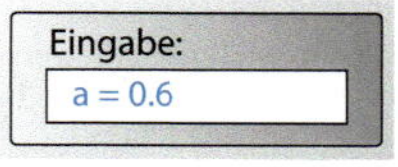

- Definiere nun Variablen a, b, c und d. Hierzu genügt es oft,
- diesen Variablen einen Wert zuzuweisen, indem du sie jeweils in die Eingabezeile einträgst.
  Mache die Variablen jeweils als Schieberegler sichtbar, indem du per Rechtsklick auf die Variable in der Übersicht der Objekte das Kontextmenü öffnest.
- Trage die Funktion $g(x) = a \cdot f(b \cdot x + c) + d$ in die Eingabezeile ein. Die transformierte Funktion wird gezeichnet.
  Änderst du nun die Werte der Variablen über die Schieberegler, erkennst du die Veränderungen.

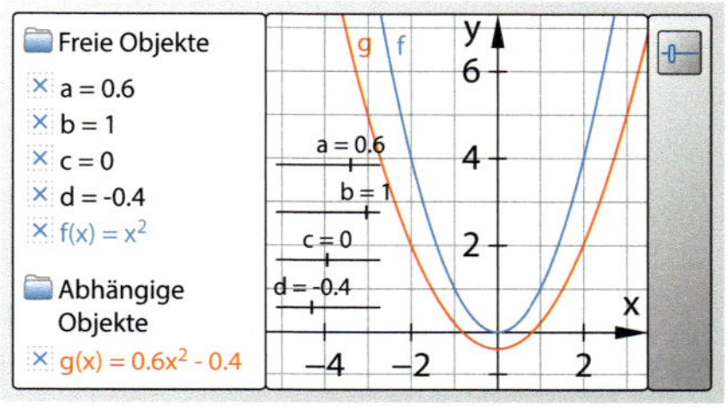

Methodenkarte 9 D: Üben und Wiederholen

Um dein Wissen zu einem mathematischen Themengebiet zu festigen (z. B. vor einer Klassenarbeit oder einem Test), bieten sich verschiedene Methoden an. Wähle ein oder zwei Methoden aus, und probiere aus, ob du dich damit gut vorbereiten kannst.

1. **Lerntagebuch:** Notiere zu jeder Mathematik-Stunde die wichtigsten Ergebnisse (z. B. Formeln, Verfahren, wichtige Beispielaufgaben) in einem gesonderten Heft. So hast du jederzeit schnellen Zugriff auf das Gelernte.
2. **Selbsteinschätzungsbogen:** Erstelle eine Tabelle wie rechts abgebildet. Orientiere dich an den Aufgaben, die du im Unterricht oder als Hausaufgabe bearbeitet hast. Notiere, welche Fähigkeit du zum Lösen der Aufgabe benötigst und schätze deine eigene Leistung ein.

Daten

Selbsteinschätzungsbogen

✓ Das kann ich. Da bin ich sicher.

✍ Da bin ich unsicher. Ich kann es aber selbstständig nacharbeiten. Die Anleitung dazu findest du im angegebenen Beispiel.

? Das kann ich nicht. Hier brauche ich Hilfe.

Ich kann... (Überprüfe dein Wissen mit den Aufgaben in Klammern)	✓	✍	?	**Beispiel-aufgaben S./Nr.**
zu einer Datenliste Kennwerte – also Minimum, Maximum, Median, arithmetisches Mittel und Spannweite – bestimmen. (Aufgabe 1 und 2)				**155/1**, 155/3, 155/4a, 156/7b, 156/8
aus den Kennwerten einer Datenliste Rückschlüsse ziehen und ich kenne die Bedeutung der Kennwerte. (Aufgabe 2d, 3 und 4b)				**155/1**, 155/4b, 156/6, 156/7cd, 161/11
zu einer Datenliste das untere und das obere Quartil bestimmen. (Aufgabe 5b und 6b)				**158/1a**,159/3a, 160/8a

3. **Karteikarten:** Um Formeln oder bestimme Verfahren auswendig zu lernen, erstelle jeweils eine Karteikarte: Auf der Vorderseite steht die Aufgabe oder ein entsprechendes Stichwort, auf der Rückseite die Lösung. Zum Lernen kannst du zufällige Karten auswählen und überprüfen, ob du das Thema schon beherrschst.

Methodenkarte 9 E: Strategien zur Problemlösung

Wenn du bei einer Aufgabe mit einer neuen Aufgabenstellung konfrontiert bist, bei der du noch nicht genau weißt, wie du sie lösen sollst, können folgende Strategien – neben systematischem Ausprobieren, um einzelne Beispiele zu finden – weiterhelfen:

1. Kläre genau ab, welche Angaben laut Aufgabenstellung vorgegeben sind und nach welchen gefragt ist.
2. Falls das Problem geometrisch gelöst werden kann, erstelle eine aussagekräftige Skizze mit allen Angaben und Bezeichnungen.
3. Überlege, welche Verfahren oder Formeln du zu dem Thema kennst, mit denen du, ausgehend von den vorgegebenen Angaben, weitere Berechnungen durchführen kannst. („Vorwärtsarbeiten")

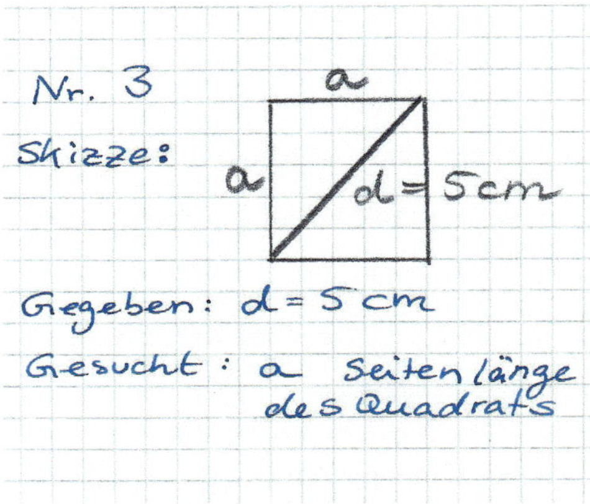

4. Kannst du aus den vorgegebenen Werten keine sinnvollen Ergebnisse errechnen, mit denen du weiterarbeiten kannst, versuche das „Rückwärtsarbeiten": Überlege dafür, ausgehend vom Ergebnis, welche Zwischenergebnisse dafür benötigt werden.
5. Hast du eine mögliche Lösung gefunden, führe eine Probe durch. Falls es sich um eine Aufgabe mit Anwendungsbezug handelt, überlege, ob die errechnete Lösung realistisch ist.

Methodenkarte 9 F: Mathematische Modelle

Aufgaben mit einem Anwendungsbezug lassen sich oft vereinfachen. Verwende dafür den „Modellierungskreislauf":

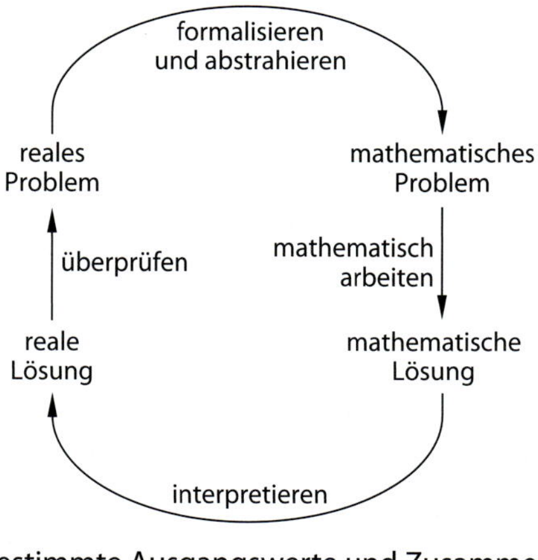

1. Finde Angaben über bestimmte Ausgangswerte und Zusammenhänge im Text.
2. Fasse die Angaben in einer Skizze zusammen.
3. Bearbeite das sich ergebende mathematische Problem.
4. Interpretiere das Ergebnis im Hinblick auf das reale Problem. Verwende die passenden Einheiten und stelle das Ergebnis in einem Antwortsatz in diesem Kontext dar.
5. Prüfe, ob dein Ergebnis realistisch ist.

Methodenkarte 9 G: Den Satz des Pythagoras mit einer DGS erkunden

Der Satz des Pythagoras gibt den Zusammenhang zwischen den Kathetenquadraten und dem Hypotenusenquadrat eines rechtwinkligen Dreiecks an.

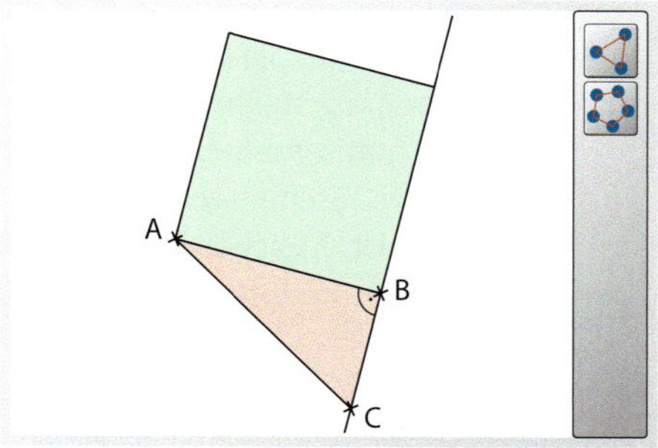

1. Erstelle eine neue Datei mit einer DGS (DGS steht für: dynamische Geometriesoftware).

2. Stelle einen neuen Winkel mit fester Größe 90° ein. Zeichne auf der Gerade einen dritten Punkt. Verbinde die Punkte mit dem Werkzeug  zu einem Dreieck.

3. Zeichne mit dem Werkzeug  für regelmäßige Vielecke an jeder Dreieckseite außen ein Quadrat ein, zuerst an den kürzeren Katheten.

4. Lass dir zu jedem Quadrat den Flächeninhalt anzeigen. Bewege die Eckpunkte des Dreiecks.
   Was fällt dir auf?

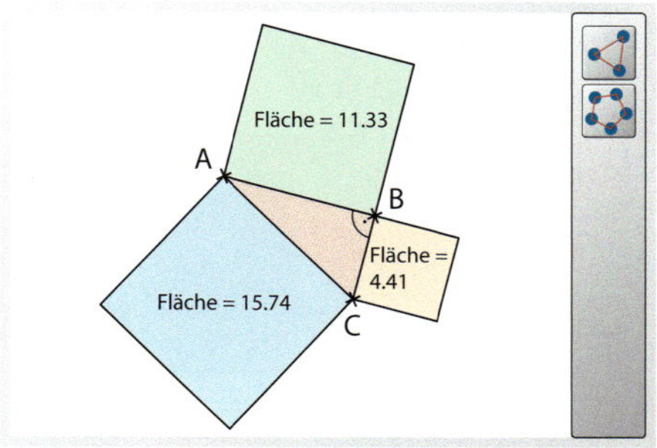

Methodenkarte 9 H: Die Umkehrung des Satzes des Pythagoras mit einer DGS erkunden

Auch bei beliebigen Dreiecken lassen sich Quadrate an den Dreiecksseiten einzeichnen.

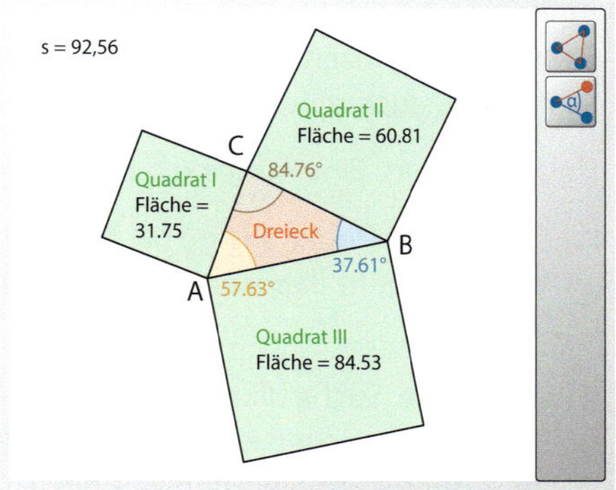

1. Erstelle eine neue Datei mit einer DGS dynamischen Geometriesoftware).

2. Zeichne ein beliebiges Dreieck mit dem Werkzeug .

3. Trage an jeder Dreiecksseite ein Quadrat ein. Dies kannst du mit dem Werkzeug „regelmäßiges Vieleck". Nenne diese Quadrate „Quadrat1", „Quadrat2" und „Quadrat3".

4. Lass dir mit dem Werkzeug  alle Innenwinkel des Dreiecks anzeigen.

5. Trage „s = Quadrat1+Quadrat2" in die Eingabezeile ein. Die Summe s der Flächeninhalte kannst du auch in die Geometrie-Ansicht ziehen.

6. Vergleiche den Wert von s mit dem Flächeninhalt von Quadrat3. Beachte dabei auch die Winkelgrößen. Bewege die Eckpunkte des Dreiecks und notiere deine Beobachtungen. Wann kommt ein 90° Winkel vor?

Methodenkarte 9 I: Lösungswege begründen

Bei der Vorstellung deines eigenen Lösungsweges solltest du darauf achten, dass deine Zuhörerinnen und Zuhörer deine Vorgehensweise nachvollziehen können. Die folgenden Fragen können dir bei der Vorbereitung der Präsentation helfen:

1. Wie bist du auf die Lösung gekommen? (Zwischenschritte, Orientierung an anderen Aufgaben, Vorstellen einer Alltagssituation, ...)
2. Welche mathematischen Hilfsmittel hast du genutzt? (Wissenskasten im Buch, Lerntagebuch, Taschenrechner, ...)
3. Warum bist du sicher, dass deine Lösung korrekt ist? (Abschätzen, Probe, ...)

Methodenkarte 8 A: ICH-DU-WIR

Im Mathematikunterricht arbeitest du an Aufgaben und stellst dich geistigen Herausforderungen. Dabei arbeitest du alleine, gemeinsam mit anderen Schülerinnen und Schülern oder mit der ganzen Klasse. Die ICH-DU-WIR-Methode kann dir helfen, Mathematik zu verstehen und auch schwierige Aufgaben zu bewältigen.

Und so geht es: Eine Aufgabe oder ein Problem wird in drei Phasen bearbeitet.

1. ICH-Phase: Denke alleine nach – findest du vielleicht sogar eine Lösung? Notiere deine Ideen. Es geht dabei noch nicht um Richtig oder Falsch; jeder Gedanke ist erlaubt und nützlich.
2. DU-Phase: Suche dir in der Klasse einen Partner oder eine kleine Gruppe, in der ihr eure Ideen austauschen könnt. Beim Vergleich eurer Ideen werdet ihr merken, was besonders gut funktioniert und was nicht. Vielleicht entwickelt ihr gemeinsam auch ganz andere Ansätze, auf die ihr alleine nicht gekommen wäret.
3. WIR-Phase: Meist gibt es viele Wege, um eine Aufgabe oder ein Problem zu lösen. In dieser Phase stellt ihr eure Ideen vor und sucht nach Lösungen. Am meisten lernst du jetzt, wenn du verschiedene Lösungswege sichtest und miteinander vergleichst. Je mehr Ansätze du gut kennst, desto leichter wird es dir beim nächsten Problem fallen, Ansätze zu finden.

Methodenkarte 8 D: Die Placemat-Methode

Eine schwierige Sach- oder Textaufgabe ist zu lösen. Jede Gruppe erhält einen großen Bogen Papier (z. B. DIN-A3). Jeweils zu Beginn einer Phase wird festgelegt, wie lange sie dauert, und die Zeit gemessen.

Phase 1: Jedes Gruppenmitglied schreibt in sein Feld gut lesbar erste Lösungsvorschläge mit Fragen und Ideen.

Phase 2: Die Lösungsvorschläge werden ausgetauscht, indem das Blatt nach und nach gedreht wird. Jeder liest jeweils das Feld eines anderen Gruppenmitglieds sorgfältig durch und versucht, alles zu verstehen.

Phase 3: Alle Lösungsvorschläge, Fragen und Ideen werden diskutiert und man einigt sich auf ein gemeinsames Ergebnis.

Abschließend präsentiert ein zufällig ausgewähltes Gruppenmitglied der Klasse das gemeinsame Ergebnis.

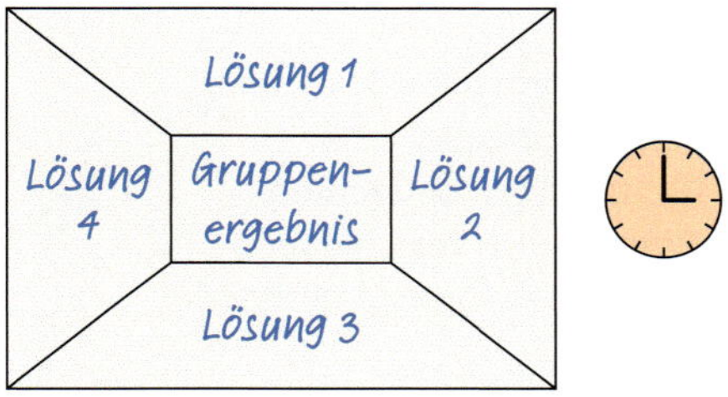

Methodenkarte 8 E: Die Gruppenpuzzle-Methode

Bei dieser Methode erarbeitet ihr arbeitsteilig Wissen und teilt es anschließend mit euren Mitschülerinnen und Mitschülern, sodass danach alle das gesamte Wissen anwenden können.

Phase 1: Bildung der Stammgruppen
Wie viele Teilgebiete des Themas sollen behandelt werden? So viele Mitglieder muss jede Stammgruppe mindestens haben. Jeder Stammgruppe wird eine Farbe zugeordnet. Als Experte für jedes der Teilgebiete wird (mindestens) ein Gruppenmitglied bestimmt.

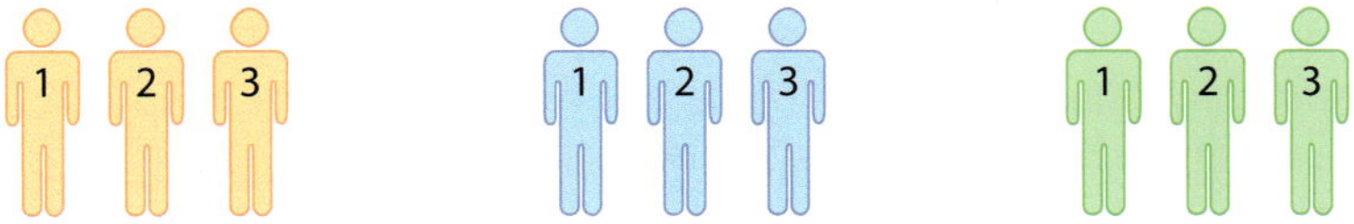

Phase 2: Ausbildung der Experten
Alle Experten eines Teilgebietes kommen aus den verschiedenen Stammgruppen zu einer Expertengruppe zusammen. Das Teilgebiet wird erarbeitet und die Präsentation vorbereitet.

Phase 3: Weitergabe des Expertenwissens
Jeder Experte geht zurück in seine Stammgruppe und trägt das Spezialwissen über sein Teilgebiet vor.

Methodenkarte 8 G: Funktionen plotten

Mit einem GTR

1. Wähle aus den Werkzeugen den Funktionenplotter (Graph) aus.
2. Gib den Funktionsterm in der Form f(x) = 3*x-1 oder y = 3*x-1 ein.
3. Bestätige die Eingabe und lasse den Graphen zeichnen (Draw).
4. Du kannst die Darstellung über die Fenstereinstellungen (Window) anpassen.
   a) Lege den Bereich fest, der angezeigt werden soll: Die Werte für „xmin" und „xmax" legen den Bereich auf der x-Achse fest, die Werte für „ymin" und „ymax" legen den Bereich auf der y-Achse fest.
   b) Lege die Skalierung (Scale) fest: Die Werte „xscl" und „yscl" legen die Unterteilung der Koordinatenachsen fest.

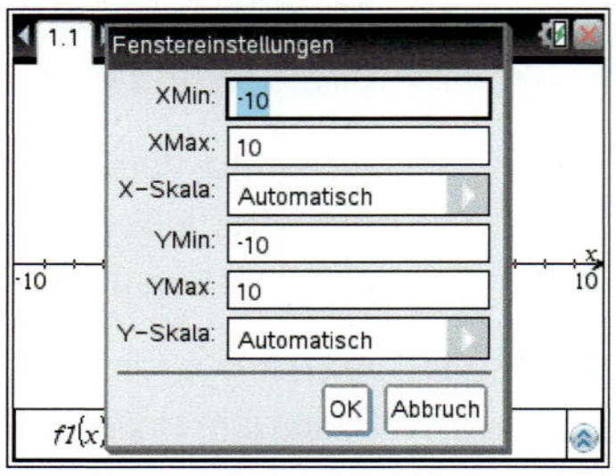

Mit einem Computer

1. Klicke in die Eingabezeile.
2. Gib den Funktionsterm in der Form f(x) = 3*x-1 oder y = 3*x-1 ein und bestätige die Eingabe.
3. Um einen bestimmten Ausschnitt zu betrachten, kannst du den dargestellten Bereich verschieben.

4. Mit dem Lupenwerkzeug kannst du hinein- und hinauszoomen.

Methodenkarte 8 H: Schnittpunkte in einem Plot bestimmen

Mit einem Funktionenplotter kannst du Schnittpunkte näherungsweise ablesen. Je näher du an den Schnittpunkt heranzoomst, desto genauer kannst du die Koordinaten des Schnittpunkts ablesen.

Ablesen mit einem GTR

1. Lege den dargestellten Bereich so fest, dass der gesuchte Schnittpunkt erkennbar ist.
2. Wähle die Funktion Spur (Trace).
3. Bewege den Cursor mit den Pfeiltasten zu dem gesuchten Schnittpunkt.
4. Lies die ungefähren Koordinaten des Schnittpunkts ab.

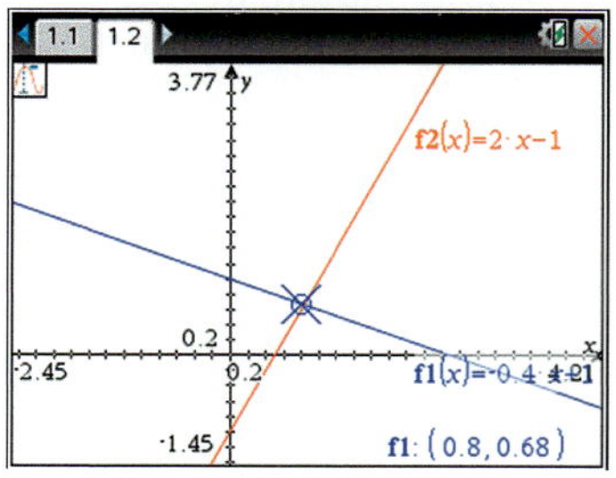

Konstruieren

Mit einer dynamischen Geometriesoftware oder einem GTR lassen sich Schnittpunkte auch konstruieren.

1. Lege den dargestellten Bereich so fest, dass der gesuchte Schnittpunkt erkennbar ist.
2. Konstruiere den Schnittpunkt, indem du das Werkzeug „Schnittpunkt" wählst und die beiden Geraden anklickst. Klicke dann auf den Schnittpunkt und lies die Koordinaten ab.

9. Anhang

Lösungen zu Kapitel 1: Relle Zahlen und Potenzen

Dein Fundament (S. 6/7)

S. 6, 1.
a) 10^3 b) 10^5 c) 10^7 d) 10^5
e) 10^7 f) 10^{10} g) 10^{11} h) 10^4

S. 6, 2.
a) Zweitausend
b) Neun Millionen
c) Einhundertfünfzigtausend
d) Dreitausendvierzig
e) Achtzig
f) Zehntausend
g) Zehntausend
h) Einhunderttausend

S. 6, 3.
a) $5 \cdot 10^5\,\text{mm} < 3 \cdot 10^3\,\text{m} < 0{,}5 \cdot 10^2\,\text{km}$
b) $4 \cdot 10^4\,\text{mm}^2 < 6{,}6 \cdot 10^2\,\text{m}^2 < 7 \cdot 10^4\,\text{dm}^2$

S. 6, 4.
a) $5 \cdot 10^2 < 10^4 < 3 \cdot 10^4 < 10^2 \cdot 10^3$
b) $12{,}7 \cdot 10^3 < 345 \cdot 10^3 < 0{,}078 \cdot 10^8 < 1{,}2 \cdot 10^7$

S. 6, 5.
Zwei Millionen dreihundertfünfundvierzigtausend-sechshundertdreizehn

Neunhundertsechsundneunzig Millionen siebenhundertfünfundachtzigtausendvierhundertzweiunddreißig

Einhundertdreiundzwanzig Milliarden einhundertfünfundvierzig Millionen sechshundertachtundsiebzigtausendneunzig

S. 6, 6.
a) 64 b) 7 c) 16 d) 0,04 e) 0,1
f) 1 g) $\frac{3}{4}$ h) 0 i) $\frac{9}{49}$ j) 60

S. 6, 7.
a) 6,42 b) 0,22 c) 15,16
d) 16,55 e) 19,26 f) 2,54

S. 6, 8.
a) $x < 0$ b) $x > 1$ c) $x < 0$
d) $x \leq 0$ e) $x < -4$ f) $x < 0$

S. 6, 9.
Quadrieren: a) 0,1 b) 4 c) 1
Quadratwurzelziehen: a) 0,1 b) 4 c) 1

S. 6, 10.
a) 0,017956 b) 2,2869 c) Richtig
d) 19,76866 e) Richtig f) 99,740169
g) Richtig h) 0,000529 i) Richtig

S. 7, 11.
a) 17 b) 4,5 c) $\frac{1}{4}$ d) – 4
e) 0; 1 f) – 1; 1 g) 0 h) – 2

S. 7, 12.
a) – 9; 9 b) 16 c) 3
d) – 4; 4 e) 100 f) n. l.
g) Jede rationale Zahl h) 2

S. 7, 13.
a) 2 b) 25 c) – 12; 12 d) 2 e) 100
f) 3 g) n. l. h) 16 i) 3 j) 0

S. 7, 14.
a) Richtig b) $x = 4$ c) $x = 4$
d) $x = 3$ e) Richtig f) Richtig
g) Nur $x = 2$ h) Nur $x = 7$

S. 7, 15.
a) $x = 3$ b) $x = 3$ c) k. L. d) $x = -2$

S. 7, 16.
a) 15 € b) 2 kg
c) 440 € d) 18 t

S. 7, 17.
a) 5^5 b) x^3 c) $a \cdot a \cdot a \cdot a \cdot a$
d) $a \cdot a \cdot b \cdot b \cdot b$ e) $\frac{2}{3} \cdot \frac{2}{3} \cdot \frac{2}{3}$ f) $m^3n^3 = (nm)^3$

S. 7, 18.
a) $\frac{1}{a+b}$ b) $\frac{1}{u+3}$ c) $x - 3$
d) 1 e) $x + y$

S. 7, 19.
a) $\frac{27}{20}$ b) 4 c) 2 d) $\frac{25}{9}$ e) $\frac{7}{20}$

S. 7, 20.
a)

Start	→		→		→	Ziel
5	+2	7	+ 2	9	+ 2	11
5	· 2	10	· 2	20	· 2	40
5	$(\,)^2$	25	$(\,)^2$	625	$(\,)^2$	390 625

b)

Start	→		→		→	Ziel
994	+2	996	+ 2	998	+ 2	1000
125	· 2	250	· 2	500	· 2	1000
k. L.	$(\,)^2$	–	$(\,)^2$	–	$(\,)^2$	–

c)

Start	→		→		→	Ziel
– 5	+2	– 3	+ 2	– 1	+ 2	1
$\frac{1}{8}$	· 2	$\frac{1}{4}$	· 2	$\frac{1}{2}$	· 2	1
1	$(\,)^2$	1	$(\,)^2$	1	$(\,)^2$	1

Prüfe dein neues Fundament (S. 44/45)

S. 44, 1.

a) $\approx 2{,}450$ b) $\approx 4{,}583$ c) $\approx 5{,}745$
d) $\approx 7{,}416$ e) $\approx 24{,}495$

S. 44, 2.

a) ja, denn die natürlichen Zahlen sind eine Teilmenge der reellen Zahlen
b) nein, nicht alle, z. B. 2
c) nein (das Wurzelziehen aus negativen Zahlen z. B. nicht)
d) nein, denn die Wurzel aus einem Bruch kann rational sein, z. B. $\sqrt{\frac{4}{9}} = \frac{2}{3}$ ist rational
e) nein, das geht nicht, denn es sind gegenseitige Ausschlusskriterien

S. 44, 3.

a) $2^5 = 32$
b) $\left(\frac{1}{3}\right)^3 = \frac{1}{27}$
c) $\frac{1}{4^3} = \frac{1}{4} \cdot \frac{1}{4} \cdot \frac{1}{4} = \frac{1}{64}$
d) $\frac{1}{(-3)^3} = \left(-\frac{1}{3}\right) \cdot \left(-\frac{1}{3}\right) \cdot \left(-\frac{1}{3}\right) = -\frac{1}{27}$
e) $\left(-\frac{1}{3}\right) \cdot \left(-\frac{1}{3}\right) \cdot \left(-\frac{1}{3}\right) = -\frac{1}{27}$
f) $\frac{1}{3^3} = \frac{1}{3} \cdot \frac{1}{3} \cdot \frac{1}{3} = \frac{1}{27}$
g) $(-0{,}3)^3 = -0{,}027$
h) $\frac{1}{\left(-\frac{2}{3}\right)^4} = \left(-\frac{3}{2}\right) \cdot \left(-\frac{3}{2}\right) \cdot \left(-\frac{3}{2}\right) \cdot \left(-\frac{3}{2}\right) = \frac{81}{16}$

S. 44, 4.

a) $4^2 = 16$ b) $(4 \cdot 5)^{-3} = 20^{-3} = \frac{1}{8000}$
c) $5^{-7} = \frac{1}{78\,125}$ d) $7^{-6} = \frac{1}{117\,649}$
e) $(15 : 3)^2 = 5^2 = 25$ f) $0{,}02^4 = \frac{1}{6\,250\,000}$
g) $\left(\frac{1}{5}\right)^5 = \frac{1}{3125}$ h) $0{,}1^{-9} = 1\,000\,000\,000$
i) $\left(\frac{1}{2} \cdot \frac{1}{3}\right)^3 = \frac{1}{215}$ j) $2^{-5} = \frac{1}{32}$
k) $(21 : 7)^{-3} = 3^{-3} = \frac{1}{27}$ l) $\left(-\frac{2}{3}\right)^2 = \frac{4}{9}$

S. 44, 5.

a) $3^5 \cdot 3 \cdot 3 = 3^7$
b) $11 \cdot 11 \cdot 2^2 = (11 \cdot 2)^2 = 22^2$
c) $5^{-4 \cdot 3} = 5^{-12}$
d) $(3 \cdot 9)^3 : 3^2 = 3^3 \cdot 9^3 : 3^2 = 3 \cdot 9^3 = 3 \cdot 3^3 \cdot 3^3 = 3^7$
e) $\frac{2 \cdot 3^4}{6^2} = \frac{2 \cdot 3^4}{(2 \cdot 3)^2} = \frac{2 \cdot 3^4}{2^2 \cdot 3^2} = \frac{3^2}{2}$
f) $0{,}3^{(-5) \cdot (-7)} = 0{,}3^{35}$
g) $\frac{5^2}{5^4} = \frac{1}{5^2} = 5^{-2}$
h) $\frac{(5 \cdot 4)^{-5}}{5^{-3} \cdot 4^4} = 5^{-2} \cdot 4^{-9}$
i) 19^{42}
j) 1
k) 1
l) $\frac{900\,b}{a}$

S. 44, 6.

a) $\frac{3}{5}$ b) 5 c) 2
d) nicht definiert e) 9 f) 64
g) 0,1 h) 1 i) 4
j) 14 k) 100 l) 0,5

S. 44, 7.

a) $\approx 1{,}78$ b) 7 c) 7
d) 11 e) 17 f) 0,5
g) 1,5 h) 20,1 i) 99
j) 0,3 k) 20 l) $\frac{2}{3}$

S. 44, 8.

a) $x_1 = 3$; $x_2 = -3$ b) $x = 3$ c) $x = 5$
d) $x_1 = 2$; $x_2 = -2$ e) $x = -2$ f) $x = -2$
g) $x = 4$ h) $x_1 = 100$; $x_2 = -100$
i) $x_1 = 3$; $x_2 = -3$ j) nicht definiert

S. 44, 9.

a) $a^{\frac{2}{3}}$ b) n c) $(xy)^{-\frac{1}{2}}$
d) $3^2 \cdot 4^4 = 2304$ e) $u^4 \cdot v^2$

S. 44, 10.

a) 49 b) 1000 c) 0,5
d) 3 e) 2 f) 1000
g) $\frac{1}{2}$ h) $\frac{1}{64}$ i) 100
j) 8 k) $\frac{1}{5}$ l) 80
m) $\frac{1}{13}$ n) 18 o) 0,25

S. 44, 11.

a) b^2 b) x^4 c) $a^2b^{-1} = \frac{a^2}{b}$
d) $\frac{1}{y}$ e) b^2 f) $\frac{y^2}{x^4}$
g) a h) $\frac{1}{a^2}$ i) $\frac{v^4}{u^2}$
j) 2

S. 45, 12.

a) $\frac{3}{5}$ b) 5 c) 2 d) nicht definiert
e) -9 f) 7 g) 0,1 h) 1
i) 14 j) $\frac{1}{7}$ k) 8 l) 3
m) 10 n) 7 o) 3

S. 44, 13.

a) 4 b) 10 c) 200
d) 70 e) 48 f) 10
g) nicht definiert h) $\frac{2}{7}$ i) $\frac{11}{13}$
j) $\frac{3}{2}$

S. 45, 14.

a) $2\sqrt{13}$ b) $4\sqrt{6}$ c) $\frac{\sqrt{3}}{2}$
d) $\frac{\sqrt{2}}{8}$ e) $\frac{4}{7} \cdot \sqrt{\frac{10}{3}}$

S. 45, 15.

Genaue Werte: Datum (17. 05. 2005)
Hausnummer 2
Straßenbahnlinie 4
Näherungswerte (Messwerte):
Masse (3567 g)
Größe (52 cm)
Zeit (5 min)

S. 45, 16.
a) $15{,}25\,\text{dm}^3 \leq V \leq 15{,}35\,\text{dm}^3$
b) $11{,}245\,\text{mg} \leq m \leq 11{,}255\,\text{mg}$
c) $126{,}5\,\text{mm} \leq x \leq 127{,}5\,\text{mm}$
d) $545\,\text{m}^2 \leq A_O \leq 555\,\text{m}^2$
Hinweis zu d): Sollte die letzte Null im Näherungswert 550 keine gerundete Null sein, ist das Intervall $549{,}5\,\text{m}^2 \leq A_O \leq 550{,}5\,\text{m}^2$ zutreffend.

Wiederholungsaufgaben (S. 45)

S. 45, 1.
a) umgekehrt proportional
b), d), e) weder proportional noch antiproportional

S. 45, 2.
Weiß: $\frac{1}{3}$ aller Fahrzeuge, also 400 Fahrzeuge;
Grau: $\frac{1}{4}$ aller Fahrzeuge, also 300 Fahrzeuge

S. 45, 3.
Konstruktion nach Kongruenzsatz sws.

S. 45, 4.
Linkes Dreieck – nicht rechtwinklig
(Umkehrung vom Satz des Pythagoras gilt nicht.)
Mittleres Dreieck – rechtwinklig (Satz des Thales gilt.)
Rechtes Dreieck – rechtwinklig
(Umkehrung vom Satz des Pythagoras gilt.

Lösungen zu Kapitel 2: Quadratische Funktionen und Gleichungen

Dein Fundament (S. 48/49)

S. 48, 1.
a) $x = 10$ b) $x = 2$ c) $x = -4$
d) $x = -1$ e) $x = 0$ f) $x = -4$
g) $L = \mathbb{Q}$ h) $x = 8$

S. 48, 2.
a) $x = -6$ b) $x = 4$
c) $x_1 = 2; x_2 = -2$ d) $x_1 = 3; x_2 = -3$
e) $x = 0$ f) $x_1 = 2; x_2 = -1$

S. 48, 3.
a) $-4; 4$ b) 3   c) n. l.   d) $-5;\ 5$
e) 0   f) n. l.   g) $-2;\ 2$ h) 0; 1

S. 48, 4.
a) $(2|1)$ b) $(0|3)$
c) $\left(\frac{1}{2}\middle|\frac{5}{2}\right)$ d) $(2{,}3|0{,}7)$

S. 48, 5.
a) $x = 3, y = 0$ b) $x = -2; y = -5$
c) $x = 0; y = 4$ d) $x = 5; y = 7$ e) $L = \{\}$

S. 48, 6.
12 und −8.

S. 48, 7.
a) $4 + 4x + x^2$ b) $a^2 - 4a + 4$
c) $a^2 - 9$ d) $4a^2 + 4ab + b^2$
e) $a^2 - 4b^2$ f) $4 - 2x + \frac{1}{4}x^2$
g) $16 - 4x^2$ h) $\frac{1}{4}u^2 - 2uv + 4v^2$
i) $2x^2 + 6x$ j) $\frac{4}{9}u^2 + 4uv + 9v^2$

S. 48, 8.
a) $x^2 + 6x + 9 = (x + 3)^2$
b) $a^2 + 12a + 36 = (a + 6)^2$
c) $25u^2 - 60uv + 36v^2 = (5u - 6v)^2$
d) $36 + 12x + x^2 = (x + 6)^2$
e) $(2u + v)(2u - v) = -v^2 + 4u^2$
f) $9x^2 + y^2 + 6xy = (3x + y)^2$
g) $a^2 + b^2 + 2ab = (a + b)^2$
h) $(2x + y)^2 = 4x^2 + 4xy + y^2$

S. 48, 9.
a) $(a - b)^2$ b) $(x + y)^2$
c) $(a + 2)^2$ d) $(3 - x)(3 + x)$
e) $(3a + 2b)^2$

S. 48, 10.
$A_{\text{Quadrat}} = a^2$; $A_{\text{Rechteck}} = (a - 1)(a + 1) = a^2 - 1$
Das Rechteck ist eine Flächeneinheit kleiner als das Quadrat.

S. 48, 11.
a) $x = 0{,}5$ b) $x = -1{,}25$
c) $x = 0$ d) $x = -2$
e) $x = 0{,}25$ f) $x_1 = 2; x_2 = -2$
g) $x_1 = 3; x_2 = -3$ h) $x = 0{,}95$
i) $x = -\frac{1}{7}$

S. 49, 12.

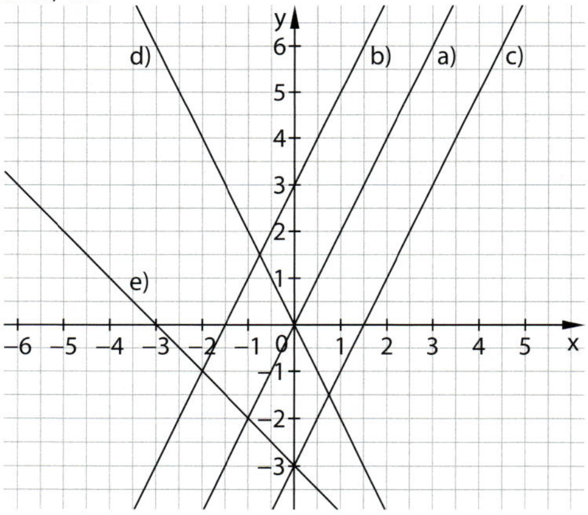

S. 49, 13.
a) ②   b) ①
c) $m = 1, S(0|1)$ d) ③

S. 49, 14.

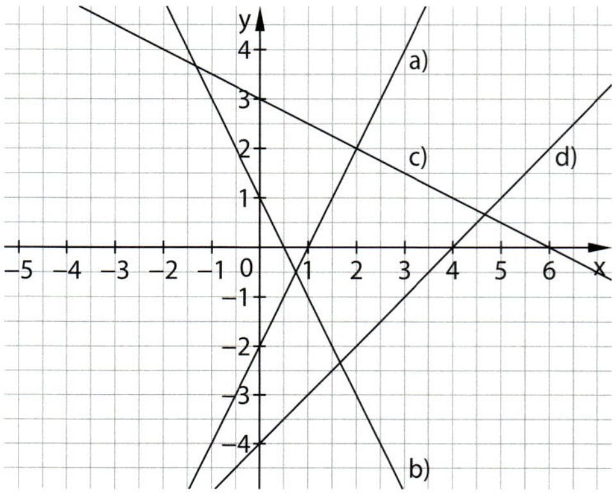

Schnittpunkte mit den Koordinatenachsen
a) (0|−2); (1|0) b) (0|1); (0,5|0)
c) (0|3); (6|0) d) (0|−4); (4|0)

S. 49, 15.
a) $x = 1$ b) $x = 8$ c) $x = 1$ d) $x = 3$

S. 49, 16.
$y = 2x - 4$

S. 49, 17.
a) (−1|3) b) (2|−1)
c) kein Schnittpunkt

S. 49, 18.
a), b), e) auf der Geraden c), d) nicht

S. 49, 19.
m: Steigung; b: y-Achsenabschnitt

S. 49, 20.
64; 121; 169; $\frac{1}{4}$; $\frac{9}{25}$; 0,49; 0,25; 1,44

S. 49, 21.
a) 11 b) nicht definiert c) 0,3
d) $\frac{1}{2}$ e) $\frac{4}{5}$

S. 49, 22.
a) $1{,}96\,dm^2$ b) $\sqrt{52\,cm^2} \approx 7{,}21\,cm$

S. 49, 23.
$a = 4\,cm$

S. 49, 24.
Kapital nach einem Jahr: 15 000 € · 1,027 = 15 405 €
Zinsen für Monate 13–15:
Z = 15 405 € · 0,027 · 0,25 = 103,98 €
Kapital nach 15 Monaten: 15 508,98 €

Prüfe dein neues Fundament (S. 96/97)

S. 96, 1.
a) P(3,5|12,25) b) P(1,4|1,96) oder P(−1,4|1,96)
c) P(0|0) d) P(0|0) e) nicht möglich

S. 96, 2.

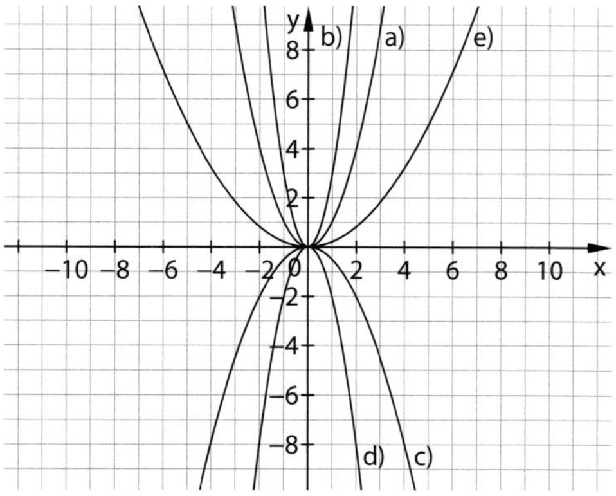

S. 96, 3.
a) 2 Einheiten nach oben; S(0|2)
b 1 Einheit nach links; S(−1|0)
c) 2 Einheiten nach rechts und 1 Einheit nach unten; S(2|−1)
d) 0,5 Einheiten nach links und 2,25 Einheiten nach unten; S(−0,5|−2,25)

S. 96, 4.
a) ① $f(x) = (x + 7)^2 - 4$
② $f(x) = (x + 1{,}5)^2 + 3{,}5$
③ $f(x) = (x + 1)^2 - 6{,}25$
b) ① $x_1 = -5$; $x_2 = -9$
② keine Nullstellen
③ $x_1 = 1{,}5$; $x_2 = -3{,}5$

S. 96, 5.
Scheitelpunkte:
a) S(2|1) b) S(1|−1) c) S(4|−2)

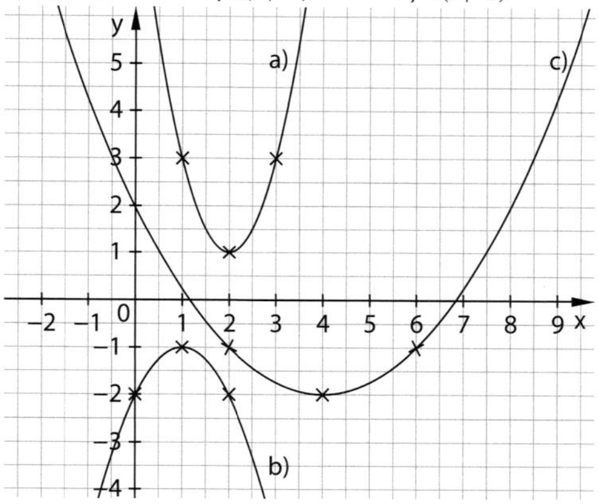

S. 96, 6.
a) $f(x) = (x + 0{,}5)^2 - 1$ b) $x_1 = 3$; $x_2 = -4$

S. 96, 7.
a) $x_1 = 2$; $x_2 = -2$ b) $x_1 = 7$; $x_2 = -1$ c) $x_1 = 0$; $x_2 = 4$

S. 96, 8.
a) ① $f(x) = -\frac{69}{79^2}x^2$ ② $f(x) = -\frac{69}{79^2}(x - 79)^2 + 69$
b) rund 9,30 m

S. 96, 9.
a) Scheitelpunktform gegeben
allgemeine Form: $f(x) = 2x^2 - 4x - 16$
faktorisierte Form: $f(x) = 2(x - 4)(x + 2)$
b) allgemeine Form gegeben
Scheitelpunktform: $g(x) = (x - 7)^2 - 4$
faktorisierte Form: $g(x) = (x - 9)(x - 5)$
c) faktorisierte Form gegeben
allgemeine Form: $h(x) = -3x^2 - 6x + 24$
Scheitelpunktform: $h(x) = -3(x + 1)^2 + 27$

S. 96, 10.
eine Lösung für $a = 3$
keine Lösung für $a > 3$
zwei Lösungen für $a < 3$

S. 96, 11.
a) $x_1 = 0{,}2$; $x_2 = -0{,}2$ b) $x_1 = 5$; $x_2 = -5$
c) $x_1 = 0$; $x_2 = -1$ d) $x_1 = 3$; $x_2 = -3$

S. 96, 12.
a) Nullstellen: $x_1 = 0$; $x_2 = 300$
Der Ball fliegt 300 m weit.
b) Scheitelpunkt: S(150|45)
Der Ball fliegt 45 m hoch.

S. 97, 13.
a) $x_{1,2} = 3 \pm \sqrt{(-3)^2 - 8}$
b) $x_{1,2} = 6 \pm \sqrt{(-6)^2 - 32}$
c) $x_{1,2} = -3 \pm \sqrt{3^2 - 8}$
d) $x_{1,2} = \frac{1}{2} \pm \sqrt{\left(-\frac{1}{2}\right)^2 - \left(-\frac{3}{4}\right)}$

S. 97, 14.
a) $x_1 = -3$; $x_2 = -1$
b) keine Lösung
c) $x_1 = 5$; $x_2 = 1$
d) $x_1 = 8$; $x_2 = 6$
e) $x_1 = 5$; $x_2 = 3$
f) $x_1 = -3 + \sqrt{2}$; $x_2 = -3 - \sqrt{2}$

S. 97, 15.
$2 \cdot 24 = (x + 6)(x + 4)$
$0 = x^2 + 10x - 24$ $\quad x_1 = 2$; $x_2 = -12$
Nur positive Lösung sinnvoll, daher x = 2

S. 97, 16.
a) $A(x) = (10 - x)(10 + 2x) = -2x^2 + 10x + 100$
Scheitelpunktform: $A(x) = -2\left(x - \frac{5}{2}\right)^2 + 112{,}5$
A wird maximal im Scheitelpunkt $S(\frac{5}{2}|112{,}5)$.
Also ist $x = \frac{5}{2} = 2{,}5$.
b) $A(x) = (10 - x)(10 + 5x) = -5x^2 + 40x + 100$
Scheitelpunktform: $A(x) = -5(x - 4)^2 + 180$
A wird maximal im Scheitelpunkt S(4|180).
Also ist x = 4.

S. 97, 17.
a) $-\frac{1}{10}(x - 10)^2 + 10 = \frac{1}{2}x$
b) $x_1 = 0$; $x_2 = 15$
Probe für x_1: $-\frac{1}{10}(0 - 10)^2 + 10 = 0 \quad \frac{1}{2} \cdot 0 = 0$
Probe für x_2: $-\frac{1}{10}(15 - 10)^2 + 10 = 7{,}5 \quad \frac{1}{2} \cdot 15 = 7{,}5$

S. 97, 18.
a) $S_1(1|4)$; $S_2(-3|4)$
b) S(0|1)
c) $S_1(0|1)$; $S_2(1|0)$
d) keine

Wiederholungsaufgaben (S. 97)

S. 97, 1.
23,94 €

S. 97, 2.
x = 1,25; y = 0,25

S. 97, 3.
$\alpha = 50°$, $\beta = 40°$

S. 97, 4.
Der Wagen kostet 14 000 €.

Lösungen zu Kapitel 3: Satzgruppe des Pythagoras

Dein Fundament (S. 100/101)

S. 100, 1. z. B.
a)
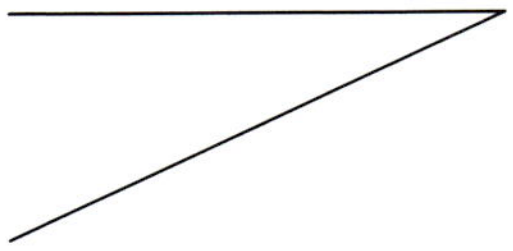
b)
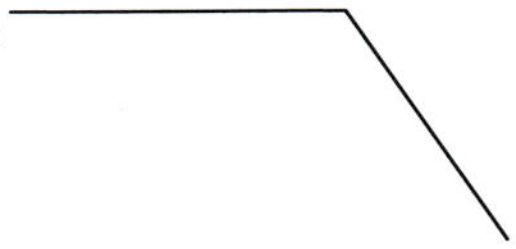
c)

S. 100, 2.
a) 45°, spitz
b) 135°, stumpf
c) 225°, überstumpf
d) ≈ 26,56°, spitz

S. 100, 3.
a) $\alpha_4 = \beta_2 = 76°$
b) $\beta_1 = \alpha_1 = 100°$
c) $\alpha_1 = \alpha_3 = \beta_1 = \beta_3 = 110°$; $\alpha_2 = \alpha_4 = \beta_2 = \beta_4 = 70°$

S. 100, 4.
a) u = 20 cm; A = 21 cm^2
b) u = 44 cm; A = 121 cm^2
c) u = 24 cm; A = 24 cm^2

S. 100, 5.
a) ① unregelmäßig; ② unregelmäßig; ③ gleichschenklig; ④ gleichseitig; ⑤ unregelmäßig; ⑥ gleichschenklig
b) ① rechtwinklig; ② stumpfwinklig; ③ spitzwinklig; ④ spitzwinklig; ⑤ spitzwinklig; ⑥ rechtwinklig

S. 100, 6.
a) $\gamma = 72°$; längste Seite: c
b) $\gamma = 50°$; längste Seite: b
c) $\alpha = 60°$, alle Seiten gleich lang
d) $\beta = \gamma = 45°$; längste Seite: a
e) $\alpha = 30°$; $\beta = 60°$; $\gamma = 90°$, längste Seite: c

S. 100, 7.
a) Zeichnen einer Seite, abtragen der anderen beiden Seiten mit dem Zirkel von den beiden Endpunkten der ersten Seite. Der Schnittpunkt der Kreise ist der dritte Eckpunkt des Dreiecks.
b) Zeichnen der beiden gegebenen Seiten mit dem gegebenen eingeschlossenen Winkel, verbinden der Endpunkte. Seite a ist ca. 1,6 cm lang.

S. 100, 8.
a) 5 cm
b) 1,3 dm
c) 0,9 m
d) 0,2 km

S. 101, 9.
a) x = −4,5
b) $x_1 = 3$; $x_2 = -3$
c) x = 2
d) x = 3

S. 101 10.

a) $a = b - c^2$; $c = \sqrt{b - a}$
b) $b = \frac{a^2}{c}$; $c = \frac{a^2}{b}$
c) $a = \frac{25}{b^2}$; $b = \frac{5}{\sqrt{a}}$
d) $a = \sqrt{25 - b}$; $b = 25 - a^2$

S. 101, 11.

a) $L = \{6; -6\}$
b) $L = \{\}$
c) $L = \{\sqrt{0{,}5}; -\sqrt{0{,}5}\}$
d) $L = \{\sqrt{3}; -\sqrt{3}\}$

S. 101, 12.

a) $x^2 + 7x + 10$
b) $xy - 3x + 7y - 21$
c) $ab + 4a - 6b - 24$
d) $6a - 3b^2 + 3b - 6ab$

S. 101, 13.

a) 10 cm; 100 cm; 0,1 cm; 100 000 cm; 5 cm; 75 cm; 7,5 cm; 150 cm
b) 100 cm^2; 0,01 cm^2; 10 000 cm^2; 1200 cm^2; 500 cm^2; 0,25 cm^2; 10 cm^2; 300 cm^2

S. 101, 14.

a) 0,25 dm; 0,15 m; 20 cm; 350 mm; 0,01 km; 12 m; 1350 cm; 140 dm
b) 0,1 dm^2; 2500 mm^2; 200 cm^2; 0,07 m^2; 10 dm^2; 0,3 m^2; 5000 cm^2; 150 dm^2

S. 101, 15.

a)
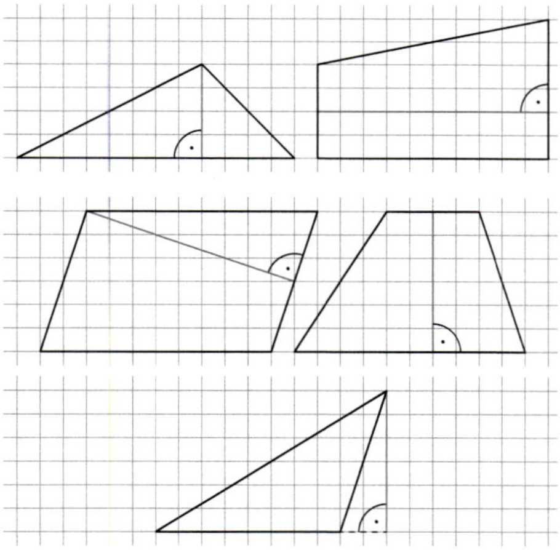

b) ① $A = 1{,}5\,cm^2$
② $A = 3{,}125\,cm^2$
③ $A = 3{,}75\,cm^2$
④ $A = 2{,}625\,cm^2$
⑤ $A = 1{,}5\,cm^2$

S. 101, 16.

a) Wenn eine Zahl durch 6 teilbar ist, dann ist sie auch durch 3 teilbar.
Voraussetzung: Die Zahl ist durch 6 teilbar.
Behauptung: Die Zahl ist durch 3 teilbar.
b) Wenn drei Winkel die Innenwinkel eines Dreiecks sind, dann ist ihre Summe 180°.
Voraussetzung: Drei Winkel sind Innenwinkel eines Dreiecks. Behauptung: Summe ist 180°.
c) Wenn zwei Winkel Scheitelwinkel sind, dann sind sie gleich groß.
Voraussetzung: Zwei Winkel sind Scheitelwinkel.
Behauptung: Sie sind gleich groß.
d) Wenn zwei Zahlen Quadratzahlen sind, dann ist auch ihr Produkt eine Quadratzahl.
Voraussetzung: Zwei Zahlen sind Quadratzahlen.
Behauptung: Ihr Produkt ist eine Quadratzahl.
e) Wenn zwei Winkel Wechselwinkel an geschnittenen Parallelen sind, dann sind sie gleich groß.
Voraussetzung: Zwei Winkel sind Wechselwinkel an geschnittenen Parallelen.
Behauptung: Sie sind gleich groß.

S. 101, 17.

Die Behauptung von Michael ist richtig:
$5^2 + 12^2 = 25 + 144 = 169 = 13^2$.
Weitere Beispiele zwischen 2^2 und 11^2 z. B.:
$3^2 + 4^2 = 9 + 16 = 25 = 5^2$
$6^2 + 8^2 = 36 + 64 = 100 = 10^2$

Prüfe dein neues Fundament (S. 122/123)

S. 122, 1.

Frau Meier kann die Längen der Seiten sowie die Länge der Diagonalen messen. Wenn der Satz des Pythagoras erfüllt ist, sind die Ecken des Holzrahmens rechtwinklig.

S. 122, 2.

a) $c = 10\,cm$
b) $b \approx 286\,mm$
c) $c \approx 3{,}84\,cm$
d) $b \approx 5{,}32\,dm$
e) $a \approx 5{,}55\,cm$
f) $b \approx 14{,}21\,cm$

S. 122, 3.

a) Jan: 150 m; Luca: etwa 111,8 m
b) Wenn beide gleich schnell laufen, ist Jan auch genau 111,8 m gelaufen, wenn Luca am Ziel ist. Er hat dann also noch etwa 38,2 m vor sich, unabhängig von der Geschwindigkeit.

S. 122, 4.

a) waagrechte Strecke: 3000 m; Länge der Straße etwa 3015 m
b) Steigung: 9 %; Länge der Straße etwa 2008 m

S. 122, 5.

a) $\sqrt{8^2 + 15^2} = 17$: Das Dreieck ist rechtwinklig, der rechte Winkel ist γ.
b) $\sqrt{2^2 + 1^2} \neq 5$: Das Dreieck ist nicht rechtwinklig.
c) $\sqrt{13^2 + 84^2} = 85$: Das Dreieck ist rechtwinklig, der rechte Winkel ist β.
d) $\sqrt{3{,}8^2 + 4{,}5^2} \neq 5{,}89$: Das Dreieck ist nicht rechtwinklig.
e) $\sqrt{4{,}1^2 + 5{,}7^2} \neq 53{,}4$: Das Dreieck ist nicht rechtwinklig.
f) $\sqrt{0{,}5^2 + 0{,}29^2} \neq 0{,}7$: Das Dreieck ist nicht rechtwinklig.

S. 122, 6.

	a	b	c	α	β	γ
a)	3 cm	4 cm	5cm	36,87°	53,13°	90°
b)	4 cm	5 cm	3 cm	53,13°	90°	36,87°
c)	2 cm	3 cm	4 cm	34°	67°	79°
d)	5 cm	7,07 cm	5 cm	45°	90°	45°
e)	10,15 cm	4,1 cm	6,43 cm	80,94°	41,72°	57,34°

a), b) und d) sind rechtwinklig, da jeweils ein Winkel 90° ist.

S. 122, 7.
98,42 m

S. 122, 8.

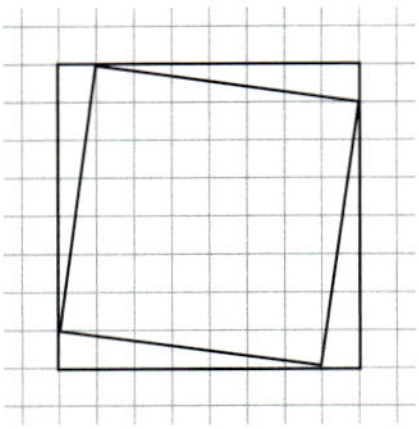

Die Seitenlängen des einbeschriebenen Quadrates ergeben sich aus den zugeordneten Abschnitten der Seiten des großen Quadrates (1 cm und 7 cm).
Damit gilt für die Seitenmaßzahlen s des kleinen Quadrates:
$s^2 = 1^2 + 7^2$, also $s = \sqrt{50}$
Der Flächeninhalt beträgt daher $50\,cm^2$.

S. 123, 9.
a) q = 9 cm b) h = 10 cm c) c = 22,5 cm

S. 123, 10.
a) h = 6 cm b) p = 8 cm
c) c = 8 m; $b = \sqrt{32}\,m \approx 5{,}66\,m$
d) p = 3,6 dm; q = 6,4 dm e) p = 4 cm; $h \approx 4{,}47$ cm
f) h = 12 cm

S. 123, 11.
Die Werte wurden auf die zweite Nachkommastelle gerundet.

	a	b	c	p	q	h
a)	4 cm	8,06 cm	9 cm	1,78 cm	7,22 cm	3,58 cm
b)	46,48 cm	12 cm	48 cm	45 cm	3 cm	11,62 cm
c)	5,83 cm	9,72 cm	11,34 cm	3 cm	8,34 cm	5 cm
d)	5,34 cm	5,27 cm	7,5 cm	3,8 cm	3,7 cm	3,75 cm
e)	4,62 cm	8 cm	9,24 cm	2,31 cm	6,93 cm	4 cm

Wiederholungsaufgaben (S. 123)

S. 123, 1.

Grundkapital	Zinssatz	Zinsen
150 €	3 %	4,50 €
250 €	4 %	10 €
350 €	4 %	14 €

S. 123, 2. Beispiele
Prisma mit rechtwinkligem Dreieck als Grundfläche
Netz:

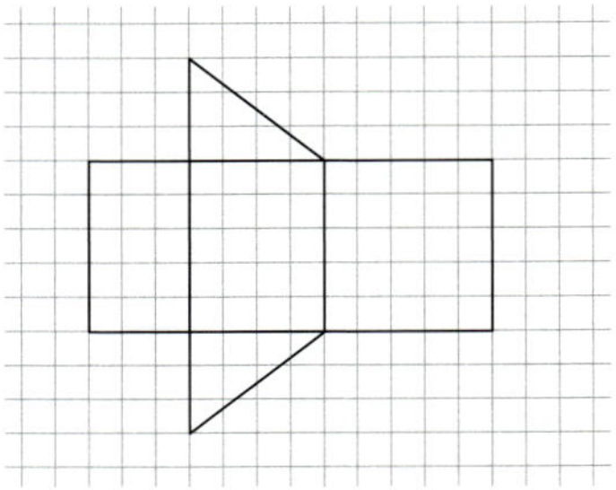

Schrägbild:

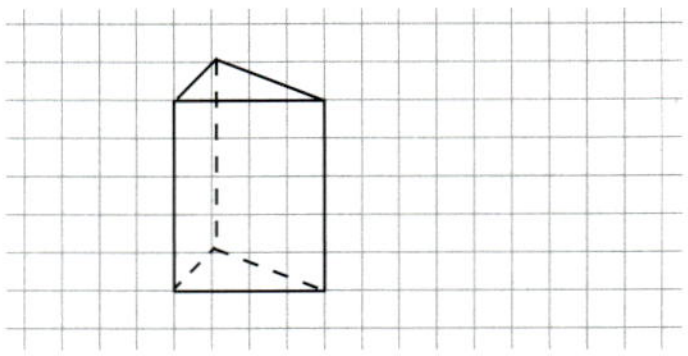

S. 123, 3.
a) ④ b) ②
c) ① d) ③

S. 123, 4.
a) 83,050 b) 83,05
c) 83,0

Lösungen zu Kapitel 4: Statistische Auswertungen

Dein Fundament (S. 126/127)

S. 126, 1.
a) Arithmetisches Mittel (51,14 g)
Median (51 g)
b) Arithmetisches Mittel (3,71 m)
Median (3,78 m)

S. 126, 2.
a) Median: 1,65 m;
Arithmetisches Mittel: 1,66 m
b) Der Median ist um 1 cm kleiner als das arithmetische Mittel.
c) Drei Mitglieder der Sportgruppe sind größer.

S. 126, 3. (Beispiele)
a) 3; 4; 4,5; 5; 6
b) 4; 5; 6; 7; 8
c) 4; 10; 12; 16; 18

S. 126, 4.
a) Arithmetisches Mittel: $31{,}05\,\frac{km}{h}$; Median: $29\,\frac{km}{h}$
b) Falsche Aussage:
Es genügt ein sogenannter „Ausreißer" nach oben, um einen Durchschnitt über $30\,\frac{km}{h}$ zu erhalten.
c) Der Wert $65\,\frac{km}{h}$ muss durch $44\,\frac{km}{h}$ ersetzt werden.

S. 126, 5.

a)

	Branden-burg	Potsdam	Berlin
Pkws	425	500	670
Mit Mängeln	51	55	67
(in %)	12 %	11 %	10 %

b) Absolut hatten in Berlin die meisten Pkws Mängel. Dort erfolgten die meisten Kontrollen.
Relativ (bzw. prozentual) hatten in Brandenburg die meisten Pkws Mängel.

S. 126, 6.

	Fuß-ball	Hand-ball	Leicht-athletik
Absolute Häufigkeit	140	120	80
mögliche Höhe im Säulendiagramm	7 cm	6 cm	4 cm
Winkel im Kreis-diagramm	148°	127°	85°

S. 127, 7.

a) Rote Würfel: $\frac{4}{20} = \frac{1}{5} = 0{,}2 = 20\,\%$

Grüne Würfel: $\frac{5}{20} = \frac{1}{4} = 0{,}25 = 25\,\%$

Blaue Würfel: $\frac{11}{20} = 0{,}55 = 55\,\%$

b) Vermutung: Im Gefäß sind 4 rote, 5 grüne und 11 blaue Würfel, oder Vielfache davon.
($0{,}2 \cdot 20 = 4$; $0{,}25 \cdot 20 = 5$; $0{,}55 \cdot 20 = 11$)

S. 127, 8.

a) Zelle E3: =B1*B2+C1*C2+D1*D2+E1*E2

b) Zelle E4: =SUMME(B2:E2); Zelle E5: =E2/E4

c)

Anzahl	0	1	2	3
Säulen-Diagramm	4,2 cm	10,1 cm	7,4 cm	2,3 cm
Kreis-Diagramm	63°	151°	111°	35°

S. 127, 9.

a) h(A) = 0,25; h(B) = 0,75

b) h(A) = 0,5; h(B) = h(C) = 0,25

c) h(A) = h(C) = 0,125; h(B) = 0,5; h(D) = 0,25

d) h(A) = h(C) = 0,25; h(B) = 0,125; h(D) = 0,375

S. 127, 10.

a) Individuelle Lösung

b) Individuelle Lösung

S. 127, 11.

Es gibt $10 \cdot 10 \cdot 10 = 1000$ Möglichkeiten, einen Code für das Schloss festzulegen.

S. 127, 12.

a) $A = 50\,cm \cdot 20\,cm = 1000\,cm^2$

b) Nach der Veränderung: a = 5 cm, b = 22 cm,
$A = 110\,cm^2$, das entspricht 11 % des alten Flächeninhalts

S. 127, 13.

a) 790 (Punktrechnung vor Strichrechnung)

b) 1,6 (Wert in Klammer zuerst, dann quadrieren, dann multiplizieren)

c) 1,8 (Wie bei b) rechnen, dann addieren)

Prüfe dein neues Fundament (S. 152/153)

S. 152, 1.

a)

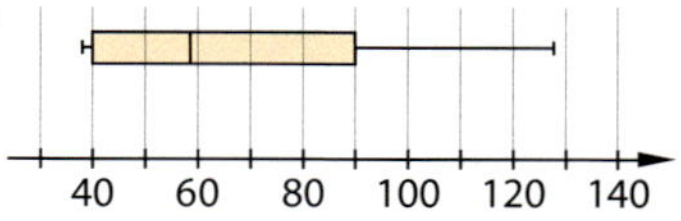

b) Arithmetisches Mittel: 65,25 min,
Median: 58 min, Modalwert: 40 min,
Standardabweichung: 28,80 min

S. 152, 2.

a)

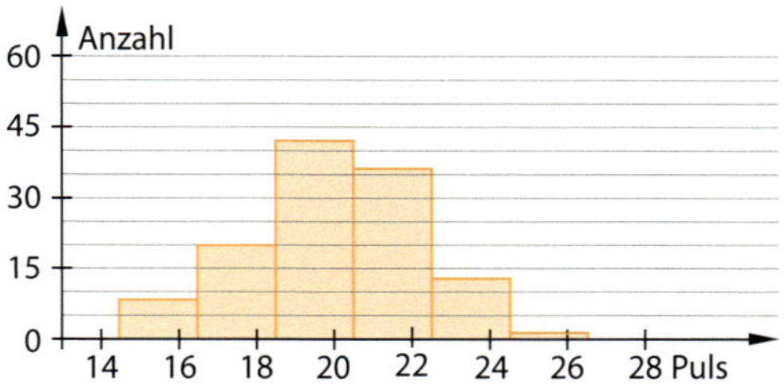

b) Arithmetisches Mittel: 20 Pulsschläge in 15 s,
Standardabweichung ca. 2,13 Pulsschläge in 15 s

S. 152, 3. (Beispiel)

5, 5, 5, 5, 5, 5, 5, 20, 20, 20, 20, 20, 20, 20, 20

S. 152, 4. (Beispiel)

Im Säulendiagramm sind die Arbeitslosenzahlen für Frauen und Männer getrennt für die Jahre 1991, 1995, 2000, 2005, 2010 und 2015 in Deutschland dargestellt.

- In den Jahren 1991, 1995 und 2000 gab es mehr arbeitslose Frauen als Männer, danach hat sich dieser Trend umgekehrt.
- Bis zum Jahr 2005 ist die Arbeitslosenzahl insgesamt gestiegen.
- In den Jahren 2010 und 2015 sind die Arbeitslosenzahlen gesunken. Die Anzahl arbeitsloser Männer ist 2015 so hoch wie 1991, während die der Frauen deutlich niedriger ist.

S. 152, 5

a)

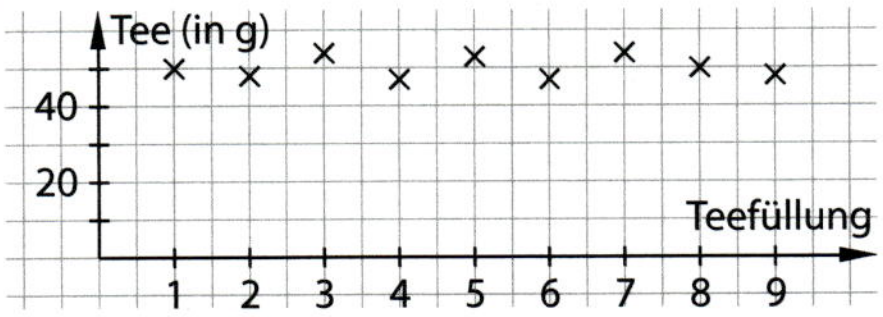

b)

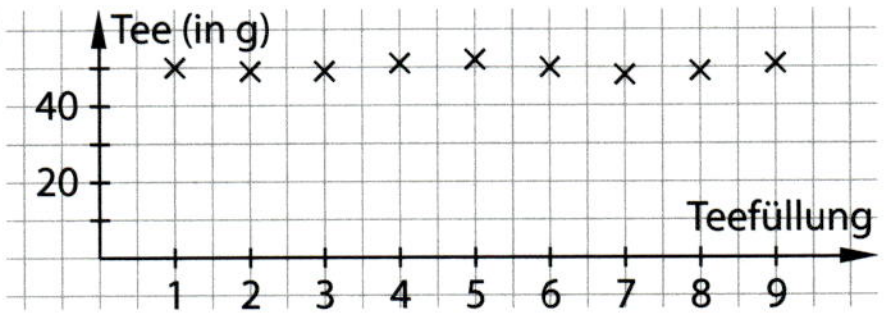

b) Miriam: arithmetisches Mittel: 50 g, Median: 50 g, Standardabweichung: 2,73 g
Lena: arithmetisches Mittel: 49,88 g; für günstigeres Rechnen wurde 50 g gewählt, Median: 50 g, Standardabweichung: 1,44 g

c) Aussage (1) ist wahr, Aussage (2) ist falsch, Aussage (3) ist wahr.

S. 152, 6.

a) Dem Diagramm können die absoluten Umsatzzahlen einer Firma für vier aufeinander folgende Jahre entnommen werden. Sie liegen in all den Jahren über 80 Millionen Euro, weisen jedoch gegenüber dem ersten Jahr einen Rückgang auf.

b) Weil die y-Achse nicht bei 0 sondern bei 80 Mio. Euro beginnt, erweckt das Diagramm den Eindruck eines starken Umsatzrückgangs, was aber nicht der Fall ist. Die y-Achse sollte bei 0 beginnen.

S. 153, 7.

a) Die Einschaltquoten haben sich fast halbiert.

b) In Darstellung ① fällt der Rückgang am wenigsten ins Auge.

S. 153, 8.

a) Verdoppelt man alle Kantenlängen, so hat die neue würfelförmige Packung das 8-fache Volumen. Die Darstellung ist irreführend, da die Menge des Waschmittels (und damit das Volumen) nur verdoppelt wurde.

b) Kantenlänge des kleineren Würfels: a;
Kantenlänge des größeren Würfels: $\sqrt[3]{2} \cdot a$.

S. 153, 9.

Die Lösung der Aufgabe ist abhängig von der gewählten Software und von der konkreten Realisierung der erzeugten Zufallszahlen.

a) Individuelle Lösung b) Individuelle Lösung

c) Individuelle Lösung

Wiederholungsaufgaben (S. 153)

S. 153, 1.

Individuelle Lösung

S. 153, 2.

a) 2; 5; 8 b) 0; 5

S. 153, 3.

$P(\text{Augensumme } 10) = \frac{3}{36} = \frac{1}{12}$

S. 153, 4.

a) $x = 1{,}2$ b) $x = 2{,}8$

S. 153, 5.

Indirekt proportionale Zuordnung: $y = \frac{120}{x}$; $(x \neq 0)$

Lösungen zu Kapitel 5: Körperberechnungen

Dein Fundament (S. 156/157)

S. 156, 1.

a) Flächeneinheiten: a, ha, km^2, m^2

b) Volumeneinheiten: mm^3, ℓ, mℓ, dm^3

S. 156, 2.

a) 130 mm b) 0,7899 m^2

c) 890 cm^3 d) 8000 mm^2

e) 9 800 000 cm^3 f) 150 a

g) 1 000 000 m^2 h) 0,00045 m^3

S. 156, 3.

a)

mm^2	1 000 000 000	50 000 000	1 015 000
cm^2	10 000 000	500 000	10 150
dm^2	100 000	5000	101,5
m^2	1000	50	1,015
a	10	0,5	0,01015
a	0,1	0,005	0,005

b)

mm^3	10 000 000	1000	15 400 000
cm^3	10 000	1	15 400
dm^3	10	0,001	15,4
mℓ	10 000	1	15 400
ℓ	10	0,001	15,4
hℓ	0,1	0,00001	0,0154

S. 156, 4.

a)

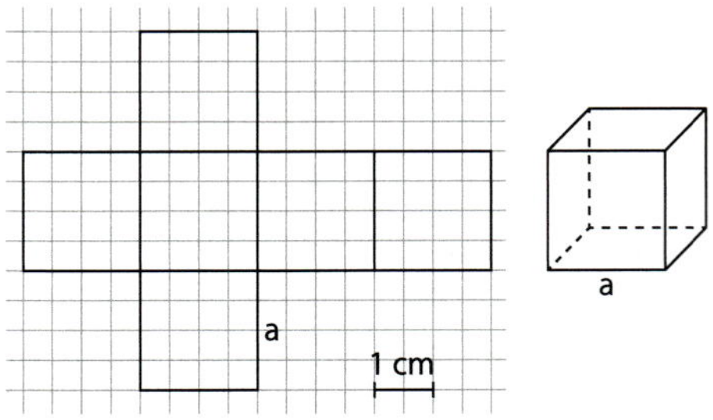

b)

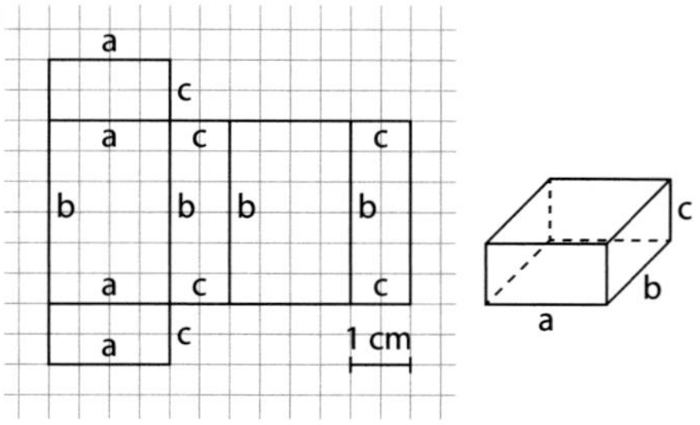

S. 156, 5.
a) Prismennetz, Grundfläche ist ein Dreieck
b) kein Prismennetz, da eine Seitenfläche fehlt
c) Prismennetz, ergibt einen Würfel (Prisma mit quadratischer Grundfläche)
d) kein Prismennetz, ergibt eine Pyramide

S. 156 6.
a) kein Prisma, sondern ein Zylinder
b) Prisma, Grundfläche ist ein Trapez
c) kein Prisma, sondern eine Pyramide
d) Prisma, Grundfläche ist ein Dreieck
e) Prisma, Grundfläche ist ein Sechseck
f) kein Prisma, da es keine kongruenten und parallelen Flächen gibt

S. 156, 7.
a) 10 Ecken, 15 Kanten und 7 Seitenflächen
b)

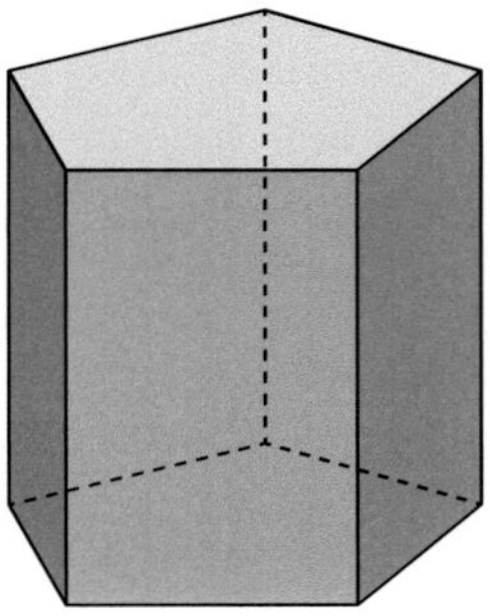

S. 157, 8.
a) $u \approx 6{,}28\,cm$; $A \approx 3{,}14\,cm^2$
b) $r = 2\,cm$; $u \approx 12{,}57\,cm$; $A \approx 12{,}57\,cm^2$
c) $u \approx 8{,}80\,cm$; $A \approx 6{,}16\,cm^2$
d) $r = 1{,}3\,cm$; $u \approx 8{,}17\,cm$; $A \approx 5{,}31\,cm^2$

S. 157, 9.
a) $r \approx 6{,}7\,cm$
b) $r \approx 1\,cm$

S. 157, 10.
a) Setzt man den rechten Halbkreis in die linke Lücke, entsteht ein Quadrat. $A = 4\,cm^2$; $u \approx 10{,}28\,cm$
b) Die Figur besteht aus einem Quadrat und einem Halbkreis. $A \approx 22{,}28\,cm^2$; $u \approx 18{,}28\,cm$

S. 157, 11.
a) $V = 8\,cm^3$, $O = 24\,cm^2$
b) $V = 6\,cm^3$, $O = 22\,cm^2$

S. 157, 12.
a) Grundfläche: $A = 25\,cm^2 - 9\,cm^2 = 16\,cm^2$; $V = 80\,cm^3$, $O = 132\,cm^2$
b) Grundfläche: $A = 4\,cm^2$; $V = 12\,cm^3$; $O = 33\,cm^2$
c) Grundfläche: $A = 24\,cm^2$; $V = 168\,cm^3$, $O = 216\,cm^2$
d) Grundfl.: $A = \pi \cdot (4\,cm)^2 \approx 50{,}3\,cm^2$; $V = 80\,\pi\,cm^3 \approx 251{,}3\,cm^3$; $O = 72\,\pi \approx 226\,cm^2$

S. 157, 13.
a) $a = c = 1\,cm$; $d = b = 2\,cm$; $A = 2\,cm^2$; also $h = 15\,cm$
b) $a = 1{,}5\,cm$; $c = 2\,cm$; $A = 1{,}5\,cm^2$; also $h = 20\,cm$
c) $e = 2\,cm$; $f = 3\,cm$; $A = 3\,cm^2$; also $h = 10\,cm$
d) $a = 3\,cm$; $c = 1{,}5\,cm$; Trapezhöhe: $2\,cm$; $A = 4{,}5\,cm^2$; also $h \cdot 6{,}67\,cm$

S. 157, 14.
a) $h \approx 158{,}2\,cm$
b) $h \approx 5{,}9\,cm$
c) $r \approx 8{,}6\,cm$
d) $r \approx 1{,}6\,cm$

S. 157, 15.
Dies gilt für $a = 6\,cm$, da dann $V = (6\,cm)^3 = 216\,cm^3$ ist und $O = 6 \cdot (6\,m)^2 = 216\,cm^2$.

Prüfe dein neues Fundament (S. 188/189)

S. 188, 1.
a) $O \approx 15{,}3\,cm^2$

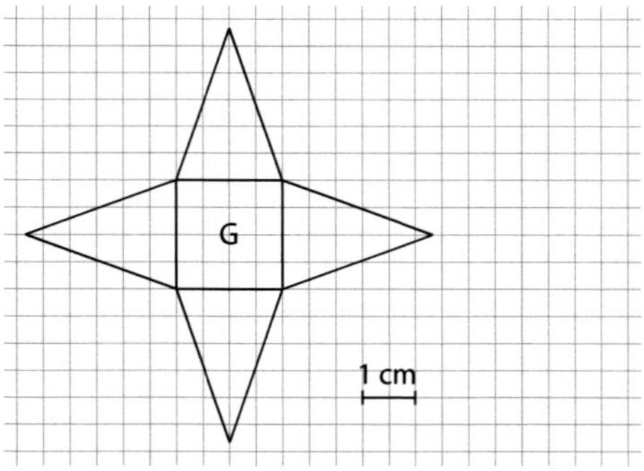

b) $O \approx 80{,}9\,cm^2$

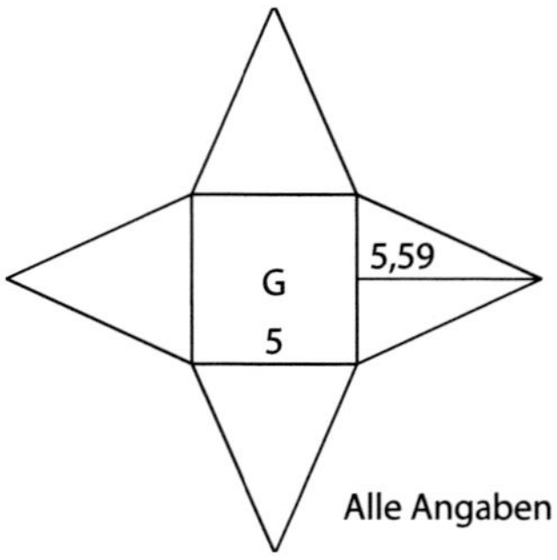

Alle Angaben in cm

c) $O \approx 38{,}7\,cm^2$

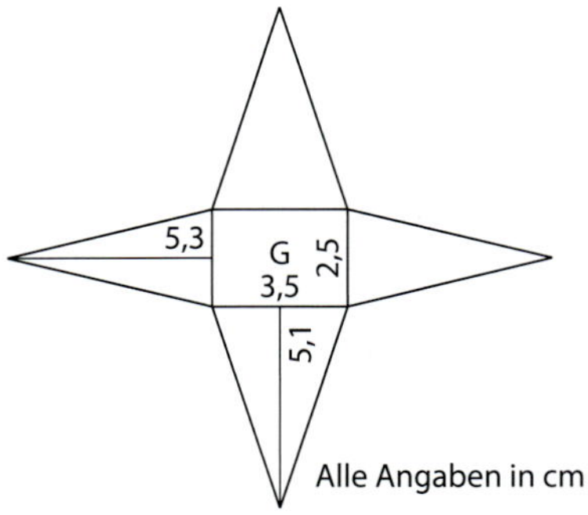

S. 188, 2.
a) $V = 2312\,m^3$ b) $V \approx 16\,781{,}3\,cm^3$
c) $V = 8533\,mm^3$

S. 188, 3.
a) $h = 6\,cm$ b) $h = 9{,}6\,dm$
c) $h = 70\,mm$ d) $h = 5{,}5\,m$

S. 188, 4.
a) $O \approx 35{,}2\,cm^2$
b) $O \approx 2479{,}7\,mm^2$
c) $O \approx 60{,}4\,cm^2$

S. 188, 5.
a) $V \approx 6{,}28\,m^3$
b) $V \approx 20{,}94\,dm^3$
c) $V \approx 459\,960\,mm^3 \approx 460\,cm^3$

S. 188, 6.
a) $h \approx 1{,}9\,cm$ b) $h \approx 2{,}043\,mm$
c) $r \approx 1{,}22\,m$ d) $r \approx 0{,}56\,m$

S. 188, 7.
a) $V_{Glas} = \frac{1}{3}\pi \cdot (2{,}5\,cm)^2 \cdot 10\,cm \approx 65{,}45\,cm^3$; Radius der Flüssigkeit: $r = 2{,}25\,cm$ (Strahlensatz), damit
$V_{Flüssigkeit} = \frac{1}{3}\pi \cdot (2{,}25\,cm)^2 \cdot 9\,cm \approx 47{,}71\,cm^3$;
$V_{Flüssigkeit} : V_{Glas} \cdot 0{,}73$, das Glas ist also zu ca. 73 % gefüllt.
b) $O_{Mantel} \approx 80{,}96\,cm^2$

S. 188, 8.
a) Die Dachfläche entspricht der Mantelfläche der Pyramide, für ein Dach ist $M \approx 203{,}65\,m^2$, für beide Dächer benötigt man also etwa $407{,}3\,m^2$ Kupfer
b) $407{,}3\,m^2 \cdot 98{,}03\,€/m^2 \approx 39\,927{,}62\,€$
c) $V = 720\,m^3 = \frac{1}{3} \cdot h \cdot (120\,m)^2 \Leftrightarrow h = 15\,m$
d) Mit den genaueren Maßen ergeben sich die Mantelflächen
Nordturm: $M \approx 221{,}81\,m^2$; Südturm: $M \approx 202{,}34\,m^2$, das Dacheindecken kostet also tatsächlich $424{,}15\,m^2 \cdot 98{,}03\,€/m^2 \approx 41\,579{,}42\,€$, also etwa 1650 € mehr.

S. 188,9.
a) $V = 320\,cm^3$
b) $320\,cm^3 \cdot 1{,}6\,g/cm^3 = 512\,g$

S. 188, 10.
a) $V \approx 268{,}1\,cm^3$; $O \approx 201{,}1\,cm^2$;
b) $V \approx 1629{,}5\,dm^3$; $O \approx 669{,}7\,dm^2$;
c) $V \approx 54{,}8\,m^3$; $O \approx 69{,}8\,m^2$;
d) $V \approx 83{,}4\,mm^3$; $O \approx 92{,}3\,mm^2$;
e) $V \approx 0{,}028\,cm^3$; $O \approx 0{,}44\,cm^2$;
f) $V \approx 2\,cm^3$; $O \approx 7{,}75\,cm^2$

S. 188, 11.
a) $d = 19{,}7\,m$ b) $1218{,}6\,m^2$

S. 188, 12.
a) $V \approx 569{,}7\,cm^3$; $O \approx 351{,}7\,cm^2$
b) $V \approx 466{,}5\,cm^3$; $O \approx 401{,}8\,cm^2$
c) $V \approx 58{,}8\,cm^3$; $O \approx 55{,}15\,cm^2$
d) $V \approx 143{,}4\,cm^3$; $O \approx 267{,}1\,cm^2$

S. 188, 13.
a) 286,7 g b) 28,67 kg (lässt sich heben)

Wiederholungsaufgaben (S. 189)

S. 189, 1.
a) $(-2)^2 = 4$
b) $(3 \cdot 16)^{-3} : 16^{-3} = 3^{-3} = \frac{1}{27}$ c) $4^{-3} = \frac{1}{64}$

S. 189, 2.
a) keine Funktion b) keine Funktion
c) Funktion

S. 189, 3.
a) kann stimmen
b) kann nicht stimmen, da bereits $13 \cdot 13 = 169$
c) kann nicht stimmen, da $14 \cdot 14 = 196$
d) kann stimmen

S. 189, 4.
a)

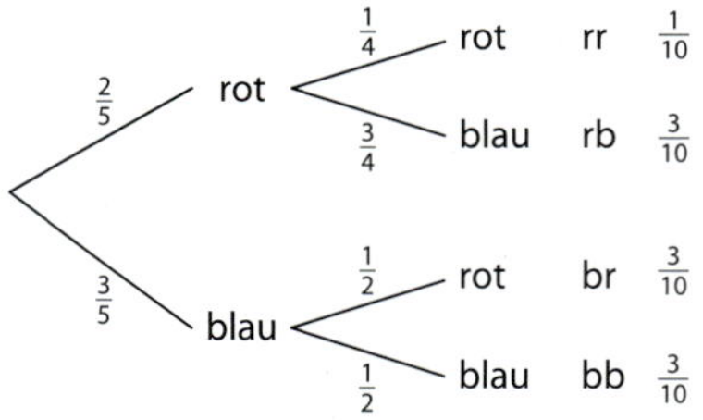

b) $P(rr) = 10\,\%$

S. 189, 5.
a) $c \cdot 3{,}1\,cm$; $\alpha \approx 100{,}6°$; $\beta \approx 29{,}4°$
b) $b \cdot 7\,cm$; $c \cdot 8{,}4\,cm$; $\gamma = 80°$

Lösungen zu Kapitel 6: Potenzfunktionen

Dein Fundament (S. 192/193)

S. 192, 1.
a) 16 b) 27 c) $\frac{1}{64}$ d) −32
e) 1 f) $-\frac{8}{27}$ g) −0,125

S. 192, 2.
a) $\frac{1}{27}$ b) $\frac{1}{9}$ c) $\frac{1}{216}$ d) 16
e) 27 f) 36 g) 6,25

S. 192, 3.

a) $3^6 = 729$ b) $4^1 = 4$ c) $8^3 = 512$

d) $\left(-\frac{2}{3}\right)^5 = -\frac{32}{243}$ e) $3^6 = 729$ f) $2^{-4} = \frac{1}{16}$

g) $(-2)^{-6} = \frac{1}{64}$ h) $15^3 = 3375$ i) $0{,}2^0 = 1$ j) $\frac{2}{3}$

S. 192, 4.

a) a^{-3} b) $(xy)^{-3}$ c) x^3 d) b^{-9}

e) $(ab)^{-2}$ f) $x^{-3} \cdot y^{-7}$ g) $b^{(4n+7)}$ h) x^{4n^2}

i) x^{4a} j) a^{-4}

S. 192, 5.

a) 4 b) 8 c) 10 d) $\frac{2}{3}$

e) 4 f) nicht definiert g) 5

h) 0 i) 2 j) 3 k) 2

l) 0,1 m) $\frac{2}{5}$ n) 2

S. 192, 6.

a) $3^{\frac{1}{2}}; 5^{\frac{1}{3}}; 7^{\frac{3}{2}}; 5^{-\frac{4}{3}}; 2^{\frac{3}{5}}$

b) $\sqrt{16} = 4; \sqrt[3]{64} = 4; \sqrt[4]{81^2} = 9; \sqrt{4^3} = \sqrt{64} = 8; \frac{1}{\sqrt[3]{125}} = \frac{1}{5}$

S. 192, 7.

a) 1 b) $\sqrt{x} \cdot xy$ c) $a + b$

d) $x + 2y$ e) x^3 f) $xy \cdot \sqrt{x}$

g) x h) $x^{\frac{1}{8}} = \sqrt[8]{x}$

S. 192, 8.

a) a = 12 cm b) a = 15 cm

S. 192, 9.

a = 4 cm

S. 192, 10.

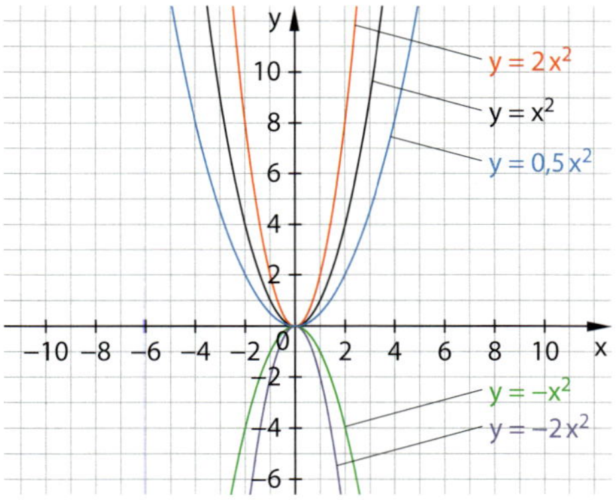

S. 192, 11.

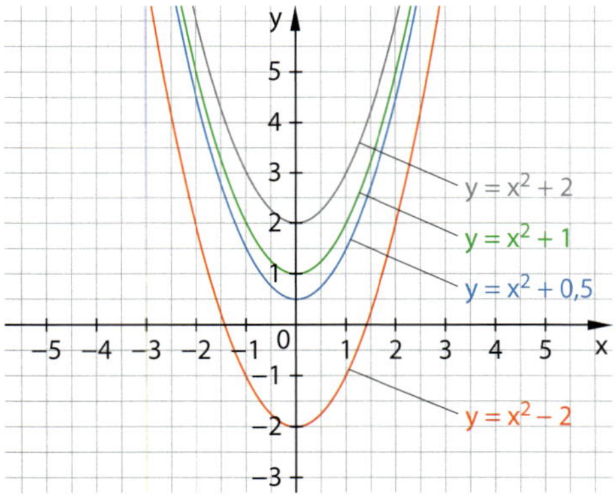

a) blauer Graph: Verschiebung: 0,5 Einheiten nach oben; S(0|0,5)

b) roter Graph: Verschiebung: 2 Einheiten nach unten; S(0|−2)

c) grüner Graph: Verschiebung: 1 Einheit nach oben; S(0|1)

d) grauer Graph: Verschiebung: 2 Einheiten nach oben; S(0|2)

S. 193, 12.

f: S(−3|−3); g: S(4|0,5);

h: S$(-\sqrt{2}|-2)$

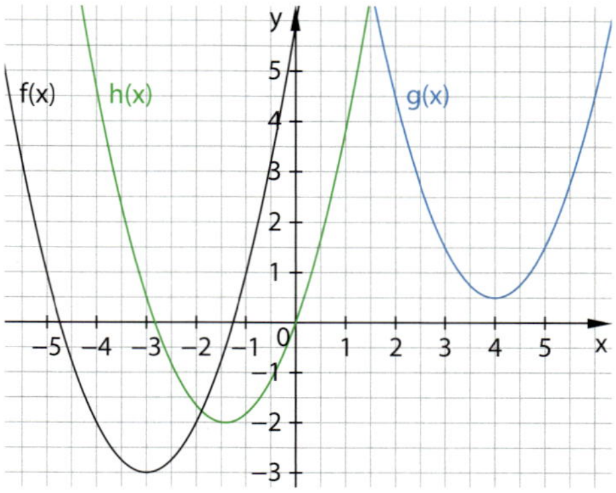

S. 193, 13.

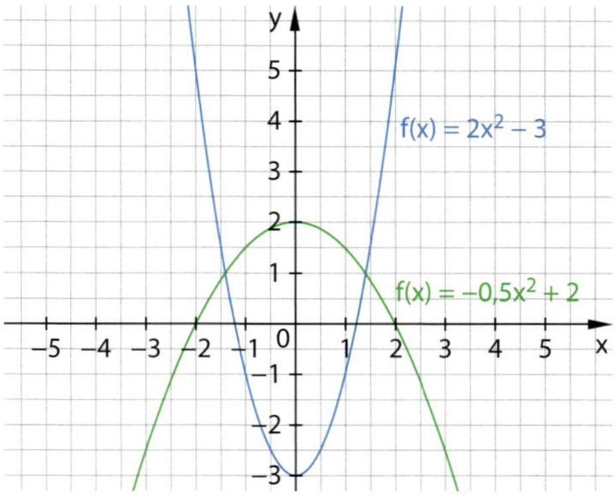

a) $f(x) = 2x - 3$

b) $f(x) = -0{,}5x^2 + 2$

S. 193, 14.

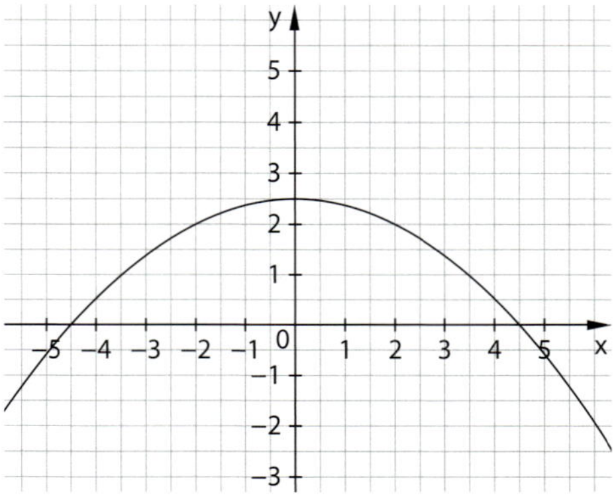

S. 193, 15.

a) $L = \{0{,}5 + \sqrt{2{,}5};\, 0{,}5 - \sqrt{2{,}5}\}$

b) $L = \{2; -8\}$ c) $L = \{\}$ d) $L = \{-1; -5\}$

e) $L = \{\sqrt{7}; -\sqrt{7}\}$ f) $L = \left\{2 + \frac{\sqrt{2}}{7};\, 2 - \frac{\sqrt{2}}{7}\right\}$

S. 193, 16.

a) $x_1 = 0$ und $x_2 = -4$ b) $x_1 = 0$ und $x_2 = -1$

c) $x_1 = 0$ und $x_2 = -15$

S. 193, 17.

a) es wird $f(x) = g(x)$ gelöst, also: $(x - 5)^2 + 2 = 2x$

b) Abgelesenen Lösung: $x = 3$

c) Es gibt eine zweite Lösung: $x = 9$

S. 193, 18.

a) Schnittpunkte: $P(-2|8)$ $Q(3|13)$

b) Schnittpunkte: $P(-2|0)$ $Q(-0{,}25|-1{,}75)$

S. 193, 19.

a) achsen- und punktsymmetrisch

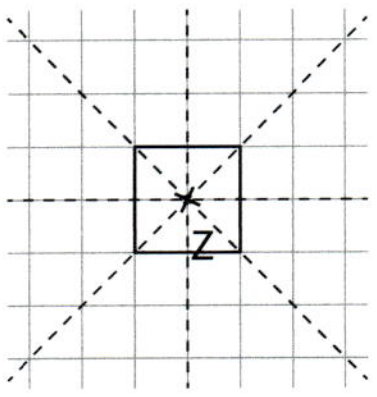

b) punktsymmetrisch

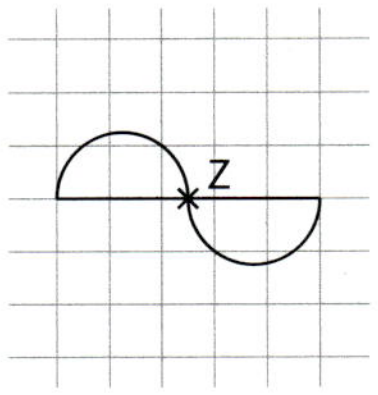

c) achsen- und punktsymmetrisch

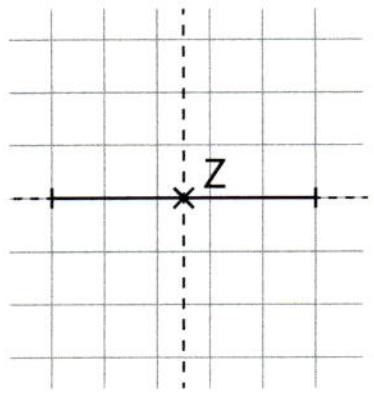

d) punktsymmetrisch

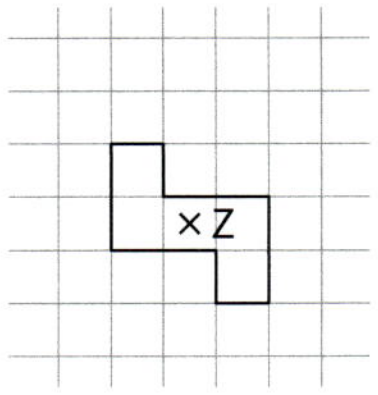

S. 193, 20.

a)

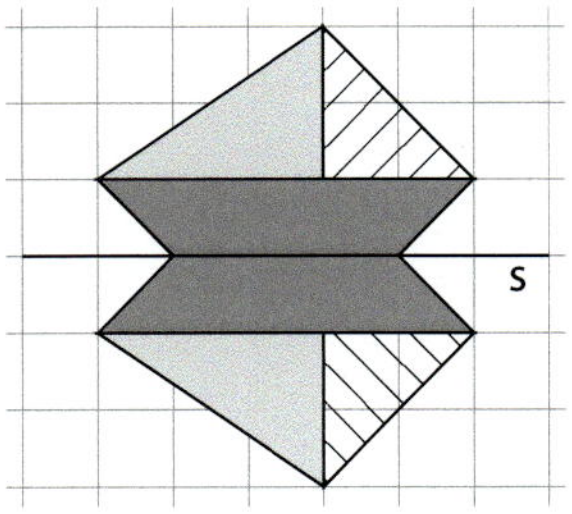

b)

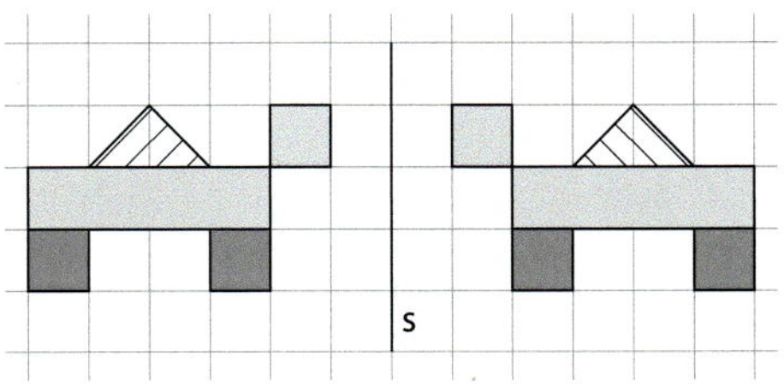

c)

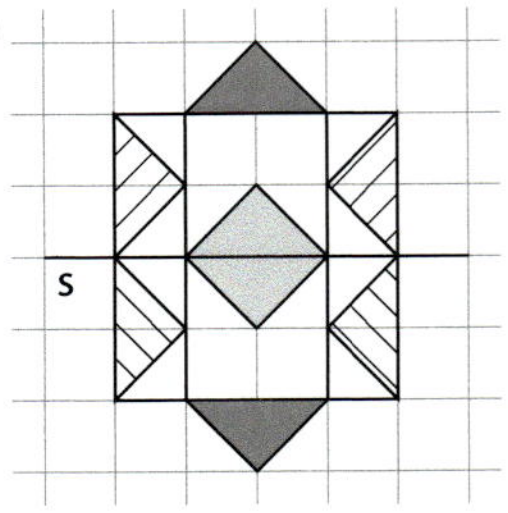

S. 193, 21.

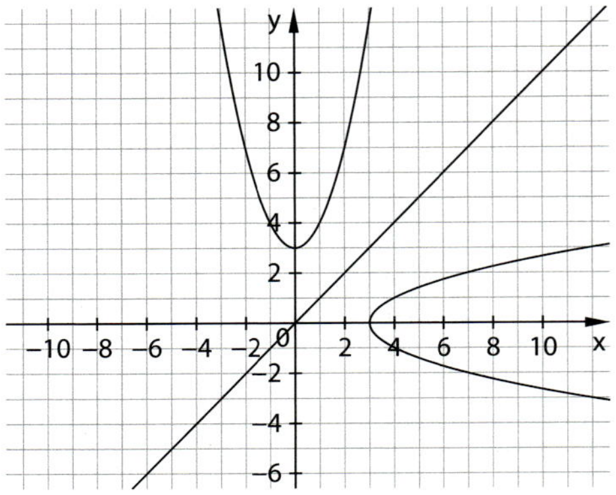

Prüfe dein neues Fundament (S. 216/217)

S. 216, 1.

a) $P(5|125)$; $Q(-4|64)$; $R(0{,}6|0{,}216)$; $S(0{,}2|0{,}008)$; $T(-\frac{1}{4}|-\frac{1}{64})$

b) $P(3|81)$; $Q(4|256)$; $R(-2|16)$; $S(0{,}2|0{,}0016)$; $T(\frac{2}{3}|\frac{16}{81})$

Mehrere Möglichkeiten bei P, Q, S und T (es können sowohl + als auch – vor den x-Wert gesetzt werden)

S. 216, 2.

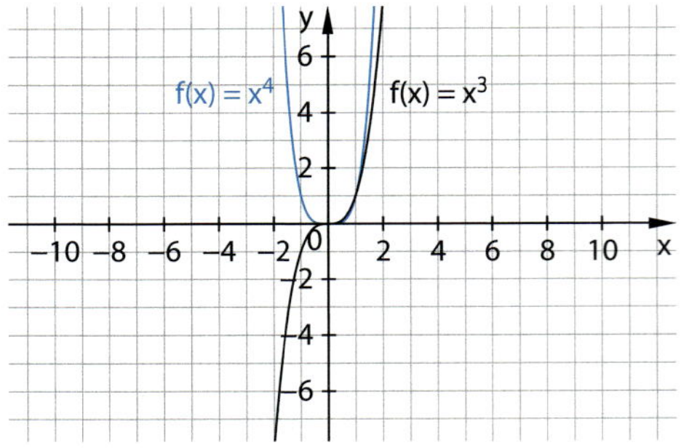

x^4 ist achsensymmetrisch und verläuft monoton fallend bis zur 0 und dann für größer werdende x ist der Graph monoton steigend. x^3 ist punktsymmetrisch und verläuft durchgehend monoton steigend.

S. 216, 3.
a) P: ja, Q: ja, R: nein, S: ja, T: ja
b) P: nein, Q: nein, R: ja, S: ja, T: nein

S. 216, 4.

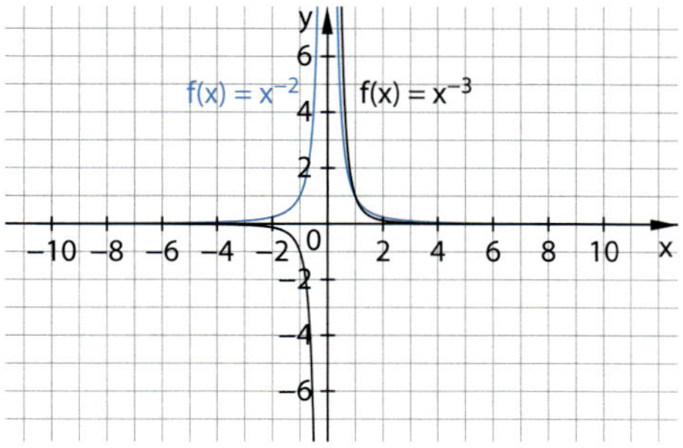

x^{-2} ist achsensymmetrisch und verläuft monoton steigend bis zur 0 (0 ist nicht definiert) und verläuft für Werte größer 0 monoton fallend.
x^{-3} ist punktsymmetrisch und verläuft durchgehend monton fallend.

S. 216, 5.
a) ①, ② und ⑥ treffen zu
b) ① und ⑤ treffen zu
c) ①, ② und ⑥ treffen zu
d) ①, ④, ⑤ und ⑦ treffen zu
e) ①, ②, ④, ⑤ und ⑦ treffen zu
f) ① und ⑤ treffen zu

S. 216, 6.
a) ① $f(a) = a^3$ ② $f(a) = 6a^2$ ③ $f(V) = \sqrt[3]{V}$
b)

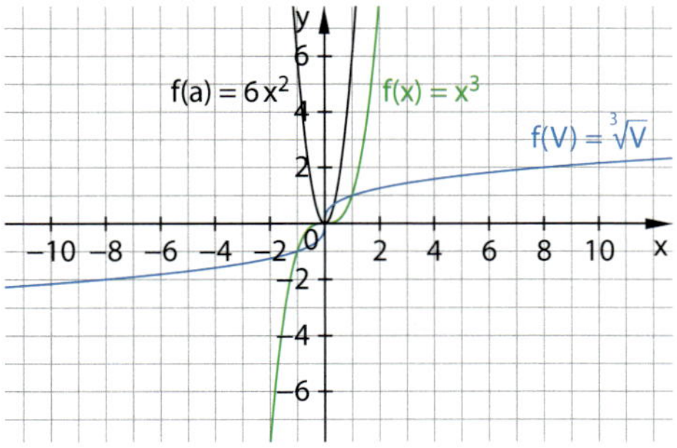

S. 216, 7.
f_1: dunkelrot ①; f_2: hellrot ⑥; f_3: schwarz ④; f_4: blau ③; f_5: lila ②; f_6: hellgrün ⑤; f_7: braun ⑦; f_8: orange ⑧

S. 216, 8.
a) $L = \{5\}$ b) $L = \{0\}$ c) $L = \{\ \}$ d) $L = \{-100\}$
e) $L = \{\sqrt[6]{10}; -\sqrt[6]{10}\}$ f) $L = \{6\}$

S. 216, 9.

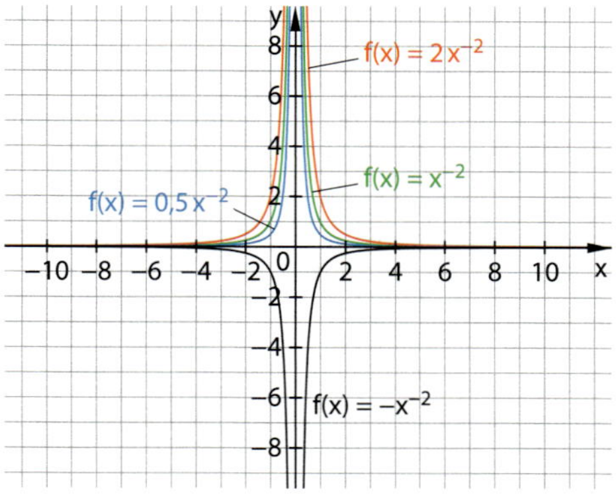

S. 217, 10.
a) $t = 1\,s$: $s = 4{,}905\,m$;
$t = 2\,s$: $s = 19{,}8\,m$;
$t = 5\,s$: $s = 122{,}6\,m$;
$t = 60\,s$: $s = 17\,820\,m$
b) $s = 100\,m$: $t = 4{,}5\,s$;
$s = 150\,m$: $t = 5{,}5\,s$;
$s = 250\,m$: $t = 7{,}1\,s$;
$s = 300\,m$: $t = 7{,}8\,s$

S. 217, 11.
grün ①: n ist negativ und gerade, $1 > a > 0$, $b = 3$
blau ②: n ist positiv und gerade, $a > 1$, $b = -2$
schwarz ④: n ist positiv und ungerade, $0 < a < 1$, $b = 2$
rot ③: n ist negativ und ungerade, $a < 1$, $b = -2$

S. 217, 12.
lila ⑥: $y = \sqrt{x} - 2$;
grün ③: $y = x^{-3} + 1$;
braun ②: $y = -x^{-4} + 2$;
rot ⑤: $y = x^5 - 1{,}5$;
blau ①: $y = -x^{-4} + 5$;
schwarz ④: $y = x^2 + 3$

S. 217, 13.
a) ① $f^{-1}(x) = \begin{cases} \sqrt[3]{x}, & \text{für } x \geq 0 \\ -\sqrt[3]{x}, & \text{für } x < 0 \end{cases}$
$D_{f^{-1}} = \mathbb{R} = W_{f^{-1}}$
② $f^{-1}(x) = \sqrt{x}$; $D_{f^{-1}} = \mathbb{R}_0^+ = W_{f^{-1}}$
③ $f^{-1}(x) = \sqrt{-x}$; $D_{f^{-1}} = \mathbb{R}_0^-$, $W_{f^{-1}} = \mathbb{R}_0^+$
④ $f^{-1}(x) = x^2$; $D_{f^{-1}} = \mathbb{R}_0^+$; $W_{f^{-1}} = \mathbb{R}_0^+$
⑤ $f^{-1}(x) = x^5$; $D_{f^{-1}} = \mathbb{R}_0^+ = W_{f^{-1}}$
⑥ $f^{-1}(x) = \frac{1}{x}$; $D_{f^{-1}} = \mathbb{R} \setminus \{0\} = W_{f^{-1}}$
b)

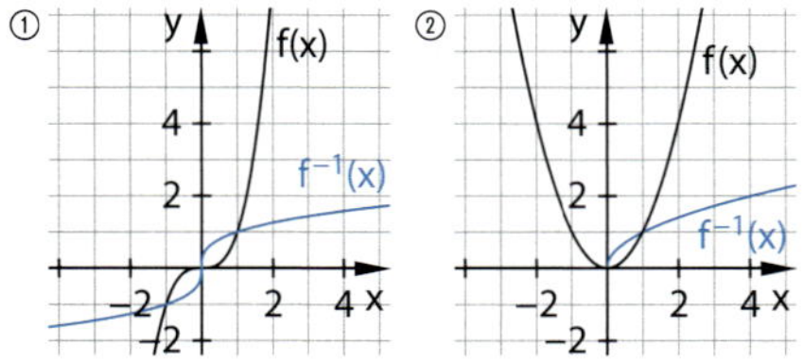

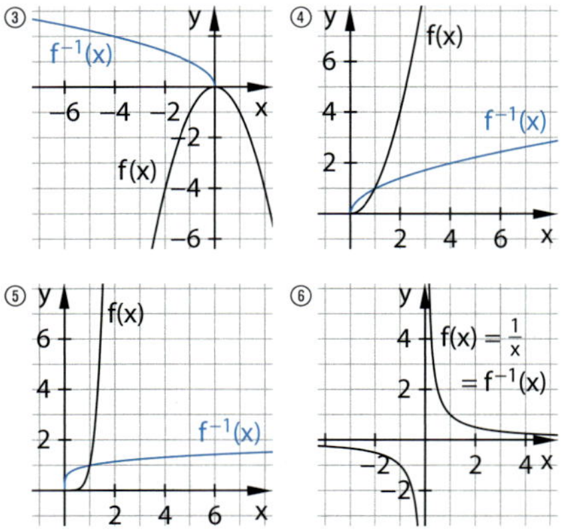

Wiederholungsaufgaben (S. 217)

S. 217, 1.

a) $x_0 = 2$

b) $x_0 = 8$

S. 217, 2.

$P_{\text{keine Niete}} = \frac{40 + 10}{200} = \frac{1}{4}$

S. 217, 3.

Das kalorienreduzierte Eis enthält etwa 40 % der Kalorien der Vanille-Eiscreme, also etwa 60 % weniger.

S. 217, 4.

a) nicht rechtwinklig, da der Satz des Pythagoras nicht gilt
b) rechtwinklig, da das Dreieck im Thaleskreis liegt
c) rechtwinklig, da der Satz des Pythagoras gilt

S. 217, 5.

a) 2 001 520,16
b) 20,152016
c) 248 760
d) 0,002 487 6

Umgang mit einem GTR oder CAS

Anwendungen des TI-Nspire CX CAS

Auf dem Homescreen kann man eine der folgenden **Anwendungen** starten.

1 Calculator (Rechenblatt)

3 Geometry (dynamische Geometrie)

5 Data&Statistics (Daten darstellen und auswerten)

7 VernierDataQuest (Messwerte sammeln und auswerten)

2 Graphs (grafische Darstellungen)

4 Lists&Spreadsheets (Tabellenkalkulation)

6 Notes (Textverarbeitung, interaktive Arbeitsblätter)

Dokumente erstellen und verwalten

Beim Starten einer Anwendung wird eine neue **Seite** im aktuellen Dokument angelegt.

Eine oder mehrere Seiten können in einem **Dokument** gespeichert werden. Die Seiten innerhalb des Dokuments sind verbunden. Dokumente werden über die Taste ***doc*** oder über den Homescreen ***/on*** erstellt oder verwaltet.

Eingabe abschließen und korrigieren:

Schließe jede vollständige Eingabe mit ***enter*** ab.

Braucht man z. B. beim Rechnen mit Größen einen Näherungswert, drückt man ***ctrl*** + ***enter***.

Ist eine Eingabe mit ***enter*** abgeschlossen, kann sie korrigiert werden, indem man den Ausdruck mit der Pfeiltaste ▲ markiert und mit ***enter*** in die Eingabezeile kopiert. Dort kann die Eingabe dann verändert werden.

Tastenkürzel

esc	Befehl rückgängig machen
Kursor hinter das Zeichen setzen, ***del***	Zeichen löschen
shift ◀▶	Ausdruck markieren
Ausdruck markieren und ***ctrl*** + ***x***	Ausdruck ausschneiden
Ausdruck markieren und ***ctrl*** + ***c***	Ausdruck kopieren
ctrl + ***v***	Ausdruck einfügen
ctrl + ***del***	markierten Ausdruck löschen
ctrl + ***esc*** oder ***ctrl*** + ***z***	Arbeitsschritte rückgängig machen
ctrl + ***y***	Arbeitsschritt erneut aufrufen
menu – Aktionen – Protokoll löschen	alle Einträge auf einer Seite löschen
doc – Seitenlayout – Seite löschen	Seite in einem Dokument löschen

Standardeinstellungen des Rechners wiederherstellen

Home/on – Einstellungen – Dokumenteinstellungen – Zurücksetzen - enter - enter - enter
Der Wechsel zwischen den Bereichen bei ***Dokumenteinstellungen*** erfolgt mit ***tab***.

Terme eingeben

In der Anwendung ***Calculator*** lassen sich Terme eingeben.

Manche Terme vereinfacht der CAS-Rechner automatisch. Deshalb kann das CAS auch zur **Selbstkontrolle** von handschriftlichen Lösungen dienen. Gleichartige Summanden werden automatisch zusammengefasst und meistens alphabetisch geordnet.

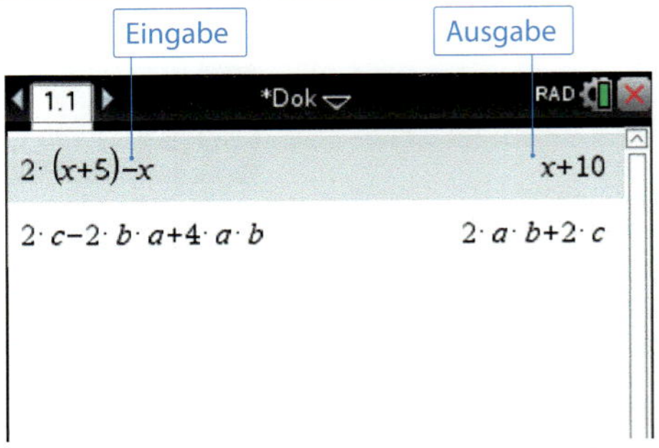

Terme umformen

Die wichtigsten Befehle zum Umformen von Termen findet man im Menü **Algebra**.

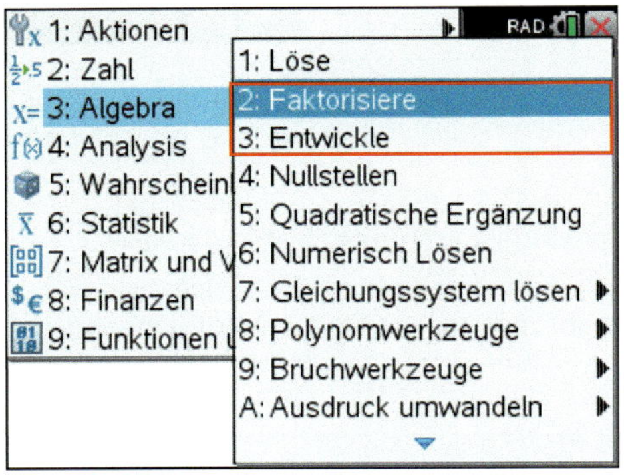

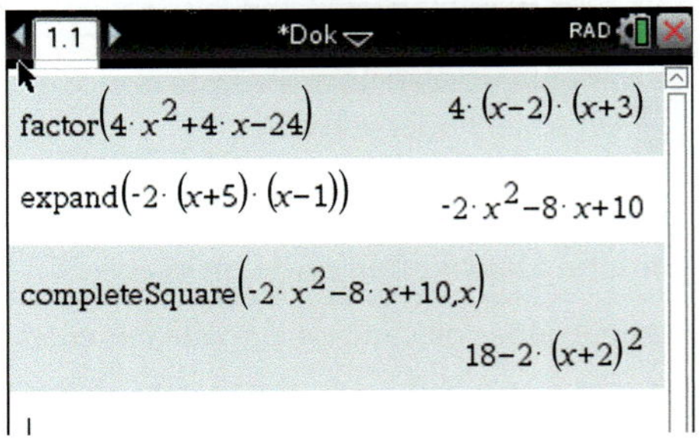

Diese Befehle erweisen sich als besonders hilfreich, um zwischen den verschiedenen Formen von quadratischen Funktionsgleichungen zu wechseln.

Gleichungen lösen

Rufe im ***Calculator*** den Befehl ***solve*** auf. Gib dann die Gleichung und die Variable ein, die berechnet werden soll.

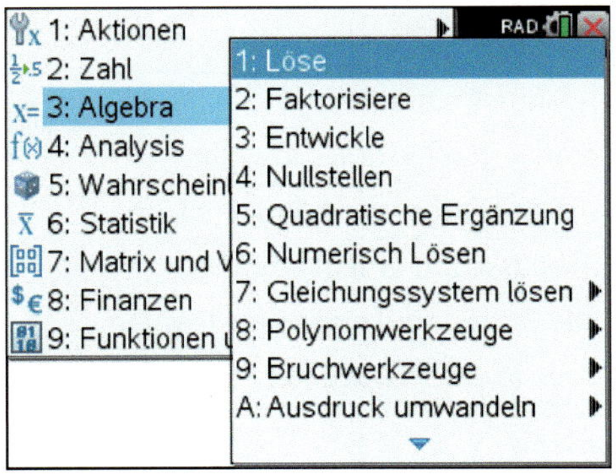

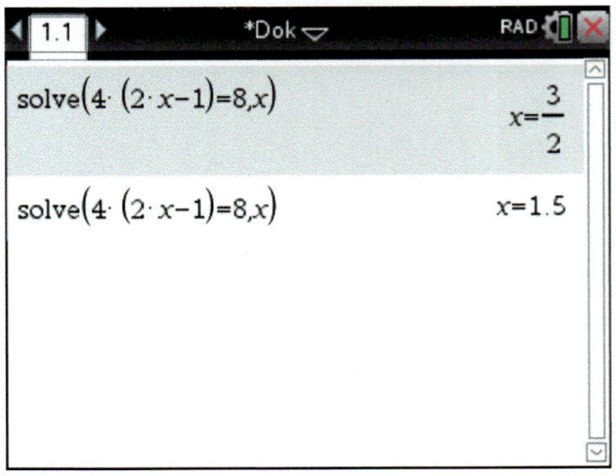

Der Rechner zeigt alle Lösungen der Gleichung an. Wenn die Gleichung keine Lösung hat, zeigt der Rechner ***false*** als Ergebnis an.

Funktionen definieren und löschen

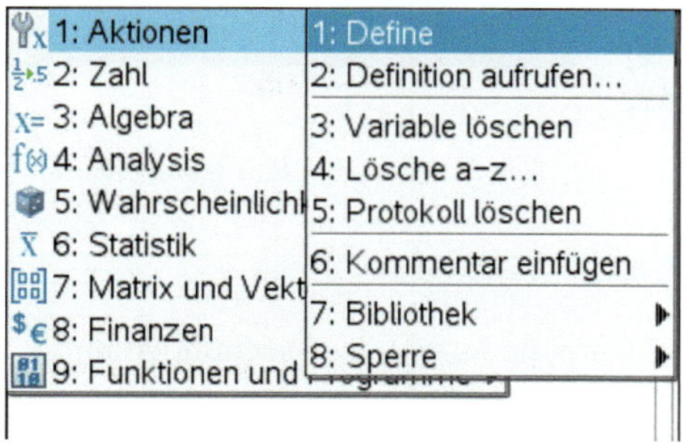

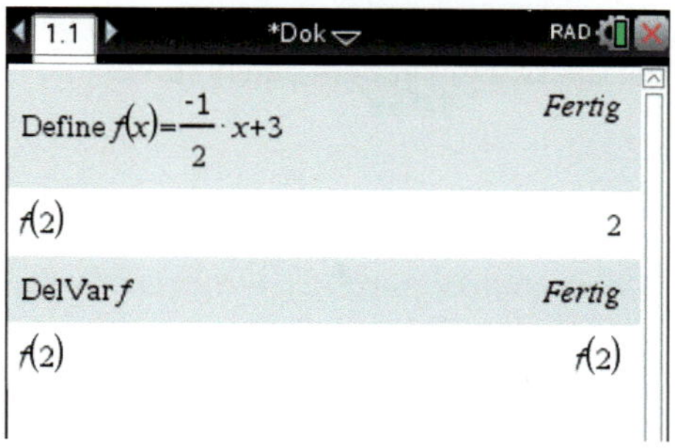

Alternativ: Gib f(x): = … ein.

Funktionen grafisch darstellen

Öffne die Anwendung ***Graphs***. Gib hinter f1(x) = den Funktionsterm ein oder die Funktionsbezeichnung einer anderen Seite (z. B. Calculator).

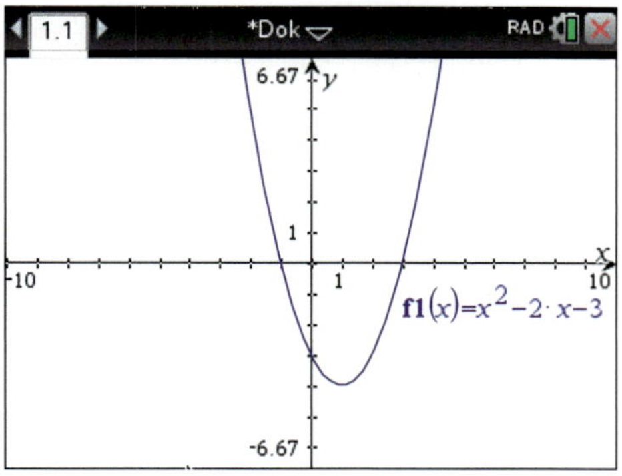

Passe, wenn nötig, die Fenstereinstellungen an.

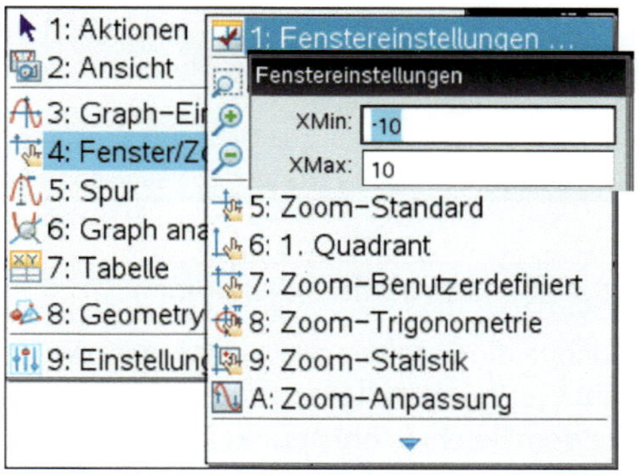

Nullstellen grafisch ermitteln

Zeichne den Graphen der Funktion.

Mit dem Befehl **Nullstelle** kannst du dir eine Nullstelle in einem gewählten Intervall anzeigen lassen. Besitzt deine Funktion offensichtlich mehrere Nullstellen, musst du für jede ein eigenes Intervall auswählen.

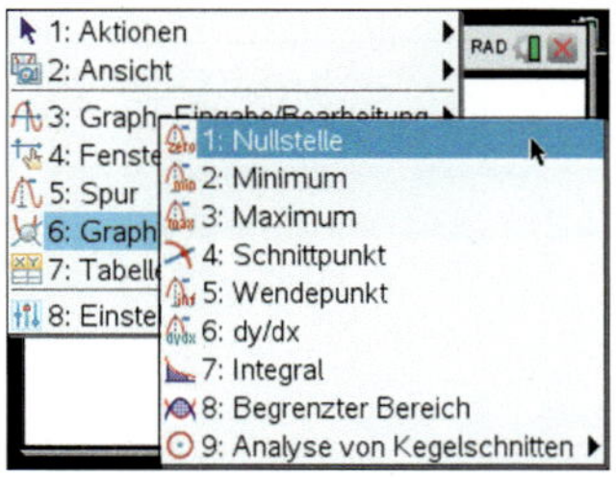

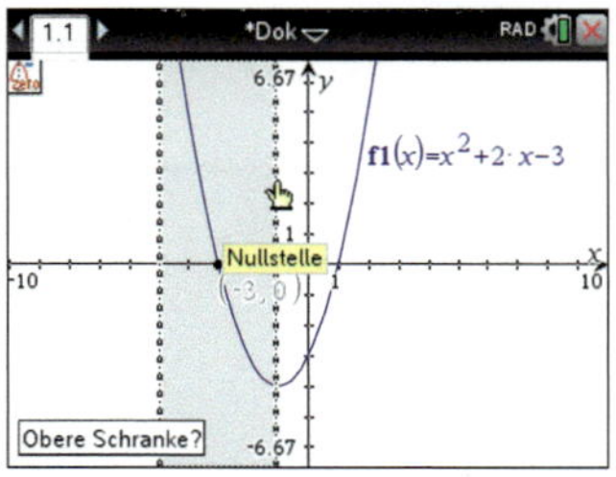

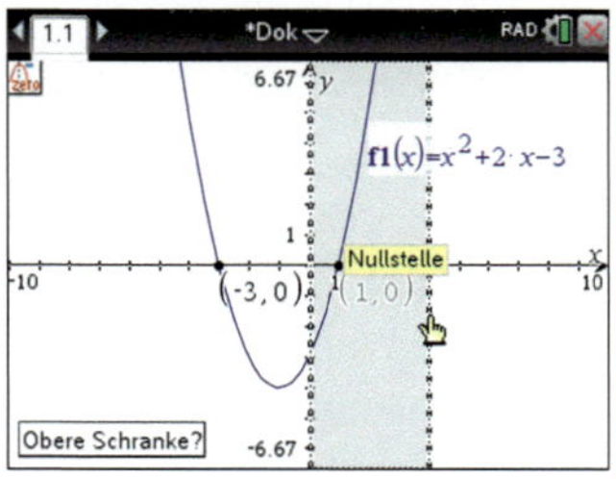

Überprüfe die abgelesenen Werte durch eine Probe:

$f(-5{,}65) = (-5{,}65)^2 + 6 \cdot (-5{,}65) + 2 = 0$

$f(-0{,}354) = (-0{,}354)^2 + 6 \cdot (-0{,}354) + 2 = 0$

Nullstellen rechnerisch ermitteln

Setze in der Funktionsgleichung y = 0 und löse die Gleichung mit dem Befehl ***solve***.

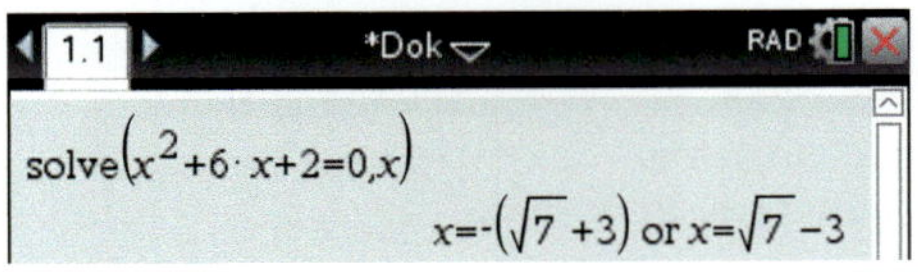

Scheitelpunkt graphisch ermitteln

Zeichne den Graphen der Funktion. Mit dem Befehl ***Minimum*** bzw. ***Maximum*** kannst du dir den tiefsten bzw. höchsten Funktionswert einer Funktion in einem gewählten Intervall anzeigen lassen.

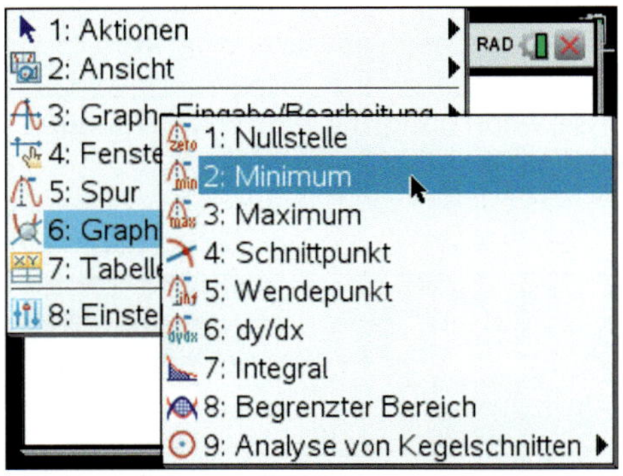

Definiere die Anzahl der Gleichungen und die Variablennamen.

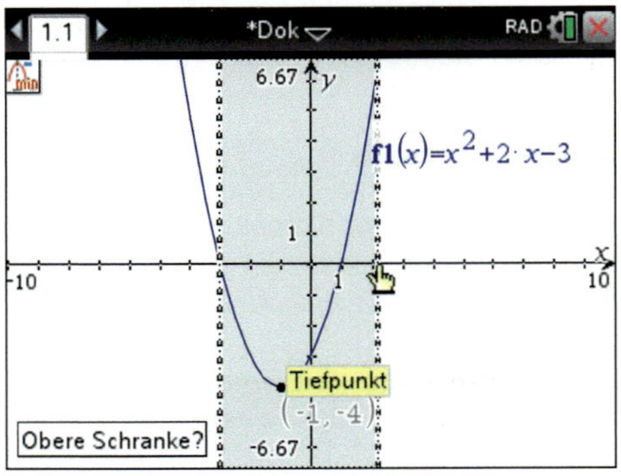

Bei einer Parabel ist dies dann der Scheitelpunkt.

Schnittpunkte grafisch bestimmen

Zeichne die Graphen aller Funktionen, die zum Gleichungssystem gehören.
Mit dem Befehl **Schnittpunkt** kannst du die Lösung im gewählten Intervall ablesen.

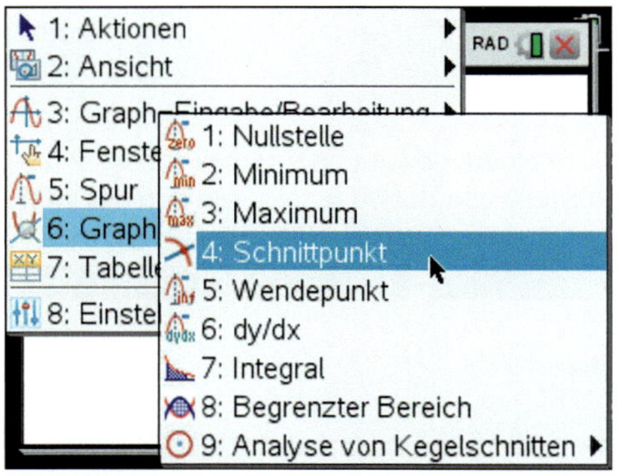

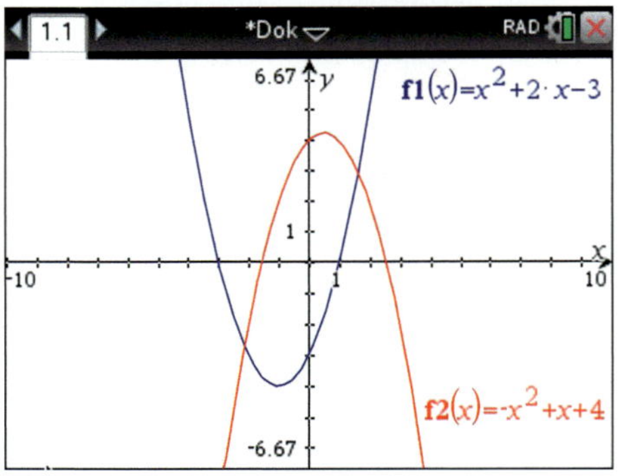

Auf diese Weise kann du auch Schnittpunkte zwischen linearen Funktionen und quadratischen Funktionen finden.
Zudem kannst du so auch Gleichungssysteme lösen. Zeichne dazu die Graphen aller Funktionen, die zum Gleichungssystem gehören. Mit dem Befehl **Schnittpunkt** erhältst du dann die Lösungen.

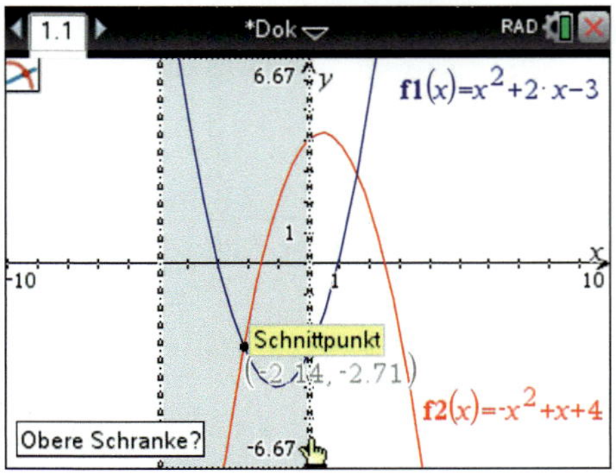

Bildquellenverzeichnis

Titelbild Fotolia/Mike Haufe | **5** Shutterstock/xrender | **18** Fotolia/Fotosasch | **20** ob. re. Fotolia/Olha Rohulya | **22** ob. re. Nils Schröder | **32** ob. re. Fotolia/Fotosasch | **39** Fotolia/HaveZein | **39** Fotolia/Polat Alp | **41** un. re. Fotolia/dashadima | **42** ob. li. Fotolia/iCreative3D | **43** mi. Fotolia/Otto | **43** ob. Fotolia/cirquedesprit | **47** Fotolia/livetraveling | **55** un. Fotolia/magann | **56** mi. Fotolia/lunamarina | **66** un. Shutterstock/Sheftsoff Stock Photo | **67** ob. Fotolia/panoramarx | **73** mi. Shutterstock/f11photo | **73** un. Shutterstock/dotshock | **74** un. Shutterstock/mahey | **77** un. Shutterstock/Mila Supinskaya | **78** mi. Fotolia/LVDESIGN | **81** un Shutterstock/talitha_it | **82** un. Shutterstock/Miks Mihails Ignats | **83** mi. Shutterstock/michaeljung | **83** un. Fotolia/flyinger | **89** ob. mi. Fotolia/vovan | **89** ob. re. Shutterstock/WDG Photo | **92** mi. Shutterstock/Firma V | **93** mi. Fotolia/Matthias Buehner | **94** ob. Fotolia/euthymia | **94** un. Shutterstock/Alex Ionas | **96** mi. re. Fotolia/schlichteasy | **99** Shutterstock/Radovan1 | **108** mi. Fotolia/BillionPhotos.com | **108** un. Fotolia/Ingo Bartussek | **109** mi. Fotolia/seeyou | c. steps | **109** ob. re. Shutterstock/Andrii Muzyka | **121** un. mi. Shutterstock/Fotografiecor.nl | **125** Fotolia/cirquedesprit | **126** mi. fotolia/Trueffelpix | **127** un. re. Shutterstock/Betacam-SP | **129** un. Fotolia/Africa Studio | **130** un. Liesenberg, Günter, Berlin | **131** mi. Fotolia/marchibas | **134** mi. re. Fotolia/Dreaming Andy | **136** mi. li. Fotolia/Nyo009 | **136** ob. re. Fotolia/Nikolai Sorokin | **136** un. Fotolia/Maria Vazquez | **137** mi. Fotolia/emuck | **137** ob. re. Fotolia/Aleksandr Bryliaev | **137** un. re. Fotolia/Dreaming Andy | **138** ob. re. Fotolia/Romolo Tavani | **144** ob.re. Fotolia/artshotphoto | **145** mi. FotoliaMareike Budde | **145** un. fotolia/Bibika31 | **146** mi. Fotolia/Pixelot | **146** un. Fotolia/nikolaiyshubin | **147** mi. re. Fotolia/adempercem | **150** Fotolia/pico | **152** mi. re. Fotolia/antonsov85 | **153** mi. Fotolia/Grum_l | **155** Fotolia/lucadp | **158** ob. re. Fotolia/Oleksii Nykonchuk | **161** un. Fotolia/Bernd Kröger | **162** mi. li. Gerlinde Keller, München | **162** ob. re. Volker Döring, Hohen Neuendorf | **165** mi. re. Fotolia/noemosu | **166** ob. li. Fotolia/Mikhail Markovskiy | **167** un. re. Fotolia/Luciano Mortula | **168** ob. re. Fotolia/vvoe | **169** mi. re. Fotolia/magele-picture | **169** un. re. Prof. Dr. Ralf Benölken, Münster | **171** ob. re. Fotolia/photollurg | **173** ob. re. Clip Dealer/Sean Prior | **174** ob.re. laif/Christian Kaiser | **176** ob. Prof. Dr. Ralf Benölken, Münster | **177** mi. re. Fotolia/vchalup | **178** ob. re. Fotolia/Maximilian Barthel | **180** mi. li. Fotolia/imagine.iT | **180** mi. re. Prof. Dr. Ralf Benölken, Münster | **180** mi. re. mauritius images/Science Source/NOAA | **181** ob. re. Prof. Dr. Ralf Benölken, Münster | **181** un. re. Fotolia/sp4764 | **182** un. li. Fotolia/nordroden | **182** un. mi. Fotolia/Kerstin Bröse | **182** un. re. Fotolia/Andrey Armyagov | **183** ob. re. Fotolia/arhendrix | **186** mi. li. Maya Brandl, Berlin | **187** mi. re. Fotolia/sdecoret | **187** un. re. Matthias Haas | **188** un. li. Fotolia/pure-life-pictures | **191** Kap-Einstieg Fotolia/NoraDoa 68522441 | **193** ob. re. Fotolia/warasit | **201** mi. Fotolia/Marco2811 | **201** un. Colourbox | **209** un. Fotolia/AlenKadr | **214** mi. Fotolia/Korta | **215** ob. Fotolia/Stefan Schurr | **219** Shutterstock/Inc | **220** ob. re. Shutterstock/designbydx | **225** Kap-Einstieg Shutterstock/YanLev | **230** mi. Nils Schröder | **233** Fotolia/leedsn

Stichwortverzeichnis

Fundamente
| der Mathematik |

Autoren Kathrin Andreae, Dr. Frank Becker, Prof. Dr. Ralf Benölken, Dr. Rolf Ebel, Dr. Wolfram Eid, Dr. Lothar Flade, Alexander Heinz, Matthias Hofstetter, Gerold Kiesslich, Brigitta Krumm, Dr. Hubert Langlotz, Thorsten Niemann, Dr. Andreas Pallack, Dr. habil. Manfred Pruzina, Melanie Quante, Nadeshda Rempel, Sabine Sand-Heidinger, Dr. Marco Schmidt, Reinhard Schmidt, Dr. Wilfried Zappe

Berater Dr. Frank Becker, Günter Dreeßen-Meyer, Cordula Kollotschek, Detlef Missal, Heidrun Rodner
Herausgeber Dr. Andreas Pallack
Redaktion Dr. Sonja Thiele
Illustration Gudrun Lenz, Niels Schröder
Grafik Christian Böhning
Umschlaggestaltung havemannundmosch GbR
Layoutkonzept klein & halm GbR
Technische Umsetzung CMS – Cross Media Solutions GmbH, Würzburg

Begleitmaterialien zum Lehrwerk

für Schülerinnen und Schüler	
Lösungen zum Schülerbuch	978-3-06-009863-7
Arbeitsheft mit Lösungen	978-3-06-009256-7
für Lehrerinnen und Lehrer	
Serviceband	978-3-06-009861-3
Begleitmaterial auf USB-Stick (inkl. Unterrichtsmanager und E-Book)	978-3-06-040273-1

www.cornelsen.de

1. Auflage, 1. Druck 2017

Alle Drucke dieser Auflage sind inhaltlich unverändert und können im Unterricht nebeneinander verwendet werden.

Druck: Mohn Media Mohndruck, Gütersloh

ISBN 978-3-06-009853-8 (Schülerbuch)
ISBN 978-3-06-009893-4 (E-Book)

PEFC
PEFC/04-31-1033

PEFC zertifiziert
Dieses Produkt stammt aus nachhaltig bewirtschafteten Wäldern und kontrollierten Quellen.

www.pefc.de